1970

This book may be kept

FOURTEEN DAYS

A fine will be charged for each day the book is kept overtime.

OC 22 70			
OC 22 70			
OC 29 70			
OCT 27 '77			
GAYLORD 142			PRINTED IN U.S.A.

GREEK PHILOSOPHY I

GREEK PHILOSOPHY

A COLLECTION OF TEXTS

SELECTED AND SUPPLIED WITH
SOME NOTES AND EXPLANATIONS

BY

C. J. DE VOGEL

PH.D., PROFESSOR OF ANCIENT AND MEDIAEVAL
PHILOSOPHY IN THE UNIVERSITY OF UTRECHT

VOLUME I

THALES TO PLATO

THIRD EDITION

LEIDEN
E. J. BRILL
1963

Printed in the Netherlands

CONTENTS

PREFACE

The first volume of *Greek Philosophy* was prepared in the years 1947-'49. In these years, I myself and many other university teachers in this country were in urgent need of a source-book of Greek philosophy. In order to supply this need I started to write this book which, from the beginning, was intended to form a complete history of Greek philosophy, essentially composed by the texts themselves. Marginal notes, short explanations, here and there summaries, served to make the whole readable as a current history, in which of course a thorough knowledge of Greek was presupposed. Modern literature on the subject was taken into account, was frequently mentioned and sometimes discussed. Generally, as to the interpretation, I took an attitude of great discretion, since the essential thing was to have the texts, while discussion had to be left for the greater part either to oral teaching or to the further reading of the literature referred to. Yet, *something*, and I may say as much as possible, has been done.

As may be easily seen throughout the work, personal views are by no means lacking. It could not be otherwise, and, I think, it *should* not.

At present, the big third volume, which is going to complete the work, is ready for the press. I dare to say that the three volumes contain a complete and thoroughly pondered re-interpretation of the whole of Greek philosophy, in which the results of a long and personal contact with the ancient Greek thinkers are expressed, though often in a very condensed form.

Evidently, from the beginning this work was by no means meant for students and professors only. It was done in behalf of all those who wish to study Greek philosophy on the sources, and I am sure it has already been of great profit to many of them, and may hope it will be of still greater profit in the future.

In this second edition a number of small mistakes has been corrected. Moreover, the drawing of the den of Plato (p. 204) Mr. Swillens kindly made for the first edition, has been replaced by another made by miss B. Th. Koppers, which I trust will give a more satisfactory illustration of the text. To the bibliography a page has been added.

Utrecht, May 1957   C. J. DE VOGEL

PREFACE TO THE THIRD EDITION

To the third edition I added what seemed to me most needed: half a chapter on Pythagoras and ancient Pythagoreanism. My grounds for this addition are given at the head of that ,,appendix" itself. It is placed at the end of the volume.

The additions to the bibliography have been increased. Throughout the volume headlines have been altered so as to serve better for an easy orientation. For the same purpose numbers were added in brackets at the head of the pages, similarly as it was done in the second and third volumes.

Utrecht, Nov. 1962   C. J. d. V.

ACKNOWLEDGEMENT

The fragments of the Presocratic philosophers and of the Sophists have been taken from Diels-Kranz, *Die Fragmente der Vorsokratiker*[5] (1934-35) [1], those of Plato from the editions in the Collection Budé. For the Laws, which had not yet appeared in that series, I used the Oxford-edition of Burnet. As to the works of Aristotle, the editions of Ross have been used as far as possible (for *Phys.* and *Metaph.*), that of Immisch for the *Politika* and that of Siwek for the *Psychology*. Where I preferred another reading to that of the mentioned editions, the difference has been indicated, at least in cases of any importance.

The figures of the klepsydrae on p. 62 have been taken from W. K. C. Guthrie's edition of Aristotle's *De caelo* in the Loeb Classical Library (p. 228, fig. I and II); that of the cosmic system of Philolaus, with some slight alteration, from W. J. W. Koster, *Fragmenten van Grieksche denkers vóór Socrates*, Zwolle 1934, p. 71.

---

[1] Cited in this way: Parm., D. 28 B 8, or shortly B 8.

LIST OF ABBREVIATIONS

Bidez, *Eos* = J. Bidez, *Eos ou Platon et l'orient*, Bruxelles 1945.

Burnet, *E. Gr. Ph.* = J. Burnet, *Early Greek Philosophy*, London 1892, [2]1908, [4]1945.

Burnet, *Gr. Phil.* I = J. Burnet, *Greek Philosophy*, I, *Thales to Plato*, London 1914, [2]1928.

Cherniss, *Ar.'s Crit. of Pl.* = H. Cherniss, *Aristotle's Criticism of Plato and the Academy*, vol. I, Baltimore 1944.

Cherniss, *Riddle* = H. Cherniss, *The Riddle of the Early Academy*, Berkeley and Los Angeles 1945.

Diels, *VS* = H. Diels-W. Kranz, *Die Fragmente der Vorsokratiker*, Berlin [5]1934.

Dox. = H. Diels, *Doxographi Graeci*, Berolini 1879.

Gigon, *Ursprung* = O. Gigon, *Der Ursprung der Griechischen Philosophie*, Basel 1945.

Gomperz, *Gr. D.* = Th. Gomperz, *Griechische Denker*, Berlin 1923-25.

Jaeger, *Theol.* = W. Jaeger, *The Theology of the Early Greek Philosophers*, Oxford 1947.

Joël, *Gesch. d. ant. Phil.* I = K. Joël, *Geschichte der antiken Philosophie*, I, Tübingen 1921.

De Vogel, *Keerpunt* = C. J. de Vogel, *Een keerpunt in Plato's denken*, Amsterdam 1936.

Wahl, *Etude sur le Parm.* = J. Wahl, *Etude sur le Parménide de Platon*, Paris 1926.

Zeller, *Ph. d. Gr.* = E. Zeller, *Philosophie der Griechen*, Leipzig [6]1919-23.

PROOEMIUM

1—Arist., *Metaph.* A 3, 983 b[20]: Θαλῆς μὲν ὁ τῆς τοιαύτης [1] ἀρχηγὸς φιλοσοφίας ὕδωρ εἶναί φησιν.

Philosophy may be distinguished from non-philosophical thinking by these three points:

1—Philosophers try to give a non-mythological explanation of the world.
2—They cultivate science not for gain, nor for their own glory. See our nr. **4**.
3—From special sciences they pass on to speculative questions.

2—Mythological explanations about the origin of the world and the development of humanity preceded the philosophical explanation. But the mythological view of things did not disappear at once. Traces of it are found in abundance in the fragments of Parmenides and Empedocles, nor are they lacking in Anaximander's fragment. Yet there is a clear difference between these thinkers, to begin with Thales, and the way in which Hesiod and Pherecydes of Syrus explained the world's origin.

a. Hes., *Theog.* 116-138, ed. Rzach:

'Ἦ τοι μὲν πρώτιστα Χάος γένετ', αὐτὰρ ἔπειτα
Γαῖ' εὐρύστερνος, πάντων ἕδος ἀσφαλὲς αἰεὶ
[ἀθανάτων, οἳ ἔχουσι κάρη νιφόεντος Ὀλύμπου,]
Τάρταρά τ' ἠερόεντα μυχῷ χθονὸς εὐρυοδείης,
ἠδ' Ἔρος [2], ὃς κάλλιστος ἐν ἀθανάτοισι θεοῖσι,   120
λυσιμελής, πάντων δὲ θεῶν πάντων τ' ἀνθρώπων
δάμναται ἐν στήθεσσι νόον καὶ ἐπίφρονα βουλήν.
ἐκ Χάεος δ' Ἔρεβός τε μέλαινά τε Νὺξ ἐγένοντο ·
Νυκτὸς δ' αὖτ' Αἰθήρ τε καὶ Ἡμέρη ἐξεγένοντο,
οὓς τέκε κυσαμένη Ἐρέβει φιλότητι μιγεῖσα.   125
Γαῖα δέ τοι πρῶτον μὲν ἐγείνατο ἶσον ἑ' αὐτῇ
Οὐρανὸν ἀστερόενθ', ἵνα μιν περὶ πάντα καλύπτοι,
ὄφρ' εἴη μακάρεσσι θεοῖς ἕδος ἀσφαλὲς αἰεί.
γείνατο δ' Οὔρεα μακρά, θεῶν χαρίεντας ἐναύλους,
[Νυμφέων, αἳ ναίουσιν ἀν' οὔρεα βησσήεντα.]   130

---

[1] τοιαύτης, sc. of that mode of inquiring which seeks for a material ἀρχή as the principle of all things.
[2] Both Jaeger in his *Theology of the Early Greek Philosophers* (Oxford 1947) and O. Gigon in *Der Ursprung der griech. Phil.* (Basel 1945) have pointed out that this Eros of Hes. reappears in Parmenides' explanation of the world of appearance and in the Philia of Empedocles. For us the decisive point is this: the marked difference of method between those who by Aristotle are called theologoi and the later, even mythologizing, philosophers.

ἢ δὲ καὶ ἀτρύγετον πέλαγος τέκεν, οἴδματι θυῖον,
Πόντον, ἄτερ φιλότητος ἐφιμέρου · αὐτὰρ ἔπειτα
Οὐρανῷ εὐνηθεῖσα τέκ' Ὠκεανὸν βαθυδίνην,
Κοῖόν τε Κρῖόν θ' Ὑπερίονά τ' Ἰαπετόν τε
Θείαν τε Ῥείαν τε Θέμιν τε Μνημοσύνην τε   135
Φοίβην τε χρυσοστέφανον Τηθύν τ' ἐρατεινήν.
τοὺς δὲ μέθ' ὁπλότατος γένετο Κρόνος ἀγκυλομήτης,
δεινότατος παίδων · θαλερὸν δ' ἤχθηρε τοκῆα.

Pherecydes

b. Eudemus, fr. 117 Mullach; Diels-Kranz, 7 A 8: Φερεκύδης δὲ ὁ Σύριος Ζάντα μὲν εἶναι ἀεὶ καὶ Χρόνον καὶ Χθονίαν τὰς τρεῖς πρώτας ἀρχάς ... τὸν δὲ Χρόνον ποιῆσαι ἐκ τοῦ γόνου ἑαυτοῦ πῦρ καὶ πνεῦμα καὶ ὕδωρ ...., ἐξ ὧν ἐν πέντε μυχοῖς διῃρημένων πολλὴν ἄλλην γενεὰν συστῆναι θεῶν, τὴν πεντέμυχον καλουμένην, ταὐτὸν δὲ ἴσως εἰπεῖν, πεντέκοσμον.

The name „philosophy"

3—Plato used the name „philosophy" in a clearly technical sense. In a larger sense we find the word the first time with Herod. I 30, where Croesus says to Solon:
a. ξεῖνε Ἀθηναῖε, παρ' ἡμέας γὰρ περὶ σέο λόγος ἀφῖκται πολλὸς καὶ σοφίης εἵνεκεν τῆς σῆς καὶ πλάνης, ὡς φιλοσοφέων (in search of wisdom) γῆν πολλὴν θεωρίης εἵνεκεν ἐπελήλυθας.

b. Cf. Thucydides II 40: φιλοκαλοῦμέν τε μετ' εὐτελείας καὶ φιλοσοφοῦμεν ἄνευ μαλακίας.

Isocrates also used the word in its larger sense.

c. The first who gave it a technical meaning seems to have been Pythagoras.

Diog., I 12: φιλοσοφίαν δὲ πρῶτος ὠνόμασε Πυθαγόρας καὶ ἑαυτὸν φιλόσοφον ἐν Σικυῶνι διαλεγόμενος Λέοντι τῷ Σικυωνίων τυράννῳ ἢ Φλιασίων, καθά φησιν Ἡρακλείδης ὁ Ποντικὸς ἐν τῇ περὶ τῆς ἄπνου (in the book about the seemingly-dead woman).

Pure theory

4—Cicero, *Tusc. Disp.* V 3, 8-9: ..... omnes qui in rerum contemplatione studia ponebant, sapientes et habebantur et nominabantur, idque eorum nomen usque ad Pythagorae manavit aetatem. quem, ut scribit auditor Platonis Ponticus Heraclides, vir doctus in primis, Phliuntem ferunt venisse, eumque cum Leonte, principe Phliasiorum, docte et copiose disseruisse quaedam. cuius ingenium et eloquentiam cum admiratus esset Leon, quaesivisse ex eo, qua maxime arte confideret; at illum: artem quidem se scire nullam, sed esse philosophum. admiratum Leontem novitatem nominis quaesivisse, quinam essent philosophi, et quid inter eos et reliquos interesset; Pythagoram autem respondisse similem sibi videri vitam hominum et mercatum eum, qui haberetur maxumo ludorum apparatu totius Graeciae celebritate; nam ut illic alii corporibus exercitatis gloriam et nobilitatem coronae peterent, alii emendi aut vendendi quaestu et lucro ducerentur, esset autem quoddam genus eorum, idque vel maxime ingenuum, qui nec plausum nec lucrum quaererent, sed visendi causa venirent studioseque perspicerent, quid ageretur et quo modo, item nos quasi in mercatus quandam celebritatem ex urbe aliqua sic in hanc vitam ex alia vita et natura profectos alios gloriae servire, alios pecuniae, raros esse quosdam, qui ceteris omnibus pro nihilo habitis rerum naturam studiose intuerentur; hos se appellare sapientiae studiosos—id est enim philosophos—; et ut illic liberalissimum esset spectare nihil sibi adquirentem, sic in vita longe omnibus studiis contemplationem rerum cognitionemque praestare

5—Wisdom preceded philosophy.

a. Diog., I 13: σοφοὶ δὲ ἐνομίζοντο οἵδε · Θαλῆς Σόλων Περίανδρος Κλεόβουλος Χείλων Βίας Πιττακός.

b. Cf. Diog., I 40: οὔτε σοφοὺς οὔτε φιλοσόφους αὑτοὺς γεγονέναι, συνετούς δέ τινας (wise men) καὶ νομοθετικούς.

c. Plut., *Solon* III, 5: ὅλως ἔοικεν ἡ Θάλεω μόνου σοφία τότε περαιτέρω τῆς χρείας ἐξικέσθαι τῇ θεωρίᾳ · τοῖς δὲ ἄλλοις ἀπὸ τῆς πολιτικῆς ἀρετῆς τοὔνομα τῆς σοφίας ὑπῆρξε.

About four names—Thales, Bias, Pittacus, Solon—all agree; the other three are given with variations.

6—a. D. 10, 3, **Cleobulus**:

Μέτρον ἄριστον.
φιλήκοον εἶναι καὶ μὴ πολύλαλον.
γαμεῖν ἐκ τῶν ὁμοίων · ἐὰν γὰρ ἐκ τῶν κρειττόνων, δεσπότας, οὐ συγγενεῖς κτήσῃ.
εὐποροῦντα μὴ ὑπερήφανον εἶναι, ἀποροῦντα μὴ ταπεινοῦσθαι.

b. Solon:
Μηδὲν ἄγαν.
φίλους μὴ τάχυ κτῶ, οὓς δ’ ἂν κτήσῃ, μὴ τάχυ ἀποδοκίμαζε.

c. Chilo:
Γνῶθι σαυτόν.
ἡ γλῶσσά σου μὴ προτρεχέτω τοῦ νοῦ.

d. Thales:
Ἐγγύα, πάρα δ’ ἄτα.
κακὰ ἐν οἴκῳ κρύπτε.
φθονοῦ μᾶλλον ἢ οἰκτίρου.
μέτρῳ χρῶ.

e. Pittacus:
Καιρὸν γνῶθι.
ὃ μέλλεις ποιεῖν, μὴ λέγε · ἀποτυχὼν γὰρ καταγελασθήσῃ.
ἀνέχου ὑπὸ τῶν πλησίον μικρὰ ἐλαττούμενος.

f. Bias:
Οἱ πλεῖστοι ἄνθρωποι κακοί.
εἰς κάτοπτρον, ἔφη, ἐμβλέψαντα δεῖ, εἰ μὲν καλὸς φαίνῃ, καλὰ ποιεῖν · εἰ δὲ αἰσχρός, τὸ τῆς φύσεως ἐλλιπὲς διορθοῦσθαι τῇ καλοκαγαθίᾳ.
ἄκουε πολλά.
λάλει καίρια.
πείσας λάβε, μὴ βιασάμενος.
ὅτι ἂν ἀγαθὸν πράσσῃς, θεούς, μὴ σεαυτὸν αἰτιῶ.

g. Periander:
Μελέτα τὸ πᾶν.
αἱ μὲν ἡδοναὶ θνηταί, αἱ δ’ ἀρεταὶ ἀθάνατοι.

BOOK I
THE PRESOCRATICS

FIRST CHAPTER
THE MILESIAN SCHEME

1—THALES

date

7—He predicted an eclipse of the sun, probably that of the year 585.

    a. Herod. I 74: τὴν δὲ μεταλλαγὴν ταύτην τῆς ἡμέρας Θαλῆς ὁ Μιλήσιος τοῖσι Ἴωσι προηγόρευσε ἔσεσθαι.

a political adviser

    b. Herod. I 170: χρηστὴ δὲ καὶ πρὶν ἢ διαφθαρῆναι Ἰωνίην Θαλέω ἀνδρὸς Μιλησίου ἐγένετο (γνώμη), τὸ ἀνέκαθεν γένος ἐόντος Φοίνικος, ὃς ἐκέλευσεν ἓν βουλευτήριον Ἴωνας ἐκτῆσθαι, τὸ δὲ εἶναι ἐν Τέῳ.

engineer in the army of Croesus

    c. Herod. I 75: ὡς δὲ ἀπίκετο ἐπὶ τὸν Ἅλυν ποταμὸν ὁ Κροῖσος, τὸ ἐνθεῦτεν, ὡς μὲν ἐγὼ λέγω, κατὰ τὰς ἐούσας γεφύρας διεβίβασε τὸν στρατόν, ὡς δὲ ὁ πολλὸς λόγος Ἑλλήνων, Θαλῆς οἱ ὁ Μιλήσιος διεβίβασε.

doctrine

    8—a. Arist., *Metaph.* A 3, 983 b⁶: τῶν δὴ πρώτων φιλοσοφησάντων οἱ πλεῖστοι τὰς ἐν ὕλης εἴδει μόνας [1] ᾠήθησαν ἀρχὰς εἶναι πάντων· ἐξ οὗ γὰρ ἔστιν ἅπαντα τὰ ὄντα καὶ ἐξ οὗ γίγνεται πρώτου καὶ εἰς ὃ φθείρεται τελευταῖον, τῆς μὲν οὐσίας ὑπομενούσης τοῖς δὲ πάθεσι μεταβαλλούσης, τοῦτο στοιχεῖον καὶ ταύτην ἀρχήν φασιν εἶναι τῶν ὄντων. — 983b¹⁸: τὸ μέντοι πλῆθος καὶ τὸ εἶδος τῆς τοιαύτης ἀρχῆς οὐ τὸ αὐτὸ πάντες λέγουσιν, ἀλλὰ Θαλῆς μὲν ὁ τῆς τοιαύτης ἀρχηγὸς φιλοσοφίας ὕδωρ εἶναί φησιν (διὸ καὶ τὴν γῆν ἐφ' ὕδατος ἀπεφήνατο εἶναι), λαβὼν ἴσως τὴν ὑπόληψιν ταύτην ἐκ τοῦ πάντων ὁρᾶν τὴν τροφὴν ὑγρὰν οὖσαν καὶ αὐτὸ τὸ θερμὸν ἐκ τούτου γιγνόμενον καὶ τούτῳ ζῶν (τὸ δ' ἐξ οὗ γίγνεται, τοῦτ' ἐστὶν ἀρχὴ πάντων), διά τε δὴ τοῦτο τὴν ὑπόληψιν λαβὼν ταύτην καὶ διὰ τὸ πάντων τὰ σπέρματα τὴν φύσιν ὑγρὰν ἔχειν, τὸ δ' ὕδωρ ἀρχὴν τῆς φύσεως εἶναι τοῖς ὑγροῖς.

reasons

    b. Aët. I 3, 1 (*Dox.* 276, 13): στοχάζεται δ' ἐκ τούτου πρῶτον ὅτι πάντων τῶν ζῴων ἡ γονὴ ἀρχή ἐστιν ὑγρὰ οὖσα. οὕτως εἰκὸς καὶ τὰ πάντα ἐξ ὑγροῦ τὴν ἀρχὴν ἔχειν. δεύτερον ὅτι πάντα τὰ φυτὰ ὑγρῷ τρέφεται καὶ

---

[1] τὰς ἐν ὕλης εἴδει μόνας = τὴν ὕλην μόνην.

καρποφορεῖ, ἀμοιροῦντα δὲ ξηραίνεται. τρίτον ὅτι καὶ αὐτὸ τὸ πῦρ τὸ τοῦ ἡλίου καὶ τὸ τῶν ἄστρων ταῖς τῶν ὑδάτων ἀναθυμιάσεσι τρέφεται, καὶ αὐτὸς ὁ κόσμος.

Gigon, *Der Ursprung d. gr. Phil.* 44 f. thinks that Th. did not teach any qualitative change at all of water into earth, but simply that the earth emerged from the sea.

c. cf. Arist., *De caelo* 294a[10]: οἱ δ' ἐφ' ὕδατος κεῖσθαι (sc. λέγουσιν). τοῦτον γὰρ ἀρχαιότατον παρειλήφαμεν τὸν λόγον, ὅν φασιν εἰπεῖν Θαλῆν τὸν Μιλήσιον, ὡς διὰ τὸ πλωτὴν εἶναι μένουσαν ὥσπερ ξύλον ἤ τι τοιοῦτον ἕτερον (καὶ γὰρ τούτων ἐπ' ἀέρος μὲν οὐθὲν πέφυκε μένειν, ἀλλ' ἐφ' ὕδατος), ὥσπερ οὐ τὸν αὐτὸν λόγον ὄντα περὶ τῆς γῆς καὶ τοῦ ὕδατος τοῦ ὀχοῦντος τὴν γῆν· ("But this is to forget that the same thing may be said of the water supporting the earth as was said of the earth itself." Guthrie). οὐδὲ γὰρ τὸ ὕδωρ πέφυκε μένειν μετέωρον, ἀλλ' ἐπί τινός ἐστιν.

9—a. Arist., *De anima* I 5, 411 a[7]: καὶ ἐν τῷ ὅλῳ[1] δέ τινες αὐτὴν **hylozoism** (τὴν ψυχήν) μεμεῖχθαί φασιν, ὅθεν ἴσως καὶ Θαλῆς ᾠήθη πάντα πλήρη θεῶν εἶναι.

b. Arist., *ibid.* I 2, 405 a[19]: ἔοικε δὲ καὶ Θαλῆς, ἐξ ὧν ἀπομνημονεύουσι, κινητικόν τι τὴν ψυχὴν ὑπολαβεῖν, εἴπερ τὸν λίθον ἔφη ψυχὴν ἔχειν, ὅτι τὸν σίδηρον κινεῖ.

c. Aët. I 7, 11 (*D.* II A 23): Θαλῆς νοῦν τοῦ κόσμου τὸν θεόν[2], τὸ δὲ πᾶν ἔμψυχον ἅμα καὶ δαιμόνων πλῆρες[3].

10—Thales represents the purely theoretical attitude of mind, pe- **not for gain** culiar to philosophers according to Pythagoras:

Arist., *Polit.* I 11, 1259 a[9]; *D.* II A 10: ὀνειδιζόντων γὰρ αὐτῷ διὰ τὴν πενίαν ὡς ἀνωφελοῦς τῆς φιλοσοφίας οὔσης, κατανοήσαντά φασιν αὐτὸν ἐλαιῶν φορὰν ἐσομένην ἐκ τῆς ἀστρολογίας, ἔτι χειμῶνος ὄντος εὐπορήσαντα χρημάτων ὀλίγων ἀρραβῶνας[4] διαδοῦναι τῶν ἐλαιουργείων[5] τῶν τε ἐν Μιλήτῳ καὶ Χίῳ πάντων, ὀλίγου μισθωσάμενον ἅτ' οὐδενὸς ἐπιβάλλοντος[6]. ἐπειδὴ δ' ὁ καιρὸς ἧκε, πολλῶν ζητουμένων ἅμα καὶ ἐξαίφνης, ἐκμισθοῦντα ὃν τρόπον ἠβούλετο, πολλὰ χρήματα συλλέξαντα ἐπιδεῖξαι, ὅτι ῥᾴδιόν ἐστι πλουτεῖν τοῖς φιλοσόφοις, ἂν βούλωνται, ἀλλ' οὐ τοῦτ' ἔστι περὶ ὃ σπουδάζουσιν.

---

[1] ἐν τῷ ὅλῳ = in the universe.
[2] These are surely not Thales' own words; they are of Stoic origin. Cf. Diels, *Dox.* 128.
[3] Plato is commenting the last words in *Leg.* X 899 b: ἄστρων δὴ πέρι πάντων καὶ σελήνης, ἐνιαυτῶν τε καὶ μηνῶν καὶ πασῶν ὡρῶν πέρι, τίνα ἄλλον λόγον ἐροῦμεν ἢ τὸν αὐτὸν τοῦτον, ὡς ἐπειδὴ ψυχὴ μὲν ἢ ψυχαὶ πάντων τούτων αἴτιαι ἐφάνησαν, ἀγαθαὶ δὲ πᾶσαν ἀρετήν, θεοὺς αὐτὰς εἶναι φήσομεν, εἴτε ἐν σώμασιν ἐνοῦσαι, ζῷα ὄντα, κοσμοῦσιν πάντα οὐρανόν, εἴτε ὅπη τε καὶ ὅπως; ἔσθ' ὅστις ταῦτα ὁμολογῶν ὑπομενεῖ μὴ θεῶν εἶναι πλήρη πάντα;
[4] earnest-money.   [5] oil-presses.   [6] bidding higher.

2—ANAXIMANDER

the ἄπειρον
as first
principle

11—a. Simpl., *Phys.* 24, 13 (*D.* 12 A 9, B 1): Ἀναξίμανδρος — ἀρχήν τε καὶ στοιχεῖον εἴρηκε τῶν ὄντων τὸ ἄπειρον, πρῶτος τοῦτο τοὔνομα κομίσας τῆς ἀρχῆς. λέγει δ᾽ αὐτὴν μήτε ὕδωρ μήτε ἄλλο τι τῶν καλουμένων εἶναι στοιχείων, ἀλλ᾽ ἑτέραν τινὰ φύσιν ἄπειρον, ἐξ ἧς ἅπαντας γίνεσθαι τοὺς οὐρανοὺς καὶ τοὺς ἐν αὐτοῖς κόσμους · ἐξ ὧν δὲ ἡ γένεσίς ἐστι τοῖς οὖσι, καὶ τὴν φθορὰν εἰς ταῦτα γίνεσθαι κατὰ τὸ χρεών · διδόναι γὰρ αὐτὰ δίκην καὶ τίσιν ἀλλήλοις τῆς ἀδικίας[1] κατὰ τὴν τοῦ χρόνου τάξιν, ποιητικωτέροις οὕτως ὀνόμασιν αὐτὰ λέγων. δῆλον δὲ ὅτι τὴν εἰς ἄλληλα μεταβολὴν τῶν τεττάρων στοιχείων οὗτος θεασάμενος οὐκ ἠξίωσεν ἕν τι τούτων ὑποκείμενον ποιῆσαι, ἀλλά τι ἄλλο παρὰ ταῦτα. οὗτος δὲ οὐκ ἀλλοιουμένου τοῦ στοιχείου τὴν γένεσιν ποιεῖ, ἀλλ᾽ ἀποκρινομένων τῶν ἐναντίων διὰ τῆς ἀιδίου κινήσεως · διὸ καὶ τοῖς περὶ Ἀναξαγόραν τοῦτον ὁ Ἀριστοτέλης συνέταξεν.

reasons

b. Aët. I 3, 3 (*D.* 12 A 14): Ἀναξίμανδρος δὲ — Μιλήσιός φησι τῶν ὄντων τὴν ἀρχὴν εἶναι τὸ ἄπειρον · ἐκ γὰρ τούτου πάντα γίνεσθαι καὶ εἰς τοῦτο πάντα φθείρεσθαι. διὸ καὶ γεννᾶσθαι ἀπείρους κόσμους καὶ πάλιν φθείρεσθαι εἰς τὸ ἐξ οὗ γίνεσθαι. λέγει γοῦν διότι ἀπέραντόν ἐστιν, ἵνα μηδὲν ἐλλείπῃ ἡ γένεσις ἡ ὑφισταμένη.

no
immaterial
principle

12—a. Arist., *Phys.* III, 4, 203 a[2]: πάντες ὡς ἀρχήν τινα τιθέασι τῶν ὄντων (τὸ ἄπειρον), οἱ μὲν ὥσπερ οἱ Πυθαγόρειοι καὶ Πλάτων, καθ᾽ αὐτό, οὐχ ὡς συμβεβηκός τινι ἑτέρῳ, ἀλλ᾽ οὐσίαν αὐτὸ ὂν τὸ ἄπειρον . . . , οἱ δὲ περὶ φύσεως ἅπαντες ἀεὶ ὑποτιθέασιν ἑτέραν τινὰ φύσιν τῷ ἀπείρῳ τῶν λεγομένων στοιχείων.

---

[1] διδόναι . . . ἀδικίας: rightly interpreted by Burnet, *E. Gr. Ph.*[2] p. 60(fourth ed. p. 57 f.) as a system of compensation (this term is used by L. Robin, *La pensée grecque* 52 f.). Cf. O. Gigon, *Ursprung* p. 82: „Es vollzieht sich in der Welt selber ein unaufhörlicher Ausgleich und ein Austausch des Einen gegen das Andere, wie Licht in Nacht und Nacht in Licht vergeht." Jaeger, *The Theol. of the E. Gr. Phil.* p. 36 points out that Anaximander's explanation of nature is something more than a merely physical explanation: the ἀδικία being a disturbance of a divine order, the natural compensation has the character of a penance. Hence Jaeger speaks here of „the first philosophical theodicy".

The older interpretation of Nietzsche [a] and E. Rohde [b] presupposes a wrong text (without the word ἀλλήλοις). See Diels, VS.[5] p. 89 note, and Jaeger, *o.c.*, p. 34 f.

---

[a] Fr. Nietzsche, *Phil. im tragischen Zeitalter der Griechen*, I (Leipzig, Kroener Verlag), p. 429.

[b] Erwin Rohde, *Psyche*, Tübingen[8] 1921, II, p. 119 n. 1.

Which means that according to Anaximander, being one of the περὶ φύσεως
ἅπαντες, the ἄπειρον is not a subject, but a predicate: an infinite matter, probably
without any qualitative distinction.

   b. In one place Aristotle seems to call it a μῖγμα: (*Metaph.* Λ 2, 1069 b[20]:
καὶ τοῦτ᾽ ἔστι τὸ Ἀναξαγόρου ἕν . . . . . . καὶ Ἐμπεδοκλέους τὸ μῖγμα καὶ Ἀναξιμάνδρου),
but Burnet seems to be right in assuming that we ought not to take that very
strictly (*E. Gr. Ph.*[2] 58 ff., 4th ed. p. 55 ff.).

   c. Cf. Simpl., *Phys.* 149, 13 D: ὁ μέντοι Πορφύριος—σῶμα μὲν τὸ ὑποκεί-
μενον ἀδιορίστως Ἀναξίμανδρον λέγειν φησὶν ἄπειρον οὐ διορίσαντα τὸ εἶδος εἴτε πῦρ
εἴτε ὕδωρ εἴτε ἀήρ.

13—Simplic., *Phys.* 150, 20 D: ἕτερος δὲ τρόπος καθ᾽ ὃν οὐκέτι τὴν **how
μεταβολὴν τῆς ὕλης αἰτιῶνται οὐδὲ κατὰ ἀλλοίωσιν τοῦ ὑποκειμένου τὰς qualitative
γενέσεις ἀποδιδόασιν, ἀλλὰ κατὰ ἔκκρισιν · ἐνούσας γὰρ τὰς ἐναντιότητας ἐν differences
τῷ ὑποκειμένῳ, ἀπείρῳ ὄντι σώματι, ἐκκρίνεσθαί φησιν Ἀναξίμανδρος, πρῶ- are
τος αὐτὸς ἀρχὴν ὀνομάσας τὸ ὑποκείμενον. ἐναντιότητες δέ εἰσι θερμὸν ψυχρὸν explained
ξηρὸν ὑγρὸν καὶ τὰ ἄλλα.

Even therefore the ἀρχή cannot be limited.

14—Arist., *Phys.* III 4, 203b[7]: τοῦ δὲ ἀπείρου οὐκ ἔστιν ἀρχή · εἴη **it rules all
γὰρ ἂν αὐτοῦ πέρας. ἔστι δὲ καὶ ἀγένητον καὶ ἄφθαρτον ὡς ἀρχή τις οὖσα · and is
τό τε γὰρ γενόμενον ἀνάγκη τέλος λαβεῖν, καὶ τελευτὴ πάσης ἐστὶ φθοράς. immortal
διό, καθάπερ λέγομεν, οὐ ταύτης ἀρχή, ἀλλ᾽ αὕτη τῶν ἄλλων εἶναι δοκεῖ
καὶ περιέχειν ἅπαντα καὶ πάντα κυβερνᾶν, ὥς φασιν ὅσοι μὴ ποιοῦσι
παρὰ τὸ ἄπειρον ἄλλας αἰτίας, οἷον νοῦν ἢ φιλίαν. καὶ τοῦτ᾽ εἶναι τὸ θεῖον ·
ἀθάνατον γὰρ καὶ ἀνώλεθρον, ὥς φησιν ὁ Ἀναξίμανδρος καὶ οἱ πλεῖ-
στοι τῶν φυσιολόγων.

15—[Plut.], *Strom.* 2 (D. 12 A 10): μεθ᾽ ὃν (Thales) Ἀναξίμανδρον **innumerable
Θάλητος ἑταῖρον γενόμενον τὸ ἄπειρον φάναι τὴν πᾶσαν αἰτίαν ἔχειν τῆς worlds
τοῦ παντὸς γενέσεώς τε καὶ φθορᾶς, ἐξ οὗ δή φησι τούς τε οὐρανοὺς ἀπο-
κεκρίσθαι καὶ καθόλου τοὺς ἅπαντας ἀπείρους ὄντας κόσμους.

16—**a.** Ib. (D. 12 A 10, l. 33): φησὶ δὲ τὸ ἐκ τοῦ ἀϊδίου γόνιμον **origin of the
θερμοῦ τε καὶ ψυχροῦ κατὰ τὴν γένεσιν τοῦδε τοῦ κόσμου ἀποκριθῆναι καί sun, moon,
τινα ἐκ τούτου φλογὸς σφαῖραν περιφυῆναι τῷ περὶ τὴν γῆν ἀέρι ὡς τῷ and stars
δένδρῳ φλοιόν · ἧστινος ἀπορραγείσης καὶ εἴς τινας ἀποκλεισθείσης κύκλους
ὑποστῆναι τὸν ἥλιον καὶ τὴν σελήνην καὶ τοὺς ἀστέρας.

   b. Aët. II 20 (D. 12 A 21, l. 10): Ἀναξίμανδρος κύκλον εἶναι ὀκ- **the sun
τωκαιεικοσαπλασίονα τῆς γῆς, ἀρματείῳ τροχῷ παραπλήσιον, τὴν ἁψῖδα [1]

---

[1] felloe (Dutch: velg).

ἔχοντα κοίλην, πλήρη πυρός, κατά τι μέρος ἐκφαίνουσαν διὰ στομίου τὸ πῦρ ὥσπερ διὰ πρηστῆρος αὐλοῦ [1] καὶ τοῦτ᾽ εἶναι τὸν ἥλιον.

the earth and the stars

c. Hippolyt., *Ref.* I 6 (*D.* 12 A 11, 3): τὴν δὲ γῆν εἶναι μετέωρον ὑπὸ μηδενὸς κρατουμένην, μένουσαν δὲ διὰ τὴν ὁμοίαν πάντων ἀπόστασιν· τὸ δὲ σχῆμα αὐτῆς γυρόν *, στρογγύλον, κίονι ** λίθῳ παραπλήσιον. τῶν δὲ ἐπι- πέδων ᾧ μὲν ἐπιβεβήκαμεν, ὃ δὲ ἀντίθετον ὑπάρχει. τὰ δὲ ἄστρα γίνεσθαι κύκλον πυρός, ἀποκριθέντα τοῦ κατὰ τὸν κόσμον πυρός, περιληφθέντα δ᾽ ὑπὸ ἀέρος. ἐκπνοὰς δ᾽ ὑπάρξαι πόρους τινὰς αὐλώδεις ***, καθ᾽ οὓς φαίνεται τὰ ἄστρα· διὸ καὶ ἐπιφρασσομένων τῶν ἐκπνοῶν τὰς ἐκλείψεις γίνεσθαι. τὴν δὲ σελήνην ποτὲ μὲν πληρουμένην φαίνεσθαι, ποτὲ δὲ μειουμένην παρὰ τὴν τῶν πόρων ἐπίφραξιν ἢ ἄνοιξιν. εἶναι δὲ τὸν κύκλον τοῦ ἡλίου ἑπτακαιεικοσα- πλασίονα τῆς σελήνης, καὶ ἀνωτάτω μὲν εἶναι τὸν ἥλιον, κατωτάτω δὲ τοὺς τῶν ἀπλανῶν ἀστέρων κύκλους.

the sea

d. Aët. III 16, 1 (*Dox.* 381, 15): Ἀναξίμανδρος τὴν θάλασσάν φησιν εἶναι τῆς πρώτης ὑγρασίας λείψανον, ἧς τὸ μὲν πλεῖον μέρος ἀνεξήρανε τὸ πῦρ, τὸ δὲ ὑπολειφθὲν διὰ τὴν ἔκκαυσιν μετέβαλεν.

biological evolution

17—a. Aët. V 19, 4 (*D.* 12 A 30): Ἀναξίμανδρος ἐν ὑγρῷ γεννηθῆναι τὰ πρῶτα ζῷα φλοιοῖς περιεχόμενα ἀκανθώδεσι, προβαινούσης δὲ τῆς ἡλικίας ἀποβαίνειν ἐπὶ τὸ ξηρότερον καὶ περιρρηγνυμένου τοῦ φλοιοῦ ἐπ᾽ ὀλίγον χρόνον μεταβιῶναι.

b. [Plut.], *Strom. fr.* 2 (*D.* 12 A 10, l. 37): ἔτι φησίν, ὅτι κατ᾽ ἀρχὰς ἐξ ἀλλοειδῶν ζῴων ὁ ἄνθρωπος ἐγεννήθη, ἐκ τοῦ τὰ μὲν ἄλλα δι᾽ ἑαυτῶν ταχὺ νέμεσθαι, μόνον δὲ τὸν ἄνθρωπον πολυχρονίου δεῖσθαι τιθηνήσεως· διὸ καὶ κατ᾽ ἀρχὰς οὐκ ἄν ποτε τοιοῦτον ὄντα διασωθῆναι.

c. Plut., *Symp.* VIII 8, 4 p. 730e (*D.* 12 A 30): ἐν ἰχθύσιν ἐγγενέ- σθαι τὸ πρῶτον ἀνθρώπους ἀποφαίνεται (Ἀναξίμανδρος) καὶ τραφέντας, ὥσπερ οἱ γαλεοί, καὶ γενομένους ἱκανοὺς ἑαυτοῖς βοηθεῖν ἐκβληθῆναι τηνι- καῦτα καὶ γῆς λαβέσθαι.

3—ANAXIMENES

First principle

18—Aët. I 3, 4 (*D.* 13 B 2): Ἀναξιμένης δὲ ὁ Μιλήσιος ἀρχὴν τῶν ὄν-

---

[1] As through the nozzle of a pair of bellows (Dutch: pijp van een blaasbalg); cf. πόρους τινὰς αὐλώδεις in the next cited passage: „openings like pipes", which is, however, not the reading of the Mss., but a probable correction.

* A correction by Roeper, adopted by Diels. Mss.: ὑγρὸν .
** Mss. χίονι.
*** A probable correction of Diels. Mss.: τόπους τινὰς ἀερώδεις.

τῶν ἀέρα ἀπεφήνατο, ἐκ γὰρ τούτου πάντα γίνεσθαι καὶ εἰς αὐτὸν πάλιν ἀνα-
λύεσθαι. οἷον ἡ ψυχή, φησίν, ἡ ἡμετέρα ἀὴρ οὖσα συγκρατεῖ ἡμᾶς,
καὶ ὅλον τὸν κόσμον πνεῦμα καὶ ἀὴρ περιέχει.

19—a. [Plut.], *Strom.* fr. 3 (*D.* 13 A 6): Ἀναξιμένην δέ φασι τὴν τῶν   rarefaction
ὅλων ἀρχὴν τὸν ἀέρα εἰπεῖν, καὶ τοῦτον εἶναι τῷ μὲν μεγέθει ἄπειρον, ταῖς   condensation
δὲ περὶ αὐτὸν ποιότησιν ὡρισμένον · γεννᾶσθαί τε πάντα κατά τινα πύκνωσιν
τούτου καὶ πάλιν ἀραίωσιν. τὴν γε μὴν κίνησιν ἐξ αἰῶνος ὑπάρχειν. πιλουμένου
δὲ τοῦ ἀέρος πρώτην γεγενῆσθαι λέγει τὴν γῆν πλατεῖαν μάλα· διὸ καὶ κατὰ
λόγον αὐτὴν ἐποχεῖσθαι τῷ ἀέρι · καὶ τὸν ἥλιον καὶ τὴν σελήνην καὶ τὰ λοιπὰ
ἄστρα τὴν ἀρχὴν τῆς γενέσεως ἔχειν ἐκ γῆς · ἀποφαίνεται γοῦν τὸν ἥλιον
γῆν, διὰ δὲ τὴν ὀξεῖαν κίνησιν καὶ μάλ᾽ ἱκανῶς θερμὴν ταύτην καῦσιν * λαβεῖν.

b.   Theophr., *Phys. opin.* fr. 2 ap. *Simplic.*, *Phys.* 24, 26 (*D.* 13 A 5):
Ἀναξιμένης δὲ Εὐρυστράτου Μιλήσιος, ἑταῖρος γεγονὼς Ἀναξιμάνδρου, μίαν
μὲν καὶ αὐτὸς τὴν ὑποκειμένην φύσιν καὶ ἄπειρόν φησιν ὥσπερ ἐκεῖνος, οὐκ
ἀόριστον δὲ ὥσπερ ἐκεῖνος, ἀλλὰ ὡρισμένην, ἀέρα λέγων αὐτήν · διαφέρειν
δὲ μανότητι καὶ πυκνότητι κατὰ τὰς οὐσίας. καὶ ἀραιούμενον μὲν πῦρ γίνεσθαι,
πυκνούμενον δὲ ἄνεμον, εἶτα νέφος, ἔτι δὲ μᾶλλον ὕδωρ, εἶτα γῆν, εἶτα λίθους,
τὰ δὲ ἄλλα ἐκ τούτων. κίνησιν δὲ καὶ οὗτος ἀίδιον ποιεῖ, δι᾽ ἣν καὶ τὴν μετα-
βολὴν γίνεσθαι.

c.   Hippol., *Refut.* I 7, 4-6 (*D.* 13 A 7): (4) τὴν δὲ γῆν πλατεῖαν εἶναι   earth and
ἐπ᾽ ἀέρος ὀχουμένην, ὁμοίως δὲ καὶ ἥλιον καὶ σελήνην καὶ τὰ ἄλλα ἄστρα   celestial
πάντα πύρινα ὄντα ἐποχεῖσθαι τῷ ἀέρι διὰ πλάτος. (5) γεγονέναι δὲ τὰ ἄστρα   bodies
ἐκ γῆς διὰ τὸ τὴν ἰκμάδα ἐκ ταύτης ἀνίστασθαι, ἧς ἀραιουμένης τὸ πῦρ γί-
νεσθαι, ἐκ δὲ τοῦ πυρὸς μετεωριζομένου τοὺς ἀστέρας συνίστασθαι. εἶναι δὲ
καὶ γεώδεις φύσεις ἐν τῷ τόπῳ τῶν ἀστέρων συμπεριφερομένας ἐκείνοις.

d.   Cf. Aët. II, 13, 10 (*D.* 13 A 14): Ἀ. πυρίνην μὲν τὴν φύσιν τῶν
ἄστρων, περιέχειν δέ τινα καὶ γεώδη σώματα συμπεφιφερόμενα τούτοις ἀόρατα.

Though not exactly the same, this reminds us of the so-called „dark companions"
in modern astronomy.

20—Theo Smyrn. p. 198, 19 Hiller (*D.* 13 A 16): Ἀναξιμένης δὲ   the light of
(πρῶτος εὗρεν) ὅτι ἡ σελήνη ἐκ τοῦ ἡλίου ἔχει τὸ φῶς καὶ τίνα ἐκλείπει τρόπον.   the moon

---

   *   A correction of Diels. Mss. ἱκανῶς θερμοτάτην κίνησιν λαβεῖν; Usener
θερμότητος; Zeller θερμότητα (without κίνησιν).

SECOND CHAPTER

PYTHAGORAS AND THE OLDER PYTHAGOREANS

Life of Pythagoras

21—About the life of Pythagoras very little is known for certain. He lived at Samos and „flourished" in the reign of Polycrates.

a. The oldest testimony about a journey of his to Egypt is found in Isocr., *Busir.* 11, 28: Πυθαγόρας ὁ Σάμιος — ἀφικόμενος εἰς Αἴγυπτον καὶ μαθητὴς ἐκείνων (τῶν ἱερέων) γενόμενος τήν τ᾽ ἄλλην φιλοσοφίαν πρῶτος εἰς τοὺς "Ελληνας ἐκόμισε καὶ τὰ περὶ τὰς θυσίας καὶ τὰς ἁγιστείας τὰς ἐν τοῖς ἱεροῖς ἐπιφανέστερον τῶν ἄλλων ἐσπούδασεν.— Herod. does not confirm this.

b. Strabo speaks of a journey to Egypt and the Orient, XIV 1, 16 p. 638: ἐπὶ τούτου (Πολυκράτους) Πυθαγόραν ἱστοροῦσιν ἰδόντα φυομένην τὴν τυραννίδα ἐκλιπεῖν τὴν πόλιν καὶ ἀπελθεῖν εἰς Αἴγυπτον καὶ Βαβυλῶνα φιλομαθείας χάριν. ἐπανιόντα δ᾽ ἐκεῖθεν, ὁρῶντα ἔτι συμμένουσαν τὴν τυραννίδα, πλεύσαντα εἰς Ἰταλίαν ἐκεῖ διατελέσαι τὸν βίον.

c. Diog. VIII 3: εἶτα ἐπανῆλθεν εἰς Σάμον καὶ εὑρὼν τὴν πατρίδα τυραννουμένην ὑπὸ Πολυκράτους ἀπῆρεν εἰς Κρότωνα τῆς Ἰταλίας κἀκεῖ νόμους θεὶς τοῖς Ἰταλιώταις ἐδοξάσθη σὺν τοῖς μαθηταῖς, οἳ περὶ τοὺς τριακοσίους ὄντες ᾠκονόμουν ἄριστα τὰ πολιτικά, ὥστε σχεδὸν ἀριστοκρατίαν εἶναι τὴν πολιτείαν.

mathematician and wonder-worker

22—Apollon., *Mir.* 6 (excerpt from Arist., Περὶ τῶν Πυθαγορείων) (D. 14, A 7): Τούτοις δὲ ἐπιγενόμενος („after these", sc. Epimenides, Pherecydes a.o.) Πυθαγόρας Μνησάρχου υἱὸς τὸ μὲν πρῶτον διεπονεῖτο περὶ τὰ μαθήματα καὶ τοὺς ἀριθμούς, ὕστερον δέ ποτε καὶ τῆς Φερεκύδου τερατοποιίας οὐκ ἀπέστη.

doctrine

23—**a.** Porphyr., *Vit. Pyth.* 19: ἃ μὲν οὖν ἔλεγε τοῖς συνοῦσιν οὐδὲ εἷς ἔχει φράσαι βεβαίως · καὶ γὰρ οὐδ᾽ ἡ τυχοῦσα ἦν παρ᾽ αὐτοῖς σιωπή. μάλιστα μέντοι γνώριμα παρὰ πᾶσιν ἐγένετο πρῶτον μὲν ὡς ἀθάνατον εἶναί φησι τὴν ψυχήν, εἶτα μεταβάλλουσαν εἰς ἄλλα γένη ζῴων, πρὸς δὲ τούτοις ὅτι κατὰ περιόδους τινὰς τὰ γιγνόμενά ποτε πάλιν γίγνεται, νέον δ᾽ οὐδὲν ἁπλῶς ἐστι, καὶ ὅτι πάντα τὰ γιγνόμενα ἔμψυχα ὁμογενῆ δεῖ νομίζειν. φαίνεται γὰρ εἰς τὴν Ἑλλάδα τὰ δόγματα πρῶτος κομίσαι ταῦτα Πυθαγόρας.

the oldest testimony on metempsychosis

b. Xenophanes, *D.* 21 B 7:
καί ποτέ μιν στυφελιζομένου σκύλακος παριόντα
φασὶν ἐποικτῖραι καὶ τόδε φάσθαι ἔπος ·
'παῦσαι μηδὲ ῥάπιζ', ἐπεὶ ἦ φίλου ἀνέρος ἐστίν
ψυχή, τὴν ἔγνων φθεγξαμένης ἀίων.'

c. Eudemus ap. Simpl., *Phys.* 732, 30 D:

εἰ δέ τις πιστεύσειε τοῖς Πυθαγορείοις, ὥστε πάλιν τὰ αὐτὰ ἀριθμῷ, κἀγὼ μυθολογήσω τὸ ῥαβδίον ἔχων ὑμῖν καθημένοις οὕτω, καὶ τὰ ἄλλα πάντα ὁμοίως ἕξει, καὶ τὸν χρόνον εὔλογόν ἐστι τὸν αὐτὸν εἶναι.

24—a. Porph., *V.P.* 7 ascribes to P. the habit of μὴ μόνον τῶν ἐμ- ψύχων ἀπέχεσθαι, ἀλλὰ καὶ μαγείροις καὶ θηράτορσι μηδέποτε πλησιάζειν. Cf. the fragm. from the Middle Comedy, Diels, VS.[5], 58 E.

b. Aristoxenus gives a rationalistic interpretation (*F. H. G.* II, 273, fr. 7): Ὅ γε μὴν Ἀριστόξενος πάντα μὲν τὰ ἄλλα συγχωρεῖν αὐτὸν ἐσθίειν ἔμψυχα, μόνον δ' ἀπέχεσθαι βοὸς ἀροτῆρος καὶ κριοῦ.

c. The tradition that Pythagoras also abstained from beans, is attested by Emped. B 141: δειλοί, πάνδειλοι, κυάμων ἄπο χεῖρας ἔχεσθαι.

d. But Aristoxenus l.l. says he ate them by preference, because they were purgative: Π. δὲ τῶν ὀσπρίων μάλιστα τὸν κύαμον ἐδοκίμασεν · λειαντικόν τε γὰρ εἶναι καὶ διαχωρητικόν · διὸ καὶ μάλιστα κέχρηται αὐτῷ.
Burnet, *E. Gr. Ph.*[2] 103 ([4] 94), rightly explains: A. represents "the more en- lightened sect of the Order", who rejected the old taboo-practices.

25—Emped., *D.* 31 B 129:

ἦν δέ τις ἐν κείνοισιν ἀνὴρ περιώσια εἰδώς,
ὃς δὴ μήκιστον πραπίδων ἐκτήσατο πλοῦτον,
παντοίων τε μάλιστα σοφῶν ἐπιήρανος ἔργων.
ὁππότε γὰρ πάσῃσιν ὀρέξαιτο πραπίδεσσιν,
ῥεῖ' ὅ γε τῶν ὄντων πάντων λεύσσεσκεν ἕκαστον
καί τε δέκ' ἀνθρώπων καί τ' εἴκοσιν αἰώνεσσιν.

According to Neoplatonists these verses refer to Pythagoras. On the authority of Iamblichus this interpretation has been generally accepted. Cp. Jaeger, *Theol.*, p. 151 f.

26—According to Iamblichus the Pythagorean community had a postulate of unfixed duration, a first novitiate of three years, and after that five years of silence.

a. Iambl., *V.P.* c. 17, Deubner p. 40, l. 16 sqq.: Προσιόντων τῶν νεωτέρων καὶ βουλομένων συνδιατρίβειν, οὐκ εὐθὺς συνεχώρει, μέχρις ἂν αὐτῶν τὴν δοκιμασίαν καὶ τὴν κρίσιν ποιήσηται.

b. Ib. p. 41, 1: καὶ ὅντινα δοκιμάσειεν οὕτως, ἐφίει τριῶν ἐτῶν ὑπεροράσθαι, δοκιμάζων πῶς ἔχει βεβαιότητος.

silence   c. Ib. p. 41, 4: μετὰ δὲ τοῦτο τοῖς προσιοῦσι προσέταττε σιωπὴν πενταετῆ, ἀποπειρώμενος πῶς ἐγκρατείας ἔχουσιν.

During these five years all property was put into a common stock.

poverty   d. Ib. p. 41, 8: ἐν δὴ τῷ χρόνῳ τούτῳ τὰ μὲν ἑκάστου ὑπάρχοντα, τοῦτ᾽ ἐστιν αἱ οὐσίαι, ἐκοινοῦντο, διδόμενα τοῖς ἀποδεδεγμένοις εἰς τοῦτο γνωρίμοις, οἵπερ ἐκαλοῦντο πολιτικοί, καὶ οἰκονομικοί τινες καὶ νομοθετικοὶ ὄντες.

"clothing" and profession   e. Ib. p. 41, 12: αὐτοὶ δὲ, εἰ μὲν ἄξιοι ἐφαίνοντο τοῦ μετασχεῖν δογμάτων, ἔκ τε βίου καὶ τῆς ἄλλης ἐπιεικείας κριθέντες, μετὰ τὴν πενταετῆ σιωπὴν ἐσωτερικοὶ λοιπὸν ἐγίνοντο καὶ ἐντὸς σινδόνος ἐπήκουον τοῦ Π. μετὰ τοῦ καὶ βλέπειν αὐτόν · πρὸ τούτου δὲ ἐκτὸς αὐτῆς καὶ μηδέποτε αὐτῷ ἐνορῶντες μετεῖχον τῶν λόγων διὰ ψιλῆς ἀκοῆς, ἐν πολλῷ χρόνῳ διδόντες βάσανον τῶν οἰκείων ἠθῶν.

common reading   f. Ib. c. 21, p. 57, 15: μετὰ δὲ τόδε τὸ δεῖπνον ἐγίνοντο σπονδαί, ἔπειτα ἀνάγνωσις ἐγίνετο · ἔθος δ᾽ ἦν τὸν μὲν νεώτατον ἀναγινώσκειν, τὸν δὲ πρεσβύτατον ἐπιστατεῖν ὃ δεῖ ἀναγινώσκειν καὶ ὡς δεῖ.

A. J. Festugière, *Sur une nouvelle édition du ,,De vita Pythagorica" de Jamblique, Revue des Etudes grecques* 1937, p. 487 characterizes this ἀνάγνωσις as "le trait le plus monastique de la journée pythagoricienne",—but certainly not a primitive one! Nor is our knowledge of the famous examination of the conscience due to any ancient source, the Golden Verses being of a much younger date. Yet this may be a primitive feature.

          g. Carm. aur. 40 (cf. Cic., *Cato Maior* 38):
          μηδ᾽ ὕπνον μαλακοῖσιν ἐπ᾽ ὄμμασι προσδέξασθαι,
          πρὶν τῶν ἡμερινῶν ἔργων τρὶς ἕκαστον ἐπελθεῖν ·
          πῆ παρέβην; τί ἔρεξα; τί μοι δέον οὐκ ἐτελέσθη;

purpose of the Pyth.-life   27—Iambl. *V.P.* 137 (Diels, VS. 58 D 2):
          ἅπαντα ὅσα περὶ τοῦ πράττειν ἢ μὴ πράττειν διορίζουσιν, ἐστόχασται τῆς πρὸς τὸ θεῖον ὁμιλίας, καὶ ἀρχὴ αὕτη ἐστὶ καὶ βίος ἅπας συντέτακται πρὸς τὸ ἀκολουθεῖν τῷ θεῷ καὶ ὁ λόγος οὗτος ταύτης ἐστὶ τῆς φιλοσοφίας, ὅτι γελοῖον ποιοῦσιν ἄνθρωποι ἄλλοθέν ποθεν ζητοῦντες τὸ εὖ ἢ παρὰ τῶν θεῶν, καὶ ὅμοιον, ὥσπερ ἂν εἴ τις ἐν βασιλευομένῃ χώρᾳ τῶν πολιτῶν τινα ὕπαρχον θεραπεύσαι ἀμελήσας αὐτοῦ τοῦ πάντων ἄρχοντος καὶ βασιλεύοντος. τοιοῦτον γὰρ οἴονται ποιεῖν καὶ τοὺς ἀνθρώπους.

moral precepts   28—a. Ib. 175 (D. 58 D 3): μετὰ δὲ τὸ θεῖόν τε καὶ τὸ δαιμόνιον πλεῖστον ποιεῖσθαι λόγον γονέων τε καὶ νόμου, καὶ τούτων ὑπήκοον αὐτὸν κατα-

σκευάζειν, μὴ πλαστῶς, ἀλλὰ πεπεισμένως. καθόλου δὲ ᾤοντο δεῖν ὑπολαμ-
βάνειν μηδὲν εἶναι μεῖζον κακὸν ἀναρχίας · οὐ γὰρ πεφυκέναι ἄνθρωπον δια-
σῴζεσθαι μηδενὸς ἐπιστατοῦντος.

b. Ib. 196 (D. 58 D 6):

(καὶ ταῦτα δὲ παρέδωκε τοῖς Πυθαγορείοις Πυθαγόρας, ὧν αἴτιος αὐτὸς
ἦν). προσεῖχον γὰρ οὗτοι, τὰ σώματα ὡς ἂν <ἀεὶ> ἐπὶ τῶν αὐτῶν διακέηται,
καὶ μὴ ᾖ ὁτὲ μὲν ῥικνὰ, ὁτὲ δὲ πολύσαρκα · ἀνωμάλου γὰρ βίου ᾤοντο εἶναι
δεῖγμα. ἀλλὰ ὡσαύτως καὶ κατὰ τὴν διάνοιαν οὐχ ὁτὲ μὲν ἱλαροί, ὁτὲ δὲ κατ-
ηφεῖς, ἀλλ' ἐφ' ὁμαλοῦ πράως χαίροντες. διεκρούοντο δὲ ὀργάς, ἀθυμίας,
ταραχάς · καὶ ἦν αὐτοῖς παράγγελμα, ὡς οὐδὲν δεῖ τῶν ἀνθρωπίνων συμπτω-
μάτων ἀπροσδόκητον εἶναι παρὰ τοῖς νοῦν ἔχουσιν, ἀλλὰ πάντα προσδοκᾶν,
ὧν μὴ τυγχάνουσιν αὐτοὶ κύριοι ὄντες. εἰ δέ ποτε αὐτοῖς συμβαίη ἢ ὀργὴ ἢ
λύπη ἢ ἄλλο τι τοιοῦτον, ἐκποδὼν ἀπηλλάττοντο καὶ καθ' ἑαυτὸν ἕκαστος
γενόμενος ἐπειρᾶτο καταπέττειν τε καὶ ἰατρεύειν τὸ πάθος.

This information of Iamblichus is due to Aristoxenus, who had it
from the μαθηματικοί, the "more enlightened sect of the Order", of the
fourth century. The examination of the conscience is by him explained
rationally as a training of the memory (Iambl., *V. P.* 165; D. 58 D 1).

29—We also possess a collection of ἀκούσματα καὶ σύμβολα: the pre- taboo-
cepts of those Pythagoreans who kept the old traditions. Porphyry precepts
a.o. try to explain them morally and allegorically; but they are simple
taboos of a primitive character. See Burnet, *E. Gr. Ph.*⁴ p. 96.

a. Diog., VIII 34 sqq. (D. 58 C 3):

ἀπέχεσθαι τῶν κυάμων.
τὰ πεσόντα μὴ ἀναιρεῖσθαι.
ἀλεκτρυόνος μὴ ἅπτεσθαι λευκοῦ.
τῶν ἰχθύων μὴ ἅπτεσθαι ὅσοι ἱεροί.
ἄρτον μὴ καταγνύειν.

b. Porph., *V. P.* 42 (D. 58 C 6):

ζυγὸν μὴ ὑπερβαίνειν.
μὴ τὸ πῦρ τῇ μαχαίρᾳ σκαλεύειν.
μηδ' ἀποδημοῦντα ἐπιστρέφεσθαι.
τάς τε λεωφόρους μὴ βαδίζειν.
μηδὲ χελιδόνας ἐν οἰκίᾳ δέχεσθαι.

c. Iambl., *Protr.* 21 (D. ib.):

τὰς λεωφόρους ὁδοὺς ἐκκλίνων διὰ τῶν ἀτραπῶν βάδιζε.
πῦρ μαχαίρῃ μὴ σκάλευε.

ὀξίδα ἀπὸ σεαυτοῦ ἀπόστρεφε πᾶσαν.

εἰς μὲν ὑπόδησιν τὸν δεξιὸν πόδα προπάρεχε, εἰς δὲ ποδόνιπτρον τὸν εὐώνυμον.

στρωμάτων ἀναστὰς συνέλισσε αὐτὰ καὶ τὸν τόπον συνστόρνυε.

χύτρας ἴχνος ἀπὸ σποδοῦ ἀφάνιζε.

κυάμων ἀπέχου.

Some of these precepts might seem to be of a positive character and therefore not to belong to the category of the taboo (for instance "Put on your right shoe first", "When the pot is taken off the fire, make disappear the mark of it in the ashes", and "When you rise from the bedclothes", e.q.s.). Yet this is only an appearance, the real sense of these prescripts being a defence or a warning ("not to leave the mark of the pot in the ashes, nor that of the body in the clothes"). W. Wundt, *Völkerpsychologie* II 2, Leipzig 1906, p. 308, rightly remarks that the true and only prescript which is behind the manyfold taboo-defences is this: "Guard against the wrath of the daemons!"

Cp. G. van der Leeuw, *Phaenomenologie der Religion*, Tübingen 1933, p. 25: "Tabu ist Meidung der Tat und des Worts aus Scheu vor der Macht" (sc. of the daemons).

the Pyth. catechism

30—Iambl., *V. P.* 82-83 (D. 58 C 4): πάντα δὲ τὰ οὕτως <καλούμενα> Ἀκούσματα διήρηται εἰς τρία εἴδη · τὰ μὲν γὰρ αὐτῶν τί ἐστι σημαίνει, τὰ δὲ τί μάλιστα, τὰ δὲ τί δεῖ πράττειν ἢ μὴ πράττειν. τὰ μὲν οὖν τί ἐστι τοιαῦτα, οἷον τί ἐστιν αἱ μακάρων νῆσοι; — ἥλιος καὶ σελήνη. τί ἐστι τὸ ἐν Δελφοῖς μαντεῖον; — τετρακτύς ... τὰ δὲ τί μάλιστα, οἷον τί τὸ δικαιότατον; — θύειν. τί τὸ σοφώτατον; — ἀριθμός ... τί κάλλιστον; — ἁρμονία. τὰ δὲ τί πρακτέον ἢ οὐ πρακτέον τῶν Ἀκουσμάτων τοιαῦτά ἐστιν, οἷον ὅτι δεῖ τεκνοποιεῖσθαι · δεῖ γὰρ ἀντικαταλιπεῖν τοὺς θεραπεύοντας τὸν θεόν · ἢ ὅτι δεῖ τὸν δεξιὸν ὑποδεῖσθαι πρότερον, ἢ ὅτι οὐ δεῖ τὰς λεωφόρους βαδίζειν ὁδούς ...

scientific principles

31—Our earliest direct testimony about the scientific principles of Pythagoreans are the so-called fragments of Philolaus, probably dating from the fourth century; if the greater part of them is genuine, from the beginning of the fourth century.

Boeckh, *Philolaos*, 1819, pleaded for the genuineness of the whole work. Bywater, *Journ. of Philol.* 1868, p. 21-53, rejected the whole. Burnet agrees with him. Diels admits most fragments as genuine, excepting the fr. 21 and 22. E. Frank, *Plato u. die sog. Pythagoreer*, 1923, argues that the work is composed in the second half of the fourth century, as it contains traces of Theaetetus' theory of the five regular bodies and of the musical theories of that time. R. Mondolfo, *Riv. di Filol.* 1937, p. 233 sqq., tried to refute these arguments and defends the genuineness.

Diog., VIII 85: τοῦτόν φησι Δημήτριος ἐν Ὁμωνύμοις πρῶτον ἐκδοῦναι τῶν Πυθαγορικῶν <βιβλία καὶ ἐπιγράψαι περὶ> φύσεως, ὧν ἡ ἀρχὴ ἥδε (D. 44 Β1)· ἁ φύσις δ᾽ ἐν τῷ κόσμῳ ἁρμόχθη ἐξ ἀπείρων τε καὶ περαινόντων καὶ ὅλος ὁ κόσμος καὶ τὰ ἐν αὐτῷ πάντα.

32—a. Philolaus, *D.* 44 B 4: καὶ πάντα γα μὰν τὰ γιγνωσκόμενα ἀρι-   **number**
θμὸν ἔχοντι· οὐ γὰρ οἷόν τε οὐδὲν οὔτε νοηθῆμεν οὔτε γνωσθῆμεν ἄνευ τούτου.

b. Philolaus, Ib. B 11: γνωμικὰ γὰρ ἁ φύσις ἁ τῶ ἀριθμῶ καὶ ἁγεμονικὰ καὶ διδασκαλικὰ τῶ ἀπορουμένω παντὸς καὶ ἀγνοουμένω παντί. οὐ γὰρ ἦς δῆλον οὐδενὶ οὐδὲν τῶν πραγμάτων οὔτε αὐτῶν ποθ᾽ αὐτὰ οὔτε ἄλλω ποτ᾽ ἄλλο, αἱ μὴ ἦς ἀριθμὸς καὶ ἁ τούτω οὐσία. — ψεῦδος δὲ οὐδὲν δέχεται ἁ τῶ ἀριθμῶ φύσις οὐδὲ ἁρμονία· οὐ γὰρ οἰκεῖον αὐτοῖς ἐστι. τᾶς τῶ ἀπείρω καὶ ἀνοήτω καὶ ἀλόγω φύσιος τὸ ψεῦδος καὶ ὁ φθόνος ἐστι.

33—a. Philolaus, Ib. B 6: περὶ δὲ φύσιος καὶ ἁρμονίας ὧδε ἔχει· ἁ   **harmony**
μὲν ἐστὼ τῶν πραγμάτων ἀίδιος ἔσσα καὶ αὐτὰ μὰν ἁ φύσις θείαν γα καὶ οὐκ ἀνθρωπίναν ἐνδέχεται γνῶσιν, πλέον γα ἢ ὅτι οὐχ οἷόν τ᾽ἦν οὐθὲν τῶν ἐόντων καὶ γιγνωσκόμενον ὑφ᾽ ἁμῶν γα γενέσθαι μὴ ὑπαρχούσας τᾶς ἐστοῦς τῶν πραγμάτων, ἐξ ὧν συνέστα ὁ κόσμος, καὶ τῶν περαινόντων καὶ τῶν ἀπείρων. ἐπεὶ δὲ ταὶ ἀρχαὶ ὑπᾶρχον οὐχ ὁμοῖαι οὐδ᾽ ὁμόφυλοι ἔσσαι, ἤδη ἀδύνατον ἦς κα αὐταῖς κοσμηθῆναι [1], εἰ μὴ ἁρμονία ἐπεγένετο, ᾡτινιῶν τρόπω ἐγένετο. τὰ μὲν ὦν ὁμοῖα καὶ ὁμόφυλα ἁρμονίας οὐδὲν ἐπεδέοντο· τὰ δὲ ἀνόμοια μηδὲ ὁμόφυλα μηδὲ ἰσοταγῆ [2] ἀνάγκα τᾷ τοιαύτᾳ ἁρμονίᾳ συγκεκλεῖσθαι, οἵᾳ [3] μέλλοντι ἐν κόσμῳ κατέχεσθαι.

b. Nicom., *Arithm.* II 19, p. 115, 2 Hoche: ἁρμονία δὲ πάντως ἐξ ἐναντίων γίνεται· (D. 44 B 10) ἔστι γὰρ ἁρμονία πολυμιγέων ἕνωσις καὶ δίχα φρονεόντων συμφρόνησις.

It is hardly possible that these lines should belong to presocratic literature. Cp. the participle σωματῶν in B 11, and most of all B 12: καὶ τὰ μὲν τᾶς σφαίρας σώματα πέντε ἐντί, τὰ ἐν τᾷ σφαίρᾳ πῦρ <καὶ> ὕδωρ καὶ γᾶ καὶ ἀήρ, καὶ ὁ τᾶς σφαίρας ὁλκάς, πέμπτον.

Yet, number and harmony will have been the fundamental principles of ancient Pythagoreanism, reaching back to the master himself.

34—a. Nicom., *Arithm.* p. 83, 12:   **numbers represented as figures**
Πρότερον δὲ ἐπιγνωστέον ὅτι ἕκαστον γράμμα ᾧ σημειούμεθα ἀριθμόν,

---

[1] αὐταῖς κοσμηθῆναι: to establish with them a cosmic order.
[2] Diels reads ἰσοταγῆ, a correction of Heidel. ἰσοταχῆ F.
[3] οἵᾳ Diels. ἦ ει F; αἱ Meineke.

οἶον τὸ ι, ᾧ τὸ δέκα, τὸ κ, ᾧ τὰ εἴκοσι, τὸ ω, ᾧ τὰ ὀκτακόσια, νόμῳ καὶ συνθήματι ἀνθρωπίνῳ, ἀλλ' οὐ φύσει σημαντικόν ἐστι τοῦ ἀριθμοῦ.

Cf. Theo Smyrn., *Expositio*, pp. 31 sqq.

b. Also Iambl., *Introd.* p. 56, 27 Pistelli: ἰστέον γὰρ ὡς τὸ παλαιὸν φυσικώτερον οἱ πρόσθεν ἐσημαίνοντο τὰς τοῦ ἀριθμοῦ ποσότητας, ἀλλ' οὐχ ὥσπερ οἱ νῦν συμβολικῶς.

Eurytus   **35**—This is illustrated rather curiously by the example of Eurytus, the disciple of Philolaus.

a. Arist., *Metaph.* N 5 1092 b[8]: οὐθὲν δὲ διώρισται οὐδὲ ὁποτέρως οἱ ἀριθμοὶ αἴτιοι τῶν οὐσιῶν καὶ τοῦ εἶναι, πότερον ὡς ὅροι, (οἷον αἱ στιγμαὶ τῶν μεγεθῶν, καὶ ὡς Εὔρυτος ἔταττε τίς ἀριθμὸς τίνος, οἷον ὁδὶ μὲν ἀνθρώπου, ὁδὶ δὲ ἵππου. ὥσπερ οἱ τοὺς ἀριθμοὺς ἄγοντες εἰς τὰ σχήματα τρίγωνον καὶ τετράγωνον, οὕτως ἀφομοιῶν ταῖς ψήφοις τὰς μορφὰς τῶν φυτῶν). ἢ ὅτι [ὁ] [1] λόγος ἡ συμφωνία ἀριθμῶν, ὁμοίως δὲ καὶ ἄνθρωπος καὶ τῶν ἄλλων ἕκαστον.

b. Alex. Aphrod. p. 827, 9 explains: κείσθω λόγου χάριν ὅρος τοῦ ἀνθρώπου ὁ σν ἀριθμός, ὁ δὲ τξ' τοῦ φυτοῦ · τοῦτο θεὶς ἐλάμβανε ψηφῖδας διακοσίας πεντήκοντα τὰς μὲν πρασίνας τὰς δὲ μελαίνας, ἄλλας <δὲ> ἐρυθρὰς καὶ ὅλως παντοδαποῖς χρώμασι κεχρωσμένας · εἶτα περιχρίων τὸν τοῖχον ἀσβέστῳ καὶ σκιαγραφῶν ἄνθρωπον καὶ φυτὸν οὕτως ἐπήγνυ τάσδε μὲν τὰς ψηφῖδας ἐν τῇ τοῦ προσώπου σκιαγραφίᾳ, τὰς δὲ ἐν τῇ τῶν χειρῶν, ἄλλας δὲ ἐν ἄλλοις, καὶ ἀπετέλει τὴν τοῦ μιμουμένου ἀνθρώπου διὰ ψηφίδων ἰσαρίθμων ταῖς μονάσιν, ἃς ὁρίζειν ἔφασκε τὸν ἄνθρωπον.

the Pyth.   **36**—This manner of representing numbers suggests geometrical proproposition   blems. The so-called Pythagorean proposition is an application of it.

Procl. *ad Eucl.* I 47: Τῶν μὲν ἱστορεῖν τὰ ἀρχαῖα βουλομένων ἀκούοντας τὸ θεώρημα τοῦτο εἰς Πυθαγόραν ἀναπεμπόντων ἔστιν εὑρεῖν καὶ βουθυτεῖν λεγόντων αὐτὸν ἐπὶ τῇ εὑρέσει.

likeness of   **37**—Aristotle sometimes attributes to Pythagoreans the doctrine that
numbers   numbers have a great likeness with things of the world, sometimes that,
and things   according to them, things *are* numbers, and that number is the essence
of all.

---

[1] ὁ secl. Bonitz.

a. Arist., *Metaph*. A 5, 985 b²³:

Ἐν δὲ τούτοις καὶ πρὸ τούτων οἱ καλούμενοι Πυθαγόρειοι τῶν μαθημάτων ἁψάμενοι πρῶτοι ταῦτα προήγαγον, καὶ ἐντραφέντες ἐν αὐτοῖς τὰς τούτων ἀρχὰς τῶν ὄντων ἀρχὰς ᾠήθησαν εἶναι πάντων. Ἐπεὶ δὲ τούτων οἱ ἀριθμοὶ φύσει πρῶτοι, ἐν δὲ τοῖς ἀριθμοῖς ἐδόκουν θεωρεῖν ὁμοιώματα πολλὰ τοῖς οὖσι καὶ γιγνομένοις, μᾶλλον ἢ ἐν πυρὶ καὶ γῇ καὶ ὕδατι, ὅτι τὸ μὲν τοιονδὶ τῶν ἀριθμῶν πάθος δικαιοσύνη, τὸ δὲ τοιονδὶ ψυχὴ καὶ νοῦς, ἕτερον δὲ καιρὸς καὶ τῶν ἄλλων ὡς εἰπεῖν ἕκαστον ὁμοίως, ἔτι δὲ τῶν ἁρμονιῶν ἐν ἀριθμοῖς ὁρῶντες τὰ πάθη καὶ τοὺς λόγους, — ἐπειδὴ τὰ μὲν ἄλλα τοῖς ἀριθμοῖς ἐφαίνετο τὴν φύσιν ἀφωμοιῶσθαι πᾶσαν, οἱ δ᾽ ἀριθμοὶ πάσης τῆς φύσεως πρῶτοι, τὰ τῶν ἀριθμῶν στοιχεῖα τῶν ὄντων στοιχεῖα πάντων εἶναι ὑπέλαβον, καὶ τὸν ὅλον οὐρανὸν ἁρμονίαν εἶναι καὶ ἀριθμόν.

b. Cf. *Metaph*. A 6, 987 b¹⁰, where he is comparing Pythagorean doctrine to Plato's theory of the Ideas:

τὴν δὲ μέθεξιν τοὔνομα μόνον μετέβαλεν (Plato) · οἱ μὲν γὰρ Πυθαγόρειοι μιμήσει τὰ ὄντα φασὶν εἶναι τῶν ἀριθμῶν, Πλάτων δὲ μεθέξει, τοὔνομα μεταβαλών.

38—a. Arist., *Metaph*. A 5, 987 a¹⁴: *(margin: number the essence of all)*

τοσοῦτον δὲ προσεπέθεσαν, ὃ καὶ ἴδιόν ἐστιν αὐτῶν, ὅτι τὸ πεπερασμένον καὶ τὸ ἄπειρον καὶ τὸ ἓν οὐχ ἑτέρας τινὰς ᾠήθησαν εἶναι φύσεις, οἷον πῦρ ἢ γῆν ἤ τι τοιοῦτον ἕτερον, ἀλλ᾽ αὐτὸ τὸ ἄπειρον καὶ αὐτὸ τὸ ἓν οὐσίαν εἶναι τούτων ὧν κατηγοροῦνται, διὸ καὶ ἀριθμὸν εἶναι τὴν οὐσίαν πάντων.

b. Cp. *Metaph*. M 6, 1080 b¹⁶: *(margin: things consist of numbers)*

καὶ οἱ Πυθαγόρειοι δ᾽ ἕνα τὸν μαθηματικόν (sc. ἀριθμόν φασιν εἶναι), πλὴν οὐ κεχωρισμένον, ἀλλ᾽ ἐκ τούτου τὰς αἰσθητὰς οὐσίας συνεστάναι φασίν · τὸν γὰρ ὅλον οὐρανὸν κατασκευάζουσιν ἐξ ἀριθμῶν.

c. Cf. also *Metaph*. N 3, 1090 a²⁰: *(margin: things are numbers)*

οἱ δε Π. διὰ τὸ ὁρᾶν πολλὰ τῶν ἀριθμῶν πάθη ὑπάρχοντα τοῖς αἰσθητοῖς σώμασιν, εἶναι μὲν ἀριθμοὺς ἐποίησαν τὰ ὄντα, οὐ χωριστοὺς δέ, ἀλλ᾽ ἐξ ἀριθμῶν τὰ ὄντα.

d. Ib. 1090 a³² ³⁵: *(margin: criticized by Ar.)*

κατὰ μέντοι τὸ ποιεῖν ἐξ ἀριθμῶν τὰ φυσικὰ σώματα, ἐκ μὴ ἐχόντων βάρος μηδὲ κουφότητα ἔχοντα κουφότητα καὶ βάρος, ἐοίκασι περὶ ἄλλου οὐρανοῦ λέγειν καὶ σωμάτων ἀλλ᾽ οὐ τῶν αἰσθητῶν.

De Vogel, Greek Philosophy I

**first no
elaborated
theory**

39—The Pythagoreans first explained only a few things by numbers.

a. Arist. M 4, 1078 b²¹: οἱ δὲ Πυθαγόρειοι πρότερον περί τινων ὀλίγων, ὧν τοὺς λόγους εἰς τοὺς ἀριθμοὺς ἀνῆπτον, οἷον τί ἐστι καιρὸς ἢ τὸ δίκαιον ἢ γάμος.

**criticized by
the Peripat.**

b. *Magna Mor.* A 1, 1182 a¹¹:

πρῶτος μὲν οὖν ἐνεχείρησε Π. περὶ ἀρετῆς εἰπεῖν, οὐκ ὀρθῶς δέ · τὰς γὰρ ἀρετὰς εἰς τοὺς ἀριθμοὺς ἀνάγων οὐκ οἰκείαν τῶν ἀρετῶν τὴν θεωρίαν ἐποιεῖτο · οὐ γάρ ἐστιν ἡ δικαιοσύνη ἀριθμὸς ἰσάκις ἴσος.

δεκάς

40—**a.** Philolaus, D. 44 B 11: θεωρεῖν δεῖ τὰ ἔργα καὶ τὴν οὐσίαν τῶ ἀριθμῶ καττὰν δύναμιν, ἅτις ἐστὶ ἐν τᾶ δεκάδι · μεγάλα γὰρ καὶ παντελὴς καὶ παντοεργὸς καὶ θείω καὶ ὠρανίω βίω καὶ ἀνθρωπίνω ἀρχὰ καὶ ἀγεμὼν κοινωνοῦσα * ... δύναμις καὶ τᾶς δεκάδος. ἄνευ δὲ τούτας πάντ᾽ ἄπειρα καὶ ἄδηλα καὶ ἀφανῆ.

b. Cf. Arist., *Metaph.* A 5, 986a⁸:

τέλειον ἡ δεκὰς εἶναι δοκεῖ καὶ πᾶσαν εἰληφέναι τὴν τῶν ἀριθμῶν φύσιν.

τετρακτύς

•

• •

• • •

• • • „

41—**a** Pythagoras is called the inventor of the tetractys, a figure that represents the number ten as the triangle of four. See *Carm. Aur.* 47:

οὐ μὰ τὸν ἀμετέρᾳ ψυχᾷ παραδόντα τετρακτύν,
παγὰν ἀενάου φύσιος ῥίζωμά τ᾽ ἔχουσαν.

**penta-
gramma**

b. Another sacred symbol of Pythagoreans is the pentagram or pentalpha. Schol. Luc., p. 234, 21 Rabe:

τὸ πεντάγραμμον · ὅτι τὸ ἐν τῇ συνηθείᾳ λεγόμενον πένταλφα σύμβολον ἦν πρὸς ἀλλήλους Πυθαγορείων ἀναγνωριστικὸν καὶ τούτῳ ἐν ταῖς ἐπιστολαῖς ἐχρῶντο.

Later a wellknown magical symbol (Paracelsus in the 16th century; also in Goethe's *Faust*).

**two
contrarious
principles**

42—Arist. Metaph. A 5, 986 a¹⁵:

φαίνονται δὴ καὶ οὗτοι (οἱ Πυθαγόρειοι) τὸν ἀριθμὸν νομίζοντες ἀρχὴν εἶναι καὶ ὡς ὕλην τοῖς οὖσι καὶ ὡς πάθη τε καὶ ἕξεις, τοῦ δὲ ἀριθμοῦ στοιχεῖα τό τε ἄρτιον καὶ τὸ περιττόν, τούτων δὲ τὸ μὲν πεπερασμένον τὸ δ᾽ ἄπειρον, τὸ δ᾽ ἓν ἐξ ἀμφοτέρων εἶναι τούτων (καὶ γὰρ ἄρτιον εἶναι καὶ περιττόν), τὸν δ᾽ ἀριθμὸν ἐκ τοῦ ἑνός, ἀριθμοὺς δέ, καθάπερ εἴρηται, τὸν ὅλον οὐρανόν. ἕτεροι

---

* After κοινωνοῦσα Diels indicates a lacuna of 12 letters.

δὲ τῶν αὐτῶν τούτων τὰς ἀρχὰς δέκα λέγουσιν εἶναι τὰς κατὰ συστοιχίαν
λεγομένας ·

πέρας	ἄπειρον,
περιττὸν	ἄρτιον,
ἕν	πλῆθος,
δεξιὸν	ἀριστερόν,
ἄρρεν	θῆλυ,
ἠρεμοῦν	κινούμενον,
εὐθὺ	καμπύλον,
φῶς	σκότος,
ἀγαθὸν	κακόν,
τετράγωνον	ἑτερόμηκες.

ὅνπερ τρόπον ἔοικε καὶ ᾽Αλκμαίων ὁ Κροτωνιάτης ὑπολαβεῖν, καὶ ἤτοι οὗτος
παρ᾽ ἐκείνων ἢ ἐκεῖνοι παρὰ τούτου παρέλαβον τὸν λόγον τοῦτον.

43—Aristotle tells us, Pythagoreans held that there was „boundless   the
breath" outside the heavens, and that it was inhaled by the world.   breathing
                                                                        universe

a. Arist., *Phys.* IV 6, 213 b²²: εἶναι δ᾽ ἔφασαν καὶ οἱ Πυθαγόρειοι
κενόν, καὶ ἐπεισιέναι αὐτῷ * τῷ οὐρανῷ ἐκ τοῦ ἀπείρου πνεύματος ὡς ἀνα-
πνέοντι καὶ τὸ κενόν, ὃ διορίζει τὰς φύσεις, ὡς ὄντος τοῦ κενοῦ χωρισμοῦ
τινος τῶν ἐφεξῆς καὶ διορίσεως · καὶ τοῦτ᾽ εἶναι πρῶτον ἐν τοῖς ἀριθμοῖς ·
τὸ γὰρ κενὸν διορίζειν τὴν φύσιν αὐτῶν.

b. Cf. *Plac.* II 9, 1 (*Dox.* 338): οἱ ἀπὸ Πυθαγόρου ἐκτὸς εἶναι τοῦ
κόσμου κενόν, εἰς ὃ ἀναπνεῖ ὁ κόσμος καὶ ἐξ οὗ.

44—**a.** *Aët.* II 7, 7 (D. 44 A 16): Φιλόλαος ¹ πῦρ ἐν μέσῳ περὶ τὸ the so-called
κέντρον, ὅπερ ἑστίαν τοῦ παντὸς καλεῖ καὶ Διὸς οἶκον καὶ μητέρα θεῶν, of Philolaus
βωμόν τε καὶ συνοχὴν ² καὶ μέτρον φύσεως · καὶ πάλιν ἕτερον ἀνω-
τάτω, τὸ περιέχον. πρῶτον δ᾽ εἶναι φύσει τὸ μέσον, περὶ δὲ τοῦτο δέκα σώ-
ματα θεῖα χορεύειν, [οὐρανόν] <μετὰ τὴν τῶν ἀπλανῶν σφαῖραν> τοὺς ε̄ πλα-
νήτας, μεθ᾽ οὓς ἥλιον, ὑφ᾽ ᾧ σελήνην, ὑφ᾽ ᾗ τὴν γῆν, ὑφ᾽ ᾗ τὴν ἀντίχθονα,
μεθ᾽ ἃ σύμπαντα τὸ πῦρ ἑστίας περὶ τὰ κέντρα τάξιν ἐπέχον. τὸ μὲν οὖν ἀνω-
τάτω μέρος τοῦ περιέχοντος, ἐν ᾧ τὴν εἰλικρίνειαν εἶναι τῶν στοιχείων, ὅλυμ-
πον καλεῖ · τὰ δὲ ὑπὸ τὴν τοῦ ὀλύμπου φοράν, ἐν ᾧ τοὺς πέντε πλανήτας

---

¹ Φ., sc. says.
² What keeps all together.

---

* αὐτῷ is read in one ms, and accepted by Simpl., Prantl, Bonitz and Carteron.
The other mss have αὐτὸ, as is read also by Philop. and Themist., followed by
W. D. Ross in his recent edition.

μεθ' ἡλίου καὶ σελήνης τετάχθαι, κόσμον, τὸ δ' ὑπὸ τούτοις ὑποσέληνόν τε καὶ περίγειον μέρος, ἐν ᾧ τὰ τῆς φιλομεταβόλου γενέσεως, οὐρανόν. καὶ περὶ μὲν τὰ τεταγμένα τῶν μετεώρων γίνεσθαι τὴν σοφίαν, περὶ δὲ τῶν γινομένων τὴν ἀταξίαν τὴν ἀρετήν [1], τελείαν μὲν ἐκείνην, ἀτελῆ δὲ ταύτην.

It is highly improbable that it was Philolaus who taught this cosmology. For the arguments see Burnet, *E. Gr .Ph.* 345 f, [4] 297 f; W. Wiersma, *Mnem.* 1942, p. 28 f. argues for Hicetas of Syracuse as the author of this cosmology. Cf. M. T. Cardini, *Il cosmo di Filolao, Rivista di Storia della Filosofia* (Milano) 1946 (I), 322-333.

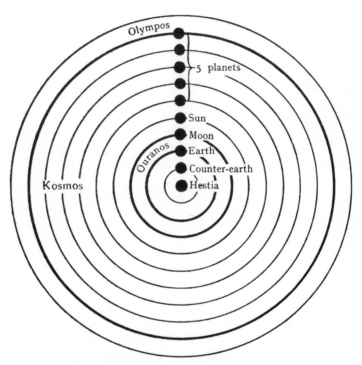

The cosmic system of Philolaus.

the antichthon   **b.** Arist., *De caelo* II 13, 293 a[18]: τῶν πλείστων ἐπὶ τοῦ μέσου κεῖσθαι (τὴν γῆν) λεγόντων — ἐναντίως οἱ περὶ τὴν Ἰταλίαν, καλούμενοι δὲ Πυθαγόρειοι λέγουσιν. ἐπὶ μὲν γὰρ τοῦ μέσου πῦρ εἶναί φασι, τὴν δὲ γῆν ἐν τῶν

---

[1] καὶ περὶ μὲν— τὴν ἀρετήν - "And that wisdom is referring to the fixed order of the heavenly bodies and phenomena, but virtue to the disorder of things that come into being."

ἄστρων οὖσαν, κύκλῳ φερομένην περὶ τὸ μέσον νύκτα τε καὶ ἡμέραν ποιεῖν. ἔτι δ' ἐναντίαν ἄλλην ταύτῃ κατασκευάζουσι γῆν, ἣν ἀντίχθονα ὄνομα καλοῦσιν, οὐ πρὸς τὰ φαινόμενα τοὺς λόγους καὶ τὰς αἰτίας ζητοῦντες, ἀλλὰ πρός τινας λόγους καὶ δόξας αὐτῶν τὰ φαινόμενα προσέλκοντες καὶ πειρώμενοι συγκοσμεῖν.

c. Cic., Acad. pr. II 123: Hicetas Syracosius, ut ait Theophrastus, **Hicetas** caelum, solem, lunam, stellas, supera denique omnia stare censet, neque praeter terram rem ullam in mundo moveri; quae cum circum axem se summa celeritate convertat et torqueat, eadem effici omnia, quae, si stante terra caelum moveretur.

d. Aët. III 13, 3 (D. 51, 5): **Ecphantus**
Ἡρακλείδης ὁ Ποντικὸς καὶ Ἔκφαντος ὁ Πυθαγόρειος κινοῦσι μὲν τὴν γῆν, οὐ μήν γε μεταβατικῶς, ἀλλὰ τρεπτικῶς, τροχοῦ δίκην ἐνηξονισμένην [1], ἀπὸ δυσμῶν ἐπ' ἀνατολὰς περὶ τὸ ἴδιον αὐτῆς κέντρον.

45—Arist., De caelo II 9, 290 b[12]: the „harmony of the
φανερὸν δ' ἐκ τούτων, ὅτι καὶ τὸ φάναι γίνεσθαι φερομένων [2] ἁρμονίαν, **spheres"** ὡς συμφώνων γινομένων τῶν ψόφων, κομψῶς μὲν εἴρηται καὶ περιττῶς [3] ὑπὸ τῶν εἰπόντων, οὐ μὴν οὕτως ἔχει τἀληθές. δοκεῖ γάρ τισιν ἀναγκαῖον εἶναι τηλικούτων φερομένων σωμάτων γίνεσθαι ψόφον, ἐπεὶ καὶ τῶν παρ' ἡμῖν οὔτε τοὺς ὄγκους ἐχόντων ἴσους οὔτε τοιούτῳ τάχει φερομένων · ἡλίου δὲ καὶ σελήνης, ἔτι τε τοσούτων τὸ πλῆθος ἄστρων καὶ τὸ μέγεθος φερομένων τῷ τάχει τοιαύτην φορὰν ἀδύνατον μὴ γίγνεσθαι ψόφον ἀμήχανόν τινα τὸ μέγεθος. ὑποθέμενοι δὲ ταῦτα καὶ τὰς ταχυτῆτας ἐκ τῶν ἀποστάσεων ἔχειν τοὺς τῶν συμφωνιῶν λόγους, ἐναρμόνιόν φασι γίνεσθαι τὴν φωνὴν φερομένων κύκλῳ τῶν ἄστρων. ἐπεὶ δ' ἄλογον ἐδόκει τὸ μὴ συνακούειν ἡμᾶς τῆς φωνῆς ταύτης, αἴτιον τούτου φασὶν εἶναι τὸ γιγνομένοις εὐθὺς ὑπάρχειν τὸν ψόφον, ὥστε μὴ διάδηλον εἶναι πρὸς τὴν ἐναντίαν σιγήν · πρὸς ἄλληλα γὰρ φωνῆς καὶ σιγῆς εἶναι τὴν διάγνωσιν, ὥστε, καθάπερ τοῖς χαλκοτύποις διὰ συνήθειαν οὐθὲν δοκεῖ διαφέρειν, καὶ τοῖς ἀνθρώποις ταὐτὸ συμβαίνειν.

This theory of the „harmony ot the spheres" survived the Middle Ages. Kepler worked it out into details in his work Harmonices mundi. See Heath, Aristarchus pp. 105-115 (where the above quoted passage is translated).

46—Alcmaeon of Croton is said to have taught the divinity of the divinity of celestial bodies. the celestial
bodies

---

[1] Not so, that it goes from one side to the other, but turning itself round an axis, like a wheel fixed in an axle.
[2] sc. τῶν ἄστρων.   [3] with subtility.

a. Arist., *De anima* I 2, 405 a²⁹:

παραπλησίως δὲ τούτοις (Thales, Diogenes and Heraclitus) καὶ Ἀ. ἔοικεν ὑπολαβεῖν περὶ ψυχῆς · φησὶ γὰρ αὐτὴν ἀθάνατον εἶναι διὰ τὸ ἐοικέναι τοῖς ἀθανάτοις · τοῦτο δ᾽ ὑπάρχειν αὐτῇ ὡς ἀεὶ κινουμένῃ · κινεῖσθαι γὰρ καὶ τὰ θεῖα πάντα συνεχῶς ἀεί, σελήνην, ἥλιον, τοὺς ἀστέρας καὶ τὸν οὐρανὸν ὅλον.

b. Cic., *De nat. deorum* I 11, 27:

Crotoniates autem A., qui soli et lunae reliquisque sideribus omnibus animoque praeterea divinitatem dedit, non sensit sese mortalibus rebus immortalitatem dare.

c. Clem., *Protr.* 66 (I, 50, 20 St.):

ὁ γάρ τοι Κροτωνιάτης Ἀ. θεοὺς ᾤετο τοὺς ἀστέρας εἶναι ἐμψύχους ὄντας.

further history of the Pyth. society

47—The synedrion of the Pythagoreans at Croton was burned with the members themselves by the Crotoniates in the years 440-430.

a. Polyb., *Histor.* II 39: Καθ᾽ οὓς γὰρ καιροὺς ἐν τοῖς κατὰ τὴν Ἰταλίαν τόποις, κατὰ τὴν μεγάλην Ἑλλάδα τότε προσαγορευομένην, ἐνέπρησαν τὰ συνέδρια τῶν Πυθαγορείων, μετὰ ταῦτα δὲ γινομένου κινήματος ὁλοσχεροῦς ¹ περὶ τὰς πολιτείας (ὅπερ εἰκός, ὡς ἂν τῶν πρώτων ἀνδρῶν ἐξ ἑκάστης πόλεως οὕτω παραλόγως διαφθαρέντων), συνέβη τὰς κατ᾽ ἐκείνους τοὺς τόπους Ἑλληνικὰς πόλεις ἀναπλησθῆναι φόνου καὶ στάσεως καὶ παντοδαπῆς ταραχῆς.

Philolaus and Lysis

Philolaus was during that time at Thebes (Plato, *Phaedo* 61 d). According to Aristoxenus (Iambl., *V. P.* 250) only two Pythagoreans escaped from Croton. One of them was Lysis, who went to Thebes and afterwards became the master of Epaminondas.

b. Iambl., *V. Pyth.* 250, Deubner p. 134, l. 16 ff.: τῶν δύο τῶν περισωθέντων, ἀμφοτέρων Ταραντίνων ὄντων, ὁ μὲν Ἄρχιππος ἀνεχώρησεν εἰς Τάραντα, ὁ δὲ Λῦσις μισήσας τὴν ὀλιγωρίαν ἀπῆρεν εἰς τὴν Ἑλλάδα καὶ ἐν Ἀχαΐᾳ διέτριβε τῇ Πελοποννησιακῇ, ἔπειτα εἰς Θήβας μετῳκίσατο σπουδῆς ² τινος γενομένης, οὗπερ ἐγένετο Ἐπαμινώνδας ἀκροατὴς καὶ πατέρα τὸν Λῦσιν ἐκάλεσεν.

---

¹ A complete riot.
² „Political zeal", party feelings by which he came into danger.

THIRD CHAPTER
HERACLITUS

48—H. "flourished" round 500 (Diog. IX, 1). He is younger than Pythagoras and Xenophanes, which appears from D. 22 B 40: date

a. πολυμαθίη νόον ἔχειν οὐ διδάσκει · Ἡσίοδον γὰρ ἂν ἐδίδαξε καὶ Πυθαγόρην αὖτίς τε Ξενοφάνεα καὶ Ἑκαταῖον.

On the other hand he is older than Parmenides, who clearly combats him in his poem (Parm., D. 28 B 6, vs. 8-9).

b. D. 22 B 121 speaks of the expulsion of Hermodorus: ἄξιον Ἐφεσίοις ἡβηδὸν ἀπάγξασθαι, οἵτινες Ἑρμόδωρον ἄνδρα ἑωυτῶν ὀνήιστον ἐξέβαλον φάντες · ἡμέων μηδὲ εἷς ὀνήιστος ἔστω, εἰ δὲ μή, ἄλλη τε καὶ μετ' ἄλλων.

This event, according to Zeller, could not have taken place before the downfall of Persian rule. H. consequently cannot have published his work till after 478. Burnet, *E. Gr. Ph.*[2] 143 sq. rightly argued that the Persians never took their internal selfgovernment from the Ionian cities [1]: the accepted view was, as appears from the spurious Letters of Heraclitus, that the expulsion of Hermodorus took place during the reign of Darius.

49—Diog. IX 1, 1-3: (1) Μεγαλόφρων δὲ γέγονε παρ' ὁντιναοῦν καὶ ὑπερόπτης, ὡς καὶ ἐκ τοῦ συγγράμματος αὐτοῦ δῆλον, ἐν ᾧ φησι ,,πολυμαθίη'' e.q.s. [2] (2) Ἀξιούμενος δὲ καὶ νόμους θεῖναι πρὸς αὐτῶν ὑπερεῖδε διὰ τὸ ἤδη κεκρατῆσθαι τῇ πονηρᾷ πολιτείᾳ τὴν πόλιν. (3) ἀναχωρήσας δὲ εἰς τὸ ἱερὸν τῆς Ἀρτέμιδος μετὰ τῶν παίδων ἠστραγάλιζεν · περιστάντων δ' αὐτὸν τῶν Ἐφεσίων, 'τί, ὦ κάκιστοι, θαυμάζετε;' εἶπεν · 'ἢ οὐ κρεῖττον τοῦτο ποιεῖν ἢ μεθ' ὑμῶν πολιτεύεσθαι;' καὶ τέλος μισανθρωπήσας καὶ ἐκπατήσας ἐν τοῖς ὄρεσι διῃτᾶτο, πόας σιτούμενος καὶ βοτάνας. (5) ἤκουσέ τε οὐδενός, ἀλλ' αὐτὸν ἔφη διζήσασθαι καὶ μαθεῖν πάντα παρ' ἑαυτοῦ [3]. life and character

50—a. Diog. ib. 5-6: τὸ δὲ φερόμενον αὐτοῦ βιβλίον ἐστὶ μὲν ἀπὸ τοῦ συνέχοντος [4] περὶ φύσεως, διῄρηται δὲ εἰς τρεῖς λόγους, εἴς τε τὸν περὶ τοῦ his book

---

[1] Cp. in the fourth edition p. 130 f.
[2] The author could also have cited D. B 49: εἷς ἐμοὶ μύριοι, ἐὰν ἄριστος ᾖ.
[3] B 101: ἐδιζησάμην ἐμεωυτόν.
[4] τὸ συνέχον = the chief matter (frequently in *Polyb.*).

παντὸς καὶ πολιτικὸν καὶ θεολογικόν. (6) ἀνέθηκε δ' αὐτὸ εἰς τὸ τῆς Ἀρτέμιδος ἱερόν, ὡς μέν τινες, ἐπιτηδεύσας ἀσαφέστερον γράψαι, ὅπως οἱ δυνάμενοι [1] ⟨μόνον⟩ προσίοιεν αὐτῷ καὶ μὴ ἐκ τοῦ δημώδους εὐκαταφρόνητον ᾖ.

b. Ib.: Θεόφραστος δέ φησιν ὑπὸ μελαγχολίας τὰ μὲν ἡμιτελῆ, τὰ δὲ ἄλλοτε ἄλλως ἔχοντα γράψαι.

ὁ σκοτεινός **51**—He was surnamed ὁ σκοτεινός.

a. Cic., *De fin.* II, 15; Strabo XIV, 25 (τῶν μὲν παλαιῶν Ἡράκλειτός τε ὁ σκοτεινὸς καλούμενος καὶ Ἑρμόδωρος); [Arist.], *De mundo* 5. Livius mentions in the days of Hannibal one ,,Heraclitus, cui Scotino cognomen erat" (XXIII 39, 3).

b. Arist., *Rhet.* III 5, 1407 b[15] says that it is difficult to punctuate the texts of H.:

Τὰ γὰρ Ἡρακλείτου διαστίξαι [2] ἔργον [3] διὰ τὸ ἄδηλον εἶναι ποτέρῳ πρόσκειται, τῷ ὕστερον ἢ τῷ πρότερον, οἷον ἐν τῇ ἀρχῇ αὐτοῦ τοῦ συγγράμματος. φησὶ γάρ · (D. B 1; our nr. **60 a**) ,,τοῦ λόγου τοῦδ' ἐόντος αἰεὶ ἀξύνετοι ἄνθρωποι γίγνονται". ἄδηλον γὰρ τὸ αἰεὶ πρὸς ὁποτέρῳ διαστίξαι.

H. himself seems to be quite conscious of writing an oracular style.

c. D. B 93:

ὁ ἄναξ, οὗ τὸ μαντήιόν ἐστι τὸ ἐν Δελφοῖς, οὔτε λέγει οὔτε κρύπτει ἀλλὰ σημαίνει.

d. D. B 92:

Σίβυλλα δὲ μαινομένῳ στόματι ἀγέλαστα καὶ ἀκαλλώπιστα καὶ ἀμύριστα φθεγγομένη χιλίων ἐτέων ἐξικνεῖται τῇ φωνῇ διὰ τὸν θεόν.

doctrine **52**—The doctrine of H. can be gathered from four central texts, illustrated by various images.

1. eternal change and movement

a. Plato, *Crat.* 402 a:

λέγει που Ἡράκλειτος ὅτι πάντα χωρεῖ καὶ οὐδὲν μένει, καὶ ποταμοῦ ῥοῇ ἀπεικάζων τὰ ὄντα λέγει ὡς δὶς ἐς τὸν αὐτὸν ποταμὸν οὐκ ἂν ἐμβαίης.

b. Heracl., D. B 91 (Plut., *De E ap. Delph.* 18, p. 392 B):

,,ποταμῷ γὰρ οὐκ ἔστιν ἐμβῆναι δὶς τῷ αὐτῷ", καθ' Ἡράκλειτον, οὐδὲ θνητῆς οὐσίας δὶς ἅψασθαι κατὰ ἕξιν · ἀλλ' ὀξύτητι καὶ τάχει μεταβολῆς ,,σκίδνησι καὶ πάλιν συνάγει" [4], μᾶλλον δὲ οὐδὲ πάλιν οὐδ' ὕστερον, ἀλλ' ἅμα συνίσταται καὶ ἀπολείπει, ,,πρόσεισι καὶ ἄπεισι".

---

[1] οἱ δυνάμενοι - οἱ ἄριστοι.
[2] to point off.
[3] ἔργον, sc. ἐστι (it is difficult).
[4] συνάγει - intrans.

c.　D. B 49a:

ποταμοῖς τοῖς αὐτοῖς ἐμβαίνομέν τε καὶ οὐκ ἐμβαίνομεν, εἶμέν τε καὶ οὐκ εἶμεν.

d.　fr.— *

Στάσις ἐστι τῶν νεκρῶν.

e.　B 125:

καὶ ὁ κυκεὼν διίσταται ⟨μὴ⟩ κινούμενος.

53—a.　Heracl., D. B 53:

πόλεμος πάντων μὲν πατήρ ἐστι, πάντων δὲ βασιλεύς, καὶ τοὺς μὲν θεοὺς ἔδειξε τοὺς δὲ ἀνθρώπους, τοὺς μὲν δούλους ἐποίησε τοὺς δὲ ἐλευθέρους.

2. **war and elastic harmony**

b.　Cf. Arist., *Eth. Eud.* VII 1, 1235 a²⁵:

καὶ Ἡράκλειτος ἐπιτιμᾷ τῷ ποιήσαντι (Hom. Σ 107)· „ὡς ἔρις ἔκ τε θεῶν καὶ ἀνθρώπων ἀπόλοιτο"· οὐ γὰρ ἂν εἶναι ἁρμονίαν μὴ ὄντος ὀξέος καὶ βαρέος, οὐδὲ τὰ ζῷα ἄνευ θήλεος καὶ ἄρρενος, ἐναντίων ὄντων.

c.　Heracl., D. B 8 (Arist., *Eth. Nic.* VIII 2, 1155 b⁴: Ἡράκλειτος (φάσκων) τὸ ἀντίξουν συμφέρον καὶ ἐκ τῶν διαφερόντων καλλίστην ἁρμονίαν καὶ πάντα κατ' ἔριν γίνεσθαι.

d.　Heracl., D. B 51:

οὐ ξυνιᾶσιν ὅκως διαφερόμενον ἑωυτῷ ὁμολογέει· παλίντροπος ** ἁρμονίη ὅκωσπερ τόξου καὶ λύρης.

e.　[Arist.], *De mundo* 5, 396 b⁷; D. B 10:

ἴσως δὲ τῶν ἐναντίων ἡ φύσις γλίχεται καὶ ἐκ τούτων ἀποτελεῖ τὸ σύμφωνον, οὐκ ἐκ τῶν ὁμοίων· ὥσπερ ἀμέλει τὸ ἄρρεν συνήγαγε πρὸς τὸ θῆλυ καὶ οὐχ ἑκάτερον πρὸς τὸ ὁμόφυλον καὶ τὴν πρώτην ὁμόνοιαν διὰ τῶν ἐναντίων συνῆψεν, οὐ διὰ τῶν ὁμοίων. ἔοικε δὲ καὶ ἡ τέχνη τὴν φύσιν μιμουμένη τοῦτο ποιεῖν· ζωγραφία μὲν γὰρ λευκῶν τε καὶ μελάνων ὠχρῶν τε καὶ ἐρυθρῶν χρωμάτων ἐγκερασαμένη φύσεις τὰς εἰκόνας τοῖς προηγουμένοις ἀπετέλεσε συμφώνους, μουσικὴ δὲ ὀξεῖς ἅμα καὶ βαρεῖς μακρούς τε καὶ βραχεῖς φθόγγους μείξασα ἐν διαφόροις φωναῖς μίαν ἀπετέλεσεν ἁρμονίαν, γραμματικὴ δὲ ἐκ φωνηέντων καὶ ἀφώνων γραμμάτων κρᾶσιν ποιησαμένη τὴν ὅλην τέχνην ἀπ' αὐτῶν συνεστήσατο. ταὐτὸ δὲ τοῦτο ἦν καὶ τὸ παρὰ τῷ σκοτεινῷ λεγόμενον Ἡρακλείτῳ·

---

* Diels puts this fragment under the testimonia (A 6): Aët. I 23, 7 (*Dox.* 320): Ἡ. ἠρεμίαν τε καὶ στάσιν ἐκ τῶν ὅλων ἀνῄρει· ἔστι γὰρ τοῦτο τῶν νεκρῶν.
** Plutarch, *De Is.* 45, 369 a, and Porphyry read παλίντονος. In most other quotations the mss have παλίντροπος.

„συνάψιες ὅλα καὶ οὐχ ὅλα, συμφερόμενον διαφερόμενον, συνᾷδον διᾷδον, καὶ ἐκ πάντων ἓν καὶ ἐξ ἑνὸς πάντα."

contraries

54—a. Heracl., D. B 67:

Ὁ θεὸς ἡμέρη εὐφρόνη, χειμὼν θέρος, πόλεμος εἰρήνη, κόρος λιμός· ἀλλοιοῦ-
ται δὲ ὅκωσπερ πῦρ ὁπόταν συμμιγῇ θυώμασιν, ὀνομάζεται καθ' ἡδονὴν
ἑκάστου [1].

b. D. B 88:

ταὐτὸ τ' ἔνι [2] ζῶν καὶ τεθνηκὸς καὶ τὸ ἐγρηγορὸς καὶ τὸ καθεῦδον καὶ
νέον καὶ γηραιόν· τάδε γὰρ μεταπεσόντα ἐκεῖνά ἐστι κἀκεῖνα πάλιν μεταπε-
σόντα ταῦτα.

c. D. B 62:

ἀθάνατοι θνητοί, θνητοὶ ἀθάνατοι, ζῶντες τὸν ἐκείνων θάνατον, τὸν δὲ
ἐκείνων βίον τεθνεῶτες [3].

d. The same principle works in the elements. D. B 76:

Ζῇ πῦρ τὸν γῆς θάνατον καὶ ἀὴρ ζῇ τὸν πυρὸς θάνατον, ὕδωρ ζῇ τὸν ἀέρος
θάνατον, γῆ τὸν ὕδατος.

3. ὁδὸς ἄνω
ὁδὸς κάτω

55—H. says that the upward path and the downward path are
the same.

a. D. B 60:

Ὁδὸς ἄνω κάτω μία καὶ ὡυτή.

$$\downarrow \quad \begin{array}{c} \text{fire} \\ \text{water} \\ \text{earth} \end{array} \quad \uparrow$$

b. Diog. IX 7 (D. A 1):

ἐκ πυρὸς τὰ πάντα συνεστάναι καὶ εἰς τοῦτο ἀναλύεσθαι [4]. πάντα τε γί-
νεσθαι καθ' εἱμαρμένην, καὶ διὰ τῆς ἐναντιοδρομίας * ἡρμόσθαι τὰ ὄντα.
— (8) πῦρ εἶναι στοιχεῖον καὶ πυρὸς ἀμοιβὴν τὰ πάντα [5], ἀραιώσει καὶ πυκνώσει
γινόμενα. σαφῶς δὲ οὐδὲν ἐκτίθεται.— τῶν δὲ ἐναντίων τὸ μὲν ἐπὶ τὴν γένεσιν
ἄγον καλεῖσθαι πόλεμον καὶ ἔριν, τὸ δ' ἐπὶ τὴν ἐκπύρωσιν ὁμολογίαν καὶ

---

[1] O. Gigon, *Ursprung* 242, remarks: "The fire in the luxurious Ionian houses
is perfumed; it is named after the parfume with which it is mixed."

[2] ἐν ἡμῖν ἐστιν.

[3] They live mutually each other's death and die each other's life.

[4] Cp. the theory of the ἐκπύρωσις, our next nrs.

[5] "All things are given in exchange for fire". Cf. B 90 (our nr. **58**).

---

* ἐναντιοδρομίας Aët. I 7, 22 (*Dox.* 303). A probable correction of ἐναντιοτροπῆς.

εἰρήνην, καὶ τὴν μεταβολὴν ὁδὸν ἄνω κάτω, τόν τε κόσμον γίνεσθαι κατ᾽ αὐτήν. (9) πυκνούμενον γὰρ τὸ πῦρ ἐξυγραίνεσθαι συνιστάμενόν τε γίνεσθαι ὕδωρ, πηγνύμενον δὲ τὸ ὕδωρ εἰς γῆν τρέπεσθαι · καὶ ταύτην ὁδὸν ἐπὶ τὸ κάτω εἶναι λέγει. πάλιν τε αὖ τὴν γῆν χεῖσθαι [1], ἐξ ἧς τὸ ὕδωρ γίνεσθαι, ἐκ δὲ τούτου τὰ λοιπά, σχεδὸν πάντα ἐπὶ τὴν ἀναθυμίασιν [2] ἀνάγων τὴν ἀπὸ τῆς θαλάττης. αὕτη δέ ἐστιν ἡ ἐπὶ τὸ ἄνω ὁδός.

56—a. Arist., *Phys.* III 5, 205 a³: ἐκπύρωσις
Ἡ. φησὶν ἅπαντα γίνεσθαί ποτε πῦρ.

Also *Metaph.* Λ 10, 1067 a⁴; *De caelo* I 10, 279 b¹⁶; Diog. IX 8:

γεννᾶσθαί τε αὐτὸν (τὸν κόσμον) ἐκ πυρὸς καὶ πάλιν ἐκπυροῦσθαι κατά τινας περιόδους ἐναλλὰξ τὸν σύμπαντα αἰῶνα · τοῦτο δὲ γίνεσθαι καθ᾽ εἱμαρμένην.

b. Theophrastus (Simpl., *Phys.* 24, 4 D, *Dox.* 476) says, that H. fixed these periods on a limited duration:

ποιεῖ δὲ καὶ τάξιν τινὰ καὶ χρόνον ὡρισμένον τῆς τοῦ κόσμου μεταβολῆς κατά τινα εἱμαρμένην ἀνάγκην *.

c. Cf. *Aët.* II 32, 3 (*Dox.* 364): Ἡ. ἐξ μυρίων ὀκτακισχιλίων ἡλιακῶν (sc. ἐνιαυτῶν. H. makes it consist in 18000 sun-years).

57—Burnet argued (*E. Gr. Ph.*² 178-183; ⁴ 156-163) that the theory   difficulties of a periodical conflagration is inconsistent with the texts of H. himself, D. B 30 and 94, and explained them as a later (Stoic and Christian) interpretation.

Zeller and Diels maintained that H. taught a general conflagration (see Zeller, *Phil. d. Gr.* I 2, p. 878 n. 2). More recently O. Gigon understood the μέτρα - μέτρα in our next following fr. as indicating a succession of periods [3]. Cf. *Ursprung*, pp. 215 f., cited sub **c**.

a. Heracl., D. B 30:
Κόσμον τόνδε, τὸν αὐτὸν ἁπάντων, οὔτε τις θεῶν οὔτε ἀνθρώπων ἐποίησεν, ἀλλ᾽ ἦν ἀεὶ καὶ ἔστιν καὶ ἔσται πῦρ ἀείζωον, ἁπτόμενον μέτρα καὶ ἀποσβεννύμενον μέτρα.

μέτρα can mean "partly", and can also mean "periodically".

---

[1] is dispersed.   [2] evaporation.
[3] *Untersuchungen zu Heraklit*, Basel 1935, p. 73: "Denn nur ein derartig markiertes besonderes Weltgeschehen konnte als vom Schicksalsgesetz bestimmt bezeichnet werden und kaum ein ewig gleichförmiges Fliessen."

---

* ἀνάγκην is athetised by Usener as a gloss.

b. Cf. D. B 94:

Ἥλιος γὰρ οὐχ ὑπερβήσεται μέτρα· εἰ δὲ μή, Ἐρινύες μιν Δίκης ἐπίκουροι ἐξευρήσουσιν.

Indeed, there is a certain contradiction between the theory of an eternal process of conflagration and that of a periodical catastrophe. May we say that in Arist.'s words in *Phys.* III 5 (ἅπαντα γίνεσθαί ποτε πῦρ) the praesens just marks the perpetual process and consequently excludes a periodical catastrophe? The answer to this question may be found in the next fr.

c. Heracl., D. B 66:

πάντα γάρ, φησί, τὸ πῦρ ἐπελθὸν κρινεῖ καὶ καταλήψεται.

Cf. O. Gigon, *Ursprung*, l.c. "Es wird nicht angehen, die Christen und die Stoiker hier in ein und derselben Missdeutung des heraklitischen Feuers als Gericht zusammentreffen zu lassen" e.q.s.

all things are given in exchange for fire

58—Heracl, D. B 90:

πυρός τε ἀνταμοιβὴ τὰ πάντα φησὶν ὁ Ἡράκλειτος καὶ πῦρ ἁπάντων, ὅκωσπερ χρυσοῦ χρήματα καὶ χρημάτων χρυσός.

the soul

59—a. Heracl., D. B 36:

ψυχῇσιν θάνατος ὕδωρ γενέσθαι, ὕδατι δὲ θάνατος γῆν γενέσθαι. ἐκ γῆς δὲ ὕδωρ γίνεται, ἐξ ὕδατος δὲ ψυχή.

H. observed drunken people and therefore says:

b. D. B 77:

ψυχῇσιν τέρψιν ἢ θάνατον ὑγρῇσι γενέσθαι.

c. Cf. B 117:

Ἀνὴρ ὁκόταν μεθυσθῇ, ἄγεται ὑπὸ παιδὸς ἀνήβου σφαλλόμενος, οὐκ ἐπαΐων ὅκῃ βαίνει, ὑγρὴν τὴν ψυχὴν ἔχων.

the dry soul Soul is the purest manifestation of the cosmic fire. Therefore the dry soul is wisest, as water is the death for souls.

d. D. B 118:

αὔη [ξηρὴ] ψυχὴ σοφωτάτη καὶ ἀρίστη *.

e. Cf. D. B 85:

θυμῷ μάχεσθαι χαλεπόν· ὃ γὰρ ἂν θέλῃ ψυχῆς ὠνεῖται.

Anger is an eruption of the fire that is the vital force of the soul. Therefore, "what anger wills is bought at the expense of the soul". Vid. W. J. Verdenius, *A psychological statement of H.*, in *Mnem.* 1942, p. 115-121.

* αὔη [ξηρὴ] Stephanus, Bywater, Burnet. Diels reads αὐγὴ ξηρὴ. In this form the text is cited by Plutarch, Philo, Musonius and Clemens Alex. The mss have not αὐγή, but αὐτὴ and αὔτη. Stob. cites αὔη ξηρή.

60—a. Heracl., D. B 1:   4. **the logos**

τοῦ λόγου τοῦδ' ἐόντος αἰεὶ ἀξύνετοι γίγνονται ἄνθρωποι καὶ πρόσθεν ἢ ἀκοῦσαι
καὶ ἀκούσαντες τὸ πρῶτον · γινομένων γὰρ πάντων κατὰ τὸν λόγον τόνδε
ἀπείροισιν ἐοίκασι, πειρώμενοι καὶ ἐπέων καὶ ἔργων τοιούτων, ὁκοίων ἐγὼ
διηγεῦμαι διαιρέων ἕκαστον κατὰ φύσιν καὶ φράζων ὅκως ἔχει. τοὺς δὲ ἄλλους
ἀνθρώπους λανθάνει ὁκόσα ἐγερθέντες ποιοῦσιν, ὅκωσπερ ὁκόσα εὕδοντες [1]
ἐπιλανθάνονται.

b. D. B 2 (Sext., *Adv. Math.* VII 133):

διὸ δεῖ ἕπεσθαι τῷ <ξυνῷ, τουτέστι τῷ> κοινῷ · ξυνὸς γὰρ ὁ κοινός. τοῦ
λόγου δ' ἐόντος ξυνοῦ ζώουσιν οἱ πολλοὶ ὡς ἰδίαν ἔχοντες φρόνησιν.

61—Perhaps we must begin with B 101: ἐδιζησάμην ἐμεωυτόν.
We might then find the result of this inquiry in B 45:

a. ψυχῆς πείρατα ἰὼν οὐκ ἂν ἐξεύροιο πᾶσαν ἐπιπορευόμενος ὁδόν · **in the soul**
οὕτω βαθὺν λόγον ἔχει.

b. Cf. B 115: ψυχῆς ἐστι λόγος ἑαυτὸν αὔξων.

62—a. The logos is also a cosmic law. B 31:   **in the universe**
θάλασσα διαχέεται καὶ μετρέεται εἰς τὸν αὐτὸν λόγον ὁκοῖος πρόσθεν ἦν
ἢ γενέσθαι γῆ.
Cf. B 30 and 94 (nr. **57a** and **b**).

b. In this law our judgment must be founded, if it will be true; and   **a moral principle**
also our actions. B 112:

τὸ φρονεῖν ἀρετὴ μεγίστη, καὶ σοφίη ἀληθέα λέγειν καὶ ποιεῖν κατὰ φύσιν
ἐπαΐοντας.

"*to act according to nature*, listening to her" (cp. the famous Stoic formula).

c. Cf. B 113:
ξυνόν ἐστι πᾶσι τὸ φρονέειν.

d. And also B 114:
ξὺν νόῳ λέγοντας ἰσχυρίζεσθαι χρὴ τῷ ξυνῷ πάντων, ὅκωσπερ νόμῳ πόλις
καὶ πολὺ ἰσχυροτέρως. τρέφονται γὰρ πάντες οἱ ἀνθρώπειοι νόμοι ὑπὸ ἑνὸς
τοῦ θείου · κρατέει γὰρ τοσοῦτον ὁκόσον ἐθέλει καὶ ἐξαρκέει πᾶσι καὶ περι-
γίνεται [2].

---

[1] sc. ποιοῦσι.
[2] it overcomes all.

e. Cf. B 2 (our nr. **60 b**) and B 44:

μάχεσθαι χρὴ τὸν δῆμον ὑπὲρ τοῦ νόμου ὅκωσπερ τείχεος.

Zeus

63—a. Heracl., B 32:

Ἓν τὸ σοφὸν μοῦνον λέγεσθαι οὐκ ἐθέλει καὶ ἐθέλει Ζηνὸς ὄνομα.

b. B 41:

ἓν τὸ σοφόν, ἐπίστασθαι γνώμην, ὁτέη ἐκυβέρνησε πάντα διὰ πάντων.

In B 94 (our nr. **57 b**) the helpers of Dikè are introduced as maintainers of cosmic order. That order itself is called "logos" in fr. 31 (nr. **62 a**). We may conclude that to H. Zeus, Dikè, τὸ σοφόν and logos are the same; perhaps even εἱμαρμένη (see the passage in Diog. IX 7, our nr. **55 b**: πάντα τε γίνεσθαι καθ᾽ εἱμαρμένην).

c. Cf. D. B 52:

αἰὼν παῖς ἐστι παίζων, πεττεύων · παιδὸς ἡ βασιληίη.

The eternal process of world-formation and solution into fire (ὁδὸς ἄνω and κάτω) is like child's play of building up and breaking down. Our fr. can hardly mean something else.

God and man

64—a. D. B 78:

Ἀνὴρ νήπιος ἤκουσε πρὸς δαίμονος [1] ὅκωσπερ παῖς πρὸς ἀνδρός.

b. B 83:

ἀνθρώπων ὁ σοφώτατος πρὸς θεὸν πίθηκος φανεῖται καὶ σοφίᾳ καὶ κάλλει καὶ τοῖς ἄλλοις πᾶσιν.

riticism of popular religion

65—a. D. B 5:

καθαίρονται δ᾽ ἄλλως [2] αἵματι μιαινόμενοι οἷον εἴ τις ἐς πηλὸν ἐμβὰς πηλῷ ἀπονίζοιτο. μαίνεσθαι δ᾽ ἂν δοκοίη, εἴ τις αὐτὸν ἀνθρώπων ἐπιφράσαιτο οὕτω ποιέοντα. καὶ τοῖς ἀγάλμασι δὲ τουτέοισιν εὔχονται, ὁκοῖον εἴ τις δόμοισι λεσχηνεύοιτο [3] οὔ τι γινώσκων θεοὺς οὐδ᾽ ἥρωας οἵτινές εἰσι.

b. D. B 14:

τὰ νομιζόμενα κατ᾽ ἀνθρώπους μυστήρια ἀνιερωστὶ μυεῦνται.

sense-perception

66—D. B 107:

κακοὶ μάρτυρες ἀνθρώποισιν ὀφθαλμοὶ καὶ ὦτα βαρβάρους ψυχὰς ἐχόντων (if they have barbarous souls).

---

[1]   is looked at by the deity.
[2]   ἄλλως - in vain.
[3]   λεσχηνεύοιτο - διαλέγοιτο.

FOURTH CHAPTER

THE ELEATIC SCHOOL

1—ITS FORE-RUNNER: XENOPHANES OF COLOPHON

67—a. Diog. IX 18: life

Οὗτος ἐκπεσὼν [1] τῆς πατρίδος ἐν Ζάγκλῃ τῆς Σικελίας διέτριβε καὶ τῆς εἰς Ἐλέαν ἀποικίας κοινωνήσας ἐδίδασκεν ἐκεῖ, διέτριβε δὲ καὶ ἐν Κατάνῃ. γέγραφε δὲ ἐν ἔπεσι καὶ ἐλεγείας καὶ ἰάμβους καθ' Ἡσιόδου καὶ Ὁμήρου, ἐπικόπτων αὐτῶν τὰ περὶ θεῶν εἰρημένα · ἀλλὰ καὶ αὐτὸς ἐρραψῴδει τὰ ἑαυτοῦ. ἀντιδοξάσαι τε λέγεται Θαλῇ καὶ Πυθαγόρᾳ, καθάψασθαι δὲ καὶ Ἐπιμενίδου, μακροβιώτατός τε γέγονεν, ὥς που καὶ αὐτός φησιν (D. 21 B 8):

(19)   ἤδη δ' ἑπτά τ' ἔασι καὶ ἑξήκοντ' ἐνιαυτοὶ

βληστρίζοντες [2] ἐμὴν φροντίδ' ἀν' Ἑλλάδα γῆν ·

ἐκ γενετῆς δὲ τότ' ἦσαν ἐείκοσι πέντε τε πρὸς τοῖς,

εἴπερ ἐγὼ περὶ τῶνδ' οἶδα λέγειν ἐτύμως. —

(20) ἐποίησε δὲ καὶ Κολοφῶνος κτίσιν καὶ τὸν εἰς Ἐλέαν τῆς Ἰταλίας ἀποικισμόν, ἔπη δισχίλια. καὶ ἤκμαζε κατὰ τὴν ἑξηκοστὴν ὀλυμπιάδα (540-537).

b. D. 21 B 22:

πὰρ πυρὶ χρὴ τοιαῦτα λέγειν χειμῶνος ἐν ὥρῃ

ἐν κλίνῃ μαλακῇ κατακείμενον, ἔμπλεον ὄντα,

πίνοντα γλυκὺν οἶνον, ὑποτρώγοντ' ἐρεβίνθους ·

τίς πόθεν εἶς ἀνδρῶν; πόσα τοι ἔτε' ἐστί, φέριστε;

πηλίκος ἦσθ', ὅθ' ὁ Μῆδος ἀφίκετο;

68—X. at a symposion. D. B 1, l. 13: character

χρὴ δὲ πρῶτον μὲν θεὸν ὑμνεῖν εὔφρονας ἄνδρας

εὐφήμοις μύθοις καὶ καθαροῖσι λόγοις ·

---

[1] ἐκπεσὼν τ. πατρίδος - X. seems to have left Colophon when it was conquered for Cyrus by Harpagus (545). He will have gone westward with the people of Phocaea, and may have taken part in the colonisation of Elea in 540 (cf. Her. I 162 ff.). The coming of the Medes to Ionia seems to have been the great event of his life. See the fr. 22, under **b.**

[2] βληστρίζοντες e.q.s. - "that have tossed my careworn soul up and down the land of Hellas" (Burnet).

15 σπείσαντες δὲ καὶ εὐξαμένους τὰ δίκαια δύνασθαι
    πρήσσειν — ταῦτα γὰρ ὦν ἐστι προχειρότερον —
    οὐχ ὕβρις πίνειν ὁπόσον κεν ἔχων ἀφίκοιο
    οἴκαδ' ἄνευ προπόλου μὴ πάνυ γηραλέος.
    ἀνδρῶν δ' αἰνεῖν τοῦτον ὃς ἐσθλὰ πιὼν ἀναφαίνει,
20   ὡς οἱ μνημοσύνη καὶ τόνος * ἀμφ' ἀρετῆς,
    οὔτι μάχας διέπειν Τιτήνων οὐδὲ Γιγάντων,
    οὐδὲ <τὰ> ** Κενταύρων, πλάσματα τῶν προτέρων,
    ἢ στάσιας σφεδανάς · τοῖς οὐδὲν χρηστὸν ἔνεστιν.
    θεῶν <δὲ> προμηθείην αἰὲν ἔχειν ἀγαθόν.

dignity   **69—B 2, ll. 1-14:**
    ἀλλ' εἰ μὲν ταχυτῆτι ποδῶν νίκην τις ἄροιτο
    ἢ πενταθλεύων, ἔνθα Διὸς τέμενος
    πὰρ Πίσαο ῥοῆσ' ἐν Ὀλυμπίη, εἴτε παλαίων
    ἢ καὶ πυκτοσύνην ἀλγινόεσσαν ἔχων,
5   εἴτε τι δεινὸν ἄεθλον ὃ παγκράτιον καλέουσιν,
    ἀστοῖσίν κ' εἴη κυδρότερος προσορᾶν
    καὶ κε προεδρίην φανερὴν ἐν ἀγῶσιν ἄροιτο
    καὶ κεν σῖτ' εἴη δημοσίων κτεάνων
    ἐκ πόλεως καὶ δῶρον ὅ οἱ κειμήλιον εἴη ·
10 εἴτε καὶ ἵπποισιν, ταῦτά κε πάντα λάχοι —
    οὐκ ἐὼν ἄξιος ὥσπερ ἐγώ. ῥώμης γὰρ ἀμείνων
    ἀνδρῶν ἠδ' ἵππων ἡμετέρη σοφίη.
    ἀλλ' εἰκῆ μάλα τοῦτο νομίζεται, οὐδὲ δίκαιον
    προκρίνειν ῥώμην τῆς ἀγαθῆς σοφίης.

doctrine   **70—a.** Plato, *Soph.* 242 cd:
μῦθόν τινα ἕκαστος [1] φαίνεταί μοι διηγεῖσθαι παισὶν ὡς οὖσιν ἡμῖν, ὁ μὲν
ὡς τρία τὰ ὄντα, πολεμεῖ δὲ ἀλλήλοις ἐνίοτε αὐτῶν ἄττα πη, τοτὲ δὲ καὶ
φίλα γιγνόμενα γάμους τε καὶ τόκους καὶ τροφὰς τῶν ἐκγόνων παρέχεται ·
δύο δὲ ἕτερος εἰπών, ὑγρὸν καὶ ξηρὸν ἢ θερμὸν καὶ ψυχρόν, συνοικίζει τε αὐτὰ
καὶ ἐκδίδωσι · τὸ δὲ παρ' ἡμῶν Ἐλεατικὸν ἔθνος, ἀπὸ Ξενοφάνους τε καὶ
ἔτι πρόσθεν ἀρξάμενον, ὡς ἑνὸς ὄντος τῶν πάντων καλουμένων, οὕτω διεξ-
έρχεται τοῖς μύθοις.

---

[1] sc. of the philosophers of a former generation.

---

* Diels („das Streben um die Tugend"). The reading is doubtful.
** Diels <τε>, others <τά>.

b. Cf. Arist., *Metaph.* A 5, 986 b¹⁰:

εἰσὶ δέ τινες οἳ περὶ τοῦ παντὸς ὡς ἂν μιᾶς οὔσης φύσεως ἀπεφήναντο, τρόπον δὲ οὐ τὸν αὐτὸν πάντες οὔτε τοῦ καλῶς οὔτε τοῦ κατὰ τὴν φύσιν. — Παρμενίδης μὲν γὰρ ἔοικε τοῦ κατὰ τὸν λόγον ἑνὸς ἅπτεσθαι, Μέλισσος δὲ τοῦ κατὰ τὴν ὕλην · διὸ καὶ ὁ μὲν πεπερασμένον, ὁ δ' ἄπειρόν φησιν εἶναι αὐτό · Ξενοφάνης δὲ πρῶτος τούτων ἑνίσας (ὁ γὰρ Παρμενίδης τούτου λέγεται μαθητής) οὐθὲν διεσαφήνισεν, οὐδὲ τῆς φύσεως τούτων οὐδετέρας ἔοικε θιγεῖν, ἀλλ' εἰς τὸν ὅλον οὐρανὸν ἀποβλέψας τὸ ἓν εἶναί φησι τὸν θεόν.

c. Simpl., *Phys.* 22, 22 ff. (D. 21, A 31):

Μίαν δὲ τὴν ἀρχὴν ἤτοι ἓν τὸ ὂν καὶ πᾶν (καὶ οὔτε πεπερασμένον οὔτε ἄπειρον οὔτε κινούμενον οὔτε ἠρεμοῦν) Ξενοφάνην τὸν Κολοφώνιον τὸν Παρμενίδου διδάσκαλον ὑποτίθεσθαί φησιν ὁ Θεόφραστος [Phys. Op. fr. 5 D. 480] ὁμολογῶν ἑτέρας εἶναι μᾶλλον ἢ τῆς περὶ φύσεως ἱστορίας τὴν μνήμην ¹ τῆς τούτου δόξης. τὸ γὰρ ἓν τοῦτο καὶ πᾶν τὸν θεὸν ἔλεγεν ὁ Ξ., ὃν ἕνα μὲν δείκνυσιν ἐκ τοῦ πάντων κράτιστον εἶναι · πλειόνων γάρ, φησίν, ὄντων ὁμοίως ὑπάρχειν ἀνάγκη πᾶσι τὸ κρατεῖν · τὸ δὲ πάντων κράτιστον καὶ ἄριστον θεός.

d. Hippol., *Ref.* I 14, 2 (D. A 33):

λέγει δὲ ὅτι οὐδὲν γίνεται οὐδὲ φθείρεται οὐδὲ κινεῖται καὶ ὅτι ἓν τὸ πᾶν ἐστιν ἔξω μεταβολῆς. φησὶ δὲ καὶ τὸν θεὸν εἶναι ἀίδιον καὶ ἕνα καὶ ὅμοιον πάντῃ καὶ πεπερασμένον καὶ σφαιροειδῆ καὶ πᾶσι τοῖς μορίοις αἰσθητικόν.

71—Xenoph., D. B 11:

> Πάντα θεοῖς ἀνέθηκαν Ὅμηρός θ' Ἡσίοδός τε
> ὅσσα παρ' ἀνθρώποισιν ὀνείδεα καὶ ψόγος ἐστίν,
> κλέπτειν μοιχεύειν τε καὶ ἀλλήλους ἀπατεύειν.

he criticizes the poets

72—a. D. B 23:

> εἷς θεὸς ἔν τε θεοῖσι καὶ ἀνθρώποισι μέγιστος,
> οὔ τι δέμας θνητοῖσιν ὁμοίιος οὐδὲ νόημα.

God is not like man

b. D. B 24:

> οὖλος ὁρᾷ, οὖλος δὲ νοεῖ, οὖλος δέ τ' ἀκούει.

c. D. B 25:

> Ἀλλ' ἀπάνευθε πόνοιο νόου φρενὶ πάντα κραδαίνει.

d. D. B 26:

> αἰεὶ τ' ἐν ταὐτῷ μίμνει κινούμενος οὐδέν
> οὐδὲ μετέρχεσθαί μιν ἐπιπρέπει ἄλλοτε ἄλλῃ.

¹ μνήμην = the mentioning of this doctrine.

the absurdity
of anthropo-
morphism

73—a. D. B 14:

ἀλλ' οἱ βροτοὶ δοκέουσι γεννᾶσθαι θεούς,
τὴν σφετέρην δ' ἐσθῆτα ἔχειν φωνήν τε δέμας τε.

b. Cf. Arist., *Rhet.* II, 23, 1399 b[6]:

Ξενοφάνης ἔλεγεν ὅτι ὁμοίως ἀσεβοῦσιν οἱ γενέσθαι φάσκοντες τοὺς θεοὺς
τοῖς ἀποθανεῖν λέγουσιν· ἀμφοτέρως γὰρ συμβαίνει μὴ εἶναι τοὺς θεούς
ποτε.

c. D. B 15:

ἀλλ' εἰ χεῖρας ἔχον βόες <ἵπποι τ'> ἠὲ λέοντες *
ἢ γράψαι χείρεσσι καὶ ἔργα τελεῖν ἅπερ ἄνδρες,
ἵπποι μέν θ' ἵπποισι, βόες δέ τε βουσὶν ὁμοίας
καί <κε> θεῶν ἰδέας ἔγραφον καὶ σώματ' ἐποίουν
τοιαῦθ' οἷόν περ καὐτοὶ δέμας εἶχον <ἕκαστοι>.

physics

74—We have also some fragments of X. about physics, but they
do not represent the most important part of his doctrine. Interesting
is, however, the following geological theory.

Hippol. *Ref.* I 14, 5 (D. A 33):

Ὁ δὲ Ξενοφάνης μίξιν τῆς γῆς πρὸς τὴν θάλασσαν γίνεσθαι δοκεῖ καὶ τῷ
χρόνῳ ὑπὸ τοῦ ὑγροῦ λύεσθαι, φάσκων τοιαύτας ἔχειν ἀποδείξεις, ὅτι ἐν
μέσῃ γῇ καὶ ὄρεσιν εὑρίσκονται κόγχαι, καὶ ἐν Συρακούσαις δὲ ἐν ταῖς λατο-
μίαις λέγει εὑρῆσθαι τύπον ἰχθύος καὶ φωκῶν [1], ἐν δὲ Πάρῳ τύπον ἀφύης ἐν
τῷ βάθει τοῦ λίθου, ἐν δὲ Μελίτῃ πλάκας συμπάντων θαλασσίων. ταῦτα δέ
φησι γενέσθαι, ὅτε πάντα ἐπηλώθησαν πάλαι, τὸν δὲ τύπον ἐν τῷ πηλῷ ξη-
ρανθῆναι. ἀναιρεῖσθαι δὲ τοὺς ἀνθρώπους πάντας, ὅταν ἡ γῆ κατενεχθεῖσα εἰς
τὴν θάλατταν πηλὸς γένηται, εἶτα πάλιν ἄρχεσθαι τῆς γενέσεως· καὶ ταύτην
πᾶσι τοῖς κόσμοις γίνεσθαι μεταβολήν.

knowledge

75—a. Xenoph., D. B 18:

οὗτοι ἀπ' ἀρχῆς πάντα θεοὶ θνητοῖς παρέδειξαν,
ἀλλὰ χρόνῳ ζητοῦντες ἐφευρίσκουσιν ἄμεινον.

---

[1] φωκῶν - Gomperz proposes φυκῶν: fossils of seals (Dutch: robben. ἀφύη:
ansjovis) are palaeontologically impossible; fossils of seaweed are really found
in Sicily, not in the stone-pits, but near to them. — This is a nice conjecture,
but it will not be true. Next to ἰχθύος φωκῶν fits in much better, nor is there
any trace to be discovered of the anchovy (ἀφύη) on Paros.

---

* Diels 21 B 15 cites the verse in this form. ἀλλ' ..... ἔχον Euseb.; Clem.
and Theodor. have: ἀλλ' εἴ τοι χεῖρας εἶχον .....

b. D. B 34:

κ α ὶ τὸ μὲν οὖν σαφὲς οὔτις ἀνὴρ ἴδεν οὐδέ τις ἔσται
εἰδὼς ἀμφὶ θεῶν τε καὶ ἄσσα λέγω περὶ πάντων ·
εἰ γὰρ καὶ τὰ μάλιστα τύχοι τετελεσμένον εἰπών,
αὐτὸς ὅμως οὐκ οἶδε · δόκος δ' ἐπὶ πᾶσι τέτυκται.

c. Cf. Sext., *Adv. Math.* VII (= *Against the Logicians* I) 110:

Ξ. ... φαίνεται μὴ πᾶσαν κατάληψιν ἀναιρεῖν, ἀλλὰ τὴν ἐπιστημονικήν τε καὶ
ἀδιάπτωτον [1], ἀπολείπειν δὲ τὴν δοξαστήν.

76—K. Reinhardt in his *Parmenides* (Bonn 1916) has been first to defend the   MXG
hypothesis that Xenoph. was not the master of Parm., but in his later years be-
came his disciple, and that he, borrowing much from Parmenides' philosophy,
worked up his own religious ideas unto a system of rational theology. The ps.
Aristotelian work De Melisso, Xenophane, Gorgia (cited as MXG) would then
contain an important fr. of this work of Xenoph.—This unfortunate theory has
been adopted by O. Gigon (*Ursprung* p. 194). It has been rightly refuted by
Jaeger, *Theol.*, pp. 52-54.

2—PARMENIDES OF ELEA

77—Diog. IX 21 (D. 28 A 1):   life

Ξενοφάνους δὲ διήκουσε Παρμενίδης Πύρητος Ἐλεάτης. (τοῦτον Θεό-
φραστος ἐν τῇ Ἐπιτομῇ Ἀναξιμάνδρου φησὶν ἀκοῦσαι.) ὅμως δ' οὖν ἀκούσας
καὶ Ξενοφάνους οὐκ ἠκολούθησεν αὐτῷ. ἐκοινώνησε δὲ καὶ Ἀμεινίᾳ Διοχαίτα
τῷ Πυθαγορικῷ, ὡς ἔφη Σωτίων, ἀνδρὶ πένητι μέν, καλῷ δὲ κἀγαθῷ. ᾧ καὶ
μᾶλλον ἠκολούθησε καὶ ἀποθανόντος ἡρῷον ἱδρύσατο γένους τε ὑπάρχων
λαμπροῦ καὶ πλούτου, καὶ ὑπ' Ἀμεινίου ἀλλ' οὐχ ὑπὸ Ξενοφάνους εἰς ἡσυχίαν [2]
προετράπη. — (23) ἤκμαζε δὲ κατὰ τὴν ἐνάτην καὶ ἑξηκοστὴν ὀλυμπιάδα
(a. 504-500) [3]. — λέγεται δὲ καὶ νόμους θεῖναι τοῖς πολίταις, ὥς φησι Σπεύσ-
ιππος ἐν τῷ περὶ φιλοσόφων.

78—Plato, *Theaet.* 183 e: Plato's
admiration
Παρμενίδης δέ μοι φαίνεται, τὸ τοῦ Ὁμήρου, αἰδοῖός τέ μοι εἶναι ἅμα   for
δεινός τε. συμπροσέμειξα γὰρ δὴ τῷ ἀνδρὶ πάνυ νέος πάνυ πρεσβύτῃ, καί Parmenides
μοι ἐφάνη βάθος τι ἔχειν παντάπασι γενναῖον.

---

[1] „infallible", affording absolute knowledge of the truth.
[2] εἰς ἡσυχίαν - to a βίος θεωρητικός.
[3] (504-500) - cf. Plato, *Parm.* 127 b-c, where P. on the age of 65 is brought
together with Zeno, a man of forty, and with Socrates, τότε σφόδρα νέον. If this
situation is a historical one, P. must have been some 25 years younger than the
date, given by Diog. L., makes him.

Empedocles imitates his style

79—Diog. VIII 55:

Θεόφραστος Παρμενίδου φησὶ ζηλωτὴν αὐτὸν (Empedocles) γενέσθαι καὶ μιμητὴν ἐν τοῖς ποιήμασιν · καὶ γὰρ ἐκεῖνον ἐν ἔπεσι τὸν περὶ φύσεως ἐξενεγκεῖν λόγον [1].

the exordium

80—Parm., D. 28 B 1:

Ἵπποι ταί με φέρουσιν, ὅσον τ' ἐπὶ θυμὸς ἱκάνοι,
πέμπον, ἐπεὶ μ' ἐς ὁδὸν βῆσαν πολύφημον ἄγουσαι
δαίμονος, ἣ κατὰ πάντ' ἄστη * φέρει εἰδότα φῶτα.
τῇ φερόμην · τῇ γάρ με πολύφραστοι φέρον ἵπποι
5   ἅρμα τιταίνουσαι, κοῦραι δ' ὁδὸν ἡγεμόνευον.

ἄξων δ' ἐν χνοιῇσιν ἵ<ει> σύριγγος ἀϋτήν
αἰθόμενος (δοιοῖς γὰρ ἐπείγετο δινωτοῖσιν
κύκλοις ἀμφοτέρωθεν), ὅτε σπερχοίατο πέμπειν
Ἡλιάδες κοῦραι, προλιποῦσαι δώματα Νυκτός,
10   εἰς φάος, ὠσάμεναι κράτων ἄπο χερσὶ καλύπτρας.

ἔνθα πύλαι Νυκτός τε καὶ Ἤματός εἰσι κελεύθων,
καί σφας ὑπέρθυρον ἀμφὶς ἔχει καὶ λάινος οὐδός,
αὐταὶ δ' αἰθέριαι πλῆνται μεγάλοισι θυρέτροις ·
τῶν δὲ Δίκη πολύποινος ἔχει κληῖδας ἀμοιβούς.
15   τὴν δὴ παρφάμεναι κοῦραι μαλακοῖσι λόγοισιν
πεῖσαν ἐπιφραδέως, ὥς σφιν βαλανωτὸν ὀχῆα
ἀπτερέως ὤσειε πυλέων ἄπο · ταὶ δὲ θυρέτρων
χάσμ' ἀχανὲς ποίησαν ἀναπτάμεναι, πολυχάλκους
ἄξονας ἐν σύριγξιν ἀμοιβαδὸν εἰλίξασαι
20   γόμφοις καὶ περόνῃσιν ἀρηρότε · τῇ ῥα δι' αὐτέων
ἰθὺς ἔχον κοῦραι κατ' ἀμαξιτὸν ἅρμα καὶ ἵππους.
καί με θεὰ πρόφρων ὑπεδέξατο, χεῖρα δὲ χειρί
δεξιτερὴν ἕλεν, ὧδε δ' ἔπος φάτο καί με προσηύδα ·
ὦ κοῦρ', ἀθανάτῃσι συνήορος ἡνιόχοισιν,
25   ἵπποις ταί σε φέρουσιν ἱκάνων ἡμέτερον δῶ,
χαῖρ', ἐπεὶ οὔ τί σε μοῖρα κακὴ προύπεμπε νέεσθαι
τήνδ' ὁδόν (ἦ γὰρ ἀπ' ἀνθρώπων ἐκτὸς πάτου ἐστίν)
ἀλλὰ θέμις τε δίκη τε. χρεὼ δέ σε πάντα πυθέσθαι,

---

[1] He too treated physical science in hexameters.

* πάντ' ἄστη Diels, with the ms N.; most mss have πάντ' ἄτη. Wilamowitz proposed πάντα τατή. Jaeger, *Paideia* I[2], p. 460, n. 149 renews Meineke's conjecture: κατὰ πάντ' ἀσινῆ ("leads him who knows unscathed wherever he goes"). See also *The Theol. of the E. Gr. Phil.*, p. 98, and p. 225, n. 23.

ἠμὲν ἀληθείης εὐπειθέος ἀτρεμὲς ἦτορ
30   ἠδὲ βροτῶν δόξας, ταῖς οὐκ ἔνι πίστις ἀληθής.
ἀλλ' ἔμπης καὶ ταῦτα μαθήσεαι, ὡς τὰ δοκοῦντα
χρῆν δοκιμῶσ' εἶναι διὰ παντὸς πάντα περῶντα ¹.
ἀλλὰ σὺ τῆσδ' ἀφ' ὁδοῦ διζήσιος εἶργε νόημα
μηδέ σ' ἔθος πολύπειρον ὁδὸν κατὰ τήνδε βιάσθω,
35   νωμᾶν ἄσκοπον ὄμμα καὶ ἠχήεσσαν ἀκουήν ²
καὶ γλῶσσαν, κρῖναι δὲ λόγῳ πολύδηριν ἔλεγχον
ἐξ ἐμέθεν ῥηθέντα ³. μόνος δ' ἔτι θυμὸς ὁδοῖο
λείπεται. *

81—a. D. B 2 (in former editions 4):   the two ways
εἰ δ' ἄγ' ἐγὼν ἐρέω, κόμισαι δὲ σὺ μῦθον ἀκούσας,
αἵπερ ὁδοὶ μοῦναι διζήσιός εἰσι νοῆσαι·
ἡ μὲν ὅπως ἔστιν τε καὶ ὡς οὐκ ἔστι μὴ εἶναι
Πειθοῦς ἐστι κέλευθος ('Αληθείη γὰρ ὀπηδεῖ),
5   ἡ δ' ὡς οὐκ ἔστιν τε καὶ ὡς χρεών ἐστι μὴ εἶναι,
τὴν δή τοι φράζω παναπευθέα ἔμμεν ἀταρπόν·
οὔτε γὰρ ἂν γνοίης τό γε μὴ ἐὸν (οὐ γὰρ ἀνυστὸν)
οὔτε φράσαις.

b. D. B 3 (formerly 5):
. . . . τὸ γὰρ αὐτὸ νοεῖν ἐστίν τε καὶ εἶναι.

---

¹ Vs. 31 v.: "Yet you will learn these things also, how a man ought to accept (δοκιμῶσαι = δοκιμάσαι, to approve, to take for granted) that the world of appearence is (τὰ δοκοῦντα εἶναι), when you go through all."
The construction is correct, the meaning of δοκιμῶσαι, as we understood it, not unusual (cf. Xen., *Mem.* 1, 2, 4; Pl., *Ep.* III, 316 c; *Thuc.* II 35 Pericles speaks: ἐπειδὴ τοῖς πάλαι οὕτως ἐδοκιμάσθη ταῦτα καλῶς ἔχειν —).
τὰ δοκοῦντα can surely mean "the world of what seems to be", which may be rendered by "the world of appearence", τὰ φαινόμενα being a later formula for what to P. are τὰ δοκοῦντα.
Wilamowitz (with Simpl.) prefers the reading δοκίμως, which gives a possible translation: ὡς χρῆν τὰ δοκοῦντα εἶναι δοκίμως, "how things that seem to be ought to be most probably". Diels rejected this explanation as contrary to Parmenidean metaphysics. Kranz in his fifth edition of the VS follows Wilamowitz.
² Vs 35: "wandering eye or sounding ear".
³ Vs 36: "judge by reason the much disputed proof uttered by me".

---

* The lines 33—38, cited by Sextus, Adv. Math. VII 111, directly after l. 30, are placed by Kranz, *VS*⁵, before the fr. 8. In l. 37 he reads with Karsten, who first proposed this combination, μῦθος instead of θυμός. See the objection of Diels in *VS*⁴, p. 151.

warning against two ways

82—D. B 6:

χρὴ τὸ λέγειν τε νοεῖν τ' ἐὸν ἔμμεναι[1]. ἔστι γὰρ εἶναι,
μηδὲν δ' οὐκ ἔστιν · τά σ' ἐγὼ φράζεσθαι ἄνωγα.
πρώτης γάρ σ' ἀφ' ὁδοῦ ταύτης διζήσιος ⟨εἴργω⟩,
αὐτὰρ ἔπειτ' ἀπὸ τῆς, ἣν δὴ βροτοὶ εἰδότες οὐδέν
5   πλάσσονται *, δίκρανοι · ἀμηχανίη γὰρ ἐν αὐτῶν
στήθεσιν ἰθύνει πλακτὸν νόον · οἱ δὲ φοροῦνται
κωφοὶ ὁμῶς τυφλοί τε, τεθηπότες, ἄκριτα φῦλα[2],
οἷς τὸ πέλειν τε καὶ οὐκ εἶναι ταὐτὸν νενόμισται
κοὐ ταὐτόν, πάντων δὲ παλίντροπός ἐστι κέλευθος[3].

the predicates of true being

83—D. B 8:

μοῦνος ** δ' ἔτι μῦθος ὁδοῖο
λείπεται, ὡς ἔστιν. ταύτῃ δ' ἐπὶ σήματ' ἔασι
πολλὰ μάλ', ὡς ἀγένητον ἐὸν καὶ ἀνώλεθρόν ἐστιν,
ἔστι γὰρ οὐλομελές *** τε καὶ ἀτρεμὲς ἠδ' ἀτέλεστον ·
5   οὐδέ ποτ' ἦν οὐδ' ἔσται, ἐπεὶ νῦν ἔστιν ὁμοῦ πᾶν,
ἕν, ξυνεχές · τίνα γὰρ γένναν διζήσεαι αὐτοῦ;
πῇ πόθεν αὐξηθέν; οὔτ' ἐκ μὴ ἐόντος ἐάσσω
φάσθαι σ' οὐδὲ νοεῖν · οὐ γὰρ φατὸν οὐδὲ νοητόν
ἔστιν ὅπως οὐκ ἔστι. τί δ' ἄν μιν καὶ χρέος ὦρσεν
10   ὕστερον ἢ πρόσθεν, τοῦ μηδενὸς ἀρξάμενον, φῦν;
οὕτως ἢ πάμπαν πέλεναι χρεών ἐστιν ἢ οὐχί.
οὐδέ ποτ' ἐκ μὴ ἐόντος ἐφήσει πίστιος ἰσχύς
γίγνεσθαί τι παρ' αὐτό · τοῦ εἵνεκεν οὔτε γενέσθαι

---

[1] Vs 1: "This you must say and think, that being is".—This translation, also given by Diels, will be the right one.

[2] Vs 7: ἄκριτα, without judgment.

[3] Vs 9: "and in all things there is for them a counterway". He might seem in the last verses to be combating Heraclitus. Yet, the whole passage (l. 4 till the end) rather gives the impression that not one isolated thinker is referred to, but the multitude of men, including the older philosophers. See O. Gigon, *Ursprung* p. 258, and Jaeger, *Theol.* p. 101.

---

* Diels keeps in his text the form πλάττονται, and notes: verderbt für πλάσσονται = πλάζονται.

** Diels, who took this fr. apart, read μοῦνος. Kranz, who makes it one with the end of the first fr., has to continue after the words ἐξ ἐμέθεν ῥηθέντα: μόνος δ' ἔτι e.q.s.

*** Diels read οὖλον μουνογενές (with Simpl., Clem., Philop.), but Kranz (*VS⁵*) preferred ἔστι γὰρ οὐλομελές (Plut., *Adv. Col.* 1114 c). See his note there (*VS⁵* I, p. 235).

οὔτ’ ὄλλυσθαι ἀνῆκε Δίκη χαλάσασα πέδησιν,
15   ἀλλ’ ἔχει· ἡ δὲ κρίσις περὶ τούτων ἐν τῷδ’ ἔστιν·
ἔστιν ἢ οὐκ ἔστιν· κέκριται δ’ οὖν, ὥσπερ ἀνάγκη,
τὴν μὲν ἐᾶν ἀνόητον ἀνώνυμον (οὐ γὰρ ἀληθής
ἔστιν ὁδός), τὴν δ’ ὥστε πέλειν καὶ ἐτήτυμον εἶναι.
πῶς δ’ ἂν ἔπειτ’ ἀπόλοιτο * ἐόν; πῶς δ’ ἄν κε γένοιτο;
20   εἰ γὰρ ἔγεντ’, οὐκ ἔστ(ι), οὐδ’ εἴ ποτε μέλλει ἔσεσθαι.
τὼς γένεσις μὲν ἀπέσβεσται καὶ ἄπυστος ὄλεθρος.
Οὐδὲ διαίρετόν ἐστιν, ἐπεὶ πᾶν ἐστιν ὁμοῖον·
οὐδέ τι τῇ μᾶλλον, τό κεν εἴργοι μιν συνέχεσθαι ¹,
οὐδέ τι χειρότερον· πᾶν δ’ ἔμπλεόν ἐστιν ἐόντος.
25   τῷ ξυνεχὲς πᾶν ἐστιν, ἐὸν γὰρ ἐόντι πελάζει ². —
αὐτὰρ ἀκίνητον μεγάλων ἐν πείρασι δεσμῶν
ἔστιν ἄναρχον, ἄπαυστον, ἐπεὶ γένεσις καὶ ὄλεθρος
τῆλε μαλ’ ἐπλάγχθησαν, ἀπῶσε δὲ πίστις ἀληθής.
ταὐτόν τ’ ἐν τωὐτῷ τε μένον καθ’ ἑαυτό τε κεῖται·
30   χοὕτως ἔμπεδον αὖθι μένει· κρατερὴ γὰρ Ἀνάγκη
πείρατος ἐν δεσμοῖσιν ἔχει, τό μιν ἀμφὶς ἐέργει.
οὕνεκεν οὐκ ἀτελεύτητον τὸ ἐὸν θέμις εἶναι·
ἔστι γὰρ οὐκ ἐπιδευές· [μὴ] ἐὸν δ’ ³ ἂν παντὸς ἐδεῖτο.
ταὐτὸν δ’ ἐστὶ νοεῖν τε καὶ οὕνεκέν ἐστι νόημα ⁴·
35   οὐ γὰρ ἄνευ τοῦ ἐόντος, ἐν ᾧ πεφατισμένον ἐστίν,
εὑρήσεις τὸ νοεῖν. οὐδὲν γὰρ ⟨ἢ⟩ ἔστιν ἢ ἔσται
ἄλλο πάρεξ τοῦ ἐόντος· ἐπεὶ τό γε Μοῖρ’ ἐπέδησεν
οὖλον ἀκίνητόν τ’ ἔμεναι. τῷ πάντ’ ὄνομ(α) ἔσται ⁵,
ὅσσα βροτοὶ κατέθεντο πεποιθότες εἶναι ἀληθῆ,
40   γίγνεσθαί τε καὶ ὄλλυσθαι, εἶναί τε καὶ οὐχί,
καὶ τόπον ἀλλάσσειν, διά τε χρόα φανὸν ἀμείβειν.
αὐτὰρ ἐπεὶ πεῖρας πύματον ⁶, τετελεσμένον ἐστί

---

¹ Vs 23: "and you cannot attribute a higher degree of intensity to any part
of it, which might diminish its continuity"
² Vs 25: πελάζει = borders upon.
³ Vs 33: ἐὸν δ’ - if it was ἐπιδευές.
⁴ Vs 34: "thinking and the object of thought are the same". οὕνεκεν = οὗ
ἕνεκα (not unusual, cf. Hom., Od. III 60 f., where Mentor-Athene prays:
δὸς δ’ ἔτι Τηλέμαχον καὶ ἐμὲ πρήξαντα νέεσθαι,
οὕνεκα δεῦρ’ ἱκόμεσθα θοῇ σὺν νηΐ μελαίνῃ.).
⁵ Vs 38: τῷ πάντ’ ὄνομ’ ἔσται - "Therefore it will be nothing but name".
⁶ Vs 42: since it has a furthest limit.

---

* Thus Kranz (VS⁵), with Karsten and Stein. Diels read: ἔπειτα πέλοι τὸ ἐόν.

πάντοθεν, εὐκύκλου σφαίρης ἐναλίγκιον ὄγκῳ,
μεσσόθεν ἰσοπαλὲς πάντη ¹· τὸ γὰρ οὔτε τι μεῖζον
45 οὔτε τι βαιότερον πέλεναι χρεόν ἐστι τῇ ἢ τῇ.
οὔτε γὰρ οὐκ ἐὸν * ἔστι, τό κεν παύοι μιν ἱκνεῖσθαι
εἰς ὁμόν ², οὔτ' ἐὸν ἔστιν ὅπως εἴη κεν ἐόντος
τῇ μᾶλλον τῇ δ' ἧσσον, ἐπεὶ πᾶν ἐστιν ἄσυλον ³.
οἳ γὰρ πάντοθεν ἶσον, ὁμῶς ἐν πείρασι κύρει.
50 ἐν τῷ σοι παύω πιστὸν λόγον ἠδὲ νόημα
ἀμφὶς ἀληθείης· δόξας δ' ἀπὸ τοῦδε βροτείας
μάνθανε, κόσμον ἐμῶν ἐπέων ἀπατηλὸν ἀκούων.

μορφὰς γὰρ κατέθεντο δύο γνώμας ⁴ ὀνομάζειν·
τῶν μίαν οὐ χρεών ἐστιν — ἐν ᾧ πεπλανημένοι εἰσίν —.
55 τἀντία δ' ἐκρίναντο δέμας καὶ σήματ' ἔθεντο ⁵
χωρὶς ἀπ' ἀλλήλων, τῇ μὲν φλογὸς αἰθέριον πῦρ,
ἤπιον ὄν, μέγ' ἀραιὸν ** [ἐλαφρόν], ἑωυτῷ πάντοσε τωὐτόν,
τῷ δ' ἑτέρῳ μὴ τωὐτόν· ἀτὰρ κἀκεῖνο κατ' αὐτό
τἀντία νύκτ' ἀδαῆ, πυκινὸν δέμας ἐμβριθές τε.
60 τόν σοι ἐγὼ διάκοσμον ἐοικότα πάντα φατίζω,
ὡς οὐ μή ποτέ τίς σε βροτῶν γνώμη παρελάσσῃ ⁶.

for the realm
of δόξα P.
accepts two
principles

84—Alex. in *Metaph.* A 3, 984 b³, p. 31, 7 Hayd.:
Θεόφραστος ἐν τῷ πρώτῳ Περὶ τῶν φυσικῶν [fr. 6 D. 482, 5] οὕτως λέγει·
'τούτῳ δὲ ἐπιγενόμενος Π. Πύρητος ὁ Ἐλεάτης' (λέγει δὲ [καὶ] Ξενοφάνην)
'ἐπ' ἀμφοτέρας ἦλθε τὰς ὁδούς. καὶ γὰρ ὡς ἀίδιόν ἐστι τὸ πᾶν ἀποφαίνεται καὶ
γένεσιν ἀποδιδόναι πειρᾶται τῶν ὄντων, οὐχ ὁμοίως περὶ ἀμφοτέρων δοξάζων,
ἀλλὰ κατ' ἀλήθειαν μὲν ἓν τὸ πᾶν καὶ ἀγένητον καὶ σφαιροειδὲς ὑπολαμβάνων,

---

¹ Vs 44: equal to all sides.
² Vs 47: εἰς ὁμόν = to the same point or distance, i.e. to the spherical form.
³ Vs 48: ἄσυλον, inviolable.
⁴ Vs 53: γνώμας κατέθεντο - "Mortals have made up their minds" (Burnet).
⁵ Vs 55 f.: „They have distinguished them as opposite in form, and have assigned to them marks distinct from one another."
⁶ Vs 60 f.: "This whole arrangement I tell you as a probable one, lest ever an opinion of mortals should outstrip you."

---

* Diels read οὔ τεον, Kranz, VS⁵ οὐκ ἐον (a misprint for ἐὸν).
** Simpl. has μέγ' ἀραιὸν ἐλαφρόν. Diels, followed by Kranz, deleted ἀραιὸν, Karsten ἐλαφρὸν. Indeed, if the one is a gloss of the other, ἐλαφρὸν could better be a gloss than ἀραιόν, which is an especial presocratic term. We cannot accept the solution recently suggested by W. J. Verdenius (*Mnem.* 1947, p. 286 f.), who proposes to delete ἤπιον, starting from the wrong assumption that ἀραιόν and ἐλαφρόν could not be synonyms.

κατὰ δόξαν δὲ τῶν πολλῶν εἰς τὸ γένεσιν ἀποδοῦναι τῶν φαινομένων δύο ποιῶν τὰς ἀρχάς, πῦρ καὶ γῆν, τὸ μὲν ὡς ὕλην τὸ δὲ ὡς αἴτιον καὶ ποιοῦν.'

85—*Aët.* II, 7, 1 (D. 28, A 37):

the cosmic
system of P.

Παρμενίδης στεφάνας εἶναι περιπεπλεγμένας, ἐπαλλήλους, τὴν μὲν ἐκ τοῦ ἀραιοῦ, τὴν δὲ ἐκ τοῦ πυκνοῦ· μικτὰς δὲ ἄλλας ἐκ φωτὸς καὶ σκότους μεταξὺ τούτων. καὶ τὸ περιέχον δὲ πάσας τείχους δίκην στερεὸν ὑπάρχειν, ὑφ' ᾧ πυρώδης στεφάνη, καὶ τὸ μεσαίτατον πασῶν στερεόν, ὑφ' ᾧ πάλιν πυρώδης [1]. τῶν δὲ συμμιγῶν τὴν μεσαιτάτην [2] ἁπάσαις ‹ἀρχήν› τε καὶ ‹αἰτίαν› κινήσεως

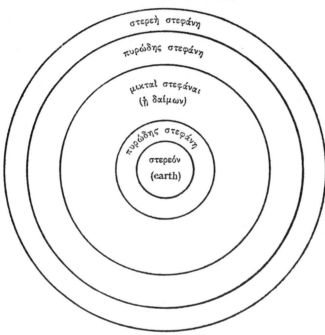

Fig. 1

καὶ γενέσεως ὑπάρχειν, ἥντινα καὶ δαίμονα κυβερνῆτιν καὶ κληδοῦχον * ἐπονομάζει Δίκην τε καὶ Ἀνάγκην.

b.   Parm., D. B 12:

αἱ γὰρ στεινότεραι [3] πλῆντο πυρὸς ἀκρήτοιο,

---

[1]   sc. στεφάνη.

[2]   τῶν δὲ συμμιγῶν τὴν μεσαιτάτην - she who dwells in the middle of the mixed zones. See fig. 1.

[3]   αἱ γὰρ στεινότεραι, sc. στέφαναι.

---

*   κληροῦχον: Aët. κληδοῦχον Fülleborn, Diels (see fr. 1, l. 14).

αἱ δ᾽ ἐπὶ ταῖς νυκτός, μετὰ δὲ φλογὸς ἵεται αἶσα·
ἐν δὲ μέσῳ τούτων δαίμων ἣ πάντα κυβερνᾷ·
πάντα γὰρ <ἣ> στυγεροῖο τόκου καὶ μίξιος ἄρχει
πέμπουσ᾽ ἄρσενι θῆλυ μιγῆν τό τ᾽ ἐναντίον αὖτις
ἄρσεν θηλυτέρῳ.

The neoplatonists (Simplicius) let the δαίμων reside in the centre of
the whole (fig. 2).

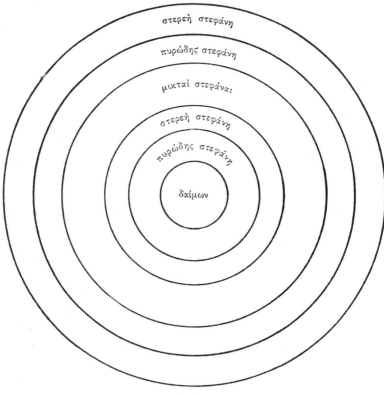

Fig. 2

But this is contrary to the testimony of Diog. L. in IX 21, that P.
was the first who put the earth in the centre:

c.   πρῶτος δὲ οὗτος τὴν γῆν ἀπέφαινε σφαιροειδῆ καὶ ἐν μέσῳ κεῖσθαι.

Cf. Burnet, *E. Gr. Ph.*² 215-221; fourth ed. p. 188-191. See also Diels, *Parmenides'*
Lehrgedicht, p. 105 and 107.

d. A third explanation is given by O. Gigon, *Ursprung*, p. 279 ff.
See fig. 3.

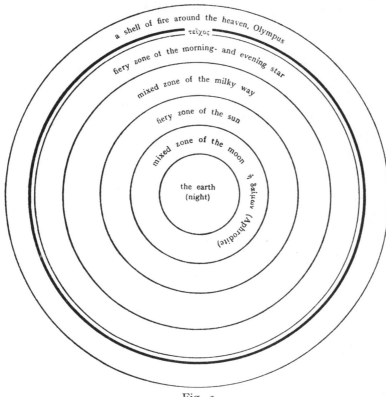

Fig. 3

Now, surely, this does not agree with the description of Aëtius, cited under **a**.
As to the idea of a shell of fire ("Feuerschale") around the heaven, G. finds this
confirmed by Cic., *De nat. deor.* I 11, 28 (D. A 37):

Nam P. quidem commenticium quiddam: coronae simile efficit (στεφάνην
appellat), continentem ardorem et lucis orbem qui cingit caelum, quem appellat
deum.—

86—a.   Parm., D. B 16:   thinking and
                                                                            bodily con-
ὡς γὰρ ἑκάστοτ' ἔχει κρᾶσιν μελέων πολυπλάγκτων **,   sistence
τὼς νόος ἀνθρώποισι παρίσταται · τὸ γὰρ αὐτό

** In this form the text is cited by Arist. and Theophr. Then νόος must be the
subject, which gives a possible construction, yet a rather hard one. Some will
read ἕκαστος, which would be easier to understand. However, if any correction
is to be proposed, κρᾶσις will do better.

ἔστιν ὅπερ φρονέει μελέων φύσις ἀνθρώποισιν
καὶ πᾶσιν καὶ παντί · τὸ γὰρ πλέον ἐστὶ νόημα [1].

b. Theophr. explains the last words in the following lines (*De sensu* 3, D. A 46):

Παρμενίδης μὲν γὰρ ὅλως οὐδὲν ἀφώρικεν [2], ἀλλὰ μόνον ὅτι δυοῖν ὄντοιν στοιχείοιν κατὰ τὸ ὑπερβάλλον ἐστὶν ἡ γνῶσις. ἐὰν γὰρ ὑπεραίρῃ τὸ θερμὸν ἢ τὸ ψυχρόν, ἄλλην γίνεσθαι τὴν διάνοιαν, βελτίω δὲ καὶ καθαρωτέραν τὴν διὰ τὸ θερμόν · οὐ μὴν ἀλλὰ καὶ ταύτην δεῖσθαί τινος συμμετρίας · ,,ὡς γὰρ ἑκάστοτε" — φησίν — ,,ἔχει κρᾶσιν μελέων πολυπλάγκτων" κτλ. (4) τὸ γὰρ αἰσθάνεσθαι καὶ τὸ φρονεῖν ὡς ταὐτὸ λέγει · διὸ καὶ τὴν μνήμην καὶ τὴν λήθην ἀπὸ τούτων γίνεσθαι διὰ τῆς κράσεως. ἂν δ' ἰσάζωσι τῇ μίξει, πότερον ἔσται φρονεῖν ἢ οὔ, καὶ τίς ἡ διάθεσις, οὐδὲν ἔτι διώρικεν. ὅτι δὲ καὶ τῷ ἐναντίῳ καθ' αὑτὸ ποιεῖ τὴν αἴσθησιν φανερόν, ἐν οἷς φησι τὸν νεκρὸν φωτὸς μὲν καὶ θερμοῦ καὶ φωνῆς οὐκ αἰσθάνεσθαι διὰ τὴν ἔκλειψιν τοῦ πυρός, ψυχροῦ δὲ καὶ σιωπῆς καὶ τῶν ἐναντίων αἰσθάνεσθαι, καὶ ὅλως δὲ πᾶν τὸ ὂν ἔχειν τινὰ γνῶσιν.

3—ZENO

life **87—a.** Diog. IX 25 (D. 29 A 1):

Ζήνων Ἐλεάτης. τοῦτον Ἀπολλόδωρός φησιν ἐν Χρονικοῖς φύσει μὲν Τελευταγόρου, θέσει [3] δὲ Παρμενίδου. — φησὶ δὲ Ἀριστοτέλης ἐν τῷ Σοφιστῇ εὑρετὴν αὐτὸν γενέσθαι διαλεκτικῆς, ὥσπερ Ἐμπεδοκλέα ῥητορικῆς. (26) γέγονε δὲ ἀνὴρ γενναιότατος καὶ ἐν φιλοσοφίᾳ καὶ ἐν πολιτείᾳ. φέρεται γοῦν αὐτοῦ βιβλία πολλῆς συνέσεως γέμοντα.

b. On the book of Zeno see Plato, *Parm.* 128 c:

ἔστι δὲ τό γε ἀληθὲς βοήθειά τις ταῦτα [τὰ γράμματα] τῷ Παρμενίδου λόγῳ πρὸς τοὺς ἐπιχειροῦντας αὐτὸν κωμῳδεῖν ὡς, εἰ ἕν ἐστι, πολλὰ καὶ γελοῖα συμβαίνει πάσχειν τῷ λόγῳ καὶ ἐναντία αὐτῷ. ἀντιλέγει δὴ οὖν τοῦτο τὸ γράμμα πρὸς τοὺς τὰ πολλὰ λέγοντας καὶ ἀνταποδίδωσι ταὐτὰ καὶ πλείω, τοῦτο βουλόμενον δηλοῦν, ὡς ἔτι γελοιότερα πάσχοι ἂν αὐτῶν ἡ ὑπόθεσις, εἰ πολλά ἐστιν, ἢ ἡ τοῦ ἓν εἶναι, εἴ τις ἱκανῶς ἐπεξίοι. διὰ τοιαύτην δὴ φιλονικίαν ὑπὸ νέου ὄντος ἐμοῦ ἐγράφη, καί τις αὐτὸ ἔκλεψε γραφέν, ὥστε οὐδὲ βουλεύσασθαι ἐξεγένετο, εἴτ' ἐξοιστέον αὐτὸ εἰς τὸ φῶς εἴτε μή.

---

[1] "For what prevails (in the body) is thought".
[2] sc. περὶ αἰσθήσεων.
[3] by adoption.

c. On the subtility of his dialectic: Plato, *Phaedr*. 261 d:

τὸν οὖν Ἐλεατικὸν Παλαμήδην λέγοντα οὐκ ἴσμεν τέχνῃ, ὥστε φαίνεσθαι
τοῖς ἀκούουσι τὰ αὐτὰ ὅμοια καὶ ἀνόμοια, καὶ ἓν καὶ πολλά, μένοντά τε αὖ
καὶ φερόμενα;

88—Simpl., *Phys*. 1108, 18 D (D. 29 A 29):   the grain and
the heap

διὰ τοῦτο λύει [1] καὶ τὸν Ζήνωνος τοῦ Ἐλεάτου λόγον, ὃν ἤρετο Πρωταγόραν
τὸν σοφιστήν. ,,εἰπὲ γάρ μοι," ἔφη, ,,ὦ Πρωταγόρα, ἆρα ὁ εἷς κέγχρος κατα-
πεσὼν ψόφον ποιεῖ ἢ τὸ μυριοστὸν τοῦ κέγχρου;" τοῦ δὲ εἰπόντος μὴ ποιεῖν,
,,ὁ δὲ μέδιμνος", ἔφη, ,,τῶν κέγχρων καταπεσὼν ποιεῖ ψόφον ἢ οὔ"; τοῦ δὲ
ψοφεῖν εἰπόντος τὸν μέδιμνον ,,τί οὖν", ἔφη ὁ Ζήνων, ,,οὐκ ἔστι λόγος [2] τοῦ
μεδίμνου τῶν κέγχρων πρὸς τὸν ἕνα καὶ τὸ μυριοστὸν τὸ τοῦ ἑνός"; τοῦ δὲ
φήσαντος εἶναι, ,,τί οὖν", ἔφη ὁ Ζήνων, ,,οὐ καὶ τῶν ψόφων ἔσονται λόγοι
πρὸς ἀλλήλους οἱ αὐτοί; ὡς γὰρ τὰ ψοφοῦντα, καὶ οἱ ψόφοι · τούτου δὲ οὕτως
ἔχοντος, εἰ ὁ μέδιμνος τοῦ κέγχρου ψοφεῖ, ψοφήσει καὶ ὁ εἷς κέγχρος καὶ τὸ
μυριοστὸν τοῦ κέγχρου."

89—**a.** D. 29, B 1, at the end, and B 2 (Simpl., *Phys*. 139, 5 D): there cannot
be many

Ἐν μέντοι τῷ συγγράμματι αὐτοῦ πολλὰ ἔχοντι ἐπιχειρήματα καθ' ἕκαστον
δείκνυσιν, ὅτι τῷ πολλὰ εἶναι λέγοντι συμβαίνει τὰ ἐναντία λέγειν · ὧν ἕν
ἐστιν ἐπιχείρημα, ἐν ᾧ δείκνυσιν ὅτι, ,,εἰ πολλά ἐστι, καὶ μεγάλα ἐστὶ καὶ
μικρά · μεγάλα μὲν ὥστε ἄπειρα τὸ μέγεθος εἶναι, μικρὰ δὲ οὕτως ὥστε μηθὲν
ἔχειν μέγεθος" (Β 1).

Ἐν δὴ τούτῳ δείκνυσιν, ὅτι οὗ μήτε μέγεθος μήτε πάχος μήτε ὄγκος μηθείς first proof:
the infinitely
small
ἐστιν, οὐδ' ἂν εἴη τοῦτο. ,,εἰ γὰρ ἄλλῳ ὄντι, φησί, προσγένοιτο, οὐδὲν ἂν
μεῖζον ποιήσειεν. μεγέθους γὰρ μηδενὸς ὄντος, προσγενομένου δέ, οὐδὲν οἷόν
τε εἰς μέγεθος ἐπιδοῦναι. καὶ οὕτως ἂν ἤδη τὸ προσγινόμενον οὐδὲν εἴη. εἰ
δὲ ἀπογινομένου τὸ ἕτερον μηδὲν ἔλαττον ἔσται, μηδὲ αὖ προσγινομένου αὐ-
ξήσεται, δῆλον ὅτι τὸ προσγενόμενον οὐδὲν ἦν οὐδὲ τὸ ἀπογενόμενον." καὶ
ταῦτα οὐχὶ τὸ ἓν ἀναιρῶν ὁ Ζήνων λέγει, ἀλλ' ὅτι μέγεθος ἔχει ἕκαστον τῶν
πολλῶν καὶ ἀπείρων, τῷ πρὸ τοῦ λαμβανομένου ἀεί τι εἶναι, διὰ τὴν ἐπ' ἄπει-
ρον τομήν · ὃ δείκνυσι προδείξας, ὅτι οὐδὲν ἔχει μέγεθος ἐκ τοῦ ἕκαστον τῶν
πολλῶν ἑαυτῷ ταὐτὸν εἶναι καὶ ἕν.

b. D. B 3 (Simpl., *Phys*. 140, 28 D):   second proof:
ἐκ διχοτομίας

πάλιν γὰρ δεικνὺς ὅτι, εἰ πολλά ἐστι, τὰ αὐτὰ πεπερασμένα ἐστὶ καὶ ἄπειρα,
γράφει ταῦτα κατὰ λέξιν ὁ Ζήνων · ,,εἰ πολλά ἐστιν, ἀνάγκη τοσαῦτα εἶναι

---

[1] λύει - refutes, sc. Aristotle.
[2] λόγος - a proportion.

ὅσα ἐστὶ καὶ οὔτε πλείονα αὐτῶν οὔτε ἐλάττονα. εἰ δὲ τοσαῦτά ἐστιν ὅσα ἐστί, πεπερασμένα ἂν εἴη. εἰ πολλά ἐστιν, ἄπειρα τὰ ὄντα ἐστίν · ἀεὶ γὰρ ἕτερα [1] μεταξὺ τῶν ὄντων ἐστί, καὶ πάλιν ἐκείνων ἕτερα μεταξύ. καὶ οὕτως ἄπειρα τὰ ὄντα ἐστί." καὶ οὕτως μὲν τὸ κατὰ τὸ πλῆθος ἄπειρον ἐκ τῆς διχοτομίας ἔδειξε.

third proof: the infinitely great

c. D. B 1 (Simpl., *Phys.* 140, 34 D) (to be connected with the first proof):

τὸ δὲ κατὰ μέγεθος (sc. ἄπειρον ἔδειξε) πρότερον κατὰ τὴν αὐτὴν ἐπιχείρησιν. προδείξας γὰρ ὅτι, ,,εἰ μὴ ἔχοι μέγεθος τὸ ὄν, οὐδ' ἂν εἴη", ἐπάγει · ,,εἰ δὲ ἔστιν, ἀνάγκη ἕκαστον μέγεθός τι ἔχειν καὶ πάχος, καὶ ἀπέχειν αὐτοῦ τὸ ἕτερον ἀπὸ τοῦ ἑτέρου. καὶ περὶ τοῦ προύχοντος [2] ὁ αὐτὸς λόγος. καὶ γὰρ ἐκεῖνο ἕξει μέγεθος καὶ προέξει αὐτοῦ τι [3]. ὅμοιον δὴ τοῦτο ἅπαξ τε εἰπεῖν καὶ ἀεὶ λέγειν · οὐδὲν γὰρ αὐτοῦ τοιοῦτον ἔσχατον ἔσται, ὥστε ἕτερον πρὸ ἑτέρου οὐκ ἔσται *. οὕτως εἰ πολλά ἐστιν, ἀνάγκη αὐτὰ μικρά τε εἶναι καὶ μεγάλα, μικρὰ μὲν ὥστε μὴ ἔχειν μέγεθος, μεγάλα δὲ ὥστε ἄπειρα εἶναι."

space

90—a. Simpl., *Phys.* 562, 3 D:

ὁ Ζήνωνος λόγος ἀναιρεῖν ἐδόκει τὸ εἶναι τὸν τόπον ἐρωτῶν οὕτως · ,,εἰ ἔστιν ὁ τόπος, ἔν τινι ἔσται · πᾶν γὰρ ὂν ἔν τινι · τὸ δὲ ἔν τινι καὶ ἐν τόπῳ. ἔσται ἄρα καὶ ὁ τόπος ἐν τόπῳ, καὶ τοῦτο ἐπ' ἄπειρον . οὐκ ἄρα ἔστιν ὁ τόπος."

b. Cf. Arist., *Phys.* IV 3, 210 b²²:

ὁ δὲ Ζήνων ἠπόρει, ὅτι εἰ ἔστι τι ὁ τόπος, ἐν τίνι ἔσται, λύειν οὐ χαλεπόν · οὐδὲν γὰρ κωλύει ἐν ἄλλῳ μὲν εἶναι τὸν πρῶτον τόπον, μὴ μέντοι ὡς ἐν τόπῳ ἐκείνῳ, ἀλλ' ὥσπερ ἡ μὲν ὑγίεια ἐν θερμοῖς ὡς ἕξις, τὸ δὲ θερμὸν ἐν σώματι ὡς πάθος. ὥστ' οὐκ ἀνάγκη εἰς ἄπειρον ἰέναι.

motion: first argument

91—a. Arist., *Phys.* VI 9, 239 b⁹:

Τέτταρες δ' εἰσὶ λόγοι περὶ κινήσεως Ζήνωνος οἱ παρέχοντες τὰς δυσκολίας τοῖς λύουσιν · πρῶτος μὲν ὁ περὶ τοῦ μὴ κινεῖσθαι διὰ τὸ πρότερον εἰς τὸ ἥμισυ δεῖν ἀφικέσθαι τὸ φερόμενον ἢ πρὸς τὸ τέλος, περὶ οὗ διείλομεν ἐν τοῖς πρότερον λόγοις [4].

---

[1] ἀεὶ γὰρ ἕτερα e.q.s. - For every extent can always again be divided.
[2] περὶ τοῦ προύχοντος "about what is before it".
[3] προέξει αὐτοῦ τι "there will be something before it".
[4] ἐν τοῖς πρότερον λόγοις - i.e. in the next cited passage of *Phys.* VI 2, under b.

* Diels keeps the text of the mss: οὔτε ἕτερον πρὸς ἕτερον οὐκ ἔσται. K. Freeman, *Ancilla to the Pre-Socr. Philosophers*, translates: "nor will any part be unrelated to another part." The corrections ὥστε and πρὸ ἑτέρου are due to Th. Gomperz.

b. Arist., *Phys.* VI 2, 233 a¹¹:

μέγεθος ἅπαν ἐστὶ συνεχές · τὰς αὐτὰς γὰρ καὶ τὰς ἴσας διαιρέσεις ὁ χρόνος διαιρεῖται καὶ τὸ μέγεθος. — 233 a²¹: διὸ καὶ ὁ Ζήνωνος λόγος ψεῦδος λαμβάνει ¹ τὸ μὴ ἐνδέχεσθαι τὰ ἄπειρα διελθεῖν ἢ ἅψασθαι τῶν ἀπείρων καθ᾽ ἕκαστον ² ἐν πεπερασμένῳ χρόνῳ. διχῶς γὰρ λέγεται καὶ τὸ μῆκος καὶ ὁ χρόνος ἄπειρον, καὶ ὅλως πᾶν τὸ συνεχές, ἤτοι κατὰ διαίρεσιν ἢ τοῖς ἐσχάτοις. τῶν μὲν οὖν κατὰ ποσὸν ἀπείρων οὐκ ἐνδέχεται ἅψασθαι ἐν πεπερασμένῳ χρόνῳ, τῶν δὲ κατὰ διαίρεσιν ἐνδέχεται · καὶ γὰρ αὐτὸς ὁ χρόνος οὕτως ἄπειρος. ὥστε ἐν τῷ ἀπείρῳ καὶ οὐκ ἐν τῷ πεπερασμένῳ συμβαίνει διέναι τὸ ἄπειρον, καὶ ἅπτεσθαι τῶν ἀπείρων τοῖς ἀπείροις, οὐ τοῖς πεπερασμένοις.

92—a. Arist., *Phys.* VI 9, 239 b¹⁴:

second argument: Achilles

δεύτερος δ᾽ ὁ καλούμενος Ἀχιλλεύς. ἔστι δ᾽ οὗτος, ὅτι τὸ βραδύτατον οὐδέποτε καταληφθήσεται θέον ὑπὸ τοῦ ταχίστου · ἔμπροσθεν γὰρ ἀναγκαῖον ἐλθεῖν τὸ διῶκον, ὅθεν ὥρμησε τὸ φεῦγον, ὥστ᾽ ἀεί τι προέχειν ἀναγκαῖον τὸ βραδύτερον.

b. Arist. continues (*Phys.* VI 9, 239 b¹⁸):

Aristotle's comment on this

ἔστι δὲ καὶ οὗτος ὁ αὐτὸς λόγος τῷ διχοτομεῖν, διαφέρει δ᾽ ἐν τῷ διαιρεῖν μὴ δίχα τὸ προσλαμβανόμενον μέγεθος. — 239 b²² ἐν ἀμφοτέροις γὰρ συμβαίνει μὴ ἀφικνεῖσθαι πρὸς τὸ πέρας διαιρουμένου πως τοῦ μεγέθους . ἀλλὰ πρόσκειται ἐν τούτῳ ὅτι οὐδὲ τὸ τάχιστον τετραγῳδημένον ³ ἐν τῷ διώκειν τὸ βραδύτατον.

93—a. Ib. 239 b³⁰:

third argument: the flying arrow

τρίτος δ᾽ ὁ νῦν ῥηθείς, ὅτι ἡ οἰστὸς φερομένη ἕστηκεν. συμβαίνει δὲ παρὰ τὸ λαμβάνειν τὸν χρόνον συγκεῖσθαι ἐκ τῶν νῦν · μὴ διδομένου γὰρ τούτου οὐκ ἔσται ὁ συλλογισμός.

b. Cf. the beginning of this chapter (239 b⁵):

Ζ. δὲ παραλογίζεται · εἰ γὰρ ἀεί, φησίν, ἠρεμεῖ πᾶν ἢ κινεῖται, ‹ἠρεμεῖ δ᾽› ὅταν ᾖ κατὰ τὸ ἴσον *, ἔστι δ᾽ ἀεὶ τὸ φερόμενον ἐν τῷ νῦν, ἀκίνητον τὴν φερομένην εἶναι οἰστόν. τοῦτο δ᾽ ἐστὶ ψεῦδος · οὐ γὰρ σύγκειται ὁ χρόνος ἐκ τῶν νῦν τῶν ἀδιαιρέτων, ὥσπερ οὐδ᾽ ἄλλο μέγεθος οὐδέν.

---

¹ assumes wrongly.　　　² severally.
³ that hero in swiftness, sc. ἀφίξεται.

* Zeller deletes ἢ κινεῖται. Diels adds after κινεῖται ‹οὐδὲν δὲ κινεῖται›, and after ἐν τῷ νῦν ‹πᾶν δὲ κατὰ τὸ ἴσον ἐν τῷ νῦν›. Carteron ‹ἠρεμεῖ δ᾽›. Ross (in his recent edition) follows Zeller.

fourth argument   **94—a.** Ib. 239 b³³:

τέταρτος δ' ὁ περὶ τῶν ἐν σταδίῳ κινουμένων ἐξ ἐναντίας ἴσων ὄγκων παρ' ἴσους, τῶν μὲν ἀπὸ τέλους τοῦ σταδίου τῶν δ' ἀπὸ μέσου, ἴσῳ τάχει, ἐν ᾧ συμβαίνειν οἴεται ἴσον εἶναι χρόνον τῷ διπλασίῳ τὸν ἥμισυν.

the comment of Aristotle   **b.** Arist. adds (240 a¹):

ἔστι δ' ὁ παραλογισμὸς ἐν τῷ τὸ μὲν παρὰ κινούμενον τὸ δὲ παρ' ἠρεμοῦν τὸ ἴσον μέγεθος ἀξιοῦν τῷ ἴσῳ τάχει τὸν ἴσον φέρεσθαι χρόνον.

"The mistake of the argument lies in this point, that the same object is supposed to move with the same velocity in the same time along a moving and along a non-moving object."
Alex. draws this figure of it (Simpl., *Phys.* 1016, 14 ff.):

Δ ┃ A A A A ┃ E
  ┃ B B B B → ┃
  ┃ ← Γ Γ Γ Γ ┃

Α ὄγκοι ἑστῶτες.
Β ὄγκοι κινούμενοι ἀπὸ τοῦ Δ ἐπὶ τὸ Ε.
Γ ὄγκοι κινούμενοι ἀπὸ τοῦ Ε ἐπι τὸ Δ.
Δ ἀρχὴ τοῦ σταδίου.
Ε τέλος τοῦ σταδίου.

the definitive refutation of Arist.   **95—In** *Phys.* VIII 8, 263a⁴-b⁹ Arist. qualifies his first refutation of the argument ἐκ διχοτομίας as a preliminary one and gives his definitive refutation, which is based upon the distinction between δυνάμει and ἐνεργείᾳ ὄν.

(263 a¹¹) Ἐν μὲν οὖν τοῖς πρώτοις λόγοις τοῖς περὶ κινήσεως ἐλύομεν διὰ τοῦ τὸν χρόνον ἄπειρα ἔχειν ἐν αὑτῷ · οὐδὲν γὰρ ἄτοπον εἰ ἐν ἀπείρῳ χρόνῳ ἄπειρα διέρχεταί τις · ὁμοίως δὲ τὸ ἄπειρον ἔν τε τῷ μήκει ὑπάρχει καὶ ἐν τῷ χρόνῳ. Ἀλλ' αὕτη ἡ λύσις πρὸς μὲν τὸν ἐρωτῶντα ἱκανῶς ἔχει (ἠρωτᾶτο γὰρ
5   εἰ ἐν πεπερασμένῳ ἄπειρα ἐνδέχεται διεξελθεῖν ἢ ἀριθμῆσαι) · πρὸς δὲ τὸ πρᾶγμα καὶ τὴν ἀλήθειαν οὐχ ἱκανῶς. Ἂν γάρ τις, ἀφέμενος τοῦ μήκους καὶ τοῦ ἐρωτᾶν εἰ ἐν πεπερασμένῳ χρόνῳ ἐνδέχεται ἄπειρα διεξελθεῖν, πυνθάνηται ἐπ' αὐτοῦ τοῦ χρόνου ταῦτα (ἔχει γὰρ ὁ χρόνος ἀπείρους διαιρέσεις), οὐκέτι ἱκανὴ ἔσται αὕτη ἡ λύσις · ἀλλὰ τὸ ἀληθὲς λεκτέον, ὅπερ εἴπομεν ἐν τοῖς ἄρτι λόγοις.
10   Ἂν γάρ τις τὴν συνεχῆ διαιρῇ εἰς δύο ἡμίση, οὗτος τῷ ἑνὶ σημείῳ ὡς δυσὶ χρῆται · ποιεῖ γὰρ αὐτὸ ἀρχὴν καὶ τελευτήν · οὕτω δὲ ποιεῖ ὅ τε ἀριθμῶν καὶ ὁ εἰς τὰ ἡμίση διαιρῶν. Οὕτω δὲ διαιροῦντος, οὐκ ἔσται συνεχὴς οὔθ' ἡ γραμμὴ οὔθ' ἡ κίνησις · ἡ γὰρ συνεχὴς κίνησις συνεχοῦς ἐστιν · ἐν δὲ τῷ συνεχεῖ ἔνεστι μὲν ἄπειρα ἡμίση, ἀλλ' οὐκ ἐντελεχείᾳ ἀλλὰ δυνάμει. Ἂν δὲ ποιῇ ἐντελεχείᾳ,
15   οὐ ποιήσει συνεχῆ, ἀλλὰ στήσει · ὅπερ ἐπὶ τοῦ ἀριθμοῦντος τὰ ἡμίσεα φανερόν ἐστιν ὅτι συμβαίνει · τὸ γὰρ ἓν σημεῖον ἀνάγκη αὐτῷ ἀριθμεῖν δύο · τοῦ μὲν γὰρ ἑτέρου τελευτὴ ἡμίσεος, τοῦ δ' ἑτέρου ἀρχὴ ἔσται, ἂν μὴ μίαν ἀριθμῇ τὴν συνεχῆ, ἀλλὰ δύο ἡμισείας.
     Ὥστε λεκτέον πρὸς τὸν ἐρωτῶντα εἰ ἐνδέχεται ἄπειρα διεξελθεῖν ἢ ἐν
20   χρόνῳ ἢ ἐν μήκει, ὅτι ἔστιν ὡς, ἔστι δ' ὡς οὔ. Ἐντελεχείᾳ μὲν γὰρ ὄντα οὐκ

ἐνδέχεται, δυνάμει δ' ἐνδέχεται · ὁ γὰρ συνεχῶς κινούμενος κατὰ συμβεβηκὸς ἄπειρα διελήλυθεν, ἁπλῶς δ' οὔ · συμβέβηκε γὰρ τῇ γραμμῇ ἄπειρα ἡμίσεα εἶναι, ἡ δ' οὐσία ἐστὶν ἑτέρα καὶ τὸ εἶναι.

4—MELISSUS

96—Diog. IX 24 (D. 30 A 1):   **life**

Μέλισσος 'Ιθαγένους Σάμιος. οὗτος ἤκουσε Παρμενίδου. — γέγονε δὲ καὶ πολιτικὸς ἀνὴρ καὶ ἀποδοχῆς[1] παρὰ τοῖς πολίταις ἠξιωμένος · ὅθεν καὶ ναύαρχος[2] αἱρεθεὶς ἔτι καὶ μᾶλλον ἐθαυμάσθη ἢ διὰ τὴν οἰκείαν ἀρετήν.

97—**a.** Melissus, D 30 B 1:   **doctrine**
                                                 what is,

ἀεὶ ἦν ὅ τι ἦν καὶ ἀεὶ ἔσται. εἰ γὰρ ἐγένετο, ἀναγκαῖόν ἐστι πρὶν γενέσθαι   **is eternal** εἶναι μηδέν · ὅτε τοίνυν μηδὲν ἦν, οὐδαμὰ ἂν γένοιτο οὐδὲν ἐκ μηδενός.

b. D. 30 B 2:   **it is infinite**

ὅτε τοίνυν οὐκ ἐγένετο, ἔστι τε καὶ ἀεὶ ἦν καὶ ἀεὶ ἔσται, καὶ ἀρχὴν οὐκ ἔχει οὐδὲ τελευτήν, ἀλλ' ἄπειρόν ἐστιν. εἰ μὲν γὰρ ἐγένετο, ἀρχὴν ἂν εἶχεν (ἤρξατο γὰρ ἄν ποτε γενόμενον) καὶ τελευτήν (ἐτελεύτησε γὰρ ἄν ποτε γενόμενον) · ὅτε δὲ μήτε ἤρξατο μήτε ἐτελεύτησεν, ἀεί τε ἦν καὶ ἀεὶ ἔσται <καὶ> οὐκ ἔχει ἀρχὴν οὐδὲ τελευτήν · οὐ γὰρ ἀεὶ εἶναι ἀνυστὸν ὅ τι μὴ πᾶν ἔστι.

c. D. B 6:   **it is one**

εἰ γὰρ (sc. ἄπειρον) * εἴη, ἓν εἴη ἄν · εἰ γὰρ δύο εἴη, οὐκ ἂν δύναιτο ἄπειρα εἶναι, ἀλλ' ἔχοι ἂν πείρατα πρὸς ἄλληλα.

98—D. B 7:   **immutable**
                                           and without

οὕτως οὖν ἀίδιόν ἐστι καὶ ἄπειρον καὶ ἓν καὶ ὅμοιον πᾶν. καὶ οὔτ' ἂν ἀπόλοιτο   **pain** οὔτε μεῖζον γίνοιτο οὔτε μετακοσμέοιτο, οὔτε ἀλγεῖ οὔτε ἀνιᾶται · εἰ γάρ τι τούτων πάσχοι, οὐκ ἂν ἔτι ἓν εἴη. εἰ γὰρ ἑτεροιοῦται, ἀνάγκη τὸ ἐὸν μὴ ὁμοῖον εἶναι, ἀλλὰ ἀπόλλυσθαι τὸ πρόσθεν ἐόν, τὸ δὲ οὐκ ἐὸν γίνεσθαι. εἰ τοίνυν τριχὶ μιῇ μυρίοις ἔτεσιν ἑτεροῖον γίνοιτο, ὀλεῖται πᾶν ἐν τῷ παντὶ χρόνῳ. 'Αλλ' 5 οὐδὲ μετακοσμηθῆναι ἀνυστόν · ὁ γὰρ κόσμος ὁ πρόσθεν ἐὼν οὐκ ἀπόλλυται οὔτε ὁ μὴ ἐὼν γίνεται. ὅτε δὲ μήτε προσγίνεται μηδὲν μήτε ἀπόλλυται μήτε

---

[1] ἀποδοχῆς = favour.

[2] ναύαρχος - M. commanded the Samian fleet in the war against Athens a. 441. (Plut., *Pericles* 26: Μέλισσος ὁ 'Ιθαιγένους ἀνὴρ φιλόσοφος στρατηγῶν τότε τῆς Σάμου —).

* Kranz <ἄπειρον>.

ἑτεροιοῦται, πῶς ἂν μετακοσμηθὲν τῶν ἐόντων εἴη; εἰ μὲν γάρ τι ἐγίνετο
ἑτεροῖον, ἤδη ἂν καὶ μετακοσμηθείη. Οὐδὲ ἀλγεῖ · οὐ γὰρ ἂν πᾶν εἴη ἀλγέον ·
10 οὐ γὰρ ἂν δύναιτο ἀεὶ εἶναι χρῆμα ἀλγέον · οὐδὲ ἔχει ἴσην δύναμιν τῷ ὑγιεῖ·
οὐδ' ἂν ὁμοῖον εἴη, εἰ ἀλγέοι · ἀπογινομένου γάρ τευ ἂν ἀλγέοι ἢ προσγινομένου,
κοὐκ ἂν ἔτι ὅμοιον εἴη. οὐδ' ἂν τὸ ὑγιὲς ἀλγῆσαι δύναιτο · ἀπὸ γὰρ ἂν ὄλοιτο
τὸ ὑγιὲς καὶ τὸ ἐόν, τὸ δὲ οὐκ ἐὸν γένοιτο. καὶ περὶ τοῦ ἀνιᾶσθαι ὡυτὸς λόγος
τῷ ἀλγέοντι.
15   Οὐδὲ κενεόν ἐστιν οὐδέν · τὸ γὰρ κενεὸν οὐδέν ἐστιν · οὐκ ἂν οὖν εἴη τό γε
there is no μηδέν. οὐδὲ κινεῖται · ὑποχωρῆσαι γὰρ οὐκ ἔχει οὐδαμῇ, ἀλλὰ πλέων ἐστίν.
void εἰ μὲν γὰρ κενεὸν ἦν, ὑπεχώρει ἂν εἰς τὸ κενόν · κενοῦ δὲ μὴ ἐόντος οὐκ ἔχει
ὅκη ὑποχωρήσει. πυκνὸν δὲ καὶ ἀραιὸν οὐκ ἂν εἴη · τὸ γὰρ ἀραιὸν οὐκ ἀνυστὸν
πλέων εἶναι ὁμοίως τῷ πυκνῷ, ἀλλ' ἤδη τὸ ἀραιόν γε κενεώτερον γίνεται τοῦ
20 πυκνοῦ. κρίσιν δὲ ταύτην χρὴ ποιήσασθαι τοῦ πλέω καὶ τοῦ μὴ πλέω · εἰ μὲν
οὖν χωρεῖ τι ἢ εἰσδέχεται, οὐ πλέων · εἰ δὲ μήτε χωρεῖ μήτε εἰσδέχεται, πλέων.
ἀνάγκη τοίνυν πλέων εἶναι, εἰ κενὸν μὴ ἔστιν. εἰ τοίνυν πλέων ἐστίν, οὐ κινεῖται.

the one has **99—D. B 9:**
no body Εἰ μὲν οὖν εἴη, δεῖ αὐτὸ ἓν εἶναι · ἓν δ' ἐὸν δεῖ αὐτὸ σῶμα μὴ ἔχειν. εἰ δὲ
ἔχοι πάχος, ἔχοι ἂν μόρια καὶ οὐκέτι ἓν εἴη.

FIFTH CHAPTER
PLURALISTS AND ATOMISTS

1—EMPEDOCLES

100—Diog. VIII 51 (D. 31 A 1):

Ἐμπεδοκλῆς, ὥς φησιν Ἱππόβοτος, Μέτωνος ἦν υἱὸς τοῦ Ἐμπεδοκλέους, Ἀκραγαντῖνος. — (52) Ἀπολλόδωρος δ᾽ ὁ γραμματικὸς ἐν τοῖς Χρονικοῖς φησιν ὡς

,,ἦν μὲν Μέτωνος υἱός, εἰς δὲ Θουρίους
αὐτὸν νεωστὶ παντελῶς ἐκτισμένους
<ὁ> Γλαῦκος ἐλθεῖν φησιν."

— (55) ὁ δὲ Θεόφραστος Παρμενίδου φησὶ ζηλωτὴν αὐτὸν γενέσθαι καὶ μιμητὴν ἐν τοῖς ποιήμασι. — (58) φησὶ δὲ Σάτυρος ἐν τοῖς βίοις ὅτι καὶ ἰατρὸς ἦν καὶ ῥήτωρ ἄριστος. Γοργίαν γοῦν τὸν Λεοντῖνον αὐτοῦ γενέσθαι μαθητήν. — (59) τοῦτόν φησιν ὁ Σάτυρος λέγειν, ὡς αὐτὸς παρείη τῷ Ἐμπεδοκλεῖ γοητεύοντι. — (67) περὶ δὲ τοῦ θανάτου αὐτοῦ διάφορός ἐστιν λόγος. — (77) τὰ μὲν οὖν Περὶ φύσεως αὐτῷ καὶ οἱ Καθαρμοὶ εἰς ἔπη τείνουσι πεντακισχίλια.

101—In the beginning of his Καθαρμοί E. himself gives the following description of his appearance in Sicily.

a. D. 31 B 112:

ὦ φίλοι, οἳ μέγα ἄστυ κατὰ ξανθοῦ Ἀκράγαντος
ναίετ᾽ ἀν᾽ ἄκρα πόλεος, ἀγαθῶν μελεδήμονες ἔργων,
ξείνων αἰδοῖοι λιμένες, κακότητος ἄπειροι,
χαίρετ᾽ · ἐγὼ δ᾽ ὑμῖν θεὸς ἄμβροτος, οὐκέτι θνητὸς
5 πωλεῦμαι μετὰ πᾶσι τετιμένος, ὥσπερ ἔοικα,
ταινίαις τε περίστεπτος στέφεσίν τε θαλείοις ·
τοῖσιν † ἄμ᾽ † ἂν * ἵκωμαι ἐς ἄστεα τηλεθάοντα,
ἀνδράσιν ἠδὲ γυναιξί, σεβίζομαι · οἱ δ᾽ ἄμ᾽ ἕπονται
μυρίοι ἐξερέοντες, ὅπῃ πρὸς κέρδος ἀταρπός,
10 οἱ μὲν μαντοσυνέων κεχρημένοι, οἱ δ᾽ ἐπὶ νούσων
παντοίων ἐπύθοντο κλύειν εὐηκέα βάξιν,
δηρὸν δὴ χαλεποῖσι πεπαρμένοι <ἀμφὶ μόγοισιν>**.

---

* Kranz. Diels read ἄμ᾽ <εὖτ᾽> ἂν.

** Kranz. χαλεπῇσι . . . <ἀμφ᾽ ὀδύνῃσι>

and tone   **b.** D. B 114:

ὦ φίλοι, οἶδα μὲν οὕνεκ' ἀληθείη πάρα μύθοις,
οὓς ἐγὼ ἐξερέω· μάλα δ' ἀργαλέη γε τέτυκται
ἀνδράσι καὶ δύσζηλος ἐπὶ φρένα πίστιος ὁρμή.

he dominates   **c.** D. B 111:
the powers of
nature
φάρμακα δ' ὅσσα γεγᾶσι κακῶν καὶ γήραος ἄλκαρ
πεύσῃ, ἐπεὶ μούνῳ σοὶ ἐγὼ κρανέω τάδε πάντα.
παύσεις δ' ἀκαμάτων ἀνέμων μένος οἵ τ' ἐπὶ γαῖαν
ὀρνύμενοι πνοιαῖσι καταφθινύθουσιν ἀρούρας·
5 καὶ πάλιν, ἢν ἐθέλησθα, παλίντιτα πνεύματ(α) ἐπάξεις·
θήσεις δ' ἐξ ὄμβροιο κελαινοῦ καίριον αὐχμόν
ἀνθρώποις, θήσεις δὲ καὶ ἐξ αὐχμοῖο θερείου
ῥεύματα δενδρεόθρεπτα, τά τ' αἰθέρι ναιήσονται,
ἄξεις δ' ἐξ Ἀίδαο καταφθιμένου μένος ἀνδρός.

miracle-   **102—a.** Diog. VIII 60 (D. A 1):
stories
1. checking   Φησὶ δὲ καὶ Τίμαιος ἐν τῇ ὀκτωκαιδεκάτῃ κατὰ πολλοὺς τρόπους τεθαυμάσθαι τὸν
the winds   ἄνδρα, καὶ γὰρ ἐτησίων ποτὲ σφοδρῶς πνευσάντων, ὡς τοὺς καρποὺς λυμῆναι, κελεύσας
ὄνους ἐκδαρῆναι καὶ ἀσκοὺς ποιῆσαι περὶ τοὺς λόφους καὶ τὰς ἀκρωρείας διέτεινε πρὸς
τὸ συλλαβεῖν τὸ πνεῦμα· λήξαντος δὲ Κωλυσανέμαν κληθῆναι.

2. raising a   **b.** (Ib.) Ἡρακλείδης τε ἐν τῷ περὶ νόσων φησὶ καὶ Παυσανίᾳ ὑφηγήσασθαι αὐτὸν
dead woman   τὰ περὶ τὴν ἄπνουν. — (61) τὴν γοῦν ἄπνουν ὁ Ἡρακλείδης φησὶ τοιοῦτόν τι εἶναι, ὡς
τριάκοντα ἡμέρας συντηρεῖν ἄπνουν καὶ ἄσφυκτον [1] τὸ σῶμα· ὅθεν εἶπεν αὐτὸν καὶ ἰητρὸν
καὶ μάντιν.

3. the purifi-   **c.** (70) Τοῖς Σελινουντίοις ἐμπεσόντος λοιμοῦ διὰ τὰς ἀπὸ τοῦ παρακειμένου ποταμοῦ
cation of the   δυσωδίας, ὥστε καὶ αὐτοὺς φθείρεσθαι καὶ τὰς γυναῖκας δυστοκεῖν, ἐπινοῆσαι τὸν Ἐμπε-
marshes   δοκλέα καὶ δύο τινὰς ποταμοὺς τῶν σύνεγγυς ἐπαγαγεῖν ἰδίαις δαπάναις . καὶ καταμίξαντα
γλυκῆναι τὰ ῥεύματα. οὕτω δὴ λήξαντος τοῦ λοιμοῦ καὶ τῶν Σελινουντίων εὐωχουμένων
ποτὲ παρὰ τῷ ποταμῷ, ἐπιφανῆναι τὸν Ἐμπεδοκλέα· τοὺς δ' ἐξαναστάντας προσκυνεῖν
καὶ προσεύχεσθαι καθαπερεὶ θεῷ.

4. his death   **103—a.** Heracl. Pont. tells (fr. 76 Voss, *Diog.* VIII, 67 f.) that he, after a
θυσία with a circle of friends, was snatched up to heaven during the night.
(68) ὡς δὲ ἡμέρας γενηθείσης ἐξανέστησαν, οὐχ ηὑρέθη μόνος. ζητουμένου δὲ καὶ τῶν
οἰκετῶν ἀνακρινομένων καὶ φασκόντων μὴ εἰδέναι, εἷς τις ἔφη μέσων νυκτῶν φωνῆς
ὑπερμεγέθους ἀκοῦσαι προσκαλουμένης Ἐμπεδοκλέα, εἶτα ἐξαναστὰς ἑωρακέναι φῶς
οὐράνιον καὶ λαμπάδων φέγγος, ἄλλο δὲ μηδέν.

b. Ib. 69 (Heracl. Pont. fr. 77 Voss):
Ἱππόβοτος δέ φησιν ἐξαναστάντα αὐτὸν ὡδευκέναι ὡς ἐπὶ τὴν Αἴτνην, εἶτα παραγενό-
μενον ἐπὶ τοὺς κρατῆρας τοῦ πυρὸς ἐναλέσθαι καὶ ἀφανισθῆναι, βουλόμενον τὴν περὶ αὐτοῦ
φήμην βεβαιῶσαι ὅτι γεγόνοι θεός, ὕστερον δὲ γνωσθῆναι, ἀναρριπισθείσης αὐτοῦ μιᾶς
τῶν κρηπίδων· χαλκᾶς γὰρ εἴθιστο ὑποδεῖσθαι.

---

[1] without pulsation (σφύζω: beat violently).

c. Cf. Horatius, *A. P.* 464:

> deus immortalis haberi
> dum cupit Empedocles, ardentem frigidus Aetnam
> insiluit.

d. *Diog.* VIII 71:

Τούτοις δ' ἐναντιοῦται Τίμαιος ῥητῶς λέγων, ὡς ἐξεχώρησεν εἰς Πελοπόννησον καὶ τὸ σύνολον οὐκ ἐπανῆλθεν.

104—a. Emped., D. 31 B 2:

στεινωποὶ μὲν γὰρ παλάμαι [1] κατὰ γυῖα κέχυνται ·
πολλὰ [2] δὲ δείλ' ἔμπαια * τά τ' ἀμβλύνουσι μερίμνας.
παῦρον δὲ ζωῆς ἀβίου ** [3] μέρος ἀθρήσαντες
ὠκύμοροι καπνοῖο δίκην ἀρθέντες ἀπέπταν,
αὐτὸ μόνον πεισθέντες ὅτῳ προσέκυρσεν ἕκαστος   5
πάντοσ' ἐλαυνόμενοι, τὸ δ' ὅλον ‹πᾶς› εὔχεται εὑρεῖν ·
οὕτως οὔτ' ἐπιδερκτὰ τάδ' ἀνδράσιν οὔτ' ἐπακουστά
οὔτε νόῳ περιληπτά.

b. Still stronger D. B 3 (formerly 4):

ἀλλὰ θεοὶ τῶν μὲν μανίην [4] ἀποτρέψατε γλώσσης,
ἐκ δ' ὁσίων στομάτων καθαρὴν ὀχετεύσατε πηγήν.
καὶ σέ, πολυμνήστη λευκώλενε παρθένε Μοῦσα,
ἄντομαι, ὧν θέμις ἐστὶν ἐφημερίοισιν ἀκούειν,
πέμπε [5] παρ' Εὐσεβίης ἐλάουσ' εὐήνιον ἅρμα.   5
μηδέ σέ γ' εὐδόξοιο βιήσεται [6] ἄνθεα τιμῆς
πρὸς θνητῶν ἀνελέσθαι, ἐφ' ᾧ θ' ὁσίης πλέον εἰπεῖν
θάρσεϊ — καὶ τότε δὴ σοφίης ἐπ' ἄκροισι θοάζειν.
    ἀλλ' ἄγ' ἄθρει πάσῃ παλάμῃ [7] πῇ δῆλον ἕκαστον,
μήτε τιν' ὄψιν ἔχων πίστει πλέον ἢ κατ' ἀκουὴν   10
ἢ ἀκοὴν ἐρίδουπον ὑπὲρ τρανώματα [8] γλώσσης,

---

[1] στεινωποὶ παλάμαι - "For straitened are the organs"—
[2] π. δὲ δείλ' ἔμπαια - "many are the woes that burst in on them" (Burnet).
[3] ζωῆς ἀβίου - of a life that is no life.
[4] τῶν μὲν μανίην - the madness of those men, who construct a theory about the whole. Doubtless he thinks of Parmenides.
[5] ἄντομαι — πέμπε: "I beseech thee, drive my car from the abode of holiness, that I may hear what is lawful for the children of a day."
[6] μηδέ σέ γε .... βιήσεται - "And may not the flowers of a glorious garland, which mortals offer to you, compel you to lift them from the ground, so that you might be forced (ἐφ' ᾧτε - on condition) to speak in pride more than is lawful."
[7] παλάμῃ - αἰσθήσει.   [8] τρανώματα - clear perceptions.

* δειλεμπέα mss. (Sext., *Math.* VII 123). Diels read δείλ' ἔμπαια (correction of Emperius).
** ζωῆς ἀβίου is a correction of Scaliger for ζωῆσι βίου. Cf. fr. 15: τὸ δὴ βίοτον καλέουσι. Burnet adopts this correction. Diels ζωῆς ἰδίου. Kranz δ' ἐν ζωῆσι βίου.

μήτε τι τῶν ἄλλων, ὁπόση πόρος ἐστὶ νοῆσαι,
γυίων πίστιν ἔρυκε, νόει δ' ᾗ δῆλον ἕκαστον.

**the four
elements**

105—Emped., D. B 6:

τέσσαρα γὰρ πάντων ῥιζώματα πρῶτον ἄκουε ·
Ζεὺς ἀργὴς "Ηρη τε φερέσβιος ἠδ' 'Αιδωνεύς
Νῆστίς θ', ἣ δακρύοις τέγγει κρούνωμα βρότειον.

**there is no
coming into
being nor
passing away**

106—a. D. B 8:

ἄλλο δέ τοι ἐρέω · φύσις οὐδενὸς ἔστιν ἁπάντων
θνητῶν, οὐδέ τις οὐλομένου θανάτοιο τελευτή,
ἀλλὰ μόνον μῖξίς τε διάλλαξίς τε μιγέντων
ἐστί, φύσις [1] δ' ἐπὶ τοῖς ὀνομάζεται ἀνθρώποισιν.

b. D. B 11:

νήπιοι · οὐ γάρ σφιν δολιχόφρονές εἰσι μέριμναι,
οἳ δὴ γίγνεσθαι πάρος οὐκ ἐὸν ἐλπίζουσιν
ἤ τι καταθνήσκειν τε καὶ ἐξόλλυσθαι ἁπάντη.

c. D. B 12:

ἔκ τε γὰρ οὐδάμ' ἐόντος ἀμήχανόν ἐστι γενέσθαι
καί τ' ἐὸν ἐξαπολέσθαι ἀνήνυστον καὶ ἄπυστον ·
αἰεὶ γὰρ τῇ γ' ἔσται, ὅπῃ κέ τις αἰὲν ἐρείδῃ.

d. D. B 15:

οὐκ ἂν ἀνὴρ τοιαῦτα σοφὸς φρεσὶ μαντεύσαιτο,
ὡς ὄφρα μέν τε βιῶσι, τὸ δὴ βίοτον καλέουσι,
τόφρα μὲν οὖν εἰσὶν καί σφιν πάρα δειλά καὶ ἐσθλά,
πρὶν δὲ πάγεν τε βροτοὶ καὶ <ἐπεὶ> λύθεν, οὐδὲν ἄρ' εἰσιν.

**Love and
Strife**

107—a. D. B 17:

δίπλ' ἐρέω · τοτὲ μὲν γὰρ ἓν ηὐξήθη μόνον εἶναι
ἐκ πλεόνων, τοτὲ δ' αὖ διέφυ πλέον' ἐξ ἑνὸς εἶναι.
δοιὴ δὲ θνητῶν γένεσις, δοιὴ δ' ἀπόλειψις ·
τὴν μὲν γὰρ πάντων σύνοδος τίκτει τ' ὀλέκει τε,
5　ἡ δὲ πάλιν διαφυομένων θρεφθεῖσα διέπτη.
καὶ ταῦτ' ἀλλάσσοντα διαμπερὲς οὐδαμὰ λήγει,
ἄλλοτε μὲν Φιλότητι συνερχόμεν' εἰς ἓν ἅπαντα,
ἄλλοτε δ' αὖ δίχ' ἕκαστα φορεύμενα Νείκεος ἔχθει.
<οὕτως ᾗ μὲν ἓν ἐκ πλεόνων μεμάθηκε φύεσθαι> *

---

[1] φύσις - γένεσις.

* Here not in the mss.; added from B 26, 8.

ἠδὲ πάλιν διαφύντος ἑνὸς πλέον' ἐκτελέθουσι,   10
τῇ μὲν γίγνονταί τε καὶ οὔ σφισιν ἔμπεδος αἰών ·
ἣ δὲ διαλλάσσοντα διαμπερὲς οὐδαμὰ λήγει,
ταύτῃ δ' αἰὲν ἔασιν ἀκίνητοι κατὰ κύκλον.

    ἀλλ' ἄγε μύθων κλῦθι · μάθη γάρ τοι φρένας αὔξει ·
ὡς γὰρ καὶ πρὶν ἔειπα πιφαύσκων πείρατα μύθων[1],   15
δίπλ' ἐρέω · τοτὲ μὲν γὰρ ἓν ηὐξήθη μόνον εἶναι
ἐκ πλεόνων, τοτὲ δ' αὖ διέφυ πλέον' ἐξ ἑνὸς εἶναι,
πῦρ καὶ ὕδωρ καὶ γαῖα καὶ ἠέρος ἄπλετον ὕψος,
Νεῖκός τ' οὐλόμενον δίχα τῶν, ἀτάλαντον ἁπάντῃ,
καὶ Φιλότης ἐν τοῖσιν, ἴση μῆκός τε πλάτος τε ·   20
τὴν σὺ νόῳ δέρκευ, μηδ' ὄμμασιν ἧσο τεθηπώς ·
ἥτις καὶ θνητοῖσι νομίζεται ἔμφυτος ἄρθροις,
τῇ τε φίλα φρονέουσι καὶ ἄρθμια ἔργα τελοῦσι,
Γηθοσύνην καλέοντες ἐπώνυμον ἠδ' Ἀφροδίτην ·
τὴν οὔ τις μετὰ τοῖσιν ἑλισσομένην δεδάηκε   25
θνητὸς ἀνήρ · σὺ δ' ἄκουε λόγου στόλον οὐκ ἀπατηλόν.
ταῦτα γὰρ ἶσά τε πάντα καὶ ἥλικα γένναν ἔασι,
τιμῆς δ' ἄλλης ἄλλο μέδει, πάρα δ' ἦθος ἑκάστῳ,
ἐν δὲ μέρει κρατέουσι περιπλομένοιο χρόνοιο.
καὶ πρὸς τοῖς οὔτ' ἄρ τι ἐπιγίνεται * οὐδ' ἀπολήγει ·   30
εἴτε γὰρ ἐφθείροντο διαμπερές, οὐκέτ' ἂν ἦσαν ·
τοῦτο δ' ἐπαυξήσειε τὸ πᾶν τί κε; καὶ πόθεν ἐλθόν;
πῇ δέ κε κἠξαπόλοιτο, ἐπεὶ τῶνδ' οὐδὲν ἔρημον;
ἀλλ' αὐτ(ὰ)[2] ἔστιν ταῦτα, δι' ἀλλήλων δὲ θέοντα
γίγνεται ἄλλοτε ἄλλα καὶ ἠνεκὲς αἰὲν ὁμοῖα.   35

To the last verses cf. fr. D. B 21,[9-12]: Being cannot perish, **separate** things can, whereas the elements ("being") remain. So all must **come** from being:

b. ἐκ τούτων γὰρ πάνθ' ὅσα τ' ἦν ὅσα τ' ἔστι καὶ **ἔσται**,
δένδρεά τ' ἐβλάστησε καὶ ἀνέρες ἠδὲ γυναῖκες,
θῆρές τ' οἰωνοί τε καὶ ὑδατοθρέμμονες ἰχθῦς,
καί τε θεοὶ δολιχαίωνες τιμῇσι φέριστοι.

108—a. D. B 23:   **quantitative proportion of the mixture**
ὡς δ' ὁπόταν γραφέες ἀναθήματα ποικίλλωσιν

---

[1] Vs 15 πείρατα μύθων - the purpose of my doctrine.
[2] Vs 34 αὐτὰ - μόνα: "only this exists", nothing exists besides.

* See the note of Kranz on the metrum of this verse.

ἀνέρες ἀμφὶ τέχνης ὑπὸ μήτιος εὖ δεδαῶτε,
οἵτ' ἐπεὶ οὖν μάρψωσι πολύχροα φάρμακα χερσίν,
ἁρμονίῃ μείξαντε τὰ μὲν πλέω, ἄλλα δ' ἐλάσσω,
5 ἐκ τῶν εἴδεα πᾶσιν ἀλίγκια πορσύνουσι,
δένδρεά τε κτίζοντε καὶ ἀνέρας ἠδὲ γυναῖκας
θῆράς τ' οἰωνούς τε καὶ ὑδατοθρέμμονας ἰχθῦς
καί τε θεοὺς δολιχαίωνας τιμῇσι φερίστους·
οὕτω μή σ' ἀπάτη φρένα καινύτω ἄλλοθεν εἶναι
10 θνητῶν, ὅσσα γε δῆλα γεγάκασιν ἄσπετα, πηγήν,
ἀλλὰ τορῶς ταῦτ' ἴσθι, θεοῦ πάρα μῦθον ἀκούσας.

Vs 9 f.: οὕτω - "so let not the error prevail over thy mind, that there is any other source of all the perishable creatures that appear in countless numbers".

 b. Cf. B 96 [1-3]:
ἡ δὲ χθὼν ἐπίηρος [1] ἐν εὐστέρνοις χοάνοισι [2]
τὼ δύο τῶν ὀκτὼ μερέων λάχε Νήστιδος αἴγλης,
τέσσαρα δ' Ἡφαίστοιο.

equal things
attract each
other

109—a. D. B 90:
ὡς γλυκὺ μὲν γλυκὺ μάρπτε, πικρὸν δ' ἐπὶ πικρὸν ὄρουσεν,
ὀξὺ δ' ἐπ' ὀξὺ ἔβη, δαερὸν δ' ἐποχεῖτο δαηρῷ.

 b. E. explains this by his theory of ἀπορροιαί, going out from things and penetrating into the pores of others. B 89:
γνοὺς ὅτι πάντων εἰσὶν ἀπορροαί ὅσσ' ἐγένοντο. . . .

This is the movement of the elements, described in fr. 17, vs 34: they "run through each other" (δι' ἀλλήλων δὲ θέοντα), our nr. **107**.

four periods

110—1. All elements are mixed together by Love.
 a. D. B 27:
Ἔνθ' οὔτ' Ἠελίοιο διείδεται ὠκέα γυῖα
οὐδὲ μὲν οὐδ' αἴης λάσιον μένος οὐδὲ θάλασσα·
οὕτως ἁρμονίης πυκινῷ κρυφῷ ἐστήρικται
Σφαῖρος κυκλοτερὴς μονίῃ περιηγέι γαίων [3].

---

[1] "the kindly earth" (Burnet).
[2] "received in its broad vessels".
[3] Burnet translates (with Diels): "rejoicing in its circular solitude".

Jaeger suggests that μονίη must rather mean "rest" or "repose" (from μένω, not from μόνος). See *Theol.* p. 141, and 237, the notes 57 and 58. Now surely the word can mean this. The epithet περιηγής in that case must mean „circular", not "surrounding", — which is in itself quite possible, yet not convincing in this context.

b. D. B 27 a:

οὐ στάσις οὐδέ τε δῆρις ἀναίσιμος ἐν μελέεσσιν.

c. 2. Neikos penetrates into the sphairos. D. B 31:

πάντα γὰρ ἐξείης πελεμίζετο γυῖα θεοῖο [1].

d. 3. Neikos dominates, Philia has retired completely. Complete separation of the elements. D. B 30:

αὐτὰρ ἐπεὶ μέγα Νεῖκος ἐνὶμμελέεσσιν ἐθρέφθη
ἐς τιμάς τ' ἀνόρουσε τελειομένοιο χρόνοιο,
ὅς σφιν ἀμοιβαῖος πλατέος παρ' ἐλήλαται ὅρκου . . . .

e. 4. Philia comes back and brings the elements together again; Neikos is passing out. D. B 35:

Αὐτὰρ ἐγὼ παλίνορσος ἐλεύσομαι ἐς πόρον ὕμνων,
τὸν πρότερον κατέλεξα, λόγου λόγον ἐξοχετεύων,
κεῖνον · ἐπεὶ Νεῖκος μὲν ἐνέρτατον ἵκετο βένθος
δίνης, ἐν δὲ μέσῃ Φιλότης στροφάλιγγι γένηται,
ἐν τῇ δὴ τάδε πάντα συνέρχεται ἓν μόνον εἶναι,　　　5
οὐκ ἄφαρ, ἀλλὰ θελημὰ συνιστάμεν' ἄλλοθεν ἄλλα.
τῶν δέ τε μισγομένων χεῖτ' ἔθνεα μυρία θνητῶν ·
πολλὰ δ' ἄμεικτ' ἔστηκε κεραιομένοισιν ἐναλλάξ,
ὅσσ' ἔτι Νεῖκος ἔρυκε μετάρσιον · οὐ γὰρ ἀμεμφέως
τῶν πᾶν ἐξέστηκεν ἐπ' ἔσχατα τέρματα κύκλου,　　　10
ἀλλὰ τὰ μέν τ' ἐνέμιμνε, μελέων τὰ δέ τ' ἐξεβεβήκει.
ὅσσον δ' αἰὲν ὑπεκπροθέοι, τόσον αἰὲν ἐπήει
ἠπιόφρων Φιλότητος ἀμεμφέος ἄμβροτος ὁρμή ·
αἶψα δὲ θνήτ' ἐφύοντο, τὰ πρὶν μάθον ἀθάνατ' εἶναι,
ζωρά τε τὰ πρὶν ἄκρητα [2] διαλλάξαντα κελεύθους.　　　15
τῶν δέ τε μισγομένων χεῖτ' ἔθνεα μυρία θνητῶν,
παντοίαις ἰδέῃσιν ἀρηρότα, θαῦμα ἰδέσθαι.

f. D. B 36:

τῶν δὲ συνερχομένων ἐξ ἔσχατον ἵστατο Νεῖκος.

111—a. 1. Various parts of animals arise separately. D. B 57:

forming of organic combinations

ἦ πολλαὶ μὲν κόρσαι ἀναύχενες ἐβλάστησαν,
γυμνοὶ δ' ἐπλάζοντο βραχίονες εὔνιδες [3] ὤμων,
ὄμματά τ' οἷ' ἐπλανᾶτο πενητεύοντα μετώπων.

---

[1] θεοῖο - he calls the sphairos a god. Cp. Jaeger, *Theol.* p. 141.
[2] Vs 15 ζωρά τε τὰ πρὶν ἄκρητα, - "and mixed what was not mixed before".
(By the physician Philumenus ζωρός is also used as the opposite of ἄκρατος).
[3] bereft of.

b. 2. Forming of arbitrary combinations. D. B 59:

αὐτὰρ ἐπεὶ κατὰ μεῖζον ἐμίσγετο δαίμονι δαίμων [1],
ταῦτά τε συμπίπτεσκον, ὅπη συνέκυρσεν ἕκαστα,
ἄλλα τε πρὸς τοῖς πολλὰ διηνεκῆ ἐξεγένοντο.

c. The fittest of these survive. See Arist., *Phys.* II 8, 198 b[29]:

ὅπου μὲν οὖν ἅπαντα συνέβη ὥσπερ κἂν εἰ ἕνεκά του ἐγίνετο, ταῦτα μὲν
ἐσώθη ἀπὸ τοῦ αὐτομάτου συστάντα ἐπιτηδείως · ὅσα δὲ μὴ οὕτως, ἀπώλετο
καὶ ἀπόλλυται, καθάπερ Ἐμπ. λέγει τὰ βουγενῆ ἀνδρόπρωρα.

d. D. B 61:

πολλὰ μὲν ἀμφιπρόσωπα καὶ ἀμφίστερνα φύεσθαι
βουγενῆ ἀνδρόπρωρα, τά τ' ἔμπαλιν ἐξανατέλλειν
ἀνδροφυῆ βούκρανα, μεμιγμένα τῇ μὲν ἀπ' ἀνδρῶν,
τῇ δὲ γυναικοφυῆ, σκιεροῖς [2] ἠσκημένα γυίοις.

e. 3. "Whole-natured forms" in which there is not any distinction
of sex or species. D. B 62 vs. 4:

οὐλοφυεῖς μὲν πρῶτα τύποι χθονὸς ἐξανέτελλον,
ἀμφοτέρων ὕδατός τε καὶ ἴδεος * αἶσαν ἔχοντες ·
τοὺς μὲν· πῦρ ἀνέπεμπε θέλον πρὸς ὁμοῖον ἱκέσθαι,
οὔτε τί πω μελέων ἐρατὸν δέμας ἐμφαίνοντας
οὔτ' ἐνοπὴν οἷόν τ' ἐπιχώριον ἀνδράσι γυῖον.

f. Cf. Plato, *Symp.* 189 e: Ἔπειτα ὅλον ἦν ἑκάστου τοῦ ἀνθρώπου τὸ εἶδος,
στρογγύλον νῶτον καὶ πλευρὰς κύκλῳ ἔχον · χεῖρας δὲ τέτταρας εἶχε καὶ σκέλη τὰ ἴσα
ταῖς χερσί· καὶ πρόσωπα δύο ἐπ' αὐχένι κυκλοτερεῖ, ὅμοια πάντη, κεφαλὴν δ' ἐπ' ἀμφοτέροις
τοῖς προσώποις ἐναντίοις κειμένοις μίαν · καὶ ὦτα τέτταρα, καὶ αἰδοῖα δύο, καὶ τἆλλα
πάντα ὡς ἀπὸ τούτων ἄν τις εἰκάσειεν.

4. The sexes and species having been separated, new animals no longer
arise from the elements, but are produced by generation (Burnet, *E.
Gr. Ph.* [2]281, [4]243).

---

[1] "When Philotes and Neikos closed in with each other on a larger scale".—
K. Freeman (like Burnet) translates: "But as the one divinity became more and
more mingled with the other"—But, as the forming of human beings, according
to B 35 (our nr. **110e**), took place in the fourth period, this "mingling" of the two
divinities must be understood as a struggle. Diels: "Doch als in grösserem Masse
handgemein wurde der eine Daimon mit dem anderen"—
[2] σκιεροῖς - covered with hair.

* Kranz reads εἴδεος, with Simpl., who means the genit. of the word ἴδος (=
sweat). Diels rightly restored the form ἴδεος (transl.: "having a share of both
elements, Water and Heat").

g. These four stages are accurately distinguished by Aët. V, 19, 5 (D. 31 A 72):

Ἐμπεδοκλῆς τὰς πρώτας γενέσεις τῶν ζῴων καὶ φυτῶν μηδαμῶς ὁλοκλήρους γενέσθαι, ἀσυμφυέσι δὲ τοῖς μορίοις διεζευγμένας· τὰς δὲ δευτέρας συμφυομένων τῶν μερῶν εἰδωλοφανεῖς· τὰς δὲ τρίτας τῶν ὁλοφυῶν· τὰς δὲ τετάρτας οὐκέτι ἐκ τῶν ὁμοίων *, οἷον ἐκ γῆς καὶ ὕδατος, ἀλλὰ δι' ἀλλήλων ἤδη, τοῖς μὲν πυκνωθείσης [τοῖς δὲ καὶ τοῖς ζῴοις] ** τῆς τροφῆς, τοῖς δὲ καὶ τῆς εὐμορφίας τῶν γυναικῶν ἐπερεθισμὸν τοῦ σπερματικοῦ κινήματος ἐμποιησάσης. τῶν δὲ ζῴων πάντων τὰ γένη διακριθῆναι διὰ τὰς ποιὰς κράσεις.

Burnet, *E. Gr. Ph.*[2] 280 f. ([4] 242 f.) ascribes (1) and (2) to the fourth period of the world's history; (3) and (4) to the second, when the union of the sphairos is destroyed by Strife. As to (1), cf. Arist., *De caelo* III 2, 300 b[29]: καθάπερ Ἐμπ. φησι γίνεσθαι ἐπὶ τῆς φιλότητος, sc. when Love is increasing and Strife retiring. So about (2) Simpl. says (*De caelo* 587, 20): ὅτε τοῦ Νείκους ἐπεκράτει λοιπὸν ἡ Φιλότης.

112—a. Theophr., *De sensu* 7 (D. A 86):   perception]

Ἐμπεδοκλῆς — φησὶ τῷ ἐναρμόττειν [1] εἰς τοὺς πόρους τοὺς ἑκάστης (αἰσθήσεως) αἰσθάνεσθαι· διὸ καὶ οὐ δύνασθαι τὰ ἀλλήλων κρίνειν, ὅτι τῶν μὲν εὐρύτεροί πως, τῶν δὲ στενώτεροι τυγχάνουσιν οἱ πόροι πρὸς τὸ αἰσθητόν, ὡς τὰ μὲν οὐχ ἁπτόμενα διευτονεῖν, τὰ δ' ὅλως εἰσελθεῖν οὐ δύνασθαι.

b. Therefore equal things are known by each other. Emp., D. B 109:

γαίῃ μὲν γὰρ γαῖαν ὀπώπαμεν, ὕδατι δ' ὕδωρ,
αἰθέρι δ' αἰθέρα δῖον, ἀτὰρ πυρὶ πῦρ ἀΐδηλον,
στοργῇ δὲ στοργήν, νεῖκος δέ τε νείκεϊ λυγρῷ.

c. Theophr., *l.c.* (D. A 86, l. 30):   vision

πειρᾶται δὲ καὶ τὴν ὄψιν λέγειν, ποία τίς ἐστι· καί φησι τὸ μὲν ἐντὸς αὐτῆς εἶναι πῦρ, τὸ δὲ περὶ αὐτὸ <ὕδωρ καὶ> γῆν καὶ ἀέρα, δι' ὧν διιέναι λεπτὸν ὂν καθάπερ τὸ ἐν τοῖς λαμπτῆρσι φῶς. τοὺς δὲ πόρους ἐναλλὰξ κεῖσθαι τοῦ τε πυρὸς καὶ τοῦ ὕδατος, ὧν τοῖς μὲν τοῦ πυρὸς τὰ λευκά, τοῖς δὲ τοῦ ὕδατος τὰ μέλανα γνωρίζειν· ἐναρμόττειν γὰρ ἑκατέροις ἑκάτερα. φέρεσθαι δὲ τὰ χρώματα πρὸς τὴν ὄψιν διὰ τὴν ἀπορροήν.

d. Emped., D. B 84:

ὡς δ' ὅτε τις πρόοδον νοέων [2] ὡπλίσσατο λύχνον
χειμερίην διὰ νύκτα, πυρὸς σέλας αἰθομένοιο

---

[1] τῷ ἐναρμόττειν - sc. τὰς ἀπορροίας. "as the effluences fit into the pores of the sense-organ to which they are related".
[2] πρόοδον νοέων - μέλλων ἐξιέναι.

---

*   ὁμοίων mss, στοιχείων Diels., *Dox.* 430.
** Secl. Diels.

ἄψας, παντοίων ἀνέμων λαμπτῆρας ἀμοργούς [1],
οἵ τ' ἀνέμων μὲν πνεῦμα διασκιδνᾶσιν ἀέντων,

5 φῶς δ' ἔξω διαθρῷσκον, ὅσον ταναώτερον ἦεν [2],
λάμπεσκεν κατὰ βηλὸν [3] ἀτειρέσιν ἀκτίνεσσιν·
ὡς δὲ τότ' [4] ἐν μήνιγξιν ἐεργμένον ὠγύγιον πῦρ
λεπτῇσίν ‹τ'› ὀθόνῃσι λοχάζετο κύκλοπα κούρην,
‹αἳ› χοάνῃσι δίαντα τετρήατο θεσπεσίῃσιν·

10 αἳ δ' ὕδατος μὲν βένθος ἀπέστεγον [5] ἀμφινάοντος,
πῦρ δ' ἔξω δίεσκον [6], ὅσον ταναώτερον ἦεν.

In this fr. the eye is compared to the sun (see W. J. Verdenius in *Studia Vollgraff*, p. 155-164) and sight is more an active proceeding than a passive state, as might be deduced from Emp.' general theory of effluences going out from things and penetrating into the pores of the organs. Cf. Plato, *Meno* 76 d, where Gorgias defines colours as ἀπορροὴ σχημάτων ὄψει σύμμετρος καὶ αἰσθητός.

hearing   e. Theophr., *l.c.*, continues (c. 9):

τὴν δ' ἀκοὴν ἀπὸ τῶν ἔξωθεν γίνεσθαι ψόφων, ὅταν γὰρ ‹ὁ ἀὴρ› * ὑπὸ τῆς φωνῆς κινηθῇ, ἠχεῖν ἐντός· ὥσπερ γὰρ εἶναι κώδωνα τῶν † ἴσων ἤχων † ** τὴν ἀκοήν, ἣν προσαγορεύει σάρκινον ὄζον· κινουμένην δὲ παίειν τὸν ἀέρα πρὸς τὰ στερεὰ καὶ ποιεῖν ἦχον.

taste and touch   f. Theophr., *l.c.* (D. A 86, p. 302, l. 15):

περὶ δὲ γεύσεως καὶ ἁφῆς οὐ διορίζεται καθ' ἑκατέραν οὔτε πῶς οὔτε δι' ἃ γίγνονται, πλὴν τὸ κοινὸν ὅτι τῷ ἐναρμόττειν τοῖς πόροις αἴσθησίς ἐστιν.

thinking   113—a. Theophr., ib. c. 10:

ὡσαύτως δὲ λέγει [7] καὶ περὶ φρονήσεως καὶ ἀγνοίας. τὸ μὲν γὰρ φρονεῖν εἶναι τοῖς ὁμοίοις, τὸ δ' ἀγνοεῖν τοῖς ἀνομοίοις, ὡς ἢ ταὐτὸν ἢ παραπλήσιον

---

[1] ἄψας - ἀμοργούς· λαμπτήρ is a horn-lantern. Burnet puts the comma after αἰθομένοιο and then translates ἄψας .... λαμπτῆρας: "fastening to it horn plates to keep out all manner of winds". I prefer to construe with Diels πυρὸς σέλας αἰθομένοιο ἄψας, taking λαμπτῆρας as an apposition of λύχνον.

[2] ὅσον ταναώτερον ἦεν - because it is so much finer.

[3] λάμπεσκεν κατὰ βηλὸν κτλ. - "shines across the threshold with unyielding beams".

[4] ὡς τότε — : "so then the primeval fire, wrapped up in membranes (μήνιγξιν) and delicate tissues, which were pierced through and through with wondrous passages (χοάνῃσι), hid itself behind the round pupil".

[5] ἀπέστεγον - keep out.

[6] let go through.

[7] Sc. Emped.

* Kranz (Diels read ὁ ἀὴρ in stead of γὰρ).

** τῶν ἴσων mss.; Diels reads τῶν εἰσιόντων. Probably the meaning is: "For hearing is a sort of bell ringing inside the ear."

ὃν τῇ αἰσθήσει τὴν φρόνησιν. διαριθμησάμενος γὰρ ὡς ἕκαστον ἑκάστῳ γνωρίζομεν, ἐπὶ τέλει προσέθηκεν ὡς (D. B 107)

ἐκ τούτων <γὰρ> πάντα πεπήγασιν ἁρμοσθέντα   5
καὶ τούτοις φρονέουσι καὶ ἥδοντ' ἠδ' ἀνιῶνται.

διὸ καὶ τῷ αἵματι [1] μάλιστα φρονεῖν · ἐν τούτῳ γὰρ μάλιστα κεκρᾶσθαι [ἐστὶ] τὰ στοιχεῖα τῶν μερῶν. (11) ὅσοις μὲν οὖν ἴσα καὶ παραπλήσια μέμεικται καὶ μὴ διὰ πολλοῦ μηδ' αὖ μικρὰ μηδ' ὑπερβάλλοντα τῷ μεγέθει, τούτους φρονιμωτάτους εἶναι καὶ κατὰ τὰς αἰσθήσεις ἀκριβεστάτους, κατὰ λόγον δὲ   10 καὶ τοὺς ἐγγυτάτω τούτων, ὅσοις δὲ ἐναντίως, ἀφρονεστάτους. καὶ ὧν μὲν μανὰ καὶ ἀραιὰ κεῖται τὰ στοιχεῖα, νωθροὺς καὶ ἐπιπόνους · ὧν δὲ πυκνὰ καὶ κατὰ μικρὰ τεθραυσμένα, τοὺς δὲ τοιούτους ὀξεῖς φερομένους καὶ πολλοῖς ἐπιβαλλομένους ὀλίγα ἐπιτελεῖν διὰ τὴν ὀξύτητα τῆς τοῦ αἵματος φορᾶς. οἷς δὲ καθ' ἕν τι μόριον ἡ μέση κρᾶσίς ἐστι, ταύτῃ σοφοὺς ἑκάστους εἶναι ·   15 διὸ τοὺς μὲν ῥήτορας ἀγαθούς, τοὺς δὲ τεχνίτας, ὡς τοῖς μὲν ἐν ταῖς χερσί, τοῖς δὲ ἐν τῇ γλώττῃ τὴν κρᾶσιν οὖσαν. ὁμοίως δ' ἔχειν καὶ κατὰ τὰς ἄλλας δυνάμεις [2].

b. D. B 105, vs 3:

αἷμα γὰρ ἀνθρώποις περικάρδιόν ἐστι νόημα.

114—Sextus, *Adv. Math.* VIII (Against the Logicians II) 286:   **all creatures**
ὁ δὲ Ἐμπ. ... πάντα ἠξίου λογικὰ τυγχάνειν, καὶ οὐ ζῷα μόνον ἀλλὰ καὶ   **think**
φυτά, ῥητῶς γράφων (B 110, 10):

πάντα γὰρ ἴσθι φρόνησιν ἔχειν καὶ νώματος αἶσαν.

Emp. in this fr. warns men to strive after other things than wisdom; "for they long once more to return to their own kind. For know that all things" e.q.s.

---

[1] τῷ αἵματι μάλιστα φρονεῖν. Cf. the fr. 105 (this nr., sub **b**).
[2] καὶ κατὰ τὰς ἄλλας δυνάμεις. About the whole of this κρᾶσις- theory cp. Parm. fr. 16, our nr. **86**: thinking depends on the κρᾶσις μελέων. Diels explains Emp. fr. 106 in this way:

πρὸς παρεὸν γὰρ μῆτις ἀέξεται ἀνθρώποισι.

However, τὸ παρεὸν obviously does not mean the bodily consistence of each moment, but simply: "what is before them". So what he says is this: "For wisdom (or counsel) groweth to men according to what is before them"; i.e. depends on things exterior. Aristotle cites the verse in *De Anima* III 3, 427 a[21], in order to prove that οἱ ἀρχαῖοι τὸ φρονεῖν καὶ τὸ αἰσθάνεσθαι ταὐτὸν εἶναί φασιν, namely both a physical process, defined by the formula "τῷ ὁμοίῳ τὸ ὅμοιον". Now the senses are affected by the ἀπορροιαί of things. Likewise, reasonable powers grow according to what presents itself to them.

In B 108 Emped. says what Diels found in 106:

ὅσσον δ' ἀλλοῖοι μετέφυν, τόσον ἄρ σφισιν αἰεί
καὶ τὸ φρονεῖν ἀλλοῖα παρίσταται . . . . .

"As far as men grow to be different (as to their bodily consistence), in that measure thought also presents itself different to them."

respiration **115**—Men breathe according to E. not only through the organs of respiration, but through all the pores of the body, the blood retiring to the heart and air going in, and inversely the blood being pushed to the surface of the body and air going out. He illustrates this by the *klepsydra*, a metal vessel with a narrow neck (αὐλός) at the top, and the bottom being pierced with holes: when you dip the instrument into the water, holding your hand on the pipe, the water does not flow in. As soon as you take your hand off, the water enters. Inversely, when the vessel is filled with water and you withdraw it from the water keeping your hand on the opening at the top, the water does not run out. See Arist., *Problem.* XVI 8, 914 b⁹ (Diels, *V. S.* 59 (Anaxagoras) A 69).

Fig. 1. Fig. 2.

These figures are taken from W. K. G. Guthrie's edition of Arist., *De caelo* (Loeb Class. Libr.), p. 228.

Emp., D. B 100:

> ᾽Ωδε δ' ἀναπνεῖ πάντα καὶ ἐκπνεῖ · πᾶσι λίφαιμοι
> σαρκῶν σύριγγες πύματον κατὰ σῶμα ¹ τέτανται,
> καί σφιν ἐπὶ στομίοις πυκιναῖς τέτρηνται ἄλοξιν
> ῥινῶν ἔσχατα τέρθρα ² διαμπερές, ὥστε φόνον ³ μέν
> 5 κεύθειν, αἰθέρι δ' εὐπορίην διόδοισι τετμῆσθαι.
> ἔνθεν ἔπειθ' ὁπόταν μὲν ἀπαΐξῃ τέρεν ⁴ αἷμα,
> αἰθὴρ παφλάζων καταΐσσεται οἴδματι μάργῳ,
> εὖτε δ' ἀναθρῴσκῃ, πάλιν ἐκπνέει, ὥσπερ ὅταν παῖς
> κλεψύδρῃ παίζῃσι * διιπετέος ⁵ χαλκοῖο .
> 10 εὖτε μὲν αὐλοῦ πορθμὸν ἐπ' εὐειδεῖ χερὶ θεῖσα
> εἰς ὕδατος βάπτῃσι τέρεν δέμας ἀργυφέοιο,
> οὐδεὶς ἄγγοσδ' ὄμβρος ἐσέρχεται, ἀλλά μιν εἴργει
> ἀέρος ὄγκος ἔσωθε πεσὼν ἐπὶ τρήματα πυκνά,

---

¹ πύματον κατὰ σῶμα - over the surface of their body.
² τέρθρα - τέρματα (the surface).
³ φόνον - αἷμα.
⁴ τέρεν - thin.
⁵ διιπετέος - shining.

* παίζῃσι Diels. Kranz παίζουσα (according to the reading of some mss.; others have παίζουσι or παίζῃσι), putting a — after this verse and after 17.

εἰσόκ' ἀποστεγάσῃ πυκινὸν ῥόον ¹ · αὐτὰρ ἔπειτα
πνεύματος ἐλλείποντος ἐσέρχεται αἴσιμον ὕδωρ.
ὡς δ' αὔτως, ὅθ' ὕδωρ μὲν ἔχῃ κατὰ βένθεα χαλκοῦ   15
πορθμοῦ χωσθέντος βροτέῳ χροῒ ἠδὲ πόροιο,
αἰθὴρ δ' ἐκτὸς ἔσω λελιημένος ὄμβρον ἐρύκει,
ἀμφὶ πύλας ἠθμοῖο δυσηχέος ² ἄκρα κρατύνων,
εἰσόκε χειρὶ μεθῇ, τότε δ' αὖ πάλιν, ἔμπαλιν ἢ πρίν,   20
πνεύματος ἐμπίπτοντος ὑπεκθέει αἴσιμον ὕδωρ.
ὡς δ' αὔτως τέρεν αἷμα κλαδασσόμενον διὰ γυίων
ὁππότε μὲν παλίνορσον ἀπαΐξειε μυχόνδε ³,
αἰθέρος εὐθὺς ῥεῦμα κατέρχεται οἴδματι θῦον,
εὖτε δ' ἀναθρῴσκῃ ⁴, πάλιν ἐκπνέει ἴσον ὀπίσσω.   25

116—For the exordium of the ,,Purification'' ("Song of penance") the Καθαρμοί
see D. B 112, our nr. **101a**.

a.   In B 115 he presents himself as a fallen god: a fallen god

ἔστιν Ἀνάγκης χρῆμα ⁵, θεῶν ψήφισμα παλαιόν,
ἀίδιον, πλατέεσσι κατεσφρηγισμένον ὅρκοις ·
εὖτέ τις ⁶ ἀμπλακίῃσι ⁷ φόνῳ ⁸ φίλα γυῖα μιήνῃ
〈Νείκεΐ θ'〉 ὃς κ(ε) ἐπίορκον ἁμαρτήσας ἐπομόσσῃ
δαίμονες οἵτε μακραίωνος λελάχασι βίοιο,   5
τρίς μιν μυρίας ὥρας ἀπὸ μακάρων ἀλάλησθαι
φυομένους παντοῖα διὰ χρόνου εἴδεα θνητῶν,
ἀργαλέας βιότοιο μεταλλάσσοντα κελεύθους.
αἰθέριον μὲν γάρ σφε μένος πόντονδε διώκει,
πόντος δ' ἐς χθονὸς οὖδας ἀπέπτυσε, γαῖα δ' ἐς αὐγάς   10
ἠελίου φαέθοντος, ὁ δ' αἰθέρος ἔμβαλε δίναις ·
ἄλλος δ' ἐξ ἄλλου δέχεται, στυγέουσι δὲ πάντες.
τῶν καὶ ἐγὼ νῦν εἰμι, φυγὰς θεόθεν καὶ ἀλήτης,
Νείκεΐ μαινομένῳ πίσυνος.

---

¹ πυκινὸν ῥόον - the compressed stream of air.
² δυσηχέος - ''ill-sounding'', ruckling: the water is pushed to the top by the
air ''striving to get in'' (ἔσω λελιημένος) at the bottom, and ''dominates at the
top'' (ἄκρα κρατύνων).
³ μυχόνδε - ''to the interior'', to the heart.
⁴ ἀναθρῴσκη - to the surface of the body.
⁵ χρῆμα - an oracle.
⁶ τις sc. δαίμων, in a loose construction taken up by the word δαίμονες in
the vs 5.
⁷ ἀμπλακίῃσι - sinfully.
⁸ φόνῳ - αἴματι.

his incarna-
tions

He remembers his own incarnations.

   b.   D. B 117:

ἤδη γάρ ποτ' ἐγὼ γενόμην κοῦρός τε κόρη τε
θάμνος τ' οἰωνός τε καὶ ἔξαλος ἔλλοπος ¹ ἰχθύς.

warning
against
animal food

117—a.   D. B 136:

οὐ παύσεσθε φόνοιο δυσηχέος; οὐκ ἐσορᾶτε
·ἀλλήλους δάπτοντες ἀκηδείῃσι νόοιο;

   b.   D. B 137:

Μορφὴν δ' ἀλλάξαντα πατὴρ φίλον υἱὸν ἀείρας
σφάζει ἐπευχόμενος μέγα νήπιος · οἱ δ' ² ἀπορεῦνται
λισσόμενον θύοντες · ὁ δ' αὖ νήκουστος ὁμοκλέων ³
σφάξας ἐν μεγάροισι κακὴν ἀλεγύνατο δαῖτα.
ὡς δ' αὔτως πατέρ' υἱὸς ἑλὼν καὶ μητέρα παῖδες
θυμὸν ἀπορραίσαντε φίλας κατὰ σάρκας ἔδουσιν.

   c.   D. B 139:

οἴμ' ὅτι οὐ πρόσθεν με διώλεσε νηλεὲς ἦμαρ,
πρὶν σχέτλι' ἔργα βορᾶς περὶ χείλεσι μητίσασθαι.

the gods

118—a.   D. B 133:

οὐκ ἔστιν πελάσασθαι ⁴ ἐν ὀφθαλμοῖσιν ἐφικτόν
ἡμετέροις ἢ χερσὶ λαβεῖν, ᾗπερ τε μεγίστη
πειθοῦς ἀνθρώποισιν ἀμαξιτὸς εἰς φρένα πίπτει.

   b.   D. B 134:

οὐδὲ γὰρ ἀνδρομέῃ κεφαλῇ κατὰ γυῖα κέκασται ⁵,
οὐ μὲν ἀπὸ νώτοιο δύο κλάδοι ἀΐσσονται,
οὐ πόδες, οὐ θοὰ γοῦν', οὐ μήδεα λαχνήεντα,
ἀλλὰ φρὴν ἱερὴ καὶ ἀθέσφατος ἔπλετο μοῦνον,
φροντίσι κόσμον ἅπαντα καταΐσσουσα θοῇσιν.

2—ANAXAGORAS

his place in
the history of
philosophy

119—About Anaxagoras we have the testimony of a (younger) con-
temporary, namely Socrates. In *Ph.* 96 a ff. Plato makes him tell his

---

¹   Explained by Hesych. as "dumb".
²   οἱ δ' - the assistants.
³   ὁμοκλέων - (deaf to) his cries.
⁴   "It is not possible to bring the deity near to us, so that he could be reached
by our eyes or touched with our hands."—
⁵   κέκασται - he is not equipped with. Cf. Pind., *Ol.* I 27.

own intellectual history: in his youth he was very eager to learn the causes of things, of their coming into being and passing away, and of their existence. The elder philosophers of nature did not furnish him with any satisfactory explanation.

a. Plato, *Phaedo* 97 b:

ἀκούσας μέν ποτε ἐκ βιβλίου, τινός, ὡς ἔφη, Ἀναξαγόρου ἀναγιγνώσκοντος καὶ λέγοντος, ὡς ἄρα νοῦς ἐστιν ὁ διακοσμῶν τε καὶ πάντων αἴτιος, ταύτῃ δὴ τῇ αἰτίᾳ ἥσθην τε καὶ ἔδοξέ μοι τρόπον τινὰ εὖ ἔχειν τὸ τὸν νοῦν εἶναι πάντων αἴτιον, καὶ ἡγησάμην, εἰ τοῦθ᾽ οὕτως ἔχει, τόν γε νοῦν κοσμοῦντα πάντα κοσμεῖν καὶ ἕκαστον τιθέναι ταύτῃ, ὅπῃ ἂν βέλτιστα ἔχῃ.

But on reading the whole book he is bitterly disappointed. 98 b:

ἀπὸ δὴ θαυμαστῆς ἐλπίδος ᾠχόμην φερόμενος, ἐπειδὴ προϊὼν καὶ ἀναγιγνώσκων ὁρῶ ἄνδρα τῷ μὲν νῷ οὐδὲν χρώμενον οὐδέ τινας αἰτίας ἐπαιτιώμενον εἰς τὸ διακοσμεῖν τὰ πράγματα, ἀέρας δὲ καὶ αἰθέρας καὶ ὕδατα αἰτιώμενον καὶ ἄλλα πολλὰ καὶ ἄτοπα.

b. Cf. Arist., *Metaph.* A 3, 984 b[15]:

νοῦν δή τις εἰπὼν εἶναι καθάπερ ἐν τοῖς ζῴοις καὶ ἐν τῇ φύσει τὸν αἴτιον τοῦ κόσμου καὶ τῆς τάξεως πάσης οἷον νήφων ἐφάνη παρ᾽ εἰκῇ λέγοντας τοὺς πρότερον.

c. Ib. A 4, 985 a[18]:

Ἀναξαγόρας τε γὰρ μηχανῇ χρῆται τῷ νῷ πρὸς τὴν κοσμοποιίαν, καὶ ὅταν ἀπορήσῃ διὰ τίν᾽ αἰτίαν ἐξ ἀνάγκης ἐστί, τότε παρέλκει αὐτόν, ἐν δὲ τοῖς ἄλλοις πάντα μᾶλλον αἰτιᾶται τῶν γιγνομένων ἢ νοῦν.

120—a. Diog. II 6 (D. 59 A 1):   life

Ἀναξαγόρας Ἡγησιβούλου ἢ Εὐβούλου Κλαζομένιος. — (7) ἤρξατο δὲ φιλοσοφεῖν Ἀθήνησιν ἐπὶ Καλλίου ἐτῶν εἴκοσιν ὤν, ὥς φησι Δημήτριος ὁ Φαληρεὺς ἐν τῇ τῶν ἀρχόντων ἀναγραφῇ· ἔνθα καί φασιν αὐτὸν ἔτη διατρῖψαι τριάκοντα. —

b. Plut., *Pericl.* 4, 4 (D. 59 A 15):   **his relation to Pericles**

ὁ δὲ πλεῖστα Περικλεῖ συγγενόμενος καὶ μάλιστα περιθεὶς ὄγκον αὐτῷ καὶ φρόνημα δημαγωγίας ἐμβριθέστερον, ὅλως τε μετεωρίσας καὶ συνεξάρας τὸ ἀξίωμα τοῦ ἤθους, Ἀναξαγόρας ἦν ὁ Κλαζομένιος, ὃν οἱ τότ᾽ ἄνθρωποι Νοῦν προσηγόρευον.

c. Plut., *Pericl.* 32 (D. A 17):   **the charge of ἀσέβεια**

Περὶ δὲ τοῦτον τὸν χρόνον ... καὶ ψήφισμα Διοπείθης ἔγραψεν εἰσαγγέλλεσθαι τοὺς τὰ θεῖα μὴ νομίζοντας ἢ λόγους περὶ τῶν μεταρσίων διδάσκοντας ἀπερειδόμενος ¹ εἰς Περικλέα δι' Ἀναξαγόρου τὴν ὑπόνοιαν. — Ἀναξαγόραν δὲ φοβηθεὶς ἐξέπεμψε καὶ προὔπεμψεν ἐκ τῆς πόλεως.

d. Cf. Plut., *Nic.* 23, 3 (D. A 18):

Ἀναξαγόραν εἰρχθέντα μόλις περιεποιήσατο Περικλῆς.

As to the charge, cp. Plato, *Apol.* 26 d, where Meletus says that Socrates did not acknowledge sun and moon to be gods, ἐπεὶ τὸν μὲν ἥλιον λίθον φησὶν εἶναι, τὴν δὲ σελήνην γῆν. To which S. answers: Ἀναξαγόρου οἴει κατηγορεῖν, ὦ φίλε Μ.; e.q.s.

he died at Lampsacus

121—a. Diog. II 14 (D. A 1):

καὶ τέλος ἀποχωρήσας εἰς Λάμψακον αὐτόθι κατέστρεψεν. ὅτε καὶ τῶν ἀρχόντων τῆς πόλεως ἀξιούντων τί βούλεται αὐτῷ γενέσθαι, φάναι τοὺς παῖδας, ἐν ᾧ ἂν ἀποθάνῃ μηνί, κατ' ἔτος παίζειν συγχωρεῖν. καὶ φυλάττεται τὸ ἔθος καὶ νῦν.

b. Cf. Arist., *Rhet.* B 23, 1398 b¹⁵: καὶ Λαμψακηνοὶ Ἀναξαγόραν ξένον ὄντα ἔθαψαν καὶ τιμῶσιν ἔτι καὶ νῦν.

being is one

122—A. first of all is influenced by Parmenides.

a. D. B 5:

... γινώσκειν χρή, ὅτι πάντα οὐδὲν ἐλάσσω ἐστὶν οὐδὲ πλείω (οὐ γὰρ ἀνυστὸν πάντων πλείω εἶναι), ἀλλὰ πάντα ἴσα αἰεί.

infinitely divisible

b. D. B 3:

οὔτε γὰρ τοῦ σμικροῦ ἐστι τό γε ἐλάχιστον, ἀλλ' ἔλασσον ἀεί (τὸ γὰρ ἐὸν οὐκ ἔστι τομῇ οὐκ εἶναι ²) — ἀλλὰ καὶ τοῦ μεγάλου ἀεί ἐστι μεῖζον. καὶ ἴσον ἐστὶ τῷ σμικρῷ πλῆθος, πρὸς ἑαυτὸ δὲ ἕκαστόν ἐστι καὶ μέγα καὶ σμικρόν.

no coming into being nor passing away

123—D. B 17:

τὸ δὲ γίνεσθαι καὶ ἀπόλλυσθαι οὐκ ὀρθῶς νομίζουσιν οἱ Ἕλληνες · οὐδὲν γὰρ χρῆμα γίνεται οὐδὲ ἀπόλλυται, ἀλλ' ἀπὸ ἐόντων χρημάτων συμμίσγεταί τε καὶ διακρίνεται. καὶ οὕτως ἂν ὀρθῶς καλοῖεν τό τε γίνεσθαι συμμίσγεσθαι καὶ τὸ ἀπόλλυσθαι διακρίνεσθαι.

In this A. seems to agree with Empedocles. But the latter explains qualitative variety of things by admitting his four elements. A. accounts for the same fact in a very different way.

---

¹ ἀπερειδόμενος εἰς - directing suspicion against P. by means of A.

² τὸ γὰρ ἐὸν οὐκ ἔστι τομῇ οὐκ εἶναι - "For it cannot be that what is should cease to be by being cut" (Burnet).

τομῇ is a correction of Zeller for the mss-reading τὸ μή. Kranz keeps the traditional text τὸ μὴ οὐκ εἶναι; but in his translation he is inclined to adopt the correction of Zeller.

124—a. Simpl., *Phys.* 155, 23 (Anaxag. D. B 1):   qualitative variety explained

ὅτι δὲ Ἀναξαγόρας ἐξ ἑνὸς μίγματος [1] ἄπειρα τῷ πλήθει ὁμοιομερῆ ἀπο-κρίνεσθαί φησιν πάντων μὲν ἐν παντὶ ἐνόντων, ἑκάστου δὲ κατὰ τὸ ἐπικρα-τοῦν [2] χαρακτηριζομένου, δηλοῖ διὰ τοῦ πρώτου τῶν Φυσικῶν λέγων ἀπ' ἀρχῆς· „ὁμοῦ πάντα χρήματα ἦν, ἄπειρα καὶ πλῆθος καὶ σμικρότητα· καὶ γὰρ τὸ σμικρὸν ἄπειρον ἦν. καὶ πάντων ὁμοῦ ἐόντων οὐδὲν ἔνδηλον ἦν ὑπὸ σμικρότητος· πάντα γὰρ ἀήρ τε καὶ αἰθὴρ κατεῖχεν, ἀμφότερα ἄπειρα ἐόντα· ταῦτα γὰρ μέγιστα ἔνεστιν ἐν τοῖς σύμπασι καὶ πλήθει καὶ μεγέθει [3]."

b. The primitive stage of πάντα ὁμοῦ does still exist in a certain   everything in everything
sense: "all things have a part of everything in themselves". D. B 6:

καὶ ὅτε δὲ ἴσαι μοῖραί εἰσι τοῦ τε μεγάλου καὶ τοῦ σμικροῦ πλήθος, καὶ οὕτως ἂν εἴη ἐν παντὶ πάντα· οὐδὲ χωρὶς ἔστιν εἶναι, ἀλλὰ πάντα παντὸς μοῖραν μετέχει. ὅτε τοὐλάχιστον μὴ ἔστιν εἶναι, οὐκ ἂν δύναιτο χωρισθῆναι, οὐδ' ἂν ἐφ' ἑαυτοῦ γενέσθαι, ἀλλ' ὅπωσπερ ἀρχὴν εἶναι καὶ νῦν πάντα ὁμοῦ. ἐν πᾶσι δὲ πολλὰ ἔνεστι καὶ τῶν ἀποκρινομένων ἴσα πλῆθος ἐν τοῖς μείζοσί τε καὶ ἐλάσσοσι.

c. Cf. also D. B 4:

τούτων δὲ οὕτως ἐχόντων χρὴ δοκεῖν ἐνεῖναι πολλά τε καὶ παντοῖα ἐν πᾶσι τοῖς συγκρινομένοις, καὶ σπέρματα πάντων χρημάτων καὶ ἰδέας παντοίας ἔχοντα καὶ χροιὰς καὶ ἡδονάς.

d. In B 10 he puts the question: How is qualitative variety to be explained, if all is one?

πῶς γὰρ ἄν, φησίν, ἐκ μὴ τριχὸς γένοιτο θρὶξ καὶ σὰρξ ἐκ μὴ σαρκός;
He has given his answer in B 6: πάντα παντὸς μοῖραν μετέχει.

e. Cf. B 8:

οὐ κεχώρισται ἀλλήλων τὰ ἐν τῷ ἑνὶ κόσμῳ οὐδὲ ἀποκέκοπται πελέκει οὔτε τὸ θερμὸν ἀπὸ τοῦ ψυχροῦ οὔτε τὸ ψυχρὸν ἀπὸ τοῦ θερμοῦ.

Hence each thing has something of its opposite in it. Cf. D.B 21 about perception (our nr. **133**).

125—An especial kind of opposites may prevail, such as cold and   influence of wet, a separation having been made in the original state of mixture. D.B 2:   Anaximenes

---

[1] ἐξ ἑνὸς μίγματος - the original mixture, when "all was ὁμοῦ", contained all qualitative variety in itself.
[2] κατὰ τὸ ἐπικρατοῦν - see our next nr., **125**.
[3] In this he shows influence of Anaximenes; see our next following nr.

a. καὶ γὰρ ἀήρ τε καὶ αἰθὴρ ἀποκρίνονται ἀπὸ τοῦ πολλοῦ τοῦ περιέχοντος, καὶ τό γε περιέχον ἄπειρόν ἐστι τὸ πλῆθος.

But also in the original state the cold and wet seem to have prevailed according to A., and therefore air and aether (see the fr. 1 at the end: πάντα γὰρ ἀήρ τε καὶ αἰθὴρ κατεῖχεν); for "everything bears the stamp of that opposite which prevails" (ἑκάστου κατὰ τὸ ἐπικρατοῦν χαρακτηριζομένου, **124a**). Cf. Anaxagoras D. B 12, at the end:

b. ὅτων πλεῖστα ἔνι, ταῦτα ἐνδηλότατα ἓν ἕκαστόν ἐστι καὶ ἦν.

no void   **126**—Arist., *Phys.* IV 6, 213 a^{22} cites A. among those who try to demonstrate that there is no void:

οἱ μὲν οὖν δεικνύναι πειρώμενοι ὅτι οὐκ ἔστιν (τὸ κενόν), οὐχ ὃ βούλονται λέγειν οἱ ἄνθρωποι κενόν, τοῦτ' ἐξελέγχουσιν, ἀλλ' ἁμαρτάνοντες λέγουσιν, ὥσπερ Ἀναξαγόρας καὶ οἱ τοῦτον τὸν τρόπον ἐλέγχοντες. ἐπιδεικνύουσι γὰρ ὅτι ἔστι τι ὁ ἀήρ, στρεβλοῦντες τοὺς ἀσκοὺς καὶ δεικνύντες ὡς ἰσχυρὸς ὁ ἀὴρ καὶ ἐναπολαμβάνοντες ἐν ταῖς κλεψύδραις.

the νοῦς: **127**—Anaxagoras D. B 12:
separated
from all   τὰ μὲν ἄλλα παντὸς μοῖραν μετέχει, νοῦς δέ ἐστιν ἄπειρον καὶ αὐτοκρατὲς
other things καὶ μέμεικται οὐδενὶ χρήματι, ἀλλὰ μόνος αὐτὸς ἐπ' ἑωυτοῦ ἐστιν. εἰ μὴ γὰρ ἐφ' ἑαυτοῦ ἦν, ἀλλά τεῳ ἐμέμεικτο ἄλλῳ, μετεῖχεν ἂν ἁπάντων χρημάτων, εἰ ἐμέμεικτό τεῳ. ἐν παντὶ γὰρ παντὸς μοῖρα ἔνεστιν, ὥσπερ ἐν τοῖσι πρόσθεν
5   μοι λέλεκται, καὶ ἂν ἐκώλυεν αὐτὸν τὰ συμμεμειγμένα, ὥστε μηδενὸς χρή-
yet material ματος κρατεῖν ὁμοίως ὡς καὶ μόνον ἐόντα ἐφ' ἑαυτοῦ. ἔστι γὰρ λεπτότατόν τε πάντων χρημάτων καὶ καθαρώτατον καὶ γνώμην γε περὶ παντὸς πᾶσαν ἴσχει
cause of   καὶ ἰσχύει μέγιστον · καὶ ὅσα γε ψυχὴν ἔχει καὶ τὰ μείζω καὶ τὰ ἐλάσσω,
motion   πάντων νοῦς κρατεῖ. καὶ τῆς περιχωρήσιος¹ τῆς συμπάσης νοῦς ἐκράτησεν,
10   ὥστε περιχωρῆσαι τὴν ἀρχήν². καὶ πρῶτον ἀπό του * σμικροῦ ἤρξατο περιχωρεῖν, ἐπὶ ** δὲ πλέον περιχωρεῖ, καὶ περιχωρήσει ἐπὶ πλέον. καὶ τὰ συμμισγόμενά τε καὶ ἀποκρινόμενα καὶ διακρινόμενα πάντα ἔγνω νοῦς. καὶ ὁποῖα ἔμελλεν ἔσεσθαι καὶ ὁποῖα ἦν, ἄσσα νῦν μὴ ἔστι, καὶ ὅσα νῦν ἐστι καὶ ὁποῖα ἔσται ***, πάντα διεκόσμησε νοῦς, καὶ τὴν περιχώρησιν ταύτην, ἣν νῦν
15   περιχωρέει τά τε ἄστρα καὶ ὁ ἥλιος καὶ ἡ σελήνη καὶ ὁ ἀὴρ καὶ ὁ αἰθὴρ οἱ ἀποκρινόμενοι. ἡ δὲ περιχώρησις αὐτὴ ἐποίησεν ἀποκρίνεσθαι. καὶ ἀποκρίνεται ἀπό τε τοῦ ἀραιοῦ τὸ πυκνὸν καὶ ἀπὸ τοῦ ψυχροῦ τὸ θερμὸν καὶ ἀπὸ τοῦ ζοφεροῦ τὸ λαμπρὸν καὶ ἀπὸ τοῦ διεροῦ τὸ ξηρόν. μοῖραι δὲ πολλαὶ πολλῶν

---

¹ περιχώρησις - rotation.
² ὥστε περιχωρῆσαι τὴν ἀρχήν - so that it began to rotate in the beginning.

*   του Diels; τοῦ mss.
**   ἐπὶ δὲ Diels; ἐπεὶ δὲ mss.
*** καὶ ὅσα νῦν ἐστι — ἔσται Kranz.

εἰσι. παντάπασι δὲ οὐδὲν ἀποκρίνεται οὐδὲ διακρίνεται ἕτερον ἀπὸ τοῦ ἑτέρου
πλὴν νοῦ. νοῦς δὲ πᾶς ὅμοιός ἐστι, καὶ ὁ μείζων καὶ ὁ ἐλάττων. ἕτερον δὲ   20
οὐδέν ἐστιν ὅμοιον οὐδενί, ἀλλ' ὅτων πλεῖστα ἔνι, ταῦτα ἐνδηλότατα ἓν
ἕκαστόν ἐστι καὶ ἦν.

128—a.   Simpl., *Phys.* 300, 27 (D. 59 B 13), defends A. against the **forming of**
reproach of Aristotle and his commentator Alexander, that he did not **the world**
use his νοῦς in his explanation of the world:

'Αλλ' ὅτι μὲν προσχρῆται, δῆλον, εἴπερ τὴν γένεσιν οὐδὲν ἄλλο ἢ ἔκκρισιν
εἶναί φησι, τὴν δὲ ἔκκρισιν ὑπὸ τῆς κινήσεως γίνεσθαι, τῆς δὲ κινήσεως αἴτιον
εἶναι τὸν νοῦν. λέγει γὰρ οὕτως 'Α.· ,,καὶ ἐπεὶ ἤρξατο ὁ νοῦς κινεῖν, ἀπὸ τοῦ
κινουμένου παντὸς ἀπεκρίνετο, καὶ ὅσον ἐκίνησεν ὁ νοῦς, πᾶν τοῦτο διεκρίθη ·
κινουμένων δὲ καὶ διακρινομένων ἡ περιχώρησις πολλῷ μᾶλλον ἐποίει διακρί-
νεσθαι.

b.   Anaxagoras, D. B 16:

'Απὸ τουτέων ἀποκρινομένων συμπήγνυται γῆ · ἐκ μὲν γὰρ τῶν νεφελῶν
ὕδωρ ἀποκρίνεται, ἐκ δὲ τοῦ ὕδατος γῆ, ἐκ δὲ τῆς γῆς λίθοι συμπήγνυνται ὑπὸ
τοῦ ψυχροῦ · οὗτοι δὲ ἐκχωρέουσι μᾶλλον τοῦ ὕδατος.

129—D. B 4 (for the beginning see our nr. **124 c**):   **innumerable**
                                                                                   worlds
καὶ ἀνθρώπους τε συμπαγῆναι καὶ τὰ ἄλλα ζῷα, ὅσα ψυχὴν ἔχει. καὶ τοῖς
γε ἀνθρώποισιν εἶναι καὶ πόλεις συνῳκημένας καὶ ἔργα κατεσκευασμένα,
ὥσπερ παρ' ἡμῖν, καὶ ἡέλιόν τε αὐτοῖσιν εἶναι καὶ σελήνην καὶ τὰ ἄλλα, ὥσπερ
παρ' ἡμῖν, καὶ τὴν γῆν αὐτοῖσι φύειν πολλά τε καὶ παντοῖα, ὧν ἐκεῖνοι τὰ
ὀνήιστα συνενεγκάμενοι εἰς τὴν οἴκησιν χρῶνται. ταῦτα μὲν οὖν μοι λέλεκται
περὶ τῆς ἀποκρίσιος, ὅτι οὐκ ἂν παρ' ἡμῖν μόνον ἀποκριθείη, ἀλλὰ καὶ ἄλλη.

130—a.   D. B 11:   **organic**
                                                                                   nature
ἐν παντὶ παντὸς μοῖρα ἔνεστι πλὴν νοῦ, ἔστιν οἷσι δὲ καὶ νοῦς ἔνι.   **distinguished**
                                                                                   from
We could expect that, according to this view, man would be defined   **anorganic**
as having the greatest portion of νοῦς within him. However, A. defines
him more as *homo faber* than as *homo sapiens*.

b.   Arist., *De part. anim.* Δ 10, 687 a⁷:

'Α. μὲν οὖν φησι διὰ τὸ χεῖρας ἔχειν φρονιμώτατον εἶναι τῶν ζῴων ἄν-
θρωπον.

131—a.   Plut., *Quaest. nat.* I p. 911 D: **plants have a**
                                                                                   soul
ζῷον γὰρ ἔγγειον τὸ φυτὸν εἶναι οἱ περὶ ... 'Αναξαγόραν ... οἴονται. —

b.   [Arist.], *De plantis* I 1, 815 a¹⁸:

ὁ μὲν 'Αναξαγόρας καὶ ζῷα εἶναι (τὰ φυτὰ) καὶ ἥδεσθαι καὶ λυπεῖσθαι εἶπε,
τῇ τε ἀπορροῇ τῶν φύλλων καὶ τῇ αὐξήσει τοῦτο ἐκλαμβάνων .. (b¹⁷)
καὶ νοῦν καὶ γνῶσιν εἶπεν ἔχειν τὰ φυτά.

perception   **132**—A. explains perception in a way contrary to Empedocles.
Theophr., *De sensu* 27 (D. 59 A 92):

'Αναξαγόρας δὲ γίνεσθαι μὲν (τὰς αἰσθήσεις) τοῖς ἐναντίοις · τὸ γὰρ ὅμοιον
ἀπαθὲς ὑπὸ τοῦ ὁμοίου · καθ' ἑκάστην δ' ἰδίᾳ πειρᾶται διαριθμεῖν. (29) ἅπα-
σαν δ' αἴσθησιν μετὰ λύπης, ὅπερ ἂν δόξειεν ἀκόλουθον εἶναι τῇ ὑποθέσει ·
πᾶν γὰρ τὸ ἀνόμοιον ἁπτόμενον πόνον παρέχει.

weakness of   **133**—a. Sextus, *Adv. Math.* VII 90:
the senses
'Ο μὲν φυσικώτατος 'Αναξαγόρας, ὡς ἀσθενεῖς διαβάλλων τὰς αἰσθήσεις,
,,ὑπ' ἀφαυρότητος αὐτῶν'', φησίν, ,,οὐ δυνατοί ἐσμεν κρίνειν τἀληθές.'' τίθησι
δὲ πίστιν αὐτῶν τῆς ἀπιστίας τὴν παρὰ μικρὸν τῶν χρωμάτων ἐξαλλαγήν.
εἰ γὰρ δύο λάβοιμεν χρώματα, μέλαν καὶ λευκόν, εἶτα ἐκ θατέρου εἰς θάτερον
κατὰ σταγόνα παρεκχέοιμεν, οὐ δυνήσεται ἡ ὄψις διακρίνειν τὰς παρὰ μικρὸν
μεταβολάς, καίπερ πρὸς τὴν φύσιν ὑποκειμένας.

b. In connection with this last fr. we have to understand D. B 21 a:
ὄψις γὰρ τῶν ἀδήλων τὰ φαινόμενα.

3—LEUCIPPUS AND DEMOCRITUS

Leucippus   **134**—Diog. IX 30 f. and 46 (D. 67 A 1, and 68 A 33):

Λεύκιππος 'Ελεάτης, ὡς δέ τινες 'Αβδηρίτης, κατ' ἐνίους δὲ Μιλήσιος ·
οὗτος ἤκουσε Ζήνωνος. — πρῶτός τε ἀτόμους ἀρχὰς ὑπεστήσατο.

(46) Μέγας Διάκοσμος, ὃν οἱ περὶ Θεόφραστον Λευκίππου φασὶν εἶναι.

Aristotle nearly always joins his name with that of Democritus, so
that we can hardly distinguish the thoughts of the one from those of
the other.

ὄν and μὴ ὄν   **135**—Arist., *Metaph.* A 4, 985 b[4]:

Λεύκιππος δὲ καὶ ὁ ἑταῖρος αὐτοῦ Δημόκριτος στοιχεῖα μὲν τὸ πλῆρες καὶ
τὸ κενὸν εἶναί φασι, λέγοντες τὸ μὲν ὄν, τὸ δὲ μὴ ὄν, τούτων δὲ τὸ μὲν πλῆρες
καὶ στερεὸν τὸ ὄν, τὸ δὲ κενὸν [γε καὶ μανὸν]* τὸ μὴ ὄν (διὸ καὶ οὐθὲν
μᾶλλον τὸ ὄν τοῦ μὴ ὄντος εἶναί φασιν, ὅτι οὐδὲ τὸ κενὸν τοῦ σώματος **,
αἴτια δὲ τῶν ὄντων ταῦτα ὡς ὕλην.

---

*   Jaeger argues rightly that these words must be secluded (*Hermes* 52,
1917, pp. 483-486).
**   τοῦ κενοῦ τὸ σῶμα Schwegler, followed by W. D. Ross. The mss have τὸ κενὸν
τοῦ σώματος. Zeller supplied ⟨ἔλαττον⟩ after τὸ κενόν. Now this gives a good sense;
yet it seems not to be necessary to supply or to change anything, the words οὐδὲν
μᾶλλον meaning simply "just as well", so that the terms may be interchanged. A good
example of this use is cited by Jaeger, l.c., p. 488. Some interesting parallels in
Seneca and the Latin jurists will be adduced by Mr. L. M. de Rijk in *Mnemosyne* 1950.

136—Arist., *De gen. et corr.* I 8, 325 a²³:

difference from the Eleatics

Λεύκιππος δ᾽ ἔχειν ᾠήθη λόγους, οἵτινες πρὸς τὴν αἴσθησιν ὁμολογούμενα λέγοντες οὐκ ἀναιρήσουσιν οὔτε γένεσιν οὔτε φθορὰν οὔτε κίνησιν καὶ τὸ πλῆθος τῶν ὄντων. ὁμολογήσας δὲ ταῦτα μὲν τοῖς φαινομένοις, τοῖς δὲ τὸ ἓν κατασκευάζουσιν, ὡς οὐκ ἂν κίνησιν οὖσαν ἄνευ κενοῦ, τό τε κενὸν μὴ ὂν καὶ τοῦ ὄντος οὐθὲν μὴ ὄν φησιν εἶναι · τὸ γὰρ κυρίως ὂν παμπλῆρες ὄν. ἀλλ᾽ εἶναι τὸ τοιοῦτον οὐχ ἕν, ἀλλ᾽ ἄπειρα τὸ πλῆθος καὶ ἀόρατα διὰ σμικρότητα τῶν ὄγκων. ταῦτα δ᾽ ἐν τῷ κενῷ φέρεσθαι (κενὸν γὰρ εἶναι), καὶ συνιστάμενα μὲν γένεσιν ποιεῖν, διαλυόμενα δὲ φθοράν.

137—Stob., *Ecl.*, I 4, 7 c (*Dox.* 321):

ἀνάγκη

Λεύκιππος πάντα κατ᾽ ἀνάγκην, τὴν δ᾽ αὐτὴν ὑπάρχειν εἱμαρμένην. λέγει γὰρ ἐν τῷ Περὶ νοῦ · οὐδὲν χρῆμα μάτην γίνεται, ἀλλὰ πάντα ἐκ λόγου τε καὶ ὑπ᾽ ἀνάγκης.

138—Cic., *Acad. pr.* II, 37, 118; D. 67 A 8:

Leucippus and Democritus

Leucippus plenum et inane; Democritus huic in hoc similis, uberior in ceteris.

139—a.   Arist., *De caelo* III 4, 303 a⁴; *De gen. anim.* II 6, 742 b²⁰: Democritus
Δημόκριτος ὁ Ἀβδηρίτης.

b.   Diog. IX 41 (D. 68 A 1):
γέγονε δὲ τοῖς χρόνοις, ὡς αὐτός φησιν ἐν τῷ Μικρῷ διακόσμῳ, νέος κατὰ πρεσβύτην Ἀναξαγόραν, ἔτεσιν αὐτοῦ νεώτερος τετταράκοντα.

c.   Diog. IX 34 (D. ib.):
οὗτος μάγων τινῶν διήκουσε καὶ Χαλδαίων, Ξέρξου τοῦ βασιλέως τῷ πατρὶ αὐτοῦ ἐπιστάτας καταλιπόντος, ἡνίκα ἐξενίσθη παρ᾽ αὐτῷ, καθά φησι καὶ Ἡρόδοτος ¹. παρ᾽ ὧν τά τε περὶ θεολογίας καὶ ἀστρολογίας ἔμαθεν ἔτι παῖς ὤν.

d.   Demetr. Magnes ap. Diog. IX 36 (D. 68 A 1, B 116):
δοκεῖ δὲ καὶ Ἀθήναζε ἐλθεῖν καὶ μὴ σπουδάσαι γνωσθῆναι δόξης καταφρονῶν. καὶ εἰδέναι μὲν Σωκράτη, ἀγνοεῖσθαι δὲ ὑπ᾽ αὐτοῦ · „ἦλθον γάρ", φησίν, „εἰς Ἀθήνας, καὶ οὔτις με ἔγνωκεν".

140—Democr. wrote a great many books, on the most various subjects. Diog. I 16 mentions him among the most voluminous writers:

his books

---

¹ Cp. Hrd. VIII 120; VII 109.

a.   πολλὰ δὲ Ζήνων, πλείω Ξενοφάνης, πλείω Δημόκριτος, πλείω Ἀριστοτέλης, πλείω Χρύσιππος.

Cf. Seneca, *Ep.* 90, 32.

b.   Diog. enumerates them in IX 46-49:

Τὰ δὲ βιβλία αὐτοῦ καὶ Θράσυλος ἀναγέγραφε κατὰ τάξιν οὕτως, ὡσπερεὶ καὶ τὰ Πλάτωνος, κατὰ τετραλογίαν · ἔστι δὲ Ἠθικὰ [1] — Φυσικὰ [1] — Ἀσύντακτα [1] — Μαθηματικὰ [1] — Μουσικὰ [1] — Τεχνικὰ [1] —.

and style   **c.**   Cic., *Orat.* 20, 67:

itaque video visum esse nonnullis Platonis et Democriti locutionem, etsi absit a versu, tamen quod incitatius feratur et clarissimis verborum luminibus utatur, potius poema putandum quam comicorum poetarum.

the atoms   **141**—Simpl., *De Caelo* p. 294, 33 Heiberg:
and the void

ὀλίγα δὲ ἐκ τῶν Ἀριστοτέλους Περὶ Δημοκρίτου (fr. 208 Rose) παραγραφέντα δηλώσει τὴν τῶν ἀνδρῶν ἐκείνων διάνοιαν. ,,Δημόκριτος ἡγεῖται τὴν τῶν ἀιδίων φύσιν εἶναι μικρὰς οὐσίας πλῆθος ἀπείρους · ταύταις δὲ τόπον ἄλλον ὑποτίθησιν ἄπειρον τῷ μεγέθει · προσαγορεύει δὲ τὸν μὲν τόπον τοῖσδε
5 τοῖς ὀνόμασι, τῷ τε κενῷ καὶ τῷ οὐδενὶ καὶ τῷ ἀπείρῳ, τῶν δὲ οὐσιῶν ἑκάστην τῷ τε δενὶ καὶ τῷ ναστῷ [2] καὶ τῷ ὄντι. νομίζει δὲ εἶναι οὕτω μικρὰς τὰς οὐσίας, ὥστε ἐκφυγεῖν τὰς ἡμετέρας αἰσθήσεις. ὑπάρχειν δὲ αὐταῖς παντοίας μορφὰς καὶ σχήματα παντοῖα καὶ κατὰ μέγεθος διαφοράς. ἐκ τούτων οὖν ἤδη καθάπερ ἐκ στοιχείων γεννᾷ καὶ συγκρίνει τοὺς ὀφθαλμοφανεῖς καὶ
10 τοὺς αἰσθητοὺς ὄγκους. στασιάζειν δὲ καὶ φέρεσθαι ἐν τῷ κενῷ διά τε τὴν ἀνομοιότητα καὶ τὰς ἄλλας εἰρημένας διαφοράς, φερομένας δὲ ἐμπίπτειν [3] καὶ περιπλέκεσθαι περιπλοκὴν τοιαύτην, ἣ συμψαύειν μὲν αὐτὰ καὶ πλησίον ἀλλήλων εἶναι ποιεῖ, φύσιν μέντοι μίαν ἐξ ἐκείνων κατ᾽ ἀλήθειαν οὐδ᾽ ἡντιναοῦν γεννᾷ · κομιδῇ γὰρ εὔηθες εἶναι τὸ δύο ἢ τὰ πλείονα γενέσθαι ἄν ποτε
15 ἕν. τοῦ δὲ συμμένειν τὰς οὐσίας μετ᾽ ἀλλήλων μέχρι τινὸς [4] αἰτιᾶται τὰς ἐπαλλαγὰς καὶ τὰς ἀντιλήψεις [5] τῶν σωμάτων · τὰ μὲν γὰρ αὐτῶν εἶναι σκαληνά [6], τὰ δὲ ἀγκιστρώδη, τὰ δὲ κοῖλα, τὰ δὲ κυρτά, τὰ δὲ ἄλλας ἀναρίθμους ἔχοντα διαφοράς · ἐπὶ τοσοῦτον οὖν χρόνον σφῶν αὐτῶν ἀντέχεσθαι νομίζει καὶ συμμένειν, ἕως ἰσχυροτέρα τις ἐκ τοῦ περιέχοντος ἀνάγκη παραγενομένη
20 διασείσῃ καὶ χωρὶς αὐτὰς διασπείρῃ."

---

[1]   Here follows a series of titles for each group.
[2]   ναστόν = πλῆρες.
[3]   ἐμπίπτειν - sc. ἀλλήλαις.
[4]   μέχρι τινὸς - sc. χρόνου.
[5]   τ. ἐπαλλαγὰς κ.τ. ἀντιλήψεις - the junction and the seizing of each other.
[6]   σκαληνά - crooked.

142—a. Sext., *Adv. Math.* VII (= *Against the Logicians* I) 135 primary and secondary qualities
(Democr. D. 68 B 9, 10, 6, 7):

Δημόκριτος (D. B 9) . . . ,,νόμῳ . . .'', φησί, ,,γλυκύ καὶ νόμῳ πικρόν, νόμῳ θερμόν, νόμῳ ψυχρόν, νόμῳ χροιή· ἐτεῇ δὲ ἄτομα καὶ κενόν'' (ὅπερ <ἔστι>· νομίζεται μὲν εἶναι καὶ δοξάζεται τὰ αἰσθητά, οὐκ ἔστι δὲ κατ' ἀλήθειαν ταῦτα, ἀλλὰ τὰ ἄτομα μόνον καὶ τὸ κενόν). (136) ἐν δὲ τοῖς Κρατυντηρίοις, καίπερ ὑπεσχημένος ταῖς αἰσθήσεσι τὸ κράτος τῆς πίστεως ἀναθεῖναι, 5 οὐδὲν ἧττον εὑρίσκεται τούτων καταδικάζων. φησὶ γάρ· ,,ἡμεῖς δὲ τῷ μὲν ἐόντι οὐδὲν ἀτρεκὲς συνίεμεν, μεταπῖπτον δὲ κατά τε σώματος διαθήκην καὶ τῶν ἐπεισιόντων καὶ τῶν ἀντιστηριζόντων.'' καὶ πάλιν φησίν (B 10)· ,,ἐτεῇ μέν νυν ὅτι οἷον ἕκαστον ἔστιν <ἢ> οὐκ ἔστιν οὐ συνίεμεν, πολλαχῇ δεδήλωται.'' (137) ἐν δὲ τῷ Περὶ ἰδεῶν (B 6) ,,γιγνώσκειν τε χρή'', φησίν, ,,ἄνθρωπον 10 τῷδε τῷ κανόνι, ὅτι ἐτεῆς ἀπήλλακται.'' καὶ πάλιν (B 7)· ,,δηλοῖ μὲν δὴ καὶ οὗτος ὁ λόγος, ὅτι ἐτεῇ οὐδὲν ἴσμεν * περὶ οὐδενός, ἀλλ' ἐπιρρυσμίη[1] ἑκάστοισιν ἡ δόξις.''

b. Democr., D. B 117: his seeming scepticism
ἐτεῇ δὲ οὐδὲν ἴδμεν· ἐν βυθῷ γὰρ ἡ ἀλήθεια.

c. Sext., *o.c.* 138 (D. B 11):
ἐν δὲ τοῖς Κανόσι (D. B 11) δύο φησὶν εἶναι γνώσεις, τὴν μὲν διὰ τῶν αἰσθήσεων, τὴν δὲ διὰ τῆς διανοίας, ὧν τὴν μὲν διὰ τῆς διανοίας γνησίην καλεῖ προσμαρτυρῶν αὐτῇ τὸ πιστὸν εἰς ἀληθείας κρίσιν, τὴν δὲ διὰ τῶν αἰσθήσεων σκοτίην ὀνομάζει ἀφαιρούμενος αὐτῆς τὸ πρὸς διάγνωσιν τοῦ ἀληθοῦς ἀπλανές. (139) λέγει δὲ κατὰ λέξιν· ,,γνώμης δὲ δύο εἰσὶν ἰδέαι, 5 ἡ μὲν γνησίη, ἡ δὲ σκοτίη· καὶ σκοτίης μὲν τάδε σύμπαντα, ὄψις ἀκοὴ ὀδμὴ γεῦσις ψαῦσις. ἡ δὲ γνησίη, ἀποκεκριμένη δὲ ταύτης.'' εἶτα προκρίνων τῆς σκοτίης τὴν γνησίην ἐπιφέρει λέγων· ,,ὅταν ἡ σκοτίη μηκέτι δύνηται μήτε ὁρῆν ἐπ' ἔλαττον μήτε ἀκούειν μήτε ὀδμᾶσθαι μήτε γεύεσθαι μήτε ἐν τῇ ψαύσει αἰσθάνεσθαι, ἀλλ' ἐπὶ λεπτότερον <δέῃ ζητεῖν, τότε ἐπιγίνεται ἡ 10 γνησίη ἅτε ὄργανον ἔχουσα τοῦ νῶσαι λεπτότερον> **.

d. Democr., D. B 125 (Galen., *De medic. empir.* fr. ed. Schoene, the senses speak to the reasoning power
1259, 8):
ἐποίησε τὰς αἰσθήσεις λεγούσας πρὸς τὴν διάνοιαν οὕτως· ,,τάλαινα φρήν, παρ' ἡμέων λαβοῦσα τὰς πίστεις[2] ἡμέας καταβάλλεις; πτῶμά τοι τὸ κατάβλημα.''

---

[1] ἐπιρρυσμίη - flowing-in (of images). Cp. the next following fr.
[2] ''your evidence''.

* Sextus cites the fr. in this form. Diog. L. IX 72 has ἴδμεν in the parallel fr. 117, see our nr **b**.　　　　** Added by Diels.

the theory of
the εἴδωλα **143—a.** Aët. IV 8, 10 (*Dox.* 395):

Λεύκιππος, Δημόκριτος τὴν αἴσθησιν καὶ τὴν νόησιν γίνεσθαι εἰδώλων ἔξωθεν προσιόντων · μηδενὶ γὰρ ἐπιβάλλειν μηδετέραν χωρὶς τοῦ προσπίπτοντος εἰδώλου.

b. More detailed information is given by Plut., *Symp.* VIII 10, 2, p. 735 a:

φησὶ Δημόκριτος ἐγκαταβυσσοῦσθαι τὰ εἴδωλα διὰ τῶν πόρων εἰς τὰ σώματα καὶ ποιεῖν τὰς κατὰ τὸν ὕπνον ὄψεις ἐπαναφερόμενα · φοιτᾶν δὲ ταῦτα πανταχόθεν ἀπιόντα καὶ σκευῶν καὶ ἱματίων καὶ φυτῶν, μάλιστα δὲ ζῴων ὑπὸ σάλου πολλοῦ καὶ θερμότητος, οὐ μόνον ἔχοντα μορφοειδεῖς τοῦ σώματος
5 ἐκμεμαγμένας ὁμοιότητας ... ἀλλὰ καὶ τῶν κατὰ ψυχὴν κινημάτων καὶ βουλευμάτων ἑκάστῳ καὶ ἠθῶν καὶ παθῶν ἐμφάσεις [1] ἀναλαμβάνοντα συνεφέλκεσθαι, καὶ προσπίπτοντα μετὰ τούτων ὥσπερ ἔμψυχα φράζειν καὶ δια-
explanation
of telepathic
phenomena στέλλειν [2] τοῖς ὑποδεχομένοις τὰς τῶν μεθιέντων αὐτὰ δόξας καὶ διαλογισμοὺς καὶ ὁρμάς, ὅταν ἐνάρθρους καὶ ἀσυγχύτους φυλάττοντα προσμίξῃ τὰς εἰκόνας.

On the eidola-theory see J. Bidez, *Eos ou Platon et l'Orient*, Bruxelles 1945, p. 135-141.

and of the
evil eye **c.** Ib. V 7, 6, p. 682 F:

ἅ (sc. εἴδωλα) φησιν ἐκεῖνος ἐξιέναι τοὺς φθονοῦντας οὔτ' αἰσθήσεως ἄμοιρα παντάπασιν οὔτε ὁρμῆς, ἀνάπλεά τε τῆς ἀπὸ τῶν προϊεμένων μοχθηρίας καὶ βασκανίας [3]. μεθ' ἧς ἐμπλασσόμενα καὶ παραμένοντα καὶ συνοικοῦντα τοῖς βασκαινομένοις ἐπιταράττειν καὶ κακοῦν αὐτῶν τό τε σῶμα καὶ τὴν διάνοιαν.

d. Cp. Sext., *Adv. Math.* IX (=*Against the Physicists* I) 19 (D.B 166):

the gods
explained as
εἴδωλα Δημόκριτος δὲ εἴδωλά τινά φησιν ἐμπελάζειν τοῖς ἀνθρώποις, καὶ τούτων τὰ μὲν εἶναι ἀγαθοποιὰ τὰ δὲ κακοποιά · ἔνθεν καὶ εὔχετο ,,εὐλόγχων τυχεῖν εἰδώλων''. [4] εἶναι δὲ ταῦτα μεγάλα τε καὶ ὑπερφυῆ καὶ δύσφθαρτα μέν, οὐκ ἄφθαρτα δέ, προσημαίνειν τε τὰ μέλλοντα τοῖς ἀνθρώποις θεωρούμενα καὶ φωνὰς ἀφιέντα. ὅθεν τούτων αὐτῶν φαντασίαν λαβόντες οἱ παλαιοὶ ὑπενόησαν εἶναι θεόν, μηθενὸς ἄλλου παρὰ ταῦτα ὄντος θεοῦ τοῦ ἄφθαρτον φύσιν ἔχοντος.

---

[1] ἐμφάσεις - images.
[2] διαστέλλειν - tell accurately.
[3] βασκανία - malignity (βασκαίνω = to bewitch).
[4] J. Bidez, *o.c.*, p. 139 f. says of this prayer: "Sa prière était celle d'un incroyant préoccupé de détourner de lui les songes qui, en suggérant aux hommes des idées fausses sur les dieux, et surtout en les affolant par les frayeurs de la superstition, leur enlèvent ce qu'il appelait l'ἀθαμβίη, un équivalent de l',,euthymie" ou bonne humeur d'où est venue la légende du philosophe qui riait toujours."

144—Diog. IX 45 (D. A 1):

πάντα τε κατ' ἀνάγκην γίνεσθαι, τῆς δίνης αἰτίας οὔσης τῆς γενέσεως πάντων, ἣν ἀνάγκην λέγει.

purely mechanical explanation of nature

145—Hippolyt., *Ref.* I 13 (D. A 40):

innumerable worlds

Ἔλεγε δὲ ὡς ἀεὶ κινουμένων τῶν ὄντων ἐν τῷ κενῷ · ἀπείρους δὲ εἶναι κόσμους καὶ μεγέθει διαφέροντας, ἐν τισὶ δὲ μὴ εἶναι ἥλιον μηδὲ σελήνην, ἐν τισὶ δὲ μείζω τῶν παρ' ἡμῖν καὶ ἐν τισὶ πλείω. εἶναι δὲ τῶν κόσμων ἄνισα τὰ διαστήματα, καὶ τῇ μὲν πλείους τῇ δὲ ἐλάττους. καὶ τοὺς μὲν αὔξεσθαι, τοὺς δὲ ἀκμάζειν, τοὺς δὲ φθίνειν, καὶ τῇ μὲν γίνεσθαι, τῇ δ' ἐκλείπειν * .   5
φθείρεσθαι δὲ αὐτοὺς ὑπ' ἀλλήλων προσπίπτοντας. εἶναι δ' ἐνίους κόσμους ἐρήμους ζώων καὶ φυτῶν καὶ παντὸς ὑγροῦ. — (18) ἀκμάζειν δὲ κόσμον, ἕως ἂν μηκέτι δύνηται ἔξωθέν τι προσλαμβάνειν.

146—a.   Arist., *De Anima* I 2, 403 b[25]:

the soul

Τὸ ἔμψυχον δὴ τοῦ ἀψύχου δυοῖν μάλιστα διαφέρειν δοκεῖ, κινήσει τε καὶ τῷ αἰσθάνεσθαι. Παρειλήφαμεν δὲ καὶ παρὰ τῶν προγενεστέρων σχεδὸν δύο ταῦτα περὶ ψυχῆς · φασὶ γὰρ ἔνιοι καὶ μάλιστα καὶ πρώτως ψυχὴν εἶναι τὸ κινοῦν. οἰηθέντες δὲ τὸ μὴ κινούμενον αὐτὸ μὴ ἐνδέχεσθαι κινεῖν ἕτερον, τῶν κινουμένων τι τὴν ψυχὴν ὑπέλαβον εἶναι[1]. ὅθεν Δημόκριτος μὲν πῦρ τι καὶ   5
θερμόν φησιν αὐτὴν εἶναι · ἀπείρων γὰρ ὄντων σχημάτων καὶ ἀτόμων τὰ σφαιροειδῆ πῦρ καὶ ψυχὴν λέγει, οἷον ἐν τῷ ἀέρι τὰ καλούμενα ξύσματα[2], ἃ φαίνεται ἐν ταῖς διὰ τῶν θυρίδων ἀκτῖσιν, ὧν τὴν μὲν πανσπερμίαν τῆς ὅλης φύσεως στοιχεῖα λέγει. ὁμοίως δὲ καὶ Λεύκιππος. τούτων δὲ τὰ σφαιροειδῆ ψυχήν, διὰ τὸ μάλιστα διὰ παντὸς δύνασθαι διαδύνειν τοὺς τοιούτους ῥυσμούς[3],   10
καὶ κινεῖν τὰ λοιπὰ κινούμενα καὶ αὐτά, ὑπολαμβάνοντες τὴν ψυχὴν εἶναι τὸ παρέχον τοῖς ζώοις τὴν κίνησιν. διὸ καὶ τοῦ ζῆν ὅρον εἶναι τὴν ἀναπνοήν · συνάγοντος γὰρ τοῦ περιέχοντος τὰ σώματα καὶ ἐκθλίβοντος τῶν σχημάτων τὰ παρέχοντα τοῖς ζώοις τὴν κίνησιν διὰ τὸ μηδ' αὐτὰ ἠρεμεῖν μηδέποτε, βοήθειαν γίγνεσθαι θύραθεν ἐπεισιόντων ἄλλων τοιούτων ἐν τῷ ἀναπνεῖν ·   15
κωλύειν γὰρ αὐτὰ καὶ τὰ ἐνυπάρχοντα ἐν τοῖς ζώοις ἐκκρίνεσθαι, συνανείργοντα τὸ συνάγον καὶ πηγνύον · καὶ ζῆν[4] δὲ ἕως ἂν δύνωνται τοῦτο ποιεῖν.

it consists of round and very small atoms

---

[1] ὑπέλαβον εἶναι - In this frame Aristotle places Democrit's theory of the soul as consisting of round and very fine atoms. We have to consider this as a reflexion of his, not as a direct report of what D. said.
[2] ξύσματα - "shavings"; particles, motes in the sunbeams.
[3] ῥυσμούς - forms, figures.
[4] καὶ ζῆν - sc. τὰ ζῷα.

* ἐκλείπειν Ritter; λείπειν mss.

b. Ib., 405 a⁸:

Δημόκριτος δὲ καὶ γλαφυρωτέρως ¹ εἴρηκεν ἀποφηνάμενος διὰ τί τούτων ἑκάτερον². ψυχὴν μὲν γὰρ εἶναι ταὐτὸ καὶ νοῦν, τοῦτο δ' εἶναι τῶν πρώτων καὶ ἀδιαιρέτων σωμάτων, κινητικὸν δὲ διὰ λεπτομέρειαν καὶ τὸ σχῆμα · τῶν δὲ σχημάτων εὐκινητότατον τὸ σφαιροειδὲς λέγει · τοιοῦτον δ' εἶναι τόν τε νοῦν καὶ τὸ πῦρ.·

poetical inspiration   **147**—D. seems to have reflected upon poetical inspiration. It is quite possible that he explained it by his theory of εἴδωλα, certain well-organised persons being more open to the εἴδωλα than others. Cf. A. Delatte, *Les conceptions de l'enthousiasme chez les philosophes présocratiques*, Paris 1934, pp. 43 f., 57 f.

a. Democr., D. B 18:

Ποιητὴς δέ, ἅσσα μὲν ἂν γράφῃ μετ' ἐνθουσιασμοῦ καὶ ἱεροῦ πνεύματος, καλὰ κάρτα ἐστίν.

b. B 21:

"Ομηρος φύσεως λαχὼν θεαζούσης ἐπέων κόσμον ἐτεκτήνατο παντοίων.

man a mikro-kosmos   **148**—D. B 34:
ἀνθρώπῳ μικρῷ κόσμῳ ὄντι κατὰ τὸν Δ.

An ancient Iranian theory (in the Avesta, and later in the Boundahish). Cf. Plato, *Phaedr.* 270 c e, and the *Timaeus* passim; also [Hippocr.], π. ἑβδομάδων. See about this question A. Götze, *Persische Weisheit in Griech. Gewande*, in Zeitschr. f. Indologie und Iranistik, 1923, pp. 60 ff. and 167 ff.; and J. Bidez, *Eos* etc., p. 135.
The εἴδωλα-theory also occurs with the magians. D. may have been influenced by them (cf. our nr. **139 c**).

the highest thing in life   **149**—Diog. IX 45 (D. A 1):
Τέλος δ' εἶναι τὴν εὐθυμίαν, οὐ τὴν αὐτὴν οὖσαν τῇ ἡδονῇ, ὡς ἔνιοι παρακούσαντες ἐξηγήσαντο, ἀλλὰ καθ' ἣν γαληνῶς καὶ εὐσταθῶς ἡ ψυχὴ διάγει, ὑπὸ μηδενὸς ταραττομένη φόβου ἢ δεισιδαιμονίας ἢ ἄλλου τινὸς πάθους. καλεῖ δ' αὐτὴν καὶ εὐεστὼ καὶ πολλοῖς ἄλλοις ὀνόμασι.

Here we have come to the "ethics" of D., if we may give this name to it. We have a rather large collection of γνῶμαι of D., loose proverbs or maxims without any system, conserved in the *Florilegium* of Stob. Natorp, *Die Ethika des Demokr.*, Marburg 1893, tried to discover a systematic principle in them.

---

¹ γλαφυρωτέρως - more subtly.
² διὰ τί τούτων ἑκάτερον - "why the soul is each of these two things", sc. κινητικὸν καὶ γνωριστικόν.

In these fragments D. appears to us as an ethical humanist, who, in default of a religious or metaphysical principle, was not able to connect his ethics organically with his philosophy of nature.

We find in the ethical fragments of D. two principal themes, from which many of his other apophthegms can be deduced.

150—1—The priority of the spiritual over the corporeal. two principal themes

a. Democr. D. B 105:

Σώματος κάλλος ζωῶδες, ἢν μὴ νοῦς ὑπῇ.

b. D. B 187:

ἀνθρώποις ἁρμόδιον ψυχῆς μᾶλλον ἢ σώματος λόγον ποιεῖσθαι · ψυχῆς μὲν γὰρ τελεότης σκήνεος [1] μοχθηρίην ὀρθοῖ, σκήνεος δὲ ἰσχὺς ἄνευ λογισμοῦ ψυχὴν οὐδέν τι ἀμείνω τίθησιν.

2—Pleasure and lack of pleasure is the standard.

c. D. B 4:

Τέρψις καὶ ἀτερπίη οὖρος.

Diels supplies ‹τῶν συμφόρων καὶ τῶν ἀσυμφόρων›, "of what is suitable or expedient and what is not" *

d. D. B 189:

Ἄριστον ἀνθρώπῳ τὸν βίον διάγειν ὡς πλεῖστα εὐθυμηθέντι καὶ ἐλάχιστα ἀνιηθέντι. τοῦτο δ' ἂν εἴη, εἴ τις μὴ ἐπὶ τοῖς θνητοῖσι [2] τὰς ἡδονὰς ποιοῖτο.

From these two chief principles five other groups of maxims may be deduced.

151—1—Happiness does not depend on outward goods. εὐθυμία or εὐεστώ
Besides B 189 (the preceding fr.) we cite:

a. D. B 170:

Εὐδαιμονίη ψυχῆς καὶ κακοδαιμονίη.

b. He says exactly the same in B 171:

Εὐδαιμονίη οὐκ ἐν βοσκήμασιν οἰκεῖ οὐδὲ ἐν χρυσῷ · ψυχὴ οἰκητήριον δαίμονος [3].

---

[1] σκήνεος - σώματος.
[2] ἐπὶ τ. θνητοῖσι "in mortal things".
[3] "The soul is the dwelling-place of a daemon", be it a good or an evil one.

---

* Natorp ‹τῶν πρηκτέων καὶ μὴ πρηκτέων›.

c. B 146 (Plut., *De profectibus in virtute* 10, p. 81 b):

The more advanced in virtue show τὸν λόγον ἐντὸς ἤδη τρεφόμενον καὶ ῥιζούμενον ἐν ἑαυτῷ καὶ κατὰ Δ. ,,αὐτὸν ἐξ ἑαυτοῦ τὰς τέρψιας ἐθιζόμενον λαμβάνειν''.

d. B 40:

οὔτε σώμασιν οὔτε χρήμασιν εὐδαιμονοῦσιν ἄνθρωποι, ἀλλ' ὀρθοσύνη [1] καὶ πολυφροσύνη [2].

e. B 37:

ὁ τὰ ψυχῆς ἀγαθὰ αἱρεόμενος τὰ θειότερα αἱρέεται · ὁ δὲ τὰ σκήνεος τὰ ἀνθρωπήϊα.

f. B 77:

δόξα καὶ πλοῦτος ἄνευ ξυνέσιος οὐκ ἀσφαλέα κτήματα.

μέτρον **152**—2—The classic Greek principle of measure.

a. B 191:

'Ανθρώποισι γὰρ εὐθυμίη γίνεται μετριότητι τέρψιος καὶ βίου συμμετρίη · τὰ δ' ἐλλείποντα καὶ ὑπερβάλλοντα μεταπίπτειν[3] τε φιλεῖ καὶ μεγάλας κινήσιας ἐμποιεῖν τῇ ψυχῇ, αἱ δ' ἐκ μεγάλων διαστημάτων[4] κινούμεναι τῶν ψυχέων οὔτε εὐσταθέες εἰσὶν οὔτε εὔθυμοι. ἐπὶ τοῖς δυνατοῖς οὖν δεῖ ἔχειν τὴν γνώμην
5 καὶ τοῖς παρεοῦσιν ἀρκέεσθαι τῶν μὲν ζηλουμένων καὶ θαυμαζομένων ὀλίγην μνήμην ἔχοντα καὶ τῇ διανοίᾳ μὴ προσεδρεύοντα, τῶν δὲ ταλαιπωρεόντων τοὺς βίους θεωρέειν, ἐννοούμενον ἃ πάσχουσι κάρτα, ὅκως ἂν τὰ παρεόντα σοι καὶ ὑπάρχοντα μεγάλα καὶ ζηλωτὰ φαίνηται, καὶ μηκέτι πλειόνων ἐπιθυμέοντι συμβαίνῃ κακοπαθεῖν τῇ ψυχῇ.

b. B 102:

καλὸν ἐν παντὶ τὸ ἴσον · ὑπερβολὴ δὲ καὶ ἔλλειψις οὔ μοι δοκέει.

c. Also in B 3 D. shows a remarkable inclination to the Epicurean attitude of living-to-oneself:

τὸν εὐθυμεῖσθαι μέλλοντα χρὴ μὴ πολλὰ πρήσσειν, μήτε ἰδίῃ μήτε ξυνῇ, μηδὲ ἄσσ' ἂν πράσσῃ, ὑπέρ τε δύναμιν αἱρεῖσθαι τὴν ἑωυτοῦ καὶ φύσιν · ἀλλὰ τοσαύτην ἔχειν φυλακήν[5], ὥστε καὶ τῆς τύχης ἐπιβαλούσης[6] καὶ ἐς τὸ πλέον ὑπηγεομένης τῷ δοκεῖν, κατατίθεσθαι[7], καὶ μὴ πλέω προσάπτεσθαι τῶν δυνατῶν. ἡ γὰρ εὐογκίη ἀσφαλέστερον τῆς μεγαλογκίης.

---

[1] ὀρθοσύνη - straightness of character.
[2] πολυφροσύνη - manysidedness.
[3] μεταπίπτειν - change suddenly.
[4] ἐκ μεγάλων διαστημάτων - from one extreme into another.
[5] ἔχειν φυλακήν - sc. over himself.
[6] ἐπιβαλούσης - intrans.　　　　[7] κατατίθεσθαι - lay aside.

153—3—Practical wisdom a condition to happiness.   φρόνησις

a. B 175:

οἱ δὲ θεοὶ τοῖσι ἀνθρώποισι διδοῦσι τἀγαθὰ πάντα καὶ πάλαι καὶ νῦν. πλὴν ὁκόσα κακὰ καὶ βλαβερὰ καὶ ἀνωφελέα, τάδε δ' οὔ‹τε› πάλαι οὔτε νῦν θεοὶ ἀνθρώποισι δωροῦνται, ἀλλ' αὐτοὶ τοῖσδεσιν ἐμπελάζουσι διὰ νοῦ τυφλότητα καὶ ἀγνωμοσύνην.

b. B 119:

"Ανθρωποι τύχης εἴδωλον ἐπλάσαντο πρόφασιν ἰδίης ἀβουλίης · βαιὰ [1] γὰρ φρονήσει τύχη μάχεται, τὰ δὲ πλεῖστα ἐν βίῳ εὐξύνετος ὀξυδερκείη κατιθύνει.

154—4—The later Cynic and Stoic principle of limitation limitation of
of desires is found in many of the fragments of D. Besides B 191,   desires
quoted for the greater part in our nr. **152a**, we cite:

a. B 284:

Ἢν μὴ πολλῶν ἐπιθυμέῃς, τά ὀλίγα τοι πολλὰ δόξει · σμικρὰ γὰρ ὄρεξις πενίην ἰσοσθενέα πλούτῳ ποιέει.

b. B 283:

πενίη πλοῦτος ὀνόματα ἐνδείης καὶ κόρου · οὔτε οὖν πλούσιος ‹ὁ› ἐνδέων οὔτε πένης ὁ μὴ ἐνδέων.

c. B 286:

εὐτυχὴς ὁ ἐπὶ μετρίοισι χρήμασιν εὐθυμεόμενος, δυστυχὴς δὲ ὁ ἐπὶ πολλοῖσ' δυσθυμεόμενος.

d. B 210:

τράπεζαν πολυτελέα μὲν τύχη παρατίθησιν, αὐταρκέα δὲ σωφροσύνη.

e. B 211:

σωφροσύνη τὰ τερπνὰ ἀέξει καὶ ἡδονὴν ἐπιμείζονα ποιεῖ.

f. B 118:   a philosopher
                                                                    does not care
βούλεσθαι μᾶλλον μίαν εὑρεῖν αἰτιολογίαν ἢ τὴν Περσῶν οἱ βασιλείαν for power or
γενέσθαι.   wealth

155—5—The good lies in the disposition of the heart, not inner value
in word or deed.   of the good

a. B 62:

'Αγαθὸν οὐ τὸ μὴ ἀδικεῖν, ἀλλὰ τὸ μηδὲ ἐθέλειν.

---

[1] βαιά - seldom.

b. B 96:

χαριστικὸς οὐχ ὁ βλέπων πρὸς τὴν ἀμοιβήν, ἀλλ᾽ ὁ εὖ δρᾶν προῃρημένος.

c. B 244:

φαῦλον, κἂν μόνος ᾖς, μήτε λέξῃς μήτ᾽ ἐργάσῃ · μάθε δὲ πολὺ μᾶλλον τῶν ἄλλων σεαυτὸν αἰσχύνεσθαι.

d. B 264:

μηδέν τι μᾶλλον τοὺς ἀνθρώπους αἰδεῖσθαι ἑωυτοῦ μηδέ τι μᾶλλον ἐξεργάζεσθαι κακόν, εἰ μέλλει μηδεὶς εἰδήσειν ἢ οἱ πάντες ἄνθρωποι · ἀλλ᾽ ἑωυτὸν μάλιστα αἰδεῖσθαι, καὶ τοῦτον νόμον τῇ ψυχῇ καθεστάναι, ὥστε μηδὲν ποιεῖν ἀνεπιτήδειον ¹.

intellectual definition of sin

156—6—We add a sixth principle, not to be deduced from the two chief themes, given under **150**, yet a very Greek one, and fitting in rather well with the whole of Democrit's view of life and morals.

a. B 83:

Ἁμαρτίης αἰτίη ἡ ἀμαθίη τοῦ κρέσσονος.

Here then we have the famous Socratical maxim: οὐδεὶς ἑκὼν ἁμαρτάνει, and behind it the hotly debated question of the Athenians round the year 400: whether virtue can be taught or not? D. seems to conclude from the above principle that education has some moral effect:

b. B 242:

Πλέονες ἐξ ἀσκήσιος ἀγαθοὶ γίνονται ἢ ἀπὸ φύσιος.

c. See also B 181:

Κρείσσων ἐπ᾽ ἀρετὴν φανεῖται προτροπῇ χρώμενος καὶ λόγου πειθοῖ, ἤπερ νόμῳ καὶ ἀνάγκῃ. λάθρῃ μὲν γὰρ ἁμαρτέειν εἰκὸς τὸν εἰργμένον ἀδικίης ὑπὸ νόμου, τὸν δὲ ἐς τὸ δέον ἠγμένον πειθοῖ οὐκ εἰκὸς οὔτε λάθρῃ οὔτε φανερῶς ἔρδειν τι πλημμελές. διόπερ συνέσει τε καὶ ἐπιστήμῃ ὀρθοπραγέων τις ἀνδρεῖος ἅμα καὶ εὐθύγνωμος γίγνεται.

d. The following point also reminds us of Plato's Socrates (in the Gorgias and Crito):

Democr., D. B 45:

ὁ ἀδικῶν τοῦ ἀδικουμένου κακοδαιμονέστερος.

e. He explains this in the fr. B 174:

Ὁ μὲν εὔθυμος εἰς ἔργα αἰεὶ φερόμενος δίκαια καὶ νόμιμα καὶ ὕπαρ καὶ ὄναρ χαίρει τε καὶ ἔρρωται καὶ ἀνακηδής ² ἐστιν · ὃς δ᾽ ἂν καὶ δίκης ἀλογῇ ³

---

¹ ἀνεπιτήδειον - not suitable.   ² ἀνακηδής = ἀκηδής.   ³ ἀλογῇ - despises.

καὶ τὰ χρὴ ἐόντα μὴ ἔρδῃ, τούτῳ πάντα τὰ τοιαῦτα ἀτερπείη, ὅταν τευ ἀναμνη-
σθῇ, καὶ δέδοικε καὶ ἑαυτὸν κακίζει.

f. The next fr. again brings us near to the Platonic Socrates: B 160:

Τὸ γὰρ κακῶς ζῆν ... Δημόκριτος ἔλεγεν οὐ κακῶς ζῆν εἶναι, ἀλλὰ πολὺν
χρόνον ἀποθνήσκειν.

Yet, if philosophical ethics are a critical reflexion on the essence of moral good,
Aristotle was right in calling Socrates, and not Democr., the founder of philo-
sophical ethics,—unless we would attribute this title to Heraclitus, with his theory
of the Logos (see our nr. **62 b**).

157—Some loose fragments.

a. B. 99:   friendship
ζῆν οὐκ ἄξιος, ὅτῳ μηδὲ εἷς ἐστι χρηστὸς φίλος.   the state

b. B 252:
τὰ κατὰ τὴν πόλιν χρεὼν τῶν λοιπῶν μέγιστα ἡγεῖσθαι, ὅκως ἄξεται εὖ,
μήτε φιλονικέοντα παρὰ τὸ ἐπιεικὲς μήτε ἰσχὺν ἑαυτῷ περιτιθέμενον παρὰ τὸ
χρηστὸν τὸ τοῦ ξυνοῦ. πόλις γὰρ εὖ ἀγομένη μεγίστη ὄρθωσίς ἐστι, καὶ ἐν
τούτῳ πάντα ἔνι, καὶ τούτου σῳζομένου πάντα σῴζεται καὶ τούτου διαφθει-
ρομένου τὰ πάντα διαφθείρεται.

c. Cf. B 287:
Ἀπορίη ξυνὴ τῆς ἑκάστου χαλεπωτέρη · οὐ γὰρ ὑπολείπεται ἐλπὶς ἐπι-
κουρίης.

158—**a.** B 275:   difficulties
Τεκνοτροφίη σφαλερόν · τὴν μὲν γὰρ ἐπιτυχίην[1] ἀγῶνος μεστὴν καὶ φροντί-   of raising
δος κέκτηται, τὴν δὲ ἀποτυχίην[2] ἀνυπέρθετον ἑτέρῃ ὀδύνῃ.   children

b. B 276:
οὐ δοκεῖ μοι χρῆναι παῖδας κτᾶσθαι · ἐνορῶ γὰρ ἐν παίδων κτήσει πολλοὺς
μὲν καὶ μεγάλους κινδύνους, πολλὰς δὲ λύπας, ὀλίγα δὲ τὰ εὐθηλέοντα[3] καὶ
ταῦτα λεπτά τε καὶ ἀσθενέα.

c. B 277:
ὅτεῳ χρήμη[4] τεά ἐστι παῖδα ποιήσασθαι, ἐκ τῶν φίλων τεύ μοι δοκεῖ
ἄμεινον εἶναι. καὶ τῷ μὲν παῖς ἔσται τοιοῦτος, οἷον ἂν βούληται · ἔστι γὰρ
ἐκλέξασθαι οἷον ἐθέλει · καὶ ὃς ἂν δοκῇ ἐπιτήδειος εἶναι, κἂν μάλιστα κατὰ
φύσιν ἔποιτο. καὶ τοῦτο τοσοῦτον διαφέρει, ὅσον ἐνταῦθα μὲν ἔστι τὸν παῖδα
λαβεῖν καταθύμιον ἐκ πολλῶν οἷον ἂν δέῃ. ἢν δέ τις ποιῆται ἀπὸ ἑωυτοῦ,
πολλοὶ ἔνεισι κίνδυνοι · ἀνάγκη γάρ, ὅς ἂν γένηται, τούτῳ χρῆσθαι.

---

[1] τ. ἐπιτυχίην - if you succeed in education.
[2] τ. ἀποτυχίην - if you do not succeed.
[3] εὐθηλέοντα - blessings.   [4] χρήμη - χρεία, a need.

tranquillitas animi   **159**—His undisturbed peace of mind gives a foretaste of the Stoic ἀπάθεια.

B 216:

Σοφίη ἄθαμβος ἀξίη πάντων τιμιωτάτη οὖσα *.

Greek merriness   **160**—B 230:

Βίος ἀνεόρταστος μακρὴ ὁδὸς ἀπανδόκευτος.

---

*   Kranz brackets τιμιωτάτη οὖσα as a gloss.

FIFTH CHAPTER A

DIOGENES OF APOLLONIA

161—Diog. IX 57 (D. 64 A 1): life and date

Διογένης Ἀπολλοθέμιδος Ἀπολλωνιάτης, ἀνὴρ φυσικὸς καὶ ἄγαν ἐλλό-γιμος. ἤκουσε δέ, ὥς φησιν Ἀντισθένης, Ἀναξιμένους. ἦν δὲ τοῖς χρόνοις κατ' Ἀναξαγόραν.

Diog. of Apollonia (in Crete) was a late disciple of Anaximenes. In opposition to Anaxagoras he defends that the primary substance must be one, and therefore he identifies νόησις (what Anaxagoras called νοῦς) with air.

162—Diog. Apoll., D. 64 B 2: one principle

ἐμοὶ δὲ δοκεῖ, τὸ μὲν ξύμπαν εἰπεῖν, πάντα τὰ ὄντα ἀπὸ τοῦ αὐτοῦ ἑτεροι-οῦσθαι καὶ τὸ αὐτὸ εἶναι. καὶ τοῦτο εὔδηλον · εἰ γὰρ τὰ ἐν τῷδε τῷ κόσμῳ ἐόντα νῦν, γῆ καὶ ὕδωρ καὶ ἀὴρ καὶ πῦρ καὶ τἆλλα ὅσα φαίνεται ἐν τῷδε τῷ κόσμῳ ἐόντα, εἰ τούτων τι ἦν ἕτερον τοῦ ἑτέρου, ἕτερον ὂν τῇ ἰδίῃ φύσει, καὶ μὴ τὸ αὐτὸ ἐὸν μετέπιπτε πολλαχῶς καὶ ἑτεροιοῦτο, οὐδαμῇ οὔτε μίσγεσθαι ἀλλήλοις ἠδύνατο, οὔτε ὠφέλησις τῷ ἑτέρῳ ‹γένεσθαι ἀπὸ τοῦ ἑτέρου› * οὔτε βλάβη, οὐδ' ἂν οὔτε φυτὸν ἐκ τῆς γῆς φῦναι οὔτε ζῷον οὔτε ἄλλο γενέσθαι οὐδέν, εἰ μὴ οὕτω συνίστατο ὥστε τωὐτὸ εἶναι. ἀλλὰ πάντα ταῦτα ἐκ τοῦ αὐτοῦ ἑτεροιούμενα ἄλλοτε ἀλλοῖα γίνεται καὶ ἐς τὸ αὐτὸ ἀναχωρεῖ.

163—a. D. B 3 (Simpl., *Phys.* 152, 11): there is much
νόησις in this
ἀρχή

ἐφεξῆς δὲ δείξας ὅτι ἐστὶν ἐν τῇ ἀρχῇ ταύτῃ νόησις πολλή ,,οὐ γὰρ ἄν'', φησίν ,,οἶόν τε ἦν οὕτω δεδάσθαι ἄνευ νοήσιος, ὥστε πάντων μέτρα ἔχειν, χειμῶνός τε καὶ θέρεος καὶ νυκτὸς καὶ ἡμέρας καὶ ὑετῶν καὶ ἀνέμων καὶ εὐδιῶν · καὶ τὰ ἄλλα, εἴ τις βούλεται ἐννοεῖσθαι, εὑρίσκοι ἂν οὕτω διακείμενα, ὡς ἀνυστὸν κάλλιστα''—

By Dümmler, Dickerman and Theiler [a], recently followed by Jaeger, Diog.

---

* Added by Schorn and Diels.

[a] F. Dümmler, *Akademika*, Giessen 1889, p. 96 f.
S. O. Dickerman, *De argumentis quibusdam ap. Xenoph., Plat., Arist. obviis e structura hominis et animalium petitis.* Diss. Halle 1909.
W. Theiler, *Zur Geschichte der teleologischen Naturbetrachtung*, Zürich 1925.

is believed to be the source of the teleological explanation of nature, which is by Xenophon, *Mem.* I 4, attributed to Socrates. See Jaeger, *Theol.* pp. 157 ff.— Zeller, *Ph. d. Gr.*[6] I 1, p. 340 n. 2 calls this "ein sehr unsicheres Ergebnis".

b. D. B 4 (Simpl., ib.):

air is spirit

ἐπάγει ὅτι καὶ ἄνθρωποι καὶ τὰ ἄλλα ζῷα ἐκ τῆς ἀρχῆς ταύτης, ἥτις ἐστὶν ὁ ἀήρ, καὶ ζῇ καὶ ψυχὴν ἔχει καὶ νόησιν, λέγων οὕτως · (B 4) ,,ἔτι δὲ πρὸς τούτοις καὶ τάδε μεγάλα σημεῖα · ἄνθρωποι γὰρ καὶ τὰ ἄλλα ζῷα ἀναπνέοντα ζώει τῷ ἀέρι. καὶ τοῦτο αὐτοῖς καὶ ψυχή ἐστι καὶ νόησις, ὡς δεδηλώσεται ἐν τῇδε τῇ συγγραφῇ ἐμφανῶς · καὶ ἐὰν τοῦτο ἀπαλλαχθῇ, ἀποθνήσκει καὶ ἡ νόησις ἐπιλείπει."

and it rules all

164—D. B 5 (Simpl., *Phys.* 152, 21):

εἶτα μετ᾽ ὀλίγα σαφῶς ἐπήγαγε · ,,καί μοι δοκεῖ τὸ τὴν νόησιν ἔχον εἶναι ὁ ἀὴρ καλούμενος ὑπὸ τῶν ἀνθρώπων, καὶ ὑπὸ τούτου πάντας καὶ κυβερνᾶσθαι καὶ πάντων κρατεῖν · αὐτὸ γάρ μοι τοῦτο θεός * δοκεῖ εἶναι καὶ ἐπὶ πᾶν ἀφῖχθαι καὶ πάντα διατιθέναι καὶ ἐν παντὶ ἐνεῖναι. καὶ ἔστιν οὐδὲ ἕν, ὅ τι μὴ μετέχει

5　τούτου. μετέχει δὲ οὐδὲ ἓν ὁμοίως τὸ ἕτερον τῷ ἑτέρῳ, ἀλλὰ πολλοὶ τρόποι καὶ αὐτοῦ τοῦ ἀέρος καὶ τῆς νοήσιός εἰσιν · ἔστι γὰρ πολύτροπος, καὶ θερμότερος καὶ ψυχρότερος καὶ ξηρότερος καὶ ὑγρότερος καὶ στασιμώτερος καὶ ὀξυτέρην κίνησιν ἔχων, καὶ ἄλλαι πολλαὶ ἑτεροιώσιες ἔνεισι καὶ ἡδονῆς καὶ χροιῆς ἄπειροι. καὶ πάντων τῶν ζῴων δὲ ἡ ψυχὴ τὸ αὐτό ἐστιν, ἀὴρ θερμό-

10　τερος μὲν τοῦ ἔξω, ἐν ᾧ ἐσμεν, τοῦ μέντοι παρὰ τῷ ἡλίῳ πολλὸν ψυχρότερος. ὅμοιον δὲ τοῦτο τὸ θερμὸν οὐδενὸς τῶν ζῴων ἐστίν (ἐπεὶ οὐδὲ τῶν ἀνθρώπων ἀλλήλοις **), ἀλλὰ διαφέρει μέγα μὲν οὔ, ἀλλ᾽ ὥστε παραπλήσια εἶναι. οὐ μέντοι γε ἀτρεκέως γε ὅμοιον οὐδὲν οἷόν τε γενέσθαι τῶν ἑτεροιουμένων ἕτερον τῷ ἑτέρῳ, πρὶν τὸ αὐτὸ γένηται. ἅτε ὦν πολυτρόπου ἐούσης τῆς ἑτεροιώ-

15　σιος πολύτροπα καὶ τὰ ζῷα καὶ πολλά, καὶ οὔτε ἰδέαν ἀλλήλοις ἐοικότα οὔτε δίαιταν οὔτε νόησιν ὑπὸ τοῦ πλήθεος τῶν ἑτεροιώσεων. ὅμως δὲ πάντα τῷ αὐτῷ καὶ ζῇ καὶ ὁρᾷ καὶ ἀκούει, καὶ τὴν ἄλλην νόησιν ἔχει ἀπὸ τοῦ αὐτοῦ πάντα."

it occupies the whole body

165—Simpl., *Phys.* 153, 13 (D. B 6):

καὶ ἐφεξῆς δείκνυσιν ὅτι καὶ τὸ σπέρμα τῶν ζῴων πνευματῶδές ἐστι, καὶ νοήσεις γίνονται τοῦ ἀέρος σὺν τῷ αἵματι τὸ ὅλον σῶμα καταλαμβάνοντος διὰ τῶν φλεβῶν · ἐν οἷς καὶ ἀνατομὴν ἀκριβῆ τῶν φλεβῶν παραδίδωσιν.

This account of the veins by Diog. of Apoll. is inserted by Aristotle in his *Hist. Animalium* III 2, 511 b[30] (explained by Panzerbieter, *Diog. Ap.*, Lips. 1830, p. 72).

---

* αὐτὸ γάρ μοι τοῦτο θεὸς is a correction of Usener, accepted by Diels. The mss have ἀπὸ γάρ μοι τοῦτο ἔθος.
** ⟨ἐν⟩ ἀλλήλοις Kranz.

BOOK II

MAN IN THE CENTRE OF PHILOSOPHY

SIXTH CHAPTER

THE SOPHISTS

1—INTRODUCTION

166—1—At Athens people live outside of the philosophical movement. There was nothing beyond elementary teaching.

2—A strong need of intellectual training for public life: the ekklesía, boulè and dikastèria.

3—Relativation of moral values by acquaintance with foreign nations.

Herod. III 38:

Δαρεῖος ἐπὶ τῆς ἑωυτοῦ ἀρχῆς καλέσας Ἑλλήνων τοὺς παρεόντας εἴρετο, ἐπὶ κόσῳ ἂν χρήματι βουλοίατο τοὺς πατέρας ἀποθνῄσκοντας κατασιτέεσθαι · οἱ δὲ ἐπ' οὐδενὶ ἔφασαν ἔρδειν ἂν τοῦτο. Δαρεῖος δὲ μετὰ ταῦτα καλέσας Ἰνδῶν τοὺς καλεομένους Καλλατίας, οἳ τοὺς γονέας κατεσθίουσι, εἴρετο, παρεόντων τῶν Ἑλλήνων καὶ δι' ἑρμηνέος μανθανόντων τὰ λεγόμενα, ἐπὶ τίνι χρήματι δεξαίατ' ἂν τελευτῶντας τοὺς πατέρας κατακαίειν πυρί. οἱ δὲ ἀμβώσαντες μέγα εὐφημέειν μιν ἐκέλευον. Οὕτω μέν νυν ταῦτα νενόμισται, καὶ ὀρθῶς μοι δοκέει Πίνδαρος ποιῆσαι ,,νόμον πάντων βασιλέα" φήσας εἶναι.

Herodot's attitude towards nómos:

III 38, beginning:

πανταχῇ ὦν μοι δῆλά ἐστι ὅτι ἐμάνη μεγάλως ὁ Καμβύσης · οὐ γὰρ ἂν ἱροῖσί τε καὶ νομαίοισι ἐπεχείρησε καταγελᾶν. Εἰ γάρ τις προθείη πᾶσι ἀνθρώποισι ἐκλέξασθαι κελεύων νόμους τοὺς καλλίστους ἐκ τῶν πάντων νόμων, διασκεψάμενοι ἂν ἑλοίατο ἕκαστοι τοὺς ἑωυτῶν · οὕτω νομίζουσι πολλόν τι καλλίστους τοὺς ἑωυτῶν νόμους ἕκαστοι εἶναι. Οὐκ ὦν οἰκός ἐστι ἄλλον γε ἢ μαινόμενον ἄνδρα γέλωτα τὰ τοιαῦτα τίθεσθαι.

Here the opposition of νόμος to φύσις is near, and a less respectful attitude to the νόμῳ ὄν can easily be taken.

167—One step further in the same direction brings us to the main thesis of Protagoras:

πάντων χρημάτων μέτρον ἄνθρωπος, τῶν μὲν ὄντων ὡς ἔστιν, τῶν δε οὐκ ὄντων ὡς οὐκ ἔστιν.

Here man and his conscience have become the primary reality: being itself depends on his judgment.

traces of   **168**—1—In Thuc. (Nietzsche calls him "den vollendeten Ausdruck der Sophisten-
sophistic   kultur"). See the dialogue of the Melians with the Athenians about right and
culture   wrong (Thuc. V 85-113).

2—The dialogues in Attic tragedy, especially Euripides.

3—According to Xenophon (*Mem.* I 2, 40) Pericles disputed with the young
Alcibiades on the signification of nómos. Plutarch tells us (*Pericles* 36) that Xanth-
ippus, the son of Pericles, reproached his father with the discussions he used
to have with the sophists. πεντάθλου γάρ τινος ἀκοντίῳ πατάξαντος 'Επίτιμον τὸν
Φαρσάλιον ἀκουσίως καὶ κατακτείναντος ἡμέραν ὅλην ἀναλῶσαι μετὰ Πρωταγόρου διαπο-
ροῦντα, πότερον τὸ ἀκόντιον ἢ τὸν βαλόντα μᾶλλον ἢ τοὺς ἀγωνοθέτας κατὰ τὸν ὀρθότατον
λόγον αἰτίους χρὴ τοῦ πάθους ἡγεῖσθαι.

2—PROTAGORAS

date   **169**—He must have been at least 25 years older than Socrates.

   a.   Plato, *Prot.* 317 c (Prot. speaks):
καίτοι πολλά γε ἔτη ἤδη εἰμὶ ἐν τῇ τέχνῃ · καὶ γὰρ καὶ τὰ σύμπαντα πολλά
μοί ἐστιν · οὐδενὸς ὅτου οὐ πάντων ἂν ὑμῶν καθ' ἡλικίαν πατὴρ εἴην.

   b.   Cf. Pl., *Meno* 91 e:
οἶμαι γὰρ αὐτὸν ἀποθανεῖν ἐγγὺς καὶ ἑβδομήκοντα ἔτη γεγονότα, τετταρά-
κοντα ἐν τῇ τέχνῃ ὄντα.

In the *Theaet.* he is spoken of as one since long dead.

   c.   Cf. Diog. IX 50:
Πρωταγόρας ... 'Αβδηρίτης, καθά φησιν 'Ηρακλείδης ὁ Ποντικὸς ἐν
τοῖς περὶ νόμων, ὃς καὶ Θουρίοις νόμους γράψαι φησὶν αὐτόν.

books   **170**—The book of Prot. which begins with the homo-mensura-thesis,
is called 'Αλήθεια by Pl., *Theaet.* 161 c.

Sext., *Adv. Math.* VII 60, calls it Καταβάλλοντες (sc. λόγοι).

Many other titles are cited: Περὶ τοῦ ὄντος, Περὶ θεῶν, 'Αντιλογικά or
'Αντιλογίαι, Τέχνη ἐριστικῶν, Περὶ τῶν μαθημάτων, Περὶ πολιτείας, Περὶ
ἀρετῶν a.o.

the homo-   **171**—a.   Protagoras, D. 80 B 1 (Sextus, *Math.* VII 60):
mensura-   πάντων χρημάτων μέτρον ἄνθρωπος, τῶν μὲν ὄντων ὡς ἔστιν, τῶν δ' οὐκ
thesis   ὄντων ὡς οὐκ ἔστιν.

We possess two ancient explanations of this thesis, 1—that of Plato
in the *Theaet.*, 2—that of Democr. (in Plut., *Adv. Col.*).

b. Pl., *Theaet.* 151 e:

Theaet. has defined ἐπιστήμη as αἴσθησις. Socr. answers: Κινδυνεύεις μέντοι λόγον οὐ φαῦλον εἰρηκέναι περὶ ἐπιστήμης, ἀλλ' ὃν ἔλεγε καὶ Πρωταγόρας. τρόπον δέ τινα ἄλλον εἴρηκε τὰ αὐτὰ ταῦτα. φησὶ γάρ που ,,πάντων   152a χρημάτων μέτρον'' ἄνθρωπον εἶναι, ,,τῶν μὲν ὄντων ὡς ἔστι, τῶν δὲ μὴ ὄντων ὡς οὐκ ἔστιν''. ἀνέγνωκας γάρ που;

ΘΕΑΙ. Ἀνέγνωκα καὶ πολλάκις.

ΣΩ. Οὐκοῦν οὕτω πως λέγει, ὡς οἷα μὲν ἕκαστα ἐμοὶ φαίνεται, τοιαῦτα μὲν ἔστιν ἐμοί, οἷα δὲ σοί, τοιαῦτα δὲ αὖ σοί · ἄνθρωπος δὲ σύ τε κἀγώ;

ΘΕΑΙ. Λέγει γὰρ οὖν οὕτω.

ΣΩ. Εἰκὸς μέντοι σοφὸν ἄνδρα μὴ ληρεῖν · ἐπακολουθήσωμεν οὖν αὐτῷ. ἆρ'   b οὐκ ἐνίοτε πνέοντος ἀνέμου τοῦ αὐτοῦ ὁ μὲν ἡμῶν ῥιγοῖ, ὁ δ' οὔ; καὶ ὁ μὲν ἠρέμα, ὁ δὲ σφόδρα;

ΘΕΑΙ. Καὶ μάλα.

ΣΩ. Πότερον οὖν τότε αὐτὸ ἐφ' ἑαυτοῦ τὸ πνεῦμα ψυχρὸν ἢ οὐ ψυχρὸν φήσομεν; ἢ πεισόμεθα τῷ Πρωταγόρᾳ ὅτι τῷ μὲν ῥιγοῦντι ψυχρόν, τῷ δὲ μὴ οὔ;

ΘΕΑΙ. Ἔοικεν.

ΣΩ. Οὐκοῦν καὶ φαίνεται οὕτω ἑκατέρῳ;

ΘΕΑΙ. Ναί.

ΣΩ. Τὸ δέ γε ,,φαίνεται'' αἰσθάνεσθαί ἐστιν;

ΘΕΑΙ. Ἔστιν γάρ.

ΣΩ. Φαντασία ἄρα καὶ αἴσθησις ταὐτὸν ἔν τε θερμοῖς καὶ πᾶσι τοῖς τοιούτοις.   c οἷα γὰρ αἰσθάνεται ἕκαστος, τοιαῦτα ἑκάστῳ καὶ κινδυνεύει εἶναι.

c. Socr. explains this thesis as fundamentally identical with Heracliteism:

(Ib., 152 C 8) Ἆρ' οὖν πρὸς Χαρίτων πάσσοφός τις ἦν ὁ Πρωταγόρας, καὶ τοῦτο ἡμῖν μὲν ᾐνίξατο τῷ πολλῷ συρφετῷ, τοῖς δὲ μαθηταῖς ἐν ἀπορρήτῳ τὴν ἀλήθειαν ἔλεγεν;

ΘΕΑΙ. Πῶς δή, ὦ Σώκρατες, τοῦτο λέγεις;   d

ΣΩ. Ἐγὼ ἐρῶ καὶ μάλ' οὐ φαῦλον λόγον, ὡς ἄρα ἓν μὲν αὐτὸ καθ' αὑτὸ οὐδέν ἐστιν, οὐδ' ἄν τι προσείποις ὀρθῶς οὐδ' ὁποιονοῦν τι, ἀλλ' ἐὰν ὡς μέγα προσαγορεύῃς, καὶ σμικρὸν φανεῖται, καὶ ἐὰν βαρύ, κοῦφον, σύμπαντά τε οὕτως, ὡς μηδενὸς ὄντος ἑνὸς μήτε τινὸς μήτε ὁποιουοῦν · ἐκ δὲ δὴ φορᾶς τε καὶ κινήσεως καὶ κράσεως πρὸς ἄλληλα γίγνεται πάντα ἃ δή φαμεν εἶναι, οὐκ ὀρθῶς προσαγορεύοντες · ἔστι μὲν γὰρ οὐδέποτ' οὐδέν, ἀεὶ δὲ γίγνεται. καὶ   e περὶ τούτου πάντες ἑξῆς οἱ σοφοὶ πλὴν Παρμενίδου συμφερέσθων, Πρωταγόρας τε καὶ Ἡράκλειτος καὶ Ἐμπεδοκλῆς.

d. To this Socr. replies: If this be so, the opinion of every man is right. Then one man is not cleverer than the other, and there is no reason why Prot. should be our master.

(Ib., 161 d 3) εἰ γὰρ δὴ ἑκάστῳ ἀληθὲς ἔσται ὃ ἂν δι' αἰσθήσεως δοξάζῃ, καὶ μήτε τὸ ἄλλου πάθος ἄλλος βέλτιον διακρινεῖ, μήτε τὴν δόξαν κυριώτερος ἔσται ἐπισκέψασθαι ἕτερος τὴν ἑτέρου ὀρθὴ ἢ ψευδής, ἀλλ' ὃ πολλάκις εἴρηται, αὐτὸς τὰ αὑτοῦ ἕκαστος μόνος δοξάσει, ταῦτα δὲ πάντα ὀρθὰ καὶ ἀληθῆ, τί δή ποτε, ὦ ἑταῖρε, Πρωταγόρας μὲν σοφός, ὥστε καὶ ἄλλων διδάσκαλος ἀξιοῦ-
161d   σθαι δικαίως μετὰ μεγάλων μισθῶν, ἡμεῖς δὲ ἀμαθέστεροί τε καὶ φοιτητέον ἡμῖν ἦν παρ' ἐκεῖνον, μέτρῳ ὄντι αὐτῷ ἑκάστῳ τῆς αὑτοῦ σοφίας;

e. Pl. makes Prot. defend himself as follows:

Ib., 166 d-167 a: ἐγὼ γάρ φημι μὲν τὴν ἀλήθειαν ἔχειν ὡς γέγραφα · μέτρον γὰρ ἕκαστον ἡμῶν εἶναι τῶν τε ὄντων καὶ μή · μυρίον μέντοι διαφέρειν ἕτερον ἑτέρου αὐτῷ τούτῳ, ὅτι τῷ μὲν ἄλλα ἔστι τε καὶ φαίνεται, τῷ δὲ ἄλλα. καὶ σοφίαν καὶ σοφὸν ἄνδρα πολλοῦ δέω τὸ μὴ φάναι εἶναι, ἀλλ' αὐτὸν τοῦτον καὶ λέγω σοφόν, ὃς ἄν τινι ἡμῶν, ᾧ φαίνεται καὶ ἔστι κακά, μεταβάλλων
166e   ποιήσῃ ἀγαθὰ φαίνεσθαί τε καὶ εἶναι. — οἷον γὰρ ἐν τοῖς πρόσθεν ἐλέγετο ἀναμνήσθητι, ὅτι τῷ μὲν ἀσθενοῦντι πικρὰ φαίνεται ἃ ἐσθίει καὶ ἔστι, τῷ δὲ ὑγιαίνοντι τἀναντία ἔστι καὶ φαίνεται. σοφώτερον μὲν οὖν τούτων οὐδέτερον
167a   δεῖ ποιῆσαι · οὐδὲ γὰρ δυνατόν · οὐδὲ κατηγορητέον ὡς ὁ μὲν κάμνων ἀμαθής, ὅτι τοιαῦτα δοξάζει, ὁ δὲ ὑγιαίνων σοφός, ὅτι ἀλλοῖα · μεταβλητέον δ' ἐπὶ θάτερα · ἀμείνων γὰρ ἡ ἑτέρα ἕξις. οὕτω δὲ καὶ ἐν τῇ παιδείᾳ ἀπὸ ἑτέρας ἕξεως ἐπὶ τὴν ἀμείνω μεταβλητέον. ἀλλ' ὁ μὲν ἰατρὸς φαρμάκοις μεταβάλλει, ὁ δὲ σοφιστὴς λόγοις.

f. Finally Socr. turns the thesis of Prot. against himself:

Ib., 170 e 7: Τί δὲ αὐτῷ Πρωταγόρᾳ; ἆρ' οὐχὶ ἀνάγκη, εἰ μὲν μηδὲ αὐτὸς ᾤετο μέτρον εἶναι ἄνθρωπον μηδὲ οἱ πολλοί, ὥσπερ οὐδὲ οἴονται, μηδενὶ δὴ
171a   εἶναι ταύτην τὴν ἀλήθειαν ἣν ἐκεῖνος ἔγραψεν; εἰ δὲ αὐτὸς μὲν ᾤετο, τὸ δὲ πλῆθος μὴ συνοίεται, οἶσθ' ὅτι πρῶτον μὲν ὅσῳ πλείους οἷς μὴ δοκεῖ ἢ οἷς δοκεῖ, τοσούτῳ μᾶλλον οὐκ ἔστιν ἢ ἔστιν.

ΘΕΟ. Ἀνάγκη, εἴπερ γε καθ' ἑκάστην δόξαν ἔσται καὶ οὐκ ἔσται.

Socrates concludes (171 c 5): Οὐκοῦν ἐπειδὴ ἀμφισβητεῖται ὑπὸ πάντων, οὐδενὶ ἂν εἴη ἡ Πρωταγόρου Ἀλήθεια ἀληθής, οὔτε τινὶ ἄλλῳ οὔτ' αὐτῷ ἐκείνῳ.

Plato gives his own definitive answer to Prot.' thesis in his last great work, *Laws* IV 716 c: *God is the measure of all things, not man* (our nr. **374 b**).

g. Democr. interprets the thesis of Prot. in the same way, i.e. he also takes "man" in the individual sense. Plutarch says, the Epicurean Colotes imputed to Democrit the teaching "that nothing is more so than so". Plutarch replies:

"No, it was not Democrit who taught that, but Protagoras; and Democrit has even been so far from teaching this, that he fought against Protagoras who said that."

Plut., *Adv. Coloten* 4, 1108 f:

Ἐγκαλεῖ δ' αὐτῷ πρῶτον, ὅτι τῶν πραγμάτων ἕκαστον εἰπὼν οὐ μᾶλλον τοῖον ἢ τοῖον εἶναι συγκέχυκε τὸν βίον. ἀλλὰ τοσοῦτόν γε Δ. ἀποδεῖ τοῦ νομίζειν μὴ μᾶλλον εἶναι τοῖον ἢ τοῖον τῶν πραγμάτων ἕκαστον, ὥστε Πρωταγόρᾳ τῷ σοφιστῇ τοῦτο εἰπόντι μεμαχῆσθαι καὶ γεγραφέναι πολλὰ καὶ πιθανὰ πρὸς αὐτόν.

h. The same explanation is found in Sext. Emp. I 216 ff., VII 389 (his source is Democr.); and in Arist. who follows Plato, e.g. *Metaph.* Γ 5, 1009 a[6]:

ἔστι δ' ἀπὸ τῆς αὐτῆς δόξης καὶ ὁ Πρωταγόρου λόγος · — εἴτε γὰρ τὰ δοκοῦντα πάντα ἐστὶν ἀληθῆ καὶ τὰ φαινόμενα, ἀνάγκη πάντα ἅμα ἀληθῆ καὶ ψευδῆ εἶναι. πολλοὶ γὰρ τἀναντία ὑπολαμβάνουσιν ἀλλήλοις καὶ τοὺς μὴ ταὐτὰ δοξάζοντας ἑαυτοῖς διεψεῦσθαι νομίζουσιν · ὥστ' ἀνάγκη τὸ αὐτὸ εἶναί τε καὶ μὴ εἶναι. καὶ εἰ τοῦτ' ἐστίν, ἀνάγκη τὰ δοκοῦντα εἶναι πάντ' ἀληθῆ · τὰ ἀντικείμενα γὰρ δοξάζουσιν ἀλλήλοις οἱ διεψευσμένοι καὶ ἀληθεύοντες. εἰ οὖν ἔχει τὰ ὄντα οὕτως, ἀληθεύσουσι πάντες.

172—This fits in completely with the other main thesis of Protag.: *two λόγοι about each question*

a. Diog. IX 51:

Πρῶτος ἔφη δύο λόγους εἶναι περὶ παντὸς πράγματος ἀντικειμένους ἀλλήλοις. — (53) καὶ τὸν Ἀντισθένους λόγον τὸν πειρώμενον ἀποδεικνύειν, ὡς οὐκ ἔστιν ἀντιλέγειν, οὗτος πρῶτος διείλεκται, καθά φησι Πλάτων ἐν Εὐθυδήμῳ (286 c).

b. Cf. Arist., *Metaph.* Γ 4, 1007 b[18]:

ἔτι εἰ ἀληθεῖς αἱ ἀντιφάσεις ἅμα κατὰ τοῦ αὐτοῦ πᾶσαι, δῆλον ὡς ἅπαντα ἔσται ἕν. ἔσται γὰρ τὸ αὐτὸ καὶ τριήρης καὶ τοῖχος καὶ ἄνθρωπος, εἰ κατὰ παντός τι ἢ καταφῆσαι ἢ ἀποφῆσαι ἐνδέχεται, καθάπερ ἀνάγκη τοῖς τὸν Πρωταγόρου λέγουσι λόγον. εἰ γάρ τῳ δοκεῖ μὴ εἶναι τριήρης ὁ ἄνθρωπος, δῆλον ὅτι οὐκ ἔστι τριήρης · ὥστε καὶ ἔστιν, εἴπερ ἡ ἀντίφασις ἀληθής.

Hence the possibility of τὸν ἥττω λόγον κρείττω ποιεῖν.

173—Up to Zeller modern interpreters followed the subjective-individual explanation of Protagoras' thesis, as it is understood in Antiquity. Th. Gomperz was the first to explain it in an objective-general sense, taking "man" in the sense of mankind (*Gr. D.* I[4] p. 373 f.). *modern interpretation*

Cf. K. Joël, *Gesch. d. ant. Phil.* I, 1923, p. 703-707:

". . . die Richtung der Sophistik geht zweifellos auf subjektive Entfaltung

des Individuums, und so ist sicherlich schon Prot. trotz des generellen Ausdrucks
auf dem Wege zur *individuellen* Fassung des Menschen" (706) ..." Er meint
mit dem Menschen in Wahrheit das *Subjekt* der Erkenntnis, das er, gleichgültig
ob als generelles oder individuelles oder vielmehr als beides zugleich, erheben
will über die Objekte" (707).

the gods   **174**—Protag., D. 80 B 4 (from Π. θεῶν):

περὶ μὲν θεῶν οὐκ ἔχω εἰδέναι οὔθ᾽ ὡς εἰσίν, οὔθ᾽ ὡς οὐκ εἰσίν, οὔθ᾽ ὁποῖοί
τινες ἰδέαν · πολλὰ γὰρ τὰ κωλύοντα εἰδέναι, ἥ τ᾽ ἀδηλότης καὶ βραχὺς ὢν
ὁ βίος τοῦ ἀνθρώπου.

**the myth of
Prot. on
αἰδώς and
δίκη**   **175**—Pl., *Prot.* 320 c [8]-323 a:

ᵛΗν γάρ ποτε χρόνος, ὅτε θεοὶ μὲν ἦσαν, θνητὰ δὲ γένη οὐκ ἦν. Ἐπειδὴ
320d δὲ καὶ τούτοις χρόνος ἦλθεν εἱμαρμένος γενέσεως, τυποῦσιν αὐτὰ θεοὶ γῆς
ἔνδον ἐκ γῆς καὶ πυρὸς μείξαντες καὶ τῶν ὅσα πυρὶ καὶ γῇ κεράννυται. Ἐπειδὴ
δ᾽ ἄγειν αὐτὰ πρὸς φῶς ἔμελλον, προσέταξαν Προμηθεῖ καὶ Ἐπιμηθεῖ κοσμῆ-
σαί τε καὶ νεῖμαι δυνάμεις ἑκάστοις, ὡς πρέπει. Προμηθέα δὲ παραιτεῖται
Ἐπιμηθεὺς αὐτὸς νεῖμαι · ,,Νείμαντος δέ μου, ἔφη, ἐπίσκεψαι ·" καὶ οὕτω
πείσας νέμει. Νέμων δὲ τοῖς μὲν ἰσχὺν ἄνευ τάχους προσῆπτεν, τοὺς δ᾽ ἀσθε-
e νεστέρους τάχει ἐκόσμει · τοὺς δὲ ὥπλιζε, τοῖς δ᾽ ἄοπλον διδοὺς φύσιν ἄλλην
τιν᾽ αὐτοῖς ἐμηχανᾶτο δύναμιν εἰς σωτηρίαν. Ἃ μὲν γὰρ αὐτῶν σμικρότητι
ἤμπισχεν, πτηνὸν φυγὴν ἢ κατάγειον οἴκησιν ἔνεμεν . ἃ δὲ ηὖξε μεγέθει,
τῷδε αὐτῷ αὐτὰ ἔσῳζεν · καὶ τἆλλα οὕτως ἐπανισῶν ἔνεμεν. Ταῦτα δὲ ἐμη-
321 χανᾶτο εὐλάβειαν ἔχων, μή τι γένος ἀϊστωθείη · ἐπειδὴ δὲ αὐτοῖς ἀλληλοφθο-
ριῶν διαφυγὰς ἐπήρκεσε, πρὸς τὰς ἐκ Διὸς ὥρας εὐμάρειαν ἐμηχανᾶτο ἀμφιεννὺς
αὐτὰ πυκναῖς τε θριξὶν καὶ στερεοῖς δέρμασιν, ἱκανοῖς μὲν ἀμῦναι χειμῶνα, δυνα-
τοῖς δὲ καὶ καύματα, καὶ ἐς εὐνὰς ἰοῦσιν ὅπως ὑπάρχοι τὰ αὐτὰ ταῦτα στρωμνὴ
οἰκεία τε καὶ αὐτοφυὴς ἑκάστῳ, καὶ ὑποδῶν τὰ μὲν ὁπλαῖς, τὰ δὲ [θριξὶν καὶ] δέρ-
b μασιν στερεοῖς καὶ ἀναίμοις. Τοὐντεῦθεν τροφὰς ἄλλοις ἄλλας ἐξεπόριζεν, τοῖς
μὲν ἐκ γῆς βοτάνην, ἄλλοις δὲ δένδρων καρπούς, τοῖς δὲ ῥίζας · ἔστι δ᾽ οἷς ἔδωκεν
εἶναι τροφὴν ζῴων ἄλλων βοράν · καὶ τοῖς μὲν ὀλιγογονίαν προσῆψε, τοῖς
δ᾽ ἀναλισκομένοις ὑπὸ τούτων πολυγονίαν, σωτηρίαν τῷ γένει πορίζων. Ἄτε
δὴ οὖν οὐ πάνυ τι σοφὸς ὢν ὁ Ἐπιμηθεὺς ἔλαθεν αὑτὸν καταναλώσας τὰς
c δυνάμεις εἰς τὰ ἄλογα · λοιπὸν δὴ ἀκόσμητον ἔτι αὐτῷ ἦν τὸ ἀνθρώπων γένος,
καὶ ἠπόρει, ὅ τι χρήσαιτο. Ἀποροῦντι δὲ αὐτῷ ἔρχεται Προμηθεὺς ἐπισκεψό-
μενος τὴν νομήν, καὶ ὁρᾷ τὰ μὲν ἄλλα ζῷα ἐμμελῶς πάντων ἔχοντα [1], τὸν δὲ
ἄνθρωπον γυμνόν τε καὶ ἀνυπόδητον καὶ ἄστρωτον καὶ ἄοπλον · ἤδη δὲ καὶ ἡ
εἱμαρμένη ἡμέρα παρῆν, ἐν ᾗ ἔδει καὶ ἄνθρωπον ἐξιέναι ἐκ γῆς εἰς φῶς. Ἀπορίᾳ
οὖν ἐχόμενος ὁ Προμηθεύς, ἥντινα σωτηρίαν τῷ ἀνθρώπῳ εὕροι, κλέπτει

---

[1] ἐμμελῶς πάντων ἔχοντα: ἔχοντα trans., πάντων - genitivus partitivus. "that
they had in due order (part) of all things " —

Ἡφαίστου καὶ Ἀθηνᾶς τὴν ἔντεχνον σοφίαν σὺν πυρί — ἀμήχανον γὰρ ἦν d
ἄνευ πυρὸς αὐτὴν κτητήν τῳ ἢ χρησίμην γενέσθαι — καὶ οὕτω δὴ δωρεῖται
ἀνθρώπῳ. Τὴν μὲν οὖν περὶ τὸν βίον σοφίαν ἄνθρωπος ταύτῃ ἔσχεν, τὴν δὲ
πολιτικὴν οὐκ εἶχεν · ἦν γὰρ παρὰ τῷ Διί. Τῷ δὲ Προμηθεῖ εἰς μὲν τὴν ἀκρό-
πολιν τὴν τοῦ Διὸς οἴκησιν οὐκέτι ἐνεχώρει εἰσελθεῖν · πρὸς δὲ καὶ αἱ Διὸς
φυλακαὶ φοβεραὶ ἦσαν · εἰς δὲ τὸ τῆς Ἀθηνᾶς καὶ Ἡφαίστου οἴκημα τὸ κοινόν,
ἐν ᾧ ἐφιλοτεχνείτην, λαθὼν εἰσέρχεται, καὶ κλέψας τήν τε ἔμπυρον τέχνην τὴν e
τοῦ Ἡφαίστου καὶ τὴν ἄλλην τὴν τῆς Ἀθηνᾶς δίδωσιν ἀνθρώπῳ, καὶ ἐκ τούτου
εὐπορία μὲν ἀνθρώπῳ τοῦ βίου γίγνεται, Προμηθέα δὲ [δι᾽ Ἐπιμηθέα] ὕστερον, 322
ᾗπερ λέγεται, κλοπῆς δίκη μετῆλθεν.
      Ἐπειδὴ δὲ ὁ ἄνθρωπος θείας μετέσχε μοίρας, πρῶτον μὲν διὰ τὴν τοῦ θεοῦ
συγγένειαν * ζῴων μόνον θεοὺς ἐνόμισεν, καὶ ἐπεχείρει βωμούς τε ἱδρύεσθαι
καὶ ἀγάλματα θεῶν · ἔπειτα φωνὴν καὶ ὀνόματα ταχὺ διηρθρώσατο τῇ τέχνῃ,
καὶ οἰκήσεις καὶ ἐσθῆτας καὶ ὑποδέσεις καὶ στρωμνὰς καὶ τὰς ἐκ γῆς τροφὰς
ηὕρετο. Οὕτω δὴ παρεσκευασμένοι κατ᾽ ἀρχὰς ἄνθρωποι ᾤκουν σποράδην, b
πόλεις δὲ οὐκ ἦσαν · ἀπώλλυντο οὖν ὑπὸ τῶν θηρίων διὰ τὸ πανταχῇ αὐτῶν
ἀσθενέστεροι εἶναι, καὶ ἡ δημιουργικὴ τέχνη αὐτοῖς πρὸς μὲν τροφὴν ἱκανὴ
βοηθὸς ἦν, πρὸς δὲ τὸν τῶν θηρίων πόλεμον ἐνδεής · πολιτικὴν γὰρ τέχνην
οὔπω εἶχον, ἧς μέρος πολεμική. Ἐζήτουν δὴ ἀθροίζεσθαι καὶ σῴζεσθαι κτί-
ζοντες πόλεις · ὅτ᾽ οὖν ἀθροισθεῖεν, ἠδίκουν ἀλλήλους ἅτε οὐκ ἔχοντες τὴν
πολιτικὴν τέχνην, ὥστε πάλιν σκεδαννύμενοι διεφθείροντο. Ζεὺς οὖν δείσας c
περὶ τῷ γένει ἡμῶν, μὴ ἀπόλοιτο πᾶν, Ἑρμῆν πέμπει ἄγοντα εἰς ἀνθρώπους
αἰδῶ τε καὶ δίκην, ἵν᾽ εἶεν πόλεων κόσμοι τε καὶ δεσμοὶ φιλίας συναγωγοί.
Ἐρωτᾷ οὖν Ἑρμῆς Δία, τίνα οὖν τρόπον δοίη δίκην καὶ αἰδῶ ἀνθρώποις ·
„Πότερον ὡς αἱ τέχναι νενέμηνται, οὕτω καὶ ταύτας νείμω; νενέμηνται δὲ
ὧδε · εἷς ἔχων ἰατρικὴν πολλοῖς ἱκανὸς ἰδιώταις, καὶ οἱ ἄλλοι δημιουργοί ·
καὶ δίκην δὴ καὶ αἰδῶ οὕτω θῶ ἐν τοῖς ἀνθρώποις, ἢ ἐπὶ πάντας νείμω; „Ἐπὶ d
πάντας”, ἔφη ὁ Ζεύς, „καὶ πάντες μετεχόντων · οὐ γὰρ ἂν γένοιντο πόλεις, εἰ
ὀλίγοι αὐτῶν μετέχοιεν ὥσπερ ἄλλων τεχνῶν · καὶ νόμον γε θὲς παρ᾽ ἐμοῦ,
τὸν μὴ δυνάμενον αἰδοῦς καὶ δίκης μετέχειν κτείνειν ὡς νόσον πόλεως.” οὕτω
δή, ὦ Σώκρατες, καὶ διὰ ταῦτα οἵ τε ἄλλοι καὶ Ἀθηναῖοι, ὅταν μὲν περὶ ἀρετῆς
τεκτονικῆς ἦ λόγος ἢ ἄλλης τινὸς δημιουργικῆς, ὀλίγοις οἴονται μετεῖναι
συμβουλῆς, καὶ ἐάν τις ἐκτὸς ὢν τῶν ὀλίγων συμβουλεύῃ, οὐκ ἀνέχονται, e
ὡς σὺ φῄς · εἰκότως, ὡς ἐγώ φημι · ὅταν δὲ εἰς συμβουλὴν πολιτικῆς ἀρετῆς
ἴωσιν, ἣν δεῖ διὰ δικαιοσύνης πᾶσαν ἰέναι καὶ σωφροσύνης, εἰκότως ἅπαντος 323
ἀνδρὸς ἀνέχονται, ὡς παντὶ προσῆκον ταύτης γε μετέχειν τῆς ἀρετῆς, ἢ μὴ
εἶναι πόλεις. αὕτη, ὦ Σώκρατες, τούτου αἰτία.

---

* διὰ ... συγγένειαν secl. Deuschle, followed by A. Croiset.

On the contents of this myth cf. D. Loenen, *Prot. and the Greek community*, Amsterdam 1941 *.

grammatical studies **176**—Diog. IX 53:

διεῖλέ τε τὸν λόγον πρῶτος εἰς τέτταρα · εὐχωλήν, ἐρώτησιν, ἀπόκρισιν, ἐντολήν.

Among the titles of the lost works of Prot. are named a work Περὶ ὀρθοεπείας, and Περὶ ὀνομάτων ὀρθότητος.

3—GORGIAS

life and date **177**—**a.** Plato, *Hipp. Mai.* 282 b:

Γοργίας ... σοφιστὴς δεῦρο ἀφίκετο δημοσίᾳ οἴκοθεν πρεσβεύων [1], ὡς ἱκανώτατος ὢν Λεοντίνων τὰ κοινὰ πράττειν, καὶ ἔν τε τῷ δήμῳ ἔδοξεν ἄριστα εἰπεῖν καὶ ἰδίᾳ ἐπιδείξεις ποιούμενος καὶ συνὼν τοῖς νέοις χρήματα πολλὰ εἰργάσατο καὶ ἔλαβεν ἐκ τῆσδε τῆς πόλεως.

b. Diog. VIII 58: ὅν φησιν Ἀπολλόδωρος ἐν Χρονικοῖς ἐννέα πρὸς τοῖς ἑκατὸν ἔτη βιῶναι.

c. Cf. Quintil., *Inst. or.* III 1, 8: Gorgias Leontinus, Empedoclis, ut traditur, discipulus. is beneficio longissimae aetatis, nam centum et novem vixit annos, cum multis simul floruit — et ultra Socratem usque duravit.

his succes as a rhetor **178**—Dion. Hal., *De Lys.* 3, p. 458 Rsk.:

Γοργίας τε ὁ Λεοντῖνος ἐν πολλοῖς πάνυ φορτικήν τε καὶ ὑπέρογκον ποιῶν τὴν κατασκευὴν καὶ οὐ πόρρω διθυράμβων ἔνια φθεγγόμενος · — ἥψατο δὲ καὶ τῶν Ἀθήνησι ῥητόρων ἡ ποιητική τε καὶ τροπικὴ φράσις, ὡς μὲν Τίμαιός φησι, Γοργίου ἄρξαντος, ἡνίκ' Ἀθήναζε πρεσβεύων κατεπλήξατο τοὺς ἀκούοντας τῇ δημηγορίᾳ.

λόγος δυνάστης μέγας **179**—Gorg., D. 81, B 11, 8 (from Ἑλένης ἐγκώμιον).

There are four possibilities: Helen did what she did ἢ τύχης βουλήμασι καὶ θεῶν βουλεύμασι καὶ ἀνάγκης ψηφίσμασιν, ἢ βίᾳ ἁρπασθεῖσα, ἢ λόγοις πεισθεῖσα, ἢ ἔρωτι ἁλοῦσα. In none of the four cases is she guilty. Having proved this for the first and second possibility, he continues:

---

* An objection to the author's main thesis, that both Plato and Aristotle followed the principles of Protagoras in their political theories, has been made by me in the *Museum* 1942, p. 103-105.

---

[1] πρεσβεύων. This embassy took place in 427. Cf. Diod. XII 53, 1 sqq.

εἰ δὲ λόγος ὁ πείσας καὶ τὴν ψυχὴν ἀπατήσας, οὐδὲ πρὸς τοῦτο χαλεπὸν
ἀπολογήσασθαι καὶ τὴν αἰτίαν ἀπολύσασθαι ὧδε. λόγος δυνάστης μέγας ἐστίν,
ὃς σμικροτάτῳ σώματι καὶ ἀφανεστάτῳ θειότατα ἔργα ἀποτελεῖ · δύναται
γὰρ καὶ φόβον παῦσαι καὶ λύπην ἀφελεῖν καὶ χαρὰν ἐνεργάσασθαι καὶ ἔλεον
ἐπαυξῆσαι.

180—Gorg., D. B 26:

an example
of his art

ἔλεγε δὲ τὸ μὲν εἶναι ἀφανὲς μὴ τυχὸν τοῦ δοκεῖν, τὸ δὲ δοκεῖν ἀσθενὲς μὴ
τυχὸν τοῦ εἶναι.

181—Gorg., D. B 3 (Sext., *Adv. Math.* VII 65):

his work
about non-
being

Γοργίας δὲ ὁ Λεοντῖνος ἐκ τοῦ αὐτοῦ μὲν τάγματος ὑπῆρχε τοῖς ἀνῃρηκόσι
τὸ κριτήριον, οὐ κατὰ τὴν ὁμοίαν δὲ ἐπιβολὴν τοῖς περὶ τὸν Πρωταγόραν.
ἐν γὰρ τῷ ἐπιγραφομένῳ Περὶ τοῦ μὴ ὄντος ἢ Περὶ φύσεως τρία κατὰ τὸ
ἑξῆς κεφάλαια κατασκευάζει · ἐν μὲν καὶ πρῶτον ὅτι οὐδὲν ἔστιν, δεύτερον
ὅτι εἰ καὶ ἔστιν, ἀκατάληπτον ἀνθρώπῳ, τρίτον ὅτι εἰ καὶ καταληπτόν, ἀλλὰ
τοί γε ἀνέξοιστον καὶ ἀνερμήνευτον τῷ πέλας.

182—Proof of the first thesis: nothing does exist.
Sext., l.l. 66:

1. nothing can
exist

εἰ γὰρ ἔστι <τι>, ἤτοι τὸ ὂν ἔστιν ἢ τὸ μὴ ὄν, ἢ καὶ τὸ ὂν ἔστι καὶ τὸ μὴ ὄν.

(67) G. first refutes the second possibility (B): that the μὴ ὄν would be. **B**
This is impossible for two reasons:

a. εἰ γὰρ τὸ μὴ ὂν ἔστιν, ἔσται τε ἅμα καὶ οὐκ ἔσται.

b. καὶ ἄλλως, εἰ τὸ μὴ ὂν ἔστι, τὸ ὂν οὐκ ἔσται · ἐναντία γάρ ἐστι ταῦτα
ἀλλήλοις.

(68) Then the first possibility (A): καὶ μὴν οὐδὲ τὸ ὂν ἔστιν. This is excluded **A**
for two reasons:
I.   In this case it ought to be eternal (a), or to come into being (b), or both
together (c).
II. It ought to be one (a), or many (b), or both of them (c).

I.   **a.** εἰ γὰρ ἀίδιόν ἐστι τὸ ὄν —, οὐκ ἔχει τινὰ ἀρχήν. (69-70) τὸ γὰρ
γινόμενον πᾶν ἔχει τιν' ἀρχήν, τὸ δὲ ἀίδιον ἀγένητον καθεστὼς οὐκ εἶχεν
ἀρχήν. μὴ ἔχον δὲ ἀρχὴν ἄπειρόν ἐστιν. εἰ δὲ ἄπειρόν ἐστιν, οὐδαμοῦ ἐστιν.
εἰ γὰρ πού ἐστιν, ἕτερον αὐτοῦ ἐστιν ἐκεῖνο τὸ ἐν ᾧ ἐστιν, καὶ οὕτως οὐκέτ'
ἄπειρον ἔσται τὸ ὂν ἐμπεριεχόμενόν τινι · μεῖζον γάρ ἐστι τοῦ ἐμπεριεχομένου
τὸ ἐμπεριέχον, τοῦ δὲ ἀπείρου οὐδέν ἐστι μεῖζον, ὥστε οὐκ ἔστι που τὸ ἄπειρον.
(70) καὶ μὴν οὐδ' ἐν αὑτῷ περιέχεται. ταὐτὸν γὰρ ἔσται τὸ ἐν ᾧ καὶ τὸ ἐν
αὑτῷ, καὶ δύο γενήσεται τὸ ὄν, τόπος τε καὶ σῶμα · τὸ μὲν γὰρ ἐν ᾧ τόπος
ἐστίν, τὸ δ' ἐν αὑτῷ σῶμα. τοῦτο δέ γε ἄτοπον. τοίνυν οὐδὲ ἐν αὑτῷ ἐστι τὸ
ὄν. ὥστ' εἰ ἀίδιόν ἐστι τὸ ὄν, ἄπειρόν ἐστιν, εἰ δὲ ἄπειρόν ἐστιν, οὐδαμοῦ ἐστιν,

εἰ δὲ μηδαμοῦ ἐστιν, οὐκ ἔστιν. τοίνυν εἰ ἀίδιόν ἐστι τὸ ὄν, οὐδὲ τὴν ἀρχὴν ὄν ἐστιν.

b. (71) καὶ μὴν οὐδὲ γενητὸν εἶναι δύναται τὸ ὄν. εἰ γὰρ γέγονεν, ἤτοι ἐξ ὄντος ἢ ἐκ μὴ ὄντος γέγονεν. ἀλλ᾽ οὔτε ἐκ τοῦ ὄντος γέγονεν · εἰ γὰρ ὄν ἐστιν, οὐ γέγονεν ἀλλ᾽ ἔστιν ἤδη · οὔτε ἐκ τοῦ μὴ ὄντος · τὸ γὰρ μὴ ὄν οὐδὲ γεννῆσαί τι δύναται διὰ τὸ ἐξ ἀνάγκης ὀφείλειν ὑπάρξεως μετέχειν τὸ γεννητικόν τινος. οὐκ ἄρα οὐδὲ γενητόν ἐστι τὸ ὄν.

c. (72) κατὰ τὰ αὐτὰ δὲ οὐδὲ τὸ συναμφότερον, ἀίδιον ἅμα καὶ γενητόν · ταῦτα γὰρ ἀναιρετικά ἐστιν ἀλλήλων.

II. (73) καὶ ἄλλως, εἰ ἔστιν, ἤ τοι ἕν ἐστιν ἢ πολλά · οὔτε δὲ ἕν ἐστιν οὔτε πολλά, ὡς παρασταθήσεται · οὐκ ἄρα ἔστι τὸ ὄν.

a. εἰ γὰρ ἕν ἐστιν, ἤτοι ποσόν ἐστιν ἢ συνεχές ἐστιν ἢ μέγεθόσ ἐστιν ἢ σῶμά ἐστιν. ὅτι δὲ ἂν ᾖ τούτων, οὐχ ἕν ἐστιν, ἀλλὰ ποσὸν μὲν καθεστὼς διαιρεθήσεται, συνεχὲς δὲ ὂν τμηθήσεται. ὁμοίως δὲ μέγεθος νοούμενον οὐκ ἔσται ἀδιαίρετον. σῶμα δὲ τυγχάνον τριπλοῦν ἔσται · καὶ γὰρ μῆκος καὶ πλάτος καὶ βάθος ἕξει. ἄτοπον δέ γε τὸ μηδὲν τούτων εἶναι λέγειν τὸ ὄν · οὐκ ἄρα ἐστὶν ἕν τὸ ὄν.

b. (74) καὶ μὴν οὐδὲ πολλά ἐστι. εἰ γὰρ μή ἐστιν ἕν, οὐδὲ·πολλά ἐστιν · σύνθεσις γὰρ τῶν καθ᾽ ἕν ἐστι τὰ πολλά, διόπερ τοῦ ἑνὸς ἀναιρουμένου συναναιρεῖται καὶ τὰ πολλά.

C   The third possibility: that being would be ὄν and μὴ ὄν at the same time. This is refuted by two arguments, converging to the same point: if ὄν and μὴ ὄν are identic, the ὄν is dragged along with the μὴ ὄν, so that neither exists.

(75) ὅτι δὲ οὐδὲ ἀμφότερα ἔστιν, τό τε ὄν καὶ τὸ μὴ ὄν, εὐεπιλόγιστον. (a) εἴπερ γὰρ τὸ μὴ ὄν ἔστι καὶ τὸ ὄν ἔστι, ταὐτὸν ἔσται τῷ ὄντι τὸ μὴ ὄν ὅσον ἐπὶ τῷ εἶναι · καὶ διὰ τοῦτο οὐδέτερον αὐτῶν ἔστιν. ὅτι γὰρ τὸ μὴ ὄν οὐκ ἔστιν, ὁμόλογον · δέδεικται δὲ ταὐτὸ τούτῳ καθεστὼς τὸ ὄν · καὶ αὐτὸ τοίνυν οὐκ ἔσται.

(76) (b) οὐ μὴν ἀλλ᾽ εἴπερ ταὐτόν ἐστι τῷ μὴ ὄντι τὸ ὄν, οὐ δύναται ἀμφότερα εἶναι. εἰ γὰρ ἀμφότερα, οὐ ταὐτόν, καὶ εἰ ταὐτόν, οὐκ ἀμφότερα. οἷς ἕπεται τὸ μηδὲν εἶναι.

2. nothing can be known   **183**—The second thesis (Sext., l.l. 77):

Ὅτι δὲ κἂν ᾖ τι, τοῦτο ἄγνωστόν τε καὶ ἀνεπινόητόν ἐστιν ἀνθρώπῳ, παρακειμένως ὑποδεικτέον.

a. First proof: as being and thinking are correlative, the intelligibility of being is carried away with the non-being of what is thought.

εἰ γὰρ τὰ φρονούμενα, φησὶν ὁ Γοργίας, οὐκ ἔστιν ὄντα, τὸ ὄν οὐ φρονεῖται. — (78) καὶ ⟨μὴν⟩ ὅτι τὰ φρονούμενα οὐκ ἔστιν ὄντα, συμφανές. — (79) εἰ γὰρ τὰ φρονούμενά ἐστιν ὄντα, πάντα τὰ φρονούμενα ἔστιν, καὶ ὅπη ἄν τις αὐτὰ φρονήσῃ. ὅπερ ἐστὶν ἀπεμφαῖνον · [εἰ δέ ἐστι, φαῦλον.] οὐδὲ γὰρ ἂν φρονῇ τις ἄνθρωπον ἱπτάμενον ἢ ἅρματα ἐν πελάγει τρέχοντα, εὐθέως ἄνθρωπος ἵπταται ἢ ἅρματα ἐν πελάγει τρέχει. ὥστε οὐ τὰ φρονούμενά ἐστιν ὄντα.

b. Second proof: from the correlation of thinking and being follows that non-being cannot be thought.

(80) πρὸς τούτοις εἰ τὰ φρονούμενά ἐστιν ὄντα, τὰ μὴ ὄντα οὐ φρονηθήσεται. τοῖς γὰρ ἐναντίοις τὰ ἐναντία συμβέβηκεν, ἐναντίον δέ ἐστι τῷ ὄντι τὸ μὴ ὄν · καὶ διὰ τοῦτο πάντως, εἰ τῷ ὄντι συμβέβηκε τὸ φρονεῖσθαι, τῷ μὴ ὄντι συμβήσεται τὸ μὴ φρονεῖσθαι. ἄτοπον δ' ἐστὶ τοῦτο · καὶ γὰρ Σκύλλα καὶ Χίμαιρα καὶ πολλὰ τῶν μὴ ὄντων φρονεῖται. οὐκ ἄρα τὸ ὄν φρονεῖται.

c. Third proof: Perception is always "of an ὄν", as it is later said by Plato (*Th.* 152 a 5; cf. our nr **158 b**, where follows directly: "Αἴσθησις ἄρα τοῦ ὄντος ἀεί ἐστιν καὶ ἀψευδές"),—why not thinking?—Answer: Experience is against this.

(81) ὥσπερ τε τὰ ὁρώμενα διὰ τοῦτο ὁρατὰ λέγεται ὅτι ὁρᾶται, καὶ τὰ ἀκουστὰ διὰ τοῦτο ἀκουστὰ ὅτι ἀκούεται, καὶ οὐ τὰ μὲν ὁρατὰ ἐκβάλλομεν ὅτι οὐκ ἀκούεται, τὰ δὲ ἀκουστὰ παραπέμπομεν ὅτι οὐχ ὁρᾶται (ἕκαστον γὰρ ὑπὸ τῆς ἰδίας αἰσθήσεως, ἀλλ' οὐχ ὑπ' ἄλλης ὀφείλει κρίνεσθαι), οὕτω καὶ τὰ φρονούμενα καὶ εἰ μὴ βλέποιτο τῇ ὄψει μηδὲ ἀκούοιτο τῇ ἀκοῇ ἔσται, ὅτι πρὸς τοῦ οἰκείου λαμβάνεται κριτηρίου. — (82) εἰ οὖν φρονεῖ τις ἐν πελάγει ἅρματα τρέχειν, καὶ εἰ μὴ βλέπει ταῦτα, ὀφείλει πιστεύειν ὅτι ἅρματα ἔστιν ἐν πελάγει τρέχοντα. ἄτοπον δὲ τοῦτο · οὐκ ἄρα τὸ ὄν φρονεῖται καὶ καταλαμβάνεται.

184—The third thesis (Sext., l.l. 83):   3. **nothing can**
καὶ εἰ καταλαμβάνοιτο δέ, ἀνέξοιστον ἑτέρῳ.   **be enunciated**

Proof: What we do enunciate, is not the object itself, but a word.

(84) ᾧ γὰρ μηνύομεν, ἔστι λόγος, λόγος δὲ οὐκ ἔστι τὰ ὑποκείμενα καὶ ὄντα · οὐκ ἄρα τὰ ὄντα μηνύομεν τοῖς πέλας, ἀλλὰ λόγον, ὃς ἕτερός ἐστι τῶν ὑποκειμένων.

(85) μὴ ὄν δὲ λόγος, οὐκ ἂν δηλωθείη ἑτέρῳ.

185—We have another tradition of this text of G. in the ps. Aristotelian treatise **the reading** *De Melisso, Xenophane, Gorgia.* It contains two important passages which are **of M.X.G.** missing in Sextus. On the whole the argumentation in Sextus is clearer, which is the reason why we gave this text, διδασκαλίας χάριν. In the form M.X.G. may be nearer to G. To consult: O. Gigon, *Gorgias, „Ueber das Nichtsein",* Hermes 1936, p. 186-213; G. Calogero, *Studi sull' Eleatismo,* Rome 1932, p. 157-222; E. Dupréel, *Les Sophistes,* Neuchâtel 1948, pp. 62-74.

186—a. Pl., *Meno* 76 c-d: **other testi-**
Meno has asked Socr. what he calls colour. Socr. will answer the question κατὰ **monies** Γοργίαν.   **about G.**

Οὐκοῦν λέγετε ἀπορροάς τινας τῶν ὄντων κατ᾽ Ἐμπεδοκλέα; ΜΕΝ. Σφόδρα γε. ΣΩ. Καὶ πόρους, εἰς οὓς καὶ δι᾽ ὧν αἱ ἀπορροαὶ πορεύονται; ΜΕΝ. Πάνυ γε. ΣΩ. Καὶ τῶν ἀπορροῶν τὰς μὲν ἁρμόττειν ἐνίοις τῶν πόρων, τὰς δὲ ἐλάττους ἢ μείζους εἶναι; ΜΕΝ. Ἔστι ταῦτα. ΣΩ. Οὐκοῦν καὶ ὄψιν καλεῖς τι; ΜΕΝ. Ἔγωγε. ΣΩ. Ἐκ τούτων δὴ „σύνες ὅ τοι λέγω", ἔφη Πίνδαρος. ἔστι γὰρ χρόα ἀπορροὴ σχημάτων ὄψει σύμμετρος καὶ αἰσθητός.

b. Pl., *Gorg.* 449 a:

. . . . εἰπὲ τίς ἡ τέχνη (Γοργίου) καὶ τίνα Γοργίαν καλεῖν χρὴ ἡμᾶς. μᾶλλον δέ, ὦ Γοργία, αὐτὸς ἡμῖν εἰπέ, τίνα σε χρὴ καλεῖν ὡς τίνος ἐπιστήμονα τέχνης.

ΓΟΡ. Τῆς ῥητορικῆς, ὦ Σώκρατες.

ΣΩ. Ῥήτορα ἄρα χρή σε καλεῖν;

ΓΟΡ. Ἀγαθόν γε, ὦ Σώκρατες, εἰ δὴ ὅ γε εὔχομαι εἶναι, ὡς ἔφη Ὅμηρος, βούλει με καλεῖν.

The question of how these two aspects of G. are to be combined with that of the author of the work on non-being, has first been asked by H. Diels, *Sitz. Ber. Berl. Akad.* 1884, p. 343. He explains Π. τοῦ μὴ ὄντος as representing a crisis in the life of Gorgias, who is deemed to have begun as a philosopher of nature and to have ended as a rhetor. Against this theory H. Gomperz, *Rhetorik und Sophistik*, 1913 (beginning) and K. Reinhardt, *Parm. u. die Gesch. d. gr. Phil.*, 1916, p. 39, explained the Π. τοῦ μὴ ὄντος as a mere παίγνιον, of the kind of the Helena and Palamedes.

K. Joël, *Gesch. d. ant. Phil.*, p. 721 ff. rightly argues that the παίγνιον may have an earnest sense. Cf. O. Gigon l.l. and E. W. Beth, *Alg. Ned. Tijdschr. v. Wijsb. en Psychol.* 1941, p. 41-58.

the golden statue at Delphi

187—a. Paus. VI 17, 7:

καὶ τὸν Λεοντῖνον Γοργίαν ἰδεῖν ἔστιν · ἀναθεῖναι δὲ τὴν εἰκόνα ἐς Ὀλυμπίαν φησὶν Εὔμολπος ἀπόγονος τρίτος Δηϊκράτους συνοικήσαντος ἀδελφῇ τῇ Γοργίου.

(X 18, 7) ἐπίχρυσος δὲ εἰκὼν ἀνάθημα Γοργίου τοῦ ἐκ Λεοντίνων αὐτὸς Γ. ἐστίν.

b. Cf. Cic., *De Orat.* III 32, 129:

(G.) cui tantus honos habitus est a Graecia, soli ut ex omnibus Delphis non inaurata statua, sed aurea statueretur.

c. Plin., *N. H.* XXXIII 83:

hominum primus et auream statuam et solidam LXX (?) circiter olympiade G. Leontinus Delphis in templo posuit sibi. tantus erat docendae artis oratoriae quaestus.

and two epigraphs

Epigr. 875 a, p. 534 Kaibel (beginning 4th century; found at Olympia, 1876):

d.   Χαρμαντίδου Γοργίας Λεοντῖνος.
τὴμ μὲν ἀδελφὴν Δηϊκράτης τὴγ Γοργίου ἔσχεν,
ἐκ ταύτης δ' αὐτῶι γίγνεται Ἱπποκράτης.
Ἱπποκράτους δ' Εὔμολπος, ὃς εἰκόνα τήνδ' ἀνέθηκεν
δισσῶν, παιδείας καὶ φιλίας ἕνεκα.

e.   Γοργίου ἀσκῆσαι ψυχὴν ἀρετῆς ἐς ἀγῶνας
οὐδείς πω θνητῶν κάλλιον' εὗρε τέχνην ·
οὗ καὶ Ἀπόλλωνος γυάλοις [1] εἰκὼν ἀνάκειται
οὐ πλούτου παράδειγμ', εὐσεβείας δὲ τρόπων.

4—HIPPIAS

188—a. Pl., *Hipp. Mai.* 281 a:

Hippias of Elis

Ἱππίας ὁ καλός τε καὶ σοφός, ὡς διὰ χρόνου ἡμῖν κατῆρας εἰς τὰς Ἀθήνας.
ΙΠ. οὐ γὰρ σχολή, ὦ Σώκρατες, ἡ γὰρ Ἦλις ὅταν τι δέηται διαπράξασθαι
πρός τινα τῶν πόλεων, ἀεὶ ἐπὶ πρῶτον ἐμὲ ἔρχεται τῶν πολιτῶν αἱρουμένη
πρεσβευτήν, ἡγουμένη δικαστὴν καὶ ἄγγελον ἱκανώτατον εἶναι τῶν λόγων,
οἳ ἂν παρὰ τῶν πόλεων ἑκάστων λέγωνται. πολλάκις μὲν οὖν καὶ εἰς ἄλλας
πόλεις ἐπρέσβευσα, πλεῖστα δὲ καὶ περὶ πλείστων καὶ μεγίστων εἰς Λακεδαί-
μονα · διὸ δή, ὃ σὺ ἐρωτᾷς, οὐ θαμίζω εἰς τούσδε τοὺς τόπους.

b.   Ib. 282 d-e (Hippias speaks):

ἀφικόμενος δέ ποτε εἰς Σικελίαν, Πρωταγόρου αὐτόθι ἐπιδημοῦντος καὶ
εὐδοκιμοῦντος καὶ πρεσβυτέρου ὄντος καὶ πολὺ νεώτερος ὢν ἐν ὀλίγῳ χρόνῳ
πάνυ πλέον ἢ πεντήκοντα καὶ ἑκατὸν μνᾶς εἰργασάμην, καὶ ἐξ ἑνός γε χωρίου
πάνυ σμικροῦ, Ἰνυκοῦ, πλέον ἢ εἴκοσι μνᾶς · καὶ τοῦτο ἐλθὼν οἴκαδε φέρων
τῷ πατρὶ ἔδωκα, ὥστε ἐκεῖνον καὶ τοὺς ἄλλους πολίτας θαυμάζειν τε καὶ
ἐκπεπλῆχθαι. καὶ σχεδόν τι οἶμαι ἐμὲ πλείω χρήματα εἰργάσθαι ἢ ἄλλους
σύνδυο οὕστινας βούλει τῶν σοφιστῶν.

c.   Pl., *Hipp. Min.*, 368 b-d:

he knows all sciences and practises all arts

Πάντως δὲ πλείστας τέχνας πάντων σοφώτατος εἶ ἀνθρώπων, ὡς ἐγώ ποτέ
σου ἤκουον μεγαλαυχουμένου, πολλὴν σοφίαν καὶ ζηλωτὴν σαυτοῦ διεξιόντος
ἐν ἀγορᾷ ἐπὶ ταῖς τραπέζαις. ἔφησθα δὲ ἀφικέσθαι ποτὲ εἰς Ὀλυμπίαν ἃ
εἶχες περὶ τὸ σῶμα ἅπαντα σαυτοῦ ἔργα ἔχων · πρῶτον μὲν δακτύλιον — ἐν-
τεῦθεν γὰρ ἤρχου — ὃν εἶχες σαυτοῦ ἔχειν ἔργον, ὡς ἐπιστάμενος δακτυλίους
γλύφειν, καὶ ἄλλην σφραγῖδα σὸν ἔργον, καὶ στλεγγίδα καὶ λήκυθον, ἃ αὐτὸς
εἰργάσω · ἔτι τὰ ὑποδήματα ἃ εἶχες ἔφησθα αὐτὸς σκυτοτομῆσαι, καὶ τὸ ἱμά-

-----

[1] γύαλον - hollow; the vales.

τιον ὑφῆναι καὶ τὸν χιτωνίσκον · καὶ ὅ γε πᾶσιν ἔδοξεν ἀτοπώτατον καὶ σοφίας πλείστης ἐπίδειγμα, ἐπειδὴ τὴν ζώνην ἔφησθα τοῦ χιτωνίσκου, ἣν εἶχες, εἶναι μὲν οἷαι αἱ Περσικαὶ τῶν πολυτελῶν, ταύτην δὲ αὐτὸς πλέξαι · πρὸς δὲ τούτοις ποιήματα ἔχων ἐλθεῖν, καὶ ἔπη καὶ τραγῳδίας καὶ διθυράμβους, καὶ καταλογάδην πολλοὺς λόγους καὶ παντοδαποὺς συγκειμένους · καὶ περὶ τῶν τεχνῶν δὴ ὧν ἄρτι ἐγὼ ἔλεγον, ἐπιστήμων ἀφικέσθαι διαφερόντως τῶν ἄλλων, καὶ περὶ ῥυθμῶν καὶ ἁρμονιῶν καὶ γραμμάτων ὀρθότητος, καὶ ἄλλα ἔτι πρὸς τούτοις πάνυ πολλά, ὡς ἐγὼ δοκῶ μνημονεύειν · καίτοι τό γε μνημονικὸν ἐπελαθόμην σου, ὡς ἔοικε, τέχνημα, ἐν ᾧ σὺ οἴει λαμπρότατος εἶναι.

d. Cf. Philostr., *Vit. Soph.* I 11, 1 ff.:

Ἱππίας δὲ ὁ σοφιστὴς ὁ Ἠλεῖος τὸ μὲν μνημονικὸν οὕτω τι καὶ γηράσκων ἔρρωτο, ὡς καὶ πεντήκοντα ὀνομάτων ἀκούσας ἅπαξ ἀπομνημονεύειν αὐτὰ καθ᾽ ἣν ἤκουσε τάξιν, ἐσήγετο δὲ ἐς τὰς διαλέξεις γεωμετρίαν, ἀστρονομίαν, μουσικήν, ῥυθμούς · (2) διελέγετο δὲ καὶ περὶ ζωγραφίας καὶ περὶ ἀγαλματοποιίας.

(7) εὐδοκιμῶν δὲ καὶ τὸν ἄλλον χρόνον ἔθελγε τὴν Ἑλλάδα ἐν Ὀλυμπίᾳ λόγοις ποικίλοις καὶ πεφροντισμένοις εὖ.

5—PRODICUS

Prodicus of Ceos

189—Pl., *Hipp. Mai.* 282c:

ὁ ἡμέτερος ἑταῖρος Π. οὗτος πολλάκις μὲν καὶ ἄλλοτε δημοσίᾳ ἀφίκετο, ἀτὰρ τὰ τελευταῖα ἔναγχος ἀφικόμενος δημοσίᾳ ἐκ Κέω λέγων τ᾽ ἐν τῇ βουλῇ πάνυ ηὐδοκίμησεν καὶ ἰδίᾳ ἐπιδείξεις ποιούμενος καὶ τοῖς νέοις συνὼν χρήματα ἔλαβεν θαυμαστὰ ὅσα.

Synonymics

190—Pl., *Prot.* 337 a-c:

(Critias has spoken) Εἰπόντος δὲ αὐτοῦ ταῦτα, ὁ Πρόδικος, Καλῶς μοι, ἔφη, δοκεῖς λέγειν, ὦ Κριτία · χρὴ γὰρ τοὺς ἐν τοιοῖσδε λόγοις παραγιγνομένους κοινοὺς μὲν εἶναι ἀμφοῖν τοῖν διαλεγομένοιν ἀκροατάς, ἴσους δὲ μή. ἔστιν γὰρ οὐ ταὐτόν · κοινῇ μὲν γὰρ ἀκοῦσαι δεῖ ἀμφοτέρων, μὴ ἴσον δὲ νεῖμαι ἑκατέρῳ, ἀλλὰ τῷ μὲν σοφωτέρῳ πλέον, τῷ δὲ ἀμαθεστέρῳ ἔλαττον. ἐγὼ μὲν καὶ αὐτός, ὦ Πρωταγόρα τε καὶ Σώκρατες, ἀξιῶ ὑμᾶς συγχωρεῖν καὶ ἀλλήλοις περὶ τῶν λόγων ἀμφισβητεῖν μέν, ἐρίζειν δὲ μή · ἀμφισβητοῦσι μὲν γὰρ καὶ δι᾽ εὔνοιαν οἱ φίλοι τοῖς φίλοις, ἐρίζουσιν δε οἱ διάφοροί τε καὶ ἐχθροὶ ἀλλήλοις. καὶ οὕτως ἂν καλλίστη ἡμῖν ἡ συνουσία γίγνοιτο · ὑμεῖς τε γὰρ οἱ λέγοντες μάλιστ᾽ ἂν οὕτως ἐν ἡμῖν τοῖς ἀκούουσιν εὐδοκιμοῖτε καὶ οὐκ ἐπαινοῖσθε · εὐδοκιμεῖν μὲν γὰρ ἔστιν παρὰ ταῖς ψυχαῖς τῶν ἀκουόντων ἄνευ ἀπάτης,

ἐπαινεῖσθαι δὲ ἐν λόγῳ πολλάκις παρὰ δόξαν ψευδομένων · ἡμεῖς τ' αὖ οἱ
ἀκούοντες μάλιστ' ἂν οὕτως εὐφραινοίμεθα, οὐχ ἡδοίμεθα · εὐφραίνεσθαι μὲν
γάρ ἐστιν μανθάνοντά τι καὶ φρονήσεως μεταλαμβάνοντα αὐτῇ τῇ διανοίᾳ,
ἥδεσθαι δὲ ἐσθίοντά τι ἢ ἄλλο ἡδὺ πάσχοντα αὐτῷ τῷ σώματι. Ταῦτα οὖν
εἰπόντος τοῦ Προδίκου πολλοὶ πάνυ τῶν παρόντων ἀπεδέξαντο.

191—a. Schol. Aristoph., *Clouds* 361 (D. 84 B 1):

φέρεται δὲ καὶ Προδίκου βιβλίον ἐπιγραφόμενον Ὧραι, ἐν ᾧ πεποίηκε τὸν
Ἡρακλέα τῇ Ἀρετῇ καὶ τῇ Κακίᾳ συντυγχάνοντα καὶ καλούσης ἑκατέρας
ἐπὶ τὰ ἤθη τὰ αὑτῆς, προσκλῖναι τῇ Ἀρετῇ τὸν Ἡρακλέα καὶ τοὺς ἐκείνης
ἱδρῶτας προκρῖναι τῶν προσκαίρων τῆς κακίας ἡδονῶν.

Heracles at
the cross-
road

b. Pl., *Symp.* 177b:

Phaedrus says to Eryximachus: Is it not terrible that none of the poets ever
made a hymn to Eros? εἰ δὲ βούλει αὖ σκέψασθαι τοὺς χρηστοὺς σοφιστάς,
Ἡρακλέους μὲν καὶ ἄλλων ἐπαίνους καταλογάδην συγγράφειν, ὥσπερ ὁ
βέλτιστος Πρόδικος, — Ἔρωτα δὲ μηδένα πω ἀνθρώπων τετολμηκέναι εἰς
ταυτηνὶ τὴν ἡμέραν ἀξίως ὑμνῆσαι.

c. Xenoph., *Mem.* II 1, 21-34 transmits to us the contents of this
story, according to his own words in a somewhat simplified form (D.
84 B 2):

καὶ Πρόδικος δὲ ὁ σοφὸς ἐν τῷ συγγράμματι τῷ περὶ Ἡρακλέους, ὅπερ δὴ
καὶ πλείστοις ἐπιδείκνυται, ὡσαύτως περὶ τῆς ἀρετῆς ἀποφαίνεται, ὧδέ πως
λέγων, ὅσα ἐγὼ μέμνημαι. φησὶ γὰρ Ἡρακλέα, ἐπεὶ ἐκ παίδων εἰς ἥβην ὡρ-
μᾶτο, ἐν ᾗ οἱ νέοι ἤδη αὐτοκράτορες γιγνόμενοι δηλοῦσιν εἴτε τὴν δι' ἀρετῆς
ὁδὸν τρέψονται ἐπὶ τὸν βίον εἴτε τὴν διὰ κακίας, ἐξελθόντα εἰς ἡσυχίαν καθῆ- 5
σθαι ἀποροῦντα ποτέραν τῶν ὁδῶν τράπηται · (22) καὶ φανῆναι αὐτῷ δύο γυναῖκας
προσιέναι μεγάλας, τὴν μὲν ἑτέραν εὐπρεπῆ τε ἰδεῖν καὶ ἐλευθέριον φύσει,
κεκοσμημένην τὸ μὲν χρῶμα καθαρότητι, τὰ δὲ ὄμματα αἰδοῖ, τὸ δὲ σχῆμα
σωφροσύνῃ, ἐσθῆτι δὲ λευκῇ, τὴν δ' ἑτέραν τεθραμμένην μὲν εἰς πολυσαρκίαν
τε καὶ ἁπαλότητα, κεκαλλωπισμένην δὲ τὸ μὲν χρῶμα ὥστε λευκοτέραν τε 10
καὶ ἐρυθροτέραν τοῦ ὄντος [δοκεῖν] φαίνεσθαι, τὸ δὲ σχῆμα ὥστε δοκεῖν ὀρθο-
τέραν τῆς φύσεως εἶναι, τὰ δὲ ὄμματα ἔχειν ἀναπεπταμένα, ἐσθῆτα δὲ ἐξ ἧς
ἂν μάλιστα ἡ ὥρα διαλάμποι · κατασκοπεῖσθαι δὲ θαμὰ ἑαυτήν, ἐπισκοπεῖν
δὲ καὶ εἴ τις ἄλλος αὐτὴν θεᾶται, πολλάκις δὲ καὶ εἰς τὴν ἑαυτῆς σκιὰν ἀπο-
βλέπειν. (23) ὡς δ' ἐγένοντο πλησιαίτερον τοῦ Ἡρακλέους, τὴν μὲν πρόσθεν 15
ῥηθεῖσαν ἰέναι τὸν αὐτὸν τρόπον, τὴν δ' ἑτέραν φθάσαι βουλομένην προσδραμεῖν
τῷ Ἡρακλεῖ καὶ εἰπεῖν · Ὁρῶ σε, ὦ Ἡράκλεις, ἀποροῦντα ποίαν ὁδὸν ἐπὶ

τὸν βίον τράπῃ. ἐὰν οὖν ἐμὲ φίλην ποιησάμενος ἔπῃ, τὴν ἡδίστην τε καὶ ῥᾴστην
ὁδὸν ἄξω σε, καὶ τῶν μὲν τερπνῶν οὐδενὸς ἄγευστος ἔσει, τῶν δὲ χαλεπῶν
ἄπειρος διαβιώσει. (24) πρῶτον μὲν γὰρ οὐ πολέμων οὐδὲ πραγμάτων φροντιεῖς,
ἀλλὰ σκοπούμενος ἀεὶ ἔσῃ τί ἂν κεχαρισμένον ἢ σιτίον ἢ ποτὸν εὕροις, ἢ τί
5   ἂν ἰδὼν ἢ ἀκούσας τερφθείης, ἢ τίνων ἂν ὀσφραινόμενος ἢ ἁπτόμενος ἡσθείης,
τίσι δὲ παιδικοῖς ὁμιλῶν μάλιστ' ἂν εὐφρανθείης, καὶ πῶς ἂν μαλακώτατα
καθεύδοις, καὶ πῶς ἂν ἀπονώτατα τούτων πάντων τυγχάνοις. (25) ἐὰν δέ ποτε
γένηταί τις ὑποψία σπάνεως ἀφ' ὧν ἔσται ταῦτα, οὐ φόβος μή σε ἀγάγω ἐπὶ
τὸ πονοῦντα καὶ ταλαιπωροῦντα τῷ σώματι καὶ τῇ ψυχῇ ταῦτα πορίζεσθαι,
10 ἀλλ' οἷς ἂν οἱ ἄλλοι ἐργάζωνται, τούτοις σὺ χρήσει, οὐδενὸς ἀπεχόμενος ὅθεν
ἂν δυνατὸν ᾖ τι κερδᾶναι. πανταχόθεν γὰρ ὠφελεῖσθαι τοῖς ἐμοὶ συνοῦσιν
ἐξουσίαν ἐγὼ παρέχω. (26) καὶ ὁ Ἡρακλῆς ἀκούσας ταῦτα · Ὦ γύναι, ἔφη, ὄνομα
δέ σοι τί ἐστιν; ἡ δέ · Οἱ μὲν ἐμοὶ φίλοι, ἔφη, καλοῦσί με Εὐδαιμονίαν, οἱ δὲ
μισοῦντές με ὑποκιζόμενοι ὀνομάζουσι Κακίαν. (27) καὶ ἐν τούτῳ ἡ ἑτέρα γυνὴ
15 προσελθοῦσα εἶπε · Καὶ ἐγὼ ἥκω πρὸς σέ, ὦ Ἡράκλεις, εἰδυῖα τοὺς γεννή-
σαντάς σε καὶ τὴν φύσιν τὴν σὴν ἐν τῇ παιδείᾳ καταμαθοῦσα, ἐξ ὧν ἐλπίζω,
εἰ τὴν πρὸς ἐμὲ ὁδὸν τράποιο, σφόδρ' ἄν σε τῶν καλῶν καὶ σεμνῶν ἀγαθὸν
ἐργάτην γενέσθαι καὶ ἐμὲ ἔτι πολὺ ἐντιμοτέραν καὶ ἐπ' ἀγαθοῖς διαπρεπεστέραν
φανῆναι. οὐκ ἐξαπατήσω δέ σε προοιμίοις ἡδονῆς, ἀλλ' ᾗπερ οἱ θεοὶ διέθεσαν
20 τὰ ὄντα διηγήσομαι μετ' ἀληθείας. (28) τῶν γὰρ ὄντων ἀγαθῶν καὶ καλῶν οὐδὲν
ἄνευ πόνου καὶ ἐπιμελείας οἱ θεοὶ διδόασιν ἀνθρώποις, ἀλλ' εἴτε τοὺς θεοὺς
ἵλεως εἶναί σοι βούλει, θεραπευτέον τοὺς θεούς, εἴτε ὑπὸ φίλων ἐθέλεις ἀγαπᾶ-
σθαι, τοὺς φίλους εὐεργετητέον, εἴτε ὑπό τινος πόλεως ἐπιθυμεῖς τιμᾶσθαι, τὴν
πόλιν ὠφελητέον, εἴτε ὑπὸ τῆς Ἑλλάδος πάσης ἀξιοῖς ἐπ' ἀρετῇ θαυμάζεσθαι,
25 τὴν Ἑλλάδα πειρατέον εὖ ποιεῖν, εἴτε γῆν βούλει σοι καρποὺς ἀφθόνους φέρειν,
τὴν γῆν θεραπευτέον, εἴτε ἀπὸ βοσκημάτων οἴει δεῖν πλουτίζεσθαι, τῶν βο-
σκημάτων ἐπιμελητέον, εἴτε διὰ πολέμου ὁρμᾷς αὔξεσθαι καὶ βούλει δύνασθαι
τούς τε φίλους ἐλευθεροῦν καὶ τοὺς ἐχθροὺς χειροῦσθαι, τὰς πολεμικὰς τέχνας
αὐτάς τε παρὰ τῶν ἐπισταμένων μαθητέον καὶ ὅπως αὐταῖς δεῖ χρῆσθαι
30 ἀσκητέον · εἰ δὲ καὶ τῷ σώματι βούλει δυνατὸς εἶναι, τῇ γνώμῃ ὑπηρετεῖν
ἐθιστέον τὸ σῶμα καὶ γυμναστέον σὺν πόνοις καὶ ἱδρῶτι. (29) καὶ ἡ Κακία ὑπο-
λαβοῦσα εἶπεν, ὥς φησι Πρόδικος · Ἐννοεῖς, ὦ Ἡράκλεις, ὡς χαλεπὴν καὶ
μακρὰν ὁδὸν ἐπὶ τὰς εὐφροσύνας ἡ γυνή σοι αὕτη διηγεῖται; ἐγὼ δὲ ῥᾳδίαν
καὶ βραχεῖαν ὁδὸν ἐπὶ τὴν εὐδαιμονίαν ἄξω σε. (30) καὶ ἡ Ἀρετὴ εἶπεν · Ὦ
35 τλῆμον, τί δὲ σὺ ἀγαθὸν ἔχεις; ἢ τί ἡδὺ οἶσθα μηδὲν τούτων ἕνεκα πράττειν
ἐθέλουσα; ἥτις οὐδὲ τὴν τῶν ἡδέων ἐπιθυμίαν ἀναμένεις, ἀλλὰ πρὶν ἐπιθυμῆσαι
πάντων ἐμπίμπλασαι, πρὶν μὲν πεινῆν ἐσθίουσα, πρὶν δὲ διψῆν πίνουσα . . .
(31) ἀθάνατος δὲ οὖσα ἐκ θεῶν μὲν ἀπέρριψαι, ὑπὸ δὲ ἀνθρώπων ἀγαθῶν
ἀτιμάζει · τοῦ δὲ πάντων ἡδίστου ἀκούσματος, ἐπαίνου σεαυτῆς, ἀνήκοος εἶ,

καὶ τοῦ πάντων ἡδίστου θεάματος ἀθέατος · οὐδὲν γὰρ πώποτε σεαυτῆς ἔργον καλὸν τεθέασαι ... (34) οὕτω πως διώκει Πρόδικος τὴν ὑπ' Ἀρετῆς Ἡρακλέους παίδευσιν . ἐκόσμησε μέντοι τὰς γνώμας ἔτι μεγαλειοτέροις ῥήμασιν ἢ ἐγὼ νῦν.

192—a. Philodem., *De piet.* c. 9, 7, p. 75 G. (D. 84 B 5):   a rational ex-
Περσαῖος [1] δὲ δῆλός ἐστιν ... ἀφανίζων τὸ δαιμόνιον ἢ μηθὲν ὑπὲρ αὐτοῦ   plication of
γινώσκων, ὅταν ἐν τῷ Περὶ θεῶν μὴ ἀπίθανα λέγῃ φαίνεσθαι τὰ περὶ <τοῦ>   religion
τὰ τρέφοντα καὶ ὠφελοῦντα θεοὺς νενομίσθαι καὶ τετιμῆσθαι * πρῶτον ὑπὸ
Προδίκου γεγραμμένα.

b. Sext., *Adv. Math.* IX 18 (D. ib.):
Πρόδικος δὲ ὁ Κεῖος ἥλιον, φησί, καὶ σελήνην καὶ ποταμοὺς καὶ κρήνας καὶ καθόλου πάντα τὰ ὠφελοῦντα τὸν βίον ἡμῶν οἱ παλαιοὶ θεοὺς ἐνόμισαν διὰ τὴν ἀπ' αὐτῶν ὠφέλειαν, καθάπερ Αἰγύπτιοι τὸν Νεῖλον, καὶ διὰ τοῦτο τὸν μὲν ἄρτον Δήμητραν νομισθῆναι, τὸν δὲ οἶνον Διόνυσον, τὸ δὲ ὕδωρ Ποσειδῶνα, τὸ δὲ πῦρ Ἥφαιστον καὶ ἤδη τῶν εὐχρηστούντων ἕκαστον.

6—CALLICLES AND THRASYMACHUS, ANTIPHON AND CRITIAS

193—C. and Thr. are well-known types in Plato's *Gorgias* and *Resp.* I, the first   in Plato's
defending against Socrates the thesis that ἀδικεῖν is better than ἀδικεῖσθαι and   dialogues
that nomos has been made in order to defend the weak ones, the latter that
δίκαιον is τὸ τοῦ κρείττονος συμφέρον.

a. Pl., *Gorg.* 483a⁷-484b¹ (Callicles speaks):   Callicles
You, Socrates, are always confounding what is φύσει with what is νόμῳ; as in the question of ἀδικεῖν and ἀδικεῖσθαι.
φύσει μὲν γὰρ πᾶν αἴσχιόν ἐστιν ὅπερ καὶ κάκιον, τὸ ἀδικεῖσθαι, νόμῳ δὲ τὸ ἀδικεῖν. οὐδὲ γὰρ ἀνδρὸς τοῦτό γ' ἐστὶ τὸ πάθημα, τὸ ἀδικεῖσθαι, ἀλλ'   483 b
ἀνδραπόδου τινός, ᾧ κρεῖττόν ἐστι τεθνάναι ἢ ζῆν, ὅστις ἀδικούμενος καὶ προπηλακιζόμενος μὴ οἷός τέ ἐστιν αὐτὸς αὑτῷ βοηθεῖν μηδὲ ἄλλῳ οὗ ἂν κήδηται. ἀλλ', οἶμαι, οἱ τιθέμενοι τοὺς νόμους οἱ ἀσθενεῖς ἄνθρωποί εἰσι καὶ οἱ πολλοί. πρὸς αὐτοὺς οὖν καὶ τὸ αὑτοῖς συμφέρον τούς τε νόμους τίθενται καὶ τοὺς ἐπαίνους ἐπαινοῦσι καὶ τοὺς ψόγους ψέγουσιν · ἐκφοβοῦντες τοὺς ἐρρωμενεστέρους τῶν ἀνθρώπων καὶ δυνατοὺς ὄντας πλέον ἔχειν, ἵνα μὴ αὐτῶν   c
πλέον ἔχωσιν, λέγουσιν ὡς αἰσχρὸν καὶ ἄδικον τὸ πλεονεκτεῖν, καὶ τοῦτό ἐστι τὸ ἀδικεῖν, τὸ πλέον τῶν ἄλλων ζητεῖν ἔχειν · ἀγαπῶσι γάρ, οἶμαι, αὐτοὶ ἂν τὸ ἴσον ἔχωσι φαυλότεροι ὄντες.

---

[1] A discipel of the Stoïc Zeno.

* Diels keeps the form τετειμῆσθαι.

Διά ταῦτα δὴ νόμῳ μὲν τοῦτο ἄδικον καὶ αἰσχρὸν λέγεται, τὸ πλέον ζητεῖν ἔχειν τῶν πολλῶν, καὶ ἀδικεῖν αὐτὸ καλοῦσιν· ἡ δέ γε, οἶμαι, φύσις αὐτὴ d ἀποφαίνει αὐτό, ὅτι δίκαιόν ἐστι τὸν ἀμείνω τοῦ χείρονος πλέον ἔχειν καὶ τὸν δυνατώτερον τοῦ ἀδυνατωτέρου. δηλοῖ δὲ ταῦτα πολλαχοῦ ὅτι οὕτως ἔχει, καὶ ἐν τοῖς ἄλλοις ζῴοις καὶ τῶν ἀνθρώπων ἐν ὅλαις ταῖς πόλεσι καὶ τοῖς γένεσιν, ὅτι οὕτω τὸ δίκαιον κέκριται, τὸν κρείττω τοῦ ἥττονος ἄρχειν καὶ πλέον ἔχειν. ἐπεὶ ποίῳ δικαίῳ χρώμενος Ξέρξης ἐπὶ τὴν Ἑλλάδα ἐστράτευσεν ἢ ὁ πατὴρ αὐτοῦ ἐπὶ Σκύθας, ἢ — ἄλλα μυρία ἄν τις ἔχοι τοιαῦτα λέγειν· ἀλλ', e οἶμαι, οὗτοι κατὰ φύσιν τὴν τοῦ δικαίου ταῦτα πράττουσιν, καὶ ναὶ μὰ Δία κατὰ νόμον γε τὸν τῆς φύσεως, οὐ μέντοι ἴσως κατὰ τοῦτον, ὃν ἡμεῖς τιθέμεθα· πλάττοντες τοὺς βελτίστους καὶ ἐρρωμενεστάτους ἡμῶν αὐτῶν, ἐκ νέων λαμβάνοντες, ὥσπερ λέοντας, κατεπᾴδοντές τε καὶ γοητεύοντες καταδουλού- 484 a μεθα λέγοντες, ὡς τὸ ἴσον χρὴ ἔχειν καὶ τοῦτό ἐστι τὸ καλὸν καὶ τὸ δίκαιον. ἐὰν δέ γε, οἶμαι, φύσιν ἱκανὴν γένηται ἔχων ἀνήρ, πάντα ταῦτα ἀποσεισάμενος καὶ διαρρήξας καὶ διαφυγών, καταπατήσας τὰ ἡμέτερα γράμματα καὶ μαγγα- νεύματα [1] καὶ ἐπῳδὰς καὶ νόμους τοὺς παρὰ φύσιν ἅπαντας, ἐπαναστὰς ἀνε- φάνη δεσπότης ἡμέτερος ὁ δοῦλος, καὶ ἐνταῦθα ἐξέλαμψε τὸ τῆς φύσεως δίκαιον.

Thrasyma-chus

b. Pl., *Resp.* 336 b, 338 c:

The conversation ran on Simonides' definition of righteousness as "giving to every man what you owe him", which is explained by Polemarchus as "helping your friends and harming your enemies". Against this Socr. argues that the righteous man never harms anybody. Therefore neither Simonides nor any wise man can have said this. It must be the word of some wealthy man or tyrant who thought himself mighty.

(336 b) Καὶ ὁ Θρασύμαχος πολλάκις μὲν καὶ διαλεγομένων ἡμῶν μεταξὺ ὥρμα ἀντιλαμβάνεσθαι τοῦ λόγου, ἔπειτα ὑπὸ τῶν παρακαθημένων διεκωλύετο βουλομένων διακοῦσαι τὸν λόγον· ὡς δὲ διεπαυσάμεθα καὶ ἐγὼ ταῦτ' εἶπον, οὐκέτι ἡσυχίαν ἦγεν, ἀλλὰ συστρέψας ἑαυτὸν ὥσπερ θηρίον ἧκεν ἐφ' ἡμᾶς ὡς διαρπασόμενος.

Καὶ ἐγώ τε καὶ ὁ Πολέμαρχος δείσαντες διεπτοήθημεν· ὁ δ' εἰς τὸ μέσον φθεγξάμενος· Τίς, ἔφη, ὑμᾶς πάλαι φλυαρία ἔχει, ὦ Σώκρατες; — (338c) φημὶ γὰρ ἐγὼ εἶναι τὸ δίκαιον οὐκ ἄλλο τι ἢ τὸ τοῦ κρείττονος συμφέρον.

modern criticism

194—Modern critics of the past century, though admitting that the portraits of Protagoras, Gorgias, Hippias and Prodicus have been drawn by Plato from life, nearly all have held that Plato's Callicles and Thrasymachus were literary types, not historical persons (so Schleiermacher, Zeller, Grote, Th. Gomperz, Natorp, Dümmler, Joël). K. Joël (*Gesch. d. ant. Phil.* I p. 678 f.) even thinks he can prove

---

[1] μαγγανεύματα - sorcery.

this as to Thr. by comparing the fragments of his own works: „sein egoistischer Radikalismus dort (in Plato's *Resp*.) steht im Widerspruch mit seinem uns wörtlich überlieferten Lob der Gerechtigkeit und seiner Schätzung der Tradition und der „väterlichen Verfassung" " (fr. 1, 8).

a. Thrasymachus, D. 85 B 1 (partly).

Dionys. Halic., *Demosth*. 3 (*Opuscula* I, p. 132, 3 ed. Usener-Radermacher) speaks **Thrasyma-** about Thr. as representing the λέξις μεικτή τε καὶ σύνθετος, sc. from the "varied, **chus' own** abundant and ornate style", of which Thucydides was the great master, and **words** the "simple" style, represented chiefly by Lysias. He illustrates this μεσότης by the following example (παράδειγμα ἐξ ἑνὸς τῶν δημογορικῶν λόγων):

ἐβουλόμην μέν, ὦ 'Αθηναῖοι, μετασχεῖν ἐκείνου τοῦ χρόνου τοῦ παλαιοῦ **praise of the** [καὶ τῶν πραγμάτων], ἡνίκα σιωπᾶν ἀπέχρη τοῖς νεωτέροισι, τῶν τε πραγμά- **olden times** των οὐκ ἀναγκαζόντων ἀγορεύειν καὶ τῶν πρεσβυτέρων ὀρθῶς τὴν πόλιν ἐπιτροπευόντων. ἐπειδὴ δ' εἰς τοσοῦτον ἡμᾶς ἀνέθετο χρόνον ὁ δαίμων, ὥστε <ἑτέρων μὲν ἀρχόντων> τῆς πόλεως ἀκούειν, τὰς δὲ συμφορὰς <πάσχειν> 5 αὐτούς, καὶ τούτων τὰ μέγιστα μὴ θεῶν ἔργα εἶναι μηδὲ τῆς τύχης, ἀλλὰ τῶν ἐπιμεληθέντων, ἀνάγκη δὴ λέγειν · ἢ γὰρ ἀναίσθητος ἢ καρτερώτατός ἐστιν, ὅστις ἐξαμαρτάνειν ἑαυτὸν ἔτι παρέξει τοῖς βουλομένοις, καὶ τῆς ἑτέρων ἐπιβουλῆς τε καὶ κακίας αὐτὸς ὑποσχήσει τὰς αἰτίας. ἅλις γὰρ ἡμῖν ὁ παρελ- θὼν χρόνος καὶ ἀντὶ μὲν εἰρήνης ἐν πολέμῳ γενέσθαι καὶ διὰ κινδύνων <ἐλθεῖν> 10 εἰς τόνδε τὸν χρόνον, τὴν μὲν παρελθοῦσαν ἡμέραν ἀγαπῶσι, τὴν δ' ἐπιοῦσαν δεδιόσι, ἀντὶ δ' ὁμονοίας εἰς ἔχθραν καὶ ταραχὰς πρὸς ἀλλήλους ἀφικέσθαι. καὶ τοὺς μὲν ἄλλους τὸ πλῆθος τῶν ἀγαθῶν ὑβρίζειν τε ποιεῖ καὶ στασιάζειν, ἡμεῖς δὲ μετὰ μὲν τῶν ἀγαθῶν ἐσωφρονοῦμεν · ἐν δὲ τοῖς κακοῖς ἐμάνημεν, ἃ τοὺς ἄλλους σωφρονίζειν εἴωθεν. τί δῆτα μέλλοι τις ἂν <ἃ> γιγνώσκει εἰπεῖν, 15 ὅτῳ γε <γέγονε> λυπεῖσθαι ἐπὶ τοῖς παροῦσι καὶ νομίζειν ἔχειν τι τοιοῦτον, ὡς μηδὲν ἔτι τοιοῦτον ἔσται;

b. Thr., D. 85 B 8:

denial of providence

οἱ θεοὶ οὐχ ὁρῶσι τὰ ἀνθρώπινα · οὐ γὰρ ἂν τὸ μέγιστον τῶν ἐν ἀνθρώποις ἀγαθῶν παρεῖδον τὴν δικαιοσύνην · ὁρῶμεν γὰρ τοὺς ἀνθρώπους ταύτῃ μὴ χρωμένους.

Which may of course quite well agree with his thesis in Plato's *Resp*.

195—a. The Sophist Antiphon, D. 87 B 44 (Oxyrrh. Pap. XI nr. **Antiphon's** 1364 Hunt, fr. A col. 1): **theory of a twofold**

. . . δικαιοσύνη <οὖ>ν τὰ τῆς πό<λεω>ς νόμιμα, <ἐν> ᾗ ἂν πολιτεύηταί τις, **justice** μὴ <παρ>αβαίνειν. χρῷτ' ἂν οὖν ἄνθρωπος μάλιστα [θ] ἑαυτῷ ξυμφερόντως δικαιοσύνῃ, εἰ μετὰ μὲν μαρτύρων τοὺς νόμους μεγά<λο>υς ἄγοι, μονούμενος δὲ μαρτύρων τὰ τῆς φύσεως · τὰ μὲν γὰρ τῶν νόμων <ἐπίθ>ετα, τὰ δὲ <τῆς> φύ-

σεως ἀ‹ναγ›καῖα · καὶ τὰ ‹μὲν› τῶν νό‹μω›ν ὁμολογη‹θέντ›α οὐ φύν‹τ᾽
ἐστί›ν, τὰ δὲ ‹τῆς φύσ›εως φύν‹τα οὐχ› ὁμολογηθέντα.

See on this and the following fragm. Jaeger, *Theol.* p. 185-188.

Critias' theory about the origin of morality, law and religion

b. Critias, D. 88 B 25:

ἦν χρόνος, ὅτ᾽ ἦν ἄτακτος ἀνθρώπων βίος
καὶ θηριώδης ἰσχύος θ᾽ ὑπηρέτης,
ὅτ᾽ οὐδὲν ἆθλον οὔτε τοῖς ἐσθλοῖσιν ἦν
οὔτ᾽ αὖ κόλασμα τοῖς κακοῖς ἐγίγνετο.
5 κἄπειτά μοι δοκοῦσιν ἄνθρωποι νόμους
θέσθαι κολαστάς, ἵνα δίκη τύραννος ᾖ
‹ὁμῶς ἁπάντων› τήν θ᾽ ὕβριν δούλην ἔχῃ ·
ἐζημιοῦτο δ᾽ εἴ τις ἐξαμαρτάνοι.
ἔπειτ᾽ ἐπειδὴ τἀμφανῆ μὲν οἱ νόμοι
10 ἀπεῖργον αὐτοὺς ἔργα μὴ πράσσειν βίᾳ,
λάθρᾳ δ᾽ ἔπρασσον, τηνικαῦτά μοι δοκεῖ
‹πρῶτον› πυκνός τις καὶ σοφὸς γνώμην ἀνήρ [γνῶναι]
‹θεῶν› δέος θνητοῖσιν ἐξευρεῖν, ὅπως
εἴη τι δεῖμα τοῖς κακοῖσι, κἂν λάθρᾳ
15 πράσσωσιν ἢ λέγωσιν ἢ φρονῶσί ‹τι›.
ἐντεῦθεν οὖν τὸ θεῖον εἰσηγήσατο,
ὡς ἔστι δαίμων ἀφθίτῳ θάλλων βίῳ,
νόῳ τ᾽ ἀκούων καὶ βλέπων, φρονῶν τ᾽ ἄγαν
προσέχων τε ταῦτα, καὶ φύσιν θείαν φορῶν,
20 ὃς πᾶν τὸ λεχθὲν ἐν βροτοῖς ἀκούσεται,
‹τὸ› δρώμενον δὲ πᾶν ἰδεῖν δυνήσεται.
ἐὰν δὲ σὺν σιγῇ τι βουλεύῃς κακόν,
τοῦτ᾽ οὐχὶ λήσει τοὺς θεούς · τὸ γὰρ φρονοῦν
‹ἄγαν› ἔνεστι. τούσδε τοὺς λόγους λέγων
25 διδαγμάτων ἥδιστον εἰσηγήσατο
ψευδεῖ καλύψας τὴν ἀλήθειαν λόγῳ.
ναίειν δ᾽ ἔφασκε τοὺς θεοὺς ἐνταῦθ᾽, ἵνα
μάλιστ᾽ ἂν ἐξέπληξεν ἀνθρώπους λέγων,
ὅθεν περ ἔγνω τοὺς φόβους ὄντας βροτοῖς
30 καὶ τὰς ὀνήσεις τῷ ταλαιπώρῳ βίῳ,
ἐκ τῆς ὕπερθε περιφορᾶς, ἵν᾽ ἀστραπάς
κατεῖδεν οὔσας, δεινὰ δὲ κτυπήματα
βροντῆς, τό τ᾽ ἀστερωπὸν οὐρανοῦ δέμας,
Χρόνου καλὸν ποίκιλμα τέκτονος σοφοῦ,

ὅθεν τε λαμπρὸς ἀστέρος στείχει μύδρος ¹   35
ὅ θ᾽ ὑγρὸς εἰς γῆν ὅμβρος ἐκπορεύεται.
τοίους δὲ περιέστησεν ἀνθρώποις φόβους,
δι᾽ οὓς καλῶς τε τῷ λόγῳ κατῴκισεν
τὸν δαίμον(α) οὗ<τος> κἀν πρέποντι χωρίῳ,
τὴν ἀνομίαν τε τοῖς νόμοις κατέσβεσεν.   40

καὶ ὀλίγα προσδιελθὼν ἐπιφέρει·

οὕτω δὲ πρῶτον οἴομαι πεῖσαί τινα
θνητοὺς νομίζειν δαιμόνων εἶναι γένος.

7—AN AVERAGE IMAGE OF SOPHISTIC

196—An example of the discussions on right and wrong, good and   the Dissoi
evil etc. at Athens and its environments ± the year 400 is given by   logoi
the Dissoi logoi, probably of Megarian origin.

Dissoi logoi (Dialexeis), Diels, VS. 90, c. 1, 1-5; 3, 1-4; 8, 1:

a. 1 (1) δισσοὶ λόγοι λέγονται ἐν τᾷ Ἑλλάδι ὑπὸ τῶν φιλοσοφούντων
περὶ τῶ ἀγαθῶ καὶ τῶ κακῶ. τοὶ μὲν γὰρ λέγοντι, ὡς ἄλλο μέν ἐστι τὸ ἀγαθόν,
ἄλλο δὲ τὸ κακόν· τοὶ δέ, ὡς τὸ αὐτό ἐστι, καὶ τοῖς μὲν ἀγαθὸν εἴη, τοῖς δὲ
κακόν, καὶ τῷ αὐτῷ ἀνθρώπῳ τοτὲ μὲν ἀγαθόν, τοτὲ δὲ κακόν. (2) ἐγὼ δὲ
καὶ αὐτὸς τοῖσδε ποτιτίθεμαι· σκέψομαι δὲ ἐκ τῶ ἀνθρωπίνω βίω, ᾧ ἐπιμελὲς   5
βρώσιός τε καὶ πόσιος καὶ ἀφροδισίων· ταῦτα γὰρ ἀσθενοῦντι μὲν κακόν,
ὑγιαίνοντι δὲ καὶ δεομένῳ ἀγαθόν. (3) καὶ ἀκρασία τοίνυν τούτων τοῖς μὲν
ἀκρατέσι κακόν, τοῖς δὲ πωλεῦντι ταῦτα καὶ μισθαρνέοντι ἀγαθόν. νόσος τοίνυν
τοῖς μὲν ἀσθενεῦντι κακόν, τοῖς δὲ ἰατροῖς ἀγαθόν. ὁ τοίνυν θάνατος τοῖς μὲν
ἀποθανοῦσι κακόν, τοῖς δ᾽ ἐνταφιοπώλαις καὶ τυμβοποιοῖς ἀγαθόν. (4) γε-   10
ωργία τε καλῶς ἐξενείκασα τὼς καρπὼς τοῖς μὲν γεωργοῖς ἀγαθόν, τοῖς δὲ
ἐμπόροις κακόν. τὰς τοίνυν ὁλκάδας συντρίβεσθαι καὶ παραθραύεσθαι τῷ
μὲν ναυκλήρῳ κακόν, τοῖς δὲ ναυπαγοῖς ἀγαθόν. (5) ἔτι <δὲ> τὸν σίδαρον
κατέσθεσθαι καὶ ἀμβλύνεσθαι καὶ συντρίβεσθαι τοῖς μὲν ἄλλοις κακόν, τῷ
δὲ χαλκῆ ἀγαθόν. καὶ μὰν τὸν κέραμον παραθραύεσθαι τοῖς μὲν ἄλλοις κακόν,   15
τοῖς δὲ κεραμεῦσιν ἀγαθόν. τὰ δὲ ὑποδήματα κατατρίβεσθαι καὶ διαρρήγνυσθαι
τοῖς μὲν ἄλλοις κακόν, τῷ δὲ σκυτῆ ἀγαθόν.
b. 3 (1) δισσοὶ δὲ λόγοι λέγονται καὶ περὶ τῶ δικαίω καὶ τῶ ἀδίκω.
καὶ τοὶ μὲν ἄλλο ἦμεν τὸ δίκαιον, ἄλλο δὲ τὸ ἄδικον· τοὶ δὲ τωὐτὸ δίκαιον
καὶ ἄδικον· καὶ ἐγὼ τούτῳ πειρασοῦμαι τιμωρέν. (2) καὶ πρῶτον μὲν ψεύ-   20

---

¹ glowing mass.

δεσθαι ὡς δίκαιόν ἐστι λεξῶ καὶ ἐξαπατᾶν. τὼς μὲν πολεμίως ταῦτα ποιὲν <καλὸν
5 καὶ δίκαιον, τὼς δὲ φίλως> αἰσχρὸν καὶ πονηρὸν ἂν ἐξείποιεν · <πῶς δέ τὼς
πολεμίως,> τὼς δὲ φιλτάτως οὔ; αὐτίκα τὼς γονέας · αἰ γὰρ δέοι τὸν πατέρα
ἢ τὰν ματέρα φάρμακον πιὲν ἢ φαγέν, καὶ μὴ θέλοι, οὐ δίκαιόν ἐστι καὶ ἐν τῷ
ῥοφήματι¹ καὶ ἐν τῷ ποτῷ δόμεν καὶ μὴ φάμεν ἐνῆμεν; (3) οὐκῶν <δίκαιον>
ἤδη ψεύδεσθαι καὶ ἐξαπατᾶν τὼς γονέας. καὶ κλέπτεν μὰν τὰ τῶν φίλων καὶ
10 βιῆσθαι τὼς φιλτάτως δίκαιον. (4) αὐτίκα αἴ τις λυπηθείς τι τῶν οἰκήτων
καὶ ἀχθεσθεὶς μέλλοι αὐτὸν διαφθείρεν ἢ ξίφει ἢ σχοινίῳ ἢ ἄλλῳ τινί, δίκαιόν
ἐστι ταῦτα κλέψαι, αἰ δύναιτο, αἰ δὲ ὑστερίξαι καὶ ἔχοντα καταλάβοι, ἀφε-
λέσθαι βίᾳ;

The writer is speaking about the same subjects that are discussed in the Platonic
dialogues: whether virtue can be learned or not (c. 6), and what is the difference
between ψευδής and ἀληθὴς λόγος (c. 4)—here he is using even Platonic terminlo-
logy, as we shall see later.—He must have known the Socratic method of disputing
by means of short questions and answers, as appears from c. 8, 1:

c. <τῶ αὐτῶ> ἀνδρὸς καὶ τᾶς αὐτᾶς τέχνας νομίζω κατὰ βραχύ τε δύ-
νασθαι διαλέγεσθαι, καὶ <τὰν> ἀλάθειαν τῶν πραγμάτων ἐπίστασθαι, καὶ
δικάζεν ἐπίστασθαι ὀρθῶς, καὶ δαμαγορεῖν οἷόν τ᾽ ἦμεν, καὶ λόγων τέχνας
ἐπίστασθαι, καὶ περὶ φύσιος τῶν ἀπάντων ὥς τε ἔχει καὶ ὡς ἐγένετο, διδάσκεν.

**Plato's Eu-
thydemus**

197—In Plato's *Euthyd.* we have a whole series of beautiful examples
of σοφιστικοὶ ἔλεγχοι, as they are called later by Aristotle.

a. It is impossible to lie. *Euthyd.* 283 e-284 a:
Τί δέ, ἔφη, ὦ Κτήσιππε, ὁ Εὐθύδημος, ἦ δοκεῖ σοι οἷόν τ᾽ εἶναι ψεύδεσθαι; —
Νὴ Δία, ἔφη, εἰ μὴ μαίνομαί γε. — Πότερον λέγοντα τὸ πρᾶγμα, περὶ οὗ ἂν
ὁ λόγος ᾖ, ἢ μὴ λέγοντα; — Λέγοντα, ἔφη. — Οὐκοῦν εἴπερ λέγει αὐτό, οὐκ
ἄλλο λέγει τῶν ὄντων ἢ ἐκεῖνο ὅπερ λέγει; — Πῶς γὰρ ἄν; ἔφη ὁ Κτήσιππος. —
Ἕν μὴν κἀκεῖνό γ᾽ ἐστὶ τῶν ὄντων ὃ λέγει, χωρὶς τῶν ἄλλων. — Πάνυ γε. —
Οὐκοῦν ὁ ἐκεῖνο λέγων τὸ ὄν, ἔφη, λέγει; — Ναί. — Ἀλλὰ μὴν ὅ γε τὸ ὂν λέγων
καὶ τὰ ὄντα τἀληθῆ λέγει · ὥστε ὁ Διονυσόδωρος, εἴπερ λέγει τὰ ὄντα, λέγει
τἀληθῆ καὶ οὐδὲν κατὰ σοῦ ψεύδεται.

b. It is impossible to contradict. Ib. 285 e-286 b:
ἢ σύ, ὦ Διονυσόδωρε, οὐκ οἴει εἶναι ἀντιλέγειν; — Οὔκουν σύ τἄν, ἔφη,
ἀποδείξαις πώποτε ἀκούσας οὐδενὸς ἀντιλέγοντος ἑτέρου ἑτέρῳ. — Ἀληθῆ
λέγεις, ἔφη · ἀλλὰ ἀκούων μὲν νυνί σοι ἀποδείκνυμι, ἀντιλέγοντος Κτησίππου
Διονυσοδώρῳ. — Ἦ καὶ ὑπόσχοις ἂν τούτου λόγον; — Πάνυ, ἔφη. — Τί
οὖν; ἦ δ᾽ ὅς · εἰσὶν ἑκάστῳ τῶν ὄντων λόγοι; — Πάνυ γε. — Οὐκοῦν ὡς ἔστιν

---

¹ ῥόφημα - porridge.

ἕκαστον ἢ ὡς οὐκ ἔστιν; — Ὡς ἔστιν. — Εἰ γὰρ μέμνησαι, ἔφη, ὦ Κτήσιππε,
καὶ ἄρτι ἐπεδείξαμεν μηδένα λέγοντα ὡς οὐκ ἔστι · τὸ γὰρ μὴ ὂν οὐδεὶς ἐφάνη
λέγων. — Τί οὖν δὴ τοῦτο; ἦ δ' ὃς ὁ Κτήσιππος · ἧττόν τι ἀντιλέγομεν ἐγώ
τε καὶ σύ; — Πότερον οὖν, ἦ δ' ὅς, ἀντιλέγοιμεν ἂν τοῦ αὐτοῦ πράγματος
λόγον ἀμφότεροι λέγοντες, ἢ οὕτω μὲν ἂν δήπου ταὐτὰ λέγοιμεν; — Συνε-
χώρει. — Ἀλλ' ὅταν μηδέτερος, ἔφη, τὸν τοῦ πράγματος λόγον λέγῃ, τότε ἀντιλέ-
γοιμεν ἄν; ἢ οὕτω γε τὸ παράπαν οὐδ' ἂν μεμνημένος εἴη τοῦ πράγματος οὐδ-
έτερος ἡμῶν; — Καὶ τοῦτο συνωμολόγει. — Ἀλλ' ἄρα, ὅταν ἐγὼ μὲν τὸν
τοῦ πράγματος λόγον λέγω, σὺ δὲ ἄλλου τινὸς ἄλλον, τότε ἀντιλέγομεν; ἢ
ἐγὼ λέγω μὲν τὸ πρᾶγμα, σὺ δὲ οὐδὲ λέγεις τὸ παράπαν; ὁ δὲ μὴ λέγων τῷ
λέγοντι πῶς <ἂν> ἀντιλέγοι;

c. He who knows something, knows everything. Ib. 293 b-d:

(b⁷) φέρε δή μοι ἀπόκριναι, ἔφη · ἔστιν ὅ τι ἐπίστασαι; — Πάνυ γε, ἦν δ'
ἐγώ, καὶ πολλά, σμικρά γε. — Ἀρκεῖ, ἔφη. ἆρ' οὖν δοκεῖς οἷόν τέ τι τῶν
ὄντων τοῦτο, ὃ τυγχάνει ὄν, αὐτὸ τοῦτο μὴ εἶναι; — Ἀλλὰ μὰ Δί' οὐκ ἔγωγε. —
Οὐκοῦν σύ, ἔφης, ἐπίστασαί τι; — Ἔγωγε. — Οὐκοῦν ἐπιστήμων εἶ, εἴπερ
ἐπίστασαι; — Πάνυ γε, τούτου γε αὐτοῦ. — Οὐδὲν διαφέρει · ἀλλ' οὐκ ἀνάγκη
σε ἔχει πάντα ἐπίστασθαι ἐπιστήμονά γε ὄντα; — Μὰ Δί', ἔφην ἐγώ · ἐπεὶ
πολλὰ ἄλλ' οὐκ ἐπίσταμαι. — Οὐκοῦν εἴ τι μὴ ἐπίστασαι, οὐκ ἐπιστήμων εἶ. —
Ἐκείνου γε, ὦ φίλε, ἦν δ' ἐγώ. — Ἧττον οὖν τι, ἔφη, οὐκ ἐπιστήμων εἶ;
ἄρτι δὲ ἐπιστήμων ἔφησθα εἶναι · καὶ οὕτω τυγχάνεις ὢν αὐτὸς οὗτος, ὃς εἶ,
καὶ αὖ πάλιν οὐκ εἶ, κατὰ ταὐτὰ ἅμα.

d. The father of Ktesippos is a dog. Kt. beats his own father.
Ib. 298 d⁸-299 a⁵:

Εἰπὲ γάρ μοι, ἔστι σοι κύων; — Καὶ μάλα πονηρός, ἔφη ὁ Κτήσιππος. —
Ἔστιν οὖν αὐτῷ κυνίδια; — Καὶ μάλ', ἔφη, ἕτερα τοιαῦτα. — Οὐκοῦν πατήρ
ἐστιν αὐτῶν ὁ κύων; — Ἔγωγέ τοι εἶδον, ἔφη, αὐτὸν ὀχεύοντα τὴν κύνα. —
Τί οὖν; οὐ σός ἐστιν ὁ κύων; — Πάνυ γ', ἔφη. — Οὐκοῦν πατὴρ ὢν σός ἐστιν,
ὥστε σὸς πατὴρ γίγνεται ὁ κύων καὶ σὺ κυναρίων ἀδελφός;

Καὶ αὖθις ταχὺ ὑπολαβὼν ὁ Διονυσόδωρος, ἵνα μὴ πρότερόν τι εἴποι ὁ
Κτήσιππος, καὶ ἔτι γέ μοι μικρόν, ἔφη, ἀπόκριναι · τύπτεις τὸν κύνα τοῦτον; —
καὶ ὁ Κτήσιππος γελάσας, Νὴ τοὺς θεούς, ἔφη · οὐ γὰρ δύναμαι σέ. — Οὐκοῦν
τὸν σαυτοῦ πατέρα, ἔφη, τύπτεις; — Πολὺ μέντοι, ἔφη, δικαιότερον τὸν ὑμέ-
τερον πατέρα τύπτοιμι, ὅ τι μαθὼν σοφοὺς υἱεῖς οὕτως ἔφυσεν. ἀλλ' ἦ που,
ὦ Εὐθύδημε, ἔφη ὁ Κτήσιππος, πόλλ' ἀγαθὰ ἀπὸ τῆς ὑμετέρας σοφίας ταύτης
ἀπολέλαυκεν ὁ πατὴρ ὁ ὑμέτερός τε καὶ ὁ τῶν κυνιδίων.

Cp. the arguments of the Megarian school, and also Plato's *Parmenides*.

8—THE JUDGMENT OF SOCRATES AND PLATO, AND THAT OF MODERN CRITICS

Socr. and the sophists

198—a. Rejection of an unwarranted condemnation: *Meno* 91 b-92 c.

The Thessalian Meno wishes to learn the πολιτικὴ ἀρετή. Shall not we be right then in sending him "to those who profess themselves to be teachers of virtue and put themselves at the disposal of every one of the Greeks who wants to learn, settling a price for it and claiming that?" Socr. asks. Anytos answers:

Καὶ τίνας λέγεις τούτους, ὦ Σώκρατες;

ΣΩ. Οἶσθα δήπου καὶ σύ, ὅτι οὗτοί εἰσιν οἵους οἱ ἄνθρωποι καλοῦσι σοφιστάς.

91 c AN. Ἡράκλεις, εὐφήμει, ὦ Σώκρατες. μηδένα τῶν συγγενῶν μηδὲ οἰκείων μηδὲ φίλων, μήτε ἀστὸν μήτε ξένον, τοιαύτη μανία λάβοι, ὥστε παρὰ τούτους ἐλθόντα λωβηθῆναι [1], ἐπεὶ οὗτοί γε φανερά ἐστι λώβη τε καὶ διαφθορὰ τῶν συγγιγνομένων.

ΣΩ. Πῶς λέγεις, ὦ Ἄνυτε; οὗτοι ἄρα μόνοι τῶν ἀντιποιουμένων [2] τι ἐπίστασθαι εὐεργετεῖν τοσοῦτον τῶν ἄλλων διαφέρουσιν, ὅσον οὐ μόνον οὐκ ὠφελοῦσιν, ὥσπερ οἱ ἄλλοι, ὅ τι ἄν τις αὐτοῖς παραδῷ, ἀλλὰ καὶ τὸ ἐναντίον

d διαφθείρουσιν; καὶ τούτων φανερῶς χρήματα ἀξιοῦσι πράττεσθαι; ἐγὼ μὲν οὖν οὐκ ἔχω ὅπως σοι πιστεύσω · οἶδα γὰρ ἄνδρα ἕνα Πρωταγόραν πλείω χρήματα κτησάμενον ἀπὸ ταύτης τῆς σοφίας ἢ Φειδίαν τε, ὃς οὕτω περιφανῶς καλὰ ἔργα εἰργάζετο, καὶ ἄλλους δέκα τῶν ἀνδριαντοποιῶν · καίτοι τέρας λέγεις, εἰ οἱ μὲν τὰ ὑποδήματα ἐργαζόμενοι τὰ παλαιὰ καὶ τὰ ἱμάτια ἐξακούμενοι οὐκ ἂν δύναιντο λαθεῖν τριάκονθ' ἡμέρας μοχθηρότερα ἀποδιδόντες ἢ

e παρέλαβον τὰ ἱμάτιά τε καὶ ὑποδήματα, ἀλλ' εἰ τοιαῦτα ποιοῖεν, ταχὺ ἂν τῷ λιμῷ ἀποθάνοιεν, Πρωταγόρας δὲ ἄρα ὅλην τὴν Ἑλλάδα ἐλάνθανε διαφθείρων τοὺς συγγιγνομένους καὶ μοχθηροτέρους ἀποπέμπων ἢ παρελάμβανε πλέον ἢ τετταράκοντα ἔτη · οἶμαι γὰρ αὐτὸν ἀποθανεῖν ἐγγὺς καὶ ἑβδομήκοντα ἔτη γεγονότα, τετταράκοντα δὲ ἐν τῇ τέχνῃ ὄντα · καὶ ἐν ἅπαντι τῷ χρόνῳ τούτῳ ἔτι εἰς τὴν ἡμέραν ταυτηνὶ εὐδοκιμῶν οὐδὲν πέπαυται · καὶ οὐ μόνου

92 a Πρωταγόρας, ἀλλὰ καὶ ἄλλοι πάμπολλοι, οἱ μὲν πρότερον γεγονότες ἐκείνου, οἱ δὲ καὶ νῦν ἔτι ὄντες. πότερον δὴ οὖν φῶμεν κατὰ τὸν σὸν λόγον εἰδότας αὐτοὺς ἐξαπατᾶν καὶ λωβᾶσθαι τοὺς νέους, ἢ λεληθέναι καὶ ἑαυτούς; καὶ οὕτω μαίνεσθαι ἀξιώσωμεν τούτους, οὓς ἔνιοί φασι σοφωτάτους ἀνθρώπων εἶναι;

AN. Πολλοῦ γε δέουσι μαίνεσθαι, ὦ Σώκρατες, ἀλλὰ πολὺ μᾶλλον οἱ τούτοις διδόντες ἀργύριον τῶν νέων · τούτων δ' ἔτι μᾶλλον οἱ τούτοις ἐπιτρέποντες,

b οἱ προσήκοντες · πολὺ δὲ μάλιστα πάντων αἱ πόλεις, ἐῶσαι αὐτοὺς εἰσαφικ-

---

[1] λωβηθῆναι - bring shame upon himself.
[2] ἀντιποιεῖσθαι - lay claim to.

νεῖσθαι καὶ οὐκ ἐξελαύνουσαι, εἴτε τις ξένος ἐπιχειρεῖ τοιοῦτόν τι ποιεῖν εἴτε
ἀστός.

ΣΩ. Πότερον δέ, ὦ Ἄνυτε, ἠδίκηκέ τίς σε τῶν σοφιστῶν, ἢ τί οὕτως
αὐτοῖς χαλεπὸς εἶ;

ΑΝ. Οὐδὲ μὰ Δία ἔγωγε συγγέγονα πώποτε αὐτῶν οὐδενί, οὐδ' ἂν ἄλλον
ἐάσαιμι τῶν ἐμῶν οὐδένα.

ΣΩ. Ἄπειρος ἄρ' εἶ παντάπασι τῶν ἀνδρῶν;

ΑΝ. Καὶ εἴην γε.

ΣΩ. Πῶς οὖν ἄν, ὦ δαιμόνιε, εἰδείης περὶ τούτου τοῦ πράγματος, εἴτε τι c
ἀγαθὸν ἔχει ἐν ἑαυτῷ εἴτε φλαῦρον, οὖ παντάπασιν ἄπειρος εἴης;

ΑΝ. Ῥᾳδίως· τούτους γοῦν οἶδα οἷοί εἰσιν, εἴτ' οὖν ἄπειρος ·αὐτῶν εἰμὶ
εἴτε μή.

ΣΩ. Μάντις εἶ ἴσως, ὦ Ἄνυτε.

b. In *Prot.* 318-319 a Protagoras professes to teach young people the πολιτικὴ **in the Prot.**
ἀρετή and make them good citizens. Socr. replies: "I thought this could not be
taught" and opposes the technical character of all other questions to the apparently
non-technical character of giving advice in political questions in the ecclesia
(319 b-d). Prot. answers by his myth (our nr. **161a**). During this whole dialogue
Socr. treats Prot. with due respect. Being forced to continue the conversation, he
gives the leading part of it to Prot. (338 d). Prot. then appears to be inferior to
Socr. in the art of διαλέγεσθαι,—i.e. he has no problem in his mind, of which he
is seeking a solution. Socr. has. He always comes back to the question: what is
virtue? Is it one or many? And if many, what is the common essence of the many
virtues? Is it knowledge, or not (329 bc, 349 b)?

At the end Prot. very reluctantly agrees that virtue must be knowledge, accord-
ing to the questions asked by Socr. Truly he does not admit it is (360 e). Now by
this very denial that virtue could be knowledge, his own teaching of political aretè
is made rather problematic.

    c. Here the struggle becomes violent.   **in the**
                                                                                              Gorgias
Gorgias professes himself to be a master in rhetoric. And when Socr. asks what
is the object of this science (περὶ τί τῶν ὄντων ἐστὶν ἐπιστήμη), he answers: Περὶ
λόγους. When Socr. asks again what is the object of these words, he replies: the
greatest good for man. Now, what is this?—Then comes the definition:

(452 e) Τὸ πείθειν ἔγωγ' οἷόν τ' εἶναι τοῖς λόγοις καὶ ἐν δικαστηρίῳ δικασ-
τὰς καὶ ἐν βουλευτηρίῳ βουλευτὰς καὶ ἐν ἐκκλησίᾳ ἐκκλησιαστὰς καὶ ἐν
ἄλλῳ συλλόγῳ παντί, ὅστις ἂν πολιτικὸς σύλλογος γίγνηται.

Thus rhetoric turns out to be πειθοῦς δημιουργός.
Of which πειθώ?—G. defines more precisely:

(454 b) Ταύτης τοίνυν τῆς πειθοῦς λέγω, ὦ Σώκρατες, τῆς ἐν τοῖς δικαστη-
ρίοις καὶ ἐν τοῖς ἄλλοις ὄχλοις, ὥσπερ καὶ ἄρτι ἔλεγον, καὶ περὶ τούτων ἃ
ἐστι δίκαιά τε καὶ ἄδικα.

Socr. distinguishes between πειθὼ πιστευτική (effecting a credence without knowledge) and πειθὼ διδασκαλική (effecting knowledge). Now rhetoric according to G. effects the first kind of πειθώ,—which proves to be extremely useful.

(456 a) ὅτι ὡς ἔπος εἰπεῖν ἁπάσας τὰς δυνάμεις συλλαβοῦσα ὑφ' αὐτῇ ἔχει. — (457 a) δυνατὸς μὲν γὰρ πρὸς ἅπαντάς ἐστιν ὁ ῥήτωρ καὶ περὶ παντὸς λέγειν, ὥστε πιθανώτερος εἶναι ἐν τοῖς πλήθεσιν [1] ἔμβραχυ περὶ ὅτου ἂν βούληται.

Socr. asks:

(459 a) Οὐκοῦν τὸ ἐν ὄχλῳ τοῦτό ἐστιν, ἐν τοῖς μὴ εἰδόσιν;

And he concludes (459 bc):

αὐτὰ μὲν τὰ πράγματα οὐδὲν δεῖ αὐτὴν (sc. rhetoric) εἰδέναι ὅπως ἔχει, μηχανὴν δέ τινα πειθοῦς ηὑρηκέναι ὥστε φαίνεσθαι τοῖς οὐκ εἰδόσι μᾶλλον εἰδέναι τῶν εἰδότων.

G. replies:

Οὐκοῦν πολλὴ ῥᾳστώνη, ὦ Σώκρατες, γίγνεται, μὴ μαθόντα τὰς ἄλλας τέχνας, ἀλλὰ μίαν ταύτην, μηδὲν ἐλαττοῦσθαι τῶν δημιουργῶν;

But Socr. ascertains a strong resemblance between rhetoric and ὀψοποιική (fine cookery), both of them being species of the same genus: not of τέχνη or ἐπιστήμη, but of ἐμπειρία, which is no true knowledge, but a kind of κολακεία (flattery) (463 a-c).

Scheme (I)

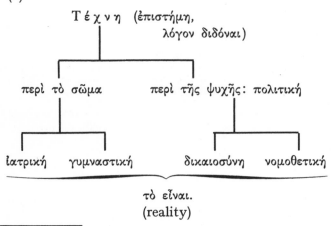

---

[1] 'Εν τοῖς πλήθεσιν, h.e. ἐν ὄχλῳ.

(II)

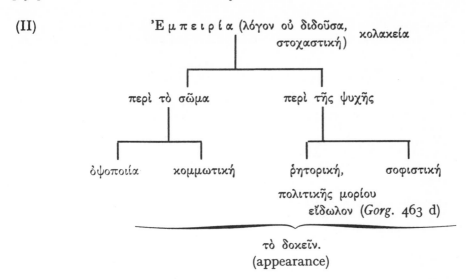

Ἐμπειρία (λόγον οὐ διδοῦσα, στοχαστική) κολακεία

περὶ τὸ σῶμα   περὶ τῆς ψυχῆς

ὀψοποιία   κομμωτική   ῥητορική,   σοφιστική

πολιτικῆς μορίου
εἴδωλον (*Gorg.* 463 d)

τὸ δοκεῖν.
(appearance)

Thus philosophy and rhetoric are placed in opposition to one another, just as the service of untruth and delusion is placed in opposition to the service of truth. As two principles of life they are opposite to each other: rhetoric serves injustice, philosophy righteousness; philosophy cares for the soul, rhetoric never cares for it.

(502 d^{10}-503 a^1) Socr. asks:

Τί δὲ ἡ πρὸς τὸν Ἀθηναίων δῆμον ῥητορικὴ καὶ τοὺς ἄλλους τοὺς ἐν ταῖς πόλεσιν δήμους τοὺς τῶν ἐλευθέρων ἀνδρῶν, τί ποτε ἡμῖν αὕτη ἐστίν; πότερόν σοι δοκοῦσιν πρὸς τὸ βέλτιστον ἀεὶ λέγειν οἱ ῥήτορες, τούτου στοχαζόμενοι, ὅπως οἱ πολῖται ὡς βέλτιστοι ἔσονται διὰ τοὺς αὐτῶν λόγους, ἢ καὶ οὗτοι πρὸς τὸ χαρίζεσθαι τοῖς πολίταις ὡρμημένοι, καὶ ἕνεκα τοῦ ἰδίου τοῦ αὐτῶν ὀλιγωροῦντες τοῦ κοινοῦ, ὥσπερ παισὶ προσομιλοῦσι τοῖς δήμοις, χαρίζεσθαι αὐτοῖς πειρώμενοι μόνον, εἰ δέ γε βελτίους ἔσονται ἢ χείρους διὰ ταῦτα, οὐδὲν φροντίζουσιν;

And when Callicles hesitates with his answer: "Can you name me anyone of the rhetors who cares for the souls of his fellow-citizens, that they may become as good as possible?"
C. replies: "No, truly, I could name you nobody, at least of the rhetors of the present day."
It turns out that, also from previous generations, nobody can be named.

199—Has Plato been mistaken as to the essence of sophistic?   **the truth of this view tested**

We answer by giving the next three points, following from the two main theses of Protagoras (our nrs **171a** and **172a**):
1—that there is no objective Truth above the human mind and independent of it;
2—that there is no sense in seeking science only for the sake of Truth;
3—that moral principles are merely a question of human agreement.

Socr. and Plato hold an exactly opposite view to this. They always repeat:
1—that there is objective Truth, being above the human mind and independent of it;
2—that we ought to seek science only for the sake of Truth;
3—that moral principles are rooted in the transcendental reality of eternal values.

modern affinity with Prot. and Gorg.   **200**—K. Joël, *Gesch. d. ant. Phil.* I 728 f. rightly points to a close resemblance between certain passages in Nietzsche and the ideas—even the words—of Prot. and Gorg.:

„Werte legt erst der Mensch in die Dinge,—Mensch, das ist der Schätzende."
„Nichts ist wahr, alles ist erlaubt."
„Es gibt keine Dinge an sich, und gäbe es solche, so könnten sie nicht erkannt werden."

Generally speaking, modern thinking follows the trace of the sophists, wherever it tries to explain man and his higher spiritual life out of man himself, cutting him off from his metaphysical background.

SEVENTH CHAPTER

SOCRATES

1—THE SOURCES

201—Points in favour of Plato are: (1) **Plato**
1—his congeniality.
2—he *wishes to* draw a faithful image of S.
3—he *must* do that before his contemporaries.
4—it is a living and complete image. "Ce n'est pas ainsi qu'on invente".

Against him:

 1—he was a poet, who dramatised the subject-matter in his own way.
 2—the literary habits of Antiquity on this point.
 3—it is impossible to take Plato simply as a historical source, because he makes
Socr. defend the theory of Ideas, which, according to Aristotle, is his own.
 4—Is his image of S. really complete? Is not Xenophon more trustworthy,
just because he is of a simpler mind?

202—E. Renan wrote in the Introduction to his *Vie de Jésus*: "Socrate, qui   (2)
comme Jésus n'écrivit pas, nous est connu par deux de ses disciples, Xénophon **Xenophon**
et Platon: le premier répondant, par sa rédaction limpide, transparente, imper-
sonnelle, aux synoptiques; le second rappelant par sa vigoureuse individualité
l'auteur du quatrième Evangile. Pour exposer l'enseignement socratique, faut-il
suivre les ,,Dialogues" de Platon ou les ,,Entretiens" de Xénophon? *Aucun doute
à cet égard n'est possible; tout le monde s'est attaché aux ,,Entretiens", et non aux
,,Dialogues"* . . . . ."
 V. Wilamowitz, *Hermes*, 1879, p. 192 f. has been first to call in question the
credibility of Xenophon.
 K. Joël, *Der echte u. der Xenophontische Sokrates*, 1893 and 1901, showed that
Xen. gives not only less than Plato does, but that he gives something else. He
attributed this strange element in Xenophon's Socr. to Antisthenes, the Cynic.
 H. von Arnim, *Xenophons Memorabilien und Apologie des Socrates*, Kopen-
hagen 1923, partly restored the credibility of Xenophon. He is followed by :
H. Gomperz, *Die sokratische Frage als geschichtliches Problem*, in *Hist. Zeitschr.*
1924; *Die Anklage gegen Sokrates in ihrer Bedeutung für die Sokratesforschung*,
in *N. Jahrb.* 1924; *Psychol. Beobachtungen an griech. Philosophen*, Wien-Zürich 1924:
the cynic traits in Xenophon's Socrates must be genuine.

203—A first rate source according to A. E. Taylor in *Varia Socratica* (1911) (3) **Aristo-**
is Aristophanes: **phanes**
1—Socr. the founder of a scientific institute; 2—the founder of a religious sect
of ascetic principles, and believing in the immortality of the soul.

De Vogel, Greek Philosophy I   8

a. *Clouds* 104:

τοὺς ὠχριῶντας, τοὺς ἀνυποδήτους λέγεις,
ὧν ὁ κακοδαίμων Σωκράτης καὶ Χαιρεφῶν.

Cf. *Clouds* 504 (Pheidippides cries, when Socr. promises him that he will become like Chairephon):

οἴμοι κακοδαίμων, ἡμιθνὴς γενήσομαι.

b. *Birds* 1555:

πρὸς δὲ τοῖς Σκιάποσιν λί-
μνη τις ἔστ', ἄλουτος οὗ
ψυχαγωγεῖ Σωκράτης.

"Socrates as a president of a séance" (Taylor).

A more moderated view is taken by R. Philippson, *Sokrates' Dialektik in Aristophanes' Wolken*, in Rhein. Mus. 1932: where Aristoph. is confirmed by the testimony of other witnesses (Xenoph., Arist. and partly also by Plato), we must follow his indications; which implies a correction of our view of Socr. in dogmatic direction.

E. Angelopoulos, *Aristophane et ses idées sur Socrate*, Athènes 1933, has seen a true problem, but did not resolve it in the right way.

Cf. my chapter on "The phrontisterion" in *Een keerpunt in Plato's denken*, Amsterdam 1936, p. 56-85.

(4) **Aristotle**   **204—a.** *Metaph.* A 6, 987 b$^{1-10}$.

Arist. is speaking here about Plato: in his youth Plato stood under Heraclitean influence as a disciple of Cratylus, who taught that all sensible things are in a perpetual flow and that knowledge about them is impossible. Later also he (Plato) took this view of things.

Σωκράτους δὲ περὶ μὲν τὰ ἠθικὰ πραγματευομένου, περὶ δὲ τῆς ὅλης φύσεως οὐθέν, ἐν μέντοι τούτοις τὸ καθόλου ζητοῦντος καὶ περὶ ὁρισμῶν ἐπιστήσαντος πρῶτου τὴν διάνοιαν, ἐκεῖνον ἀποδεξάμενος διὰ τὸ τοιοῦτον ὑπέλαβεν ὡς περὶ ἑτέρων τοῦτο γινόμενον καὶ οὐ τῶν αἰσθητῶν τινός · ἀδύνατον γὰρ εἶναι τὸν κοινὸν ὅρον τῶν αἰσθητῶν τινός, ἀεί γε μεταβαλλόντων. Οὕτως μὲν οὖν τὰ τοιαῦτα τῶν ὄντων ἰδέας προσηγόρευσε, τὰ δ' αἰσθητὰ παρὰ ταῦτα καὶ κατὰ ταῦτα λέγεσθαι πάντα · κατὰ μέθεξιν γὰρ εἶναι τὰ πολλὰ τῶν συνωνύμων [τοῖς εἴδεσιν].

b. Cf. *Metaph.* M 4, 1078 b$^{23-25; \ 27-30}$.

About the origin of the theory of the Ideas. This doctrine was first conceived in reaction against Heracliteism, for of ever changing things no knowledge is possible. Therefore we must admit the existence of ἑτέρας τινὰς φύσεις παρὰ τὰς αἰσθητὰς μενούσας.

Σωκράτους δὲ περὶ τὰς ἠθικὰς ἀρετὰς πραγματευομένου καὶ περὶ τούτων ὁρίζεσθαι καθόλου ζητοῦντος πρῶτου, —

Follows a long parenthesis: Democr. had confined himself to a few physical principles and defined only θερμόν and ψυχρόν; Pythagoreans also stopped short at a few ideas—καιρός, δίκαιον and γάμος—; these they reduced to numbers.

ἐκεῖνος δ' (ὁ Σωκράτης) εὐλόγως ἐζήτει τὸ τί ἐστιν. συλλογίζεσθαι γὰρ ἐζήτει, ἀρχὴ δὲ τῶν συλλογισμῶν τὸ τί ἐστι ˙ — δύο γάρ ἐστιν ἅ τις ἂν ἀποδοίη Σωκράτει δικαίως, τούς τ' ἐπακτικοὺς λόγους καὶ τὸ ὁρίζεσθαι καθόλου ˙ ταῦτα γάρ ἐστιν ἄμφω περὶ ἀρχὴν ἐπιστήμης. 'Αλλ' ὁ μὲν Σωκράτης τὰ καθόλου οὐ χωριστὰ ἐποίει οὐδὲ τοὺς ὁρισμούς ˙ οἱ δ' ἐχώρισαν, καὶ τὰ τοιαῦτα τῶν ὄντων ἰδέας προσηγόρευσαν.

the proprium of Socrates

These two passages give us a criterium to distinguish between Socr. and Plato in the platonic dialogues.

c. *Eth. Eud.* I 5, 1216 b⁶⁻⁸:

virtue is knowledge

ἐπιστήμας γὰρ ᾤετ' εἶναι πάσας τὰς ἀρετὰς (ὁ Σωκράτης), ὥσθ' ἅμα συμβαίνειν εἰδέναι τε τὴν δικαιοσύνην καὶ εἶναι δίκαιον.

Which is the main thesis of Socr. in the platonic dialogues, f.i. Laches, Hipp. Min., Prot., Gorg., Meno. Cf. Xen., *Mem.* III 9, 5: ἔφη δὲ καὶ τὴν δικαιοσύνην καὶ τὴν ἄλλην πᾶσαν ἀρετὴν σοφίαν εἶναι.

d. *Eth. Nic.* VII 3, 1145 b²¹⁻²⁷:

οὐδεὶς ἑκὼν ἁμαρτάνει

ἀπορήσειε δ' ἄν τις πῶς ὑπολαμβάνων ὀρθῶς ἀκρατεύεταί τις. ἐπιστάμενον μὲν οὖν οὔ φασί τινες οἷόν τε εἶναι ˙ δεινὸν γὰρ ἐπιστήμης ἐνούσης, ὡς ᾤετο Σωκράτης, ἄλλο τι κρατεῖν καὶ περιέλκειν αὐτὸν ὥσπερ ἀνδράποδον [1]. Σωκράτης μὲν γὰρ ὅλως ἐμάχετο πρὸς τὸν λόγον ὡς οὐκ οὔσης ἀκρασίας ˙ οὐθένα γὰρ ὑπολαμβάνοντα πράττειν παρὰ τὸ βέλτιστον, ἀλλὰ δι' ἄγνοιαν [2].

205—K. Joël, who denies the historical value of Xen., deems Arist. our most valuable source for the knowledge of Socr., next to Plato.

modern judgment about Arist.

H. Maier, *Sokrates*, Berlin 1913, absolutely denies the value of Arist.'s testimony. It depends on Xen. (*Mem.* IV 6), and Xen. depends on Plato.

J. Burnet and A. E. Taylor also deny the independence of Arist.'s testimony: it depends on Plato.

W. D. Ross (*The Metaph. of Arist., comm. in A 6 and M 4*) rightly maintains that Arist. must have known certain important facts.

Is. van Dijk, *Socrates*, Haarlem 1923, pleaded judiciously for Plato and Arist. against H. Maier.

Th. Deman O.P., *Le témoignage d'Aristote sur Socrate*, Paris 1942, gives a complete collection and discussion of all the texts of Arist. on Socr.

O. Gigon, *Sokrates*, Bern 1947, who denies that we can have any real knowledge about the historical Socr., denies implicitly the value of Arist.'s testimony as well as of Plato's.

---

[1] ὥσπερ ἀνδράποδον - cf. Pl., *Prot.* 352 b.
[2] Cf. Pl., *Prot.* 345 d:
ἐγὼ γὰρ σχεδόν τι οἶμαι τοῦτο, ὅτι οὐδεὶς τῶν σοφῶν ἀνδρῶν ἡγεῖται οὐδένα ἀνθρώπων ἑκόντα ἐξαμαρτάνειν οὐδὲ αἰσχρά τε καὶ κακὰ ἑκόντα ἐργάζεσθαι, ἀλλ' εὖ ἴσασιν ὅτι πάντες οἱ τὰ αἰσχρὰ καὶ τὰ κακὰ ποιοῦντες ἄκοντες ποιοῦσι.

2—SOCRATES' LIFE-WORK ACCORDING TO PLATO'S APOLOGY, ILLUSTRATED BY THE SPEECH OF ALCIBIADES IN THE SYMPOSION AND A PASSAGE IN THE THEAETETUS

Socr. finds his calling

206—Pl., *Apol.* 20 c-24 b:

Socr. denies that he is able to educate men, like Gorgias or Prodicus or Hippias.

Ὑπολάβοι ἂν οὖν τις ὑμῶν ἴσως · ,,Ἀλλ', ὦ Σώκρατες, τὸ σὸν τί ἐστι πρᾶγμα; πόθεν αἱ διαβολαί σοι αὗται γεγόνασιν; οὐ γὰρ δήπου, σοῦ γε οὐδὲν τῶν ἄλλων περιττότερον πραγματευομένου, ἔπειτα τοσαύτη φήμη τε καὶ λόγος γέγονεν, εἰ μή τι ἔπραττες ἀλλοῖον ἢ οἱ πολλοί. Λέγε οὖν ἡμῖν τί ἐστιν,
20d ἵνα μὴ ἡμεῖς περὶ σοῦ αὐτοσχεδιάζωμεν.'' Ταυτί μοι δοκεῖ δίκαια λέγειν ὁ λέγων, κἀγὼ ὑμῖν πειράσομαι ἀποδεῖξαι τί ποτ' ἐστιν τοῦτο ὃ ἐμοὶ πεποίηκεν τό τε ὄνομα καὶ τὴν διαβολήν. Ἀκούετε δή. Καὶ ἴσως μὲν δόξω τισὶν ὑμῶν παίζειν · εὖ μέντοι ἴστε, πᾶσαν ὑμῖν τὴν ἀλήθειαν ἐρῶ. Ἐγὼ γάρ, ὦ ἄνδρες Ἀθηναῖοι, δι' οὐδὲν ἀλλ' ἢ διὰ σοφίαν τινὰ τοῦτο τὸ ὄνομα ἔσχηκα. Ποίαν δὴ σοφίαν ταύτην; ἥπερ ἐστὶν ἴσως ἀνθρωπίνη σοφία. Τῷ ὄντι γὰρ κινδυνεύω ταύτην εἶναι σοφός · οὗτοι δὲ τάχ' ἄν, οὓς ἄρτι ἔλεγον, μείζω τινὰ ἢ κατ'
e ἄνθρωπον σοφίαν σοφοὶ εἶεν, ἢ οὐκ ἔχω τί λέγω · οὐ γὰρ δὴ ἔγωγε αὐτὴν ἐπίσταμαι, ἀλλ' ὅστις φησὶ ψεύδεταί τε καὶ ἐπὶ διαβολῇ τῇ ἐμῇ λέγει. Καί μοι, ὦ ἄνδρες Ἀθηναῖοι, μὴ θορυβήσητε, μηδὲ ἂν δόξω τι ὑμῖν μέγα λέγειν · οὐ γὰρ ἐμὸν ἐρῶ τὸν λόγον ὃν ἂν λέγω, ἀλλ' εἰς ἀξιόχρεων ὑμῖν τὸν λέγοντα ἀνοίσω. Τῆς γὰρ ἐμῆς, εἰ δή τίς ἐστιν σοφία, καὶ οἵα, μάρτυρα ὑμῖν παρ-
21a έξομαι τὸν θεὸν τὸν ἐν Δελφοῖς. Χαιρεφῶντα γὰρ ἴστε που · οὗτος ἐμός τε ἑταῖρος ἦν ἐκ νέου καὶ ὑμῶν τῷ πλήθει ἑταῖρός τε καὶ συνέφυγε τὴν φυγὴν ταύτην καὶ μεθ' ὑμῶν κατῆλθε. Καὶ ἴστε δὴ οἷος ἦν Χαιρεφῶν, ὡς σφοδρὸς ἐφ' ὅ τι ὁρμήσειεν. Καὶ δή ποτε καὶ εἰς Δελφοὺς ἐλθὼν ἐτόλμησε τοῦτο μαντεύσασθαι — καὶ ὅπερ λέγω, μὴ θορυβεῖτε, ὦ ἄνδρες — ἤρετο γὰρ δὴ εἴ τις ἐμοῦ εἴη σοφώτερος · ἀνεῖλεν οὖν ἡ Πυθία μηδένα σοφώτερον εἶναι. Καὶ τούτων πέρι ὁ ἀδελφὸς ὑμῖν αὐτοῦ οὑτοσὶ μαρτυρήσει, ἐπειδὴ ἐκεῖνος τετελεύτηκεν.
b Σκέψασθε δὴ ὧν ἕνεκα ταῦτα λέγω · μέλλω γὰρ ὑμᾶς διδάξειν ὅθεν μοι ἡ διαβολὴ γέγονεν. Ταῦτα γὰρ ἐγὼ ἀκούσας ἐνεθυμούμην οὑτωσί · ,,Τί ποτε λέγει ὁ θεὸς καὶ τί ποτε αἰνίττεται; ἐγὼ γὰρ δὴ οὔτε μέγα οὔτε σμικρὸν σύνοιδα ἐμαυτῷ σοφὸς ὤν · τί οὖν ποτε λέγει, φάσκων ἐμὲ σοφώτατον εἶναι; οὐ γὰρ δήπου ψεύδεταί γε · οὐ γὰρ θέμις αὐτῷ.'' Καὶ πολὺν μὲν χρόνον ἠπόρουν τί ποτε λέγει · ἔπειτα μόγις πάνυ ἐπὶ ζήτησιν αὐτοῦ τοιαύτην τινὰ ἐτραπόμην. Ἦλθον ἐπί τινα τῶν δοκούντων σοφῶν εἶναι, ὡς ἐνταῦθα, εἴπερ που, ἐλέγξων
c τὸ μαντεῖον καὶ ἀποφανῶν τῷ χρησμῷ ὅτι · ,,Οὑτοσὶ ἐμοῦ σοφώτερός ἐστι, σὺ δ' ἐμὲ ἔφησθα.'' Διασκοπῶν οὖν τοῦτον — ὀνόματι γὰρ οὐδὲν δέομαι λέγειν ·

ἦν δέ τις τῶν πολιτικῶν πρὸς ὃν ἐγὼ σκοπῶν τοιοῦτόν τι ἔπαθον, ὦ ἄνδρες
Ἀθηναῖοι, καὶ διαλεγόμενος αὐτῷ — ἔδοξέ μοι οὗτος ὁ ἀνὴρ δοκεῖν μὲν εἶναι
σοφὸς ἄλλοις τε πολλοῖς ἀνθρώποις καὶ μάλιστα ἑαυτῷ, εἶναι δ᾽ οὔ. Κἄπειτα
ἐπειρώμην αὐτῷ δεικνύναι ὅτι οἴοιτο μὲν εἶναι σοφός, εἴη δ᾽ οὔ. Ἐντεῦθεν
οὖν τούτῳ τε ἀπηχθόμην καὶ πολλοῖς τῶν παρόντων.   d

Πρὸς ἐμαυτὸν δ᾽ οὖν ἀπιὼν ἐλογιζόμην ὅτι · ,,Τούτου μὲν τοῦ ἀνθρώπου
ἐγὼ σοφώτερός εἰμι · κινδυνεύει μὲν γὰρ ἡμῶν οὐδέτερος οὐδὲν καλὸν κἀγαθὸν
εἰδέναι · ἀλλ᾽ οὗτος μὲν οἴεταί τι εἰδέναι οὐκ εἰδώς · ἐγὼ δέ, ὥσπερ οὖν οὐκ
οἶδα, οὐδὲ οἴομαι. Ἔοικα γοῦν τούτου γε σμικρῷ τινι, αὐτῷ τούτῳ σοφώτερος
εἶναι, ὅτι ἃ μὴ οἶδα οὐδὲ οἴομαι εἰδέναι.'' Ἐντεῦθεν ἐπ᾽ ἄλλον ᾖα τῶν ἐκείνου   e
δοκούντων σοφωτέρων εἶναι, καί μοι ταὐτὰ ταῦτα ἔδοξε · καὶ ἐνταῦθα κἀκείνῳ
καὶ ἄλλοις πολλοῖς ἀπηχθόμην.

Μετὰ ταῦτ᾽ οὖν ἤδη ἐφεξῆς ᾖα, αἰσθανόμενος μέν — καὶ λυπούμενος καὶ
δεδιὼς — ὅτι ἀπηχθανόμην, ὅμως δὲ ἀναγκαῖον ἐδόκει εἶναι τὸ τοῦ θεοῦ περὶ
πλείστου ποιεῖσθαι · ἰτέον οὖν, σκοποῦντι τὸν χρησμὸν τί λέγει, ἐπὶ ἅπαντας
τούς τι δοκοῦντας εἰδέναι. Καὶ νὴ τὸν κύνα, ὦ ἄνδρες Ἀθηναῖοι — δεῖ γὰρ πρὸς   22a
ὑμᾶς τἀληθῆ λέγειν — ἦ μὴν ἐγὼ ἔπαθόν τι τοιοῦτον · οἱ μὲν μάλιστα εὐδο-
κιμοῦντες ἔδοξάν μοι ὀλίγου δεῖν τοῦ πλείστου ἐνδεεῖς εἶναι ζητοῦντι κατὰ
τὸν θεόν, ἄλλοι δέ, δοκοῦντες φαυλότεροι, ἐπιεικέστεροι εἶναι ἄνδρες πρὸς τὸ
φρονίμως ἔχειν. Δεῖ δὴ ὑμῖν τὴν ἐμὴν πλάνην ἐπιδεῖξαι ὥσπερ πόνους τινὰς
πονοῦντος, ἵνα μοι καὶ ἀνέλεγκτος ἡ μαντεία γένοιτο.

Μετὰ γὰρ τοὺς πολιτικοὺς ᾖα ἐπὶ τοὺς ποιητάς, τούς τε τῶν τραγῳδιῶν καὶ
τοὺς τῶν διθυράμβων καὶ τοὺς ἄλλους, ὡς ἐνταῦθα ἐπ᾽ αὐτοφώρῳ καταληψό-   b
μενος ἐμαυτὸν ἀμαθέστερον ἐκείνων ὄντα. Ἀναλαμβάνων οὖν αὐτῶν τὰ ποιή-
ματα ἅ μοι ἐδόκει μάλιστα πεπραγματεῦσθαι αὐτοῖς, διηρώτων ἂν αὐτοὺς
τί λέγοιεν, ἵν᾽ ἅμα τι καὶ μανθάνοιμι παρ᾽ αὐτῶν. Αἰσχύνομαι οὖν ὑμῖν εἰπεῖν,
ὦ ἄνδρες, τἀληθῆ · ὅμως δὲ ῥητέον. Ὡς ἔπος γὰρ εἰπεῖν, ὀλίγου αὐτῶν ἅπαντες
οἱ παρόντες ἂν βέλτιον ἔλεγον περὶ ὧν αὐτοὶ ἐπεποιήκεσαν. Ἔγνων οὖν αὖ
καὶ περὶ τῶν ποιητῶν ἐν ὀλίγῳ τοῦτο, ὅτι οὐ σοφίᾳ ποιοῖεν ἃ ποιοῖεν, ἀλλὰ
φύσει τινὶ καὶ ἐνθουσιάζοντες ὥσπερ οἱ θεομάντεις καὶ οἱ χρησμῳδοί · καὶ γὰρ   c
οὗτοι λέγουσι μὲν πολλὰ καὶ καλά, ἴσασιν δὲ οὐδὲν ὧν λέγουσι. Τοιοῦτόν τί
μοι ἐφάνησαν πάθος καὶ οἱ ποιηταὶ πεπονθότες · καὶ ἅμα ᾐσθόμην αὐτῶν διὰ
τὴν ποίησιν οἰομένων καὶ τἆλλα σοφωτάτων εἶναι ἀνθρώπων ἃ οὐκ ἦσαν.
Ἀπῇα οὖν καὶ ἐντεῦθεν τῷ αὐτῷ οἰόμενος περιγεγονέναι ᾧπερ καὶ τῶν πολι-
τικῶν.

Τελευτῶν οὖν ἐπὶ τοὺς χειροτέχνας ᾖα · ἐμαυτῷ γὰρ συνήδη οὐδὲν ἐπιστα-
μένῳ, ὡς ἔπος εἰπεῖν, τούτους δέ γ᾽ ᾔδη ὅτι εὑρήσοιμι πολλὰ καὶ καλὰ ἐπι-   d
σταμένους. Καὶ τούτου μὲν οὐκ ἐψεύσθην, ἀλλ᾽ ἠπίσταντο ἃ ἐγὼ οὐκ ἠπιστάμην
καί μου ταύτῃ σοφώτεροι ἦσαν. Ἀλλ᾽, ὦ ἄνδρες Ἀθηναῖοι, ταὐτόν μοι ἔδοξαν

ἔχειν ἁμάρτημα ὅπερ καὶ οἱ ποιηταὶ καὶ οἱ ἀγαθοὶ δημιουργοί· διὰ τὸ τὴν
τέχνην καλῶς ἐξεργάζεσθαι, ἕκαστος ἠξίου καὶ τἆλλα τὰ μέγιστα σοφώτατος
εἶναι, καὶ αὐτῶν αὕτη ἡ πλημμέλεια ἐκείνην τὴν σοφίαν ἀπέκρυπτεν· ὥστε
e　με ἐμαυτὸν ἀνερωτᾶν ὑπὲρ τοῦ χρησμοῦ πότερα δεξαίμην ἂν οὕτως ὥσπερ
ἔχω ἔχειν, μήτε τι σοφὸς ὢν τὴν ἐκείνων σοφίαν μήτε ἀμαθὴς τὴν ἀμαθίαν,
ἢ ἀμφότερα ἃ ἐκεῖνοι ἔχουσιν ἔχειν. Ἀπεκρινάμην οὖν ἐμαυτῷ καὶ τῷ χρη-
σμῷ ὅτι μοι λυσιτελοῖ ὥσπερ ἔχω ἔχειν.

Ἐκ ταυτησὶ δὴ τῆς ἐξετάσεως, ὦ ἄνδρες Ἀθηναῖοι, πολλαὶ μὲν ἀπέχθειαί
23a　μοι γεγόνασι καὶ οἷαι χαλεπώταται καὶ βαρύταται, ὥστε πολλὰς διαβολὰς
ἀπ᾽ αὐτῶν γεγονέναι, ὄνομα δὲ τοῦτο λέγεσθαι, σοφὸς εἶναι. Οἴονται γάρ με
ἑκάστοτε οἱ παρόντες ταῦτα αὐτὸν εἶναι σοφὸν ἃ ἂν ἄλλον ἐξελέγξω· τὸ δὲ
κινδυνεύει, ὦ ἄνδρες, τῷ ὄντι ὁ θεὸς σοφὸς εἶναι καὶ ἐν τῷ χρησμῷ τούτῳ
τοῦτο λέγειν ὅτι ἡ ἀνθρωπίνη σοφία ὀλίγου τινὸς ἀξία ἐστὶν καὶ οὐδενός· καὶ
φαίνεται τοῦτον * λέγειν τὸν Σωκράτη, προσκεχρῆσθαι δὲ τῷ ἐμῷ ὀνόματι,
b　ἐμὲ παράδειγμα ποιούμενος, ὥσπερ ἂν <εἰ> εἴποι ὅτι· ,,Οὗτος ὑμῶν, ὦ ἄνθρω-
ποι, σοφώτατός ἐστιν, ὅστις ὥσπερ Σωκράτης ἔγνωκεν ὅτι οὐδενὸς ἄξιός ἐστι
τῇ ἀληθείᾳ πρὸς σοφίαν." Ταῦτ᾽ οὖν ἐγὼ μὲν ἔτι καὶ νῦν περιιὼν ζητῶ καὶ
ἐρευνῶ κατὰ τὸν θεόν, καὶ τῶν ἀστῶν καὶ τῶν ξένων ἄν τινα οἴωμαι σοφὸν
εἶναι· καὶ ἐπειδάν μοι μὴ δοκῇ, τῷ θεῷ βοηθῶν ἐνδείκνυμαι ὅτι οὐκ ἔστι σοφός.
Καὶ ὑπὸ ταύτης τῆς ἀσχολίας οὔτε τι τῶν τῆς πόλεως πρᾶξαί μοι σχολὴ γέ-
γονεν ἄξιον λόγου οὔτε τῶν οἰκείων, ἀλλ᾽ ἐν πενίᾳ μυρίᾳ εἰμὶ διὰ τὴν τοῦ θεοῦ
c　λατρείαν.

Πρὸς δὲ τούτοις οἱ νέοι μοι ἐπακολουθοῦντες, οἷς μάλιστα σχολή ἐστιν,
οἱ τῶν πλουσιωτάτων, αὐτόματοι, χαίρουσιν ἀκούοντες ἐξεταζομένων τῶν
ἀνθρώπων καὶ αὐτοὶ πολλάκις ἐμὲ μιμοῦνται· εἶτα ἐπιχειροῦσιν ἄλλους ἐξε-
τάζειν· κἄπειτα, οἶμαι, εὑρίσκουσι πολλὴν ἀφθονίαν οἰομένων μὲν εἰδέναι τι
ἀνθρώπων, εἰδότων δὲ ὀλίγα ἢ οὐδέν. Ἐντεῦθεν οὖν οἱ ὑπ᾽ αὐτῶν ἐξεταζόμενοι
d　ἐμοὶ ὀργίζονται, ἀλλ᾽ οὐχ αὑτοῖς, καὶ λέγουσιν ὡς Σωκράτης τίς ἐστι μιαρώ-
τατος καὶ διαφθείρει τοὺς νέους. Καὶ ἐπειδάν τις αὐτοὺς ἐρωτᾷ ὅ τι ποιῶν καὶ
ὅ τι διδάσκων, ἔχουσι μὲν οὐδὲν εἰπεῖν, ἀλλ᾽ ἀγνοοῦσιν· ἵνα δὲ μὴ δοκῶσιν
ἀπορεῖν, τὰ κατὰ πάντων τῶν φιλοσοφούντων πρόχειρα ταῦτα λέγουσιν, ὅτι
,,τὰ μετέωρα καὶ τὰ ὑπὸ γῆς" καὶ ,,θεοὺς μὴ νομίζειν" καὶ ,,τὸν ἥττω λόγον
κρείττω ποιεῖν". Τὰ γὰρ ἀληθῆ, οἴομαι, οὐκ ἂν ἐθέλοιεν λέγειν, ὅτι κατάδηλοι
γίγνονται προσποιούμενοι μὲν εἰδέναι, εἰδότες δὲ οὐδέν. Ἅτε οὖν, οἶμαι, φιλό-
e　τιμοι ὄντες, καὶ σφοδροί, καὶ πολλοί, καὶ συντεταγμένως καὶ πιθανῶς λέγοντες
περὶ ἐμοῦ, ἐμπεπλήκασιν ὑμῶν τὰ ὦτα καὶ πάλαι καὶ νῦν σφοδρῶς διαβάλλοντες.
Ἐκ τούτων καὶ Μέλητός μοι ἐπέθετο καὶ Ἄνυτος καὶ Λύκων, Μέλητος μὲν

---

* Perhaps better τοῦτο: "he seems to say this of S. and to have used my
name to it, taking me as an example." — (δὲ copulative).

ὑπὲρ τῶν ποιητῶν ἀχθόμενος, Ἄνυτος δὲ ὑπὲρ τῶν δημιουργῶν καὶ τῶν πολιτικῶν, Λύκων δὲ ὑπὲρ τῶν ῥητόρων. Ὥστε, ὅπερ ἀρχόμενος ἐγὼ ἔλεγον, 24a
θαυμάζοιμ᾽ ἂν εἰ οἷός τ᾽ εἴην ἐγὼ ὑμῶν ταύτην τὴν διαβολὴν ἐξελέσθαι ἐν
οὕτως ὀλίγῳ χρόνῳ οὕτω πολλὴν γεγονυῖαν. Ταῦτ᾽ ἔστιν ὑμῖν, ὦ ἄνδρες Ἀθηναῖοι, τἀληθῆ, καὶ ὑμᾶς οὔτε μέγα οὔτε μικρὸν ἀποκρυψάμενος ἐγὼ λέγω
οὐδ᾽ ὑποστειλάμενος. Καίτοι οἶδα σχεδὸν ὅτι αὐτοῖς τούτοις ἀπεχθάνομαι· ὃ καὶ
τεκμήριον ὅτι ἀληθῆ λέγω, καὶ ὅτι αὕτη ἐστὶν ἡ διαβολὴ ἡ ἐμή, καὶ τὰ αἴτια
ταῦτά ἐστιν. Καὶ ἐάν τε νῦν, ἐάν τε αὖθις ζητήσητε ταῦτα, οὕτως εὑρήσετε. b

207—Pl., *Apol.* 28 b-30 c; 30 d-31 c:

Socr.'
mission a
service to
the god
(Apollo)

Ἴσως δ᾽ ἂν οὖν εἴποι τις· ,,Εἶτ᾽ οὐκ αἰσχύνη, ὦ Σώκρατες, τοιοῦτον ἐπιτήδευμα ἐπιτηδεύσας ἐξ οὗ κινδυνεύεις νυνὶ ἀποθανεῖν;ʼʼ Ἐγὼ δὲ τούτῳ ἂν
δίκαιον λόγον ἀντείποιμι, ὅτι· ,,Οὐ καλῶς λέγεις, ὦ ἄνθρωπε, εἰ οἴει δεῖν
κίνδυνον ὑπολογίζεσθαι τοῦ ζῆν ἢ τεθνάναι ἄνδρα ὅτου τι καὶ σμικρὸν ὄφελός
ἐστιν, ἀλλ᾽ οὐκ ἐκεῖνο μόνον σκοπεῖν, ὅταν πράττῃ, πότερον δίκαια ἢ ἄδικα
πράττει καὶ ἀνδρὸς ἀγαθοῦ ἔργα ἢ κακοῦ. Φαῦλοι γὰρ ἂν τῷ γε σῷ λόγῳ εἶεν
τῶν ἡμιθέων ὅσοι ἐν Τροίᾳ τετελευτήκασιν, οἵ τε ἄλλοι καὶ ὁ τῆς Θέτιδος c
υἱός, ὃς τοσοῦτον τοῦ κινδύνου κατεφρόνησεν παρὰ τὸ αἰσχρόν τι ὑπομεῖναι,
ὥστε, ἐπειδὴ εἶπεν ἡ μήτηρ αὐτῷ προθυμουμένῳ Ἕκτορα ἀποκτεῖναι, θεὸς
οὖσα, οὑτωσί πως, ὡς ἐγὼ οἶμαι· ,,Ὦ παῖ, εἰ τιμωρήσεις Πατρόκλῳ τῷ
ἑταίρῳ τὸν φόνον καὶ Ἕκτορα ἀποκτενεῖς, αὐτὸς ἀποθανῇ· ,,αὐτίκα γάρ
τοι, φησί, μεθ᾽ Ἕκτορα πότμος ἑτοῖμος ·ʼʼ ὁ δὲ ταῦτα ἀκούσας τοῦ μὲν θανάτου
καὶ τοῦ κινδύνου ὠλιγώρησε, πολὺ δὲ μᾶλλον δείσας τὸ ζῆν κακὸς ὢν καὶ τοῖς d
φίλοις μὴ τιμωρεῖν· ,,Αὐτίκα, φησί, τεθναίην δίκην ἐπιθεὶς τῷ ἀδικοῦντι,
ἵνα μὴ ἐνθάδε μένω καταγέλαστος παρὰ νηυσὶ κορωνίσιν, ἄχθος ἀρούρης.ʼʼ
Μὴ αὐτὸν οἴει φροντίσαι θανάτου καὶ κινδύνου;ʼʼ Οὕτω γὰρ ἔχει, ὦ ἄνδρες
Ἀθηναῖοι, τῇ ἀληθείᾳ· οὗ ἄν τις ἑαυτὸν τάξῃ ἡγησάμενος βέλτιστον εἶναι ἢ
ὑπ᾽ ἄρχοντος ταχθῇ, ἐνταῦθα δεῖ, ὡς ἐμοὶ δοκεῖ, μένοντα κινδυνεύειν, μηδὲν
ὑπολογιζόμενον μήτε θάνατον μήτε ἄλλο μηδὲν πρὸ τοῦ αἰσχροῦ.

Ἐγὼ οὖν δεινὰ ἂν εἴην εἰργασμένος, ὦ ἄνδρες Ἀθηναῖοι, εἰ, ὅτε μέν με e
οἱ ἄρχοντες ἔταττον οὓς ὑμεῖς εἵλεσθε ἄρχειν μου καὶ ἐν Ποτειδαίᾳ καὶ ἐν
Ἀμφιπόλει καὶ ἐπὶ Δηλίῳ, τότε μὲν οὗ ἐκεῖνοι ἔταττον ἔμενον ὥσπερ καὶ
ἄλλος τις καὶ ἐκινδύνευον ἀποθανεῖν, τοῦ δὲ θεοῦ τάττοντος, ὡς ἐγὼ ᾠήθην
τε καὶ ὑπέλαβον, φιλοσοφοῦντά με δεῖν ζῆν καὶ ἐξετάζοντα ἐμαυτὸν καὶ τοὺς
ἄλλους, ἐνταῦθα δὲ φοβηθεὶς ἢ θάνατον ἢ ἄλλο ὁτιοῦν πρᾶγμα, λίποιμι τὴν
τάξιν. Δεινόν τἂν εἴη, καὶ ὡς ἀληθῶς τότ᾽ ἄν με δικαίως εἰσάγοι τις εἰς δικαστή- 29a
ριον ὅτι οὐ νομίζω θεοὺς εἶναι, ἀπειθῶν τῇ μαντείᾳ καὶ δεδιὼς θάνατον καὶ
οἰόμενος σοφὸς εἶναι οὐκ ὤν.

Τὸ γάρ τοι θάνατον δεδιέναι, ὦ ἄνδρες, οὐδὲν ἄλλο ἐστὶν ἢ δοκεῖν σοφὸν

εἶναι μὴ ὄντα · δοκεῖν γὰρ εἰδέναι ἐστὶν ἃ οὐκ οἶδεν. Οἶδε μὲν γὰρ οὐδεὶς τὸν
θάνατον, οὐδ᾽ εἰ τυγχάνει τῷ ἀνθρώπῳ πάντων μέγιστον ὂν τῶν ἀγαθῶν,
b δεδίασι δ᾽ ὡς εὖ εἰδότες ὅτι μέγιστον τῶν κακῶν ἐστι. Καὶ τοῦτο πῶς οὐκ
ἀμαθία ἐστὶν αὕτη ἡ ἐπονείδιστος ἡ τοῦ οἴεσθαι εἰδέναι ἃ οὐκ οἶδεν; Ἐγὼ
δέ, ὦ ἄνδρες, τούτῳ καὶ ἐνταῦθα ἴσως διαφέρω τῶν πολλῶν ἀνθρώπων, καὶ
εἰ δή τῳ σοφώτερός του φαίην εἶναι, τούτῳ ἄν, ὅτι οὐκ εἰδὼς ἱκανῶς περὶ
τῶν ἐν Ἅιδου, οὕτω καὶ οἴομαι οὐκ εἰδέναι. Τὸ δὲ ἀδικεῖν καὶ ἀπειθεῖν τῷ
βελτίονι καὶ θεῷ καὶ ἀνθρώπῳ ὅτι κακὸν καὶ αἰσχρόν ἐστιν οἶδα. Πρὸ οὖν
τῶν κακῶν ὧν οἶδα ὅτι κακά ἐστιν, ἃ μὴ οἶδα εἰ ἀγαθὰ ὄντα τυγχάνει οὐδέποτε
φοβήσομαι οὐδὲ φεύξομαι.

c   Ὥστε οὐδ᾽ εἴ με νῦν ὑμεῖς ἀφίετε Ἀνύτῳ ἀπιστήσαντες, ὃς ἔφη ἢ τὴν
ἀρχὴν οὐ δεῖν ἐμὲ δεῦρο εἰσελθεῖν ἤ, ἐπειδὴ εἰσῆλθον, οὐχ οἷόν τ᾽ εἶναι τὸ μὴ
ἀποκτεῖναί με, λέγων πρὸς ὑμᾶς ὡς, εἰ διαφευξοίμην, ἤδη ἂν ὑμῶν οἱ υἱεῖς
ἐπιτηδεύοντες ἃ Σωκράτης διδάσκει πάντες παντάπασι διαφθαρήσονται · — εἴ
μοι πρὸς ταῦτα εἴποιτε · ,,Ὦ Σώκρατες, νῦν μὲν Ἀνύτῳ οὐ πεισόμεθα, ἀλλ᾽
ἀφίεμέν σε, ἐπὶ τούτῳ μέντοι ἐφ᾽ ᾧ τε μηκέτι ἐν ταύτῃ τῇ ζητήσει διατρίβειν
d μηδὲ φιλοσοφεῖν · ἐὰν δὲ ἁλῷς ἔτι τοῦτο πράττων, ἀποθανῇ ·'' — εἰ οὖν με,
ὅπερ εἶπον, ἐπὶ τούτοις ἀφίοιτε, εἴποιμ᾽ ἂν ὑμῖν ὅτι · ,,Ἐγὼ ὑμᾶς, ὦ ἄνδρες
Ἀθηναῖοι, ἀσπάζομαι μὲν καὶ φιλῶ, πείσομαι δὲ μᾶλλον τῷ θεῷ ἢ ὑμῖν, καὶ
ἕωσπερ ἂν ἐμπνέω καὶ οἷός τε ὦ, οὐ μὴ παύσωμαι φιλοσοφῶν καὶ ὑμῖν παρα-
κελευόμενός τε καὶ ἐνδεικνύμενος ὅτῳ ἂν ἀεὶ ἐντυγχάνω ὑμῶν, λέγων οἷάπερ
εἴωθα, ὅτι · ,,Ὦ ἄριστε ἀνδρῶν, Ἀθηναῖος ὤν, πόλεως τῆς μεγίστης καὶ
εὐδοκιμωτάτης εἰς σοφίαν καὶ ἰσχύν, χρημάτων μὲν οὐκ αἰσχύνῃ ἐπιμελού-
e μενος ὅπως σοι ἔσται ὡς πλεῖστα, καὶ δόξης καὶ τιμῆς, φρονήσεως δὲ καὶ
ἀληθείας καὶ τῆς ψυχῆς ὅπως ὡς βελτίστη ἔσται οὐκ ἐπιμελῇ οὐδὲ φροντίζεις;''
Καὶ ἐάν τις ὑμῶν ἀμφισβητήσῃ καὶ φῇ ἐπιμελεῖσθαι, οὐκ εὐθὺς ἀφήσω αὐτὸν
οὐδ᾽ ἄπειμι, ἀλλ᾽ ἐρήσομαι αὐτὸν καὶ ἐξετάσω καὶ ἐλέγξω, καὶ ἐάν μοι μὴ
30a δοκῇ κεκτῆσθαι ἀρετήν, φάναι δέ, ὀνειδιῶ ὅτι τὰ πλείστου ἄξια περὶ ἐλαχίστου
ποιεῖται, τὰ δὲ φαυλότερα περὶ πλείονος. Ταῦτα καὶ νεωτέρῳ καὶ πρεσβυ-
τέρῳ ὅτῳ ἂν ἐντυγχάνω ποιήσω, καὶ ξένῳ καὶ ἀστῷ, μᾶλλον δὲ τοῖς ἀστοῖς,
ὅσῳ μου ἐγγυτέρω ἐστὲ γένει. Ταῦτα γὰρ κελεύει ὁ θεός, εὖ ἴστε. Καὶ ἐγὼ
οἴομαι οὐδέν πω ὑμῖν μεῖζον ἀγαθὸν γενέσθαι ἐν τῇ πόλει ἢ τὴν ἐμὴν τῷ θεῷ
ὑπηρεσίαν.

Οὐδὲν γὰρ ἄλλο πράττων ἐγὼ περιέρχομαι ἢ πείθων ὑμῶν καὶ νεωτέρους
b καὶ πρεσβυτέρους μήτε σωμάτων ἐπιμελεῖσθαι μήτε χρημάτων πρότερον μηδὲ
οὕτω σφόδρα ὡς τῆς ψυχῆς ὅπως ὡς ἀρίστη ἔσται, λέγων ὅτι οὐκ ἐκ χρημάτων
ἀρετὴ γίγνεται, ἀλλ᾽ ἐξ ἀρετῆς χρήματα καὶ τὰ ἄλλα ἀγαθὰ τοῖς ἀνθρώποις
ἅπαντα καὶ ἰδίᾳ καὶ δημοσίᾳ. Εἰ μὲν οὖν ταῦτα λέγων διαφθείρω τοὺς νέους,
ταῦτ᾽ ἂν εἴη βλαβερά · εἰ δέ τίς μέ φησιν ἄλλα λέγειν ἢ ταῦτα, οὐδὲν λέγει.

Πρὸς ταῦτα, φαίην ἄν, ὦ ἄνδρες Ἀθηναῖοι, ἢ πείθεσθε Ἀνύτῳ ἢ μή, καὶ ἢ
ἀφίετέ με ἢ μὴ ἀφίετε, ὡς ἐμοῦ οὐκ ἂν ποιήσοντος ἄλλα, οὐδ' εἰ μέλλω c
πολλάκις τεθνάναι." —

Νῦν οὖν, ὦ ἄνδρες Ἀθηναῖοι, πολλοῦ δέω ἐγὼ ὑπὲρ ἐμαυτοῦ ἀπολο- d
γεῖσθαι, ὥς τις ἂν οἴοιτο, ἀλλὰ ὑπὲρ ὑμῶν, μή τι ἐξαμάρτητε περὶ τὴν τοῦ
θεοῦ δόσιν ὑμῖν, ἐμοῦ καταψηφισάμενοι. Ἐὰν γὰρ ἐμὲ ἀποκτείνητε, οὐ ῥᾳδίως e
ἄλλον τοιοῦτον εὑρήσετε, ἀτεχνῶς, εἰ καὶ γελοιότερον εἰπεῖν, προσκείμενον
τῇ πόλει ὑπὸ τοῦ θεοῦ, ὥσπερ ἵππῳ μεγάλῳ μὲν καὶ γενναίῳ, ὑπὸ μεγέθους
δὲ νωθεστέρῳ καὶ δεομένῳ ἐγείρεσθαι ὑπὸ μύωπός τινος · οἷον δή μοι δοκεῖ
ὁ θεὸς ἐμὲ τῇ πόλει προστεθηκέναι τοιοῦτόν τινα, ὃς ὑμᾶς ἐγείρων καὶ πείθων
καὶ ὀνειδίζων ἕνα ἕκαστον οὐδὲν παύομαι τὴν ἡμέραν ὅλην, πανταχοῦ προσ- 31a
καθίζων. Τοιοῦτος οὖν ἄλλος οὐ ῥᾳδίως ὑμῖν γενήσεται, ὦ ἄνδρες, ἀλλ' ἐὰν
ἐμοὶ πείθησθε, φείσεσθέ μου. Ὑμεῖς δ' ἴσως τάχ' ἂν ἀχθόμενοι, ὥσπερ οἱ
νυστάζοντες ἐγειρόμενοι, κρούσαντες ἄν με πειθόμενοι Ἀνύτῳ ῥᾳδίως ἂν
ἀποκτείναιτε · εἶτα τὸν λοιπὸν βίον καθεύδοντες διατελοῖτε ἄν, εἰ μή τινα
ἄλλον ὁ θεὸς ὑμῖν ἐπιπέμψειε κηδόμενος ὑμῶν. Ὅτι δ' ἐγὼ τυγχάνω ὢν
τοιοῦτος οἷος ὑπὸ τοῦ θεοῦ τῇ πόλει δεδόσθαι, ἐνθένδε ἂν κατανοήσαιτε ·
οὐ γὰρ ἀνθρωπίνῳ ἔοικε τὸ ἐμὲ τῶν μὲν ἐμαυτοῦ ἁπάντων ἠμεληκέναι καὶ b
ἀνέχεσθαι τῶν οἰκείων ἀμελουμένων τοσαῦτα ἤδη ἔτη, τὸ δὲ ὑμέτερον πράττειν
ἀεὶ ἰδίᾳ ἑκάστῳ προσιόντα, ὥσπερ πατέρα ἢ ἀδελφὸν πρεσβύτερον, πείθοντα
ἐπιμελεῖσθαι ἀρετῆς. Καὶ εἰ μέντοι τι ἀπὸ τούτων ἀπέλαυον καὶ μισθὸν λαμβά-
νων ταῦτα παρεκελευόμην, εἶχον ἄν τινα λόγον · νῦν δὲ ὁρᾶτε δὴ καὶ αὐτοὶ
ὅτι οἱ κατήγοροι, τἆλλα πάντα ἀναισχύντως οὕτω κατηγοροῦντες, τοῦτό γε
οὐχ οἷοί τε ἐγένοντο ἀπαναισχυντῆσαι, παρασχόμενοι μάρτυρα, ὡς ἐγώ ποτέ c
τινα ἢ ἐπραξάμην μισθὸν ἢ ᾔτησα. Ἱκανὸν γάρ, οἶμαι, ἐγὼ παρέχομαι τὸν
μάρτυρα ὡς ἀληθῆ λέγω, τὴν πενίαν.

208—a. Pl., *Symp.* 215 a-216 c:

Σωκράτη δ' ἐγὼ ἐπαινεῖν, ὦ ἄνδρες, οὕτως ἐπιχειρήσω, δι' εἰκόνων. Οὗτος
μὲν οὖν ἴσως οἰήσεται ἐπὶ τὰ γελοιότερα · ἔσται δ' ἡ εἰκὼν τοῦ ἀληθοῦς ἕνεκα,
οὐ τοῦ γελοίου. Φημὶ γὰρ δὴ ὁμοιότατον αὐτὸν εἶναι τοῖς σιληνοῖς τούτοις,
τοῖς ἐν τοῖς ἑρμογλυφείοις καθημένοις, οὕστινας ἐργάζονται οἱ δημιουργοὶ 215b
σύριγγας ἢ αὐλοὺς ἔχοντας, οἵ, διχάδε διοιχθέντες, φαίνονται ἔνδοθεν ἀγάλματα
ἔχοντες θεῶν. Καὶ φημὶ αὖ ἐοικέναι αὐτὸν τῷ σατύρῳ τῷ Μαρσύᾳ. Ὅτι μὲν
οὖν, τό γε εἶδος, ὅμοιος εἶ τούτοις ὦ Σώκρατες, οὐδ' αὐτὸς ἄν που ἀμφισβητή-
σαις · ὡς δὲ καὶ τἆλλα ἔοικας, μετὰ τοῦτο ἄκουε. Ὑβριστὴς εἶ · ἢ οὔ; ἐὰν γὰρ
μὴ ὁμολογῇς, μάρτυρας παρέξομαι. Ἀλλ' οὐκ αὐλητής; πολύ γε θαυμασιώτερος
ἐκείνου. Ὁ μέν γε δι' ὀργάνων ἐκήλει τοὺς ἀνθρώπους τῇ ἀπὸ τοῦ στόματος c
δυνάμει, καὶ ἔτι νυνὶ ὃς ἂν τὰ ἐκείνου αὐλῇ · ἃ γὰρ Ὄλυμπος ηὔλει, Μαρσύου

λέγω, τούτου διδάξαντος. Τὰ οὖν ἐκείνου, ἐάντε ἀγαθὸς αὐλητὴς αὐλῇ, ἐάντε
φαύλη αὐλητρίς, μόνα κατέχεσθαι ποιεῖ καὶ δηλοῖ τοὺς τῶν θεῶν τε καὶ τελετῶν
δεομένους, διὰ τὸ θεῖα εἶναι. Σὺ δ' ἐκείνου τοσοῦτον μόνον διαφέρεις, ὅτι, ἄνευ
d ὀργάνων, ψιλοῖς λόγοις, ταὐτὸν τοῦτο ποιεῖς. Ἡμεῖς γοῦν, ὅταν μέν του ἄλλου
ἀκούωμεν λέγοντος, καὶ πάνυ ἀγαθοῦ ῥήτορος, ἄλλους λόγους, οὐδὲν μέλει,
ὡς ἔπος εἰπεῖν, οὐδενί · ἐπειδὰν δὲ σοῦ τις ἀκούῃ, ἢ τῶν σῶν λόγων ἄλλου λέ-
γοντος, κἂν πάνυ φαῦλος ᾖ ὁ λέγων, ἐάντε γυνὴ ἀκούῃ, ἐάντε ἀνήρ, ἐάντε μει-
ράκιον, ἐκπεπληγμένοι ἐσμὲν καὶ κατεχόμεθα.

Ἐγὼ γοῦν, ὦ ἄνδρες, εἰ μὴ ἔμελλον κομιδῇ δόξειν μεθύειν, εἶπον ὀμόσας
ἂν ὑμῖν οἷα δὴ πέπονθα αὐτὸς ὑπὸ τῶν τούτου λόγων καὶ πάσχω ἔτι καὶ νυνί.
Ὅταν γὰρ ἀκούω, πολύ μοι μᾶλλον ἢ τῶν κορυβαντιώντων ἥ τε καρδία πηδᾷ,
καὶ δάκρυα ἐκχεῖται ὑπὸ τῶν λόγων τῶν τούτου · ὁρῶ δὲ καὶ ἄλλους παμ-
πόλλους τὰ αὐτὰ πάσχοντας. Περικλέους δὲ ἀκούων καὶ ἄλλων ἀγαθῶν ῥητόρων,
εὖ μὲν ἡγούμην λέγειν, τοιοῦτον δ' οὐδὲν ἔπασχον, οὐδ' ἐτεθορύβητό μου ἡ
ψυχή, οὐδ' ἠγανάκτει ὡς ἀνδραποδωδῶς διακειμένου. Ἀλλ' ὑπὸ τουτουΐ τοῦ
216a Μαρσύου πολλάκις δὴ οὕτω διετέθην, ὥστε μοι δόξαι μὴ βιωτὸν εἶναι ἔχοντι
ὡς ἔχω. Καὶ ταῦτα, ὦ Σώκρατες, οὐκ ἐρεῖς ὡς οὐκ ἀληθῆ. Καὶ ἔτι γε νῦν
ξύνοιδ' ἐμαυτῷ ὅτι, εἰ ἐθέλοιμι παρέχειν τὰ ὦτα, οὐκ ἂν καρτερήσαιμι, ἀλλὰ
ταὐτὰ ἂν πάσχοιμι. Ἀναγκάζει γάρ με ὁμολογεῖν ὅτι, πολλοῦ ἐνδεὴς ὢν αὐτός,
ἔτι ἐμαυτοῦ μὲν ἀμελῶ, τὰ δ' Ἀθηναίων πράττω. Βίᾳ οὖν, ὥσπερ ἀπὸ τῶν
Σειρήνων, ἐπισχόμενος τὰ ὦτα, οἴχομαι φεύγων, ἵνα μὴ αὐτοῦ καθήμενος
b παρὰ τούτῳ καταγηράσω. Πέπονθα δὲ πρὸς τοῦτον μόνον ἀνθρώπων, ὃ οὐκ
ἄν τις οἴοιτο ἐν ἐμοὶ ἐνεῖναι, τὸ αἰσχύνεσθαι ὁντινοῦν. Ἐγὼ δὲ τοῦτον μόνον
αἰσχύνομαι · ξύνοιδα γὰρ ἐμαυτῷ, ἀντιλέγειν μὲν οὐ δυναμένῳ ὡς οὐ δεῖ ποιεῖν
ἃ οὗτος κελεύει, ἐπειδὰν δὲ ἀπέλθω, ἡττημένῳ τῆς τιμῆς τῆς ὑπὸ τῶν πολλῶν ·
δραπετεύω οὖν αὐτὸν καὶ φεύγω, καί, ὅταν ἴδω, αἰσχύνομαι τὰ ὡμολογημένα.
c Καὶ πολλάκις μὲν ἡδέως ἂν ἴδοιμι αὐτὸν μὴ ὄντα ἐν ἀνθρώποις · εἰ δ' αὖ τοῦτο
γένοιτο, εὖ οἶδα ὅτι πολὺ μεῖζον ἂν ἀχθοίμην, ὥστε οὐκ ἔχω ὅτι χρήσωμαι
τούτῳ τῷ ἀνθρώπῳ.

It is on this chapter mostly that H. Maier based his interpretation that Socr.
was a moral and religious preacher, a missionary, much more than a dialectician
(H. Maier, *Sokrates*, Berlin 1913).

Cf. Pl., *Laches*, 187 e (Nicias speaks):

οὔ μοι δοκεῖς εἰδέναι ὅτι, ὃς ἂν ἐγγύτατα Σωκράτους ᾖ [λόγῳ ὥσπερ γένει καὶ πλησιάζῃ
διαλεγόμενος], ἀνάγκη αὐτῷ, ἐὰν ἄρα καὶ περὶ ἄλλου του πρότερον ἄρξηται διαλέγεσθαι,
μὴ παύεσθαι ὑπὸ τούτου περιαγόμενον τῷ λόγῳ, πρὶν ἂν ἐμπέσῃ εἰς τὸ διδόναι περὶ αὑτοῦ
λόγον, ὅντινα τρόπον νῦν τε ζῇ καὶ ὅντινα τὸν παρεληλυθότα βίον βεβίωκεν · ἐπειδὰν δ'
ἐμπέσῃ, ὅτι οὐ πρότερον αὐτὸν ἀφήσει Σωκράτης, πρὶν ἂν βασανίσῃ ταῦτα εὖ τε καὶ καλῶς
ἅπαντα.

his
σωφροσύνη   **b.** Ib., 216 c-217 a:

Καὶ ὑπὸ μὲν δὴ τῶν αὐλημάτων καὶ ἐγὼ καὶ ἄλλοι πολλοὶ τοιαῦτα πεπόνθασιν

ὑπὸ τοῦδε τοῦ σατύρου. Ἄλλα δὲ ἐμοῦ ἀκούσατε ὡς ὅμοιός τέ ἐστιν οἷς ἐγὼ
εἴκασα αὐτὸν καὶ τὴν δύναμιν ὡς θαυμασίαν ἔχει. Εὖ γὰρ ἴστε ὅτι οὐδεὶς ὑμῶν
τοῦτον γιγνώσκει · ἀλλὰ ἐγὼ δηλώσω, ἐπείπερ ἠρξάμην. Ὁρᾶτε γὰρ ὅτι Σω- d
κράτης ἐρωτικῶς διάκειται τῶν καλῶν, καὶ ἀεὶ περὶ τούτους ἐστὶ καὶ ἐκπέπληκ-
ται · καὶ αὖ ἀγνοεῖ πάντα καὶ οὐδὲν οἶδεν, ὡς τὸ σχῆμα αὐτοῦ. Τοῦτο οὐ σιλη-
νῶδες; Σφόδρα γε · τοῦτο γὰρ οὗτος ἔξωθεν περιβέβληται, ὥσπερ ὁ γεγλυμμέ-
νος σιληνός · ἔνδοθεν δὲ ἀνοιχθεὶς πόσης οἴεσθε γέμει, ὦ ἄνδρες συμπόται,
σωφροσύνης; Ἴστε ὅτι, οὔτε εἴ τις καλός ἐστι, μέλει αὐτῷ οὐδέν, ἀλλὰ κατα-
φρονεῖ τοσοῦτον ὅσον οὐδ' ἂν εἷς οἰηθείη, οὔτ' εἴ τις πλούσιος, οὔτ' εἰ ἄλλην e
τινὰ τιμὴν ἔχων τῶν ὑπὸ πλήθους μακαριζομένων · ἡγεῖται δὲ πάντα ταῦτα τὰ
κτήματα οὐδενὸς ἄξια, καὶ ἡμᾶς οὐδὲν εἶναι · λέγω ὑμῖν. Εἰρωνευόμενος δὲ καὶ
παίζων πάντα τὸν βίον πρὸς τοὺς ἀνθρώπους διατελεῖ · σπουδάσαντος δὲ αὐτοῦ
καὶ ἀνοιχθέντος, οὐκ οἶδα εἴ τις ἑώρακε τὰ ἐντὸς ἀγάλματα · ἀλλ' ἐγὼ ἤδη
ποτ' εἶδον, καί μοι ἔδοξεν οὕτω θεῖα καὶ χρυσᾶ εἶναι καὶ πάγκαλα καὶ θαυ-   217a
μαστά, ὥστε ποιητέον εἶναι ἐν βραχεῖ ὅ τι κελεύοι Σωκράτης.

c. Ib., 219 e-220 d:

Ταῦτά τε γάρ μοι ἅπαντα προυγεγόνει, καὶ μετὰ ταῦτα στρατεία ἡμῖν
εἰς Ποτείδαιαν ἐγένετο κοινὴ καὶ συνεσιτοῦμεν ἐκεῖ. Πρῶτον μὲν οὖν τοῖς
πόνοις οὐ μόνον ἐμοῦ περιῆν, ἀλλὰ καὶ τῶν ἄλλων ἁπάντων. Ὁπότ' ἀναγκασ-
θείημεν, ἀποληφθέντες που, οἷα δὴ ἐπὶ στρατείας, ἀσιτεῖν, οὐδὲν ἦσαν οἱ
ἄλλοι πρὸς τὸ καρτερεῖν. Ἔν τ' αὖ ταῖς εὐωχίαις μόνος ἀπολαύειν οἷός τ' ἦν   220a
τά τ' ἄλλα καὶ πίνειν, οὐκ ἐθέλων ὁπότε ἀναγκασθείη, πάντας ἐκράτει καί,
ὃ πάντων θαυμαστότατον, Σωκράτη μεθύοντα οὐδεὶς πώποτε ἑώρακεν ἀνθρώ-
πων · τούτου μὲν οὖν μοι δοκεῖ καὶ αὐτίκα ὁ ἔλεγχος ἔσεσθαι. Πρὸς δὲ αὖ τὰς
τοῦ χειμῶνος καρτερήσεις (δεινοὶ γὰρ αὐτόθι χειμῶνες), θαυμάσια εἰργάζετο,
τά τε ἄλλα καί ποτε ὄντος πάγου οἵου δεινοτάτου, καὶ πάντων ἢ οὐκ ἐξιόντων b
ἔνδοθεν ἤ, εἴ τις ἐξίοι, ἠμφιεσμένων τε θαυμαστὰ δὴ ὅσα καὶ ὑποδεδεμένων
καὶ ἐνειλιγμένων τοὺς πόδας εἰς πίλους καὶ ἀρνακίδας, οὗτος δ' ἐν τούτοις
ἐξῄει ἔχων ἱμάτιον μὲν τοιοῦτον οἷόνπερ καὶ πρότερον εἰώθει φορεῖν, ἀνυπόδητος
δὲ διὰ τοῦ κρυστάλλου ῥᾷον ἐπορεύετο ἢ οἱ ἄλλοι ὑποδεδεμένοι · οἱ δὲ στρατιῶται
ὑπέβλεπον αὐτόν, ὡς καταφρονοῦντα σφῶν.
Καὶ ταῦτα μὲν δὴ ταῦτα ·   c
        οἷον δ' αὖ τόδ' ἔρεξε καὶ ἔτλη καρτερὸς ἀνὴρ
ἐκεῖ ποτε ἐπὶ στρατείας, ἄξιον ἀκοῦσαι. Ξυννοήσας γὰρ αὐτόθι ἕωθέν τι εἱστήκει
σκοπῶν · καί, ἐπειδὴ οὐ προυχώρει αὐτῷ, οὐκ ἀνίει, ἀλλὰ εἱστήκει ζητῶν.
Καὶ ἤδη ἦν μεσημβρία, καὶ ἄνθρωποι ᾐσθάνοντο, καὶ θαυμάζοντες ἄλλος ἄλλῳ
ἔλεγεν ὅτι Σωκράτης ἐξ ἑωθινοῦ φροντίζων τι ἕστηκεν. Τελευτῶντες δέ τινες
τῶν ἰδόντων, ἐπειδὴ ἑσπέρα ἦν, δειπνήσαντες (καὶ γὰρ θέρος τότε γε ἦν)

d χαμεύνια ἐξενεγκάμενοι, ἅμα μὲν ἐν τῷ ψύχει καθηῦδον, ἅμα δ' ἐφύλαττον
αὐτὸν εἰ καὶ τὴν νύκτα ἑστήξοι. Ὁ δὲ εἱστήκει μέχρι ἕως ἐγένετο καὶ ἥλιος
ἀνέσχεν. Ἔπειτα ᾤχετ' ἀπιών, προσευξάμενος τῷ ἡλίῳ.

his obstetric art   209—a. Pl., *Theaet.* 149 a-b; 150 b-d; 151 a-b:

Εἶτα, ὦ καταγέλαστε, οὐκ ἀκήκοας ὡς ἐγώ εἰμι υἱὸς μαίας μάλα γενναίας
τε καὶ βλοσυρᾶς, Φαιναρέτης; ΘΕΑΙ. Ἤδη τοῦτό γε ἤκουσα. ΣΩ. Ἆρα καὶ
ὅτι ἐπιτηδεύω τὴν αὐτὴν τέχνην ἀκήκοας; ΘΕΑΙ. Οὐδαμῶς. ΣΩ. Ἀλλ'
εὖ ἴσθ' ὅτι· μὴ μέντοι μου κατείπῃς πρὸς τοὺς ἄλλους. λέληθα γάρ, ὦ ἑταῖρε,
ταύτην ἔχων τὴν τέχνην· οἱ δέ, ἅτε οὐκ εἰδότες, τοῦτο μὲν οὐ λέγουσι περὶ
ἐμοῦ, ὅτι δὲ ἀτοπώτατός εἰμι καὶ ποιῶ τοὺς ἀνθρώπους ἀπορεῖν.

(150b) Τῇ δέ γ' ἐμῇ τέχνῃ τῆς μαιεύσεως τὰ μὲν ἄλλα ὑπάρχει ὅσα ἐκείναις,
διαφέρει δὲ τῷ τε ἄνδρας ἀλλὰ μὴ γυναῖκας μαιεύεσθαι καὶ τῷ τὰς ψυχὰς
αὐτῶν τικτούσας ἐπισκοπεῖν ἀλλὰ μὴ τὰ σώματα. Μέγιστον δὲ τοῦτ' ἔνι τῇ
c ἡμετέρᾳ τέχνῃ, βασανίζειν δυνατὸν εἶναι παντὶ τρόπῳ πότερον εἴδωλον καὶ
ψεῦδος ἀποτίκτει τοῦ νέου ἡ διάνοια ἢ γόνιμόν τε καὶ ἀληθές. Ἐπεὶ τόδε γε
καὶ ἐμοὶ ὑπάρχει ὅπερ ταῖς μαίαις· ἄγονός εἰμι σοφίας, καὶ ὅπερ ἤδη πολλοί
μοι ὠνείδισαν, ὡς τοὺς μὲν ἄλλους ἐρωτῶ, αὐτὸς δὲ οὐδὲν ἀποφαίνομαι περὶ
οὐδενὸς διὰ τὸ μηδὲν ἔχειν σοφόν, ἀληθὲς ὀνειδίζουσιν. τὸ δὲ αἴτιον τούτου
τόδε· μαιεύεσθαί με ὁ θεὸς ἀναγκάζει, γεννᾶν δὲ ἀπεκώλυσεν. εἰμὶ δὴ οὖν
d αὐτὸς μὲν οὐ πάνυ τι σοφός, οὐδέ τί μοι ἔστιν εὕρημα τοιοῦτο γεγονὸς τῆς
ἐμῆς ψυχῆς ἔκγονον· οἱ δ' ἐμοὶ ξυγγιγνόμενοι τὸ μὲν πρῶτον φαίνονται ἔνιοι
μὲν καὶ πάνυ ἀμαθεῖς, πάντες δὲ προϊούσης τῆς συνουσίας, οἷσπερ ἂν ὁ θεὸς
παρείκῃ, θαυμαστὸν ὅσον ἐπιδιδόντες, ὡς αὐτοῖς τε καὶ τοῖς ἄλλοις δοκοῦσι·
καὶ τοῦτο ἐναργὲς ὅτι παρ' ἐμοῦ οὐδὲν πώποτε μαθόντες, ἀλλ' αὐτοὶ παρ'
αὑτῶν πολλὰ καὶ καλὰ εὑρόντες τε καὶ τεκόντες.

(151a⁵) πάσχουσι δὲ δὴ οἱ ἐμοὶ συγγιγνόμενοι καὶ τοῦτο ταὐτὸν ταῖς
τικτούσαις· ὠδίνουσι γὰρ καὶ ἀπορίας ἐμπίμπλανται νύκτας τε καὶ ἡμέρας
πολὺ μᾶλλον ἢ 'κεῖναι· ταύτην δὲ τὴν ὠδῖνα ἐγείρειν τε καὶ ἀποπαύειν ἡ ἐμὴ
τέχνη δύναται.

he is like an electric eel   b. Cf. Pl., *Meno* 80 a (Meno speaks):

Ὦ Σώκρατες, ἤκουον μὲν ἔγωγε πρὶν καὶ συγγενέσθαι σοι, ὅτι σὺ οὐδὲν
ἄλλο ἢ αὐτός τε ἀπορεῖς καὶ τοὺς ἄλλους ποιεῖς ἀπορεῖν· καὶ νῦν, ὥς γέ
μοι δοκεῖς, γοητεύεις με καὶ φαρμάττεις καὶ ἀτεχνῶς κατεπάδεις, ὥστε μεστὸν
ἀπορίας γεγονέναι. καὶ δοκεῖς μοι παντελῶς, εἰ δεῖ τι καὶ σκῶψαι, ὁμοιότατος
εἶναι τό τε εἶδος καὶ τἆλλα ταύτῃ τῇ πλατείᾳ νάρκῃ τῇ θαλαττίᾳ. καὶ γὰρ
αὕτη τὸν ἀεὶ πλησιάζοντα καὶ ἁπτόμενον ναρκᾶν ποιεῖ· καὶ σὺ δοκεῖς μοι
νῦν ἐμὲ τοιοῦτόν τι πεποιηκέναι, [ναρκᾶν]. ἀληθῶς γὰρ ἔγωγε καὶ τὴν ψυχὴν
καὶ τὸ στόμα ναρκῶ, καὶ οὐκ ἔχω ὅ τι ἀποκρίνωμαί σοι.

3—THE DIALECTIC METHOD

210—Pl., *Laches* 190 c-199 e.

Two Athenians are consulting the generals Nicias and Lamachus about the education of their sons: is it useful to teach them the practice of arms? Socr. is called in for advice. He reduces the question to that of virtue, the purpose being that the souls of the boys are made better. Now, what is virtue?

ΣΩ. Μὴ τοίνυν, ὦ ἄριστε, περὶ ὅλης ἀρετῆς εὐθέως σκοπώμεθα · πλέον γὰρ ἴσως ἔργον · ἀλλὰ μέρους τινὸς πέρι πρῶτον ἴδωμεν, εἰ ἱκανῶς ἔχομεν πρὸς τὸ εἰδέναι · καὶ ἡμῖν, ὡς τὸ εἰκός, ῥᾷων ἡ σκέψις ἔσται.

ΛΑ. Ἀλλ᾿ οὕτω ποιῶμεν, ὦ Σώκρατες, ὡς σὺ βούλει.

ΣΩ. Τί οὖν ἂν προελοίμεθα τῶν τῆς ἀρετῆς μερῶν; Ἢ δῆλον δὴ ὅτι τοῦτο εἰς ὃ τείνειν δοκεῖ ἡ ἐν τοῖς ὅπλοις μάθησις; δοκεῖ δέ που τοῖς πολλοῖς εἰς ἀνδρείαν. Ἢ γάρ;

ΛΑ. Καὶ μάλα δὴ οὕτω δοκεῖ.

ΣΩ. Τοῦτο τοίνυν πρῶτον ἐπιχειρήσωμεν, ὦ Λάχης, εἰπεῖν, ἀνδρεία τί ποτ᾿ ἐστίν · ἔπειτα μετὰ τοῦτο σκεψόμεθα καὶ ὅτῳ ἂν τρόπῳ τοῖς νεανίσκοις παραγένοιτο, καθ᾿ ὅσον οἷόν τε ἐξ ἐπιτηδευμάτων τε καὶ μαθημάτων παραγενέσθαι. Ἀλλὰ πειρῶ εἰπεῖν ὃ λέγω, τί ἐστιν ἀνδρεία.

ΛΑ. Οὐ μὰ τὸν Δία, ὦ Σώκρατες, οὐ χαλεπὸν εἰπεῖν · εἰ γάρ τις ἐθέλοι ἐν τῇ τάξει μένων ἀμύνεσθαι τοὺς πολεμίους καὶ μὴ φεύγοι, εὖ ἴσθι ὅτι ἀνδρεῖος ἂν εἴη.

ΣΩ. Εὖ μὲν λέγεις, ὦ Λάχης · ἀλλ᾿ ἴσως ἐγὼ αἴτιος, οὐ σαφῶς εἰπών, τὸ σὲ ἀποκρίνασθαι μὴ τοῦτο ὃ διανοούμενος ἠρόμην, ἀλλ᾿ ἕτερον.

ΛΑ. Πῶς τοῦτο λέγεις, ὦ Σώκρατες;

ΣΩ. Ἐγὼ φράσω, ἐὰν οἷός τε γένωμαι. Ἀνδρεῖός που οὗτος ὃν καὶ σὺ λέγεις, ὃς ἂν ἐν τῇ τάξει μένων μάχηται τοῖς πολεμίοις.

ΛΑ. Ἐγὼ γοῦν φημί.

ΣΩ. Καὶ γὰρ ἐγώ. Ἀλλὰ τί αὖ ὅδε, ὃς ἂν φεύγων μάχηται τοῖς πολεμίοις, ἀλλὰ μὴ μένων;

ΛΑ. Πῶς φεύγων;

ΣΩ. Ὥσπερ που καὶ Σκύθαι λέγονται οὐχ ἧττον φεύγοντες ἢ διώκοντες μάχεσθαι, καὶ Ὅμηρός που ἐπαινῶν τοὺς τοῦ Αἰνείου ἵππους κραιπνὰ μάλ᾿ ἔνθα καὶ ἔνθα ἔφη αὐτοὺς ἐπίστασθαι διώκειν ἠδὲ φέβεσθαι · καὶ αὐτὸν τὸν Αἰνείαν κατὰ τοῦτ᾿ ἐνεκωμίασε, κατὰ τὴν τοῦ φόβου ἐπιστήμην, καὶ εἶπεν αὐτὸν εἶναι μήστωρα φόβοιο.

ΛΑ. Καὶ καλῶς γε, ὦ Σώκρατες · περὶ ἁρμάτων γὰρ ἔλεγε · καὶ σὺ τὸ τῶν Σκυθῶν ἱππέων πέρι λέγεις. Τὸ μὲν γὰρ ἱππικὸν τὸ ἐκείνων οὕτω μάχεται, τὸ δὲ ὁπλιτικὸν τό γε τῶν Ἑλλήνων ὡς ἐγὼ λέγω.

ΣΩ. Πλήν γ᾿ ἴσως, ὦ Λάχης, τὸ Λακεδαιμονίων. Λακεδαιμονίους γὰρ

(margin notes:) Socr. in search of a definition

190d

e

first definition

191a

b

c φασιν ἐν Πλαταιαῖς, ἐπειδὴ πρὸς τοῖς γερροφόροις ἐγένοντο, οὐκ ἐθέλειν μέ-
νοντας πρὸς αὐτοῖς μάχεσθαι, ἀλλὰ φεύγειν, ἐπειδὴ δ' ἐλύθησαν αἱ τάξεις
τῶν Περσῶν, ἀναστρεφομένους ὥσπερ ἱππέας μάχεσθαι καὶ οὕτω νικῆσαι
τὴν ἐκεῖ μάχην.

ΛΑ. Ἀληθῆ λέγεις.

ΣΩ. Τοῦτο τοίνυν ὃ ἄρτι ἔλεγον, ὅτι ἐγὼ αἴτιος μὴ καλῶς σε ἀποκρίνασθαι,
ὅτι οὐ καλῶς ἠρόμην. Βουλόμενος γάρ σου πυθέσθαι μὴ μόνον τοὺς ἐν τῷ
d ὁπλιτικῷ ἀνδρείους, ἀλλὰ καὶ τοὺς ἐν τῷ ἱππικῷ καὶ ἐν ξύμπαντι τῷ πολε-
μικῷ εἴδει, καὶ μὴ μόνον τοὺς ἐν τῷ πολέμῳ, ἀλλὰ καὶ τοὺς ἐν τοῖς πρὸς τὴν
θάλατταν κινδύνοις ἀνδρείους ὄντας, καὶ ὅσοι γε πρὸς νόσους καὶ ὅσοι πρὸς
πενίας ἢ καὶ πρὸς τὰ πολιτικὰ ἀνδρεῖοί εἰσιν, καὶ ἔτι αὖ μὴ μόνον ὅσοι πρὸς
λύπας ἀνδρεῖοί εἰσιν ἢ φόβους, ἀλλὰ καὶ πρὸς ἐπιθυμίας ἢ ἡδονὰς δεινοὶ μά-
e χεσθαι, καὶ μένοντες καὶ ἀναστρέφοντες [1] — εἰσὶ γάρ πού τινες, ὦ Λάχης,
καὶ ἐν τοῖς τοιούτοις ἀνδρεῖοι.

ΛΑ. Καὶ σφόδρα, ὦ Σώκρατες.

ΣΩ. Οὐκοῦν ἀνδρεῖοι μὲν πάντες οὗτοί εἰσιν, ἀλλ' οἱ μὲν ἐν ἡδοναῖς, οἱ
δ' ἐν λύπαις, οἱ δ' ἐν ἐπιθυμίαις, οἱ δ' ἐν φόβοις τὴν ἀνδρείαν ἔκτηνται · οἱ δέ
γ', οἶμαι, δειλίαν ἐν τοῖς αὐτοῖς τούτοις.

ΛΑ. Πάνυ γε.

ΣΩ. Τί ποτε ὂν ἑκάτερον τούτων, τοῦτο ἐπυνθανόμην. Πάλιν οὖν πειρῶ
εἰπεῖν ἀνδρείαν πρῶτον, τί ὂν ἐν πᾶσι τούτοις ταὐτόν ἐστιν · ἢ οὔπω κατα-
μανθάνεις ὃ λέγω;

ΛΑ. Οὐ πάνυ τι.

192a ΣΩ. Ἀλλ' ὧδε λέγω, ὥσπερ ἂν εἰ τάχος ἠρώτων τί ποτ' ἐστίν, ὃ καὶ ἐν
τῷ τρέχειν τυγχάνει ὂν ἡμῖν καὶ ἐν τῷ κιθαρίζειν καὶ ἐν τῷ λέγειν καὶ ἐν τῷ
μανθάνειν καὶ ἐν ἄλλοις πολλοῖς, καὶ σχεδόν τι αὐτὸ κεκτήμεθα [2], οὗ καὶ πέρι
ἄξιον λέγειν, ἢ ἐν ταῖς τῶν χειρῶν πράξεσιν ἢ σκελῶν ἢ στόματός τε καὶ
φωνῆς ἢ διανοίας · ἢ οὐχ οὕτω καὶ σὺ λέγεις;

ΛΑ. Πάνυ γε.

ΣΩ. Εἰ τοίνυν τίς με ἔροιτο, Ὦ Σώκρατες, τί λέγεις τοῦτο, ὃ ἐν πᾶσιν
b ὀνομάζεις ταχυτῆτα εἶναι; εἴποιμ' ἂν αὐτῷ ὅτι τὴν ἐν ὀλίγῳ χρόνῳ πολλὰ
διαπραττομένην δύναμιν ταχυτῆτα ἔγωγε καλῶ καὶ περὶ φωνὴν καὶ περὶ
δρόμον καὶ περὶ τἆλλα πάντα.

ΛΑ. Ὀρθῶς γε σὺ λέγων.

ΣΩ. Πειρῶ δὴ καὶ σύ, ὦ Λάχης, τὴν ἀνδρείαν οὕτως εἰπεῖν, τίς οὖσα δύ-

---

[1] ἀναστρέφοντες - intrans.
[2] καὶ σχεδόν τι αὐτὸ κεκτήμεθα - We continue the relative phrase: "and
which we possess in nearly every thing that has any importance".

ναμις ἡ αὐτὴ ἐν ἡδονῇ καὶ ἐν λύπῃ καὶ ἐν ἅπασιν οἷς νυνδὴ ἐλέγομεν αὐτὴν εἶναι, ἔπειτα ἀνδρεία κέκληται.

ΛΑ. Δοκεῖ τοίνυν μοι καρτερία τις εἶναι τῆς ψυχῆς, εἰ τό γε διὰ πάντων [περὶ ἀνδρείας] πεφυκὸς δεῖ εἰπεῖν.

second definition

ΣΩ. Ἀλλὰ μὴν δεῖ, εἴ γε τὸ ἐρωτώμενον ἀποκρινούμεθα ἡμῖν αὐτοῖς. c Τοῦτο τοίνυν ἔμοιγε φαίνεται · οὔ τι πᾶσά γε, ὡς ἐγῷμαι, καρτερία ἀνδρεία σοι φαίνεται · τεκμαίρομαι δὲ ἐνθένδε · σχεδὸν γάρ τι οἶδα, ὦ Λάχης, ὅτι τῶν πάνυ καλῶν πραγμάτων ἡγεῖ σὺ ἀνδρείαν εἶναι.

ΛΑ. Εὖ μὲν οὖν ἴσθι ὅτι τῶν καλλίστων.

ΣΩ. Οὐκοῦν ἡ μὲν μετὰ φρονήσεως καρτερία καλὴ κἀγαθή;

ΛΑ. Πάνυ γε.

ΣΩ. Τί δ' ἡ μετ' ἀφροσύνης; Οὐ τοὐναντίον ταύτῃ βλαβερὰ καὶ κακοῦργος;

ΛΑ. Ναί.

ΣΩ. Καλὸν οὖν τι φήσεις σὺ εἶναι τὸ τοιοῦτον, ὃν κακοῦργόν τε καὶ βλαβερόν; d

ΛΑ. Οὔκουν δίκαιόν γε, ὦ Σώκρατες.

ΣΩ. Οὐκ ἄρα τήν γε τοιαύτην καρτερίαν ἀνδρείαν ὁμολογήσεις εἶναι, ἐπειδήπερ οὐ καλή ἐστιν, ἡ δὲ ἀνδρεία καλόν ἐστιν.

ΛΑ. Ἀληθῆ λέγεις.

ΣΩ. Ἡ φρόνιμος ἄρα καρτερία κατὰ τὸν σὸν λόγον ἀνδρεία ἂν εἴη.

second definition corrected

ΛΑ. Ἔοικεν.

ΣΩ. Ἴδωμεν δή, ἡ εἰς τί φρόνιμος; ἢ ἡ εἰς ἅπαντα καὶ τὰ μεγάλα καὶ τὰ e σμικρά; οἷον εἴ τις καρτερεῖ ἀναλίσκων ἀργύριον φρονίμως, εἰδὼς ὅτι ἀναλώσας πλέον ἐκτήσεται, τοῦτον ἀνδρεῖον καλοῖς ἄν;

ΛΑ. Μὰ Δί' οὐκ ἔγωγε.

ΣΩ. Ἀλλ' οἷον εἴ τις ἰατρὸς ὤν, περιπλευμονίᾳ τοῦ ὑέος ἐχομένου ἢ ἄλλου τινὸς καὶ δεομένου πιεῖν ἢ φαγεῖν δοῦναι, μὴ κάμπτοιτο, ἀλλὰ καρτεροῖ; 193a

ΛΑ. Οὐδ' ὁπωστιοῦν οὐδ' αὕτη.

ΣΩ. Ἀλλ' ἐν πολέμῳ καρτεροῦντα ἄνδρα καὶ ἐθέλοντα μάχεσθαι, φρονίμως λογιζόμενον, εἰδότα μὲν ὅτι βοηθήσουσιν ἄλλοι αὐτῷ, πρὸς ἐλάττους δὲ καὶ φαυλοτέρους μαχεῖται ἢ μεθ' ὧν αὐτός ἐστιν, ἔτι δὲ χωρία ἔχει κρείττω, τοῦτον τὸν μετὰ τῆς τοιαύτης φρονήσεως καὶ παρασκευῆς καρτεροῦντα ἀνδρειότερον ἂν φαίης ἢ τὸν ἐν τῷ ἐναντίῳ στρατοπέδῳ ἐθέλοντα ὑπομένειν τε καὶ καρτερεῖν;

ΛΑ. Τὸν ἐν τῷ ἐναντίῳ, ἔμοιγε δοκεῖ, ὦ Σώκρατες. b

ΣΩ. Ἀλλὰ μὴν ἀφρονεστέρα γε ἡ τούτου ἢ ἡ τοῦ ἑτέρου καρτερία.

ΛΑ. Ἀληθῆ λέγεις.

ΣΩ. Καὶ τὸν μετ' ἐπιστήμης ἄρα ἱππικῆς καρτεροῦντα ἐν ἱππομαχίᾳ ἧττον φήσεις ἀνδρεῖον εἶναι ἢ τὸν ἄνευ ἐπιστήμης.

ΛΑ. Ἔμοιγε δοκεῖ.

ΣΩ. Καὶ τὸν μετὰ σφενδονητικῆς ἢ τοξικῆς ἢ ἄλλης τινὸς τέχνης καρτεροῦντα.

c ΛΑ. Πάνυ γε.

ΣΩ. Καὶ ὅσοι δὴ ἐθέλουσιν εἰς φρέαρ καταβαίνοντες καὶ κολυμβῶντες καρτερεῖν ἐν τούτῳ τῷ ἔργῳ, μὴ ὄντες δεινοί, ἢ ἔν τινι ἄλλῳ τοιούτῳ, ἀνδρειοτέρους φήσεις τῶν ταῦτα δεινῶν.

ΛΑ. Τί γὰρ ἄν τις ἄλλο φαίη, ὦ Σώκρατες;

ΣΩ. Οὐδέν, εἴπερ οἴοιτό γε οὕτως.

ΛΑ. Ἀλλὰ μὴν οἶμαί γε.

ΣΩ. Καὶ μήν που ἀφρονεστέρως γε, ὦ Λάχης, οἱ τοιοῦτοι κινδυνεύουσίν τε καὶ καρτεροῦσιν ἢ οἱ μετὰ τέχνης αὐτὸ πράττοντες.

ΛΑ. Φαίνονται.

d ΣΩ. Οὐκοῦν αἰσχρὰ ἡ ἄφρων τόλμα τε καὶ καρτέρησις ἐν τῷ πρόσθεν ἐφάνη ἡμῖν οὖσα καὶ βλαβερά;

ΛΑ. Πάνυ γε.

ΣΩ. Ἡ δέ γε ἀνδρεία ὡμολογεῖτο καλόν τι εἶναι.

ΛΑ. Ὡμολογεῖτο γάρ.

ΣΩ. Νῦν δ’ αὖ πάλιν φαμὲν ἐκεῖνο τὸ αἰσχρόν, τὴν ἄφρονα καρτέρησιν, ἀνδρείαν εἶναι.

ΛΑ. Ἐοίκαμεν.

ΣΩ. Καλῶς οὖν σοι δοκοῦμεν λέγειν;

ΛΑ. Μὰ τὸν Δία, ὦ Σώκρατες, ἐμοὶ μὲν οὔ.

ΣΩ. Οὐκ ἄρα που κατὰ τὸν σὸν λόγον δωριστὶ ἡρμόσμεθα ἐγώ τε καὶ σύ, e ὦ Λάχης· τὰ γὰρ ἔργα οὐ ξυμφωνεῖ ἡμῖν τοῖς λόγοις. Ἔργῳ μὲν γάρ, ὡς ἔοικε, φαίη ἄν τις ἡμᾶς ἀνδρείας μετέχειν, λόγῳ δ’, ὡς ἐγῷμαι, οὐκ ἄν, εἰ νῦν ἡμῶν ἀκούσειε διαλεγομένων.

ΛΑ. Ἀληθέστατα λέγεις.

ΣΩ. Τί οὖν; δοκεῖ καλὸν εἶναι οὕτως ἡμᾶς διακεῖσθαι;

ΛΑ. Οὐδ’ ὁπωστιοῦν.

ΣΩ. Βούλει οὖν ᾧ λέγομεν πειθώμεθα τό γε τοσοῦτον;

ΛΑ. Τὸ ποῖον δὴ τοῦτο, καὶ τίνι τούτῳ;

194a ΣΩ. Τῷ λόγῳ ὃς καρτερεῖν κελεύει. Εἰ οὖν βούλει, καὶ ἡμεῖς ἐπὶ τῇ ζητήσει ἐπιμείνωμέν τε καὶ καρτερήσωμεν, ἵνα καὶ μὴ ἡμῶν αὐτὴ ἡ ἀνδρεία καταγελάσῃ, ὅτι οὐκ ἀνδρείως αὐτὴν ζητοῦμεν, εἰ ἄρα πολλάκις αὐτὴ ἡ καρτέρησίς ἐστιν ἀνδρεία.

ΛΑ. Ἐγὼ μὲν ἕτοιμος, ὦ Σώκρατες, μὴ προαφίστασθαι· καίτοι ἀήθης γ’ εἰμὶ τῶν τοιούτων λόγων· ἀλλά τίς με καὶ φιλονεικία εἴληφεν πρὸς τὰ εἰρημένα, καὶ ὡς ἀληθῶς ἀγανακτῶ, εἰ οὑτωσὶ ἃ νοῶ μὴ οἷός τ’ εἰμὶ εἰπεῖν. Νοεῖν μὲν γὰρ ἔμοιγε δοκῶ περὶ ἀνδρείας ὅ τι ἔστιν, οὐκ οἶδα δ' ὅπη με ἄρτι διέφυγεν, ὥστε μὴ ξυλλαβεῖν τῷ λόγῳ αὐτὴν καὶ εἰπεῖν ὅ τι ἔστιν.

ΣΩ. Οὐκοῦν, ὦ φίλε, τὸν ἀγαθὸν κυνηγέτην μεταθεῖν χρὴ καὶ μὴ ἀνιέναι.

ΛΑ. Παντάπασι μὲν οὖν.

ΣΩ. Βούλει οὖν καὶ Νικίαν τόνδε παρακαλῶμεν ἐπὶ τὸ κυνηγέσιον, εἴ τι ἡμῶν εὐπορώτερός ἐστιν;

ΛΑ. Βούλομαι · πῶς γὰρ οὔ;

ΣΩ. Ἴθι δή, ὦ Νικία, ἀνδράσι φίλοις χειμαζομένοις ἐν λόγῳ καὶ ἀποροῦσιν   c
βοήθησον, εἴ τινα ἔχεις δύναμιν. Τὰ μὲν γὰρ δὴ ἡμέτερα ὁρᾷς ὡς ἄπορα · σὺ
δ' εἰπὼν ὅ τι ἡγεῖ ἀνδρείαν εἶναι, ἡμᾶς τε τῆς ἀπορίας ἔκλυσαι καὶ αὐτὸς ἃ
νοεῖς τῷ λόγῳ βεβαίωσαι.

ΝΙ. Δοκεῖτε τοίνυν μοι πάλαι οὐ καλῶς, ὦ Σώκρατες, ὁρίζεσθαι τὴν ἀνδρείαν · ὃ γὰρ ἐγὼ σοῦ ἤδη καλῶς λέγοντος ἀκήκοα, τούτῳ οὐ χρῆσθε.

ΣΩ. Ποίῳ δή, ὦ Νικία;

ΝΙ. Πολλάκις ἀκήκοά σου λέγοντος ὅτι ταῦτα ἀγαθὸς ἕκαστος ἡμῶν ἅπερ   d
σοφός, ἃ δὲ ἀμαθής, ταῦτα δὲ κακός.

ΣΩ. Ἀληθῆ μέντοι νὴ Δία λέγεις, ὦ Νικία.

ΝΙ. Οὐκοῦν εἴπερ ὁ ἀνδρεῖος ἀγαθός, δῆλον ὅτι σοφός ἐστιν.

ΣΩ. Ἤκουσας, ὦ Λάχης;

ΛΑ. Ἔγωγε, καὶ οὐ σφόδρα γε μανθάνω ὃ λέγει.

ΣΩ. Ἀλλ' ἐγὼ δοκῶ μανθάνειν, καί μοι δοκεῖ ἀνὴρ σοφίαν τινὰ τὴν ἀνδρείαν λέγειν.   **third
definition**

ΛΑ. Ποίαν, ὦ Σώκρατες, σοφίαν;

ΣΩ. Οὐκοῦν τόνδε τοῦτο ἐρωτᾷς;

ΛΑ. Ἔγωγε.   e

ΣΩ. Ἴθι δή, αὐτῷ εἰπέ, ὦ Νικία, ποία σοφία ἀνδρεία ἂν εἴη κατὰ τὸν σὸν
λόγον · οὐ γάρ που ἥ γε αὐλητική.

ΝΙ. Οὐδαμῶς.

ΣΩ. Οὐδὲ μὴν ἡ κιθαριστική.

ΝΙ. Οὐ δῆτα.

ΣΩ. Ἀλλὰ τίς δὴ αὕτη ἢ τίνος ἐπιστήμη;

ΛΑ. Πάνυ μὲν οὖν ὀρθῶς αὐτὸν ἐρωτᾷς, ὦ Σώκρατες, καὶ εἰπέτω γε τίνα
φησὶν αὐτὴν εἶναι.

ΝΙ. Ταύτην ἔγωγε, ὦ Λάχης, τὴν τῶν δεινῶν καὶ θαρραλέων ἐπιστήμην   **third
definition
completed**
καὶ ἐν πολέμῳ καὶ ἐν τοῖς ἄλλοις ἅπασιν.

ΛΑ. Ὡς ἄτοπα λέγει, ὦ Σώκρατες.   195a

ΣΩ. Πρὸς τί τοῦτ' εἶπες βλέψας, ὦ Λάχης;

ΛΑ. Πρὸς ὅ τι; Χωρὶς δήπου σοφία ἐστὶν ἀνδρείας.

ΣΩ. Οὔκουν φησί γε Νικίας.

De Vogel, Greek Philosophy I   9

ΛΑ. Οὐ μέντοι μὰ Δία · ταῦτά τοι καὶ ληρεῖ.

ΣΩ. Οὐκοῦν διδάσκωμεν αὐτόν, ἀλλὰ μὴ λοιδορῶμεν.

ΝΙ. Οὔκ, ἀλλά μοι δοκεῖ, ὦ Σώκρατες, Λάχης ἐπιθυμεῖν κἀμὲ φανῆναι
b μηδὲν λέγοντα, ὅτι καὶ αὐτὸς ἄρτι τοιοῦτος ἐφάνη.

ΛΑ. Πάνυ μὲν οὖν, ὦ Νικία, καὶ πειράσομαί γε ἀποφῆναι. Οὐδὲν γὰρ
λέγεις · ἐπεὶ αὐτίκα ἐν ταῖς νόσοις οὐχ οἱ ἰατροὶ τὰ δεινὰ ἐπίστανται; Ἢ οἱ
ἀνδρεῖοι δοκοῦσί σοι ἐπίστασθαι; Ἢ τοὺς ἰατροὺς σὺ ἀνδρείους καλεῖς;

ΝΙ. Οὐδ' ὁπωστιοῦν.

ΛΑ. Οὐδέ γε τοὺς γεωργοὺς οἶμαι. Καίτοι τά γε ἐν τῇ γεωργίᾳ δεινὰ οὗτοι
δήπου ἐπίστανται, καὶ οἱ ἄλλοι δημιουργοὶ ἅπαντες τὰ ἐν ταῖς αὑτῶν τέχναις
c δεινά τε καὶ θαρραλέα ἴσασιν · ἀλλ' οὐδέν τι μᾶλλον οὗτοι ἀνδρεῖοί εἰσιν.

ΣΩ. Τί δοκεῖ Λάχης λέγειν, ὦ Νικία; Ἔοικεν μέντοι λέγειν τι.

ΝΙ. Καὶ γὰρ λέγει γέ τι, οὐ μέντοι ἀληθές γε.

ΣΩ. Πῶς δή;

ΝΙ. Ὅτι οἴεται τοὺς ἰατροὺς πλέον τι εἰδέναι περὶ τοὺς κάμνοντας ἢ τὸ
ὑγιεινὸν [εἰπεῖν οἷόν] τε καὶ νοσῶδες. Οἱ δὲ δήπου τοσοῦτον μόνον ἴσασιν ·
εἰ δὲ δεινόν τῳ τοῦτό ἐστιν τὸ ὑγιαίνειν μᾶλλον ἢ τὸ κάμνειν, ἡγεῖ σὺ τουτί,
ὦ Λάχης, τοὺς ἰατροὺς ἐπίστασθαι; ἢ οὐ πολλοῖς οἴει ἐκ τῆς νόσου ἄμεινον
d εἶναι μὴ ἀναστῆναι ἢ ἀναστῆναι; τοῦτο γὰρ εἰπέ · σὺ πᾶσι φῂς ἄμεινον εἶναι
ζῆν καὶ οὐ πολλοῖς κρεῖττον τεθνάναι;

ΛΑ. Οἶμαι ἔγωγε τοῦτό γε.

ΝΙ. Οἷς οὖν τεθνάναι λυσιτελεῖ, ταῦτα οἴει δεινὰ εἶναι καὶ οἷς ζῆν;

ΛΑ. Οὐκ ἔγωγε.

ΝΙ. Ἀλλὰ τοῦτο δὴ σὺ δίδως τοῖς ἰατροῖς γιγνώσκειν ἢ ἄλλῳ τινὶ δημιουργῷ
πλὴν τῷ τῶν δεινῶν καὶ μὴ δεινῶν ἐπιστήμονι, ὃν ἐγὼ ἀνδρεῖον καλῶ;

ΣΩ. Κατανοεῖς, ὦ Λάχης, ὅ τι λέγει;

e ΛΑ. Ἔγωγε, ὅτι γε τοὺς μάντεις καλεῖ τοὺς ἀνδρείους · τίς γὰρ δὴ ἄλλος
εἴσεται ὅτῳ ἄμεινον ζῆν ἢ τεθνάναι; καίτοι σύ, ὦ Νικία, πότερον ὁμολογεῖς
μάντις εἶναι ἢ οὔτε μάντις οὔτε ἀνδρεῖος;

ΝΙ. Τί δέ; μάντει αὖ οἴει προσήκειν τὰ δεινὰ γιγνώσκειν καὶ τὰ θαρραλέα;

ΛΑ. Ἔγωγε · τίνι γὰρ ἄλλῳ;

ΝΙ. Ὧι ἐγὼ λέγω πολὺ μᾶλλον, ὦ βέλτιστε · ἐπεὶ μάντιν γε τὰ σημεῖα
μόνον δεῖ γιγνώσκειν τῶν ἐσομένων, εἴτε τῳ θάνατος εἴτε νόσος εἴτε ἀποβολὴ
196a χρημάτων ἔσται, εἴτε νίκη εἴτε ἧττα ἢ πολέμου ἢ καὶ ἄλλης τινὸς ἀγωνίας ·
ὅ τι δέ τῳ ἄμεινον τούτων ἢ παθεῖν ἢ μὴ παθεῖν, τί μᾶλλον μάντει προσήκει
κρῖναι ἢ ἄλλῳ ὁτῳοῦν;

ΛΑ. Ἀλλ' ἐγὼ τοῦτο οὐ μανθάνω, ὦ Σώκρατες, ὅ τι βούλεται λέγειν ·
οὔτε γὰρ μάντιν οὔτε ἰατρὸν οὔτε ἄλλον οὐδένα δηλοῖ ὅντινα λέγει τὸν ἀνδρεῖον,
εἰ μὴ εἰ θεόν τινα λέγει αὐτὸν εἶναι. Ἐμοὶ μὲν οὖν φαίνεται Νικίας οὐκ ἐθέλειν

γενναίως ὁμολογεῖν ὅτι οὐδὲν λέγει, ἀλλὰ στρέφεται ἄνω καὶ κάτω ἐπικρυπ- b
τόμενος τὴν αὑτοῦ ἀπορίαν· καίτοι κἂν ἡμεῖς οἷοί τε ἦμεν ἄρτι ἐγώ τε καὶ
σὺ τοιαῦτα στρέφεσθαι, εἰ ἐβουλόμεθα μὴ δοκεῖν ἐναντία ἡμῖν αὐτοῖς λέγειν.
Εἰ μὲν οὖν ἐν δικαστηρίῳ ἡμῖν οἱ λόγοι ἦσαν, εἶχεν ἄν τινα λόγον ταῦτα ποιεῖν·
νῦν δὲ τί ἄν τις ἐν ξυνουσίᾳ τοιᾷδε μάτην κενοῖς λόγοις αὐτὸς αὑτὸν κοσμοῖ;
ΣΩ. Οὐδὲν οὐδ᾽ ἐμοὶ δοκεῖ, ὦ Λάχης· ἀλλ᾽ ὁρῶμεν μὴ Νικίας οἴεταί τι c
λέγειν καὶ οὐ λόγου ἕνεκα ταῦτα λέγει. Αὐτοῦ οὖν σαφέστερον πυθώμεθα τί
ποτε νοεῖ· καὶ ἐάν τι φαίνηται λέγων, ξυγχωρησόμεθα, εἰ δὲ μή, διδάξομεν.
ΛΑ. Σὺ τοίνυν, ὦ Σώκρατες, εἰ βούλει πυνθάνεσθαι, πυνθάνου· ἐγὼ δ᾽
ἴσως ἱκανῶς πέπυσμαι.
ΣΩ. Ἀλλ᾽ οὐδέν με κωλύει· κοινὴ γὰρ ἔσται ἡ πύστις ὑπὲρ ἐμοῦ τε καὶ σοῦ.
ΛΑ. Πάνυ μὲν οὖν.
ΣΩ. Λέγε δή μοι, ὦ Νικία, μᾶλλον δ᾽ ἡμῖν· κοινούμεθα γὰρ ἐγώ τε καὶ
Λάχης τὸν λόγον· τὴν ἀνδρείαν ἐπιστήμην φὴς δεινῶν τε καὶ θαρραλέων εἶναι; d
ΝΙ. Ἔγωγε.
ΣΩ. Τοῦτο δὲ οὐ παντὸς δὴ εἶναι ἀνδρὸς γνῶναι, ὁπότε γε μήτε ἰατρὸς
μήτε μάντις αὐτὸ γνώσεται μηδὲ ἀνδρεῖος ἔσται, ἐὰν μὴ αὐτὴν ταύτην τὴν
ἐπιστήμην προσλάβῃ· οὐχ οὕτως ἔλεγες;
ΝΙ. Οὕτω μὲν οὖν.
ΣΩ. Κατὰ τὴν παροιμίαν ἄρα τῷ ὄντι οὐκ ἂν πᾶσα ὗς γνοίη οὐδ᾽ ἂν ἀνδρεία
γένοιτο.
ΝΙ. Οὔ μοι δοκεῖ.
ΣΩ. Δῆλον δή, ὦ Νικία, ὅτι οὐδὲ τὴν Κρομμυωνίαν ὗν πιστεύεις σύ γε e
ἀνδρείαν γεγονέναι. Τοῦτο δὲ λέγω οὐ παίζων, ἀλλ᾽ ἀναγκαῖον οἶμαι τῷ ταῦτα
λέγοντι μηδενὸς θηρίου ἀποδέχεσθαι ἀνδρείαν, ἢ ξυγχωρεῖν θηρίον τι οὕτω
σοφὸν εἶναι, ὥστε ἃ ὀλίγοι ἀνθρώπων ἴσασι διὰ τὸ χαλεπὰ εἶναι γνῶναι,
ταῦτα λέοντα ἢ πάρδαλιν ἤ τινα κάπρον φάναι εἰδέναι· ἀλλ᾽ ἀνάγκη ὁμοίως
λέοντα καὶ ἔλαφον καὶ ταῦρον καὶ πίθηκον πρὸς ἀνδρείαν φάναι πεφυκέναι
τὸν τιθέμενον ἀνδρείαν τοῦθ᾽ ὅπερ σὺ τίθεσαι.
ΛΑ. Νὴ τοὺς θεούς, καὶ εὖ γε λέγεις, ὦ Σώκρατες. Καὶ ἡμῖν ὡς ἀληθῶς 197a
τοῦτο ἀπόκριναι, ὦ Νικία, πότερον σοφώτερα φὴς ἡμῶν ταῦτα εἶναι τὰ θηρία,
ἃ πάντες ὁμολογοῦμεν ἀνδρεῖα εἶναι, ἢ πᾶσιν ἐναντιούμενος τολμᾷς μηδὲ
ἀνδρεῖα αὐτὰ καλεῖν;
ΝΙ. Οὐ γάρ τι, ὦ Λάχης, ἔγωγε ἀνδρεῖα καλῶ οὔτε θηρία οὔτε ἄλλο οὐδὲν
τὸ τὰ δεινὰ ὑπὸ ἀγνοίας μὴ φοβούμενον, ἀλλ᾽ ἄφοβον καὶ μῶρον· ἢ καὶ τὰ παιδία
πάντα οἴει με ἀνδρεῖα καλεῖν, ἃ δι᾽ ἄγνοιαν οὐδὲν δέδοικεν; Ἀλλ᾽, οἶμαι, τὸ b
ἄφοβον καὶ τὸ ἀνδρεῖον οὐ ταὐτόν ἐστιν. Ἐγὼ δὲ ἀνδρείας μὲν καὶ προμηθίας
πάνυ τισὶν ὀλίγοις οἶμαι μετεῖναι, θρασύτητος δὲ καὶ τόλμης καὶ τοῦ ἀφόβου
μετὰ ἀπρομηθίας πάνυ πολλοῖς καὶ ἀνδρῶν καὶ γυναικῶν καὶ παίδων καὶ

θηρίων. Ταῦτ' οὖν ἃ σὺ καλεῖς ἀνδρεῖα καὶ οἱ πολλοί, ἐγὼ θρασέα καλῶ,
c ἀνδρεῖα δὲ τὰ φρόνιμα περὶ ὧν λέγω.

ΛΑ. Θέασαι, ὦ Σώκρατες, ὡς εὖ ὅδε ἑαυτὸν δή, ὡς οἴεται, κοσμεῖ τῷ
λόγῳ · οὓς δὲ πάντες ὁμολογοῦσιν ἀνδρείους εἶναι, τούτους ἀποστερεῖν ἐπι-
χειρεῖ ταύτης τῆς τιμῆς.

ΝΙ. Οὔκουν ἔγωγε, ὦ Λάχης, ἀλλὰ θάρρει · φημὶ γάρ σε εἶναι σοφόν, καὶ
Λάμαχόν γε, εἴπερ ἐστὲ ἀνδρεῖοι, καὶ ἄλλους γε συχνοὺς Ἀθηναίων.

ΛΑ. Οὐδὲν ἐρῶ πρὸς ταῦτα, ἔχων εἰπεῖν, ἵνα μή με φῇς ὡς ἀληθῶς Αἰ-
ξωνέα εἶναι [1].

d ΣΩ. Μηδέ γε εἴπῃς, ὦ Λάχης · καὶ γάρ μοι δοκεῖς τοῦδε μὴ ᾐσθῆσθαι ὅτι
ταύτην τὴν σοφίαν παρὰ Δάμωνος τοῦ ἡμετέρου ἑταίρου [2] παρείληφεν, ὁ δὲ
Δάμων τῷ Προδίκῳ πολλὰ πλησιάζει, ὃς δὴ δοκεῖ τῶν σοφιστῶν κάλλιστα
τὰ τοιαῦτα ὀνόματα διαιρεῖν.

ΛΑ. Καὶ γὰρ πρέπει, ὦ Σώκρατες, σοφιστῇ τὰ τοιαῦτα μᾶλλον κομψεύ-
εσθαι ἢ ἀνδρὶ ὃν ἡ πόλις ἀξιοῖ αὑτῆς προεστάναι.

e ΣΩ. Πρέπει μέντοι, ὦ μακάριε, τῶν μεγίστων προστατοῦντι μεγίστης
φρονήσεως μετέχειν · δοκεῖ δέ μοι Νικίας ἄξιος εἶναι ἐπισκέψεως, ὅποι ποτὲ
βλέπων τοὔνομα τοῦτο τίθησι τὴν ἀνδρείαν.

ΛΑ. Αὐτὸς τοίνυν σκόπει, ὦ Σώκρατες.

ΣΩ. Τοῦτο μέλλω ποιεῖν, ὦ ἄριστε · μὴ μέντοι οἴου με ἀφήσειν σε τῆς
κοινωνίας τοῦ λόγου, ἀλλὰ πρόσεχε τὸν νοῦν καὶ συσκόπει τὰ λεγόμενα.

ΛΑ. Ταῦτα δὴ ἔστω, εἰ δοκεῖ χρῆναι.

198a ΣΩ. Ἀλλὰ δοκεῖ. Σὺ δέ, Νικία, λέγε ἡμῖν πάλιν ἐξ ἀρχῆς · οἶσθ' ὅτι τὴν
ἀνδρείαν κατ' ἀρχὰς τοῦ λόγου ἐσκοποῦμεν ὡς μέρος ἀρετῆς σκοποῦντες;

ΝΙ. Πάνυ γε.

ΣΩ. Οὐκοῦν καὶ σὺ τοῦτο ἀπεκρίνω ὡς μόριον, ὄντων δὴ καὶ ἄλλων μερῶν,
ἃ ξύμπαντα ἀρετὴ κέκληται;

ΝΙ. Πῶς γὰρ οὔ;

ΣΩ. Ἆρ' οὖν ἅπερ ἐγὼ καὶ σὺ ταῦτα λέγεις; Ἐγὼ δὲ καλῶ πρὸς ἀνδρείᾳ
σωφροσύνην καὶ δικαιοσύνην καὶ ἄλλ' ἄττα τοιαῦτα. Οὐ καὶ σύ;

---

[1] The inhabitants of the Attic deme Aixone had the name of being slanderous.
The Greeks even knew a verb αἰξωνεύομαι (Harpocr., s. v. Αἰξωνή).

[2] Damon of Oa was the author of a theory on the psychological influence of
music, of which we find traces in Plato's *Rep.* III 398 c ff., and IV 424 c. He may be
called a fore-runner of Aristoxenus and his predecessors. Plut. (*Per.* 4) calls him
the master of Pericles. According to Arist., *Ath. Pol.* 27, 4 it was Damon who
advised Pericles to establish the μισθοφορά (payment to the judges).
Diels, VS.⁵ 37 B gives the fragments of Damon's treatise, the *Areopagiticus*.
Cp. Arm. J. Janssens, art. *Damoon van Oa* in Tijdschr. v. Phil. 1941 p. 499-566
and 649-712. A short account is given by K. Freeman, *The pre-socr. Philosophers*,
Oxford 1946, p. 207 f.

ΝΙ. Πάνυ μὲν οὖν.   b

ΣΩ. Ἔχε δή · ταῦτα μὲν γὰρ ὁμολογοῦμεν, περὶ δὲ τῶν δεινῶν καὶ θαρρα-
λέων σκεψώμεθα, ὅπως μὴ σὺ μὲν ἄλλ' ἄττα ἡγῇ, ἡμεῖς δὲ ἄλλα. Ἃ μὲν οὖν
ἡμεῖς ἡγούμεθα, φράσομέν σοι · σὺ δὲ, ἂν μὴ ὁμολογῇς, διδάξεις. Ἡγούμεθα
δ' ἡμεῖς δεινὰ μὲν εἶναι ἃ καὶ δέος παρέχει, θαρραλέα δὲ ἃ μὴ δέος παρέχει ·
δέος δὲ παρέχειν οὐ τὰ γεγονότα οὐδὲ τὰ παρόντα τῶν κακῶν, ἀλλὰ τὰ προσδο-
κώμενα · δέος γὰρ εἶναι προσδοκίαν μέλλοντος κακοῦ · ἢ οὐχ οὕτω καὶ σύ,
ὦ Λάχης;

ΛΑ. Πάνυ γε σφόδρα, ὦ Σώκρατες.

ΣΩ. Τὰ μὲν ἡμέτερα τοίνυν, ὦ Νικία, ἀκούεις, ὅτι δεινὰ μὲν τὰ μέλλοντα   c
κακά φαμεν εἶναι, θαρραλέα δὲ τὰ μὴ κακὰ ἢ ἀγαθὰ μέλλοντα · σὺ δὲ ταύτῃ
ἢ ἄλλῃ περὶ τούτων λέγεις;

ΝΙ. Ταύτῃ ἔγωγε.

ΣΩ. Τούτων δέ γε τὴν ἐπιστήμην ἀνδρείαν προσαγορεύεις;

ΝΙ. Κομιδῇ γε.

ΣΩ. Ἔτι δὴ τὸ τρίτον σκεψώμεθα εἰ ξυνδοκεῖ σοί τε καὶ ἡμῖν.

ΝΙ. Τὸ ποῖον δὴ τοῦτο;

ΣΩ. Ἐγὼ δὴ φράσω. Δοκεῖ γὰρ δὴ ἐμοί τε καὶ τῷδε, περὶ ὅσων ἐστὶν   d
ἐπιστήμη, οὐκ ἄλλη μὲν εἶναι περὶ γεγονότος, εἰδέναι ὅπῃ γέγονεν, ἄλλη δὲ
περὶ γιγνομένων, ὅπῃ γίγνεται, ἄλλη δὲ ὅπῃ ἂν κάλλιστα γένοιτο καὶ γενή-
σεται τὸ μήπω γεγονός, ἀλλ' ἡ αὐτή. Οἷον περὶ τὸ ὑγιεινὸν εἰς ἅπαντας τοὺς
χρόνους οὐκ ἄλλη τις ἢ <ἡ> ἰατρική, μία οὖσα, ἐφορᾷ καὶ γιγνόμενα καὶ γεγο-
νότα καὶ γενησόμενα ὅπῃ γενήσεται · καὶ περὶ τὰ ἐκ τῆς γῆς αὖ φυόμενα ἡ   e
γεωργία ὡσαύτως ἔχει · καὶ δήπου τὰ περὶ τὸν πόλεμον αὐτοὶ ἂν μαρτυρή-
σαιτε ὅτι ἡ στρατηγία κάλλιστα προμηθεῖται τά τε ἄλλα καὶ περὶ τὸ μέλλον
ἔσεσθαι, οὐδὲ τῇ μαντικῇ οἴεται δεῖν ὑπηρετεῖν, ἀλλὰ ἄρχειν, ὡς εἰδυῖα κάλλιον
τὰ περὶ τὸν πόλεμον καὶ γιγνόμενα καὶ γενησόμενα · καὶ ὁ νόμος οὕτω τάττει,   199a
μὴ τὸν μάντιν τοῦ στρατηγοῦ ἄρχειν, ἀλλὰ τὸν στρατηγὸν τοῦ μάντεως · φή-
σομεν ταῦτα, ὦ Λάχης;

ΛΑ. Φήσομεν.

ΣΩ. Τί δέ; Σὺ ἡμῖν, ὦ Νικία, ξύμφῃς περὶ τῶν αὐτῶν τὴν αὐτὴν ἐπιστήμην
καὶ ἐσομένων καὶ γιγνομένων καὶ γεγονότων ἐπαΐειν;

ΝΙ. Ἔγωγε · δοκεῖ γάρ μοι οὕτως, ὦ Σώκρατες.

ΣΩ. Οὐκοῦν, ὦ ἄριστε, καὶ ἡ ἀνδρεία τῶν δεινῶν ἐπιστήμη ἐστὶν καὶ
θαρραλέων, ὡς φῄς · ἢ γάρ;   b

ΝΙ. Ναί.

ΣΩ. Τὰ δὲ δεινὰ ὡμολόγηται καὶ τὰ θαρραλέα τὰ μὲν μέλλοντα ἀγαθά, τὰ
δὲ μέλλοντα κακὰ εἶναι.

ΝΙ. Πάνυ γε.

ΣΩ. Ἡ δέ γ᾽ αὐτὴ ἐπιστήμη τῶν αὐτῶν καὶ μελλόντων καὶ πάντως ἐχόντων εἶναι.

ΝΙ. Ἔστι ταῦτα.

ΣΩ. Οὐ μόνον ἄρα τῶν δεινῶν καὶ θαρραλέων ἡ ἀνδρεία ἐπιστήμη ἐστίν· οὐ γὰρ μελλόντων μόνον πέρι τῶν ἀγαθῶν τε καὶ κακῶν ἐπαΐει, ἀλλὰ καὶ c γιγνομένων καὶ γεγονότων καὶ πάντως ἐχόντων, ὥσπερ αἱ ἄλλαι ἐπιστῆμαι.

ΝΙ. Ἔοικέν γε.

ΣΩ. Μέρος ἄρα ἀνδρείας ἡμῖν, ὦ Νικία, ἀπεκρίνω σχεδόν τι τρίτον·
fourth καίτοι ἡμεῖς ἠρωτῶμεν ὅλην δὴ ἀνδρείαν ὅ τι εἴη. Καὶ νῦν δή, ὡς ἔοικεν, κατὰ
definition τὸν σὸν λόγον οὐ μόνον δεινῶν τε καὶ θαρραλέων ἐπιστήμη ἡ ἀνδρεία ἐστίν, ἀλλὰ σχεδόν τι ἡ περὶ πάντων ἀγαθῶν τε καὶ κακῶν καὶ πάντως ἐχόντων, ὡς d νῦν αὖ ὁ σὸς λόγος, ἀνδρεία ἂν εἴη. Οὕτως αὖ μετατίθεσθαι ἢ πῶς λέγεις, ὦ Νικία;

ΝΙ. Ἔμοιγε δοκεῖ, ὦ Σώκρατες.

ΣΩ. Δοκεῖ οὖν σοι, ὦ δαιμόνιε, ἀπολείπειν ἄν τι ὁ τοιοῦτος ἀρετῆς, εἴπερ εἰδείη τά τε ἀγαθὰ πάντα καὶ παντάπασιν ὡς γίγνεται καὶ γενήσεται καὶ γέγονε, καὶ τὰ κακὰ ὡσαύτως; Καὶ τοῦτον οἴει ἂν σὺ ἐνδεᾶ εἶναι σωφροσύνης ἢ δικαιοσύνης τε καὶ ὁσιότητος, ᾧ γε μόνῳ προσήκει καὶ περὶ θεοὺς καὶ περὶ e ἀνθρώπους ἐξευλαβεῖσθαί τε τὰ δεινὰ καὶ τὰ μή, καὶ τἀγαθὰ πορίζεσθαι, ἐπισταμένῳ ὀρθῶς προσομιλεῖν;

ΝΙ. Λέγειν τί, ὦ Σώκρατες, μοὶ δοκεῖς.

ΣΩ. Οὐκ ἄρα, ὦ Νικία, μόριον ἀρετῆς ἂν εἴη τὸ νῦν σοι λεγόμενον, ἀλλὰ σύμπασα ἀρετή.

ΝΙ. Ἔοικεν.

ΣΩ. Καὶ μὴν ἔφαμέν γε τὴν ἀνδρείαν μόριον εἶναι ἓν τῶν τῆς ἀρετῆς.

ΝΙ. Ἔφαμεν γάρ.

ΣΩ. Τὸ δέ γε νῦν λεγόμενον οὐ φαίνεται.

ΝΙ. Οὐκ ἔοικεν.

aporia ΣΩ. Οὐκ ἄρα ηὑρήκαμεν, ὦ Νικία, ἀνδρεία ὅ τι ἐστίν.

ΝΙ. Οὐ φαινόμεθα.

difficulties **211**—Pl., *Prot.* 328 d-334 c; 348 c-361 a.
with the idea
of virtue   Socr. has listened κεκηλημένος to the myth of Protagoras and his further explanations on the possibility of teaching virtue. He is convinced, but has still a little difficulty:

    a. L.l. 329 b:

Νῦν οὖν, ὦ Πρωταγόρα, σμικροῦ τινος ἐνδεής εἰμι πάντ᾽ ἔχειν, εἴ μοι ἀποκρίναιο τόδε.

Τὴν ἀρετὴν φὴς διδακτὸν εἶναι, καὶ ἐγὼ εἴπερ ἄλλῳ τῳ ἀνθρώπων πειθοίμην
ἄν, καὶ σοὶ πείθομαι · ὃ δ᾽ ἐθαύμασά σου λέγοντος, τοῦτό μοι ἐν τῇ ψυχῇ ἀπο-   329c
πλήρωσον. Ἔλεγες γὰρ ὅτι ὁ Ζεὺς τὴν δικαιοσύνην καὶ τὴν αἰδῶ πέμψειεν
τοῖς ἀνθρώποις, καὶ αὖ πολλαχοῦ ἐν τοῖς λόγοις ἐλέγετο ὑπὸ σοῦ ἡ δικαιοσύνη
καὶ σωφροσύνη καὶ ὁσιότης καὶ πάντα ταῦτα ὡς ἕν τι εἴη συλλήβδην, ἀρετή ·
ταῦτ᾽ οὖν αὐτὰ δίελθέ μοι ἀκριβῶς τῷ λόγῳ, πότερον ἓν μέν τί ἐστιν ἡ ἀρετή,
μόρια δὲ αὐτῆς ἐστιν ἡ δικαιοσύνη καὶ σωφροσύνη καὶ ὁσιότης, ἢ ταῦτ᾽ ἐστὶν
ἃ νυνδὴ ἐγὼ ἔλεγον πάντα ὀνόματα τοῦ αὐτοῦ ἑνὸς ὄντος · τοῦτ᾽ ἐστὶν ὃ ἔτι   d
ἐπιποθῶ.
— Ἀλλὰ ῥᾴδιον τοῦτό γ᾽, ἔφη, ὦ Σώκρατες, ἀποκρίνασθαι, ὅτι ἑνὸς ὄντος
τῆς ἀρετῆς μόριά ἐστιν ἃ ἐρωτᾷς. — Πότερον, ἔφην, ὥσπερ προσώπου τὰ
μόρια μόριά ἐστιν, στόμα τε καὶ ῥὶς καὶ ὀφθαλμοὶ καὶ ὦτα, ἢ ὥσπερ τὰ τοῦ
χρυσοῦ μόρια οὐδὲν διαφέρει [τὰ ἕτερα τῶν ἑτέρων] ἀλλήλων καὶ τοῦ ὅλου,
ἀλλ᾽ ἢ μεγέθει καὶ σμικρότητι; — Ἐκείνως μοι φαίνεται, ὦ Σώκρατες, ὥσπερ   e
τὰ τοῦ προσώπου μόρια ἔχει πρὸς τὸ ὅλον πρόσωπον. —

Then Socr. tries to prove that δικαιοσύνη and ὁσιότης, σωφροσύνη and σοφία are
the same. Finally Prot. grants, rather reluctantly, that these four virtues are
ἐπιεικῶς παραπλήσια ἀλλήλοις (349 d); only the fifth virtue, ἀνδρεία, is very dif-
ferent from them.

Socr. next proceeds to prove that all the five virtues may be reduced to know-
ledge. He first asks Prot. this preliminary question:

b. L.l. 352 b:

Πῶς ἔχεις πρὸς ἐπιστήμην; Πότερον καὶ τοῦτό σοι δοκεῖ ὥσπερ τοῖς πολλοῖς   **the ruling
function of**
ἀνθρώποις, ἢ ἄλλως; Δοκεῖ δὲ τοῖς πολλοῖς περὶ ἐπιστήμης τοιοῦτόν τι, οὐκ   **knowledge**
ἰσχυρὸν οὐδ᾽ ἡγεμονικὸν οὐδ᾽ ἀρχικὸν εἶναι · οὐδὲ ὡς περὶ τοιούτου αὐτοῦ
ὄντος διανοοῦνται, ἀλλ᾽ ἐνούσης πολλάκις ἀνθρώπῳ ἐπιστήμης οὐ τὴν ἐπιστή-
μην αὐτοῦ ἄρχειν, ἀλλ᾽ ἄλλο τι, τοτὲ μὲν θυμόν, τοτὲ δὲ ἡδονήν, τοτὲ δὲ λύπην,
ἐνίοτε δὲ ἔρωτα, πολλάκις δὲ φόβον, ἀτεχνῶς διανοούμενοι περὶ τῆς ἐπιστήμης
ὥσπερ περὶ ἀνδραπόδου, περιελκομένης ὑπὸ τῶν ἄλλων ἁπάντων. Ἆρ᾽ οὖν   352c
καὶ σοὶ τοιοῦτόν τι περὶ αὐτῆς δοκεῖ, ἢ καλόν τε εἶναι ἡ ἐπιστήμη καὶ οἷον
ἄρχειν τοῦ ἀνθρώπου, καὶ ἐάνπερ γιγνώσκῃ τις τἀγαθὰ καὶ τὰ κακά, μὴ ἂν
κρατηθῆναι ὑπὸ μηδενὸς ὥστε ἄλλ᾽ ἄττα πράττειν ἢ ἃν ἐπιστήμη κελεύῃ, ἀλλ᾽
ἱκανὴν εἶναι τὴν φρόνησιν βοηθεῖν τῷ ἀνθρώπῳ;
— Καὶ δοκεῖ, ἔφη, ὥσπερ σὺ λέγεις, ὦ Σώκρατες, καὶ ἅμα, εἴπερ τῳ ἄλλῳ,
αἰσχρόν ἐστι καὶ ἐμοὶ σοφίαν καὶ ἐπιστήμην μὴ οὐχὶ πάντων κράτιστον φάναι   d
εἶναι τῶν ἀνθρωπείων πραγμάτων. — Καλῶς γε, ἔφην ἐγώ, σὺ λέγων καὶ
ἀληθῆ.

Hence the thesis of Socr. that, when a man knows what is good, he cannot   **nobody sins**
do what is wrong. See our nr. **204 c** and **d**.   **willingly**

212—In the *Hippias Minor* Socr. defends the thesis that he who lies willingly is better than he who does it unwillingly (ἄκων). For the first is also able to speak the truth about the same subject, the latter is not. Hippias protests violently. But Socr. maintains his thesis; it really seems to him so:

a. Pl., *Hipp. Min.* 372 d:

οἱ βλάπτοντες τοὺς ἀνθρώπους καὶ ἀδικοῦντες καὶ ψευδόμενοι καὶ ἐξαπατῶντες καὶ ἁμαρτάνοντες ἑκόντες ἀλλὰ μὴ ἄκοντες, βελτίους εἶναι ἢ οἱ ἄκοντες.

For example runners who willingly run slowly are better than those who cannot do else. And in wrestling and all other bodily functions it is the same. So it is in the use of lifeless instruments, such as oars. In like manner we can better have a soul with which we may do wrong willingly than one with which we cannot do otherwise.

b. Ib. 375 d-376 b:

ΙΠ. Δεινὸν μεντἂν εἴη, ὦ Σώκρατες, εἰ οἱ ἑκόντες ἀδικοῦντες βελτίους ἔσονται ἢ οἱ ἄκοντες.

ΣΩ. Ἀλλὰ μὴν φαίνεταί γε ἐκ τῶν εἰρημένων.

ΙΠ. Οὔκουν ἔμοιγε.

ΣΩ. Ἐγὼ δ᾽ ᾤμην, ὦ Ἱππία, καὶ σοὶ φανῆναι. Πάλιν δ᾽ ἀπόκριναι· ἡ δικαιοσύνη οὐχὶ ἢ δύναμίς τίς ἐστιν ἢ ἐπιστήμη ἢ ἀμφότερα; ἢ οὐκ ἀνάγκη ἕν γέ τι τούτων εἶναι τὴν δικαιοσύνην;

ΙΠ. Ναί.

375e ΣΩ. Οὐκοῦν εἰ μὲν δύναμίς ἐστι τῆς ψυχῆς ἡ δικαιοσύνη, ἡ δυνατωτέρα ψυχὴ δικαιοτέρα ἐστι; βελτίων γάρ που ἡμῖν ἐφάνη, ὦ ἄριστε, ἡ τοιαύτη.

ΙΠ. Ἐφάνη γάρ.

ΣΩ. Τί δ᾽ εἰ ἐπιστήμη; οὐχ ἡ σοφωτέρα ψυχὴ δικαιοτέρα, ἡ δ᾽ ἀμαθεστέρα ἀδικωτέρα;

⟨ΙΠ. Ναί.⟩

ΣΩ. Τί δ᾽ εἰ ἀμφότερα; οὐχ ἡ ἀμφοτέρας ἔχουσα, ἐπιστήμην καὶ δύναμιν, δικαιοτέρα, ἡ δ᾽ ἀμαθεστέρα ἀδικωτέρα; οὐχ οὕτως ἀνάγκη ἔχειν;

ΙΠ. Φαίνεται.

ΣΩ. Οὐκοῦν ἡ δυνατωτέρα καὶ σοφωτέρα αὕτη ἀμείνων οὖσα ἐφάνη καὶ ἀμφότερα μᾶλλον δυναμένη ποιεῖν, καὶ τὰ καλὰ καὶ τὰ αἰσχρά, περὶ πᾶσαν
376a ἐργασίαν;

ΙΠ. Ναί.

ΣΩ. Ὅταν ἄρα τὰ αἰσχρὰ ἐργάζηται, ἑκοῦσα ἐργάζεται διὰ δύναμιν καὶ τέχνην· ταῦτα δὲ δικαιοσύνης φαίνεται, ἤτοι ἀμφότερα ἢ τὸ ἕτερον.

ΙΠ. Ἔοικεν.

ΣΩ. Καὶ τὸ μέν γε ἀδικεῖν κακὰ ποιεῖν ἐστιν, τὸ δὲ μὴ ἀδικεῖν καλά.

ΙΠ. Ναί.

ΣΩ. Οὐκοῦν ἡ δυνατωτέρα καὶ ἀμείνων ψυχή, ὅτανπερ ἀδικῇ, ἑκοῦσα ἀδικήσει, ἡ δὲ πονηρὰ ἄκουσα;

ΙΠ. Φαίνεται.

ΣΩ. Οὐκοῦν ἀγαθὸς ἀνὴρ ὁ τὴν ἀγαθὴν ψυχὴν ἔχων, κακὸς δὲ ὁ τὴν κακήν; b

ΙΠ. Ναί.

ΣΩ. 'Αγαθοῦ μὲν ἄρα ἀνδρός ἐστιν ἑκόντα ἀδικεῖν, κακοῦ δὲ ἄκοντα, εἴπερ ὁ ἀγαθὸς ἀγαθὴν ψυχὴν ἔχει.

ΙΠ. 'Αλλὰ μὴν ἔχει γε.

ΣΩ. 'Ο ἄρα ἑκὼν ἁμαρτάνων καὶ αἰσχρὰ καὶ ἄδικα ποιῶν, ὦ 'Ιππία, εἴπερ τίς ἐστιν οὗτος, οὐκ ἂν ἄλλος εἴη ἢ ὁ ἀγαθός.

ΙΠ. Οὐκ ἔχω ὅπως σοι συγχωρήσω, ὦ Σώκρατες, ταῦτα.

ΣΩ. Οὐδὲ γὰρ ἐγὼ ἐμοί, ὦ 'Ιππία· ἀλλ' ἀναγκαῖον οὕτω φαίνεσθαι νῦν γε ἡμῖν ἐκ τοῦ λόγου. c

To consult: B. J. H. Ovink, *Philosophische Erklärung der platonischen Dialoge Meno u. Hippias Minor*, Amsterdam, 1931, p. 125-201. "Die Schwierigkeit im ersten Teil unsres Dialogs rührt daher, dass die praktische Vernunft von der theoretischen nicht scharf und klar genug unterschieden ist" (*O.c.* p. 166).

213—The same questions return in the *Gorgias* and *Meno*.

In *Gorg.* 466 b Polus contends that the rhetors "have great power in political life" (μέγιστον δύνανται ἐν ταῖς πόλεσιν). Socr. replies: "No, they have not. They do *what seems good to them*—such as having men killed unrighteously—; but not *what they really wish to do*". This difference between ποιεῖν ἃ δοκεῖ αὐτοῖς and ποιεῖν ἃ βούλονται is explained by him as follows: *in the Gorgias*

a. Pl., *Gorg.* 467 c:

ΣΩ. Πότερον οὖν σοι δοκοῦσιν οἱ ἄνθρωποι τοῦτο βούλεσθαι ὃ ἂν πράττω- *Men "wish" in the strict sense what is good* σιν ἑκάστοτε, ἢ ἐκεῖνο οὗ ἕνεκα πράττουσιν τοῦθ' ὃ πράττουσιν; Οἷον οἱ τὰ φάρμακα πίνοντες παρὰ τῶν ἰατρῶν πότερόν σοι δοκοῦσιν τοῦτο βούλεσθαι ὅπερ ποιοῦσιν, πίνειν τὸ φάρμακον καὶ ἀλγεῖν, ἢ ἐκεῖνο, τὸ ὑγιαίνειν, οὗ ἕνεκα πίνουσιν;

ΠΩΛ. Δῆλον ὅτι τὸ ὑγιαίνειν.

ΣΩ. Οὐκοῦν καὶ οἱ πλέοντές τε καὶ τὸν ἄλλον χρηματισμὸν χρηματιζόμενοι 467d οὐ τοῦτό ἐστιν ὃ βούλονται, ὃ ποιοῦσιν ἑκάστοτε· τίς γὰρ βούλεται πλεῖν τε καὶ κινδυνεύειν καὶ πράγματ' ἔχειν; ἀλλ' ἐκεῖνο, οἶμαι, οὗ ἕνεκα πλέουσιν, πλουτεῖν· πλούτου γὰρ ἕνεκα πλέουσιν.

ΠΩΛ. Πάνυ γε.

ΣΩ. "Αλλο τι οὖν οὕτω καὶ περὶ πάντων; ἐάν τίς τι πράττῃ ἕνεκά του, οὐ τοῦτο βούλεται ὃ πράττει, ἀλλ' ἐκεῖνο οὗ ἕνεκα πράττει;

ΠΩΛ. Ναί.

e ΣΩ. Ἆρ' οὖν ἔστιν τι τῶν ὄντων, ὃ οὐχὶ ἤτοι ἀγαθόν γ' ἐστὶν ἢ κακὸν ἢ μεταξὺ τούτων οὔτε ἀγαθὸν οὔτε κακόν;

ΠΩΛ. Πολλὴ ἀνάγκη, ὦ Σώκρατες.

ΣΩ. Οὐκοῦν λέγεις εἶναι ἀγαθὸν μὲν σοφίαν τε καὶ ὑγίειαν καὶ πλοῦτον καὶ τἆλλα τὰ τοιαῦτα, κακὰ δὲ τἀναντία τούτων;

ΠΩΛ. Ἔγωγε.

ΣΩ. Τὰ δὲ μήτε ἀγαθὰ μήτε κακὰ ἆρα τοιάδε λέγεις, ἃ ἐνίοτε μὲν
468a μετέχει τοῦ ἀγαθοῦ, ἐνίοτε δὲ τοῦ κακοῦ, ἐνίοτε δὲ οὐδετέρου, οἷον καθῆσθαι καὶ βαδίζειν καὶ τρέχειν καὶ πλεῖν, καὶ οἷον αὖ λίθους καὶ ξύλα καὶ τἆλλα τὰ τοιαῦτα; Οὐ ταῦτα λέγεις; ἢ ἄλλ' ἄττα καλεῖς τὰ μήτε ἀγαθὰ μήτε κακά;

ΠΩΛ. Οὔκ, ἀλλὰ ταῦτα.

ΣΩ. Πότερον οὖν τὰ μεταξὺ ταῦτα ἕνεκα τῶν ἀγαθῶν πράττουσιν, ὅταν πράττωσιν, ἢ τἀγαθὰ τῶν μεταξύ;

ΠΩΛ. Τὰ μεταξὺ δήπου τῶν ἀγαθῶν.

b ΣΩ. Τὸ ἀγαθὸν ἄρα διώκοντες καὶ βαδίζομεν, ὅταν βαδίζωμεν, οἰόμενοι βέλτιον εἶναι, καὶ τὸ ἐναντίον ἕσταμεν, ὅταν ἑστῶμεν, τοῦ αὐτοῦ ἕνεκα, τοῦ ἀγαθοῦ · ἢ οὔ;

ΠΩΛ. Ναί.

ΣΩ. Οὐκοῦν καὶ ἀποκτείνυμεν, εἴ τιν' ἀποκτείνυμεν, καὶ ἐκβάλλομεν καὶ ἀφαιρούμεθα χρήματα, οἰόμενοι ἄμεινον εἶναι ἡμῖν ταῦτα ποιεῖν ἢ μή;

ΠΩΛ. Πάνυ γε.

ΣΩ. Ἕνεκ' ἄρα τοῦ ἀγαθοῦ ἅπαντα ταῦτα ποιοῦσιν οἱ ποιοῦντες.

ΠΩΛ. Φημί.

ΣΩ. Οὐκοῦν ὡμολογήσαμεν, ἃ ἕνεκά του ποιοῦμεν, μὴ ἐκεῖνα βούλεσθαι,
c ἀλλ' ἐκεῖνο οὗ ἕνεκα ταῦτα ποιοῦμεν;

ΠΩΛ. Μάλιστα.

ΣΩ. Οὐκ ἄρα σφάττειν βουλόμεθα οὐδ' ἐκβάλλειν ἐκ τῶν πόλεων οὐδὲ χρήματα ἀφαιρεῖσθαι ἁπλῶς οὕτως, ἀλλ' ἐὰν μὲν ὠφέλιμα ᾖ ταῦτα, βουλόμεθα πράττειν αὐτά, βλαβερὰ δὲ ὄντα οὐ βουλόμεθα. Τὰ γὰρ ἀγαθὰ βουλόμεθα, ὡς φῂς σύ, τὰ δὲ μήτε ἀγαθὰ μήτε κακὰ οὐ βουλόμεθα, οὐδὲ τὰ κακά · ἦ γάρ; Ἀληθῆ σοι δοκῶ λέγειν, ὦ Πῶλε, ἢ οὔ; Τί οὐκ ἀποκρίνει;

ΠΩΛ. Ἀληθῆ.

d ΣΩ. Οὐκοῦν εἴπερ ταῦτα ὁμολογοῦμεν, εἴ τις ἀποκτείνει τινὰ ἢ ἐκβάλλει ἐκ πόλεως ἢ ἀφαιρεῖται χρήματα, εἴτε τύραννος ὢν εἴτε ῥήτωρ, οἰόμενος ἄμεινον εἶναι αὐτῷ, τυγχάνει δὲ ὂν κάκιον, οὗτος δήπου ποιεῖ ἃ δοκεῖ αὐτῷ · ἦ γάρ;

ΠΩΛ. Ναί.

ΣΩ. Ἆρ' οὖν καὶ ἃ βούλεται, εἴπερ τυγχάνει ταῦτα κακὰ ὄντα; Τί οὐκ ἀποκρίνει;

ΠΩΛ. 'Αλλ' οὔ μοι δοκεῖ ποιεῖν ἃ βούλεται.

ΣΩ. Ἔστιν οὖν ὅπως ὁ τοιοῦτος μέγα δύναται ἐν τῇ πόλει ταύτῃ, εἴπερ
ἐστὶ τὸ μέγα δύνασθαι ἀγαθόν τι κατὰ τὴν σὴν ὁμολογίαν;　　　　　e

ΠΩΛ. Οὐκ ἔστιν.

ΣΩ. 'Αληθῆ ἄρα ἐγὼ ἔλεγον, λέγων ὅτι ἔστιν ἄνθρωπον ποιοῦντα ἐν πόλει
ἃ δοκεῖ αὐτῷ μὴ μέγα δύνασθαι μηδὲ ποιεῖν ἃ βούλεται.

So Polus and Socr. agree with each other on this point:

b. Ib. 509 e[5]:

(ὡμολογήσαμεν) μηδένα βουλόμενον ἀδικεῖν, ἀλλ' ἄκοντας τοὺς ἀδικοῦντας　*again: no-*
πάντας ἀδικεῖν.

*again: no-
body does
any wrong
willingly*

214—In the *Meno* 86 d-87 c Socr. proceeds by hypothesis in order to
answer to the question ἆρα διδακτὸν ἀρετή.

a. Pl., *Meno* 87 c:

Εἰ δέ γ' ἐστὶν ἐπιστήμη τις ἡ ἀρετή, δῆλον ὅτι διδακτὸν ἂν εἴη.

*again: is
virtue
knowledge?*

Socr. and Meno now first agree that virtue = φρόνησις, and therefore that it
can be taught. Yet Socr. mentions the difficulty that there are no διδάσκαλοι of
virtue; so they must have been mistaken in their definition.

b. Ib. 97 a Meno asks:

ΜΕΝ. Πῶς δὴ [ὀρθῶς] λέγεις;　　　　　*it may be*

ΣΩ. 'Εγὼ ἐρῶ. Εἴ τις εἰδὼς τὴν ὁδὸν τὴν εἰς Λάρισαν ἢ ὅποι βούλει ἄλλοσε　*due also to*
βαδίζοι καὶ ἄλλοις ἡγοῖτο, ἄλλο τι ὀρθῶς ἂν καὶ εὖ ἡγοῖτο;　　　*ὀρθὴ δόξα*

ΜΕΝ. Πάνυ γε.

ΣΩ. Τί δ' εἴ τις ὀρθῶς μὲν δοξάζων ἥτις ἐστὶν ἡ ὁδός, ἐληλυθὼς δὲ μὴ μηδ'　97b
ἐπιστάμενος, οὐ καὶ οὗτος ἂν ὀρθῶς ἡγοῖτο;

ΜΕΝ. Πάνυ γε.

ΣΩ. Καὶ ἕως γ' ἄν που ὀρθὴν δόξαν ἔχῃ περὶ ὧν ὁ ἕτερος ἐπιστήμην,
οὐδὲν χείρων ἡγεμὼν ἔσται οἰόμενος μὲν ἀληθῆ φρονῶν δὲ μή τοῦ τοῦτο
φρονοῦντος.

ΜΕΝ. Οὐδὲν γάρ.

ΣΩ. Δόξα ἄρα ἀληθὴς πρὸς ὀρθότητα πράξεως οὐδὲν χείρων ἡγεμὼν
φρονήσεως · καὶ τοῦτό ἐστιν ὃ νυνδὴ παρελείπομεν ἐν τῇ περὶ τῆς ἀρετῆς
σκέψει ὁποῖόν τι εἴη, λέγοντες ὅτι φρόνησις μόνον ἡγεῖται τοῦ ὀρθῶς πράττειν ·　c
τὸ δὲ ἄρα καὶ δόξα ἦν ἀληθής.

ΜΕΝ. Ἔοικέ γε.

ΣΩ. Οὐδὲν ἄρα ἧττον ὠφέλιμόν ἐστιν ὀρθὴ δόξα ἐπιστήμης.

ΜΕΝ. Τοσούτῳ γε, ὦ Σώκρατες, ὅτι ὁ μὲν τὴν ἐπιστήμην ἔχων ἀεὶ ἂν
ἐπιτυγχάνοι, ὁ δὲ τὴν ὀρθὴν δόξαν τοτὲ μὲν ἂν τυγχάνοι, τοτὲ δ' οὔ.

ΣΩ. Πῶς λέγεις; Ὁ ἀεὶ ἔχων ὀρθὴν δόξαν οὐκ ἀεὶ ἂν τυγχάνοι, ἕωσπερ
ὀρθὰ δοξάζοι;

ΜΕΝ. Ἀνάγκη μοι φαίνεται· ὥστε θαυμάζω, ὦ Σώκρατες, τούτου οὕτως
d ἔχοντος, ὅ τι δή ποτε πολὺ τιμιωτέρα ἡ ἐπιστήμη τῆς ὀρθῆς δόξης, καὶ δι' ὅ
τι τὸ μὲν ἕτερον, τὸ δὲ ἕτερόν ἐστιν αὐτῶν.

ΣΩ. Οἶσθα οὖν δι' ὅ τι θαυμάζεις, ἢ ἐγώ σοι εἴπω;

ΜΕΝ. Πάνυ γ' εἰπέ.

ΣΩ. Ὅτι τοῖς Δαιδάλου ἀγάλμασιν οὐ προσέσχηκας τὸν νοῦν· ἴσως δὲ
οὐδ' ἔστιν παρ' ὑμῖν.

e ΜΕΝ. Πρὸς τί δὲ δὴ τοῦτο λέγεις;

ΣΩ. Ὅτι καὶ ταῦτα, ἐὰν μὲν μὴ δεδεμένα ᾖ, ἀποδιδράσκει καὶ δραπετεύει,
ἐὰν δὲ δεδεμένα, παραμένει.

ΜΕΝ. Τί οὖν δή;

ΣΩ. Τῶν ἐκείνου ποιημάτων λελυμένον μὲν ἐκτῆσθαι οὐ πολλῆς τινος ἄξιόν
ἐστι τιμῆς, ὥσπερ δραπέτην ἄνθρωπον· οὐ γὰρ παραμένει· δεδεμένον δὲ
πολλοῦ ἄξιον· πάνυ γὰρ καλὰ τὰ ἔργα ἐστίν. Πρὸς τί οὖν δὴ λέγω ταῦτα;
πρὸς τὰς δόξας τὰς ἀληθεῖς. Καὶ γὰρ αἱ δόξαι αἱ ἀληθεῖς, ὅσον μὲν ἂν χρόνον
98a παραμένωσιν, καλὸν τὸ χρῆμα καὶ πάντ' ἀγαθὰ ἐργάζονται· πολὺν δὲ χρόνον
οὐκ ἐθέλουσι παραμένειν, ἀλλὰ δραπετεύουσιν ἐκ τῆς ψυχῆς τοῦ ἀνθρώπου,
ὥστε οὐ πολλοῦ ἄξιαί εἰσιν, ἕως ἄν τις αὐτὰς δήσῃ αἰτίας λογισμῷ. — Ἐπειδὰν
δὲ δεθῶσιν, πρῶτον μὲν ἐπιστῆμαι γίγνονται, ἔπειτα μόνιμοι· καὶ διὰ ταῦτα
δὴ τιμιώτερον ἐπιστήμη ὀρθῆς δόξης ἐστίν, καὶ διαφέρει δεσμῷ ἐπιστήμη
ὀρθῆς δόξης.

Now, as men can also be good by ὀρθὴ δόξα, it is clear that in this case they
cannot teach it others.

Probably this more practical acknowledgement of virtue θείᾳ μοίρᾳ παραγιγνομένη
ἄνευ νοῦ οἷς ἂν παραγίγνηται is the view of Plato himself.

4—FIRST PRINCIPLES OF THE PHILOSOPHY OF SOCRATES
ACCORDING TO THE CRITO

215—Socr. is condemned to death. He is in prison, awaiting execution. Friends
come and ask him to run away and to flee with them to Thessaly, where he will
be well received. Socr. answers as follows:

Socr.'s reply
to Crito   Pl., *Crito* 46 b-c; 47 a-48 c; 48 d-49 e:

(46 b) Ὦ φίλε Κρίτων, ἡ προθυμία σου πολλοῦ ἀξία, εἰ μετά τινος ὀρθό-
τητος εἴη· εἰ δὲ μή, ὅσῳ μείζων, τοσούτῳ χαλεπωτέρα. Σκοπεῖσθαι οὖν χρὴ

ἡμᾶς εἴτε ταῦτα πρακτέον εἴτε μή · ὡς ἐγώ, οὐ μόνον νῦν, ἀλλὰ καὶ ἀεί, τοιοῦτος
οἷος τῶν ἐμῶν μηδενὶ ἄλλῳ πείθεσθαι ἢ τῷ λόγῳ ὃς ἄν μοι λογιζομένῳ βέλτ-
ιστος φαίνηται. Τοὺς δὲ λόγους οὓς ἐν τῷ ἔμπροσθεν ἔλεγον οὐ δύναμαι νῦν
ἐκβαλεῖν, ἐπειδή μοι ἥδε ἡ τύχη γέγονεν, ἀλλὰ σχεδόν τι ὅμοιοι φαίνονταί
μοι, καὶ τοὺς αὐτοὺς πρεσβεύω καὶ τιμῶ οὕσπερ καὶ πρότερον · ὧν ἐὰν μὴ   46c
βελτίω ἔχωμεν λέγειν ἐν τῷ παρόντι, εὖ ἴσθι ὅτι οὐ μή σοι συγχωρήσω οὐδ'
ἂν πλείω τῶν νῦν παρόντων ἡ τῶν πολλῶν δύναμις ὥσπερ παῖδας ἡμᾶς μορμο-
λύττηται δεσμοὺς καὶ θανάτους ἐπιπέμπουσα καὶ χρημάτων ἀφαιρέσεις.

(47a) Σκόπει δή · οὐχ ἱκανῶς δοκεῖ σοι λέγεσθαι ὅτι οὐ πάσας χρὴ τὰς
δόξας τῶν ἀνθρώπων τιμᾶν, ἀλλὰ τὰς μέν, τὰς δ' οὔ, οὐδὲ πάντων, ἀλλὰ τῶν
μέν, τῶν δ' οὔ; Τί φής; Ταῦτα οὐχὶ καλῶς λέγεται;
ΚΡ. Καλῶς.
ΣΩ. Οὐκοῦν τὰς μὲν χρηστὰς τιμᾶν, τὰς δὲ πονηρὰς μή;
ΚΡ. Ναί.
ΣΩ. Χρησταὶ δὲ οὐχ αἱ τῶν φρονίμων, πονηραὶ δὲ αἱ τῶν ἀφρόνων;
ΚΡ. Πῶς δ' οὔ;
ΣΩ. Φέρε δή, πῶς αὖ τὰ τοιαῦτα ἐλέγετο; Γυμναζόμενος ἀνὴρ καὶ τοῦτο   47b
πράττων πότερον παντὸς ἀνδρὸς ἐπαίνῳ καὶ ψόγῳ καὶ δόξῃ τὸν νοῦν προσέχει,
ἢ ἑνὸς μόνου ἐκείνου ὃς ἂν τυγχάνῃ ἰατρὸς ἢ παιδοτρίβης ὤν;
ΚΡ. Ἑνὸς μόνου.
ΣΩ. Οὐκοῦν φοβεῖσθαι χρὴ τοὺς ψόγους καὶ ἀσπάζεσθαι τοὺς ἐπαίνους
τοὺς τοῦ ἑνὸς ἐκείνου, ἀλλὰ μὴ τοὺς τῶν πολλῶν.
ΚΡ. Δῆλα δή.
ΣΩ. Ταύτῃ ἄρα αὐτῷ πρακτέον καὶ γυμναστέον καὶ ἐδεστέον γε καὶ πο-
τέον ἢ ἂν τῷ ἑνὶ δοκῇ τῷ ἐπιστάτῃ καὶ ἐπαΐοντι, μᾶλλον ἢ ἢ σύμπασι τοῖς
ἄλλοις.
ΚΡ. Ἔστι ταῦτα.
ΣΩ. Εἶεν. Ἀπειθήσας δὲ τῷ ἑνὶ καὶ ἀτιμάσας αὐτοῦ τὴν δόξαν καὶ τοὺς   c
ἐπαίνους, τιμήσας δὲ τοὺς τῶν πολλῶν λόγους καὶ μηδὲν ἐπαϊόντων, ἆρα
οὐδὲν κακὸν πείσεται;
ΚΡ. Πῶς γὰρ οὔ;
ΣΩ. Τί δ' ἐστὶ τὸ κακὸν τοῦτο; καὶ ποῖ τείνει καὶ εἰς τί τῶν τοῦ ἀπειθοῦντος;
ΚΡ. Δῆλον ὅτι εἰς τὸ σῶμα · τοῦτο γὰρ διόλλυσι.
ΣΩ. Καλῶς λέγεις. Οὐκοῦν καὶ τἆλλα, ὦ Κρίτων, οὕτως, ἵνα μὴ πάντα
διΐωμεν · καὶ δὴ καὶ περὶ τῶν δικαίων καὶ ἀδίκων καὶ αἰσχρῶν καὶ καλῶν καὶ
ἀγαθῶν καὶ κακῶν, περὶ ὧν νῦν ἡ βουλὴ ἡμῖν ἐστιν, πότερον τῇ τῶν πολλῶν
δόξῃ δεῖ ἡμᾶς ἔπεσθαι καὶ φοβεῖσθαι αὐτὴν ἢ τῇ τοῦ ἑνός, εἴ τίς ἐστιν ἐπαΐων,   d
ὃν δεῖ καὶ αἰσχύνεσθαι καὶ φοβεῖσθαι μᾶλλον ἢ σύμπαντας τοὺς ἄλλους; Ὦι

εἰ μὴ ἀκολουθήσομεν, διαφθεροῦμεν ἐκεῖνο καὶ λωβησόμεθα ὃ τῷ μὲν δικαίῳ βέλτιον ἐγίγνετο, τῷ δὲ ἀδίκῳ ἀπώλλυτο. Ἢ οὐδέν ἐστι τοῦτο;

ΚΡ. Οἶμαι ἔγωγε, ὦ Σώκρατες.

ΣΩ. Φέρε δή, ἐὰν τὸ ὑπὸ τοῦ ὑγιεινοῦ μὲν βέλτιον γιγνόμενον, ὑπὸ τοῦ νοσώδους δὲ διαφθειρόμενον διολέσωμεν πειθόμενοι μὴ τῇ τῶν ἐπαϊόντων
e δόξῃ, ἆρα βιωτὸν ἡμῖν ἐστι διεφθαρμένου αὐτοῦ; Ἔστι δέ που τοῦτο τὸ σῶμα, ἢ οὐχί;

ΚΡ. Ναί.

ΣΩ. Ἆρ' οὖν βιωτὸν ἡμῖν ἐστιν μετὰ μοχθηροῦ καὶ διεφθαρμένου σώματος;

ΚΡ. Οὐδαμῶς.

ΣΩ. Ἀλλὰ μετ' ἐκείνου ἆρ' ἡμῖν βιωτὸν διεφθαρμένου ᾧ τὸ ἄδικον μὲν λωβᾶται, τὸ δὲ δίκαιον ὀνίνησιν; ἢ φαυλότερον ἡγούμεθα εἶναι τοῦ σώματος
48a ἐκεῖνο ὅ τί ποτ' ἐστὶ τῶν ἡμετέρων περὶ ὃ ἥ τε ἀδικία καὶ ἡ δικαιοσύνη ἐστίν;

ΚΡ. Οὐδαμῶς.

ΣΩ. Ἀλλὰ τιμιώτερον;

ΚΡ. Πολύ γε.

ΣΩ. Οὐκ ἄρα, ὦ βέλτιστε, πάνυ ἡμῖν οὕτω φροντιστέον τί ἐροῦσιν οἱ πολλοὶ ἡμᾶς, ἀλλ' ὅ τι ὁ ἐπαΐων περὶ τῶν δικαίων καὶ ἀδίκων ὁ εἷς καὶ αὐτὴ ἡ ἀλήθεια. Ὥστε πρῶτον μὲν ταύτῃ οὐκ ὀρθῶς εἰσηγῇ εἰσηγούμενος τῆς τῶν πολλῶν δόξης δεῖν ἡμᾶς φροντίζειν περὶ τῶν δικαίων καὶ καλῶν καὶ ἀγαθῶν καὶ τῶν ἐναντίων. — Ἀλλὰ μὲν δή, φαίη γ' ἄν τις, οἷοί τέ εἰσιν ἡμᾶς οἱ πολλοὶ
b ἀποκτιννύναι.

ΚΡ. Δῆλα δὴ καὶ ταῦτα, φαίη γὰρ ἄν, ὦ Σώκρατες.

ΣΩ. Ἀληθῆ λέγεις. Ἀλλ', ὦ θαυμάσιε, οὗτός τε ὁ λόγος ὃν διεληλύθαμεν ἔμοιγε δοκεῖ ἔτι ὅμοιος εἶναι τῷ καὶ πρότερον· καὶ τόνδε αὖ σκόπει εἰ ἔτι μένει ἡμῖν ἢ οὔ, ὅτι οὐ τὸ ζῆν περὶ πλείστου ποιητέον, ἀλλὰ τὸ εὖ ζῆν.

ΚΡ. Ἀλλὰ μένει.

ΣΩ. Τὸ δὲ εὖ καὶ καλῶς καὶ δικαίως ὅτι ταὐτόν ἐστιν μένει ἢ οὐ μένει;

ΚΡ. Μένει.

ΣΩ. Οὐκοῦν ἐκ τῶν ὁμολογουμένων τοῦτο σκεπτέον, πότερον δίκαιον ἐμὲ
c ἐνθένδε πειρᾶσθαι ἐξιέναι μὴ ἀφιέντων Ἀθηναίων ἢ οὐ δίκαιον· καὶ ἐὰν μὲν φαίνηται δίκαιον, πειρώμεθα, εἰ δὲ μή, ἐῶμεν.

(48 d) ΚΡ. Καλῶς μέν μοι δοκεῖς λέγειν, ὦ Σώκρατες· ὅρα δὲ τί δρῶμεν.

ΣΩ. Σκοπῶμεν, ὦ ἀγαθέ, κοινῇ, καὶ εἴ πῃ ἔχεις ἀντιλέγειν ἐμοῦ λέγοντος, ἀντίλεγε καὶ· σοι πείσομαι·

(48 e) Ὅρα δὲ δὴ τῆς σκέψεως τὴν ἀρχὴν ἐάν σοι ἱκανῶς λέγηται, καὶ
49a πειρῶ ἀποκρίνεσθαι τὸ ἐρωτώμενον ᾗ ἂν μάλιστα οἴῃ.

ΚΡ. Ἀλλὰ πειράσομαι.

ΣΩ. Οὐδενὶ τρόπῳ φαμὲν ἑκόντας ἀδικητέον εἶναι, ἤ τινι μὲν ἀδικητέον τρόπῳ, τινὶ δὲ οὔ; ἢ οὐδαμῶς τό γε ἀδικεῖν οὔτε ἀγαθὸν οὔτε καλόν, ὡς πολλάκις ἡμῖν καὶ ἐν τῷ ἔμπροσθεν χρόνῳ ὡμολογήθη; ὅπερ καὶ ἄρτι ἐλέγετο. Ἦ πᾶσαι ἡμῖν ἐκεῖναι αἱ πρόσθεν ὁμολογίαι ἐν ταῖσδε ταῖς ὀλίγαις ἡμέραις ἐκκεχυμέναι εἰσίν, καὶ πάλαι, ὦ Κρίτων, ἆρα τηλικοίδε γέροντες ἄνδρες πρὸς ἀλλήλους σπουδῇ διαλεγόμενοι ἐλάθομεν ἡμᾶς αὐτοὺς παίδων οὐδὲν διαφέροντες; Ἦ παντὸς μᾶλλον οὕτως ἔχει ὥσπερ τότε ἐλέγετο ἡμῖν, εἴτε φασὶν οἱ πολλοὶ εἴτε μή · καὶ εἴτε δεῖ ἡμᾶς ἔτι τῶνδε χαλεπώτερα πάσχειν εἴτε καὶ πρᾳότερα, ὅμως τό γε ἀδικεῖν τῷ ἀδικοῦντι καὶ κακὸν καὶ αἰσχρὸν τυγχάνει ὂν παντὶ τρόπῳ; Φαμέν, ἢ οὔ;

ΚΡ. Φαμέν.

ΣΩ. Οὐδαμῶς ἄρα δεῖ ἀδικεῖν.

ΚΡ. Οὐ δῆτα.

ΣΩ. Οὐδὲ ἀδικούμενον ἄρα ἀνταδικεῖν, ὡς οἱ πολλοὶ οἴονται, ἐπειδή γε οὐδαμῶς δεῖ ἀδικεῖν.

ΚΡ. Οὐ φαίνεται.

ΣΩ. Τί δὲ δή; κακουργεῖν δεῖ, ὦ Κρίτων, ἢ οὔ;

ΚΡ. Οὐ δεῖ δήπου, ὦ Σώκρατες.

ΣΩ. Τί δαί; ἀντικακουργεῖν κακῶς πάσχοντα, ὡς οἱ πολλοί φασιν, δίκαιον, ἢ οὐ δίκαιον;

ΚΡ. Οὐδαμῶς.

ΣΩ. Τὸ γὰρ που κακῶς ποιεῖν ἀνθρώπους τοῦ ἀδικεῖν οὐδὲν διαφέρει.

ΚΡ. Ἀληθῆ λέγεις.

ΣΩ. Οὔτε ἄρα ἀνταδικεῖν δεῖ οὔτε κακῶς ποιεῖν οὐδένα ἀνθρώπων οὐδ' ἂν ὁτιοῦν πάσχῃ ὑπ' αὐτῶν. Καὶ ὅρα, ὦ Κρίτων, ταῦτα καθομολογῶν ὅπως μὴ παρὰ δόξαν ὁμολογῇς · οἶδα γὰρ ὅτι ὀλίγοις τισὶ ταῦτα καὶ δοκεῖ καὶ δόξει. Οἷς οὖν οὕτω δέδοκται καὶ οἷς μή, τούτοις οὐκ ἔστι κοινὴ βουλή, ἀλλ' ἀνάγκη τούτους ἀλλήλων καταφρονεῖν ὁρῶντας τὰ ἀλλήλων βουλεύματα. Σκόπει δὴ οὖν καὶ σὺ εὖ μάλα πότερον κοινωνεῖς καὶ συνδοκεῖ σοι καὶ ἀρχώμεθα ἐντεῦθεν βουλευόμενοι, ὡς οὐδέποτε ὀρθῶς ἔχοντος οὔτε τοῦ ἀδικεῖν οὔτε τοῦ ἀνταδικεῖν οὔτε κακῶς πάσχοντα ἀμύνεσθαι ἀντιδρῶντα κακῶς, ἢ ἀφίστασαι καὶ οὐ κοινωνεῖς τῆς ἀρχῆς; Ἐμοὶ μὲν γὰρ καὶ πάλαι οὕτω καὶ νῦν ἔτι δοκεῖ · σοὶ δὲ εἴ πῃ ἄλλῃ δέδοκται, λέγε καὶ δίδασκε. Εἰ δ' ἐμμένεις τοῖς πρόσθεν, τὸ μετὰ τοῦτο ἄκουε.

ΚΡ. Ἀλλ' ἐμμένω τε καὶ συνδοκεῖ μοι ἀλλὰ λέγε.

Then Socr. proceeds to prove that by taking flight he would do wrong to the laws of the state, which always protected him during his life. Thus, by listening to Crito, he would act against his own firmly established principles. He cannot do that.

**First princi-
ples of the
philosophy of
Socrates**
1—Not to care for the opinion of the crowd, but only for that of the experts.
2—Soul is of a higher value than body.
3—It is not of first importance to live, but to live well.
4—Good, beautiful and righteous are the same.
5—We may never do wrong, and in no respect,
6—Nor return wrong if anyone has wronged us.

5—THE STORY OF THE YOUTH OF SOCRATES, TOLD BY HIMSELF

216—Pl., *Phaedo* 96 a-c; 97 b-100 b; 100 c-e:

**his interest
in the
philosophy
of nature**

Ἐγὼ γάρ, ἔφη, ὦ Κέβης, νέος ὢν θαυμαστῶς ὡς ἐπεθύμησα ταύτης τῆς σοφίας ἣν δὴ καλοῦσι περὶ φύσεως ἱστορίαν· ὑπερήφανος γάρ μοι ἐδόκει εἶναι, εἰδέναι τὰς αἰτίας ἑκάστου, διὰ τί γίγνεται ἕκαστον καὶ διὰ τί ἀπόλλυται καὶ διὰ τί ἔστιν [1]. Καὶ πολλάκις ἐμαυτὸν ἄνω κάτω μετέβαλλον, σκοπῶν πρῶτον

96b

τὰ τοιάδε· Ἆρ᾽, ἐπειδὰν τὸ θερμὸν καὶ τὸ ψυχρὸν σηπεδόνα τινὰ λάβῃ ὥς τινες ἔλεγον, τότε δὴ τὰ ζῷα συντρέφεται; καὶ πότερον τὸ αἷμά ἐστιν ᾧ φρονοῦμεν, ἢ ὁ ἀήρ, ἢ τὸ πῦρ; ἢ τούτων μὲν οὐδέν, ὁ δ᾽ ἐγκέφαλός ἐστιν ὁ τὰς αἰσθήσεις παρέχων τοῦ ἀκούειν καὶ ὁρᾶν καὶ ὀσφραίνεσθαι, ἐκ τούτων δὲ γίγνοιτο μνήμη καὶ δόξα, ἐκ δὲ μνήμης καὶ δόξης, λαβούσης τὸ ἠρεμεῖν, κατὰ ταῦτα γίγνεσθαι ἐπιστήμην; Καὶ αὖ τούτων τὰς φθορὰς σκοπῶν, καὶ τὰ περὶ τὸν οὐρανόν τε

c

καὶ τὴν γῆν πάθη, τελευτῶν οὕτως ἐμαυτῷ ἔδοξα πρὸς ταύτην τὴν σκέψιν ἀφυὴς εἶναι ὡς οὐδὲν χρῆμα.

Τεκμήριον δέ σοι ἐρῶ ἱκανόν. Ἐγὼ γάρ, ἃ καὶ πρότερον σαφῶς ἠπιστάμην ὥς γε ἐμαυτῷ καὶ τοῖς ἄλλοις ἐδόκουν, τότε ὑπὸ ταύτης τῆς σκέψεως οὕτω σφόδρα ἐτυφλώθην, ὥστε ἀπέμαθον καὶ ταῦτα ἃ πρὸ τοῦ ᾤμην εἰδέναι. —

**the book of
Anaxagoras**

97c

Ἀλλ᾽ ἀκούσας μέν ποτε ἐκ βιβλίου τινός, ὡς ἔφη, Ἀναξαγόρου ἀναγιγνώσκοντος, καὶ λέγοντος ὡς ἄρα νοῦς ἐστιν ὁ διακοσμῶν τε καὶ πάντων αἴτιος, ταύτῃ δὴ τῇ αἰτίᾳ ἥσθην τε καὶ ἔδοξέ μοι τρόπον τινὰ εὖ ἔχειν τὸ τὸν νοῦν εἶναι πάντων αἴτιον· καὶ ἡγησάμην, εἰ τοῦθ᾽ οὕτως ἔχει, τόν γε νοῦν κοσμοῦντα πάντα κοσμεῖν καὶ ἕκαστον τιθέναι ταύτῃ ὅπῃ ἂν βέλτιστα ἔχῃ· εἰ οὖν τις βούλοιτο τὴν αἰτίαν εὑρεῖν περὶ ἑκάστου ὅπῃ γίγνεται ἢ ἀπόλλυται ἢ ἔστι, τοῦτο δεῖν περὶ αὐτοῦ εὑρεῖν, ὅπῃ βέλτιστον αὐτῷ ἐστιν ἢ εἶναι ἢ ἄλλο ὁτιοῦν

d

πάσχειν ἢ ποιεῖν. Ἐκ δὲ δὴ τοῦ λόγου τούτου οὐδὲν ἄλλο σκοπεῖν προσήκειν

**Socrates
and the
philosophy
of nature**

[1] Together with Xen., *Mem.* IV 7, this chapter explains to us something as to the image that Aristoph. drew of Socr. in his *Clouds*. The young Socr. appears to have been keenly interested in the philosophy of nature. Xenophon, who has to defend him against the accusation of ζητεῖν τὰ μετέωρα, says he disapproved of people learning these things beyond the practical use of them. Yet he adds the words: καίτοι οὐκ ἄπειρός γε αὐτῶν ἦν (IV 7, 3).

ἀνθρώπῳ, καὶ περὶ αὐτοῦ ἐκείνου καὶ περὶ τῶν ἄλλων, ἀλλ' ἢ τὸ ἄριστον καὶ
τὸ βέλτιστον · ἀναγκαῖον δὲ εἶναι τὸν αὐτὸν τοῦτον καὶ τὸ χεῖρον εἰδέναι ·
τὴν αὐτὴν γὰρ εἶναι ἐπιστήμην περὶ αὐτῶν [1]. Ταῦτα δὴ λογιζόμενος ἄσμενος
εὑρηκέναι ᾤμην διδάσκαλον τῆς αἰτίας περὶ τῶν ὄντων κατὰ νοῦν ἐμαυτῷ,
τὸν Ἀναξαγόραν, καί μοι φράσειν πρῶτον μὲν πότερον ἡ γῆ πλατεῖά ἐστιν ἢ
στρογγύλη, ἐπειδὴ δὲ φράσειεν, ἐπεκδιηγήσεσθαι τὴν αἰτίαν καὶ τὴν ἀνάγκην,   e
λέγοντα τὸ ἄμεινον καὶ ὅτι αὐτὴν ἄμεινον ἦν τοιαύτην εἶναι · καὶ εἰ ἐν μέσῳ
φαίη εἶναι αὐτήν, ἐπεκδιηγήσεσθαι ὡς ἄμεινον ἦν αὐτὴν ἐν μέσῳ εἶναι · καὶ
εἴ μοι ταῦτα ἀποφαίνοι, παρεσκευάσμην ὡς οὐκέτι ποθεσόμενος αἰτίας ἄλλο
εἶδος. Καὶ δὴ καὶ περὶ ἡλίου οὕτω παρεσκευάσμην ὡσαύτως πευσόμενος, καὶ
σελήνης καὶ τῶν ἄλλων ἄστρων, τάχους τε πέρι πρὸς ἄλληλα καὶ τροπῶν καὶ   98a
τῶν ἄλλων παθημάτων, πῇ ποτε ταῦτ' ἄμεινόν ἐστιν ἕκαστον καὶ ποιεῖν καὶ
πάσχειν ἃ πάσχει. Οὐ γὰρ ἄν ποτε αὐτὸν ᾤμην, φάσκοντά γε ὑπὸ νοῦ αὐτὰ
κεκοσμῆσθαι, ἄλλην τινὰ αὐτοῖς αἰτίαν ἐπενεγκεῖν ἢ ὅτι βέλτιστον αὐτὰ οὕτως
ἔχειν ἐστὶν ὥσπερ ἔχει · ἑκάστῳ οὖν αὐτῶν ἀποδιδόντα τὴν αἰτίαν καὶ κοινῇ   b
πᾶσι, τὸ ἑκάστῳ βέλτιστον ᾤμην καὶ τὸ κοινὸν πᾶσιν ἐπεκδιηγήσεσθαι ἀγαθόν.
Καὶ οὐκ ἂν ἀπεδόμην πολλοῦ τὰς ἐλπίδας, ἀλλά, πάνυ σπουδῇ λαβὼν τὰς βίβλους,

---

[1] Socrates' marked preference for a teleological interpretation of nature is surely **his teleolo-**
a historical feature. It is attested by Xen., *Mem.* I 4, 4-9 [a]. Socr. is introduced **gical view of**
here talking with Aristodemos, surnamed "the little", who did not sacrifice to **nature**
the gods nor consult the oracles. Socr. asks him whether there are any men he
admires. And when the other mentions to him some poets, a sculptor and a painter,
he asks:

Πότερά σοι δοκοῦσιν οἱ ἀπεργαζόμενοι εἴδωλα ἄφρονά τε καὶ ἀκίνητα ἀξιοθαυμαστότεροι **Xen., Mem.**
εἶναι ἢ οἱ ζῷα ἔμφρονά τε καὶ ἐνεργά; Πολὺ νὴ Δία οἱ ζῷα, εἴπερ γε μὴ τύχῃ τινί, ἀλλὰ **I 4**
ὑπὸ γνώμης ταῦτα γίγνεται. Τῶν δὲ ἀτεκμάρτως ἐχόντων ὅτου ἕνεκά ἐστι καὶ τῶν
φανερῶς ἐπ' ὠφελείᾳ ὄντων πότερα τύχης καὶ πότερα γνώμης ἔργα κρίνεις; Πρέπει
μὲν τὰ ἐπ' ὠφελείᾳ γενόμενα γνώμης ἔργα εἶναι. (5) Οὔκουν δοκεῖ σοι ὁ ἐξ ἀρχῆς
ποιῶν ἀνθρώπους ἐπ' ὠφελείᾳ προσθεῖναι αὐτοῖς δι' ὧν αἰσθάνονται ἕκαστα; (Follows a
description of eyes and ears, the eye-lids and brows, the teeth and the place of
the mouth.) ταῦτα οὕτω προνοητικῶς πεπραγμένα ἀπορεῖς πότερα τύχης ἢ γνώμης
ἔργα ἐστί; Οὐ μὰ τὸν Δί', ἔφη, ἀλλ' οὕτω γε σκοπουμένῳ πάνυ ἔοικε ταῦτα σοφοῦ
τινος δημιουργοῦ καὶ φιλοζῴου τεχνήμασι. Τὸ δὲ ἐμφῦσαι μὲν ἔρωτα τῆς τεκνοποιίας,
ἐμφῦσαι δὲ ταῖς γειναμέναις ἔρωτα τοῦ ἐκτρέφειν, τοῖς δὲ τραφεῖσι μέγιστον μὲν πόθον
τοῦ ζῆν, μέγιστον δὲ φόβον τοῦ θανάτου; Ἀμέλει καὶ ταῦτα ἔοικε μηχανήμασί τινος ζῷα
εἶναι βουλευσαμένου. (8) Σὺ δὲ σαυτὸν δοκεῖς τι φρόνιμον ἔχειν, ἄλλοθι δὲ οὐδαμοῦ
οὐδὲν οἴει φρόνιμον εἶναι; .... καὶ τάδε τὰ ὑπερμεγέθη καὶ πλῆθος ἄπειρα (he means
the heavenly bodies) δι' ἀφροσύνην τινὰ οὕτως οἴει εὐτάκτως ἔχειν; (9) Μὰ Δί' ·
οὐ γὰρ ὁρῶ τοὺς κυρίους, ὥσπερ τῶν ἐνθάδε γιγνομένων τοὺς δημιουργούς. Οὐδὲ γὰρ τὴν
σαυτοῦ σύγε ψυχὴν ὁρᾷς, ἢ τοῦ σώματος κυρία ἐστίν · ὥστε κατά γε τοῦτο ἐξεστί σοι λέγειν
ὅτι οὐδὲν γνώμῃ, ἀλλὰ τύχῃ πάντα πράττεις.

---

[a] Cp. our note to the nr. **163 a** (Diog. of Apoll., fr. 3).

ὡς τάχιστα οἷός τ’ ἦ ἀνεγίγνωσκον, ἵν’ ὡς τάχιστα εἰδείην τὸ βέλτιστον καὶ
τὸ χεῖρον.

Socrates'   Ἀπὸ δὴ θαυμαστῆς ἐλπίδος, ὦ ἑταῖρε, ᾠχόμην φερόμενος, ἐπειδή, προϊὼν
disillusion καὶ ἀναγιγνώσκων, ὁρῶν ἄνδρα τῷ μὲν νῷ οὐδὲν χρώμενον οὐδέ τινας αἰτίας
    c ἐπαιτιώμενον εἰς τὸ διακοσμεῖν τὰ πράγματα, ἀέρας δὲ καὶ αἰθέρας καὶ ὕδατα
αἰτιώμενον καὶ ἄλλα πολλὰ καὶ ἄτοπα. Καί μοι ἔδοξεν ὁμοιότατον πεπονθέναι
ὥσπερ ἂν εἴ τις, λέγων ὅτι Σωκράτης πάντα ὅσα πράττει νῷ πράττει, κἄπειτα,
ἐπιχειρήσας λέγειν τὰς αἰτίας ἑκάστων ὧν πράττω, λέγοι πρῶτον μὲν ὅτι
διὰ ταῦτα νῦν ἐνθάδε κάθημαι, ὅτι σύγκειταί μου τὸ σῶμα ἐξ ὀστῶν καὶ νεύρων,
καὶ τὰ μὲν ὀστᾶ ἐστι στερεὰ καὶ διαφυὰς ἔχει χωρὶς ἀπ’ ἀλλήλων, τὰ δὲ νεῦρα,
    d οἷα ἐπιτείνεσθαι καὶ ἀνίεσθαι, περιαμπέχοντα τὰ ὀστᾶ μετὰ τῶν σαρκῶν καὶ
δέρματος ὃ συνέχει αὐτά· αἰωρουμένων οὖν τῶν ὀστῶν ἐν ταῖς αὑτῶν ξυμβολαῖς
χαλῶντα καὶ συντείνοντα τὰ νεῦρα κάμπτεσθαί που ποιεῖ οἷόν τ’ εἶναι ἐμὲ
νῦν τὰ μέλη· καὶ διὰ ταύτην τὴν αἰτίαν συγκαμφθεὶς ἐνθάδε κάθημαι. Καὶ αὖ
περὶ τοῦ διαλέγεσθαι ὑμῖν, ἑτέρας τοιαύτας αἰτίας λέγοι, φωνάς τε καὶ ἀέρας
καὶ ἀκοὰς καὶ ἄλλα μυρία τοιαῦτα αἰτιώμενος, ἀμελήσας τὰς ὡς ἀληθῶς
    e αἰτίας λέγειν, ὅτι, ἐπειδὴ Ἀθηναίοις ἔδοξε βέλτιον εἶναι ἐμοῦ καταψηφίσασθαι,
διὰ ταῦτα δὴ καὶ ἐμοὶ βέλτιον αὖ δέδοκται ἐνθάδε καθῆσθαι, καὶ δικαιότερον
παραμένοντα ὑπέχειν τὴν δίκην ἣν ἂν κελεύσωσιν. Ἐπεί, νὴ τὸν κύνα, ὡς ἐγᾦ-
99a μαι, πάλαι ἂν ταῦτα τὰ νεῦρα καὶ τὰ ὀστᾶ ἢ περὶ Μέγαρα ἢ Βοιωτοὺς ἦν,
ὑπὸ δόξης φερόμενα τοῦ βελτίστου, εἰ μὴ δικαιότερον ᾤμην καὶ κάλλιον
εἶναι, πρὸ τοῦ φεύγειν τε καὶ ἀποδιδράσκειν, ὑπέχειν τῇ πόλει δίκην ἥντιν’
ἂν τάττῃ.

   Ἀλλ’ αἴτια μὲν τὰ τοιαῦτα καλεῖν λίαν ἄτοπον. Εἰ δέ τις λέγοι ὅτι, ἄνευ τοῦ
τὰ τοιαῦτα ἔχειν καὶ ὀστᾶ καὶ νεῦρα καὶ ὅσα ἄλλα ἔχω, οὐκ ἂν οἷός τ’ ἦ ποιεῖν
τὰ δόξαντά μοι, ἀληθῆ ἂν λέγοι. Ὡς μέντοι διὰ ταῦτα ποιῶ ἃ ποιῶ, καὶ ταῦτα
    b νῷ πράττω ἀλλ’ οὐ τῇ τοῦ βελτίστου αἱρέσει, πολλὴ ἂν καὶ μακρὰ ῥᾳθυμία εἴη
τοῦ λόγου· τὸ γὰρ μὴ διελέσθαι οἷόν τ’ εἶναι ὅτι ἄλλο μέν τί ἐστι τὸ αἴτιον
τῷ ὄντι, ἄλλο δὲ ἐκεῖνο ἄνευ οὗ τὸ αἴτιον οὐκ ἄν ποτ’ εἴη αἴτιον· ὃ δή μοι
φαίνονται ψηλαφῶντες οἱ πολλοὶ ὥσπερ ἐν σκότει, ἀλλοτρίῳ ὀνόματι προσχρώ-
μενοι, ὡς αἴτιον αὐτὸ προσαγορεύειν. Διὸ δὴ καὶ ὁ μέν τις, δίνην περιτιθεὶς
τῇ γῇ, ὑπὸ τοῦ οὐρανοῦ μένειν δὴ ποιεῖ τὴν γῆν· ὁ δὲ ὥσπερ καρδόπῳ πλατείᾳ
    c βάθρον τὸν ἀέρα ὑπερείδει. Τὴν δὲ τοῦ ὡς οἷόν τε βέλτιστα αὐτὰ τεθῆναι δύ-
ναμιν οὕτω νῦν κεῖσθαι, ταύτην οὔτε ζητοῦσιν οὔτε τινὰ οἴονται δαιμονίαν
ἰσχὺν ἔχειν, ἀλλὰ ἡγοῦνται τούτου Ἄτλαντα ἄν ποτε ἰσχυρότερον καὶ ἀθανα-
τώτερον καὶ μᾶλλον ἅπαντα ξυνέχοντα ἐξευρεῖν, καὶ ὡς ἀληθῶς τὸ ἀγαθὸν καὶ
δέον ξυνδεῖν καὶ συνέχειν οὐδὲν οἴονται. Ἐγὼ μὲν οὖν τῆς τοιαύτης αἰτίας
ὅπῃ ποτὲ ἔχει μαθητὴς ὁτουοῦν ἥδιστ’ ἂν γενοίμην. Ἐπειδὴ δὲ ταύτης ἐστερήθην
    d καὶ οὔτ’ αὐτὸς εὑρεῖν οὔτε παρ’ ἄλλου μαθεῖν οἷός τε ἐγενόμην, τὸν δεύτερον

πλοῦν ἐπὶ τὴν τῆς αἰτίας ζήτησιν ἢ πεπραγμάτευμαι βούλει σοι, ἔφη, ἐπίδειξιν
ποιήσωμαι, ὦ Κέβης; — Ὑπερφυῶς μὲν οὖν, ἔφη, ὡς βούλομαι.

 — Ἔδοξε τοίνυν μοι, ἦ δ' ὅς, μετὰ ταῦτα, ἐπειδὴ ἀπείρηκα τὰ ὄντα σκοπῶν, his
δεύτερος
πλοῦς
δεῖν εὐλαβηθῆναι μὴ πάθοιμι ὅπερ οἱ τὸν ἥλιον ἐκλείποντα θεωροῦντες καὶ
σκοπούμενοι · διαφθείρονται γάρ που ἔνιοι τὰ ὄμματα, ἐὰν μὴ ἐν ὕδατι ἤ τινι
τοιούτῳ σκοπῶνται τὴν εἰκόνα αὐτοῦ. Τοιοῦτόν τι καὶ ἐγὼ διενοήθην, καὶ e
ἔδεισα μὴ παντάπασι τὴν ψυχὴν τυφλωθείην βλέπων πρὸς τὰ πράγματα τοῖς
ὄμμασι καὶ ἑκάστῃ τῶν αἰσθήσεων ἐπιχειρῶν ἅπτεσθαι αὐτῶν. Ἔδοξε δή μοι
χρῆναι εἰς τοὺς λόγους καταφυγόντα ἐν ἐκείνοις σκοπεῖν τῶν ὄντων τὴν ἀλή-
θειαν. Ἴσως μὲν οὖν ᾧ εἰκάζω τρόπον τινὰ οὐκ ἔοικεν · οὐ γὰρ πάνυ συγχωρῶ 100a
τὸν ἐν λόγοις σκοπούμενον τὰ ὄντα ἐν εἰκόσι μᾶλλον σκοπεῖν ἢ τὸν ἐν ἔργοις.
Ἀλλ' οὖν δὴ ταύτῃ γε ὥρμησα, καὶ ὑποθέμενος ἑκάστοτε λόγον ὃν ἂν κρίνω
ἐρρωμενέστατον εἶναι [1], ἃ μὲν ἄν μοι δοκῇ τούτῳ συμφωνεῖν τίθημι ὡς ἀληθῆ
ὄντα, καὶ περὶ αἰτίας καὶ περὶ τῶν ἄλλων ἁπάντων · ἃ δ' ἂν μή, ὡς οὐκ ἀληθῆ.
Βούλομαι δέ σοι σαφέστερον εἰπεῖν ἃ λέγω · οἶμαι γάρ σε νῦν οὐ μανθάνειν. —
Οὐ, μὰ τὸν Δία, ἔφη ὁ Κέβης, οὐ σφόδρα. — Ἀλλ', ἦ δ' ὅς, ὧδε λέγω, οὐδὲν
καινόν, ἀλλ' ἅπερ ἀεί τε ἄλλοτε καὶ ἐν τῷ παρεληλυθότι λόγῳ οὐδὲν πέπαυμαι b
λέγων. Ἔρχομαι γὰρ δὴ ἐπιχειρῶν σοι ἐπιδείξασθαι τῆς αἰτίας τὸ εἶδος ὃ
πεπραγμάτευμαι, καὶ εἶμι πάλιν ἐπ' ἐκεῖνα τὰ πολυθρύλητα καὶ ἄρχομαι
ἀπ' ἐκείνων, ὑποθέμενος εἶναί τι καλὸν αὐτὸ καθ' αὑτὸ καὶ ἀγαθὸν καὶ μέγα
καὶ τἆλλα πάντα. —

 (100 c[6]) Οὐ τοίνυν, ἦ δ' ὅς, ἔτι μανθάνω οὐδὲ δύναμαι τὰς ἄλλας αἰτίας,
τὰς σοφὰς ταύτας, γιγνώσκειν · ἀλλ' ἐάν τίς μοι λέγῃ διότι καλόν ἐστιν ὁτιοῦν,
ἢ χρῶμα εὐανθὲς ἔχον ἢ σχῆμα ἢ ἄλλο ὁτιοῦν τῶν τοιούτων, τὰ μὲν ἄλλα d
χαίρειν ἐῶ, ταράττομαι γὰρ ἐν τοῖς ἄλλοις πᾶσι · τοῦτο δὲ ἁπλῶς καὶ ἀτέχνως
καὶ ἴσως εὐήθως ἔχω παρ' ἐμαυτῷ, ὅτι οὐκ ἄλλο τι ποιεῖ αὐτὸ καλὸν ἢ ἐκείνου
τοῦ καλοῦ εἴτε παρουσία εἴτε κοινωνία, εἴτε ὅπῃ δὴ καὶ ὅπως προσγενομένη [2],
οὐ γὰρ ἔτι τοῦτο διισχυρίζομαι, ἀλλ' ὅτι τῷ καλῷ πάντα τὰ καλὰ γίγνεται
καλά · τοῦτο γάρ μοι δοκεῖ ἀσφαλέστατον εἶναι καὶ ἐμαυτῷ ἀποκρίνασθαι

---

[1] Xenophon also mentions the method of the hypothesis as an ἴδιον of Socra- the method
of the
hypothesis
tes. *Mem.* IV 6, 13-14:
 Εἰ δέ τις αὐτῷ περὶ του ἀντιλέγοι μηδὲν ἔχων σαφὲς λέγειν, ἀλλ' ἄνευ ἀποδείξεως ἤτοι
σοφώτερον φάσκων εἶναι ὃν αὐτὸς λέγοι, ἢ πολιτικώτερον ἢ ἀνδρειότερον ἢ ἄλλο τι τῶν
τοιούτων, ἐπὶ τὴν ὑπόθεσιν ἐπανῆγεν ἂν πάντα τὸν λόγον ὧδέ πως · Φὴς σὺ ἀμείνω πολίτην
εἶναι ὃν σὺ ἐπαινεῖς ἢ ὃν ἐγώ; — Φημὶ γὰρ οὖν. — Τί οὖν οὐκ ἐκεῖνο πρῶτον ἐπεσκεψάμεθα,
τί ἐστιν ἔργον ἀγαθοῦ πολίτου;

[2] Cf. this remarkable passage in *Dissoi logoi*, c. 4 (περὶ ἀλάθεος καὶ ψεύδεος), a prepla-
tonic theory
of ideas?
4-5 (Diels, VS.[5] 90):
 ἔπειτα τοὶ ἑξῆς καθήμενοι αἱ λέγοιμεν 'μύστας εἰμί', τὸ αὐτὸ μὲν πάντες ἐροῦμεν, ἀλαθὲς
δὲ μόνος ἐγώ, ἐπεὶ καὶ εἰμί. (5) δᾶλον ὦν, ὅτι ὁ αὐτὸς λόγος, ὅταν μὲν αὐτῷ παρῇ τὸ ψεῦδος,
ψεύστας ἐστίν, ὅταν δὲ τὸ ἀλαθές, ἀλαθής.

e καὶ ἄλλῳ. Καὶ τούτου ἐχόμενος ἡγοῦμαι οὐκ ἄν ποτε πεσεῖν, ἀλλ᾽ ἀσφαλὲς
εἶναι καὶ ἐμοὶ καὶ ὁτῳοῦν ἄλλῳ ἀποκρίνασθαι ὅτι τῷ καλῷ τὰ καλὰ καλά ·
ἢ οὐ καὶ σοὶ δοκεῖ; — Δοκεῖ. — Καὶ μεγέθει ἄρα τὰ μεγάλα μεγάλα καὶ τὰ
μείζω μείζω, καὶ σμικρότητι τὰ ἐλάττω ἐλάττω; — Ναί. —

6—SOME ADDITIONS FROM XENOPHON

Socr. and the religion of the state
217—Xenophon defends Socrates against the accusation of intro-
ducing new deities.

a. I 1, 2-4:

Πρῶτον μὲν οὖν ὡς οὐκ ἐνόμιζεν οὓς ἡ πόλις νομίζει θεούς, ποίῳ ποτ᾽ ἐχρή-
σαντο τεκμηρίῳ; θύων τε γὰρ φανερὸς ἦν πολλάκις μὲν οἴκοι, πολλάκις δὲ ἐπὶ
τῶν κοινῶν τῆς πόλεως βωμῶν, καὶ μαντικῇ χρώμενος οὐκ ἀφανὴς ἦν. διετε-
θρύλητο γὰρ ὡς φαίη Σωκράτης τὸ δαιμόνιον ἑαυτῷ σημαίνειν · ὅθεν δὴ καὶ
μάλιστά μοι δοκοῦσιν αὐτὸν αἰτιάσασθαι καινὰ δαιμόνια εἰσφέρειν. ὁ δ᾽ οὐδὲν
καινότερον εἰσέφερε τῶν ἄλλων, ὅσοι μαντικὴν νομίζοντες οἰωνοῖς τε χρῶνται
καὶ φήμαις καὶ συμβόλοις καὶ θυσίαις. οὗτοί τε γὰρ ὑπολαμβάνουσιν οὐ τοὺς
ὄρνιθας οὐδὲ τοὺς ἀπαντῶντας εἰδέναι τὰ συμφέροντα τοῖς μαντευομένοις,
ἀλλὰ τοὺς θεοὺς διὰ τούτων αὐτὰ σημαίνειν, κἀκεῖνος δὲ οὕτως ἐνόμιζεν. ἀλλ᾽
οἱ μὲν πλεῖστοί φασιν ὑπό τε τῶν ὀρνίθων καὶ τῶν ἀπαντώντων ἀποτρέπεσθαί
τε καὶ προτρέπεσθαι · Σωκράτης δ᾽ ὥσπερ ἐγίγνωσκεν, οὕτως ἔλεγε · τὸ δαι-
μόνιον γὰρ ἔφη σημαίνειν.

b. Ib. 19:

his belief in the provi-dence of the gods
Καὶ γὰρ ἐπιμελεῖσθαι θεοὺς ἐνόμιζεν ἀνθρώπων οὐχ ὃν τρόπον οἱ πολλοὶ νο-
μίζουσιν · οὗτοι μὲν γὰρ οἴονται τοὺς θεοὺς τὰ μὲν εἰδέναι, τὰ δ᾽ οὐκ εἰδέναι ·
Σωκράτης δὲ πάντα μὲν ἡγεῖτο θεοὺς εἰδέναι, τά τε λεγόμενα καὶ πραττόμενα
καὶ τὰ σιγῇ βουλευόμενα, πανταχοῦ δὲ παρεῖναι καὶ σημαίνειν τοῖς ἀνθρώποις
περὶ τῶν ἀνθρωπείων πάντων.

c. Ib. 9:

and in divination
Ἔφη δὲ δεῖν ἃ μὲν μαθόντας ποιεῖν ἔδωκαν οἱ θεοί, μανθάνειν, ἃ δὲ μὴ δῆλα
τοῖς ἀνθρώποις ἐστί, πειρᾶσθαι διὰ μαντικῆς παρὰ τῶν θεῶν πυνθάνεσθαι ·
τοὺς θεοὺς γὰρ οἷς ἂν ὦσιν ἵλεῳ σημαίνειν.

he is far from protesting against the cult of the state
218—a. Xen., *Mem.* I 3, 1:

Τὰ μὲν τοίνυν πρὸς τοὺς θεοὺς φανερὸς ἦν καὶ ποιῶν καὶ λέγων ᾗπερ ἡ Πυθία
ἀποκρίνεται τοῖς ἐρωτῶσι πῶς δεῖ ποιεῖν ἢ περὶ θυσίας ἢ περὶ προγόνων

θεραπείας ἢ περὶ ἄλλου τινὸς τῶν τοιούτων · ἥ τε γὰρ Πυθία νόμῳ πόλεως ἀναιρεῖ ποιοῦντας εὐσεβῶς ἂν ποιεῖν, Σωκράτης τε οὕτω καὶ αὐτὸς ἐποίει καὶ τοῖς ἄλλοις παρῄνει, τοὺς δὲ ἄλλως πως ποιοῦντας περιέργους καὶ ματαίους ἐνόμιζεν εἶναι.

An example of such περιεργία is given by Xenophon himself in *Anab*. III 1, 5-7, where he is rebuked by Socr. for not having asked the Pythia what he ought to have asked, having decided the point in question himself.

b. Pl., *Phaedo* 118 a:

and strict in his observances

"Ηδη οὖν σχεδόν τι αὐτοῦ ἦν τὰ περὶ τὸ ἦτρον ψυχόμενα, καὶ ἐκκαλυψάμενος — ἐνεκεκάλυπτο γάρ — εἶπεν, ὃ δὴ τελευταῖον ἐφθέγξατο · ,,Ω Κρίτων, ἔφη, τῷ Ἀσκληπιῷ ὀφείλομεν ἀλεκτρυόνα · ἀλλὰ ἀπόδοτε καὶ μὴ ἀμελήσητε.''

219—a. Xen., *Mem*. I 3, 2:

his prayers

Καὶ εὔχετο δὲ πρὸς τοὺς θεοὺς ἁπλῶς τἀγαθὰ διδόναι, ὡς τοὺς θεοὺς κάλλιστα εἰδότας ὁποῖα ἀγαθά ἐστιν.

b. Cf. [Pl.], *Alcib*. II 142 e-143 a (Socr. speaks):

Κινδυνεύει γοῦν, ὦ Ἀλκιβιάδη, φρόνιμός τις εἶναι ἐκεῖνος ὁ ποιητής, ὃς δοκεῖ μοι φίλοις ἀνοήτοις τισὶ χρησάμενος, ὁρῶν αὐτοὺς καὶ πράττοντας καὶ εὐχομένους ἅπερ οὐ βέλτιον ἦν, ἐκείνοις δὲ ἐδόκει, κοινῇ ὑπὲρ ἁπάντων αὐτῶν εὐχὴν ποιήσασθαι · λέγει δέ πως ὡδί —

Ζεῦ βασιλεῦ, τὰ μὲν ἐσθλά, φησί, καὶ εὐχομένοις καὶ ἀνεύκτοις ἄμμι δίδου, τὰ δὲ δεινὰ καὶ εὐχομένοις ἀπαλέξειν

κελεύει. Ἐμοὶ μὲν οὖν καλῶς δοκεῖ καὶ ἀσφαλῶς λέγειν ὁ ποιητής.

c. And *Phaedr*. 279 bc, where Socr. prays, leaving the place of the conversation:

,,Ω φίλε Πάν τε καὶ ἄλλοι ὅσοι τῇδε θεοί, δοίητέ μοι καλῷ γενέσθαι τἄνδοθεν · ἔξωθεν δὲ ὅσα ἔχω, τοῖς ἐντὸς εἶναί μοι φίλια. Πλούσιον δὲ νομίζοιμι τὸν σοφόν · τὸ δὲ χρυσοῦ πλῆθος εἴη μοι ὅσον μήτε φέρειν μήτε ἄγειν δύναιτο ἄλλος ἢ ὁ σώφρων.'' Ἔτ' ἄλλου του δεόμεθα, ὦ Φαῖδρε; Ἐμοὶ μὲν γὰρ μετρίως ηὖκται.

ΦΑΙ. Καὶ ἐμοὶ ταῦτα συνεύχου · κοινὰ γὰρ τὰ τῶν φίλων.

220—a. Pl., *Apol*. 31 d:

the daimonion

Ἐμοὶ δὲ τοῦτ' ἐστὶν ἐκ παιδὸς ἀρξάμενον, φωνή τις γιγνομένη, ἣ ὅταν γένηται, ἀεὶ ἀποτρέπει με τοῦτο ὃ ἂν μέλλω πράττειν, προτρέπει δὲ οὔποτε.

b. Xen., *Mem.* I 1, 4:

Καὶ πολλοῖς τῶν συνόντων προηγόρευε τὰ μὲν ποιεῖν, τὰ δὲ μὴ ποιεῖν, ὡς τοῦ δαιμονίου προσημαίνοντος · καὶ τοῖς μὲν πειθομένοις αὐτῷ συνέφερε, τοῖς δὲ μὴ πειθομένοις μετέμελε.

reaction of the Athenians
c. Pl., *Euthyphro* 3 b, where Euth. answers, when Socr. tells him about the accusation of καινὰ δαιμόνια εἰσφέρειν and not believing in the old ones, —:

Μανθάνω, ὦ Σώκρατες · ὅτι δὴ σὺ τὸ δαιμόνιον φὴς σαυτῷ ἑκάστοτε γίγνε-σθαι. Ὡς οὖν καινοτομοῦντός σου περὶ τὰ θεῖα γέγραπται ταύτην τὴν γραφήν, καὶ ὡς διαβαλῶν δὴ ἔρχεται [1] εἰς τὸ δικαστήριον εἰδὼς ὅτι εὐδιάβολα τὰ τοιαῦτα πρὸς τοὺς πολλούς.

d. Cf. Xen., *Mem.* IV 3, 12, where Euthydemus says to Socrates:

Παντάπασιν ἐοίκασιν, ὦ Σώκρατες, οἱ θεοὶ πολλὴν τῶν ἀνθρώπων ἐπιμέλειαν ποιεῖσθαι. — Τὸ δὲ καί, ᾗ ἀδυνατοῦμεν τὰ συμφέροντα προνοεῖσθαι ὑπὲρ τῶν μελλόντων, ταύτῃ αὐτοὺς ἡμῖν συνεργεῖν, διὰ μαντικῆς τοῖς πυνθανομένοις φράζοντας τὰ ἀποβησόμενα καὶ διδάσκοντας ᾗ ἂν ἄριστα γίγνοιτο; — Σοὶ δ', ἔφη, ὦ Σώκρατες, ἐοίκασιν ἔτι φιλικώτερον ἢ τοῖς ἄλλοις χρῆσθαι, εἴ γε μηδὲ ἐπερωτώμενοι ὑπὸ σοῦ προσημαίνουσί σοι ἅ τε χρὴ ποιεῖν καὶ ἃ μή.

e. Cf. Xen., *Apol.* 14. Socrates having spoken about the daimonion, the judges expressed their disapproval by loud interruptions:

Οἱ δικασταὶ ἐθορύβουν, οἱ μὲν ἀπιστοῦντες τοῖς λεγομένοις, οἱ δὲ καὶ φθο-νοῦντες εἰ καὶ παρὰ θεῶν μειζόνων ἢ αὐτοὶ τυγχάνοι.

Socr.' strict idea of science
221—Xen., *Mem.* I 1, 15:

Ἐσκόπει δὲ περὶ αὐτῶν (the philosophers of nature) καὶ τάδε, ἆρ' ὥσπερ οἱ τἀνθρώπεια μανθάνοντες ἡγοῦνται τοῦθ' ὅ τι ἂν μάθωσιν ἑαυτοῖς τε καὶ τῶν ἄλλων ὅτῳ ἂν βούλωνται ποιήσειν, οὕτω καὶ οἱ τὰ θεῖα ζητοῦντες νομίζουσιν, ἐπειδὰν γνῶσιν αἷς ἀνάγκαις ἕκαστα γίγνεται, ποιήσειν, ὅταν βούλωνται, καὶ ἀνέμους καὶ ὕδατα καὶ ὥρας καὶ ὅτου ἂν ἄλλου δέωνται τῶν τοιούτων, ἢ τοιοῦτον μὲν οὐδὲν οὐδ' ἐλπίζουσιν, ἀρκεῖ δ' αὐτοῖς γνῶναι μόνον ᾗ τῶν τοιού-των ἕκαστα γίγνεται.

the principle of Cynicism
222—Xen., *Mem.* I 6, 10:

Ἔοικας, ὦ Ἀντιφῶν, τὴν εὐδαιμονίαν οἰομένῳ τρυφὴν καὶ πολυτέλειαν

---
[1] ἔρχεται - sc. Meletus.

εἶναι · ἐγὼ δὲ νομίζω τὸ μὲν μηδενὸς δεῖσθαι θεῖον εἶναι, τὸ δ' ὡς ἐλαχίστων ἐγγυτάτω τοῦ θείου, καὶ τὸ μὲν θεῖον κράτιστον, τὸ δ' ἐγγυτάτω τοῦ θείου ἐγγυτάτω τοῦ κρατίστου.

223—Xen., *Mem.* IV 4, 12-14, 19, 25 (a dialogue between Socr. and Hippias): human law and divine law

Socr. says: φημὶ γὰρ ἐγὼ τὸ νόμιμον δίκαιον εἶναι.

Hipp.: ῏Αρα τὸ αὐτὸ λέγεις, ὦ Σώκρατες, νόμιμόν τε καὶ δίκαιον εἶναι; ῎Εγωγε, ἔφη. Οὐ γὰρ αἰσθάνομαί σου μᾶλλον ὁποῖον νόμιμον ἢ ποῖον δίκαιον λέγεις. Νόμους δὲ πόλεως, ἔφη, γιγνώσκεις; ῎Εγωγε, ἔφη. Καὶ τίνας τούτους νομίζεις; ῝Α οἱ πολῖται, ἔφη, συνθέμενοι ἅ τε δεῖ ποιεῖν καὶ ὧν ἀπέχεσθαι ἐγράψαντο. Οὐκοῦν, ἔφη, νόμιμος μὲν ἂν εἴη ὁ κατὰ ταῦτα πολιτευόμενος, ἄνομος δὲ ὁ ταῦτα παραβαίνων; Πάνυ μὲν οὖν, ἔφη. Οὐκοῦν καὶ δίκαια μὲν ἂν πράττοι ὁ τούτοις πειθόμενος, ἄδικα δ' ὁ τούτοις ἀπειθῶν; Πάνυ μὲν οὖν. Οὐκοῦν ὁ μὲν τὰ δίκαια πράττων δίκαιος, ὁ δὲ τὰ ἄδικα ἄδικος; Πῶς γὰρ οὔ; Ὁ μὲν ἄρα νόμιμος δίκαιός ἐστιν, ὁ δὲ ἄνομος ἄδικος. Καὶ ὁ Ἱππίας · Νόμους δ', ἔφη, ὦ Σώκρατες, πῶς ἄν τις ἡγήσαιτο σπουδαῖον πρᾶγμα εἶναι ἢ τὸ πείθεσθαι αὐτοῖς, οὕς γε πολλάκις αὐτοὶ οἱ θέμενοι ἀποδοκιμάσαντες μετατίθενται; Καὶ γὰρ πόλεμον, ἔφη ὁ Σωκράτης, πολλάκις ἀράμεναι αἱ πόλεις πάλιν εἰρήνην ποιοῦνται. Καὶ μάλα, ἔφη. Διάφορον οὖν τι οἴει ποιεῖν, ἔφη, τοὺς τοῖς νόμοις πειθομένους φαυλίζων, ὅτι καταλυθεῖεν ἂν οἱ νόμοι, ἢ εἰ τοὺς ἐν τοῖς πολέμοις εὐτακτοῦντας ψέγοις, ὅτι γένοιτ' ἂν εἰρήνη; ἢ καὶ τοὺς ἐν τοῖς πολέμοις ταῖς πατρίσι προθύμως βοηθοῦντας μέμφει; Μὰ Δί' οὐκ ἔγωγ', ἔφη. —

(19) Ἀγράφους δέ τινας οἶσθα, ἔφη, ὦ Ἱππία, νόμους; Τούς γ' ἐν πάσῃ, ἔφη, χώρᾳ κατὰ ταὐτὰ νομιζομένους. ῎Εχοις ἂν οὖν εἰπεῖν, ἔφη, ὅτι οἱ ἄνθρωποι αὐτοὺς ἔθεντο; Καὶ πῶς ἄν, ἔφη, οἵ γε οὔτε συνελθεῖν ἅπαντες ἂν δυνηθεῖεν οὔτε ὁμόφωνοί εἰσι; Τίνας οὖν, ἔφη, νομίζεις τεθεικέναι τοὺς νόμους τούτους; Ἐγὼ μέν, ἔφη, θεοὺς οἶμαι τοὺς νόμους τούτους τοῖς ἀνθρώποις θεῖναι · καὶ γὰρ παρὰ πᾶσιν ἀνθρώποις πρῶτον νομίζεται θεοὺς σέβειν. —

(25) Πότερον οὖν, ὦ Ἱππία, τοὺς θεοὺς ἡγεῖ τὰ δίκαια νομοθετεῖν ἢ ἄλλα τῶν δικαίων; Οὐκ ἄλλα μὰ Δί', ἔφη · σχολῇ γὰρ ἂν ἄλλος γέ τις τὰ δίκαια νομοθετήσειεν, εἰ μὴ θεός. Καὶ τοῖς θεοῖς ἄρα, ὦ Ἱππία, τὸ αὐτὸ δίκαιόν τε καὶ νόμιμον εἶναι ἀρέσκει.

From this text the following three points may be inferred:

1—Socr. did not oppose human law to divine law, but, seeing clearly the relativity of human law, he still maintained its authority.

2—This authority of human law he founded by analogy on divine law.

3—So "righteousness" is the same for men and gods; and consequently our moral principles are not confined to the human sphere, but they are valid for the gods as well.

7—A PRE-PLATONIC THEORY OF IDEAS?

A. E. Taylor, *Varia Socratica*, Ch. V, examines the meaning of the words εἶδος and ἰδέα in pre-platonic literature. He tries to prove that, especially in the medical literature of the fifth century, these terms had a rather technical sense.

"forms"-kinds

224—a. *Thuc.* III 81:

πᾶσά τε ἰδέα κατέστη θανάτου.

b. Ib. 82:

Καὶ ἐπέπεσε πολλὰ καὶ χαλεπὰ κατὰ στάσιν ταῖς πόλεσι, γιγνόμενα μὲν καὶ αἰεὶ ἐσόμενα, ἕως ἂν ἡ αὐτὴ φύσις τῶν ἀνθρώπων ᾖ, μᾶλλον δὲ καὶ ἡσυχαίτερα καὶ τοῖς εἴδεσι διηλλαγμένα.

c. Aristoph., *Frogs* 384:

Ἄγε νῦν ἑτέραν ὕμνων ἰδέαν τὴν καρποφόρον βασίλειαν,
Δήμητρα θεὰν, ἐπικοσμοῦντες ζαθέοις μολπαῖς κελαδεῖτε.

platonic terminology in Hippocr.

225—a. The following passage of Hippocr. is, according to Burnet and Taylor, sufficient to prove the existence of a pre-platonic theory of Ideas, and hence to refute the whole traditional view of Socr. and Plato.

Hippocr., Π. ἀρχαίης ἰητρικῆς c. 15 (I 17 K.):

The author is speaking about the four elements of Empedocles. He wonders how medical men, who base their science (τέχνη) on this theory (ὑπόθεσις), can treat patients in agreement with their theory. οὐ γάρ ἐστιν αὐτοῖς, οἶμαι, ἐξηυρημένον α ὐ τ ό τι ἐ φ' ἑ ω υ τ ο ῦ θερμὸν ἢ ψυχρὸν ἢ ξηρὸν ἢ ὑγρὸν μηδενὶ ἄλλῳ ε ἴ δ ε ι κ ο ι ν ω ν έ ο ν.

About the interpretation of this and the following texts cp. C. Gillespie in *Class. Quarterly* 1912, and my work *Een keerpunt in Plato's denken*, pp. 86-100.

b. Cf. Hippocr., *o.c.* c. 19 (p. 23 K.):

Πέσσεσθαι δὲ καὶ μεταβάλλειν καὶ λεπτύνεσθαι καὶ παχύνεσθαι [1] ἐς χυμῶν εἶδος δι' ἄλλων εἰδέων καὶ παντοίων, . . . πάντων δὴ τουτέων ἥκιστα προσήκει θερμῷ ἢ ψυχρῷ πάσχειν [2].

Taylor explains: εἶδος = element, substance.

---

[1] These four infinitives are used as substantives.

[2] The translation "to all these things surely heat and cold are not in the least liable" (W. H. S. Jones) renders the true meaning of the sentence. πάντων δὴ τουτέων must be understood as a partitive genitive used as object. A great number of examples of this use is adduced by Nachmanson in *Dragma, Martino P. Nilsson dedicatum*, Lund 1939, pp. 313-325. A good parallel to our text may be found in Plato, Leg. 718 a: συμπάντων τούτων ἀποτελοῦντα.

226—For this more technical interpretation Taylor adduces
a. *Hippocr.*, π. φύσιος ἀνθρώπου 5 (VI 40 L.).

εἶδος =
substance?

In a previous chapter the author refuted the theory that the human body would consist of one element (ἓν εἶναι τὸν ἄνθρωπον). Now he is speaking about the four elements in the body: αἷμα, φλέγμα, χολὴ ξανθὴ καὶ μέλαινα.

Καὶ τουτέων πρῶτον μὲν κατὰ νόμον τὰ οὐνόματα διωρίσθαι φημὶ καὶ οὐδενὶ αὐτέων τωὐτὸ οὔνομα εἶναι, ἔπειτα κατὰ φύσιν τὰς ἰδέας [1] κεχωρίσθαι, καὶ οὔτε τὸ φλέγμα οὐδὲν ἐοικέναι τῷ αἵματι, οὔτε τὸ αἷμα τῇ χολῇ, οὔτε τὴν χολὴν τῷ φλέγματι. — Ἀνάγκη τοίνυν, ὅτε τοσοῦτον διήλλακται ἀλλήλων τὴν ἰδέην [1] τε καὶ τὴν δύναμιν, μὴ ἓν αὐτὰ εἶναι, εἴπερ μὴ πῦρ τε καὶ ὕδωρ ἕν τε καὶ ταὐτόν ἐστιν.

b. Cf. o.c., c. 2 (p. 34 L.).

Here Hippocr. is speaking of those physicians who admit that the human body consists of one element only.

Ἓν γάρ τι εἶναί φασιν, ὅ τι ἕκαστος αὐτέων βούλεται ὀνομάσας, καὶ τοῦτο ἓν ἐὸν μεταλλάσσειν τὴν ἰδέην καὶ τὴν δύναμιν, — καὶ γινέσθαι καὶ γλυκὺ καὶ πικρὸν καὶ λευκὸν καὶ μέλαν καὶ παντοῖόν τι ἄλλο.

227—a. *Hippocr.*, Π. τέχνης c. 6. (p. 10 L.):

other
instances

διαιτήμασιν ἰώμενοι καὶ ἄλλοισί τε εἴδεσιν.

Taylor: "curing by diet and by other *things*" (,,substances").
Gillespie: ,,curing by modes of diet and *other kinds (of treatment)*", such as φάρμακα. — This is surely right.

b. Ib., c. 4 (p. 6 L.):

τὸ τῆς τύχης εἶδος ψίλον (opposed to the eidos of the τέχνη).

Here εἶδος is simple a periphrasis, as we know them from Homer. Transl.: "fate in itself".

c. Ib., c. 2 (p. 4 L.).

The author tries to prove the reality of medical science by the argument that the name supposes an εἶδος. The core of the argumentation is: "what is, can be seen; what is not, cannot be seen. Arts are visible, *ergo* they are real".

Δοκεῖ δή μοι τὸ μὲν σύμπαν τέχνη εἶναι οὐδεμία οὐκ ἐοῦσα · καὶ γὰρ ἄλογον τῶν ἐόντων τι ἡγεῖσθαι μὴ ἐόν · ἐπεὶ τῶν γε μὴ ἐόντων τίνα ἄν τις οὐσίην θεησάμενος ἀπαγγείλειεν ὡς ἔστι; εἰ γὰρ δὴ ἔστι γ᾽ ἰδεῖν τὰ μὴ ἐόντα ὥσπερ τὰ ἐόντα, οὐκ οἶδ᾽, ὅπως ἄν τις αὐτὰ νομίσειε μὴ ἐόντα, ἅ γε εἴη καὶ ὀφθαλμοῖσιν ἰδεῖν καὶ γνώμῃ νοῆσαι ὡς ἔστιν. ἀλλ᾽ ὅπως μὴ οὐκ ἦι τοῦτο τοιοῦτον · ἀλλὰ

---

[1] outward appearance.

τὰ μὲν ἐόντα αἰεὶ ὁρᾶταί τε καὶ γινώσκεται, τὰ δὲ μὴ ἐόντα οὔτε ὁρᾶται οὔτε
γινώσκεται. γινώσκεται τοίνυν, δεδιδαγμένων ἤδη <τῶν εἰδέων, ἑκάστη> τῶν
τεχνέων, καὶ οὐδεμία ἐστὶν ἥ γε ἔκ τινος εἴδεος οὐχ ὁρᾶται. οἶμαι δὲ ἔγωγε καὶ
τὰ ὀνόματα αὐτὰς διὰ τὰ εἴδεα λαβεῖν · ἄλογον γὰρ ἀπὸ τῶν ὀνομάτων ἡγεῖσθαι
τὰ εἴδεα βλαστάνειν καὶ ἀδύνατον · τὰ μὲν γὰρ ὀνόματα [φύσεως] νομοθετή-
ματά ἐστιν, τὰ δὲ εἴδεα οὐ νομοθετήματα, ἀλλὰ βλαστήματα.

It seems that by this physician ὄν and μὴ ὄν are made dependent on the being
or not being of εἴδεα, and that, according to him, things have their names after
the εἴδεα.

V. Wilamowitz says (*Platon* II, p. 253): "Wer ihm das beigebracht hatte, der
war dem platonischen Gedanken and sogar ihrem Ausdruck, nahe".

Yet, when this author says that there is no τέχνη ἥ γε ἔκ τινος εἴδεος μὴ ὁρᾶται,
εἶδος means simply "visible form", "appearance". Nevertheless he shows a back-
ground of philosophical reflexion. Cf. *Dissoi logoi* 4 (our nr. **216**, p. 147, n. 2).

**the
testimony of
Proclus**   **228**—We possess just one late testimony about a Pythagorean and
a Socratic theory of Ideas.

Proclus in *Plat. Parm.* 128 e:

῏Ην μὲν γὰρ καὶ παρὰ τοῖς Πυθαγορείοις ἡ περὶ τῶν εἰδῶν θεωρία, καὶ δηλοῖ
καὶ αὐτὸς ἐν Σοφιστῇ τῶν εἰδῶν φίλους προσαγορεύων τοὺς ἐν Ἰταλίᾳ σοφούς,
ἀλλ᾽ ὅ γε μάλιστα πρεσβεύσας καὶ διαρρήδην ὑποθέμενος τὰ εἴδη Σωκράτης
ἐστίν.

This text must be explained as a *platonizing interpretation* of Pythagoreanism
and of "Socratism". S. my work, *Een keerpunt in Plato's denken*, p. 100-118.

8— THE DEATH OF SOCRATES

229—Pl., *Phaedo* 116 a-118 end:

Ταῦτ᾽ εἰπών, ἐκεῖνος μὲν ἀνίστατο εἰς οἴκημά τι ὡς λουσόμενος, καὶ ὁ Κρίτων
εἵπετο αὐτῷ, ἡμᾶς δ᾽ ἐκέλευε περιμένειν. Περιεμένομεν οὖν, πρὸς ἡμᾶς αὐτοὺς
διαλεγόμενοι περὶ τῶν εἰρημένων καὶ ἀνασκοποῦντες, τότε δ᾽ αὖ περὶ τῆς
συμφορᾶς διεξιόντες ὅση ἡμῖν γεγονυῖα εἴη, ἀτεχνῶς ἡγούμενοι ὥσπερ πατρὸς
στερηθέντες διάξειν ὀρφανοὶ τὸν ἔπειτα βίον. Ἐπειδὴ δὲ ἐλούσατο καὶ ἠνέχθη
116b   παρ᾽ αὐτὸν τὰ παιδία (δύο γὰρ αὐτῷ υἱεῖς σμικροὶ ἦσαν, εἷς δὲ μέγας), καὶ
αἱ οἰκεῖαι γυναῖκες ἀφίκοντο, ἐκείναις ἐναντίον τοῦ Κρίτωνος διαλεχθείς τε
καὶ ἐπιστείλας ἄττα ἐβούλετο, τὰς μὲν γυναῖκας καὶ τὰ παιδία ἀπιέναι ἐκέ-
λευσεν, αὐτὸς δὲ ἦκε παρ᾽ ἡμᾶς.

Καὶ ἦν ἤδη ἐγγὺς ἡλίου δυσμῶν · χρόνον γὰρ πολὺν διέτριψεν ἔνδον. Ἐλθὼν

δ' ἐκαθέζετο λελουμένος, καὶ οὐ πολλὰ ἄττα μετὰ ταῦτα διελέχθη. Καὶ ἧκεν
ὁ τῶν ἕνδεκα ὑπηρέτης, καὶ στὰς παρ' αὐτόν · „Ὦ Σώκρατες, ἔφη, οὐ κατα-
γνώσομαί γε σοῦ ὅπερ ἄλλων καταγιγνώσκω, ὅτι μοι χαλεπαίνουσι καὶ κατ- c
αρῶνται, ἐπειδὰν αὐτοῖς παραγγείλω πίνειν τὸ φάρμακον ἀναγκαζόντων τῶν
ἀρχόντων. Σὲ δὲ ἐγὼ καὶ ἄλλως ἔγνωκα ἐν τούτῳ τῷ χρόνῳ γενναιότατον καὶ
πρᾳότατον καὶ ἄριστον ἄνδρα ὄντα τῶν πώποτε δεῦρο ἀφικομένων · καὶ δὴ
καὶ νῦν εὖ οἶδ' ὅτι οὐκ ἐμοὶ χαλεπαίνεις, γιγνώσκεις γὰρ τοὺς αἰτίους, ἀλλὰ
ἐκείνοις. Νῦν οὖν, οἶσθα γὰρ ἃ ἦλθον ἀγγέλλων · χαῖρέ τε καὶ πειρῶ ὡς ῥᾷστα
φέρειν τὰ ἀναγκαῖα." Καί, ἅμα δακρύσας, μεταστρεφόμενος ἀπῄει. Καὶ ὁ d
Σωκράτης, ἀναβλέψας πρὸς αὐτόν · „Καὶ σύ, ἔφη, χαῖρε · καὶ ἡμεῖς ταῦτα
ποιήσομεν." Καὶ ἅμα πρὸς ἡμᾶς · „Ὡς ἀστεῖος, ἔφη, ὁ ἄνθρωπος · καὶ παρὰ
πάντα μοι τὸν χρόνον προσῄει καὶ διελέγετο ἐνίοτε, καὶ ἦν ἀνδρῶν λῷστος ·
καὶ νῦν, ὡς γενναίως με ἀποδακρύει. Ἀλλ' ἄγε δή, ὦ Κρίτων, πειθώμεθα αὐτῷ,
καὶ ἐνεγκάτω τις τὸ φάρμακον, εἰ τέτριπται · εἰ δὲ μή, τριψάτω ὁ ἄνθρωπος."
Καὶ ὁ Κρίτων · „Ἀλλ' οἶμαι, ἔφη, ἔγωγε, ὦ Σώκρατες, ἔτι ἥλιον εἶναι e
ἐπὶ τοῖς ὄρεσι καὶ οὔπω δεδυκέναι. Καὶ ἅμα ἐγὼ οἶδα καὶ ἄλλους πάνυ ὀψὲ
πίνοντας ἐπειδὰν παραγγελθῇ αὐτοῖς, δειπνήσαντάς τε καὶ πιόντας εὖ μάλα
καὶ συγγενομένους γ' ἐνίους ὧν ἂν τύχωσιν ἐπιθυμοῦντες. Ἀλλὰ μηδὲν ἐπείγου ·
ἔτι γὰρ ἐγχωρεῖ." Καὶ ὁ Σωκράτης · „Εἰκότως γε, ἔφη, ὦ Κρίτων, ἐκεῖνοί
τε ταῦτα ποιοῦσιν οὓς σὺ λέγεις, οἴονται γὰρ κερδανεῖν ταῦτα ποιήσαντες.
Καὶ ἔγωγε ταῦτα εἰκότως οὐ ποιήσω · οὐδὲν γὰρ οἶμαι κερδαίνειν, ὀλίγον 117a
ὕστερον πιών, ἄλλο γε ἢ γέλωτα ὀφλήσειν παρ' ἐμαυτῷ, γλιχόμενος τοῦ ζῆν
καὶ φειδόμενος οὐδενὸς ἔτι ἐνόντος. Ἀλλ' ἴθι, ἔφη, πείθου καὶ μὴ ἄλλως
ποίει."
Καὶ ὁ Κρίτων ἀκούσας ἔνευσε τῷ παιδὶ πλησίον ἑστῶτι. Καὶ ὁ παῖς ἐξελθὼν
καὶ συχνὸν χρόνον διατρίψας ἧκεν ἄγων τὸν μέλλοντα δώσειν τὸ φάρμακον,
ἐν κύλικι φέροντα τετριμμένον. Ἰδὼν δὲ ὁ Σωκράτης τὸν ἄνθρωπον · „Εἶεν,
ἔφη, ὦ βέλτιστε, σὺ γὰρ τούτων ἐπιστήμων, τί χρὴ ποιεῖν; — Οὐδὲν ἄλλο,
ἔφη, ἢ πιόντα περιιέναι ἕως ἄν σου βάρος ἐν τοῖς σκέλεσι γένηται, ἔπειτα κατα- b
κεῖσθαι · καὶ οὕτως αὐτὸ ποιήσει." Καὶ ἅμα ὤρεξε τὴν κύλικα τῷ Σωκράτει.
Καὶ ὃς λαβὼν καὶ μάλα ἵλεως, ὦ Ἐχέκρατες, οὐδὲν τρέσας οὐδὲ διαφθείρας
οὔτε τοῦ χρώματος οὔτε τοῦ προσώπου, ἀλλ' ὥσπερ εἰώθει ταυρηδὸν ὑποβλέ-
ψας πρὸς τὸν ἄνθρωπον · „Τί λέγεις, ἔφη, περὶ τοῦδε τοῦ πόματος πρὸς τὸ
ἀποσπεῖσαί τινι, ἔξεστιν ἢ οὔ; — Τοσοῦτον, ἔφη, ὦ Σώκρατες, τρίβομεν ὅσον
οἰόμεθα μέτριον εἶναι πιεῖν. — Μανθάνω, ἦ δ' ὅς. Ἀλλ' εὔχεσθαί γέ που τοῖς
θεοῖς ἔξεστί τε καὶ χρή, τὴν μετοίκησιν τὴν ἐνθένδε ἐκεῖσε εὐτυχῆ γενέσθαι · c
ἃ δὴ καὶ ἐγὼ εὔχομαί τε καὶ γένοιτο ταύτῃ." Καὶ ἅμ' εἰπὼν ταῦτα, ἐπισχόμενος
καὶ μάλα εὐχερῶς καὶ εὐκόλως ἐξέπιεν.
Καὶ ἡμῶν οἱ πολλοὶ τέως μὲν ἐπιεικῶς οἷοί τε ἦσαν κατέχειν τὸ μὴ δακρύειν ·

ὡς δὲ εἴδομεν πίνοντά τε καὶ πεπωκότα, οὐκέτι · ἀλλ' ἐμοῦ γε βίᾳ καὶ αὐτοῦ
ἀστακτεὶ ἐχώρει τὰ δάκρυα, ὥστε ἐγκαλυψάμενος ἀπέκλαιον ἐμαυτόν, οὐ γὰρ
δὴ ἐκεῖνόν γε, ἀλλὰ τὴν ἐμαυτοῦ τύχην, οἵου ἀνδρὸς ἑταίρου ἐστερημένος εἴην.

d Ὁ δὲ Κρίτων, ἔτι πρότερος ἐμοῦ ἐπειδὴ οὐχ οἷός τ' ἦν κατέχειν τὰ δάκρυα,
ἐξανέστη. Ἀπολλόδωρος δέ, καὶ ἐν τῷ ἔμπροσθεν χρόνῳ, οὐδὲν ἐπαύετο δα-
κρύων, καὶ δὴ καὶ τότε ἀναβρυχησάμενος κλαίων καὶ ἀγανακτῶν, οὐδένα
ὅντινα οὐ κατέκλασε τῶν παρόντων πλήν γε αὐτοῦ Σωκράτους. Ἐκεῖνος δέ ·
,,Οἷα, ἔφη, ποιεῖτε, ὦ θαυμάσιοι. Ἐγὼ μέντοι οὐχ ἥκιστα τούτου ἕνεκα τὰς
γυναῖκας ἀπέπεμψα, ἵνα μὴ τοιαῦτα πλημμελοῖεν · καὶ γὰρ ἀκήκοα ὅτι ἐν
e εὐφημίᾳ χρὴ τελευτᾶν. Ἀλλ' ἡσυχίαν τε ἄγετε καὶ καρτερεῖτε." Καὶ ἡμεῖς
ἀκούσαντες ᾐσχύνθημέν τε καὶ ἐπέσχομεν τοῦ δακρύειν.

Ὁ δὲ περιελθών, ἐπειδὴ οἱ βαρύνεσθαι ἔφη τὰ σκέλη, κατεκλίθη ὕπτιος ·
οὕτω γὰρ ἐκέλευεν ὁ ἄνθρωπος · καὶ ἅμα, ἐφαπτόμενος αὐτοῦ, οὗτος διαλιπὼν
χρόνον ἐπεσκόπει τοὺς πόδας καὶ τὰ σκέλη · κἄπειτα, σφόδρα πιέσας αὐτοῦ
τὸν πόδα, ἤρετο εἰ αἰσθάνοιτο. Ὁ δ' οὐκ ἔφη. Καὶ μετὰ τοῦτο αὖθις τὰς κνήμας,
118a καὶ ἐπανιὼν οὕτως ἡμῖν ἐπεδείκνυτο ὅτι ψύχοιτό τε καὶ πηγνῦτο. Καὶ αὐτὸς
ἥπτετο, καὶ εἶπεν ὅτι, ἐπειδὰν πρὸς τῇ καρδίᾳ γένηται αὐτῷ, τότε οἰχήσεται.
Ἤδη οὖν σχεδόν τι αὐτοῦ ἦν τὰ περὶ τὸ ἦτρον ψυχόμενα · καὶ ἐκκαλυψάμενος,
ἐνεκεκάλυπτο γάρ, εἶπεν, ὃ δὴ τελευταῖον ἐφθέγξατο · ,,Ὦ Κρίτων, ἔφη, τῷ
Ἀσκληπιῷ ὀφείλομεν ἀλεκτρυόνα · ἀλλὰ ἀπόδοτε καὶ μὴ ἀμελήσητε. — Ἀλλὰ
ταῦτα, ἔφη, ἔσται, ὁ Κρίτων · ἀλλ' ὅρα εἴ τι ἄλλο λέγεις." Ταῦτα ἐρομένου
αὐτοῦ, οὐδὲν ἔτι ἀπεκρίνατο · ἀλλ' ὀλίγον χρόνον διαλιπὼν ἐκινήθη τε καὶ ὁ
ἄνθρωπος ἐξεκάλυψεν αὐτόν. Καὶ ὃς τὰ ὄμματα ἔστησεν · ἰδὼν δὲ ὁ Κρίτων
συνέλαβε τὸ στόμα καὶ τοὺς ὀφθαλμούς.

Ἥδε ἡ τελευτή, ὦ Ἐχέκρατες, τοῦ ἑταίρου ἡμῖν ἐγένετο, ἀνδρός, ὡς ἡμεῖς
φαῖμεν ἄν, τῶν τότε ὧν ἐπειράθημεν ἀρίστου καὶ ἄλλως φρονιμωτάτου καὶ
δικαιοτάτου.

EIGHTH CHAPTER

THE MINOR SOCRATICS

1—THE MEGARIAN SCHOOL

230—a. Diog. II 106: Euclides

Εὐκλείδης ἀπὸ Μεγάρων τῶν πρὸς Ἰσθμῷ ἢ Γελῶος κατ᾽ ἐνίους. — οὗτος καὶ τὰ Παρμενίδεια μετεχειρίζετο, καὶ οἱ ἀπ᾽ αὐτοῦ Μεγαρικοὶ προσηγορεύοντο, εἶτ᾽ Ἐριστικοί, ὕστερον δὲ Διαλεκτικοί, ... διὰ τὸ πρὸς ἐρώτησιν καὶ ἀπόκρισιν τοὺς λόγους διατίθεσθαι. πρὸς τοῦτόν φησιν ὁ Ἑρμόδωρος ἀφικέσθαι Πλάτωνα καὶ τοὺς λοιποὺς φιλοσόφους μετὰ τὴν τοῦ Σωκράτους τελευτήν, δείσαντας τὴν ὠμότητα τῶν τυράννων.

b. Ib.:

Οὗτος ἐν τὸ ἀγαθὸν ἀπεφαίνετο πολλοῖς ὀνόμασι καλούμενον · ὀτὲ μὲν γὰρ φρόνησιν, ὀτὲ δὲ θεόν, καὶ ἄλλοτε νοῦν καὶ τὰ λοιπά. τὰ δ᾽ ἀντικείμενα τῷ ἀγαθῷ ἀνήρει μὴ εἶναι φάσκων. he connects the Eleatic ὄν with the Socratic ἀγαθόν

231—a. Diog. II 108: Eubulides

Τῆς δὲ Εὐκλείδου διαδοχῆς [1] ἐστι καὶ Εὐβουλίδης ὁ Μιλήσιος, ὃς καὶ πολλοὺς ἐν διαλεκτικῇ λόγους ἠρώτησε, τόν τε ψευδόμενον καὶ τὸν διαλανθάνοντα καὶ Ἡλέκτραν καὶ ἐγκεκαλυμμένον καὶ σωρείτην καὶ κερατίνην καὶ φαλακρόν.

b. Cic., *Acad.* II 96: the liar

Si dicis te mentiri verumque dicis, mentiris; dicis autem te mentiri verumque dicis, mentiris igitur. — Haec Chrysippea sunt, ne ab ipso quidem dissoluta.

To consult: A. Rüstow, *Der Lügner. Theorie, Geschichte und Auflösung*, Leipzig 1910.

c. Lucianus, Βίων πρᾶσις 22: the hidden one, the Electra, the veiled person

Ἡλέκτραν μὲν ἐκείνην τὴν πάνυ, τὴν Ἀγαμέμνονος, ἢ τὰ αὐτὰ οἶδέ τε ἅμα καὶ οὐκ οἶδε· παρεστῶτος γὰρ αὐτῇ τοῦ Ὀρέστου ἔτι ἀγνῶτος οἶδε μὲν Ὀρέσ-

---

[1] Eubulides, Diod. Cronus and Stilpo were at least two generations younger than Euclides. Eubulides and Diodorus polemize against Aristotle; Stilpo died 290. The elder Stoic philosophers combat the arguments of these thinkers.

την ὅτι ἀδελφὸς αὐτῆς, ὅτι δὲ οὗτος Ὀρέστης ἀγνοεῖ. τὸν δ᾽ αὖ ἐγκεκαλυμ-
μένον καὶ πάνυ θαυμαστὸν ἀκούσῃ λόγον · ἀπόκριναι γάρ μοι, τὸν πατέρα
οἶσθα τὸν σεαυτοῦ; Ναί. Τί οὖν; ἦν σοι παραστήσας τινὰ ἐγκεκαλυμμένον
ἔρωμαι, τοῦτον οἶσθα; τί φήσεις; Δηλαδὴ ἀγνοεῖν. Ἀλλὰ μὴν αὐτὸς οὗτος
ἦν ὁ πατὴρ ὁ σός. ὥστε εἰ τοῦτον ἀγνοεῖς, δῆλος εἶ τὸν πατέρα τὸν σὸν ἀγνοῶν.

"the Horns"   **d.** Diog. II 187:

Εἴ τι οὐκ ἀπέβαλες, τοῦτο ἔχεις, κέρατα δὲ οὐκ ἀπέβαλες · κέρατα ἄρα ἔχεις.

"the heap",   **e.** Diog. VII 82:
the bald-
headed   Οὐχὶ τὰ μὲν δύο ὀλίγα ἐστιν; οὐχὶ δὲ καὶ τὰ τρία; οὐχὶ δὲ καὶ ταῦτα μέν,
οὐχὶ δὲ καὶ τὰ τέσσαρα; καὶ οὕτω μέχρι τῶν δέκα · τὰ δὲ δύο ὀλίγα ἐστί
καὶ τὰ δέκα ἄρα.

Cf. the argument of Zeno of Elea about the bushel of corn. By Eubul. the pro-
blem is extended to that of the sphere of validity of contradictory predicates:
when begins bald-headedness, when wealth, when poverty? Neither quantity nor
quality can be thought, according to Megarian logic, no more than relation. Only
the category of substance stands firm.

the argu-   **232**—The Megarians also deny the Aristotelian categories of ποιεῖν
ments
against   and πάσχειν, denying real motion. Diodorus Cronus, a disciple of
motion   Eubulides, renews the arguments of Zeno against motion, pointing
of Diod.   them against Aristotle and his definition of space.
Cronus

Sext., *Adv. Math.* X (= *Against the Physicists* II), 85 f.:

Κομίζεται δὲ καὶ ἄλλη τις ἐμβριθὴς ὑπόμνησις εἰς τὸ μὴ εἶναι κίνησιν ὑπὸ
Διοδώρου τοῦ Κρόνου, δι᾽ ἧς παρίστησιν ὅτι κινεῖται μὲν οὐδὲ ἕν, κεκίνηται δέ.
καὶ μὴ κινεῖσθαι μέν, τοῦτο ἀκόλουθόν ἐστι ταῖς κατ᾽ αὐτὸν τῶν ἀμερῶν
ὑποθέσεσιν [1]. (86) τὸ γὰρ ἀμερὲς σῶμα ὀφείλει ἐν ἀμερεῖ τόπῳ περιέχεσθαι
καὶ διὰ τοῦτο μήτε ἐν αὐτῷ κινεῖσθαι (ἐκπεπλήρωκε γὰρ αὐτόν, δεῖ δὲ τόπον
ἔχειν μείζονα τὸ κινούμενον) μήτε ἐν ᾧ μὴ ἔστιν · οὔπω γάρ ἐστιν ἐν ἐκείνῳ,
ἵνα καὶ ἐν αὐτῷ κινηθῇ. ὥστε οὐδὲ κινεῖται. κεκίνηται δὲ κατὰ λόγον · τὸ γὰρ
πρότερον ἐν τῷδε τῷ τόπῳ θεωρούμενον, τοῦτο ἐν ἑτέρῳ νῦν θεωρεῖται τόπῳ,
ὅπερ οὐκ ἂν ἐγεγόνει μὴ κινηθέντος αὐτοῦ.

passing   **233**—Qualitative change proved to be impossible by the arguments
away turns
out to be   of the heap and the bald-headed. Now also passing away turns out to
impossible   be impossible.

---

[1] "This follows from his assumption of indivisibles." Diod. was an atomist.

Sextus, *Adv. Math.* X 347:

Λόγον συνηρώτηκε καὶ ὁ Κρόνος τοιοῦτον. εἰ φθείρεται τὸ τειχίον, ἤ τοι ὅτε ἅπτονται ἀλλήλων οἱ λίθοι καί εἰσιν ἡρμοσμένοι φθείρεται τὸ τειχίον ἢ ὅτε διεστᾶσιν · οὔτε δὲ ὅτε ἅπτονται ἀλλήλων καί εἰσιν ἡρμοσμένοι φθείρεται τὸ τειχίον οὔτε ὅτε διεστᾶσιν ἀπ' ἀλλήλων · οὐκ ἄρα φθείρεται τὸ τειχίον.

234—Both movement and change are explained by Aristotle by means of the notion of *dynamis*: there is a δυνάμει ὄν, which is brought to actuality (ἐνέργεια) by an effecting cause. Diodorus argues against this idea of dynamis. *there is no „dynamis" without actuality*

Aristotle, *Metaph.* H 3, 1046 b[29]:

Εἰσὶ δέ τινες οἵ φασιν, οἷον οἱ Μεγαρικοί, ὅταν ἐνεργῇ μόνον δύνασθαι [1], ὅταν δὲ μὴ ἐνεργῇ οὐ δύνασθαι, οἷον τὸν μὴ οἰκοδομοῦντα οὐ δύνασθαι οἰκοδομεῖν, ἀλλὰ τὸν οἰκοδομοῦντα ὅταν οἰκοδομῇ · ὁμοίως δὲ καὶ ἐπὶ τῶν ἄλλων. οἷς τὰ συμβαίνοντα ἄτοπα οὐ χαλεπὸν ἰδεῖν.— Ὥστε οὗτοι οἱ λόγοι ἐξαιροῦσι καὶ κίνησιν καὶ γένεσιν · ἀεὶ γὰρ τό τε ἑστηκὸς ἑστήξεται καὶ τὸ καθήμενον καθεδεῖται · οὐ γὰρ ἀναστήσεται, ἂν καθέζηται · ἀδύνατον γὰρ ἔσται ἀναστῆναι ὅ γε μὴ δύναται ἀναστῆναι.

235—When we put it in modern terms, Diod. denied the modal categories: what is possible is to him identical with what is real, what is real with what is necessary. What is not necessary, is to him directly impossible. *Diod. denies the modal categories*

Epict., *Diss.* II 19, 1: *the κυριεύων*

Ὁ κυριεύων λόγος ἀπὸ τοιούτων τινῶν ἀφορμῶν ἠρωτῆσθαι φαίνεται. Κοινῆς γὰρ οὔσης μάχης τοῖς τρισὶ τούτοις πρὸς ἄλληλα, τῷ πᾶν παρεληλυθὸς ἀληθὲς ἀναγκαῖον εἶναι καὶ τῷ δυνατῷ ἀδύνατον μὴ ἀκολουθεῖν καὶ τῷ δυνατὸν εἶναι ὃ οὔτ' ἔστιν ἀληθὲς οὔτ' ἔσται, συνιδὼν τὴν μάχην ταύτην ὁ Διόδωρος τῇ τῶν πρώτων δυεῖν πιθανότητι συνεχρήσατο πρὸς παράστασιν τοῦ μηδὲν εἶναι δυνατὸν ὃ οὔτ' ἔστιν ἀληθὲς οὔτ' ἔσται.

Cp. E. Zeller, *Ueber den κυριεύων des Megarikers Diodor*, Berlin 1882.

K. Joël, *Gesch. d. ant. Phil.* I, pp. 852-855: Diodorus reduces the hypothetical thesis to a categorical one, and causality to substance; for there is no possibility without its realisation, no potentiality without actuality. There are no germs and no developments. All is fixed and ready. Nothing remains than the judgment of identity.

236—Diog. II 112: *Stilpo*

Τῶν δ' ἀπ' Εὐκλείδου ἐστὶ καὶ ... Στίλπων ὁ Μεγαρεύς, διασημότατος

---

[1] ὅταν ἐνεργῇ μόνον δύνασθαι - that a thing is possible only when it is realized.

φιλόσοφος. — (113) τοσοῦτον δ' εὑρεσιλογίᾳ καὶ σοφιστείᾳ προῆγε [1] τοὺς ἄλλους, ὥστε μικροῦ δεῆσαι πᾶσαν τὴν Ἑλλάδα ἀφορῶσαν εἰς αὐτὸν μεγαρίσαι.

he denies the possibility of predication 237—As a consequence of Diodorus' logic Stilpo denies logical subordination.

Plut., *Adv. Coloten* 23, p. 1120 A:

Οὐ μὴν ἀλλὰ τὸ ἐπὶ Στίλπωνος τοιοῦτόν ἐστιν. εἰ περὶ ἵππου τὸ τρέχειν κατηγοροῦμεν, οὔ φησι ταὐτὸν εἶναι τῷ περὶ οὗ κατηγορεῖται τὸ κατηγορούμενον, ἀλλ' ἕτερον μὲν ἀνθρώπῳ τοῦ τί ἦν εἶναι τὸν λόγον, ἕτερον δὲ τῷ ἀγαθῷ · καὶ πάλιν τὸ ἵππον εἶναι τοῦ τρέχοντα εἶναι διαφέρειν. ἑκατέρου γὰρ ἀπαιτούμενοι τὸν λόγον οὐ τὸν αὐτὸν ἀποδίδομεν ὑπὲρ ἀμφοῖν. ὅθεν ἁμαρτάνειν τοὺς ἕτερον ἑτέρου κατηγοροῦντας. εἰ μὲν γὰρ ταὐτόν ἐστι τῷ ἀνθρώπῳ τὸ ἀγαθὸν καὶ τῷ ἵππῳ τὸ τρέχειν, πῶς καὶ σιτίου καὶ φαρμάκου τὸ ἀγαθόν, καὶ νὴ Δία πάλιν λέοντος καὶ κυνὸς τὸ τρέχειν κατηγοροῦμεν; εἰ δ' ἕτερον, οὐκ ὀρθῶς ἄνθρωπον ἀγαθὸν καὶ ἵππον τρέχειν λέγομεν.

he denies also the existence of ideas 238—Diog. II 1, 19:

Δεινὸς δ' ἄγαν ὢν ἐν τοῖς ἐριστικοῖς ἀνήρει καὶ τὰ εἴδη καὶ ἔλεγε τὸν λέγοντα ἄνθρωπον λέγειν μηδένα · οὔτε γὰρ τόνδε λέγειν οὔτε τόνδε · τί γὰρ μᾶλλον τόνδε ἢ τόνδε; οὐδ' ἄρα τόνδε. καὶ πάλιν · τὸ λάχανον οὐκ ἔστι τὸ δεικνύμενον · λάχανον μὲν γὰρ ἦν πρὸ μυρίων ἐτῶν · οὐκ ἄρα ἔστι τοῦτο λάχανον.

Stilpo on this point agrees with Antisthenes, who said to Plato: "I see the horse, but the horse-ness I don't see" (see our nr. **253**).

resemblance with Cynicism and Stoics 239—In his stile of life also Stilpo shows great resemblance with the Cynics and with later Stoics: he is said to have been a disciple of the Cynic Diogenes, and the master of the Stoic Zeno. He seems to hold the ideal of the sage, who is αὐτάρκης and does not even need friends.

Seneca, *Epist.* I 9, 1:

ἀπάθεια An merito reprehendat in quadam epistula Epicurus eos, qui dicunt sapientem se ipso esse contentum et propter hoc amico non indigere, desideras scire. Hoc obicitur Stilboni ab Epicuro et iis, quibus summum bonum visum est animus inpatiens. (2) In ambiguitatem incidendum est, si exprimere ἀπάθειαν uno verbo cito voluerimus et inpatientiam dicere. Poterit enim contrarium ei, quod significare volumus, intellegi.

---

[1] Intr.: he surpassed all others.

Nos eum volumus dicere, qui respuat omnis mali sensum: accipietur is, qui nullum ferre possit malum. Vide ergo, num satius sit aut invulnerabilem animum dicere aut animum extra omnem patientiam positum. (3) Hoc inter nos (Stoicos) et illos interest: noster sapiens vincit quidem incommodum omne, sed sentit; illorum ne sentit quidem. Illud nobis et illis commune est: sapientem se ipso esse contentum; sed tamen et amicum habere vult et vicinum et contubernalem, quamvis sibi ipse sufficiat.

2—THE SCHOOLS OF ELIS AND ERETRIA

240—Diog. II 105:

Φαίδων 'Ηλεῖος ... μετεῖχε Σωκράτους. — διάδοχος δ' αὐτοῦ Πλείσταινος* 'Ηλεῖος, καὶ τρίτοι ἀπ' αὐτοῦ οἱ περὶ Μενέδημον τὸν 'Ερετριέα καὶ 'Ασκληπιάδην τὸν Φλειάσιον, μεταγνόντες ¹ ἀπὸ Στίλπωνος. καὶ ἕως μὲν τούτων 'Ηλειακοὶ προσηγορεύοντο, ἀπὸ δὲ Μενεδήμου 'Ερετριακοί.

Phaedo and Menedemus

241—Diog. II 134:

καὶ δὴ καὶ τόδε ἐρωτᾶν εἰώθει (ὁ Μενέδημος) · Τὸ ἕτερον τοῦ ἑτέρου ἕτερόν ἐστι; Ναί. "Ετερον δέ ἐστι τὸ ὠφελεῖν τοῦ ἀγαθοῦ; Ναί. Οὐκ ἄρα τὸ ἀγαθὸν ὠφελεῖν ἐστιν.

M. reasons in the same way as Stilpo about predication

242—Diog. II 135:

'Ανήρει δέ, φασί, καὶ τὰ ἀποφατικὰ τῶν ἀξιωμάτων, καταφατικὰ τιθείς · καὶ τούτων τὰ ἁπλᾶ προσδεχόμενος τὰ οὐχ ἁπλᾶ ἀνήρει, λέγων συνημμένα καὶ συμπεπλεγμένα.

he also rejects the negative judgments

3—THE CYNICS

243—Diog. VI 1:

'Αντισθένης 'Αντισθένους 'Αθηναῖος. ἐλέγετο δ' · οὐκ εἶναι ἰθαγενής · — ἐδόκει γὰρ εἶναι Θράττης μητρός. — οὗτος κατ' ἀρχὰς μὲν ἤκουσε Γοργίου

Antisthenes

---

¹ μεταγνόντες - "having changed their mind". A probable correction of Emperius, adopted by Ritter and Preller, *Hist. phil. Gr.* The ms have μετάγοντες, which may be used intransitively in the sense of "taking a different route", changing their course (e.g. Xen., *Cyrop.* 7, 4, 8). Only the praesens does not fit in here.

---

* Πλείσταινος — a correction of Roeper for Πλείστανος.

τοῦ ῥήτορος · ὅθεν τὸ ῥητορικὸν εἶδος ἐν τοῖς διαλόγοις ἐπιφέρει. — (2) ὕστερον δὲ παρέβαλε Σωκράτει καὶ τοσοῦτον ὤνατο αὐτοῦ, ὥστε παρήνει τοῖς μαθηταῖς γενέσθαι αὐτῷ πρὸς Σωκράτην συμμαθητάς . οἰκῶν τ᾽ ἐν Πειραιεῖ καθ᾽ ἑκάστην ἡμέραν τοὺς τετταράκοντα σταδίους ἀνιὼν ἤκουε Σωκράτους, παρ᾽ οὗ καὶ τὸ καρτερικὸν λαβὼν καὶ τὸ ἀπαθὲς ζηλώσας κατῆρξε πρῶτος τοῦ κυνισμοῦ

the principle of Cynicism

b. The principle of Cynicism is formulated in the words ascribed by Xenophon to Socrates: τὸ μὲν μηδενὸς δεῖσθαι θεῖον εἶναι, τὸ δ᾽ ὡς ἐλαχίστων ἐγγυτάτω τοῦ θείου. (S. our nr. **222**).

Diog. VI 105 attributes them to the Cynic Diogenes of Sinope:

καθάπερ Διογένης, ὃς ἔφασκε θεῶν μὲν ἴδιον εἶναι μηδενὸς δεῖσθαι, τῶν δὲ θεοῖς ὁμοίων τὸ ὀλίγων χρῄζειν.

Antisth. makes a show of it

c. Diog. VI 8:

στρέψαντος αὐτοῦ τὸ διερρωγὸς τοῦ τρίβωνος εἰς τὸ προφανὲς Σωκράτης ἰδών φησιν · ,,ὁρῶ σου διὰ τοῦ τρίβωνος τὴν φιλοδοξίαν''

the name "Cynics"

d. Ib. 13:

Διελέγετο δ᾽ ἐν τῷ Κυνοσάργει γυμνασίῳ μικρὸν ἄποθεν τῶν πυλῶν · ὅθεν τινὲς καὶ τὴν κυνικήν φασιν ἐντεῦθεν ὀνομασθῆναι. αὐτός τ᾽ ἐπεκαλεῖτο Ἁπλοκύων.

virtue the supreme good

244—a. Diog. VI 104:

Ἀρέσκει δ᾽ αὐτοῖς (τοῖς Κυνικοῖς) καὶ τέλος εἶναι τὸ κατ᾽ ἀρετὴν ζῆν, ὡς Ἀντισθένης φησὶν ἐν τῷ Ἡρακλεῖ.

ponos

b. Ib. 2:

Καὶ ὅτι ὁ πόνος ἀγαθόν, συνέστησε[1] (ὁ Ἀντ.) διὰ τοῦ μεγάλου Ἡρακλέους καὶ τοῦ Κύρου, τὸ μὲν ἀπὸ τῶν Ἑλλήνων, τὸ δὲ ἀπὸ τῶν βαρβάρων ἑλκύσας [2].

askesis

c. Diog. VI 70:

Διττὴν δὲ ἔλεγεν (ὁ Διογένης) εἶναι τὴν ἄσκησιν, τὴν μὲν ψυχικήν, τὴν δὲ σωματικήν. — εἶναι δ᾽ ἀτελῆ τὴν ἑτέραν χωρὶς τῆς ἑτέρας. — (71) οὐδέν γε μὴν ἔλεγε τὸ παράπαν ἐν τῷ βίῳ χωρὶς ἀσκήσεως κατορθοῦσθαι, δυνατὴν δὲ ταύτην πᾶν ἐκνικῆσαι.

---

[1] συνέστησε - he "exhibited", illustrated this by the examples of H. and C.
[2] Antisth. effaced the difference between Greeks and barbarians, free men and slaves, men and women: both have the same virtue and the same spiritual calling. Cf. later the Stoic Musonius Rufus.

245—a. Diog. VI 3: fierce rejection of ἡδονή

Ἔλεγέ τε (sc. ὁ Ἀντισθένης) συνεχές· μανείην μᾶλλον ἢ ἡσθείην.

b. Stob., *Flor.* 29, 65 (III 640, 5 Hs.): a more tempered saying

Ἀντισθένους · ἡδονὰς τὰς μετὰ τοὺς πόνους διωκτέον, ἀλλ᾽ οὐχὶ τὰς πρὸ τῶν πόνων.

246—a. Diog. VI 103: they are not interested in theoretical problems

Ἀρέσκει οὖν αὐτοῖς (τοῖς Κυνικοῖς) τὸν λογικὸν καὶ τὸν φυσικὸν τόπον περιαιρεῖν[1]..., μόνῳ δὲ προσέχειν τῷ ἠθικῷ. καὶ ὅπερ τινὲς ἐπὶ Σωκράτους, τοῦτο Διοκλῆς ἐπὶ Διογένους ἀναγράφει τοῦτον φάσκων λέγειν · Δεῖ ζητεῖν

ὅττι τοι ἐν μεγάροισι κακόν τ᾽ ἀγαθόν τε τέτυκται.

παραιτοῦνται[2] δὲ καὶ τὰ ἐγκύκλια μαθήματα · γράμματα γοῦν μὴ μανθάνειν ἔφασκεν ὁ Ἀντισθένης τοὺς σώφρονας γενομένους, ἵνα μὴ διαστρέφοιντο[3] τοῖς ἀλλοτρίοις.

b. Ib. 11: virtue a thing of deeds, not of learning

τήν τε ἀρετὴν τῶν ἔργων εἶναι μήτε λόγων πλείστων δεομένην μήτε μαθημάτων.

c. Ib. 7: what is most necessary to learn

Ἐρωτηθεὶς (ὁ Ἀντισθένης), τί τῶν μαθημάτων ἀναγκαιότατον, ἔφη ,,τὸ κακὰ ἀπομαθεῖν". — (8) ἐρωτηθεὶς ὑπό του —, τί ποιῶν καλὸς κἀγαθὸς ἔσοιτο, ἔφη · ,,εἰ τὰ κακὰ ἃ ἔχεις ὅτι φευκτά ἐστι μάθοις παρὰ τῶν εἰδότων."

247—a. Yet Antisth. speaks of φρόνησις, which has to him clearly φρόνησις a rational character.

Diog. VI 13:

Τεῖχος ἀσφαλέστατον φρόνησιν· μήτε γὰρ καταρρεῖν μήτε προδίδοσθαι. τείχη κατασκευαστέον ἐν τοῖς αὐτῶν ἀναλώτοις λογισμοῖς.

b. Antisth. and the Cynics probably are meant by Plato in *Rep.* VI 505b, where he speaks of the κομψότεροι:

Ἀλλὰ μὴν καὶ τόδε γε οἶσθα, ὅτι τοῖς μὲν πολλοῖς ἡδονὴ δοκεῖ εἶναι τὸ ἀγαθόν, τοῖς δὲ κομψοτέροις φρόνησις, ... καὶ ὅτι γε ... οἱ τοῦτο ἡγούμενοι

---

[1] περιαιρεῖν - to take away.
[2] παραιτοῦνται - they reject.
[3] διαστρέφοιντο - that they might not be confounded by.

οὐκ ἔχουσι δεῖξαι ἥτις φρόνησις, ἀλλ' ἀναγκάζονται τελευτῶντες τὴν τοῦ
ἀγαθοῦ φάναι.

the ideal of **248—a.** Diog. VI 11:
the sage

Αὐτάρκη γὰρ τὴν ἀρετὴν εἶναι πρὸς εὐδαιμονίαν, μηδενὸς προσδεομένην
ὅτι μὴ Σωκρατικῆς ἰσχύος ..., τήν τ' ἀδοξίαν ¹ ἀγαθὸν καὶ ἴσον τῷ πόνῳ. —
(105) Ἀρέσκει δ' αὐτοῖς καὶ λιτῶς βιοῦν, αὐτάρκεσι χρωμένοις σιτίοις καὶ
τρίβωσι μόνοις, πλούτου καὶ δόξης καὶ εὐγενείας καταφρονοῦσιν. ἔνιοί τε γοῦν
καὶ βοτάναις καὶ παντάπασιν ὕδατι χρῶνται ψυχρῷ σκέπαις τε ταῖς τυχούσαις
καὶ πίθοις, καθάπερ Διογένης, ὃς ἔφασκε θεῶν μὲν ἴδιον εἶναι μηδενὸς δεῖσθαι,
τῶν δὲ θεοῖς ὁμοίων τὸ ὀλίγων χρήζειν. — τὰ δὲ μεταξὺ ἀρετῆς καὶ κακίας
against ἀδιάφορα ² λέγουσιν. — (11) τὸν σοφὸν οὐ κατὰ τοὺς κειμένους νόμους
conventions πολιτεύσεσθαι ³, ἀλλὰ κατὰ τὸν τῆς ἀρετῆς. γαμήσειν τε τεκνοποιίας χάριν
ταῖς εὐφυεστάταις συνιόντα γυναιξί. καὶ ἐρασθήσεσθαι δέ· μόνον γὰρ εἰδέναι
τὸν σοφὸν τίνων χρὴ ἐρᾶν. ἔλεγε δὲ ⁴ καὶ κοινὰς εἶναι δεῖν τὰς γυναῖκας
γάμον μηδένα νομίζων, ἀλλὰ τὸν πείσαντα τῇ πεισθείσῃ συνεῖναι· κοινοὺς δὲ
διὰ τοῦτο καὶ τοὺς υἱέας. (73) μηδέν τε ἄτοπον εἶναι ἐξ ἱεροῦ τι λαβεῖν ἢ τῶν
ζῴων ⁵ τινὸς γεύσασθαι· μηδ' ἀνόσιον εἶναι τὸ καὶ τῶν ἀνθρωπείων κρεῶν
ἅψασθαι, ὡς δῆλον ἐκ τῶν ἀλλοτρίων ἐθῶν.

cosmopo-　　**b.** Diog. VI 63:
litism

ἐρωτηθεὶς πόθεν εἴη, ,,κοσμοπολίτης", ἔφη (ὁ Διογένης).

Antisth.　**249—**Stob., *Flor.* 45, 28 (II, p. 192 Hs):
about politics

Ἀντισθένης ἐρωτηθείς, πῶς ἄν τις προσέλθοι πολιτείᾳ, εἶπε· ,,καθάπερ
πυρί, μήτε λίαν ἐγγύς, ἵνα μὴ καῇς, μήτε πόρρω, ἵνα μὴ ῥιγώσῃς."

---

¹ ἀδοξίαν - εὐκλεία being nearly the most important thing in life in the eyes
of an ancient Greek, Antisth. teaches man to accept ἀδοξία as a spiritual training.
Diog. VI 3 says of him:
ἀκούσας ποτὲ ὅτι Πλάτων αὐτὸν κακῶς λέγει, ,,βασιλικόν", ἔφη ,,καλῶς ποιοῦντα
κακῶς ἀκούειν."
Cf. Marcus Antoninus VI 36: βασιλικόν, εὖ μὲν πράττειν, κακῶς δὲ ἀκούειν.
² ἀδιάφορα - Cp. the later Stoic terminology.
³ πολιτεύσεσθαι - live.
⁴ ἔλεγε δὲ - Here Antisth. is the subject (cp. Xen., *Symp.* ιv 38), in the next
sentence (73) Diogenes.
⁵ ζῴων - Wendland proposed ζώντων. The meaning is doubtless that he did
not shrink from eating raw flesh, a consequence of the "back-to-nature"-move-
ment, preached by Antisthenes and his followers.

250—a. Philodem., *De piet.* c. 7a (Diels, *Dox.* 538): philosophical
monotheism

Παρ' 'Αντισθένει δ' ἐν μὲν τῷ Φυσικῷ λέγεται τὸ κατὰ νόμον εἶναι πολλοὺς θεούς, κατὰ δὲ φύσιν ἕνα.

b. Clem., *Protr.* 71:

'Αντισθένης ... θεὸν οὐδενὶ ἐοικέναι φησίν · διόπερ αὐτὸν οὐδεὶς ἐκμαθεῖν ἐξ εἰκόνος δύναται.

251—Stob., *Ecl.* II 31, 76 (p. 215, I W.): Sages are
near to the
gods

'Αντισθένης ἐρωτηθεὶς ὑπό τινος τί διδάξει τὸν υἱόν, εἶπεν · ,,εἰ μὲν θεοῖς μέλλει συμβιοῦν, φιλόσοφον, εἰ δ' ἀνθρώποις, ῥήτορα."

252—a. Arist., *Metaph.* Δ 29, 1024 b[32]: Only its own
notion can be
attributed to
a thing

διὸ 'Αντισθένης ᾤετο εὐήθως μηθὲν ἀξιῶν λέγεσθαι πλὴν τῷ οἰκείῳ ἐν ἐφ' ἑνός · —

b. Cf. Plato, *Soph.* 251 a:

Λέγομεν ἄνθρωπον δή που πόλλ' ἄττα ἐπονομάζοντες, τά τε χρώματα ἐπιφέροντες αὐτῷ καὶ τὰ σχήματα καὶ μεγέθη καὶ κακίας καὶ ἀρετάς, ἐν οἷς πᾶσι καὶ ἑτέροις μυρίοις οὐ μόνον ἄνθρωπον αὐτὸν εἶναί φαμεν, ἀλλὰ καὶ ἀγαθὸν καὶ ἕτερα ἄπειρα, καὶ τἆλλα δὴ κατὰ τὸν αὐτὸν λόγον οὕτως ἓν ἕκαστον ὑποθέμενοι πάλιν αὐτὸ πολλὰ καὶ πολλοῖς ὀνόμασι λέγομεν. — Ὅθεν γε, οἶμαι, τοῖς τε νέοις καὶ τῶν γερόντων τοῖς ὀψιμαθέσι (i. e. Antisthenes) θοίνην παρεσκευάκαμεν · εὐθὺς γὰρ ἀντιλαβέσθαι παντὶ πρόχειρον ὡς ἀδύνατον τά τε πολλὰ ἓν καὶ τὸ ἓν πολλὰ εἶναι, καὶ δή που χαίρουσιν οὐκ ἐῶντες ἀγαθὸν λέγειν ἄνθρωπον, ἀλλὰ τὸ μὲν ἀγαθὸν ἀγαθόν, τὸν δὲ ἄνθρωπον ἄνθρωπον. 'Εντυγχάνεις γάρ, ὦ Θεαίτητε, ὡς ἐγῶμαι, πολλάκις τὰ τοιαῦτα ἐσπουδακόσιν, ἐνίοτε πρεσβυτέροις ἀνθρώποις, καὶ ὑπὸ πενίας τῆς περὶ φρόνησιν κτήσεως τὰ τοιαῦτα τεθαυμακόσι, καὶ δή τι καὶ πάσσοφον οἰομένοις τοῦτο αὐτὸ ἀνηυρηκέναι.

c. Arist., *Metaph.* H 3, 1043 b[24]: definition is
impossible

(The difficulty of Antisth. c.s.) ὅτι οὐκ ἔστι τὸ τί ἔστιν ὁρίσασθαι (τὸν γὰρ ὅρον λόγον εἶναι μακρόν).

d. Cf. Pl., *Theaet.* 201 c:

'Εγὼ γὰρ αὖ ἐδόκουν ἀκούειν τινῶν, ὅτι τὰ μὲν πρῶτα οἰονπερεὶ στοιχεῖα, ἐξ ὧν ἡμεῖς τε συγκείμεθα καὶ τἆλλα, λόγον οὐκ ἔχοι [1]. αὐτὸ γὰρ καθ' αὑτὸ

---

[1] λόγον οὐκ ἔχοι - "are such that no account can be given of them" (Cornford).

ἕκαστον ὀνομάσαι μόνον εἴη, προσειπεῖν δὲ οὐδὲν ἄλλο δυνατόν, οὔθ' ὡς ἔστιν
οὔθ' ὡς οὐκ ἔστιν. — δεῖν δέ, εἴπερ ἦν δυνατὸν αὐτὸ λέγεσθαι καὶ εἶχεν
οἰκεῖον αὐτοῦ λόγον, ἄνευ τῶν ἄλλων ἁπάντων λέγεσθαι. νῦν δὲ ἀδύνατον
εἶναι ὁτιοῦν τῶν πρώτων ῥηθῆναι λόγῳ, οὐ γὰρ εἶναι αὐτῷ ἀλλ' ἢ ὀνομάζεσθαι
μόνον · ὄνομα γὰρ μόνον ἔχειν.

**there are no
ideas in
Plato's
sense**

253—Simpl., *in Ar. Categ.* 208, 28 Kalbfl.:

Τῶν δὲ παλαιῶν οἱ μὲν ἀνήρουν τὰς ποιότητας τελέως, τὸ ποιὸν συγχωροῦν-
τες εἶναι, ὥσπερ Ἀντισθένης, ὅς ποτε Πλάτωνι διαμφισβητῶν ,,ὦ Πλάτων'',
ἔφη, ,,ἵππον μὲν ὁρῶ, ἱππότητα δὲ οὐχ ὁρῶ''.

4—THE SCHOOL OF CYRENE (CYRENAICI)

Aristippus

254—a. Diog. II 65:

Ἀρίστιππος τὸ μὲν γένος ἦν Κυρηναῖος, ἀφιγμένος δὲ Ἀθήναζε, καθά
φησιν Αἰσχίνης, κατὰ κλέος Σωκράτους.

b. Aristocles ap. *Euseb., Praep. ev.* XIV 18, 31:

Σωκράτους δ' ἑταῖρος Ἀρίστιππος ἦν, ὁ τὴν καλουμένην Κυρηναϊκὴν
συστησάμενος αἵρεσιν.

**ἡδονή
the supreme
good**

255—Diog. II 87:

Δοκεῖ δ' αὐτοῖς καὶ τέλος εὐδαιμονίας διαφέρειν. τέλος μὲν γὰρ εἶναι τὴν
κατὰ μέρος ἡδονήν, εὐδαιμονίαν δὲ τὸ ἐκ τῶν μερικῶν ἡδονῶν σύστημα, αἷς
συναριθμοῦνται καὶ αἱ παρῳχηκυῖαι καὶ αἱ μέλλουσαι. (88) εἶναί τε τὴν
μερικὴν ἡδονὴν δι' αὐτὴν αἱρετήν, τὴν δ' εὐδαιμονίαν οὐ δι' αὐτήν, ἀλλὰ διὰ
τὰς κατὰ μέρος ἡδονάς. πίστιν δ' εἶναι τοῦ τέλος εἶναι τὴν ἡδονὴν τὸ ἀπροαι-
ρέτως [1] ἡμᾶς ἐκ παίδων ᾠκειῶσθαι πρὸς αὐτήν, καὶ τυχόντας αὐτῆς μηθὲν
ἐπιζητεῖν μηθέν τε οὕτω φεύγειν ὡς τὴν ἐναντίαν αὐτῇ ἀλγηδόνα.

**consequences
1. no degrees
of ἡδονή**

256—A. is radical in drawing the consequences from this principle:

a. Diog., ib.:

(87) μὴ διαφέρειν τε ἡδονὴν ἡδονῆς, μηδὲ ἥδιόν τι εἶναι.

**2. only in the
present**

b. Aelian., *Var. hist.* XIV 6:

Πάνυ σφόδρα ἐρρωμένως ἐῴκει λέγειν ὁ Ἀρίστιππος παρεγγυῶν μήτε τοῖς

---

[1] ἀπροαιρέτως - instinctively.

παρελθοῦσιν ἐπικάμνειν μήτε τῶν ἐπιόντων προκάμνειν · εὐθυμίας γὰρ δεῖγμα
τὸ τοιοῦτο καὶ ἵλεω διανοίας ἀπόδειξις. προσέταττε δὲ ἐφ' ἡμέρᾳ τὴν γνώμην
ἔχειν καὶ αὖ πάλιν τῆς ἡμέρας ἐπ' ἐκείνῳ τῷ μέρει, καθ' ὃ ἕκαστος ἢ πράττει
τι ἢ ἐννοεῖ. μόνον γὰρ ἔφασκεν ἡμέτερον εἶναι τὸ παρόν, μήτε δὲ τὸ φθάνον
μήτε τὸ προσδοκώμενον · τὸ μὲν γὰρ ἀπολωλέναι, τὸ δὲ ἄδηλον εἶναι εἴπερ
ἔσται.

c. Diog. II 86:

3. not some-
thing nega-
tive

Δύο πάθη ὑφίσταντο, πόνον καὶ ἡδονήν · τὴν μὲν λείαν κίνησιν τὴν ἡδονήν,
τὸν δὲ πόνον τραχεῖαν κίνησιν.

d. Ib. 89:

Ἡ δὲ τοῦ ἀλγοῦντος ὑπεξαίρεσις, ὡς εἴρηται παρ' Ἐπικούρῳ, δοκεῖ αὐτοῖς
μὴ εἶναι ἡδονή, οὐδὲ ἡ ἀηδονία ἀλγηδών · ἐν κινήσει γὰρ εἶναι ἀμφότερα, μὴ
οὔσης τῆς ἀπονίας ἢ τῆς ἀηδονίας κινήσεως, ἐπεὶ ἡ ἀπονία οἱονεὶ καθεύδοντός
ἐστι κατάστασις.

e. Aristocles ap. Euseb., Praep. ev. XIV 18, 32:

Τρεῖς γὰρ ἔφη (ὁ Ἀρίστιππος) καταστάσεις εἶναι περὶ τὴν ἡμετέραν σύγκρα-
σιν · μίαν μέν, καθ' ἣν ἀλγοῦμεν, ἐοικυῖαν τῷ κατὰ θάλασσαν χειμῶνι, ἑτέραν
δέ, καθ' ἣν ἡδόμεθα, τῷ λείῳ κύματι ἀφομοιούμενοι · εἶναι γὰρ λείαν κίνησιν
τὴν ἡδονήν, οὐρίῳ παραβαλλομένην ἀνέμῳ · τὴν δὲ τρίτην μέσην εἶναι κατά-
στασιν, καθ' ἣν οὔτε ἀλγοῦμεν οὔτε ἡδόμεθα, γαλήνῃ παραπλησίαν οὖσαν.

f. Diog. II 88:

4. there is no
bad ἡδονή

Εἶναι δὲ τὴν ἡδονὴν ἀγαθὸν κἂν ἀπὸ τῶν ἀσχημοτάτων γένηται. — εἰ γὰρ
καὶ ἡ πρᾶξις ἄτοπος εἴη, ἀλλ' οὖν ἡ ἡδονὴ δι' αὑτὴν αἱρετὴ καὶ ἀγαθόν.

g. Ib. 87:

5. physical
ἡδονή better
than mental,
physical
suffering
worse

Πολὺ μέντοι τῶν ψυχικῶν τὰς σωματικὰς ἀμείνους εἶναι, καὶ τὰς ὀχλήσεις
χείρους τὰς σωματικάς · ὅθεν καὶ ταύταις κολάζεσθαι μᾶλλον τοὺς ἁμαρτά-
νοντας.

h. Ib. 93:

6. moral
principles
are only
νόμῳ

Μηδέν τε εἶναι φύσει δίκαιον ἢ καλὸν ἢ αἰσχρόν, ἀλλὰ νόμῳ καὶ ἔθει. ὁ
μέντοι σπουδαῖος οὐδὲν ἄτοπον πράξει διὰ τὰς ἐπικειμένας ζημίας καὶ δόξας ·
εἶναι δὲ τὸν σοφόν.

257—His answer to the question τί πλέον ἔχουσιν οἱ φιλόσοφοι (Diog. II 68): the preroga-
tive of
philosophers
ἐὰν πάντες οἱ νόμοι ἀναιρεθῶσιν, ὁμοίως βιωσόμεθα.

φρόνησις   **258**—Thus the sage of Aristippus too is lead by φρόνησις, not in the Socratic sense of a higher knowledge of transcendent values, but of a prudent weighing of ἡδονή and λύπη. Therefore it is not the supreme good, but a means to it.

Diog. II 91:

τὴν φρόνησιν ἀγαθὸν μὲν εἶναι λέγουσιν, οὐ δι' ἑαυτὴν δὲ αἱρετήν, ἀλλὰ διὰ τὰ ἐξ αὐτῆς περιγινόμενα.

practical   **259**—**a.** To those who reproach him for his relation with the hetaire
attitude   Laïs, he answers (Diog. II 75):
in life

ἔχω, ἀλλ' οὐκ ἔχομαι· ἐπεὶ τὸ κρατεῖν καὶ μὴ ἡττᾶσθαι ἡδονῶν ἄριστον, οὐ τὸ μὴ χρῆσθαι.

b. Cf. Stob., *Flor.* 17, 18 (p. 493, 14 Hs.):

'Αριστίππου· κρατεῖ ἡδονῆς οὐχ ὁ ἀπεχόμενος, ἀλλ' ὁ χρώμενος μέν, μὴ παρεκφερόμενος δέ, ὥσπερ καὶ νεὼς καὶ ἵππου οὐχ ὁ μὴ χρώμενος, ἀλλ' ὁ μετάγων ὅποι βούλεται.

c. Diog. II 66:

῏Ην δὲ ἱκανὸς ἁρμόσασθαι καὶ τόπῳ καὶ χρόνῳ καὶ προσώπῳ καὶ πᾶσαν περίστασιν ἁρμοδίως ὑποκρίνασθαι. διὸ καὶ παρὰ Διονυσίῳ τῶν ἄλλων εὐδο- κίμει μᾶλλον ἀεὶ τὸ προσπεσὸν εὖ διατιθέμενος. (68) ἐρωτηθεὶς τί αὐτῷ περι- γέγονεν ἐκ φιλοσοφίας ἔφη· ,,τὸ δύνασθαι πᾶσι θαρρούντως ὁμιλεῖν''.

d. Ib. 67:

Διό ποτε Στράτωνα, οἱ δὲ Πλάτωνα, πρὸς αὐτὸν εἰπεῖν, ,,σοὶ μόνῳ δέδοται καὶ χλανίδα φορεῖν καὶ ῥάκος''.

e. To a detractor he said (ib. 70):

Τοῦ μὲν κακῶς λέγειν σὺ τὴν ἐξουσίαν ἔχεις, τοῦ δὲ μὴ ἀκούειν ἐγώ.

f. Once, when Dionysius placed him at the end of the table, he said (ib. 73):

'Ενδοξότερον τὸν τόπον ἠθέλησας ποιῆσαι;

phenomenism" **260**—Sextus, *Adv. Math.* VII 191:

Φασὶν οὖν οἱ Κυρηναϊκοὶ κριτήρια εἶναι τὰ πάθη καὶ μόνα καταλαμβάνεσθαι καὶ ἀδιάψευστα τυγχάνειν, τῶν δὲ πεποιηκότων τὰ πάθη μηδὲν εἶναι καταληπτὸν μηδὲ ἀδιάψευστον. ὅτι μὲν γὰρ λευκαινόμεθα¹, φασί, καὶ γλυκαζόμεθα, δυνατὸν λέγειν ἀδιαψεύστως καὶ ἀνεξελέγκτως · ὅτι δὲ τὸ ἐμποιητικὸν τοῦ πάθους λευκόν ἐστιν ἢ γλυκύ ἐστιν, οὐχ οἷόν τ' ἀποφαίνεσθαι. (192) εἰκὸς γάρ ἐστι καὶ ὑπὸ μὴ λευκοῦ τινα λευκαντικῶς διατεθῆναι καὶ ὑπὸ μὴ γλυκέος γλυκανθῆναι. (195) ἔνθεν οὐδὲ κριτήριόν φασιν εἶναι κοινὸν ἀνθρώπων. ὀνόματα δὲ κοινὰ τίθεσθαι τοῖς κρίμασιν. (196) λευκὸν μὲν γάρ τι καὶ γλυκὺ καλοῦσι κοινῶς πάντες, κοινὸν δέ τι λευκὸν ἢ γλυκὺ οὐκ ἔχουσιν · ἕκαστος γὰρ τοῦ ἰδίου πάθους ἀντιλαμβάνεται.

261—A later adherent of the Cyrenaic school (not a direct disciple of   Hegesias
Aristippus) was Hegesias, surnamed ὁ Πεισιθάνατος. The doctrine of
ἡδονή with him ends in a complete pessimism. S. Diog. II 93 f.:

Οἱ δὲ Ἡγησιακοὶ λεγόμενοι σκοποὺς μὲν εἶχον τοὺς αὐτούς, ἡδονὴν καὶ πόνον. — (94) τὴν εὐδαιμονίαν ὅλως ἀδύνατον εἶναι · τὸ μὲν γὰρ σῶμα πολλῶν ἀναπεπλῆσθαι παθημάτων, τὴν δὲ ψυχὴν συμπαθεῖν τῷ σώματι καὶ ταράττεσθαι, τὴν δὲ τύχην πολλὰ τῶν κατ' ἐλπίδα κωλύειν, ὥστε διὰ ταῦτα ἀνύπαρκτον τὴν εὐδαιμονίαν εἶναι. τήν τε ζωὴν καὶ τὸν θάνατον αἱρετόν².

---

¹ λευκαινόμεθα - have a sensation of whiteness, the same as λευκαντικῶς διατεθῆναι.
² Sc. ἐπ' ἴσης, equally.

NINTH CHAPTER

PLATO

1—PRELIMINARY QUESTIONS

262—Since there is a certain discrepancy between what we know from Plato's dialogues and what is told about his doctrine by Aristotle, the question arises whether the dialogues do contain the doctrine of Plato. Modern critics often disparage Plato's own literary work, referring to two places in his letters and a third place in the Phaedrus.

a. Pl., *Epist.* VII 341 a-d:

Πάντα μὲν οὖν οὔτ' ἐγὼ διεξῆλθον οὔτε Διονύσιος ἐδεῖτο · πολλὰ γὰρ αὐτὸς
341b καὶ τὰ μέγιστα εἰδέναι τε καὶ ἱκανῶς ἔχειν προσεποιεῖτο διὰ τὰς ὑπὸ τῶν ἄλλων
παρακοάς. Ὕστερον δὲ καὶ ἀκούω γεγραφέναι αὐτὸν περὶ ὧν τότε ἤκουσε,
συνθέντα ὡς αὑτοῦ τέχνην, οὐδὲν τῶν αὐτῶν ὧν ἀκούοι · οἶδα δὲ οὐδὲν τούτων.
Ἄλλους μέν τινας οἶδα γεγραφότας περὶ τῶν αὐτῶν τούτων, οἵτινες δέ, οὐδ'
αὐτοὶ αὑτούς. Τοσόνδε γε μὴν περὶ πάντων ἔχω φράζειν τῶν γεγραφότων
c καὶ γραψόντων, ὅσοι φασὶν εἰδέναι περὶ ὧν ἐγὼ σπουδάζω, εἴτ' ἐμοῦ ἀκη-
κοότες εἴτ' ἄλλων εἴθ' ὡς εὑρόντες αὐτοί · τούτους οὐκ ἔστιν κατά γε τὴν ἐμὴν
δόξαν περὶ τοῦ πράγματος ἐπαΐειν οὐδέν. Οὔκουν ἐμόν γε περὶ αὐτῶν ἔστιν
σύγγραμμα οὐδὲ μήποτε γένηται · ῥητὸν γὰρ οὐδαμῶς ἐστιν ὡς ἄλλα μαθή-
ματα, ἀλλ' ἐκ πολλῆς συνουσίας γιγνομένης περὶ τὸ πρᾶγμα αὐτὸ καὶ τοῦ συζῆν
d ἐξαίφνης, οἷον ἀπὸ πυρὸς πηδήσαντος ἐξαφθὲν φῶς, ἐν τῇ ψυχῇ γενόμενον
αὐτὸ ἑαυτὸ ἤδη τρέφει. Καίτοι τοσόνδε γε οἶδα, ὅτι γραφέντα ἢ λεχθέντα ὑπ'
ἐμοῦ βέλτιστ' ἂν λεχθείη.

b. Pl., *Epist.* II 314 b-c:

Μεγίστη δὲ φυλακὴ τὸ μὴ γράφειν ἀλλ' ἐκμανθάνειν· οὐ γάρ ἔστιν τὰ γρα-
φέντα μὴ οὐκ ἐκπεσεῖν. διὰ ταῦτα οὐδὲν πώποτ' ἐγὼ περὶ τούτων γέγραφα,
οὐδ' ἔστιν σύγγραμμα Πλάτωνος οὐδὲν οὐδ' ἔσται, τὰ δὲ νῦν λεγόμενα Σωκρά-
τους ἐστὶν καλοῦ καὶ νέου γεγονότος.

c. Pl., *Phaedr.* 274 e-275 b:

The Egyptian Theuth, having invented the art of writing and many other arts, comes to explain them to the king Thamous.

'Επειδὴ δὲ ἐπὶ τοῖς γράμμασιν ἦν · ,,Τοῦτο δέ, ὦ βασιλεῦ, τὸ μάθημα, ἔφη ὁ Θεύθ, σοφωτέρους Αἰγυπτίους καὶ μνημονικωτέρους παρέξει · μνήμης τε γὰρ καὶ σοφίας φάρμακον εὑρέθη." 'Ο δ' εἶπεν · ,,Ὦ τεχνικώτατε Θεύθ, ἄλλος μὲν τεκεῖν δυνατὸς τὰ τέχνης, ἄλλος δὲ κρῖναι τίν' ἔχει μοῖραν βλάβης τε καὶ ὠφελείας τοῖς μέλλουσι χρῆσθαι. Καὶ νῦν σύ, πατὴρ ὢν γραμμάτων, δι' εὔνοιαν τοὐναντίον εἶπες ἢ δύναται. Τοῦτο γὰρ τῶν μαθόντων λήθην μὲν 275a ἐν ψυχαῖς παρέξει μνήμης ἀμελετησίᾳ, ἅτε διὰ πίστιν γραφῆς ἔξωθεν ὑπ' ἀλλοτρίων τύπων, οὐκ ἔνδοθεν αὐτοὺς ὑφ' αὑτῶν ἀναμιμνησκομένους · οὔκουν μνήμης, ἀλλὰ ὑπομνήσεως, φάρμακον εὗρες. Σοφίας δὲ τοῖς μαθηταῖς δόξαν, οὐκ ἀλήθειαν πορίζεις · πολυήκοοι γάρ σοι γενόμενοι ἄνευ διδαχῆς πολυγνώμονες εἶναι δόξουσιν, ἀγνώμονες ὡς ἐπὶ τὸ πλῆθος ὄντες, καὶ χαλεποὶ συνεῖναι, b δοξόσοφοι γεγονότες ἀντὶ σοφῶν."

To consult: J. Burnet, *Greek Philosophy* I, Thales to Plato, London 1914, p. 212 and 312 f.

H. Cherniss, *The Riddle of the Early Academy*, Berkeley and Los Angeles 1945. (Especially the first lecture).

A complete account of the question, since Trendelenburg's treatise *Platonis de ideis et numeris doctrina ex Aristotele illustrata* (1826), is given by Cherniss in the Foreword of his greater work, *Aristotle's criticism of Plato and the Academy*, vol. I, Baltimore 1944.

On the so called "agrapha" see our paragraph on the ideal Numbers. Besides two places in Ar. (*Phys.* IV 2, 209b[11-17] and *De anima* I 2, 404b[16-21]) we have the testimony of Pl.'s disciple Hermodorus, cited by Derkyllides (Simpl., *in Ar. Phys.* 247[30]-248[15]), a passage in Sextus Emp., *Adv. Math.* X, the testimony of Theophrastus (*Metaph.* 6b[11-14] Ross-Fobes), and that of Aristoxenus (*Harm. Elem.* II, p. 30 Meib.). S. our nrs. **364, 371a-c, 373**.

2—LIFE AND WORK

263—About Plato's life we are chiefly informed by his own Letters, of which the VIth, VIIth and VIIIth are now generally accepted. (Burnet accepts them all, Cherniss none; Robin prudently says that the authenticity of *Ep.* VII and VIII is nowadays accepted by most Plato-scholars).

To consult:
E. Howald, *Die Briefe Platons*. Zürich 1928.
H. Gomperz, *Platons Selbstbiographie*. 1928.
F. Novotný, *Platonis Epistulae commentariis illustratae*. Brno 1930.
Glenn R. Morrow, *Studies in the platonic Epistles*. Univ. of Illinois 1935.
G. Pasquali, *Le lettere di Platone*. Firenze 1938.

V. Wilamowitz, *Platon* I. Berlin 1920.
A. E. Taylor, *Plato. The Man and his work*. London, ⁵1948.
L. Robin, *Platon*. Paris 1935, Ch. I.

Certain is the date of the three Sicilian travels (± 390, 366, 361), and the founding of the Academy (388/7), when he was 40 years of age.

the Academy Diog. III 5:

Ἐφιλοσόφει·δὲ τὴν ἀρχὴν ἐν Ἀκαδημία, — (ib.) 7 τὸ δ' ἐστὶ γυμνάσιον προάστειον ἀλσῶδες ἀπό τινος ἥρωος ὀνομασθὲν Ἑκαδήμου — (5) εἶτα ἐν τῷ κήπῳ τῷ παρὰ τὸν Κολωνόν.

style **264**—Dion. Halic., *De comp. verb.* 25, p. 208 Rsk.:

Ὁ δὲ Πλάτων τοὺς ἑαυτοῦ διαλόγους κτενίζων καὶ βοστρυχίζων καὶ πάντα τρόπον ἀναπλέκων οὐ διέλειπεν ὀγδοήκοντα γεγονὼς ἔτη. πᾶσι γὰρ δήπου τοῖς φιλολόγοις γνώριμα τὰ περὶ τῆς φιλοπονίας τἀνδρὸς ἱστορούμενα τά τε ἄλλα καὶ δὴ καὶ τὰ περὶ τὴν δέλτον, ἣν τελευτήσαντος αὐτοῦ λέγουσιν εὑρεθῆναι ποικίλως μετακειμένην τὴν ἀρχὴν τῆς πολιτείας ἔχουσαν τήνδε · ,,Κατέβην χθὲς εἰς Πειραιᾶ μετὰ Γλαύκωνος τοῦ Ἀρίστωνος."

date of the **265**—A general agreement has been reached as to the division of the dialogues
dialogues into three chronological groups, in which the dialogues may be placed as follows:
I. Y o u t h : Apol., Crito, Eutyphro, Laches, Charm., Lysis, Io, Rep. I, Gorgias. Prot. and Hipp. Min. surely belong to this period; they may have been written before the death of Socr.
II. M a t u r i t y : Menexenus (a manifesto of Plato as the head of the Academy against the rhetors), Meno, Euthyd., Crat., Phaedo, Symp., Rep.; Phaedr., Theaet. and Parm. (these three shortly before the second Sicilian journey, 366).
III. O l d   a g e : Soph., Polit., Phil., Tim., Critias, Nomoi.

Though some difference of opinion may exist on certain points of detail, the headlines are invariably fixed.
See: the works of v. Wilamowitz, Taylor and Robin, cited under **263**.

3—THE ORIGIN OF THE THEORY OF IDEAS

266—In two places Plato speaks directly about the way that led him to the conception of the so called theory of Ideas; in many other places he points indirectly to a third way.

1. the Phaedo a. Pl., *Phaedo* 100 a (S. our nr. **216**).

Socrates, having vainly sought in the older philosophy of nature for a reasonable explanation of coming into being and passing away, and of the existence of physical things; having been disappointed lastly by Anaxagoras, undertakes a δεύτερος πλοῦς.

καὶ ὑποθέμενος ἑκάστοτε λόγον ὃν ἂν κρίνω ἐρρωμενέστατον εἶναι, ἃ μὲν ἄν μοι δοκῇ τούτῳ συμφωνεῖν τίθημι ὡς ἀληθῆ ὄντα, καὶ περὶ αἰτίας καὶ περὶ τῶν ἄλλων ἁπάντων [ὄντων], ἃ δ' ἂν μή, ὡς οὐκ ἀληθῆ.

b. He explains this himself (100 b, c, 100 e-101 d):

Ἔρχομαι γὰρ δὴ ἐπιχειρῶν σοι ἐπιδείξασθαι τῆς αἰτίας τὸ εἶδος ὃ πεπραγμάτευμαι, καὶ εἶμι πάλιν ἐπ' ἐκεῖνα τὰ πολυθρύλητα καὶ ἄρχομαι ἀπ' ἐκείνων, ὑποθέμενος εἶναί τι καλὸν αὐτὸ καθ' αὑτὸ καὶ ἀγαθὸν καὶ μέγα καὶ τἆλλα πάντα.
— φαίνεται γάρ μοι, εἴ τί ἐστιν ἄλλο καλὸν πλὴν αὐτὸ τὸ καλόν, οὐδὲ δι' ἓν   100c
ἄλλο καλὸν εἶναι ἢ διότι μετέχει ἐκείνου τοῦ καλοῦ· καὶ πάντα δὴ οὕτως λέγω.
Τῇ τοιᾷδε αἰτίᾳ συγχωρεῖς; — Συγχωρῶ, ἔφη. —

Οὐδὲ σὺ ἄρα ἂν ἀποδέχοιο εἴ τίς τινα φαίη ἕτερον ἑτέρου τῇ κεφαλῇ   e
μείζω εἶναι, καὶ τὸν ἐλάττω τῷ αὐτῷ τούτῳ ἐλάττω, ἀλλὰ διαμαρτύροιο
ἂν ὅτι σὺ μὲν οὐδὲν ἄλλο λέγεις ἢ ὅτι τὸ μεῖζον πᾶν ἕτερον ἑτέρου οὐδενὶ ἄλλῳ   101a
μεῖζόν ἐστιν ἢ μεγέθει, καὶ διὰ τοῦτο μεῖζον, διὰ τὸ μέγεθος, τὸ δὲ ἔλαττον
οὐδενὶ ἄλλῳ ἔλαττον ἢ σμικρότητι, καὶ διὰ τοῦτο ἔλαττον, διὰ τὴν σμικρότητα,
φοβούμενος οἶμαι μή τίς σοι ἐναντίος λόγος ἀπαντήσῃ, ἐὰν τῇ κεφαλῇ μείζονά
τινα φῇς εἶναι καὶ ἐλάττω, πρῶτον μὲν τῷ αὐτῷ τὸ μεῖζον μεῖζον εἶναι καὶ τὸ
ἔλαττον ἔλαττον, ἔπειτα τῇ κεφαλῇ, σμικρᾷ οὔσῃ, τὸν μείζω μείζω εἶναι· καὶ   b
τοῦτο δὴ τέρας εἶναι, τὸ σμικρῷ τινι μέγαν τινὰ εἶναι. Ἦ οὐκ ἂν φοβοῖο
ταῦτα;" Καὶ ὁ Κέβης γελάσας· ,,Ἔγωγε, ἔφη. — Οὐκοῦν, ᾗ δ' ὅς, τὰ δέκα τῶν
ὀκτὼ δυοῖν πλείω εἶναι καὶ διὰ ταύτην τὴν αἰτίαν ὑπερβάλλειν, φοβοῖο ἂν
λέγειν, ἀλλὰ μὴ πλήθει καὶ διὰ τὸ πλῆθος; καὶ τὸ δίπηχυ τοῦ πηχυαίου
ἡμίσει μεῖζον εἶναι, ἀλλ' οὐ μεγέθει; ὁ αὐτὸς γάρ που φόβος. — Πάνυ γ',
ἔφη. — Τί δέ; ἑνὶ ἑνὸς προστεθέντος, τὴν πρόσθεσιν αἰτίαν εἶναι τοῦ δύο
γενέσθαι ἤ, διασχισθέντος, τὴν σχίσιν οὐκ εὐλαβοῖο ἂν λέγειν; Καὶ μέγα   c
ἂν βοῴης ὅτι οὐκ οἶσθα ἄλλως πως ἕκαστον γιγνόμενον ἢ μετασχὸν τῆς ἰδίας
οὐσίας ἑκάστου οὗ ἂν μετάσχῃ, καὶ ἐν τούτοις οὐκ ἔχεις ἄλλην τινὰ αἰτίαν τοῦ
δύο γενέσθαι ἀλλ' ἢ τὴν τῆς δυάδος μετάσχεσιν· καὶ δεῖν τούτου μετασχεῖν τὰ
μέλλοντα δύο ἔσεσθαι, καὶ μονάδος ὃ ἂν μέλλῃ ἓν ἔσεσθαι. Τὰς δὲ σχίσεις
ταύτας καὶ προσθέσεις καὶ τὰς ἄλλας τὰς τοιαύτας κομψείας ἐῴης ἂν χαίρειν,
παρεὶς ἀποκρίνασθαι τοῖς σεαυτοῦ σοφωτέροις.

Σὺ δὲ δεδιὼς ἄν, τὸ λεγόμενον, τὴν σαυτοῦ σκιὰν καὶ τὴν ἀπειρίαν, ἐχόμενος   d
ἐκείνου τοῦ ἀσφαλοῦς τῆς ὑποθέσεως, οὕτως ἀποκρίναιο ἄν.

Remark I. By this method predication is logically justified; the difficulties of **Solution of** the Megarians have found a solution: Plato's hypothesis explains how the same **Megarean** predicate can be attributed to different subjects (e.g. walking to horse and man), **difficulties** and how contradictory predicates can be attributed to the same subject (e.g. great and little to a man, or knowledge and ignorance).

Remark II. P. Natorp, *Platos Ideenlehre*, Leipzig[2] 1921, p. 154, explains the **Natorp's in-** passage cited under **a** as follows: **terpretation**

"Also, die „Tatsachen" selbst sind als wahr allein zu rechtfertigen durch die Begründung in den fundamentalen Setzungen, den logischen "Grund-sätzen" (ὑποθέσεις). Die λόγοι also, in denen die Wahrheit der ὄντα zu gründen, sind die Sätze, die eignen Setzungen des Denkens.—Man darf dieses Prinzip, in dem der *methodische Sinn des Idee* rein und radikal zum Ausdruck kommt, von sonstigem, abweichenden Sprachgebrauch unbeirrt, das *Prinzip des Idealismus* nennen."

To this interpretation, which takes the *hypothesis* of Plato in a merely logical sense, cp. the following words in the same passage (100b⁵):

c. ὑποθέμενος εἶναί τι καλὸν αὐτὸ καθ' αὑτὸ καὶ ἀγαθὸν καὶ μέγα καὶ τἆλλα πάντα.

d. Cp. also *Phaedo* 65 d:

(Socr. asks Simmias) φαμέν τι εἶναι δίκαιον αὐτὸ ἢ οὐδέν; — Φαμὲν μέντοι νὴ Δία. — Καὶ αὖ καλόν γέ τι καὶ ἀγαθόν; — Πῶς δ' οὔ; — Ἤδη οὖν πώποτέ τι τῶν τοιούτων τοῖς ὀφθαλμοῖς εἶδες; — Οὐδαμῶς, ἦ δ' ὅς. — Ἀλλ' ἄλλῃ τινὶ αἰσθήσει τῶν διὰ τοῦ σώματος ἐφήψω αὐτῶν; λέγω δὲ περὶ πάντων, οἷον μεγέθους πέρι, ὑγιείας, ἰσχύος, καὶ τῶν ἄλλων ἑνὶ λόγῳ ἁπάντων τῆς οὐσίας ὃ τυγχάνει ἕκαστον ὄν.

e. And 79 a⁵-d⁸:

— Θῶμεν οὖν βούλει, ἔφη, δύο εἴδη τῶν ὄντων, τὸ μὲν ὁρατόν, τὸ δὲ ἀειδές; — Θῶμεν, ἔφη. — Καὶ τὸ μὲν ἀειδὲς ἀεὶ κατὰ ταὐτὰ ἔχον, τὸ δὲ ὁρατὸν μηδέποτε κατὰ ταὐτά; — Καὶ τοῦτο, ἔφη, θῶμεν. — Φέρε δή, ἦ δ' ὅς, ἄλλο τι ἡμῶν αὐτῶν
79b τὸ μὲν σῶμά ἐστι, τὸ δὲ ψυχή; — Οὐδὲν ἄλλο, ἔφη. — Ποτέρῳ οὖν ὁμοιότερον τῷ εἴδει φαμὲν ἂν εἶναι καὶ ξυγγενέστερον τὸ σῶμα; — Παντί, ἔφη, τοῦτό γε
the soul δῆλον ὅτι τῷ ὁρατῷ. — Τί δὲ ἡ ψυχή; ὁρατὸν ἢ ἀειδές; — Οὐχ ὑπ' ἀνθρώπων γε, ὦ Σώκρατες, ἔφη. — Ἀλλὰ μὴν ἡμεῖς γε τὰ ὁρατὰ καὶ τὰ μὴ τῇ τῶν ἀνθρώπων φύσει λέγομεν · ἢ ἄλλῃ τινὶ οἴει; — Τῇ τῶν ἀνθρώπων. — Τί οὖν περὶ ψυχῆς λέγομεν; ὁρατὸν ἢ ἀόρατον εἶναι; — Οὐχ ὁρατόν. — Ἀειδὲς ἄρα; — Ναί. — Ὁμοιότερον ἄρα ψυχὴ σώματός ἐστι τῷ ἀειδεῖ, τὸ δὲ τῷ ὁρατῷ. —
c Πᾶσα ἀνάγκη, ὦ Σώκρατες. — Οὐκοῦν καὶ τόδε πάλαι ἐλέγομεν, ὅτι ἡ ψυχή, ὅταν μὲν τῷ σώματι προσχρῆται εἰς τὸ σκοπεῖν τι, ἢ διὰ τοῦ ὁρᾶν ἢ διὰ τοῦ ἀκούειν ἢ δι' ἄλλης τινὸς αἰσθήσεως (τοῦτο γάρ ἐστι τὸ διὰ τοῦ σώματος, τὸ δι' αἰσθήσεως σκοπεῖν τι), τότε μὲν ἕλκεται ὑπὸ τοῦ σώματος εἰς τὰ οὐδέποτε κατὰ ταὐτὰ ἔχοντα, καὶ αὐτὴ πλανᾶται καὶ ταράττεται καὶ εἰλιγγιᾷ ὥσπερ μεθύουσα,
d ἅτε τοιούτων ἐφαπτομένη; — Πάνυ γε. — Ὅταν δέ γε αὐτὴ καθ' αὑτὴν σκοπῇ, ἐκεῖσε οἴχεται εἰς τὸ καθαρόν τε καὶ ἀεὶ ὂν καὶ ἀθάνατον καὶ ὡσαύτως ἔχον, καί, ὡς συγγενὴς οὖσα αὐτοῦ, ἀεὶ μετ' ἐκείνου τε γίγνεται ὅτανπερ αὐτὴ καθ' αὑτὴν γένηται καὶ ἐξῇ αὐτῇ, καὶ πέπαυταί τε τοῦ πλάνου καὶ περὶ ἐκεῖνα ἀεὶ κατὰ ταὐτὰ ὡσαύτως ἔχει, ἅτε τοιούτων ἐφαπτομένη · καὶ τοῦτο αὐτῆς τὸ

πάθημα φρόνησις κέκληται; — Παντάπασιν, ἔφη, καλῶς καὶ ἀληθῆ λέγεις,
ὦ Σώκρατες. —

267—In the Socratic dialogues we find Socrates always seeking the
common character, the one eidos, by which "all that is impious, is
impious and all that is pious pious", etc.

2. the ethical problem

a. Pl., *Euthyphro*, 6 d⁹-e⁶:

ΣΩ. Μέμνησαι οὖν ὅτι οὐ τοῦτό σοι διεκελευόμην ἕν τι ἢ δύο με διδάξαι
τῶν πολλῶν ὁσίων, ἀλλ᾽ ἐκεῖνο αὐτὸ τὸ εἶδος ᾧ πάντα τὰ ὅσια ὅσιά ἐστιν;
ἔφησθα γάρ που μιᾷ ἰδέᾳ τά τε ἀνόσια ἀνόσια εἶναι καὶ τὰ ὅσια ὅσια · ἢ οὐ
μνημονεύεις;
ΕΥΘ. Ἔγωγε.
ΣΩ. Ταύτην τοίνυν με αὐτὴν δίδαξον τὴν ἰδέαν τίς ποτέ ἐστιν, ἵνα εἰς ἐκεί-
νην ἀποβλέπων καὶ χρώμενος αὐτῇ παραδείγματι, ὃ μὲν ἂν τοιοῦτον ᾖ ὧν ἂν
ἢ σὺ ἢ ἄλλος τις πράττῃ φῶ ὅσιον εἶναι, ὃ δ᾽ ἂν μὴ τοιοῦτον, μὴ φῶ.

b. Pl., *Meno* 72 a⁶-d¹.

In the preceding lines Meno has answered to Socrates' question "what is virtue":
"Well, very simple: there is the virtue of a man, that of a woman, that of a child,
that of a man of advanced age; that of a free man, and that of a slave; and so on."
Socr. answers:

ΣΩ. Πολλῇ γέ τινι εὐτυχίᾳ ἔοικα κεχρῆσθαι, ὦ Μένων, εἰ μίαν ζητῶν
ἀρετὴν σμῆνός τι ἀνηύρηκα ἀρετῶν παρὰ σοὶ κείμενον. Ἀτάρ, ὦ Μένων, κατὰ
ταύτην τὴν εἰκόνα τὴν περὶ τὰ σμήνη, εἴ μου ἐρομένου μελίττης περὶ οὐσίας
ὅ τί ποτ᾽ ἐστίν, πολλὰς καὶ παντοδαπὰς ἔλεγες αὐτὰς εἶναι, τί ἂν ἀπεκρίνω   72b
μοι, εἴ σε ἠρόμην · Ἄρα τούτῳ φῂς πολλὰς καὶ παντοδαπὰς εἶναι καὶ δια-
φερούσας ἀλλήλων, τῷ μελίττας εἶναι: Ἤ τούτῳ μὲν οὐδὲν διαφέρουσιν,
ἄλλῳ δέ τῳ, οἷον ἢ κάλλει ἢ μεγέθει ἢ ἄλλῳ τῳ τῶν τοιούτων; Εἰπέ, τί ἂν
ἀπεκρίνω οὕτως ἐρωτηθείς;
ΜΕΝ. Τοῦτ᾽ ἔγωγε, ὅτι οὐδὲν διαφέρουσιν, ᾗ μέλιτται εἰσίν, ἡ ἑτέρα τῆς
ἑτέρας.
ΣΩ. Εἰ οὖν εἶπον μετὰ ταῦτα · Τοῦτο τοίνυν μοι αὐτὸ εἰπέ, ὦ Μένων   c
ᾧ οὐδὲν διαφέρουσιν ἀλλὰ ταὐτόν εἰσιν ἅπασαι, τί τοῦτο φῂς εἶναι; εἶχες
δήπου ἄν τί μοι εἰπεῖν;
ΜΕΝ. Ἔγωγε.
ΣΩ. Οὕτω δὴ καὶ περὶ τῶν ἀρετῶν · κἂν εἰ πολλαὶ καὶ παντοδαπαί εἰσιν,
ἕν γέ τι εἶδος ταὐτὸν ἅπασαι ἔχουσιν, δι᾽ ὃ εἰσιν ἀρεταί, εἰς ὃ καλῶς που
ἔχει ἀποβλέψαντα τὸν ἀποκρινόμενον τῷ ἐρωτήσαντι ἐκεῖνο δηλῶσαι ὃ τυγχά-
νει οὖσα ἀρετή.

c. Pl., *Parm.* 130 b⁷.

The young Socrates, expounding to Parmenides his theory of Ideas, first of all mentions the Idea of like and unlike, then unity and plurality, rest and motion.

Ἦ καὶ τὰ τοιαῦτα, εἰπεῖν τὸν Παρμενίδην, οἷον δικαίου τι εἶδος αὐτὸ καθ' αὑτὸ καὶ καλοῦ καὶ ἀγαθοῦ καὶ πάντων αὖ τῶν τοιούτων; — Ναί, φάναι.

Thus certainly the reflexion on ethical notions has also been a way to the theory of the Ideas. We may say that the platonic Idea is present, as soon as "the one and common character of the many and concrete things", sought for by Socrates, is not only a "notion", being a product or an instrument of thinking, but a really existing metaphysical entity.

3. the Cratylus

268—a. Pl., *Crat.* 439 c⁶-440 b⁴.

The dialogue discusses the sense of our words and notions. Do words belong to the natural order? Are they φύσει —i.e.: do they have an objective value—, or are they νόμῳ—only founded on human institution? Socr. defends the first thesis. Things have an essence of their own. His eyes fixed on a certain eidos, the artisan makes an instrument, for instance a weaver's shuttle. Now, words or names also are instruments. They also must express an "essence"; they are formed in view of an eidos. Just like the weaver's shuttle they are made by an expert and tested by the user: the weaver's shuttle is tested by the weaver, words or notions by the dialectician.

At the end of the dialogue Socr. says:

Σκέψαι γάρ, ὦ θαυμάσιε Κρατύλε, ὃ ἔγωγε πολλάκις ὀνειρώττω. Πότερον φῶμέν τι εἶναι αὐτὸ καλὸν καὶ ἀγαθὸν καὶ ἓν ἕκαστον τῶν ὄντων οὕτω, ἢ μή;

439d   ΚΡ. Ἔμοιγε δοκεῖ, ὦ Σώκρατες, εἶναι.

ΣΩ. Αὐτὸ τοίνυν ἐκεῖνο σκεψώμεθα, μὴ εἰ πρόσωπόν τί ἐστιν καλὸν ἤ τι τῶν τοιούτων, καὶ δοκεῖ ταῦτα πάντα ῥεῖν· ἀλλ' αὐτό, φῶμεν, τὸ καλὸν οὐ τοιοῦτον ἀεί ἐστιν οἷόν ἐστιν;

ΚΡ. Ἀνάγκη.

ΣΩ. Ἆρ' οὖν οἷόν τε προσειπεῖν αὐτὸ ὀρθῶς, εἰ ἀεὶ ὑπεξέρχεται, πρῶτον μὲν ὅτι ἐκεῖνό ἐστιν, ἔπειτα ὅτι τοιοῦτον, ἢ ἀνάγκη ἅμα ἡμῶν λεγόντων ἄλλο αὐτὸ εὐθὺς γίγνεσθαι καὶ ὑπεξιέναι καὶ μηκέτι οὕτως ἔχειν;

ΚΡ. Ἀνάγκη.

e   ΣΩ. Πῶς οὖν ἂν εἴη τι ἐκεῖνο ὃ μηδέποτε ὡσαύτως ἔχει; εἰ γάρ ποτε ὡσαύτως ἴσχει, ἔν γ' ἐκείνῳ τῷ χρόνῳ δῆλον ὅτι οὐδὲν μεταβαίνει· εἰ δὲ ἀεὶ ὡσαύτως ἔχει καὶ τὸ αὐτό ἐστι, πῶς ἂν τοῦτό γε μεταβάλλοι ἢ κινοῖτο, μηδὲν ἐξιστάμενον τῆς αὑτοῦ ἰδέας;

ΚΡ. Οὐδαμῶς.

ΣΩ. Ἀλλὰ μὴν οὐδ' ἂν γνωσθείη γε ὑπ' οὐδενός. Ἅμα γὰρ ἂν ἐπιόντος
440a   τοῦ γνωσομένου ἄλλο καὶ ἀλλοῖον γίγνοιτο, ὥστε οὐκ ἂν γνωσθείη ἔτι ὁποῖόν γέ τί ἐστιν ἢ πῶς ἔχον. γνῶσις δὲ δήπου οὐδεμία γιγνώσκει ὃ γιγνώσκει μηδαμῶς ἔχον.

ΚΡ. Ἔστιν ὡς λέγεις.

ΣΩ. Ἀλλ᾽ οὐδὲ γνῶσιν εἶναι φάναι εἰκός, ὦ Κρατύλε, εἰ μεταπίπτει πάντα χρήματα καὶ μηδὲν μένει. Εἰ μὲν γὰρ αὐτὸ τοῦτο, ἡ γνῶσις, τοῦ γνῶσις εἶναι μὴ μεταπίπτει, μένοι τε ἂν ἀεὶ ἡ γνῶσις καὶ εἴη γνῶσις. Εἰ δὲ καὶ αὐτὸ τὸ εἶδος μεταπίπτει τῆς γνώσεως, ἅμα τ᾽ ἂν μεταπίπτοι εἰς ἄλλο εἶδος γνώσεως καὶ b οὐκ ἂν εἴη γνῶσις· εἰ δὲ ἀεὶ μεταπίπτει, ἀεὶ οὐκ ἂν εἴη γνῶσις, καὶ ἐκ τούτου τοῦ λόγου οὔτε τὸ γνωσόμενον οὔτε τὸ γνωσθησόμενον ἂν εἴη.

Here indeed the epistemological question has been asked,—and it is answered with an ontological answer.

b. Cp. Arist., *Metaph.* A 6 and M 4 (S. our nr. **204a** and **b**). A 6, 987 a[32]-b[7]:

ἐκ νέου τε γὰρ συνήθης γενόμενος πρῶτον Κρατύλῳ καὶ ταῖς Ἡρακλειτείοις δόξαις, ὡς ἁπάντων τῶν αἰσθητῶν ἀεὶ ῥεόντων καὶ ἐπιστήμης περὶ αὐτῶν οὐκ οὔσης, ταῦτα μὲν καὶ ὕστερον οὕτως ὑπέλαβεν· Σωκράτους δὲ περὶ μὲν τὰ ἠθικὰ πραγματευομένου περὶ δὲ τῆς ὅλης φύσεως οὐθέν, ἐν μέντοι τούτοις τὸ καθόλου ζητοῦντος καὶ περὶ ὁρισμῶν ἐπιστήσαντος πρώτου τὴν διάνοιαν, ἐκεῖνον ἀποδεξάμενος διὰ τὸ τοιοῦτον[1] ὑπέλαβεν ὡς περὶ ἑτέρων τοῦτο γιγνό- μενον καὶ οὐ τῶν αἰσθητῶν· ἀδύνατον γὰρ εἶναι τὸν κοινὸν ὅρον τῶν αἰσθητῶν τινος, ἀεί γε μεταβαλλόντων.

269—The above cited passage from the *Crat.*, does not allow us to limit the Ideas to geometrical and moral qualities. Certainly Plato admitted the existence of Ideas also of biological genera (e.g. man and horse) and of so-called arte-facta (e.g. table and bed). As to the first category, we know the scoffing of Stilpo and Antisthenes (see our nrs **238** and **253**). The Ideas of table and bed are mentioned by Plato him- self, *Rep.* 596 ab:

of which objects we must admit Ideas

a. Βούλει οὖν ἐνθένδε ἀρξώμεθα ἐπισκοποῦντες, ἐκ τῆς εἰωθυίας μεθόδου; εἶδος γάρ πού τι ἓν ἕκαστον εἰώθαμεν τίθεσθαι περὶ ἕκαστα τὰ πολλά, οἷς ταὐτὸν ὄνομα ἐπιφέρομεν· ἢ οὐ μανθάνεις;
Μανθάνω.
Θῶμεν δὴ καὶ νῦν ὅ τι βούλει τῶν πολλῶν. Οἷον εἰ θέλεις, πολλαί πού εἰσι κλῖναι καὶ τράπεζαι.
Πῶς δ᾽ οὔ;
Ἀλλὰ ἰδέαι γέ που περὶ ταῦτα τὰ σκεύη δύο, μία μὲν κλίνης, μία δὲ τραπέζης.
Ναί. —

---

[1] διὰ τὸ τοιοῦτον - "for this reason", explained in the words ἀδύνατον γὰρ e.q.s.

b. Pl., *Parm.* 130 c-e.

The young Socrates has mentioned before Parmenides firstly the Ideas of ὅμοιον and ἀνόμοιον, then ἕν and πλῆθος, στάσις and κίνησις. Next he agrees that Ideas must be admitted of καλόν and ἀγαθόν and πάντα τὰ τοιαῦτα. Parm. then asks:

130c Τί δ', ἀνθρώπου εἶδος χωρὶς ἡμῶν καὶ τῶν οἷοι ἡμεῖς ἐσμεν πάντων, αὐτό τι εἶδος ἀνθρώπου ἢ πυρὸς ἢ καὶ ὕδατος;

'Εν ἀπορίᾳ, φάναι, πολλάκις δή, ὦ Παρμενίδη, περὶ αὐτῶν γέγονα, πότερα χρὴ φάναι ὥσπερ περὶ ἐκείνων ἢ ἄλλως.

Ἦ καὶ περὶ τῶνδε, ὦ Σώκρατες, ἃ καὶ γελοῖα δόξειεν ἂν εἶναι, οἷον θρὶξ καὶ πηλὸς καὶ ῥύπος ἢ ἄλλο τι ἀτιμότατόν τε καὶ φαυλότατον, ἀπορεῖς εἴτε
d χρὴ φάναι καὶ τούτων ἑκάστου εἶδος εἶναι χωρίς, ὃν ἄλλο αὖ τῶν οἷων ἡμεῖς μεταχειριζόμεθα, εἴτε καὶ μή;

Οὐδαμῶς, φάναι τὸν Σωκράτη, ἀλλὰ ταῦτα μέν γε ἅπερ ὁρῶμεν, ταῦτα καὶ εἶναι · εἶδος δέ τι αὐτῶν οἰηθῆναι εἶναι μὴ λίαν ᾖ ἄτοπον. Ἤδη μέντοι ποτέ με καὶ ἔθραξε μή τι ᾖ περὶ πάντων ταὐτόν · ἔπειτα ὅταν ταύτῃ στῶ φεύγων οἴχομαι, δείσας μή ποτε εἴς τιν' ἄβυθον φλυαρίαν * ἐμπεσὼν διαφθαρῶ · ἐκεῖσε δ' οὖν ἀφικόμενος εἰς ἃ νυνδὴ ἐλέγομεν εἴδη ἔχειν, περὶ ἐκεῖνα πραγματευόμενος διατρίβω.

e Νέος γὰρ εἶ ἔτι, φάναι τὸν Παρμενίδην, ὦ Σώκρατες. καὶ οὔπω σου ἀντείληπται φιλοσοφία ὡς ἔτι ἀντιλήψεται κατ' ἐμὴν δόξαν, ὅτε οὐδὲν αὐτῶν ἀτιμάσεις · νῦν δὲ ἔτι πρὸς ἀνθρώπων ἀποβλέπεις δόξας διὰ τὴν ἡλικίαν.

Thus, of all things in nature, be they ever so mean or trifling, Ideas must be admitted by any earnest and consequent philosopher.

4—THE TRUE MEANING OF THE PLATONIC IDEA

Natorp's interpretation **270**—Natorp, *Platos Ideenlehre* p. 234 f. explains the above cited passage (*Parm.* 130d) in this way:

If the platonic Idea is understood as Aristotle and (till now) nearly everybody else understood it—i.e. as a metaphysical substance, really existing in a higher Reality—, then indeed we must get into a βυθὸς φλυαρίας by admitting Ideas of physical things. But the *methodical signification* of the Idea being once understood, all difficulty is resolved: then, indeed, it is clear that of all things in nature, be they ever so mean or trifling, Ideas must be admitted, the meaning of this being simply that *scientific method must be extended to every thing* •. See our remark (2) to *Phaedo* 100a (our nr. **266a**): the Ideas are the logical "Grund-sätze" (hypotheseis), in which reality is founded.

---

* Thus H. Stephanus, followed by A. Diès; others read εἴς τινα βυθὸν φλυαρίας. See the apparatus of Diès.

• „Dagegen ist es durchaus kein leeres Geschwätz, wenn es vielmehr so gemeint ist, dass die Methode der Ideen auf alle Gebiete wissenschaftlicher Probleme auszudehnen ist. So aber entspricht es der eignen Ueberzeugung Platos."

271—Plato himself excludes the possibility that Ideas would exist only as a **no psychological** mental reality.
logical idealism

a. Pl., *Parm.* 132 b-c:

Ἀλλά, φάναι ὦ Παρμενίδη, τὸν Σωκράτη, μὴ ¹ τῶν εἰδῶν ἕκαστον ᾖ τούτων νόημα, καὶ οὐδαμοῦ αὐτῷ προσήκῃ ἐγγίγνεσθαι ἄλλοθι ἢ ἐν ψυχαῖς · οὕτω γὰρ ἂν ἕν γε ἕκαστον εἴη καὶ οὐκ ἂν ἔτι πάσχοι ἃ νυνδὴ ἐλέγετο.

Τί οὖν; φάναι, ἓν ἕκαστόν ἐστι τῶν νοημάτων, νόημα δὲ οὐδενός;

Ἀλλ' ἀδύνατον, εἰπεῖν.

Ἀλλά τινός;

Ναί.

Ὄντος ἢ οὐκ ὄντος;   132c

Ὄντος.

Οὐχ ἑνός τινος, ὃ ἐπὶ πᾶσιν ἐκεῖνο τὸ νόημα ἐπὸν νοεῖ, μίαν τινὰ οὖσαν ἰδέαν;

Ναί.

Εἶτα οὐκ εἶδος ἔσται τοῦτο τὸ νοούμενον ἓν εἶναι, ἀεὶ ὂν τὸ αὐτὸ ἐπὶ πᾶσιν;

Ἀνάγκη αὖ φαίνεται.

Τί δὲ δή; εἰπεῖν τὸν Παρμενίδην, οὐκ ἀνάγκη ᾗ τἆλλα ² φῇς τῶν εἰδῶν μετέχειν ἢ δοκεῖ σοι ἐκ νοημάτων ἕκαστον εἶναι καὶ πάντα νοεῖν, ἢ νοήματα ὄντα ἀνόητα εἶναι;

Ἀλλ' οὐδὲ τοῦτο, φάναι, ἔχει λόγον. —

Natorp, o.c. p. 238 comments: Indeed the Idea of Plato does not exist ἐν ψυχαῖς (in individual minds); it may be sought for only in the "Bewusstsein überhaupt", i.e. the *method* of unification of a multiplicity. No existence is presupposed here, not even that of thinking minds. "Method is sovereign". The meaning of the Idea is not subjective, but objectivating: it makes the object, it creates the possibility of knowledge ª.—

Now surely it does; but not by being a merely logical form of thinking, but by being a metaphysical reality. See *Phaedo* 65d (our nr. **266d**) and *Crat.* 439c (our nr. **268a**). It is clearly put also in the following words in the *Parm.*

---

¹ μὴ - It might be that —

² οὐκ ἀνάγκη ᾗ— * - "Does not it seem to you that, with the same necessity with which you say that the other things participate of the Ideas, so either — or —."

ª „In der Tat unterlag Platos Idee der Gefahr des Subjektivismus nicht. Denn keinerlei Existenz, auch nicht die Existenz denkender „Bewusstseine", darf oder kann die als Methode verstandene Idee sich voraus setzen. Die Methode is souverän. Ihr kann im methodischen Aufbau der Erkenntnis nicht Andres vorausgehen. Das ist die „Sicherheit der Grundlage", an der sie unerschütterlich hält (*Phaedo* 101 D) und darin „sich selber sichert" (*Staat* 533 C). Damit ist die Subjektive Auffassung der Idee abgewehrt und ihre nicht sowohl objektive als vielmehr objektivierende (den Gegenstand setzende) Bedeutung festgestellt."

* ἀνάγκη ᾗ Waddell, Burnet, Diès. The mss have partly ἀνάγκη ᾗ (B), partly ἀνάγκη ᾗ (T). Proclus reads ἀνάγκη εἰ.

the Ideas not
a mere logic-
al form of
thinking

b. Pl., *Parm.* 132 d:

'Αλλ', ὦ Παρμενίδη, μάλιστα ἔμοιγε καταφαίνεται ὧδε ἔχειν · τὰ μὲν εἴδη ταῦτα ὥσπερ παραδείγματα ἑστάναι ἐν τῇ φύσει, τὰ δὲ ἄλλα τούτοις ἐοικέναι καὶ εἶναι ὁμοιώματα, καὶ ἡ μέθεξις αὕτη τοῖς ἄλλοις γίγνεσθαι τῶν εἰδῶν οὐκ ἄλλη τις ἢ εἰκασθῆναι αὐτοῖς.

Evidently Plato does not mean here by φύσις "visible nature"; he means *the invisible reality* above it. Rightly K. Kuypers [a] calls this "an extension of the notion of physis". We find the same use of the word in the following passage:

c. Pl., *Resp.* X 597 b.

On the preceding page there has been spoken about the Idea of the bed.

Οὐκοῦν τριτταί τινες κλῖναι αὗται γίγνονται · μία μὲν ἡ ἐν τῇ φύσει οὖσα, ἣν φαῖμεν ἄν, ὡς ἐγῷμαι, θεὸν ἐργάσασθαι ἢ τίν' ἄλλον;

Οὐδένα, οἶμαι.

Μία δέ γε ἦν ὁ τέκτων.

Ναί, ἔφη.

Μία δὲ ἦν ὁ ζωγράφος · ἢ γάρ;

Ἔστω.

Ζωγράφος δή, κλινοποιός, θεός, τρεῖς οὗτοι ἐπιστάται τρισὶν εἴδεσι κλινῶν.

272—In the Phaedrus we find the same conception.
Pl., *Phaedr.* 246 a-248 c:

Περὶ μὲν οὖν ἀθανασίας αὐτῆς ἱκανῶς · περὶ δὲ τῆς ἰδέας αὐτῆς ὧδε λεκτέον · οἷον μέν ἐστι, πάντη πάντως θείας εἶναι καὶ μακρᾶς διηγήσεως, ᾧ δὲ ἔοικεν, ἀνθρωπίνης τε καὶ ἐλάττονος · ταύτη οὖν λέγωμεν. Ἔοικέ τῳ δὴ ξυμφύτῳ δυνάμει ὑποπτέρου ζεύγους τε καὶ ἡνιόχου. Θεῶν μὲν οὖν ἵπποι
246b τε καὶ ἡνίοχοι πάντες αὐτοί τε ἀγαθοὶ καὶ ἐξ ἀγαθῶν, τὸ δὲ τῶν ἄλλων μέμικται. Καὶ πρῶτον μὲν ἡμῶν ὁ ἄρχων συνωρίδος ἡνιοχεῖ · εἶτα τῶν ἵππων ὁ μὲν αὐτῷ καλός τε καὶ ἀγαθὸς καὶ ἐκ τοιούτων, ὁ δ' ἐξ ἐναντίων τε καὶ ἐναντίος · χαλεπὴ δὴ καὶ δύσκολος ἐξ ἀνάγκης ἡ περὶ ἡμᾶς ἡνιόχησις. Πῆ δὴ οὖν θνητόν τε καὶ ἀθάνατον ζῷον ἐκλήθη, πειρατέον εἰπεῖν. Ψυχὴ πᾶσα παντὸς ἐπιμελεῖται τοῦ ἀψύχου · πάντα δὲ οὐρανὸν περιπολεῖ, ἄλλοτε ἐν
c ἄλλοις εἴδεσι γιγνομένη. Τελέα μὲν οὖν οὖσα καὶ ἐπτερωμένη, μετεωροπορεῖ τε καὶ πάντα τὸν κόσμον διοικεῖ · ἡ δὲ πτερορρυήσασα φέρεται ἕως ἂν στερεοῦ τινος ἀντιλάβηται, οὗ κατοικισθεῖσα, σῶμα γήινον λαβοῦσα, αὐτὸ αὐτὸ δοκοῦν κινεῖν διὰ τὴν ἐκείνης δύναμιν, ζῷον τὸ ξύμπαν ἐκλήθη, ψυχὴ

---

[a] *Het Cultuurbegrip der Grieken en het Cultuurideaal van Plato* in Alg. Ned. Tijdschr. v. Wijsb. en Psychol., 1943, p. 91-106.

καὶ σῶμα παγέν, θνητόν τε ἔσχεν ἐπωνυμίαν. Ἀθάνατον δὲ οὐδ' ἐξ ἑνὸς λόγου
λελογισμένου · ἀλλὰ πλάττομεν, οὔτε ἰδόντες οὔτε ἱκανῶς νοήσαντες, θεὸν
ἀθάνατόν τι ζῷον, ἔχον μὲν ψυχήν, ἔχον δὲ σῶμα, τὸν ἀεὶ δὲ χρόνον ταῦτα   d
ξυμπεφυκότα. Ἀλλὰ ταῦτα μὲν δή, ὅπῃ τῷ θεῷ φίλον, ταύτῃ ἐχέτω τε καὶ
λεγέσθω · τὴν δὲ αἰτίαν τῆς τῶν πτερῶν ἀποβολῆς, δι' ἣν ψυχῆς ἀπορρεῖ,
λάβωμεν. Ἔστι δέ τις τοιάδε.

Πέφυκεν ἡ πτεροῦ δύναμις τὸ ἐμβριθὲς ἄγειν ἄνω, μετεωρίζουσα ᾗ τὸ τῶν
θεῶν γένος οἰκεῖ · κεκοινώνηκε δέ πῃ μάλιστα τῶν περὶ τὸ σῶμα τοῦ θείου.
Τὸ δὲ θεῖον καλόν, σοφόν, ἀγαθὸν καὶ πᾶν ὅ τι τοιοῦτον · τούτοις δὴ τρέφεταί   e
τε καὶ αὔξεται μάλιστά γε τὸ τῆς ψυχῆς πτέρωμα, αἰσχρῷ δὲ καὶ κακῷ καὶ
τοῖς ἐναντίοις φθίνει τε καὶ διόλλυται. Ὁ μὲν δὴ μέγας ἡγεμὼν ἐν οὐρανῷ
Ζεύς, ἐλαύνων πτηνὸν ἅρμα, πρῶτος πορεύεται, διακοσμῶν πάντα καὶ ἐπι-
μελούμενος. Τῷ δ' ἕπεται στρατιὰ θεῶν τε καὶ δαιμόνων, κατὰ ἕνδεκα μέρη
κεκοσμημένη · μένει γὰρ Ἑστία ἐν θεῶν οἴκῳ, μόνη. Τῶν δὲ ἄλλων ὅσοι ἐν   247a
τῷ τῶν δώδεκα ἀριθμῷ τεταγμένοι θεοὶ ἄρχοντες ἡγοῦνται, κατὰ τάξιν ἣν
ἕκαστος ἐτάχθη. Πολλαὶ μὲν οὖν καὶ μακάριαι θέαι τε καὶ διέξοδοι ἐντὸς
οὐρανοῦ, ἃς θεῶν γένος εὐδαιμόνων ἐπιστρέφεται, πράττων ἕκαστος αὐτῶν
τὸ αὑτοῦ · ἕπεται δὲ ὁ ἀεὶ ἐθέλων τε καὶ δυνάμενος, Φθόνος γὰρ ἔξω θείου
χοροῦ ἵσταται. Ὅταν δὲ δὴ πρὸς δαῖτα καὶ ἐπὶ θοίνην ἴωσιν, ἄκραν ἐπὶ τὴν
ὑπουράνιον ἀψῖδα πορεύονται πρὸς ἄναντες · ᾗ δὴ τὰ μὲν θεῶν ὀχήματα, ἰσορ-   b
ρόπως εὐήνια ὄντα, ῥᾳδίως πορεύεται, τὰ δὲ ἄλλα μόγις · βρίθει γὰρ ὁ τῆς
κάκης ἵππος μετέχων, ἐπὶ τὴν γῆν ῥέπων τε καὶ βαρύνων ᾧ μὴ καλῶς ᾖ τε-
θραμμένος τῶν ἡνιόχων. Ἔνθα δὴ πόνος τε καὶ ἀγὼν ἔσχατος ψυχῇ πρόκειται.
Αἱ μὲν γὰρ ἀθάνατοι καλούμεναι, ἡνίκ' ἂν πρὸς ἄκρῳ γένωνται, ἔξω πορευ-
θεῖσαι, ἔστησαν ἐπὶ τῷ τοῦ οὐρανοῦ νώτῳ, στάσας δὲ αὐτὰς περιάγει ἡ περι-   c
φορά · αἱ δὲ θεωροῦσι τὰ ἔξω τοῦ οὐρανοῦ.

Τὸν δὲ ὑπερουράνιον τόπον, οὔτε τις ὕμνησέ πω τῶν τῇδε ποιητής, οὔτε
ποτὲ ὑμνήσει κατ' ἀξίαν. Ἔχει δὲ ὧδε · τολμητέον γὰρ οὖν τό γε ἀληθὲς εἰπεῖν,
ἄλλως τε καὶ περὶ ἀληθείας λέγοντα. Ἡ γὰρ ἀχρώματός τε καὶ ἀσχημάτιστος
καὶ ἀναφὴς οὐσία ὄντως οὖσα, ψυχῆς κυβερνήτῃ μόνῳ θεατὴ νῷ, περὶ ἣν τὸ
τῆς ἀληθοῦς ἐπιστήμης γένος, τοῦτον ἔχει τὸν τόπον. Ἅτ' οὖν θεοῦ διάνοια,   d
νῷ τε καὶ ἐπιστήμῃ ἀκηράτῳ τρεφομένη, καὶ ἁπάσης ψυχῆς ὅσῃ ἂν μέλῃ τὸ
προσῆκον δέξασθαι, ἰδοῦσα διὰ χρόνου τὸ ὄν, ἀγαπᾷ τε καὶ θεωροῦσα τἀληθῆ
τρέφεται καὶ εὐπαθεῖ, ἕως ἂν κύκλῳ ἡ περιφορὰ εἰς ταὐτὸν περιενέγκῃ. Ἐν
δὲ τῇ περιόδῳ καθορᾷ μὲν αὐτὴν δικαιοσύνην, καθορᾷ δὲ σωφροσύνην, καθορᾷ
δὲ ἐπιστήμην, οὐχ ᾗ γένεσις πρόσεστιν, οὐδ' ἥ ἐστίν που ἑτέρα ἐν ἑτέρῳ οὖσα   e
ὧν ἡμεῖς νῦν ὄντων καλοῦμεν, ἀλλὰ τὴν ἐν τῷ ὅ ἐστιν ὂν ὄντως ἐπιστήμην
οὖσαν. Καὶ τἆλλα ὡσαύτως τὰ ὄντα ὄντως θεασαμένη καὶ ἑστιαθεῖσα, δῦσα
πάλιν εἰς τὸ εἴσω τοῦ οὐρανοῦ, οἴκαδε ἦλθεν · ἐλθούσης δὲ αὐτῆς ὁ ἡνίοχος

πρὸς τὴν φάτνην τοὺς ἵππους στήσας, παρέβαλεν ἀμβροσίαν τε καὶ ἐπ' αὐτῇ νέκταρ ἐπότισεν.

248a   Καὶ οὗτος μὲν θεῶν βίος. Αἱ δὲ ἄλλαι ψυχαί, ἡ μὲν ἄριστα θεοῖς ἑπομένη ὑπερῆρεν εἰς τὸν ἔξω τόπον τὴν τοῦ ἡνιόχου κεφαλήν, καὶ συμπεριηνέχθη τὴν περιφοράν, θορυβουμένη ὑπὸ τῶν ἵππων καὶ μόγις καθορῶσα τὰ ὄντα · ἡ δὲ τοτὲ μὲν ἦρεν, τοτὲ δ' ἔδυ, βιαζομένων δὲ τῶν ἵππων τὰ μὲν εἶδεν, τὰ δ' οὔ. Αἱ δὲ δὴ ἄλλαι, γλιχόμεναι μὲν ἅπασαι τοῦ ἄνω, ἕπονται, ἀδυνατοῦσαι δὲ ὑποβρύχιαι συμπεριφέρονται, πατοῦσαι ἀλλήλας καὶ ἐπιβάλλουσαι, ἑτέρα πρὸ
b   τῆς ἑτέρας πειρωμένη γενέσθαι. Θόρυβος οὖν καὶ ἅμιλλα καὶ ἱδρὼς ἔσχατος γίγνεται, οὗ δὴ κακίᾳ ἡνιόχων πολλαὶ μὲν χωλεύονται, πολλαὶ δὲ πολλὰ πτερὰ θραύονται. Πᾶσαι δέ, πολὺν ἔχουσαι πόνον, ἀτελεῖς τῆς τοῦ ὄντος θέας ἀπέρχονται, καὶ ἀπελθοῦσαι τροφῇ δοξαστῇ χρῶνται. Οὗ δὴ ἕνεχ' ἡ πολλὴ σπουδὴ τὸ ἀληθείας ἰδεῖν πεδίον οὗ ἐστιν, ἥ τε δὴ προσήκουσα ψυχῆς τῷ ἀρίστῳ νομὴ ἐκ τοῦ ἐκεῖ λειμῶνος τυγχάνει οὖσα, ἥ τε τοῦ πτεροῦ φύσις, ᾧ ψυχὴ
c   κουφίζεται, τούτῳ τρέφεται.

Now surely this realm of ὄντα in a place above the visible heaven is not a merely logical method (,,Bewusstsein überhaupt''), presupposing no existence whatsoever. It is a metaphysical reality.

the speech of   **273**—This is strongly confirmed by the following passage.
Diotima
Pl., *Symp.* 210 a–212 b:

Diotima, a wise woman from Mantinea, will initiate Socrates in the higher mysteries of love.

,,Δεῖ γάρ' ἔφη, τὸν ὀρθῶς ἰόντα ἐπὶ τοῦτο τὸ πρᾶγμα ἄρχεσθαι μέν, νέον ὄντα, ἰέναι ἐπὶ τὰ καλὰ σώματα, καὶ πρῶτον μέν, ἐὰν ὀρθῶς ἡγῆται ὁ ἡγούμενος, ἑνὸς αὐτὸν σώματος ἐρᾶν καὶ ἐνταῦθα γεννᾶν λόγους καλούς, ἔπειτα δὲ αὐτὸν κατανοῆσαι ὅτι τὸ κάλλος τὸ ἐπὶ ὁτῳοῦν σώματι τῷ ἐπὶ ἑτέρῳ σώ-
210b   ματι ἀδελφόν ἐστι, καί, εἰ δεῖ διώκειν τὸ ἐπ' εἴδει καλόν, πολλὴ ἄνοια μὴ οὐχ ἕν τε καὶ ταὐτὸν ἡγεῖσθαι τὸ ἐπὶ πᾶσι τοῖς σώμασι κάλλος · τοῦτο δ' ἐννοή-σαντα καταστῆναι πάντων τῶν καλῶν σωμάτων ἐραστήν, ἑνὸς δὲ τὸ σφόδρα τοῦτο χαλάσαι, καταφρονήσαντα καὶ σμικρὸν ἡγησάμενον. Μετὰ δὲ ταῦτα τὸ ἐν ταῖς ψυχαῖς κάλλος τιμιώτερον ἡγήσασθαι τοῦ ἐν τῷ σώματι, ὥστε καὶ ἐάν, ἐπιεικὴς ὢν τὴν ψυχήν, τις κἂν σμικρὸν ἄνθος ἔχῃ, ἐξαρκεῖν αὐτῷ καὶ
c   ἐρᾶν καὶ κήδεσθαι, καὶ τίκτειν λόγους τοιούτους καὶ ζητεῖν οἵτινες ποιήσουσι βελτίους τοὺς νέους, ἵνα ἀναγκασθῇ αὖ θεάσασθαι τὸ ἐν τοῖς ἐπιτηδεύμασι καὶ τοῖς νόμοις καλόν, καὶ τοῦτ' ἰδεῖν ὅτι πᾶν αὐτὸ αὑτῷ ξυγγενές ἐστιν, ἵνα τὸ περὶ τὸ σῶμα καλὸν σμικρόν τι ἡγήσηται εἶναι. Μετὰ δὲ τὰ ἐπιτηδεύματα ἐπὶ τὰς ἐπιστήμας ἀγαγεῖν, ἵνα ἴδῃ αὖ ἐπιστημῶν κάλλος καί, βλέπων πρὸς
d   πολὺ ἤδη τὸ καλόν, μηκέτι τὸ παρ' ἑνί, ὥσπερ οἰκέτης, ἀγαπῶν παιδαρίου

κάλλος ἢ ἀνθρώπου τινὸς ἢ ἐπιτηδεύματος ἑνός, δουλεύων φαῦλος ᾖ καὶ σμι-
κρολόγος, ἀλλ' ἐπὶ τὸ πολὺ πέλαγος τετραμμένος τοῦ καλοῦ καὶ θεωρῶν,
πολλοὺς καὶ καλοὺς λόγους καὶ μεγαλοπρεπεῖς τίκτῃ καὶ διανοήματα ἐν φιλο-
σοφίᾳ ἀφθόνῳ, ἕως ἂν, ἐνταῦθα ῥωσθεὶς καὶ αὐξηθείς, κατίδῃ τινὰ ἐπιστήμην
μίαν τοιαύτην ἥ ἐστι καλοῦ τοιοῦδε.

Πειρῶ δέ μοι, ἔφη, τὸν νοῦν προσέχειν ὡς οἷόν τε μάλιστα. Ὃς γὰρ ἂν μέχρι e
ἐνταῦθα πρὸς τὰ ἐρωτικὰ παιδαγωγηθῇ, θεώμενος ἐφεξῆς τε καὶ ὀρθῶς τὰ
καλά, πρὸς τέλος ἤδη ἰὼν τῶν ἐρωτικῶν, ἐξαίφνης κατόψεταί τι θαυμαστὸν
τὴν φύσιν καλόν, τοῦτο ἐκεῖνο, ὦ Σώκρατες, οὗ δὴ ἕνεκεν καὶ οἱ ἔμπροσθεν
πάντες πόνοι ἦσαν, πρῶτον μὲν ἀεὶ ὄν, καὶ οὔτε γιγνόμενον οὔτε ἀπολλύμενον 211a
οὔτε αὐξανόμενον οὔτε φθῖνον, ἔπειτα οὐ τῇ μὲν καλόν, τῇ δ' αἰσχρόν, οὐδὲ
τοτὲ μέν, τοτὲ δὲ οὔ, οὐδὲ πρὸς μὲν τὸ καλόν, πρὸς δὲ τὸ αἰσχρόν, οὐδ' ἔνθα
μὲν καλόν, ἔνθα δὲ αἰσχρόν, ὡς τισὶ μὲν ὂν καλόν, τισὶ δὲ αἰσχρόν · οὐδ' αὖ
φαντασθήσεται αὐτῷ τὸ καλὸν οἷον πρόσωπόν τι οὐδὲ χεῖρες οὐδὲ ἄλλο οὐδὲν
ὧν σῶμα μετέχει, οὐδέ τις λόγος οὐδέ τις ἐπιστήμη, οὐδέ που ὂν ἐν ἑτέρῳ
τινι, οἷον ἐν ζώῳ ἢ ἐν γῇ ἢ ἐν οὐρανῷ, ἢ ἔν τῳ ἄλλῳ, ἀλλ' αὐτὸ καθ' αὑτὸ μεθ' b
αὑτοῦ μονοειδὲς ἀεὶ ὄν, τὰ δὲ ἄλλα πάντα καλὰ ἐκείνου μετέχοντα, τρόπον
τινὰ τοιοῦτον οἷον, γιγνομένων τε τῶν ἄλλων καὶ ἀπολλυμένων, μηδὲν ἐκεῖνο
μήτε τι πλέον μήτε ἔλαττον γίγνεσθαι μηδὲ πάσχειν μηδέν. Ὅταν δή τις ἀπὸ
τῶνδε, διὰ τὸ ὀρθῶς παιδεραστεῖν ἐπανιών, ἐκεῖνο τὸ καλὸν ἄρχηται καθορᾶν,
σχεδὸν ἄν τι ἅπτοιτο τοῦ τέλους. Τοῦτο γὰρ δή ἐστι τὸ ὀρθῶς ἐπὶ τὰ ἐρωτικὰ
ἰέναι ἢ ὑπ' ἄλλου ἄγεσθαι, ἀρχόμενον ἀπὸ τῶνδε τῶν καλῶν ἐκείνου ἕνεκα c
τοῦ καλοῦ, ἀεὶ ἐπανιέναι ὥσπερ ἐπαναβασμοῖς χρώμενον, ἀπὸ ἑνὸς ἐπὶ δύο
καὶ ἀπὸ δυοῖν ἐπὶ πάντα τὰ καλὰ σώματα, καὶ ἀπὸ τῶν καλῶν σωμάτων ἐπὶ
τὰ καλὰ ἐπιτηδεύματα, καὶ ἀπὸ τῶν ἐπιτηδευμάτων ἐπὶ τὰ καλὰ μαθήματα,
ἔστ' ἂν ἀπὸ τῶν μαθημάτων ἐπ' ἐκεῖνο τὸ μάθημα τελευτήσῃ, ὅ ἐστιν οὐκ
ἄλλου ἢ αὐτοῦ ἐκείνου τοῦ καλοῦ μάθημα, καὶ γνῷ αὐτὸ τελευτῶν ὅ ἐστι καλόν.

,,Ἐνταῦθα τοῦ βίου, ὦ φίλε Σώκρατες, ἔφη ἡ Μαντινικὴ ξένη, εἴπερ που d
ἄλλοθι, βιωτὸν ἀνθρώπῳ, θεωμένῳ αὐτὸ τὸ καλόν. Ὃ ἐάν ποτε ἴδῃς, οὐ κατὰ
χρυσίον τε καὶ ἐσθῆτα καὶ τοὺς καλοὺς παῖδάς τε καὶ νεανίσκους δόξει σοι
εἶναι, οὓς νῦν ὁρῶν ἐκπέπληξαι καὶ ἕτοιμος εἶ, καὶ σὺ καὶ ἄλλοι πολλοί, ὁρῶντες
τὰ παιδικὰ καὶ ξυνόντες ἀεὶ αὐτοῖς, εἴ πως οἷόν τ' ἦν, μήτ' ἐσθίειν μήτε
πίνειν, ἀλλὰ θεᾶσθαι μόνον καὶ ξυνεῖναι. Τί δῆτα, ἔφη, οἰόμεθα, εἴ τῳ γένοιτο
αὐτὸ τὸ καλὸν ἰδεῖν εἰλικρινές, καθαρόν, ἄμικτον, ἀλλὰ μὴ ἀνάπλεων σαρκῶν e
τε ἀνθρωπίνων καὶ χρωμάτων καὶ ἄλλης πολλῆς φλυαρίας θνητῆς, ἀλλ' αὐτὸ
τὸ θεῖον καλὸν δύναιτο μονοειδὲς κατιδεῖν; Ἆρ' οἴει, ἔφη, φαῦλον βίον γίγνεσθαι
ἐκεῖσε βλέποντος ἀνθρώπου καὶ ἐκεῖνο ᾧ δεῖ θεωμένου καὶ ξυνόντος αὐτῷ; 212a
Ἢ οὐκ ἐνθυμεῖ, ἔφη, ὅτι ἐνταῦθα αὐτῷ μοναχοῦ γενήσεται, ὁρῶντι ᾧ ὁρατὸν
τὸ καλόν, τίκτειν οὐκ εἴδωλα ἀρετῆς ἅτε οὐκ εἰδώλου ἐφαπτομένῳ, ἀλλὰ

ἀληθῆ, ἅτε τοῦ ἀληθοῦς ἐφαπτομένῳ · τεκόντι δὲ ἀρετὴν ἀληθῆ καὶ θρεψαμένῳ
ὑπάρχει θεοφιλεῖ γενέσθαι, καί εἴπέρ τῳ ἄλλῳ ἀνθρώπων, ἀθανάτῳ καὶ
ἐκείνῳ;"

Here a contact with true Reality is aimed at, i.e. with Beauty-itself, which is of
the substance of God. Now the contemplation of this Beauty, "by the organ by
which it must be contemplated", that is with the spiritual eye of a purified soul,
is doubtless of a mystical character.

To this contemplation the education of the philosopher in Plato's Republic
is directed

5—THE REPUBLIC

Rep. I **274**—The first book of the *Rep.* is a Socratic dialogue about the notion
of justice. It shows the same method of argumentation,—also the same
defects. Socrates' view of justice as it is developed in this dialogue in
contrast to Thrasymachus, is closely akin to that of the *Gorgias*.

First defini- **a.** Pl., *Rep.* I 331 e³
tion of justice
(Polemarchus proposes as a definition of justice, what Simonides said about it):

Ὅτι, ἦ δ᾽ ὅς, τὸ τὰ ὀφειλόμενα ἑκάστῳ ἀποδιδόναι δίκαιόν ἐστι. Which
is explained by him (334 b) as ὠφελεῖν μὲν τοὺς φίλους, βλάπτειν δὲ τοὺς
ἐχθρούς.

Socr. proves the meaning of this to be: τοὺς ἀδίκους ἄρα δίκαιον βλάπτειν,
τοὺς δὲ δικαίους ὠφελεῖν.

refuted by **b.** Now Socr. shows that by harming a man you are making him worse,
Socr. that is less just. He concludes (335 d¹¹):

Οὐκ ἄρα τοῦ δικαίου βλάπτειν ἔργον, ὦ Πολέμαρχε, οὔτε φίλον οὔτ᾽ ἄλλον
οὐδένα, ἀλλὰ τοῦ ἐναντίου, τοῦ ἀδίκου.

interruption **275**—Here Thrasymachus interrupts and defends the thesis that justice is the
of Thrasy- interest of the strongest, and that the life of the unjust is "better" (κρείττω) than
machus that of the just.

Socr. argues against him, 1⁰ that the just man is good and wise, the unjust
stupid and bad (350c); 2⁰ when the unjust man is stupid, he is not "stronger"
than the just man who is wise (351a); 3⁰ he is not happier (352d sqq.).

justice the **a.** *Rep.* I 353 b:
virtue of the
soul Οὐκοῦν καὶ ἀρετὴ δοκεῖ σοι εἶναι ἑκάστῳ ᾧπερ καὶ ἔργον τι προστέτακται;

"All things that have a function to perform, also have a virtue", for instance
eyes and ears etc.

353d Ἴθι δή, μετὰ ταῦτα τόδε σκέψαι. ψυχῆς ἔστιν τι ἔργον ὃ ἄλλῳ τῶν ὄντων
οὐδ᾽ ἂν ἑνὶ πράξαις, οἶον τὸ τοιόνδε · τὸ ἐπιμελεῖσθαι καὶ ἄρχειν καὶ βουλεύ-

εσθαι καὶ τὰ τοιαῦτα πάντα, ἔσθ' ὅτῳ ἄλλῳ ἢ ψυχῇ δικαίως ἄν αὐτὰ ἀποδοῖμεν
καὶ φαῖμεν ἴδια ἐκείνης εἶναι;

Οὐδενὶ ἄλλῳ.

Τί δ' αὖ τὸ ζῆν; ψυχῆς φήσομεν ἔργον εἶναι;

Μάλιστά γ', ἔφη.

Οὐκοῦν καὶ ἀρετήν φαμέν τινα ψυχῆς εἶναι;

Φαμέν. —

Οὐκοῦν ἀρετήν γε συνεχωρήσαμεν ψυχῆς εἶναι δικαιοσύνην, κακίαν δὲ   e
ἀδικίαν;

Συνεχωρήσαμεν γάρ.

Ἡ μὲν ἄρα δικαία ψυχὴ καὶ ὁ δίκαιος ἀνήρ εὖ βιώσεται, κακῶς δὲ ὁ ἄδικος.

Φαίνεται, ἔφη, κατὰ τὸν σὸν λόγον.

Ἀλλὰ μὴν ὅ γε εὖ ζῶν μακάριός τε καὶ εὐδαίμων, ὁ δὲ μὴ τἀναντία.   354a

Πῶς γὰρ οὔ;

Ὁ μὲν δίκαιος ἄρα εὐδαίμων, ὁ δ' ἄδικος ἄθλιος.

b. With the last point cp. the poem of Arist. on the Friendship of **the just man**
Plato, fr. 673 R.:   **is happy**

> ὃς μόνος ἢ πρῶτος θνητῶν κατέδειξεν ἐναργῶς
> οἰκείῳ τε βίῳ καὶ μεθόδοισι λόγων,
> ὡς ἀγαθός τε καὶ εὐδαίμων ἅμα γίνεται ἀνήρ ·
> οὐ νῦν δ' ἔστι λαβεῖν οὐδενὶ ταῦτα ποτέ.

Remark. The interest of this first book, which certainly dates from the first **interest of**
period of Plato's literary work (before 391) is principally this, that the composition **this book**
of the *Republic* clearly shows the close and inner connection between the Socratic
seeking for a definition of virtue and Plato's philosophy in his ripe years, in which
he was the head of the Academy.

276—The search for the notion of justice is pursued.   **Rep. II**

Rep. II, 368 d-369 a:

Ἐπειδὴ οὖν ἡμεῖς οὐ δεινοί, δοκεῖ μοι, ἦν δ' ἐγώ, τοιαύτην ποιήσασθαι
ζήτησιν αὐτοῦ, οἵανπερ ἄν εἰ προσέταξέ τις γράμματα σμικρὰ πόρρωθεν
ἀναγνῶναι μὴ πάνυ ὀξὺ βλέπουσιν, ἔπειτά τις ἐνενόησεν ὅτι τὰ αὐτὰ γράμματα
ἔστι που καὶ ἄλλοθι μείζω τε καὶ ἐν μείζονι, ἕρμαιον ἄν ἐφάνη, οἶμαι, ἐκεῖνα
πρῶτον ἀναγνόντας οὕτως ἐπισκοπεῖν τὰ ἐλάττω, εἰ τὰ αὐτὰ ὄντα τυγχάνει.

Πάνυ μὲν οὖν, ἔφη ὁ Ἀδείμαντος · ἀλλὰ τί τοιοῦτον, ὦ Σώκρατες, ἐν τῇ
περὶ τὸ δίκαιον ζητήσει καθορᾷς;   368e

Ἐγώ σοι, ἔφην, ἐρῶ. Δικαιοσύνη, φαμέν, ἔστι μὲν ἀνδρὸς ἑνός, ἔστι δέ που
καὶ ὅλης πόλεως;

Πάνυ γε, ἦ δ' ὅς.

Οὐκοῦν μεῖζον πόλις ἑνὸς ἀνδρός;

Μεῖζον, ἔφη.

Ἴσως τοίνυν πλείων ἂν δικαιοσύνη ἐν τῷ μείζονι ἐνείη καὶ ῥάων καταμαθεῖν.

369a Εἰ οὖν βούλεσθε, πρῶτον ἐν ταῖς πόλεσιν ζητήσωμεν ποῖόν ἐστιν· ἔπειτα οὕτως ἐπισκεψώμεθα καὶ ἐν ἑνὶ ἑκάστῳ, τὴν τοῦ μείζονος ὁμοιότητα ἐν τῇ τοῦ ἐλάττονος ἰδέᾳ ἐπισκοποῦντες.

Ἀλλά μοι δοκεῖς, ἔφη, καλῶς λέγειν.

the origin of the state
277—a. Ib., 369 b⁵ ⁸:

Γίγνεται τοίνυν, ἦν δ' ἐγώ, πόλις, ὡς ἐγῷμαι, ἐπειδὴ τυγχάνει ἡμῶν ἕκαστος οὐκ αὐτάρκης, ἀλλὰ πολλῶν ἐνδεής· ἢ τίν' οἴει ἀρχὴν ἄλλην πόλιν οἰκίζειν;

Οὐδεμίαν, ἦ δ' ὅς.

the principle of division of labour
b. Ib., 370 a-b:

Ἐννοῶ γὰρ καὶ αὐτὸς εἰπόντος σοῦ, ὅτι πρῶτον μὲν ἡμῶν φύεται ἕκαστος οὐ πάνυ ὅμοιος ἑκάστῳ, ἀλλὰ διαφέρων τὴν φύσιν, ἄλλος ἐπ' ἄλλου ἔργου πρᾶξιν· ἢ οὐ δοκεῖ σοι;

Ἔμοιγε.

Τί δέ; πότερον κάλλιον πράττοι ἄν τις εἷς ὢν πολλὰς τέχνας ἐργαζόμενος, ἢ ὅταν μίαν εἷς;

Ὅταν, ἦ δ' ὅς, εἷς μίαν.

the luxurious state
278—a. As soon as the limits of what is necessary are transgressed, injustice and evil of every kind creep in.

Ib. 373 d-e:

Οὐκοῦν τῆς τῶν πλησίον χώρας ἡμῖν ἀποτμητέον, εἰ μέλλομεν ἱκανὴν ἕξειν νέμειν τε καὶ ἀροῦν, καὶ ἐκείνοις αὖ τῆς ἡμετέρας, ἐὰν καὶ ἐκεῖνοι ἀφῶσιν αὑτοὺς ἐπὶ χρημάτων κτῆσιν ἄπειρον, ὑπερβάντες τὸν τῶν ἀναγκαίων ὅρον;

373e Πολλὴ ἀνάγκη, ἔφη, ὦ Σώκρατες.

Πολεμήσομεν δὴ τὸ μετὰ τοῦτο, ὦ Γλαύκων; ἢ πῶς ἔσται;

Οὕτως, ἔφη.

Καὶ μηδέν γέ πω λέγωμεν, ἦν δ' ἐγώ, μήτ' εἴ τι κακὸν μήτ' εἰ ἀγαθὸν ὁ πόλεμος ἐργάζεται, ἀλλὰ τοσοῦτον μόνον, ὅτι πολέμου αὖ γένεσιν ηὑρήκαμεν, ἐξ ὧν μάλιστα ταῖς πόλεσιν καὶ ἰδίᾳ καὶ δημοσίᾳ κακὰ γίγνεται, ὅταν γίγνηται.

Πάνυ μὲν οὖν.

φύλακες
b. Ib. 374 e⁶⁻⁸:

Ἡμέτερον δὴ ἔργον ἂν εἴη, ὡς ἔοικεν, εἴπερ οἷοί τ' ἐσμέν, ἐκλέξασθαι τίνες τε καὶ ποῖαι φύσεις ἐπιτήδειαι εἰς πόλεως φυλακήν.

These men must have opposite qualities: they must be brave, and at the same time gentle (δεῖ γε πρὸς μὲν τοὺς οἰκείους πράους αὐτοὺς εἶναι, πρὸς δὲ τοὺς πολεμίους χαλεπούς). These qualities must be carefully cultivated by education.

279—A severe selection from literature is to be made to this purpose. Myths in which the gods are represented in a way unworthy and untrue, must be rejected.

selection from literature

a.　378 e-379 c:

Καὶ ἐγὼ εἶπον · ῏Ω ᾽Αδείμαντε, οὐκ ἐσμὲν ποιηταὶ ἐγώ τε καὶ σὺ ἐν τῷ παρόντι, ἀλλ᾽ οἰκισταὶ πόλεως · οἰκισταῖς δὲ τοὺς μὲν τύπους προσήκει εἰδέναι ἐν οἷς δεῖ μυθολογεῖν τοὺς ποιητάς, παρ᾽ οὓς ἐὰν ποιῶσιν οὐκ ἐπιτρεπτέον, οὐ μὴν αὐτοῖς γε ποιητέον μύθους.

379a

᾽Ορθῶς, ἔφη · ἀλλ᾽ αὐτὸ δὴ τοῦτο, οἱ τύποι περὶ θεολογίας τίνες ἂν εἶεν;

Τοιοίδε πού τινες, ἦν δ᾽ ἐγώ · οἷος τυγχάνει ὁ θεὸς ὤν, ἀεὶ δήπου ἀποδοτέον, ἐάντέ τις αὐτὸν ἐν ἔπεσιν ποιῇ ἐάντε ἐν μέλεσιν ἐάντε ἐν τραγῳδίᾳ.

Δεῖ γάρ.

Οὐκοῦν ἀγαθὸς ὅ γε θεὸς τῷ ὄντι τε καὶ λεκτέον οὕτω;

b

Τί μήν;

᾽Αλλὰ μὴν οὐδέν γε τῶν ἀγαθῶν βλαβερόν · ἦ γάρ;

Οὔ μοι δοκεῖ.

῏Αρ᾽ οὖν ὃ μὴ βλαβερὸν βλάπτει;

Οὐδαμῶς.

῝Ο δὲ μὴ βλάπτει κακόν τι ποιεῖ;

Οὐδὲ τοῦτο.

῝Ο δέ γε μηδὲν κακὸν ποιεῖ οὐδ᾽ ἄν τινος εἴη κακοῦ αἴτιον;

Πῶς γάρ;

Τί δέ; ὠφέλιμον τὸ ἀγαθόν;

Ναί.

Αἴτιον ἄρα εὐπραγίας;

Ναί.

Οὐκ ἄρα πάντων γε αἴτιον τὸ ἀγαθόν, ἀλλὰ τῶν μὲν εὖ ἐχόντων αἴτιον, τῶν δὲ κακῶν ἀναίτιον.

Παντελῶς γ᾽, ἔφη.

c

Οὐδ᾽ ἄρα, ἦν δ᾽ ἐγώ, ὁ θεός, ἐπειδὴ ἀγαθός, πάντων ἂν εἴη αἴτιος, ὡς οἱ πολλοὶ λέγουσιν, ἀλλὰ ὀλίγων μὲν τοῖς ἀνθρώποις αἴτιος, πολλῶν δὲ ἀναίτιος · πολὺ γὰρ ἐλάττω τἀγαθὰ τῶν κακῶν ἡμῖν, καὶ τῶν μὲν ἀγαθῶν οὐδένα ἄλλον αἰτιατέον, τῶν δὲ κακῶν ἄλλ᾽ ἄττα δεῖ ζητεῖν τὰ αἴτια, ἀλλ᾽ οὐ τὸν θεόν.

b.　Ib. 380 c-d:

Οὗτος μὲν τοίνυν, ἦν δ᾽ ἐγώ, εἷς ἂν εἴη τῶν περὶ θεοὺς νόμων τε καὶ τύπων, ἐν ᾧ δεήσει τοὺς λέγοντας λέγειν καὶ τοὺς ποιοῦντας ποιεῖν, μὴ πάντων αἴτιον τὸν θεόν, ἀλλὰ τῶν ἀγαθῶν.

Καὶ μάλ᾽, ἔφη, ἀπόχρη.

380d Τί δὲ δὴ ὁ δεύτερος ὅδε; ἆρα γόητα τὸν θεὸν οἴει εἶναι καὶ οἷον ἐξ ἐπιβουλῆς φαντάζεσθαι ἄλλοτε ἐν ἄλλαις ἰδέαις, τοτὲ μὲν αὐτὸν γιγνόμενον, καὶ ἀλλάττοντα τὸ αὑτοῦ εἶδος εἰς πολλὰς μορφάς, τοτὲ δὲ ἡμᾶς ἀπατῶντα καὶ ποιοῦντα περὶ αὑτοῦ τοιαῦτα δοκεῖν, ἢ ἁπλοῦν τε εἶναι καὶ πάντων ἥκιστα τῆς ἑαυτοῦ ἰδέας ἐκβαίνειν;

Adeimantus does not agree with this directly, but after some reflexions he does; for what is good cannot be changed by anything from without, nor can it be changed by itself, every change being a change for the worse.

c. Ib., 382 e-383 a:

Κομιδῇ ἄρα ὁ θεὸς ἁπλοῦν καὶ ἀληθὲς ἔν τε ἔργῳ καὶ ἐν λόγῳ, καὶ οὔτε αὐτὸς μεθίσταται οὔτε ἄλλους ἐξαπατᾷ, οὔτε κατὰ φαντασίας οὔτε κατὰ λόγους οὔτε κατὰ σημείων πομπάς, οὔθ᾽ ὕπαρ οὐδ᾽ ὄναρ.

Οὕτως, ἔφη, ἔμοιγε καὶ αὐτῷ φαίνεται σοῦ λέγοντος.

Rep. III, further selection 280—Stories about terrible things in Hades also must be struck out of the poems, for the guardians must be brave and have no fear of death. In like way no stories about lamenting heroes, nor any "homeric laughter" may be tolerated in our poetry, being unworthy of brave men.

the medical lie *Rep.* III 389 b:

Ἀλλὰ μὴν καὶ ἀλήθειάν γε περὶ πολλοῦ ποιητέον. Εἰ γὰρ ὀρθῶς ἐλέγομεν ἄρτι καὶ τῷ ὄντι θεοῖσι μὲν ἄχρηστον ψεῦδος, ἀνθρώποις δὲ χρήσιμον ὡς ἐν φαρμάκου εἴδει, δῆλον ὅτι τό γε τοιοῦτον ἰατροῖς δοτέον, ἰδιώταις δὲ οὐχ ἁπτέον.

Δῆλον, ἔφη.

Τοῖς ἄρχουσιν δὴ τῆς πόλεως, εἴπερ τισὶν ἄλλοις, προσήκει ψεύδεσθαι ἢ πολεμίων ἢ πολιτῶν ἕνεκα ἐπ᾽ ὠφελίᾳ τῆς πόλεως, τοῖς δὲ ἄλλοις πᾶσιν οὐχ ἁπτέον τοῦ τοιούτου.

dramatic poetry excluded 281—Dramatic art must be excluded, being against the fundamental principle of our city.

a. Ib. 394 e:

Τόδε τοίνυν, ὦ Ἀδείμαντε, ἄθρει πότερον μιμητικοὺς ἡμῖν δεῖ εἶναι τοὺς φύλακας ἢ οὔ· ἢ καὶ τοῦτο τοῖς ἔμπροσθεν ἕπεται ὅτι εἷς ἕκαστος ἓν μὲν ἂν ἐπιτήδευμα καλῶς ἐπιτηδεύοι, πολλὰ δ᾽ οὔ, ἀλλ᾽ εἰ τοῦτο ἐπιχειροῖ, πολλῶν ἐφαπτόμενος πάντων ἀποτυγχάνοι ἄν. ὥστ᾽ εἶναί που ἐλλόγιμος;

Τί δ᾽ οὐ μέλλει;

b. Ib. 397 d e:

A poet of mixed poetry (partly mimetic, partly not) would not suit in our city.

'Αλλ' ἴσως, ἦν δ' ἐγώ, οὐκ ἂν αὐτὸν ἁρμόττειν φαίης τῇ ἡμετέρᾳ πολιτείᾳ, ὅτι οὐκ ἔστιν διπλοῦς ἀνὴρ παρ' ἡμῖν οὐδὲ πολλαπλοῦς, ἐπειδὴ ἕκαστος ἓν πράττει.
Οὐ γὰρ οὖν ἁρμόττει.

To music and the plastic arts the same general principles must be applied. Gymnastics follow the same rule: it is not allowed to be complicated and extreme. Simplicity and soberness are prescribed.

282—Ib. 412 d-e: the ἄρχοντες

'Εκλεκτέον ἄρ' ἐκ τῶν ἄλλων φυλάκων τοιούτους ἄνδρας, οἳ ἂν σκοπῶσιν ἡμῖν μάλιστα φαίνωνται παρὰ πάντα τὸν βίον ὃ μὲν ἂν τῇ πόλει ἡγήσωνται ξυμφέρειν πάσῃ προθυμίᾳ ποιεῖν, ὃ δ' ἂν μή, μηδενὶ τρόπῳ πρᾶξαι ἂν ἐθέλειν.
'Επιτήδειοι γάρ, ἔφη.
Δοκεῖ δή μοι τηρητέον αὐτοὺς εἶναι ἐν ἁπάσαις ταῖς ἡλικίαις, εἰ φυλακικοί εἰσι τούτου τοῦ δόγματος καὶ μήτε γοητευόμενοι μήτε βιαζόμενοι ἐκβάλλουσιν ἐπιλανθανόμενοι δόξαν τὴν τοῦ ποιεῖν δεῖν ἃ τῇ πόλει βέλτιστα.

283—Ib. 416 d-417 b: life of the
                                                                                        guardians

"Ορα δή, εἶπον ἐγώ, εἰ τοιόνδε τινὰ τρόπον δεῖ αὐτοὺς ζῆν τε καὶ οἰκεῖν, εἰ μέλλουσι τοιοῦτοι ἔσεσθαι · πρῶτον μὲν οὐσίαν κεκτημένον μηδεμίαν μηδένα ἰδίαν, ἂν μὴ πᾶσα ἀνάγκη · ἔπειτα οἴκησιν καὶ ταμιεῖον μηδενὶ εἶναι μηδὲν τοιοῦτον, εἰς ὃ οὐ πᾶς ὁ βουλόμενος εἴσεισι · τὰ δ' ἐπιτήδεια, ὅσων δέονται ἄνδρες ἀθληταὶ πολέμου σώφρονές τε καὶ ἀνδρεῖοι, ταξαμένους παρὰ τῶν ἄλλων   416e
πολιτῶν δέχεσθαι μισθὸν τῆς φυλακῆς τοσοῦτον ὅσον μήτε περιεῖναι αὐτοῖς εἰς τὸν ἐνιαυτὸν μήτε ἐνδεῖν · φοιτῶντας δὲ εἰς ξυσσίτια ὥσπερ ἐστρατοπεδευμένους κοινῇ ζῆν · χρυσίον δὲ καὶ ἀργύριον εἰπεῖν αὐτοῖς ὅτι θεῖον παρὰ θεῶν ἀεὶ ἐν τῇ ψυχῇ ἔχουσι καὶ οὐδὲν προσδέονται τοῦ ἀνθρωπείου, οὐδὲ ὅσια τὴν ἐκείνου κτῆσιν τῇ τοῦ θνητοῦ χρυσοῦ κτήσει ξυμμειγνύντας μιαίνειν, διότι πολλὰ καὶ ἀνόσια περὶ τὸ τῶν πολλῶν νόμισμα γέγονεν, τὸ παρ' ἐκείνοις δὲ ἀκήρα-   417a
τον · ἀλλὰ μόνοις αὐτοῖς τῶν ἐν τῇ πόλει μεταχειρίζεσθαι καὶ ἅπτεσθαι χρυσοῦ καὶ ἀργύρου οὐ θέμις, οὐδ' ὑπὸ τὸν αὐτὸν ὄροφον ἰέναι οὐδὲ περιάψασθαι οὐδὲ πίνειν ἐξ ἀργύρου ἢ χρυσοῦ. Καὶ οὕτω μὲν σῴζοιντό τ' ἂν καὶ σῴζοιεν τὴν πόλιν · ὁπότε δ' αὐτοὶ γῆν τε ἰδίαν καὶ οἰκίας καὶ νομίσματα κτήσονται, οἰκο-νόμοι μὲν καὶ γεωργοὶ ἀντὶ φυλάκων ἔσονται, δεσπόται δ' ἐχθροὶ ἀντὶ ξυμ-   b
μάχων τῶν ἄλλων πολιτῶν γενήσονται, μισοῦντες δὲ δὴ καὶ μισούμενοι καὶ ἐπιβουλεύοντες καὶ ἐπιβουλευόμενοι διάξουσι πάντα τὸν βίον, πολὺ πλείω καὶ

μᾶλλον δεδιότες τοὺς ἔνδον ἢ τοὺς ἔξωθεν πολεμίους, θέοντες ἤδη τότε ἐγγύτατα ὀλέθρου αὐτοί τε καὶ ἡ ἄλλη πόλις. Τούτων οὖν πάντων ἔνεκα, ἦν δ᾽ ἐγώ, φῶμεν οὕτω δεῖν κατεσκευάσθαι τοὺς φύλακας οἰκήσεώς τε πέρι καὶ τῶν ἄλλων, καὶ ταῦτα νομοθετήσωμεν, ἢ μή;

Πάνυ γε, ἦ δ᾽ ὃς ὁ Γλαύκων.

Rep. IV, the definition of justice

284—Our city is founded. Where is now justice in it?

    a. *Rep.* IV, 427 e-428 a:

Ἐλπίζω τοίνυν, ἦν δ᾽ ἐγώ, εὑρήσειν αὐτὸ ὧδε. Οἶμαι ἡμῖν τὴν πόλιν, εἴπερ ὀρθῶς γε ᾤκισται, τελέως ἀγαθὴν εἶναι.

Ἀνάγκη, ἔφη.

Δῆλον δὴ ὅτι σοφή τ᾽ ἐστὶ καὶ ἀνδρεία καὶ σώφρων καὶ δικαία.

Δῆλον.

Οὐκοῦν ὅ τι ἂν αὐτῶν εὕρωμεν ἐν αὐτῇ, τὸ ὑπόλοιπον ἔσται τὸ οὐχ ηὑρημένον;

428a   Τί μήν;

Ὥσπερ τοίνυν ἄλλων τινῶν τεττάρων, εἰ ἕν τι ἐζητοῦμεν αὐτῶν ἐν ὁτῳοῦν, ὁπότε πρῶτον ἐκεῖνο ἔγνωμεν, ἱκανῶς ἂν εἶχεν ἡμῖν, εἰ δὲ τὰ τρία πρότερον ἐγνωρίσαμεν, αὐτῷ ἂν τούτῳ ἐγνώριστο τὸ ζητούμενον· δῆλον γὰρ ὅτι οὐκ ἄλλο ἔτι ἦν ἢ τὸ ὑπολειφθέν.

Ὀρθῶς, ἔφη, λέγεις.

Οὐκοῦν καὶ περὶ τούτων, ἐπειδὴ τέτταρα ὄντα τυγχάνει, ὡσαύτως ζητητέον;

Δῆλα δή.

Wisdom then is proved to reside in the ἄρχοντες, bravery in the φύλακες. Σωφροσύνη turns out to be a certain harmony of the three classes in the city, an unanimity as to which part ought to rule and which to be ruled.

of σωφροσύνη   **b.** Ib., 432 a⁶⁻⁹:

ὥστε ὀρθότατ᾽ ἂν φαῖμεν ταύτην τὴν ὁμόνοιαν σωφροσύνην εἶναι, χείρονός τε καὶ ἀμείνονος κατὰ φύσιν συμφωνίαν ὁπότερον δεῖ ἄρχειν καὶ ἐν πόλει καὶ ἐν ἑνὶ ἑκάστῳ.

of justice in the city   **c.** Ib., 433 d⁴-e²; 434 a-c:

What makes a city good, seems to be this:

ὅτι τὸ αὑτοῦ ἕκαστος εἷς ὢν ἔπραττεν καὶ οὐκ ἐπολυπραγμόνει.

Δύσκριτον ἔφη· πῶς δ᾽ οὔ;

Ἐνάμιλλον ἄρα, ὡς ἔοικε, πρὸς ἀρετὴν πόλεως τῇ τε σοφίᾳ αὐτῆς καὶ τῇ σωφροσύνῃ καὶ τῇ ἀνδρείᾳ ἡ τοῦ ἕκαστον ἐν αὐτῇ τὰ αὑτοῦ πράττειν δύναμις.

Καὶ μάλα, ἔφη.

Οὐκοῦν δικαιοσύνην τό γε τούτοις ἐνάμιλλον ἂν εἰς ἀρετὴν πόλεως θείης;
Παντάπασι μὲν οὖν. —

Ἰδὲ δὴ ἐὰν σοὶ ὅπερ ἐμοὶ ξυνδοκῇ. Τέκτων σκυτοτόμου ἐπιχειρῶν 434a
ἔργα ἐργάζεσθαι ἢ σκυτοτόμος τέκτονος, ἢ τὰ ὄργανα μεταλαμβάνοντες
τἀλλήλων ἢ τιμάς, ἢ καὶ ὁ αὐτὸς ἐπιχειρῶν ἀμφότερα πράττειν, πάντα τἆλλα
μεταλλαττόμενα, ἆρά σοι ἄν τι δοκεῖ μέγα βλάψαι πόλιν;
Οὐ πάνυ, ἔφη.

Ἀλλ' ὅταν γε, οἶμαι, δημιουργὸς ὢν ἤ τις ἄλλος χρηματιστὴς φύσει, ἔπειτα
ἐπαιρόμενος ἢ πλούτῳ ἢ πλήθει ἢ ἰσχύι ἢ ἄλλῳ τῳ τοιούτῳ εἰς τὸ τοῦ πολεμικοῦ b
εἶδος ἐπιχειρῇ ἰέναι, ἢ τῶν πολεμικῶν τις εἰς τὸ τοῦ βουλευτικοῦ καὶ φύλακος
ἀνάξιος ὤν, καὶ τὰ ἀλλήλων οὗτοι ὄργανα μεταλαμβάνωσι καὶ τὰς τιμάς, ἢ
ὅταν ὁ αὐτὸς πάντα ταῦτα ἅμα ἐπιχειρῇ πράττειν, τότε οἶμαι καὶ σοὶ δοκεῖν
ταύτην τὴν τούτων μεταβολὴν καὶ πολυπραγμοσύνην ὄλεθρον εἶναι τῇ πόλει.
Παντάπασι μὲν οὖν.

Ἡ τριῶν ἄρα ὄντων γενῶν πολυπραγμοσύνη καὶ μεταβολὴ εἰς ἄλληλα
μεγίστη τε βλάβη τῇ πόλει καὶ ὀρθότατ' ἂν προσαγορεύοιτο μάλιστα κακουργία. c
Κομιδῇ μὲν οὖν.

Κακουργίαν δὲ τὴν μεγίστην τῆς ἑαυτοῦ πόλεως οὐκ ἀδικίαν φήσεις εἶναι;
Πῶς δ' οὔ;

Τοῦτο μὲν ἄρα ἀδικία. Πάλιν δὲ ὧδε λέγωμεν· χρηματιστικοῦ, ἐπικουρικοῦ,
φυλακικοῦ γένους οἰκειοπραγία, ἑκάστου τούτων τὸ αὐτοῦ πράττοντος ἐν
πόλει, τοὐναντίον ἐκείνου δικαιοσύνη τ' ἂν εἴη καὶ τὴν πόλιν δικαίαν παρέχοι;

Shortly put, the definition of justice is:

ἡ τοῦ οἰκείου τε καὶ ἑαυτοῦ ἕξις τε καὶ πρᾶξις (433 e¹²).

285—a. Ib., 435 b-c: justice in the individual

Ἀλλὰ μέντοι πόλις γε ἔδοξεν εἶναι δικαία ὅτε ἐν αὐτῇ τριττὰ γένη φύσεων
ἐνόντα τὸ αὑτῶν ἕκαστον ἔπραττεν, σώφρων δὲ αὖ καὶ ἀνδρεία καὶ σοφὴ διὰ
τῶν αὐτῶν τούτων γενῶν ἀλλ' ἄττα πάθη τε καὶ ἕξεις.
Ἀληθῆ, ἔφη.

Καὶ τὸν ἕνα ἄρα, ὦ φίλε, οὕτως ἀξιώσομεν, τὰ αὐτὰ ταῦτα εἴδη ἐν τῇ αὑτοῦ
ψυχῇ ἔχοντα, διὰ τὰ αὐτὰ πάθη ἐκείνοις τῶν αὐτῶν ὀνομάτων ὀρθῶς ἀξιοῦσθαι
τῇ πόλει.

b. There are three parts in the soul (λογιστικόν, θυμοειδές and the three parts in the soul
ἐπιθυμητικόν), as there are three classes in the city (βουλευτικόν, ἐπικου-
ρητικόν and χρηματιστικόν).

Ib. 441 e⁴⁻⁷, 442 a⁴-b³:

Οὐκοῦν τῷ μὲν λογιστικῷ ἄρχειν προσήκει, σοφῷ ὄντι καὶ ἔχοντι τὴν ὑπὲρ ἁπάσης τῆς ψυχῆς προμήθειαν, τῷ δὲ θυμοειδεῖ ὑπηκόῳ εἶναι καὶ συμμάχῳ τούτου; — Πανύ γε. —

Καὶ τούτω δὴ ... προστήσεσθον τοῦ ἐπιθυμητικοῦ, ὃ δὴ πλεῖστον τῆς ψυχῆς ἐν ἑκάστῳ ἐστὶ καὶ χρημάτων φύσει ἀπληστότατον · ὃ τηρήσετον μὴ τῷ πίμπλασθαι τῶν περὶ τὸ σῶμα καλουμένων ἡδονῶν πολὺ καὶ ἰσχυρὸν γενόμενον οὐκ αὖ τὰ αὑτοῦ πράττῃ, ἀλλὰ καταδουλώσασθαι καὶ ἄρχειν ἐπιχειρήσῃ ὧν οὐ προσῆκον αὐτῷ γένει, καὶ σύμπαντα τὸν βίον πάντων ἀνατρέψῃ.

the four
virtues

c. Ib., 442 b-d:

442c

Καὶ ἀνδρεῖον δή, οἶμαι, τούτῳ τῷ μέρει καλοῦμεν ἕνα ἕκαστον, ὅταν αὐτοῦ τὸ θυμοειδὲς διασῴζῃ διά τε λυπῶν καὶ ἡδονῶν τὸ ὑπὸ τῶν λόγων παραγγελθὲν δεινόν τε καὶ μή.

'Ορθῶς γ', ἔφη.

Σοφὸν δέ γε ἐκείνῳ τῷ σμικρῷ μέρει, τῷ ὃ ἦρχέν τ' ἐν αὐτῷ καὶ ταῦτα παρήγγελλεν, ἔχον αὖ κἀκεῖνο ἐπιστήμην ἐν αὐτῷ τὴν τοῦ ξυμφέροντος ἑκάστῳ τε καὶ ὅλῳ τῷ κοινῷ σφῶν αὐτῶν τριῶν ὄντων.

Πάνυ μὲν οὖν.

Τί δέ; σώφρονα οὐ τῇ φιλίᾳ καὶ ξυμφωνίᾳ τῇ αὐτῶν τούτων, ὅταν τό τε d ἄρχον καὶ τὼ ἀρχομένω τὸ λογιστικὸν ὁμοδοξῶσι δεῖν ἄρχειν καὶ μὴ στασιάζωσιν αὐτῷ;

Σωφροσύνη γοῦν, ἦ δ' ὅς, οὐκ ἄλλο τί ἐστιν ἢ τοῦτο, πόλεώς τε καὶ ἰδιώτου.

'Αλλὰ μὲν δὴ δίκαιός γε, ᾧ πολλάκις λέγομεν, τούτῳ καὶ οὕτως ἔσται.

Πολλὴ ἀνάγκη.

Τί οὖν; εἶπον ἐγώ · μή πῃ ἡμῖν ἀπαμβλύνεται ἄλλο τι δικαιοσύνη δοκεῖν εἶναι ἢ ὅπερ ἐν τῇ πόλει ἐφάνη;

Οὐκ ἔμοιγε, ἔφη, δοκεῖ.

justice

d. Ib., 443 b¹⁻².

Shortly put, the definition of justice of a man is:

ὅτι αὑτοῦ τῶν ἐν αὑτῷ ἕκαστον τὰ αὑτοῦ πράττει ἀρχῆς τε πέρι καὶ τοῦ ἄρχεσθαι.

Rep. V,
community
of women
and
children

286—It is an eristical way of argumentation to say that women have a different "nature" from men, and therefore ought to do different work. The "nature" of men and women is different as to procreation; but only in that respect.

a. *Rep.* V 454 e⁶-455 b³; 455 c⁴-e⁸; 456 a⁷-b⁴:

Οὐκοῦν μετὰ τοῦτο κελεύομεν τὸν τὰ ἐναντία λέγοντα τοῦτο αὐτὸ διδάσκειν ἡμᾶς, πρὸς τίνα τέχνην ἢ τί ἐπιτήδευμα τῶν περὶ πόλεως κατασκευὴν 455a οὐχ ἡ αὐτή, ἀλλὰ ἑτέρα φύσις γυναικός τε καὶ ἀνδρός;
Δίκαιον γοῦν.
Τάχα τοίνυν ἄν, ὅπερ σὺ ὀλίγον πρότερον ἔλεγες, εἴποι ἂν καὶ ἄλλος, ὅτι ἐν μὲν τῷ παραχρῆμα ἱκανῶς εἰπεῖν οὐ ῥάδιον, ἐπισκεψαμένῳ δὲ οὐδὲν χαλεπόν.
Εἴποι γὰρ ἄν.
Βούλει οὖν δεώμεθα τοῦ τὰ τοιαῦτα ἀντιλέγοντος ἀκολουθῆσαι ἡμῖν, ἐάν πως ἡμεῖς ἐκείνῳ ἐνδειξώμεθα ὅτι οὐδέν ἐστιν ἐπιτήδευμα ἴδιον γυναικὶ πρὸς b διοίκησιν πόλεως;
Πάνυ γε. —
Οἶσθά τι οὖν ὑπὸ ἀνθρώπων μελετώμενον, ἐν ᾧ οὐ πάντα ταῦτα 455c τὸ τῶν ἀνδρῶν γένος διαφερόντως ἔχει ἢ τὸ τῶν γυναικῶν; ἢ μακρολογῶμεν τήν τε ὑφαντικὴν λέγοντες καὶ τὴν τῶν ποπάνων τε καὶ ἑψημάτων θεραπείαν, ἐν οἷς δή τι δοκεῖ τὸ γυναικεῖον γένος εἶναι, οὗ καὶ καταγελαστότατόν ἐστι d πάντων ἡττώμενον;
Ἀληθῆ, ἔφη, λέγεις, ὅτι πολὺ κρατεῖται ἐν ἅπασιν ὡς ἔπος εἰπεῖν τὸ γένος τοῦ γένους. Γυναῖκες μέντοι πολλαὶ πολλῶν ἀνδρῶν βελτίους εἰς πολλά · τὸ δὲ ὅλον ἔχει ὡς σὺ λέγεις.
Οὐδὲν ἄρα ἐστίν, ὦ φίλε, ἐπιτήδευμα τῶν πόλιν διοικούντων γυναικὸς διότι γυνή, οὐδ' ἀνδρὸς διότι ἀνήρ, ἀλλ' ὁμοίως διεσπαρμέναι αἱ φύσεις ἐν ἀμφοῖν τοῖν ζῴοιν, καὶ πάντων μὲν μετέχει γυνὴ ἐπιτηδευμάτων κατὰ φύσιν, πάντων δὲ ἀνήρ, ἐπὶ πᾶσι δὲ ἀσθενέστερον γυνὴ ἀνδρός. e
Πάνυ γε.
Ἦ οὖν ἀνδράσι πάντα προστάξομεν, γυναικὶ δ' οὐδέν;
Καὶ πῶς;
Ἀλλ' ἔστι γάρ, οἶμαι, ὡς φήσομεν, καὶ γυνὴ ἰατρική, ἡ δ' οὔ, καὶ μουσική, ἡ δ' ἄμουσος φύσει.
Τί μήν; —
Ἔστιν ἄρα καὶ φυλακικὴ γυνή, ἡ δ' οὔ · ἢ οὐ τοιαύτην καὶ τῶν ἀνδρῶν 456a τῶν φυλακικῶν φύσιν ἐξελεξάμεθα;
Τοιαύτην μὲν οὖν.
Καὶ γυναικὸς ἄρα καὶ ἀνδρὸς ἡ αὐτὴ φύσις εἰς φυλακὴν πόλεως, πλὴν ὅσα ἀσθενεστέρα ἢ ἰσχυροτέρα ἐστίν.
Φαίνεται.
Καὶ γυναῖκες ἄρα αἱ τοιαῦται τοῖς τοιούτοις ἀνδράσιν ἐκλεκτέαι ξυνοικεῖν b τε καὶ ξυμφυλάττειν, ἐπείπερ εἰσὶν ἱκαναὶ καὶ ξυγγενεῖς αὐτοῖς τὴν φύσιν.
Πάνυ γε.

b. Ib., 457 c-d:

Τούτῳ, ἦν δ᾽ ἐγώ, ἕπεται νόμος καὶ τοῖς ἔμπροσθεν τοῖς ἄλλοις, ὡς ἐγῷμαι, ὅδε.

Τίς;

Τὰς γυναῖκας ταύτας τῶν ἀνδρῶν τούτων πάντων πάσας εἶναι κοινάς, ἰδίᾳ
457d δὲ μηδενὶ μηδεμίαν συνοικεῖν · καὶ τοὺς παῖδας αὖ κοινούς, καὶ μήτε γονέα
ἔκγονον εἰδέναι τὸν αὑτοῦ μήτε παῖδα γονέα.

Πολύ, ἔφη, τοῦτο ἐκείνου μεῖζον πρὸς ἀπιστίαν καὶ τοῦ δυνατοῦ πέρι καὶ
τοῦ ὠφελίμου.

the greatest   **287**—Ib., 462 a-463 c:
advantage of
this system   Ἔχομεν οὖν τι μεῖζον κακὸν πόλει ἢ ἐκεῖνο ὃ ἂν αὐτὴν διασπᾷ καὶ ποιῇ
462b πολλὰς ἀντὶ μιᾶς; ἢ μεῖζον ἀγαθὸν τοῦ ὃ ἂν ξυνδῇ τε καὶ ποιῇ μίαν;

Οὐκ ἔχομεν.

Οὐκοῦν ἡ μὲν ἡδονῆς τε καὶ λύπης κοινωνία ξυνδεῖ, ὅταν ὅτι μάλιστα πάντες
οἱ πολῖται τῶν αὐτῶν γιγνομένων τε καὶ ἀπολλυμένων παραπλησίως χαίρωσι
καὶ λυπῶνται;

Παντάπασι μὲν οὖν, ἔφη.

Ἡ δέ γε τῶν τοιούτων ἰδίωσις διαλύει, ὅταν οἱ μὲν περιαλγεῖς, οἱ δὲ περι-
c χαρεῖς γίγνωνται ἐπὶ τοῖς αὐτοῖς παθήμασι τῆς πόλεώς τε καὶ τῶν ἐν τῇ πόλει;

Τί δ᾽ οὔ;

Ἆρ᾽ οὖν ἐκ τοῦδε τὸ τοιόνδε γίγνεται, ὅταν μὴ ἅμα φθέγγωνται ἐν τῇ πόλει
τὰ τοιάδε ῥήματα, τό τε ἐμὸν καὶ τὸ οὐκ ἐμόν; καὶ περὶ τοῦ ἀλλοτρίου κατὰ
ταὐτά;

Κομιδῇ μὲν οὖν.

Ἐν ᾗτινι δὴ πόλει πλεῖστοι ἐπὶ τὸ αὐτὸ κατὰ ταὐτὰ τοῦτο λέγουσι τὸ ἐμὸν
καὶ τὸ οὐκ ἐμόν, αὕτη ἄριστα διοικεῖται;

Πολύ γε.

Καὶ ἥτις δὴ ἐγγύτατα ἑνὸς ἀνθρώπου ἔχει; Οἷον ὅταν που ἡμῶν δάκτυλός
του πληγῇ, πᾶσα ἡ κοινωνία ἡ κατὰ τὸ σῶμα πρὸς τὴν ψυχὴν τεταμένη εἰς
d μίαν σύνταξιν τὴν τοῦ ἄρχοντος ἐν αὐτῇ ᾔσθετό τε καὶ πᾶσα ἅμα ξυνήλγησεν
μέρους πονήσαντος ὅλη, καὶ οὕτω δὴ λέγομεν ὅτι ὁ ἄνθρωπος τὸν δάκτυλον
ἀλγεῖ · καὶ περὶ ἄλλου ὁτουοῦν τῶν τοῦ ἀνθρώπου ὁ αὐτὸς λόγος, περί τε
λύπης πονοῦντος μέρους καὶ περὶ ἡδονῆς ῥαΐζοντος;

Ὁ αὐτὸς γάρ, ἔφη · καὶ τοῦτο ὃ ἐρωτᾷς, τοῦ τοιούτου ἐγγύτατα ἡ ἄριστα
πολιτευομένη πόλις οἰκεῖ.

Ἑνὸς δή, οἶμαι, πάσχοντος τῶν πολιτῶν ὁτιοῦν ἢ ἀγαθὸν ἢ κακόν, ἡ τοιαύτη
e πόλις μάλιστά τε φήσει ἑαυτῆς εἶναι τὸ πάσχον, καὶ ἢ συνησθήσεται ἅπασα
ἢ ξυλλυπήσεται.

Ἀνάγκη, ἔφη, τήν γε εὔνομον.

Ὥρα ἂν εἴη, ἦν δ' ἐγώ, ἐπανιέναι ἡμῖν ἐπὶ τὴν ἡμετέραν πόλιν, καὶ τὰ τοῦ λόγου ὁμολογήματα σκοπεῖν ἐν αὐτῇ, εἰ αὐτὴ μάλιστ' ἔχει εἴτε καὶ ἄλλη τις μᾶλλον.

Οὐκοῦν χρή, ἔφη.

Τί οὖν; ἔστι μέν που καὶ ἐν ταῖς ἄλλαις πόλεσιν ἄρχοντές τε καὶ δῆμος, **463a** ἔστι δὲ καὶ ἐν αὐτῇ;

Ἔστι.

Πολίτας μὲν δὴ πάντες οὗτοι ἀλλήλους προσεροῦσι;

Πῶς δ' οὔ;

Ἀλλὰ πρὸς τῷ πολίτας τί ὁ ἐν ταῖς ἄλλαις δῆμος τοὺς ἄρχοντας προσαγορεύει;

Ἐν μὲν ταῖς πολλαῖς δεσπότας, ἐν δὲ ταῖς δημοκρατουμέναις αὐτὸ τοὔνομα τοῦτο, ἄρχοντας.

Τί δ' ὁ ἐν τῇ ἡμετέρᾳ δῆμος; πρὸς τῷ πολίτας τί τοὺς ἄρχοντάς φησιν εἶναι;

Σωτῆράς τε καὶ ἐπικούρους, ἔφη. **b**

Τί δ' οὗτοι τὸν δῆμον;

Μισθοδότας τε καὶ τροφέας.

Οἱ δ' ἐν ταῖς ἄλλαις ἄρχοντες τοὺς δήμους;

Δούλους, ἔφη.

Τί δ' οἱ ἄρχοντες ἀλλήλους;

Ξυνάρχοντας, ἔφη.

Τί δ' οἱ ἡμέτεροι;

Ξυμφύλακας.

Ἔχεις οὖν εἰπεῖν τῶν ἀρχόντων τῶν ἐν ταῖς ἄλλαις πόλεσιν, εἴ τίς τινα ἔχει προσειπεῖν τῶν ξυναρχόντων τὸν μὲν ὡς οἰκεῖον, τὸν δ' ὡς ἀλλότριον;

Καὶ πολλούς γε.

Οὐκοῦν τὸν μὲν οἰκεῖον ὡς ἑαυτοῦ νομίζει τε καὶ λέγει, τὸν δ' ἀλλότριον **c** ὡς οὐχ ἑαυτοῦ;

Οὕτω.

Τί δὲ οἱ παρὰ σοὶ φύλακες; ἔσθ' ὅστις αὐτῶν ἔχοι ἂν τῶν ξυμφυλάκων νομίσαι τινὰ ἢ προσειπεῖν ὡς ἀλλότριον;

Οὐδαμῶς, ἔφη · παντὶ γὰρ ᾧ ἂν ἐντυγχάνῃ τις, ἢ ὡς ἀδελφῷ ἢ ὡς ἀδελφῇ ἢ ὡς πατρὶ ἢ ὡς μητρὶ ἢ υἱεῖ ἢ θυγατρὶ ἢ τούτων ἐκγόνοις ἢ προγόνοις νομιεῖ ἐντυγχάνειν.

288—a. The value of it does not depend on its practical possibility. **the possibility of its** Ib., 472 b-d: **realization**

Οὐκοῦν, ἦν δ' ἐγώ, πρῶτον μὲν τόδε χρὴ ἀναμνησθῆναι, ὅτι ἡμεῖς ζητοῦντες δικαιοσύνην οἷόν ἐστι καὶ ἀδικίαν δεῦρο ἥκομεν.

Χρή · ἀλλὰ τί τοῦτο; ἔφη.

Οὐδέν · ἀλλ' ἐὰν εὕρωμεν οἷόν ἐστι δικαιοσύνη, ἄρα καὶ ἄνδρα τὸν δίκαιον ἀξιώσομεν μηδὲν δεῖν αὐτῆς ἐκείνης διαφέρειν, ἀλλὰ πανταχῇ τοιοῦτον εἶναι
472c   οἷον δικαιοσύνη ἐστίν; ἢ ἀγαπήσομεν ἐὰν ὅτι ἐγγύτατα αὐτῆς ᾖ καὶ πλεῖστα τῶν ἄλλων ἐκείνης μετέχῃ;

Οὕτως, ἔφη · ἀγαπήσομεν.

Παραδείγματος ἄρα ἕνεκα, ἦν δ' ἐγώ, ἐζητοῦμεν αὐτό τε δικαιοσύνην οἷόν ἐστι, καὶ ἄνδρα τὸν τελέως δίκαιον εἰ γένοιτο, καὶ οἷος ἂν εἴη γενόμενος, καὶ ἀδικίαν αὖ καὶ τὸν ἀδικώτατον, ἵνα εἰς ἐκείνους ἀποβλέποντες, οἷοι ἂν ἡμῖν φαίνωνται εὐδαιμονίας τε πέρι καὶ τοῦ ἐναντίου, ἀναγκαζώμεθα καὶ περὶ ἡμῶν
d   αὐτῶν ὁμολογεῖν, ὃς ἂν ἐκείνοις ὅτι ὁμοιότατος ᾖ, τὴν ἐκείνης μοῖραν ὁμοιοτάτην ἕξειν, ἀλλ' οὐ τούτου ἕνεκα, ἵν' ἀποδείξωμεν ὡς δυνατὰ ταῦτα γίγνεσθαι.

Τοῦτο μέν, ἔφη, ἀληθὲς λέγεις.

Οἴει ἂν οὖν ἧττόν τι ἀγαθὸν ζωγράφον εἶναι ὃς ἂν γράψας παράδειγμα οἷον ἂν εἴη ὁ κάλλιστος ἄνθρωπος καὶ πάντα εἰς τὸ γράμμα ἱκανῶς ἀποδοὺς μὴ ἔχῃ ἀποδεῖξαι ὡς καὶ δυνατὸν γενέσθαι τοιοῦτον ἄνδρα;

Μὰ Δί' οὐκ ἔγωγ', ἔφη.

b.   Yet it is possible,—on one condition.

Ib. 473 c-e:

Ἑνὸς μὲν τοίνυν, ἦν δ' ἐγώ, μεταβαλόντος δοκοῦμέν μοι ἔχειν δεῖξαι ὅτι μεταπέσοι ἄν, οὐ μέντοι σμικροῦ γε οὐδὲ ῥᾳδίου, δυνατοῦ δέ.

Τίνος; ἔφη.

Ἐπ' αὐτὸ δή, ἦν δ' ἐγώ, εἶμι ὃ τῷ μεγίστῳ προσηκάζομεν κύματι. Εἰρήσεται δ' οὖν, εἰ καὶ μέλλει γέλωτί τε ἀτεχνῶς ὥσπερ κῦμα ἐκγελῶν καὶ ἀδοξίᾳ κατακλύσειν. Σκόπει δὲ ὃ μέλλω λέγειν.

Λέγε, ἔφη.

473d   Ἐὰν μή, ἦν δ' ἐγώ, ἢ οἱ φιλόσοφοι βασιλεύσωσιν ἐν ταῖς πόλεσιν ἢ οἱ βασιλῆς τε νῦν λεγόμενοι καὶ δυνάσται φιλοσοφήσωσι γνησίως τε καὶ ἱκανῶς, καὶ τοῦτο εἰς ταὐτὸν ξυμπέσῃ, δύναμίς τε πολιτικὴ καὶ φιλοσοφία, τῶν δὲ νῦν πορευομένων χωρὶς ἐφ' ἑκάτερον αἱ πολλαὶ φύσεις ἐξ ἀνάγκης ἀποκλεισθῶσιν, οὐκ ἔστι κακῶν παῦλα, ὦ φίλε Γλαύκων, ταῖς πόλεσι, δοκῶ δ' οὐδὲ τῷ ἀνθρωπίνῳ
e   γένει, οὐδὲ αὕτη ἡ πολιτεία μή ποτε πρότερον φυῇ τε εἰς τὸ δυνατὸν καὶ φῶς ἡλίου ἴδῃ, ἣν νῦν λόγῳ διεληλύθαμεν. Ἀλλὰ τοῦτό ἐστιν ὃ ἐμοὶ πάλαι ὄκνον ἐντίθησι λέγειν, ὁρῶντι ὡς πολὺ παρὰ δόξαν ῥηθήσεται · χαλεπὸν γὰρ ἰδεῖν ὅτι οὐκ ἂν ἄλλη τις εὐδαιμονήσειεν οὔτε ἰδίᾳ οὔτε δημοσίᾳ.

What is a philosophos?   **289**—To show the truth of this, a definition of "philosopher" should be given.

a. Ib., 475 e⁴:

(We call philosophers) τοὺς τῆς ἀληθείας φιλοθεάμονας. Which is explained as follows:

b. Ib., 476 b⁴-d⁷; 479 e¹-480a¹³:

Οἱ μέν που ἦν δ᾽ ἐγώ, φιλήκοοι καὶ φιλοθεάμονες τάς τε καλὰς φωνὰς ἀσπάζονται καὶ χρόας καὶ σχήματα καὶ πάντα τὰ ἐκ τῶν τοιούτων δημιουργούμενα, αὐτοῦ δὲ τοῦ καλοῦ ἀδύνατος αὐτῶν ἡ διάνοια τὴν φύσιν ἰδεῖν τε καὶ ἀσπάσασθαι.

Ἔχει γὰρ οὖν δή, ἔφη, οὕτως.

Οἱ δὲ δὴ ἐπ᾽ αὐτὸ τὸ καλὸν δυνατοὶ ἰέναι τε καὶ ὁρᾶν καθ᾽ αὑτὸ ἄρα οὐ σπάνιοι ἂν εἶεν; 476c

Καὶ μάλα.

Ὁ οὖν καλὰ μὲν πράγματα νομίζων, αὐτὸ δὲ κάλλος μήτε νομίζων μήτε ἄν τις ἡγῆται ἐπὶ τὴν γνῶσιν αὐτοῦ δυνάμενος ἕπεσθαι, ὄναρ ἢ ὕπαρ δοκεῖ σοι ζῆν; Σκόπει δέ. Τὸ ὀνειρώττειν ἄρα οὐ τόδε ἐστίν, ἐάντε ἐν ὕπνῳ τις ἐάντ᾽ ἐγρηγορὼς τὸ ὅμοιόν τῳ μὴ ὅμοιον, ἀλλ᾽ αὐτὸ ἡγῆται εἶναι ᾧ ἔοικεν;

Ἐγὼ γοῦν ἄν, ἦ δ᾽ ὅς, φαίην ὀνειρώττειν τὸν τοιοῦτον.

Τί δέ; ὁ τἀναντία τούτων ἡγούμενός τέ τι αὐτὸ καλὸν καὶ δυνάμενος καθορᾶν καὶ αὐτὸ καὶ τὰ ἐκείνου μετέχοντα, καὶ οὔτε τὰ μετέχοντα αὐτὸ οὔτε αὐτὸ d τὰ μετέχοντα ἡγούμενος, ὕπαρ ἢ ὄναρ αὖ καὶ οὗτος δοκεῖ σοι ζῆν;

Καὶ μάλα, ἔφη, ὕπαρ.

Οὐκοῦν τούτου μὲν τὴν διάνοιαν ὡς γιγνώσκοντος γνώμην ἂν ὀρθῶς φαῖμεν εἶναι, τοῦ δὲ δόξαν ὡς δοξάζοντος;

Πάνυ μὲν οὖν. —

Τοὺς ἄρα πολλὰ καλὰ θεωμένους, αὐτὸ δὲ τὸ καλὸν μὴ ὁρῶντας μηδ᾽ 479e ἄλλῳ ἐπ᾽ αὐτὸ ἄγοντι δυναμένους ἕπεσθαι, καὶ πολλὰ δίκαια, αὐτὸ δὲ τὸ δίκαιον μή, καὶ πάντα οὕτω, δοξάζειν φήσομεν ἅπαντα, γιγνώσκειν δὲ ὧν δοξάζουσιν οὐδέν.

Ἀνάγκη, ἔφη.

Τί δὲ αὖ τοὺς αὐτὰ ἕκαστα θεωμένους καὶ ἀεὶ κατὰ ταὐτὰ ὡσαύτως ὄντα; ἆρ᾽ οὐ γιγνώσκειν, ἀλλ᾽ οὐ δοξάζειν;

Ἀνάγκη καὶ ταῦτα.

Οὐκοῦν καὶ ἀσπάζεσθαί τε καὶ φιλεῖν τούτους μὲν ταῦτα φήσομεν ἐφ᾽ οἷς γνῶσίς ἐστιν, ἐκείνους δὲ ἐφ᾽ οἷς δόξα; ἢ οὐ μνημονεύομεν ὅτι φωνάς τε καὶ 480a χρόας καλὰς καὶ τὰ τοιαῦτ᾽ ἔφαμεν τούτους φιλεῖν τε καὶ θεᾶσθαι, αὐτὸ δὲ τὸ καλὸν οὐδ᾽ ἀνέχεσθαι ὥς τι ὄν;

Μεμνήμεθα.

Μὴ οὖν τι πλημμελήσομεν φιλοδόξους καλοῦντες αὐτοὺς μᾶλλον ἢ φιλοσό-
φους; Καὶ ἆρα ἡμῖν σφόδρα χαλεπανοῦσιν ἂν οὕτω λέγωμεν;
Οὔκ, ἄν γέ μοι πείθωνται, ἔφη · τῷ γὰρ ἀληθεῖ χαλεπαίνειν οὐ θέμις.
Τοὺς αὐτὸ ἄρα ἕκαστον τὸ ὂν ἀσπαζομένους φιλοσόφους, ἀλλ' οὐ φιλοδόξους
κλητέον;
Παντάπασι μὲν οὖν.

Rep. VI,
definition

c. *Rep.* VI 484 b:

φιλόσοφοι μὲν οἱ τοῦ ἀεὶ κατὰ ταὐτὰ ὡσαύτως ἔχοντος δυνάμενοι ἐφάπτεσθαι,
οἱ δὲ μὴ, ἀλλ' ἐν πολλοῖς καὶ παντοίως ἴσχουσιν πλανώμενοι οὐ φιλόσοφοι.

a practical
difficulty

290—Adeimantus broaches a difficulty; "Not everybody is perhaps
able to contradict you with good arguments, Socrates", he says (VI 487c[6]):

487d
ἔργῳ δὲ ὁρᾶν, ὅσοι ἂν ἐπὶ φιλοσοφίαν ὁρμήσαντες μὴ τοῦ πεπαιδεῦσθαι
ἕνεκα ἀψάμενοι νέοι ὄντες ἀπαλλάττωνται, ἀλλὰ μακρότερον ἐνδιατρίψωσιν,
τοὺς μὲν πλείστους καὶ πάνυ ἀλλοκότους γιγνομένους, ἵνα μὴ παμπονήρους
εἴπωμεν, τοὺς δ' ἐπιεικεστάτους δοκοῦντας ὅμως τοῦτό γε ὑπὸ τοῦ ἐπιτηδεύ-
ματος οὗ σὺ ἐπαινεῖς πάσχοντας, ἀχρήστους ταῖς πόλεσι γιγνομένους.
Καὶ ἐγὼ ἀκούσας · Οἴει οὖν, εἶπον, τοὺς ταῦτα λέγοντας ψεύδεσθαι;
Οὐκ οἶδα, ἦ δ' ὅς, ἀλλὰ τὸ σοὶ δοκοῦν ἡδέως ἂν ἀκούοιμι.

e
Ἀκούοις ἂν ὅτι ἔμοιγε φαίνονται τἀληθῆ λέγειν. —
489b
Τῆς μέντοι ἀχρηστίας τοὺς μὴ χρωμένους κέλευε (sc. τοὺς ταῦτα λέγον-
τας) αἰτιᾶσθαι, ἀλλὰ μὴ τοὺς ἐπιεικεῖς.

the education
of the philo-
sophers, as it
ought to be

291—a. *Rep.* VI 497 e-498 c:

Σκόπει δὲ καὶ νῦν ὡς προθύμως καὶ παρακινδυνευτικῶς μέλλω λέγειν, ὅτι
τοὐναντίον ἢ νῦν δεῖ τοῦ ἐπιτηδεύματος τούτου πόλιν ἅπτεσθαι.
Πῶς;
Νῦν μέν, ἦν δ' ἐγώ, οἱ καὶ ἁπτόμενοι μειράκια ὄντα ἄρτι ἐκ παίδων τὸ
498a
μεταξὺ οἰκονομίας καὶ χρηματισμοῦ πλησιάσαντες αὐτοῦ τῷ χαλεπωτάτῳ
ἀπαλλάττονται οἱ φιλοσοφώτατοι ποιούμενοι · λέγω δὲ χαλεπώτατον τὸ περὶ
τοὺς λόγους · ἐν δὲ τῷ ἔπειτα, ἐὰν καὶ ἄλλων τοῦτο πραττόντων παρακαλού-
μενοι ἐθέλωσιν ἀκροαταὶ γίγνεσθαι, μεγάλα ἡγοῦνται πάρεργον οἰόμενοι αὐτὸ
δεῖν πράττειν · πρὸς δὲ τὸ γῆρας ἐκτὸς δή τινων ὀλίγων ἀποσβέννυνται πολὺ
b
μᾶλλον τοῦ Ἡρακλειτείου ἡλίου, ὅσον αὖθις οὐκ ἐξάπτονται.
Δεῖ δὲ πῶς; ἔφη.
Πᾶν τοὐναντίον · μειράκια μὲν ὄντα καὶ παῖδας μειρακιώδη παιδείαν καὶ
φιλοσοφίαν μεταχειρίζεσθαι τῶν τε σωμάτων ἐν ᾧ βλαστάνει τε καὶ ἀν-
δροῦται, εὖ μάλα ἐπιμελεῖσθαι, ὑπηρεσίαν φιλοσοφίᾳ κτωμένους · προϊούσης

δὲ τῆς ἡλικίας, ἐν ᾗ ἡ ψυχὴ τελεοῦσθαι ἄρχεται, ἐπιτείνειν τὰ ἐκείνης γυμ-
νάσια · ὅταν δὲ λήγῃ μὲν ἡ ῥώμη, πολιτικῶν δὲ καὶ στρατειῶν ἐκτὸς γίγνηται, c
τότε ἤδη ἀφέτους νέμεσθαι καὶ μηδὲν ἄλλο πράττειν, ὅ τι μὴ πάρεργον, τοὺς
μέλλοντας εὐδαιμόνως βιώσεσθαι καὶ τελευτήσαντας τῷ βίῳ τῷ βεβιωμένῳ
τὴν ἐκεῖ μοῖραν ἐπιστήσειν πρέπουσαν.

b. The aptitude of our future rulers must be tested very severely
and proved by higher studies.

Ib. 504 c⁹-505 b¹:

Τὴν μακροτέραν τοίνυν, ὦ ἑταῖρε, ἔφην, περιτέον τῷ τοιούτῳ, καὶ οὐχ
ἧττον μανθάνοντι πονητέον ἢ γυμναζομένῳ · ἢ, ὃ νῦν δὴ ἐλέγομεν, τοῦ μεγίστου 504d
τε καὶ μάλιστα προσήκοντος μαθήματος ἐπὶ τέλος οὔποτε ἥξει.

Οὐ γὰρ ταῦτα, ἔφη, μέγιστα, ἀλλ᾽ ἔτι τι μεῖζον δικαιοσύνης τε καὶ ὧν
διήλθομεν;

Καὶ μεῖζον, ἦν δ᾽ ἐγώ, καὶ αὐτῶν τούτων οὐχ ὑπογραφὴν δεῖ ὥσπερ νῦν
θεάσασθαι, ἀλλὰ τὴν τελεωτάτην ἀπεργασίαν μὴ παριέναι · ἢ οὐ γελοῖον ἐπὶ
μὲν ἄλλοις σμικροῦ ἀξίοις πᾶν ποιεῖν συντεινομένους ὅπως ὅτι ἀκριβέστατα e
καὶ καθαρώτατα ἕξει, τῶν δὲ μεγίστων μὴ μεγίστας ἀξιοῦν εἶναι καὶ τὰς
ἀκριβείας;

Καὶ μάλα, ἔφη, [ἄξιον τὸ διανόημα] · ὃ μέντοι μέγιστον μάθημα καὶ περὶ
ὅ τι αὐτὸ λέγεις, οἴει τιν᾽ ἄν σε, ἔφη, ἀφεῖναι μὴ ἐρωτήσαντα τί ἐστιν;

Οὐ πάνυ, ἦν δ᾽ ἐγώ, ἀλλὰ καὶ σὺ ἐρώτα. Πάντως αὐτὸ οὐκ ὀλιγάκις ἀκή-
κοας, νῦν δὲ ἢ οὐκ ἐννοεῖς ἢ αὖ διανοεῖ ἐμοὶ πράγματα παρέχειν ἀντιλαμβανό-
μενος. Οἶμαι δὲ τοῦτο μᾶλλον · ἐπεὶ ὅτι γε ἡ τοῦ ἀγαθοῦ ἰδέα μέγιστον μάθημα,
πολλάκις ἀκήκοας, ᾗ δὴ δίκαια καὶ τἆλλα προσχρησάμενα χρήσιμα καὶ ὠφέ-
λιμα γίγνεται. Καὶ νῦν σχεδὸν οἶσθ᾽ ὅτι μέλλω τοῦτο λέγειν, καὶ πρὸς τούτῳ
ὅτι αὐτὴν οὐχ ἱκανῶς ἴσμεν · εἰ δὲ μὴ ἴσμεν, ἄνευ δὲ ταύτης εἰ ὅτι μάλιστα
τἆλλα ἐπισταίμεθα, οἶσθ᾽ ὅτι οὐδὲν ἡμῖν ὄφελος, ὥσπερ οὐδ᾽ εἰ κεκτήμεθά τι
ἄνευ τοῦ ἀγαθοῦ · —

c. Ib., 505 d¹¹-506 b²:

"Ὃ δὴ διώκει μὲν ἅπασα ψυχὴ καὶ τούτου ἕνεκα πάντα πράττει, ἀπομαντευ-
ομένη τι εἶναι, ἀποροῦσα δὲ καὶ οὐκ ἔχουσα λαβεῖν ἱκανῶς τί ποτ᾽ ἐστὶν οὐδὲ 505e
πίστει χρήσασθαι μονίμῳ οἵᾳ καὶ περὶ τὰ ἄλλα, διὰ τοῦτο δὲ ἀποτυγχάνει καὶ
τῶν ἄλλων εἴ τι ὄφελος ἦν, περὶ δὴ τὸ τοιοῦτον καὶ τοσοῦτον οὕτω φῶμεν
δεῖν ἐσκοτῶσθαι καὶ ἐκείνους τοὺς βελτίστους ἐν τῇ πόλει, οἷς πάντα ἐγχει- 506a
ριοῦμεν;

Ἥκιστά γ᾽, ἔφη.

Οἶμαι γοῦν, εἶπον, δίκαιά τε καὶ καλὰ ἀγνοούμενα ὅπῃ ποτὲ ἀγαθά ἐστιν,

the know-
ledge of the
Good

οὐ πολλοῦ τινος ἄξιον φύλακα κεκτῆσθαι ἂν ἑαυτῶν τὸν τοῦτο ἀγνοοῦντα μαντεύομαι δὲ μηδένα αὐτὰ πρότερον γνώσεσθαι ἱκανῶς.

Καλῶς γάρ, ἔφη, μαντεύει.

b Οὐκοῦν ἡμῖν ἡ πολιτεία τελέως κεκοσμήσεται, ἐὰν ὁ τοιοῦτος αὐτὴν ἐπισκοπῇ φύλαξ, ὁ τούτων ἐπιστήμων;

Ἀνάγκη, ἔφη.

the Good compared to the sun **292**—Socr., being unable to answer directly the question of Glauco as to the nature of the Good, uses a parable.

Ib. 508 c-509 c:

Ὀφθαλμοί, ἦν δ' ἐγώ, οἶσθ' ὅτι, ὅταν μηκέτι ἐπ' ἐκεῖνά τις αὐτοὺς τρέπῃ ὧν ἂν τὰς χρόας τὸ ἡμερινὸν φῶς ἐπέχῃ, ἀλλὰ ὧν νυκτερινὰ φέγγη, ἀμβλυώττουσί τε καὶ ἐγγὺς φαίνονται τυφλῶν, ὥσπερ οὐκ ἐνούσης καθαρᾶς ὄψεως;

Καὶ μάλα, ἔφη.

508d Ὅταν δέ γ', οἶμαι, ὧν ὁ ἥλιος καταλάμπει, σαφῶς ὁρῶσι, καὶ τοῖς αὐτοῖς τούτοις ὄμμασι ἐνοῦσα φαίνεται.

Τί μήν;

Οὕτω τοίνυν καὶ τὸ τῆς ψυχῆς ὧδε νόει· ὅταν μὲν οὗ καταλάμπει ἀλήθειά τε καὶ τὸ ὄν, εἰς τοῦτο ἀπερείσηται, ἐνόησέν τε καὶ ἔγνω αὐτὸ καὶ νοῦν ἔχειν φαίνεται· ὅταν δὲ εἰς τὸ τῷ σκότῳ κεκραμένον, τὸ γιγνόμενόν τε καὶ ἀπολλύμενον, δοξάζει τε καὶ ἀμβλυώττει ἄνω καὶ κάτω τὰς δόξας μεταβάλλον, καὶ ἔοικεν αὖ νοῦν οὐκ ἔχοντι.

Ἔοικε γάρ.

e Τοῦτο τοίνυν τὸ τὴν ἀλήθειαν παρέχον τοῖς γιγνωσκομένοις καὶ τῷ γιγνώσκοντι τὴν δύναμιν ἀποδιδὸν τὴν τοῦ ἀγαθοῦ ἰδέαν φάθι εἶναι· αἰτίαν δ' ἐπιστήμης οὖσαν καὶ ἀληθείας, ὡς γιγνωσκομένης μὲν διανοοῦ, οὕτω δὲ καλῶν ἀμφοτέρων ὄντων, γνώσεώς τε καὶ ἀληθείας, ἄλλο καὶ κάλλιον ἔτι τούτων ἡγούμενος αὐτὸ ὀρθῶς ἡγήσει· ἐπιστήμην δὲ καὶ ἀλήθειαν, ὥσπερ ἐκεῖ φῶς

509a τε καὶ ὄψιν ἡλιοειδῆ μὲν νομίζειν ὀρθόν, ἥλιον δ' ἡγεῖσθαι οὐκ ὀρθῶς ἔχει, οὕτω καὶ ἐνταῦθα ἀγαθοειδῆ μὲν νομίζειν ταῦτ' ἀμφότερα ὀρθόν, ἀγαθὸν δὲ ἡγεῖσθαι ὁπότερον αὐτῶν οὐκ ὀρθόν, ἀλλ' ἔτι μειζόνως τιμητέον τὴν τοῦ ἀγαθοῦ ἕξιν.

Ἀμήχανον κάλλος, ἔφη, λέγεις, εἰ ἐπιστήμην μὲν καὶ ἀλήθειαν παρέχει, αὐτὸ δ' ὑπὲρ ταῦτα κάλλει ἐστίν· οὐ γὰρ δήπου σύ γε ἡδονὴν αὐτὸ λέγεις.

Εὐφήμει, ἦν δ' ἐγώ· ἀλλ' ὧδε μᾶλλον τὴν εἰκόνα αὐτοῦ ἔτι ἐπισκόπει.

Πῶς;

b Τὸν ἥλιον τοῖς ὁρωμένοις οὐ μόνον, οἶμαι, τὴν τοῦ ὁρᾶσθαι δύναμιν παρέχειν φήσεις, ἀλλὰ καὶ τὴν γένεσιν καὶ αὔξην καὶ τροφήν, οὐ γένεσιν αὐτὸν ὄντα.

Πῶς γάρ;

Καὶ τοῖς γιγνωσκομένοις τοίνυν μὴ μόνον τὸ γιγνώσκεσθαι φάναι ὑπὸ τοῦ ἀγαθοῦ παρεῖναι, ἀλλὰ καὶ τὸ εἶναί τε καὶ τὴν οὐσίαν ὑπ’ ἐκείνου αὐτοῖς προσεῖναι, οὐκ οὐσίας ὄντος τοῦ ἀγαθοῦ, ἀλλ’ ἔτι ἐπέκεινα τῆς οὐσίας πρεσβείᾳ καὶ δυνάμει ὑπερέχοντος.

Καὶ ὁ Γλαύκων μάλα γελοίως · Ἄπολλον, ἔφη, δαιμονίας ὑπερβολῆς.   c

293—The next passage beautifully shows the eager willingness, but non-understanding of the character of this knowledge on the part of Glauco. *Glauco and Socrates*

Socr. replies (509 c³):

Σὺ γάρ, ἦν δ’ ἐγώ, αἴτιος, ἀναγκάζων τὰ ἐμοὶ δοκοῦντα περὶ αὐτοῦ λέγειν.

Καὶ μηδαμῶς γ’, ἔφη, παύσῃ, εἰ μή τι, ἀλλὰ τὴν περὶ τὸν ἥλιον ὁμοιότητα αὖ διεξιών, εἴ πῃ ἀπολείπεις.

Ἀλλὰ μήν, εἶπον, συχνά γε ἀπολείπω.

Μηδὲ σμικρὸν τοίνυν, ἔφη, παραλίπῃς.

Οἶμαι μέν, ἦν δ’ ἐγώ, καὶ πολύ · ὅμως δέ, ὅσα γ’ ἐν τῷ παρόντι δυνατόν, ἑκὼν οὐκ ἀπολείψω.

Μὴ γάρ, ἔφη.

294—Ib., 509 d-511 e:

Νόησον τοίνυν, ἦν δ’ ἐγώ, ὥσπερ λέγομεν, δύο αὐτὼ εἶναι, καὶ βασιλεύειν τὸ μὲν νοητοῦ γένους τε καὶ τόπου, τὸ δ’ αὖ ὁρατοῦ, ἵνα μὴ οὐρανοῦ εἰπὼν δόξω σοι σοφίζεσθαι περὶ τὸ ὄνομα. Ἀλλ’ οὖν ἔχεις ταῦτα διττὰ εἴδη, ὁρατόν, νοητόν; *What Socr. can say about it. Two realms: the visible and the intelligible.*

Ἔχω.

Ὥσπερ τοίνυν γραμμὴν δίχα τετμημένην λαβὼν ἄνισα τμήματα, πάλιν τέμνε ἑκάτερον τὸ τμῆμα ἀνὰ τὸν αὐτὸν λόγον, τό τε τοῦ ὁρωμένου γένους καὶ τὸ τοῦ νοουμένου, καί σοι ἔσται σαφηνείᾳ καὶ ἀσαφείᾳ πρὸς ἄλληλα ἐν μὲν τῷ ὁρωμένῳ τὸ μὲν ἕτερον τμῆμα εἰκόνες. Λέγω δὲ τὰς εἰκόνας πρῶτον μὲν τὰς σκιάς, ἔπειτα τὰ ἐν τοῖς ὕδασι φαντάσματα καὶ ἐν τοῖς ὅσα πυκνά τε καὶ λεῖα καὶ φανὰ ξυνέστηκεν, καὶ πᾶν τὸ τοιοῦτον, εἰ κατανοεῖς. *these two parts each divided into two* 509e 510a

Ἀλλὰ κατανοῶ.

Τὸ τοίνυν ἕτερον τίθει ᾧ τοῦτο ἔοικεν, τά τε περὶ ἡμᾶς ζῷα καὶ πᾶν τὸ φυτευτὸν καὶ τὸ σκευαστὸν ὅλον γένος.

Τίθημι, ἔφη.

Ἦ καὶ ἐθέλοις ἂν αὐτὸ φάναι, ἦν δ’ ἐγώ, διῃρῆσθαι ἀληθείᾳ τε καὶ μή, ὡς τὸ δοξαστὸν πρὸς τὸ γνωστόν, οὕτω τὸ ὁμοιωθὲν πρὸς τὸ ᾧ ὡμοιώθη;

'Εγωγ', ἔφη, καὶ μάλα.

Σκόπει δὴ αὖ καὶ τὴν τοῦ νοητοῦ τομὴν ᾗ τμητέον.

Πῇ;

ᵇΗι τὸ μὲν αὐτοῦ τοῖς τότε μιμηθεῖσιν ὡς εἰκόσιν χρωμένη ψυχὴ ζητεῖν ἀναγκάζεται ἐξ ὑποθέσεων, οὐκ ἐπ' ἀρχὴν πορευομένη, ἀλλ' ἐπὶ τελευτήν [1], τὸ δ' αὖ ἕτερον, τὸ ἐπ' ἀρχὴν ἀνυπόθετον, ἐξ ὑποθέσεως ἰοῦσα καὶ ἄνευ ὧνπερ ἐκεῖνο εἰκόνων, αὐτοῖς εἴδεσι δι' αὐτῶν τὴν μέθοδον ποιουμένη [2].

Ταῦτ', ἔφη, ἃ λέγεις, οὐχ ἱκανῶς ἔμαθον.

the hypotheses of mathematics 'Αλλ' αὖθις, ἦν δ' ἐγώ· ῥᾷον γὰρ τούτων προειρημένων μαθήσει. Οἶμαι c γάρ σε εἰδέναι ὅτι οἱ περὶ τὰς γεωμετρίας τε καὶ λογισμοὺς καὶ τὰ τοιαῦτα πραγματευόμενοι, ὑποθέμενοι τό τε περιττὸν καὶ τὸ ἄρτιον καὶ τὰ σχήματα καὶ γωνιῶν τριττὰ εἴδη καὶ ἄλλα τούτων ἀδελφὰ καθ' ἑκάστην μέθοδον, ταῦτα μὲν ὡς εἰδότες, ποιησάμενοι ὑποθέσεις αὐτά, οὐδένα λόγον οὔτε αὑτοῖς οὔτε ἄλλοις ἔτι ἀξιοῦσι περὶ αὐτῶν διδόναι ὡς παντὶ φανερῶν, ἐκ d τούτων δ' ἀρχόμενοι τὰ λοιπὰ ἤδη διεξιόντες τελευτῶσιν ὁμολογουμένως ἐπὶ τοῦτο οὗ ἂν ἐπὶ σκέψιν ὁρμήσωσι.

Πάνυ μὲν οὖν, ἔφη, τοῦτό γε οἶδα.

Οὐκοῦν καὶ ὅτι τοῖς ὁρωμένοις εἴδεσι προσχρῶνται καὶ τοὺς λόγους περὶ αὐτῶν ποιοῦνται, οὐ περὶ τούτων διανοούμενοι, ἀλλ' ἐκείνων πέρι οἷς ταῦτα ἔοικε, τοῦ τετραγώνου αὐτοῦ ἕνεκα τοὺς λόγους ποιούμενοι καὶ διαμέτρου [3] αὐτῆς, ἀλλ' οὐ ταύτης ἣν γράφουσιν, καὶ τἆλλ' οὕτως, αὐτὰ μὲν ταῦτα ἃ e πλάττουσίν τε καὶ γράφουσιν, ὧν καὶ σκιαὶ καὶ ἐν ὕδασιν εἰκόνες εἰσίν, τούτοις μὲν ὡς εἰκόσιν αὖ χρώμενοι, ζητοῦντές τε αὐτὰ ἐκεῖνα ἰδεῖν ἃ οὐκ ἂν ἄλλως 511a ἴδοι τις ἢ τῇ διανοίᾳ.

'Αληθῆ, ἔφη, λέγεις.

Τοῦτο τοίνυν νοητὸν μὲν τὸ εἶδος ἔλεγον, ὑποθέσεσι δ' ἀναγκαζομένην ψυχὴν χρῆσθαι περὶ τὴν ζήτησιν αὐτοῦ, οὐκ ἐπ' ἀρχὴν ἰοῦσαν, ὡς οὐ δυναμένην τῶν ὑποθέσεων ἀνωτέρω ἐκβαίνειν, εἰκόσι δὲ χρωμένην αὐτοῖς τοῖς ὑπὸ τῶν κάτω ἀπεικασθεῖσιν καὶ ἐκείνοις πρὸς ἐκεῖνα ὡς ἐναργέσι δεδοξασμένοις τε καὶ τετιμημένοις.

---

[1] I.e.: not giving account of the hypotheses themselves, but achieving the demonstration.

[2] The division is represented in this way:

νοητόν		αἰσθητόν (ὁρατόν).	
dialectic	mathematical thinking	natural things	εἰκόνες

[3] the diagonal.

Μανθάνω, ἔφη, ὅτι τὸ ὑπὸ ταῖς γεωμετρίαις τε καὶ ταῖς ταύτης ἀδελφαῖς b
τέχναις λέγεις.

Τὸ τοίνυν ἕτερον μάνθανε τμῆμα τοῦ νοητοῦ λέγοντά με τοῦτο οὗ αὐτὸς *Dialectic does not take the hypotheses as ἀρχαί, but as a help to rise above them c*
ὁ λόγος ἅπτεται τῇ τοῦ διαλέγεσθαι δυνάμει, τὰς ὑποθέσεις ποιούμενος οὐκ
ἀρχάς, ἀλλὰ τῷ ὄντι ὑποθέσεις, οἷον ἐπιβάσεις τε καὶ ὁρμάς, ἵνα μέχρι τοῦ
ἀνυποθέτου ἐπὶ τὴν τοῦ παντὸς ἀρχὴν ἰών, ἁψάμενος αὐτῆς, πάλιν αὖ ἐχόμενος
τῶν ἐκείνης ἐχομένων, οὕτως ἐπὶ τελευτὴν καταβαίνῃ, αἰσθητῷ παντάπασιν
οὐδενὶ προσχρώμενος, ἀλλ' εἴδεσιν αὐτοῖς δι' αὐτῶν εἰς αὐτά, καὶ τελευτᾷ
εἰς εἴδη.

Μανθάνω, ἔφη, ἱκανῶς μὲν οὔ (δοκεῖς γάρ μοι συχνὸν ἔργον λέγειν), ὅτι
μέντοι βούλει διορίζειν σαφέστερον εἶναι τὸ ὑπὸ τῆς τοῦ διαλέγεσθαι ἐπιστή-
μης τοῦ ὄντος τε καὶ νοητοῦ θεωρούμενον ἢ τὸ ὑπὸ τῶν τεχνῶν καλουμένων,
αἷς αἱ ὑποθέσεις ἀρχαὶ καὶ διανοίᾳ μὲν ἀναγκάζονται, ἀλλὰ μὴ αἰσθήσεσιν
αὐτὰ θεᾶσθαι οἱ θεώμενοι, διὰ δὲ τὸ μὴ ἐπ' ἀρχὴν ἀνελθόντες σκοπεῖν, ἀλλ' d
ἐξ ὑποθέσεων, νοῦν οὐκ ἴσχειν περὶ αὐτὰ δοκοῦσί σοι, καίτοι νοητῶν ὄντων
μετὰ ἀρχῆς. Διάνοιαν δὲ καλεῖν μοι δοκεῖς τὴν τῶν γεωμετρικῶν τε καὶ τὴν
τῶν τοιούτων ἕξιν, ἀλλ' οὐ νοῦν, ὡς μεταξύ τι δόξης τε καὶ νοῦ τὴν διάνοιαν
οὖσαν.

Ἱκανώτατα, ἦν δ' ἐγώ, ἀπεδέξω. Καί μοι ἐπὶ τοῖς τέτταρσι τμήμασι τέτταρα *Four stages of cognition*
ταῦτα παθήματα ἐν τῇ ψυχῇ γιγνόμενα λαβέ, νόησιν μὲν ἐπὶ τῷ ἀνωτάτω,
διάνοιαν δὲ ἐπὶ τῷ δευτέρῳ, τῷ τρίτῳ δὲ πίστιν ἀπόδος καὶ τῷ τελευταίῳ εἰκα- e
σίαν [1], καὶ τάξον αὐτὰ ἀνὰ λόγον, ὥσπερ ἐφ' οἷς ἐστιν ἀληθείας μετέχειν, οὕτω
ταῦτα σαφηνείας ἡγησάμενος μετέχειν.

Μανθάνω, ἔφη, καὶ ξυγχωρῶ καὶ τάττω ὡς λέγεις.

295—Plato illustrates the condition of man and the task education *Rep. VII, the allegory of the den*
has in this situation, by the famous allegory of the den.

Rep. VII 514 a-517 c:

Μετὰ ταῦτα δή, εἶπον, ἀπείκασον τοιούτῳ πάθει τὴν ἡμετέραν φύσιν παι-
δείας τε πέρι καὶ ἀπαιδευσίας. Ἰδὲ γὰρ ἀνθρώπους οἷον ἐν καταγείῳ οἰκήσει *the prisoners*
σπηλαιώδει, ἀναπεπταμένην πρὸς τὸ φῶς τὴν εἴσοδον ἐχούσῃ μακρὰν παρ'
ἅπαν τὸ σπήλαιον, ἐν ταύτῃ ἐκ παίδων ὄντας ἐν δεσμοῖς καὶ τὰ σκέλη καὶ τοὺς
αὐχένας, ὥστε μένειν τε αὐτοῦ εἴς τε τὸ πρόσθεν μόνον ὁρᾶν, κύκλῳ δὲ τὰς 514b
κεφαλὰς ὑπὸ τοῦ δεσμοῦ ἀδυνάτους περιάγειν, φῶς δὲ αὐτοῖς πυρὸς ἄνωθεν

---

[1] The four parts of the line, as divided according to 510b, correspond to four
kinds of cognition.

νοητόν		ὁρατόν	
νόησις	διάνοια	πίστις	εἰκασία

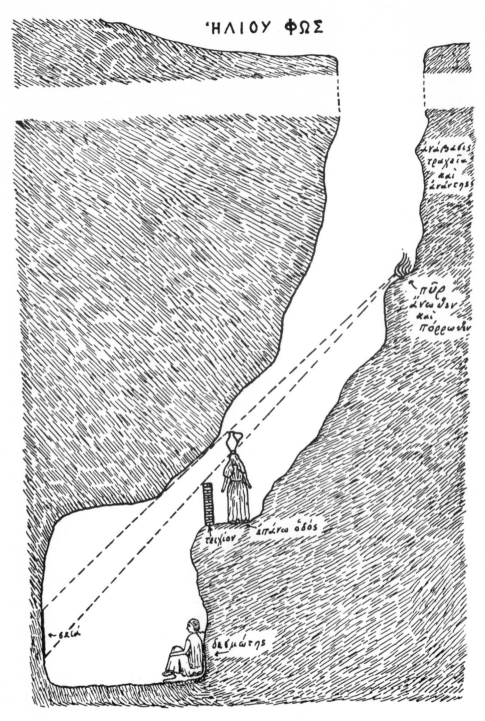

Drawing of miss Dr. B. Th. Koppers, Rotterdam

καὶ πόρρωθεν καόμενον ὄπισθεν αὐτῶν, μεταξὺ δὲ τοῦ πυρὸς καὶ τῶν δεσμωτῶν
ἐπάνω ὁδόν, παρ᾽ ἣν ἰδὲ τειχίον παρῳκοδομημένον, ὥσπερ τοῖς θαυματοποιοῖς πρὸ
τῶν ἀνθρώπων πρόκειται τὰ παραφράγματα, ὑπὲρ ὧν τὰ θαύματα δεικνύασιν.
 Ὁρῶ, ἔφη.
 Ὅρα τοίνυν παρὰ τοῦτο τὸ τειχίον φέροντας ἀνθρώπους σκεύη τε παντο-   the low
wall and the
moving
figures
δαπὰ ὑπερέχοντα τοῦ τειχίου καὶ ἀνδριάντας καὶ ἄλλα ζῷα λίθινά τε καὶ
ξύλινα καὶ παντοῖα εἰργασμένα, οἷον εἰκὸς τοὺς μὲν φθεγγομένους, τοὺς δὲ
σιγῶντας τῶν παραφερόντων [1].
 Ἄτοπον, ἔφη, λέγεις εἰκόνα καὶ δεσμώτας ἀτόπους.
 Ὁμοίους ἡμῖν, ἦν δ᾽ ἐγώ· τοὺς γὰρ τοιούτους πρῶτον μὲν ἑαυτῶν τε καὶ
ἀλλήλων οἴει ἄν τι ἑωρακέναι ἄλλο πλὴν τὰς σκιὰς τὰς ὑπὸ τοῦ πυρὸς εἰς τὸ
καταντικρὺ αὐτῶν τοῦ σπηλαίου προσπιπτούσας;
 Πῶς γάρ, ἔφη, εἰ ἀκινήτους γε τὰς κεφαλὰς ἔχειν ἠναγκασμένοι εἶεν διὰ βίου;   515b
 Τί δὲ τῶν παραφερομένων; οὐ ταὐτὸν τοῦτο;
 Τί μήν;
 Εἰ οὖν διαλέγεσθαι οἷοί τ᾽ εἶεν πρὸς ἀλλήλους, οὐκ αὐτὰ ἡγεῖ ἂν τὰ ὄντα
αὐτοὺς νομίζειν ὀνομάζειν, <ὀνομάζοντας> ἅπερ ὁρῷεν;
 Ἀνάγκη.
 Τί δ᾽ εἰ καὶ ἠχὼ τὸ δεσμωτήριον ἐκ τοῦ καταντικρὺ ἔχοι; ὁπότε τις τῶν
παριόντων φθέγξαιτο, οἴει ἂν ἄλλο τι αὐτοὺς ἡγεῖσθαι τὸ φθεγγόμενον ἢ τὴν
παριοῦσαν σκιάν;
 Μὰ Δί᾽ οὐκ ἔγωγ᾽, ἔφη.
 Παντάπασι δή, ἦν δ᾽ ἐγώ, οἱ τοιοῦτοι οὐκ ἂν ἄλλο τι νομίζοιεν τὸ ἀληθὲς   The pri-
soners
would mis-
take the
shadows for
realities.
ἢ τὰς τῶν σκευαστῶν σκιάς.
 Πολλὴ ἀνάγκη, ἔφη.
 Σκόπει δή, ἦν δ᾽ ἐγώ, αὐτῶν λύσιν τε καὶ ἴασιν τῶν δεσμῶν καὶ τῆς ἀφρο-
σύνης, οἵα τις ἂν εἴη, εἰ φύσει τοιάδε ξυμβαίνοι αὐτοῖς· ὁπότε τις λυθείη καὶ
ἀναγκάζοιτο ἐξαίφνης ἀνίστασθαί τε καὶ περιάγειν τὸν αὐχένα καὶ βαδίζειν
καὶ πρὸς τὸ φῶς ἀναβλέπειν, πάντα δὲ ταῦτα ποιῶν ἀλγοῖ τε καὶ διὰ τὰς μαρμα-
ρυγὰς ἀδυνατοῖ καθορᾶν ἐκεῖνα ὧν τότε τὰς σκιὰς ἑώρα, τί ἂν οἴει αὐτὸν εἰπεῖν,   d
εἴ τις αὐτῷ λέγοι ὅτι τότε μὲν ἑώρα φλυαρίας, νῦν δὲ μᾶλλόν τι ἐγγυτέρω τοῦ
ὄντος καὶ πρὸς μᾶλλον ὄντα τετραμμένος ὀρθότερον βλέποι, καὶ δὴ καὶ ἕκαστον
τῶν παριόντων δεικνὺς αὐτῷ ἀναγκάζοι ἐρωτῶν ἀποκρίνεσθαι ὅ τι ἔστιν; οὐκ
οἴει αὐτὸν ἀπορεῖν τε ἂν καὶ ἡγεῖσθαι τὰ τότε ὁρώμενα ἀληθέστερα ἢ τὰ
νῦν δεικνύμενα;
 Πολύ γ᾽, ἔφη.
 Οὐκοῦν κἂν εἰ πρὸς αὐτὸ τὸ φῶς ἀναγκάζοι αὐτὸν βλέπειν, ἀλγεῖν τε ἂν τὰ   e

---

[1] The scene might be represented as in the sketch on p. 204.

ὄμματα καὶ φεύγειν ἀποστρεφόμενον πρὸς ἐκεῖνα ἃ δύναται καθορᾶν, καὶ
νομίζειν ταῦτα τῷ ὄντι σαφέστερα τῶν δεικνυμένων;

Οὕτως, ἔφη.

When dragged upwards, they would be dazzled by excess of light.
516a

Εἰ δέ, ἦν δ' ἐγώ, ἐντεῦθεν ἕλκοι τις αὐτὸν βίᾳ διὰ τραχείας τῆς ἀναβάσεως
καὶ ἀνάντους, καὶ μὴ ἀνιείη πρὶν ἐξελκύσειεν εἰς τὸ τοῦ ἡλίου φῶς, ἆρα οὐχὶ
ὀδυνᾶσθαί τε ἂν καὶ ἀγανακτεῖν ἑλκόμενον, καὶ ἐπειδὴ πρὸς τὸ φῶς ἔλθοι,
αὐγῆς ἂν ἔχοντα τὰ ὄμματα μεστὰ ὁρᾶν οὐδ' ἂν ἓν δύνασθαι τῶν νῦν λεγομένων
ἀληθῶν;

Οὐ γὰρ ἄν, ἔφη, ἐξαίφνης γε.

Συνηθείας δή, οἶμαι, δέοιτ' ἄν, εἰ μέλλοι τὰ ἄνω ὄψεσθαι. Καὶ πρῶτον μὲν
τὰς σκιὰς ἂν ῥᾷστα καθορῷ, καὶ μετὰ τοῦτο ἐν τοῖς ὕδασι τά τε τῶν ἀνθρώπων
καὶ τὰ τῶν ἄλλων εἴδωλα, ὕστερον δὲ αὐτά · ἐκ δὲ τούτων τὰ ἐν τῷ οὐρανῷ
καὶ αὐτὸν τὸν οὐρανὸν νύκτωρ ἂν ῥᾷον θεάσαιτο, προσβλέπων τὸ τῶν ἄστρων
b τε καὶ σελήνης φῶς, ἢ μεθ' ἡμέραν τὸν ἥλιόν τε καὶ τὸ τοῦ ἡλίου.

Πῶς δ' οὔ;

At length they would see the sun.

Τελευταῖον δή, οἶμαι, τὸν ἥλιον, οὐκ ἐν ὕδασιν οὐδ' ἐν ἀλλοτρίᾳ ἕδρᾳ φαντάσ-
ματα αὐτοῦ, ἀλλ' αὐτὸν καθ' αὑτὸν ἐν τῇ αὑτοῦ χώρᾳ δύναιτ' ἂν κατιδεῖν
καὶ θεάσασθαι οἷός ἐστιν.

Ἀναγκαῖον, ἔφη.

Καὶ μετὰ ταῦτ' ἂν ἤδη συλλογίζοιτο περὶ αὐτοῦ ὅτι αὐτὸς ὁ τάς τε ὥρας
παρέχων καὶ ἐνιαυτοὺς καὶ πάντα ἐπιτροπεύων τὰ ἐν τῷ ὁρωμένῳ τόπῳ, καὶ
c ἐκείνων ὧν σφεῖς ἑώρων τρόπον τινὰ πάντων αἴτιος.

Δῆλον, ἔφη, ὅτι ἐπὶ ταῦτα ἂν μετ' ἐκεῖνα ἔλθοι.

Τί οὖν; ἀναμιμνησκόμενον αὐτὸν τῆς πρώτης οἰκήσεως καὶ τῆς ἐκεῖ σοφίας
καὶ τῶν τότε ξυνδεσμωτῶν οὐκ ἂν οἴει αὐτὸν μὲν εὐδαιμονίζειν τῆς μεταβολῆς,
τοὺς δὲ ἐλεεῖν;

Καὶ μάλα.

Τιμαὶ δὲ καὶ ἔπαινοι εἴ τινες αὐτοῖς ἦσαν τότε παρ' ἀλλήλων καὶ γέρα τῷ
d ὀξύτατα καθορῶντι τὰ παριόντα, καὶ μνημονεύοντι μάλιστα ὅσα τε πρότερα
αὐτῶν καὶ ὕστερα εἰώθει καὶ ἅμα πορεύεσθαι, καὶ ἐκ τούτων δὴ δυνατώτατα
ἀπομαντευομένῳ τὸ μέλλον ἥξειν, δοκεῖς ἂν αὐτὸν ἐπιθυμητικῶς αὐτῶν ἔχειν
καὶ ζηλοῦν τοὺς παρ' ἐκείνοις τιμωμένους τε καὶ ἐνδυναστεύοντας, ἢ τὸ τοῦ
Ὁμήρου ἂν πεπονθέναι καὶ σφόδρα βούλεσθαι ,,ἐπάρουρον ἐόντα θητευέμεν
ἄλλῳ, ἀνδρὶ παρ' ἀκλήρῳ'' καὶ ὁτιοῦν ἂν πεπονθέναι μᾶλλον ἢ 'κεῖνά δοξάζειν
καὶ ἐκείνως ζῆν;

e Οὕτως, ἔφη, ἔγωγε οἶμαι, πᾶν μᾶλλον πεπονθέναι ἂν δέξασθαι ἢ ζῆν ἐκείνως.

Καὶ τόδε δὴ ἐννόησον, ἦν δ' ἐγώ. Εἰ πάλιν ὁ τοιοῦτος καταβὰς εἰς τὸν αὐτὸν
θᾶκον καθίζοιτο, ἆρ' οὐ σκότους <ἂν> ἀνάπλεως σχοίη τοὺς ὀφθαλμούς, ἐξαίφ-
νης ἥκων ἐκ τοῦ ἡλίου;

Καὶ μάλα γ᾽, ἔφη.

Τὰς δὲ δὴ σκιὰς ἐκείνας πάλιν εἰ δέοι αὐτὸν γνωματεύοντα [1] διαμιλλᾶσθαι τοῖς ἀεὶ δεσμώταις ἐκείνοις, ἐν ᾧ ἀμβλυώττει, πρὶν καταστῆναι [2] τὰ ὄμματα, οὗτος δ᾽ ὁ χρόνος μὴ πάνυ ὀλίγος εἴη τῆς συνηθείας, ἆρ᾽ οὐ γέλωτ᾽ ἂν παράσχοι, καὶ λέγοιτο ἂν περὶ αὐτοῦ ὡς ἀναβὰς ἄνω διεφθαρμένος ἥκει τὰ ὄμματα, καὶ ὅτι οὐκ ἄξιον οὐδὲ πειρᾶσθαι ἄνω ἰέναι; καὶ τὸν ἐπιχειροῦντα λύειν τε καὶ ἀνάγειν, εἴ πως ἐν ταῖς χερσὶ δύναιντο λαβεῖν καὶ ἀποκτείνειν, ἀποκτεινύναι ἄν; 517a

Σφόδρα γ᾽, ἔφη.

Ταύτην τοίνυν, ἦν δ᾽ ἐγώ, τὴν εἰκόνα, ὦ φίλε Γλαύκων, προσαπτέον ἅπασαν τοῖς ἔμπροσθεν λεγομένοις, τὴν μὲν δι᾽ ὄψεως φαινομένην ἕδραν τῇ τοῦ δεσμωτηρίου οἰκήσει ἀφομοιοῦντα, τὸ δὲ τοῦ πυρὸς ἐν αὐτῇ φῶς τῇ τοῦ ἡλίου δυνάμει · τὴν δὲ ἄνω ἀνάβασιν καὶ θέαν τῶν ἄνω τὴν εἰς τὸν νοητὸν τόπον τῆς ψυχῆς ἄνοδον τιθεὶς οὐχ ἁμαρτήσει τῆς γ᾽ ἐμῆς ἐλπίδος, ἐπειδὴ ταύτης ἐπιθυμεῖς ἀκούειν. Θεὸς δέ που οἶδεν εἰ ἀληθὴς οὖσα τυγχάνει. Τὰ δ᾽ οὖν ἐμοὶ φαινόμενα οὕτω φαίνεται, ἐν τῷ γνωστῷ τελευταία ἡ τοῦ ἀγαθοῦ ἰδέα καὶ μόγις ὁρᾶσθαι, ὀφθεῖσα δὲ συλλογιστέα εἶναι ὡς ἄρα πᾶσι πάντων αὕτη ὀρθῶν τε καὶ καλῶν αἰτία, ἔν τε ὁρατῷ φῶς καὶ τὸν τούτου κύριον τεκοῦσα, ἔν τε νοητῷ αὐτὴ κυρία ἀλήθειαν καὶ νοῦν παρασχομένη, καὶ ὅτι δεῖ ταύτην ἰδεῖν τὸν μέλλοντα ἐμφρόνως πράξειν ἢ ἰδίᾳ ἢ δημοσίᾳ.

explanation of this parable

c

Ξυνοίομαι, ἔφη, καὶ ἐγώ, ὅν γε δὴ τρόπον δύναμαι.

296—Ib., 517 c-518 b:

Ἴθι τοίνυν, ἦν δ᾽ ἐγώ, καὶ τόδε ξυννοήθητι καὶ μὴ θαυμάσῃς ὅτι οἱ ἐνταῦθα ἐλθόντες οὐκ ἐθέλουσιν τὰ τῶν ἀνθρώπων πράττειν, ἀλλ᾽ ἄνω ἀεὶ ἐπείγονται αὐτῶν αἱ ψυχαὶ διατρίβειν · εἰκὸς γάρ που οὕτως, εἴπερ αὖ κατὰ τὴν προειρημένην εἰκόνα τοῦτ᾽ ἔχει.

consequences of this condition of man

d

Εἰκὸς μέντοι, ἔφη.

Τί δέ; τόδε οἴει τι θαυμαστόν, εἰ ἀπὸ θείων, ἦν δ᾽ ἐγώ, θεωριῶν ἐπὶ τὰ ἀνθρώπειά τις ἐλθὼν κακὰ ἀσχημονεῖ τε καὶ φαίνεται σφόδρα γελοῖος ἔτι ἀμβλυώττων καὶ πρὶν ἱκανῶς συνήθης γενέσθαι τῷ παρόντι σκότῳ ἀναγκαζόμενος ἐν δικαστηρίοις ἢ ἄλλοθί που ἀγωνίζεσθαι περὶ τῶν τοῦ δικαίου σκιῶν ἢ ἀγαλμάτων ὧν αἱ σκιαί, καὶ διαμιλλᾶσθαι περὶ τούτου, ὅπῃ ποτὲ ὑπολαμβάνεται ταῦτα ὑπὸ τῶν αὐτὴν δικαιοσύνην μὴ πώποτε ἰδόντων;

e

Οὐδ᾽ ὁπωστιοῦν θαυμαστόν, ἔφη.

Ἀλλ᾽ εἰ νοῦν γε ἔχοι τις, ἦν δ᾽ ἐγώ, μεμνῇτ᾽ ἂν ὅτι διτταὶ καὶ ἀπὸ διττῶν γίγνονται ἐπιταράξεις ὄμμασιν, ἔκ τε φωτὸς εἰς σκότος μεθισταμένων καὶ ἐκ

518a

---

[1] measuring the shadows.
[2] before his eyes have got accustomed to the darkness.

σκότους εἰς φῶς. Ταὐτὰ δὲ ταῦτα νομίσας γίγνεσθαι καὶ περὶ ψυχήν, ὁπότε
ἴδοι θορυβουμένην τινὰ καὶ ἀδυνατοῦσάν τι καθορᾶν, οὐκ ἂν ἀλογίστως γελῷ,
ἀλλ' ἐπισκοποῖ ἂν πότερον ἐκ φανοτέρου βίου ἥκουσα ὑπὸ ἀηθείας ἐσκότωται,
b ἢ ἐξ ἀμαθίας πλείονος εἰς φανότερον ἰοῦσα ὑπὸ λαμπροτέρου μαρμαρυγῆς
ἐμπέπλησται, καὶ οὕτω δὴ τὴν μὲν εὐδαιμονίσειεν ἂν τοῦ πάθους τε καὶ βίου,
τὴν δὲ ἐλεήσειεν, καὶ εἰ γελᾶν ἐπ' αὐτῇ βούλοιτο, ἧττον ἂν καταγέλαστος ὁ
γέλως αὐτῷ εἴη ἢ ὁ ἐπὶ τῇ ἄνωθεν ἐκ φωτὸς ἡκούσῃ.

Καὶ μάλα, ἔφη, μετρίως λέγεις.

297—a. Ib., 518 b-d:

the conse-
quences of it
as to educa-
tion

Δεῖ δή, εἶπον, ἡμᾶς τοιόνδε νομίσαι περὶ αὐτῶν, εἰ ταῦτ' ἀληθῆ · τὴν παι-
δείαν οὐχ οἵαν τινὲς ἐπαγγελλόμενοί φασιν εἶναι τοιαύτην καὶ εἶναι. Φασὶ δέ
c που οὐκ ἐνούσης ἐν τῇ ψυχῇ ἐπιστήμης σφεῖς ἐντιθέναι, οἷον τυφλοῖς ὀφθαλμοῖς
ὄψιν ἐντιθέντες.

Φασὶ γὰρ οὖν, ἔφη.

Ὁ δέ γε νῦν λόγος, ἦν δ' ἐγώ, σημαίνει ταύτην τὴν ἐνοῦσαν ἑκάστου δύναμιν
ἐν τῇ ψυχῇ καὶ τὸ ὄργανον ᾧ καταμανθάνει ἕκαστος, οἷον εἰ ὄμμα μὴ δυνατὸν
ἦν ἄλλως ἢ ξὺν ὅλῳ τῷ σώματι στρέφειν πρὸς τὸ φανὸν ἐκ τοῦ σκοτώδους,
οὕτω ξὺν ὅλῃ τῇ ψυχῇ ἐκ τοῦ γιγνομένου περιακτέον εἶναι, ἕως ἂν εἰς τὸ ὂν
καὶ τοῦ ὄντος τὸ φανότατον δυνατὴ γένηται ἀνασχέσθαι θεωμένη · τοῦτο δ'
d εἶναί φαμεν τἀγαθόν · ἢ γάρ;

Ναί.

Τούτου τοίνυν, ἦν δ' ἐγώ, αὐτοῦ τέχνη ἂν εἴη, τῆς περιαγωγῆς, τίνα τρόπον
ὡς ῥᾷστά τε καὶ ἀνυσιμώτατα μεταστραφήσεται, οὐ τοῦ ἐμποιῆσαι αὐτῷ τὸ
ὁρᾶν, ἀλλ' ὡς ἔχοντι μὲν αὐτό, οὐκ ὀρθῶς δὲ τετραμμένῳ οὐδὲ βλέποντι οἷ
ἔδει, τοῦτο διαμηχανήσασθαι.

Ἔοικεν γάρ, ἔφη.

With this passage cp. the doctrine of the anamnesis, expounded in the *Meno*,
81a-86c. Socr. there is replying to the eristical argument that it is impossible to
seek (ὡς οὐκ ἄρα ἔστιν ζητεῖν ἀνθρώπῳ). For you cannot seek for a thing you don't
know. He rejects this argument, referring to the doctrine of the immortality of
the soul, taught by some wise men, priests and priestesses.

this passage
compared to
the doctrine
of anamnesis
in the Meno

b. Pl., *Meno* 81 b³⁻⁶; c⁵-d⁵:

Φασὶ γὰρ τὴν ψυχὴν τοῦ ἀνθρώπου εἶναι ἀθάνατον καὶ τοτὲ μὲν τελευτᾶν,
ὃ δὴ ἀποθνήσκειν καλοῦσι, τοτὲ δὲ πάλιν γίγνεσθαι, ἀπόλλυσθαι δ' οὐδέποτε ·
δεῖν δὴ διὰ ταῦτα ὡς ὁσιώτατα διαβιῶναι τὸν βίον · —

81c　　　Ἅτε οὖν ἡ ψυχὴ ἀθάνατός τε οὖσα καὶ πολλάκις γεγονυῖα, καὶ ἑωρα-
κυῖα καὶ τὰ ἐνθάδε καὶ τὰ ἐν Ἅιδου πάντα χρήματα, οὐκ ἔστιν ὅ τι οὐ μεμά-

θηκεν · ὥστε οὐδὲν θαυμαστὸν καὶ περὶ ἀρετῆς καὶ περὶ ἄλλων οἷόν τ' εἶναι
αὐτὴν ἀναμνησθῆναι, ἅ γε καὶ πρότερον ἠπίστατο. "Ατε γὰρ τῆς φύσεως
ἁπάσης συγγενοῦς οὔσης καὶ μεμαθηκυίας τῆς ψυχῆς ἅπαντα, οὐδὲν κωλύει d
ἓν μόνον ἀναμνησθέντα, ὃ δὴ μάθησιν καλοῦσιν ἄνθρωποι, τἆλλα πάντα αὐτὸν
ἀνευρεῖν, ἐάν τις ἀνδρεῖος ᾖ καὶ μὴ ἀποκάμνῃ ζητῶν · τὸ γὰρ ζητεῖν ἄρα
καὶ τὸ μανθάνειν ἀνάμνησις ὅλον ἐστίν.

c. Cf. Pl., *Phaedo* 72 e:

κατ' ἐκεῖνόν γε τὸν λόγον, ὦ Σώκρατες, εἰ ἀληθής ἐστιν, ὃν σὺ εἴωθας
θαμὰ λέγειν, ὅτι ἡμῖν ἡ μάθησις οὐκ ἄλλο τι ἢ ἀνάμνησις τυγχάνει οὖσα, καὶ
κατὰ τοῦτον ἀνάγκη που ἡμᾶς ἐν προτέρῳ τινὶ χρόνῳ μεμαθηκέναι, ἃ νῦν
ἀναμιμνησκόμεθα.

298—Pl., *Rep.* VII 521 c-d:

again: how the philosophers ought to be educated

Βούλει οὖν τοῦτ' ἤδη σκοπῶμεν, τίνα τρόπον οἱ τοιοῦτοι ἐγγενήσονται, καὶ
πῶς τις ἀνάξει αὐτοὺς εἰς φῶς, ὥσπερ ἐξ "Αιδου λέγονται δή τινες εἰς θεοὺς
ἀνελθεῖν;

Πῶς γὰρ οὐ βούλομαι; ἔφη.

Τοῦτο δή, ὡς ἔοικεν, οὐκ ὀστράκου ἂν εἴη περιστροφή, ἀλλὰ ψυχῆς περια-
γωγὴ ἐκ νυκτερινῆς τινος ἡμέρας εἰς ἀληθινήν, τοῦ ὄντος οὖσαν ἐπάνοδον,
ἣν δὴ φιλοσοφίαν ἀληθῆ φήσομεν εἶναι.

Πάνυ μὲν οὖν.

Οὐκοῦν δεῖ σκοπεῖσθαι τί τῶν μαθημάτων ἔχει τοιαύτην δύναμιν; 521d
Πῶς γὰρ οὔ;

Τί ἂν οὖν εἴη, ὦ Γλαύκων, μάθημα ψυχῆς ὁλκὸν ἀπὸ τοῦ γιγνομένου ἐπὶ τὸ ὄν;

In the following pages first of all arithmetic is mentioned as a due training of
the mind, being παρακλητικὴ τῆς διανοίας; next geometry, stereometry, astronomy,
and lastly musicology (ἁρμονία), all on this condition, that abstraction is made
of all things sensible. These sciences ought to be seen in mutual correlation.

299—Ib., 531 c⁹-532 d¹:

531d
mutual correlation of the auxiliatory sciences

Οἶμαι δέ γε, ἦν δ' ἐγώ, καὶ ἡ τούτων πάντων ὧν διεληλύθαμεν μέθοδος ἐὰν
μὲν ἐπὶ τὴν ἀλλήλων κοινωνίαν ἀφίκηται καὶ ξυγγένειαν, καὶ ξυλλογισθῇ
ταῦτα ᾖ ἐστιν ἀλλήλοις οἰκεῖα, φέρειν τι αὐτῶν εἰς ἃ βουλόμεθα τὴν πραγμα-
τείαν καὶ οὐκ ἀνόνητα πονεῖσθαι, εἰ δὲ μή, ἀνόνητα.

Καὶ ἐγώ, ἔφη, οὕτω μαντεύομαι. Ἀλλὰ πάμπολυ ἔργον λέγεις, ὦ Σώκρατες.

Τοῦ προοιμίου, ἦν δ' ἐγώ, ἢ τίνος λέγεις; ἢ οὐκ ἴσμεν ὅτι πάντα ταῦτα
προοίμιά ἐστιν αὐτοῦ τοῦ νόμου ὃν δεῖ μαθεῖν; οὐ γάρ που δοκοῦσί γέ σοι οἱ
ταῦτα δεινοὶ διαλεκτικοὶ εἶναι.

Οὐ μὰ τὸν Δί', ἔφη, εἰ μὴ μάλα γέ τινες ὀλίγοι ὧν ἐγὼ ἐντετύχηκα. e

De Vogel, Greek Philosophy I

14

'Αλλ' ἤδη, εἶπον, οἱ μὴ δυνατοὶ ὄντες δοῦναί τε καὶ ἀποδέξασθαι λόγον
εἴσεσθαί ποτέ τι ὧν φαμεν δεῖν εἰδέναι;

Οὐδ' αὖ, ἔφη, τοῦτό γε.

dialectic   Οὐκοῦν, εἶπον, ὦ Γλαύκων, οὗτός ἤδη αὐτός ἐστιν ὁ νόμος ὃν τὸ διαλέγεσθαι
532a   περαίνει; ὃν καὶ ὄντα νοητὸν μιμοῖτ' ἂν ἡ τῆς ὄψεως δύναμις, ἣν ἐλέγομεν
        πρὸς αὐτὰ ἤδη τὰ ζῷα ἐπιχειρεῖν ἀποβλέπειν καὶ πρὸς αὐτὰ <τὰ> ἄστρα τε καὶ
        τελευταῖον δὴ πρὸς αὐτὸν τὸν ἥλιον. Οὕτω καὶ ὅταν τις τῷ διαλέγεσθαι
        ἐπιχειρῇ ἄνευ πασῶν αἰσθήσεων διὰ τοῦ λόγου ἐπ' αὐτὸ ὃ ἔστιν ἕκαστον
    b   ὁρμᾶν, καὶ μὴ ἀποστῇ πρὶν ἂν αὐτὸ ὃ ἔστιν ἀγαθὸν αὐτῇ νοήσει λάβῃ, ἐπ'
        αὐτῷ γίγνεται τῷ τοῦ νοητοῦ τέλει, ὥσπερ ἐκεῖνος τότε ἐπὶ τῷ τοῦ ὁρατοῦ.

Παντάπασι μὲν οὖν, ἔφη.

Τί οὖν; οὐ διαλεκτικὴν ταύτην τὴν πορείαν καλεῖς;

Τί μήν;

'Η δέ γε, ἦν δ' ἐγώ, λύσις τε ἀπὸ τῶν δεσμῶν καὶ μεταστροφὴ ἀπὸ τῶν
σκιῶν ἐπὶ τὰ εἴδωλα καὶ τὸ φῶς καὶ ἐκ τοῦ καταγείου εἰς τὸν ἥλιον ἐπάνοδος,
καὶ ἐκεῖ πρὸς μὲν τὰ ζῷά τε καὶ φυτὰ καὶ τὸ τοῦ ἡλίου φῶς ἔτι ἀδυναμία βλέπειν,
    c   πρὸς δὲ τὰ ἐν ὕδασι φαντάσματα θεῖα καὶ σκίας τῶν ὄντων, ἀλλ' οὐκ εἰδώλων
        σκιὰς δι' ἑτέρου τοιούτου φωτὸς ὡς πρὸς ἥλιον κρίνειν ἀποσκιαζομένας, πᾶσα
        αὕτη ἡ πραγματεία τῶν τεχνῶν ἃς διήλθομεν ταύτην ἔχει τὴν δύναμιν καὶ
        ἐπαναγωγὴν τοῦ βελτίστου ἐν ψυχῇ πρὸς τὴν τοῦ ἀρίστου ἐν τοῖς οὖσι θέαν,
        ὥσπερ τότε τοῦ σαφεστάτου ἐν σώματι πρὸς τὴν τοῦ φανοτάτου ἐν τῷ σωμα-
    d   τοειδεῖ τε καὶ ὁρατῷ τόπῳ.

required   **300**—Ib. 535 c-d:
qualities of
the philos-   Τὸ γοῦν νῦν ἁμάρτημα, ἦν δ' ἐγώ, καὶ ἡ ἀτιμία φιλοσοφίᾳ διὰ ταῦτα προσ-
opher   πέπτωκεν, ὃ καὶ πρότερον εἶπον, ὅτι οὐ κατ' ἀξίαν αὐτῆς ἅπτονται· οὐ γὰρ
        νόθους ἔδει ἅπτεσθαι, ἀλλὰ γνησίους.

Πῶς; ἔφη.

535d   Πρῶτον μέν, εἶπον, φιλοπονίᾳ οὐ χωλὸν δεῖ εἶναι τὸν ἁψόμενον, τὰ μὲν
        ἡμίσεα φιλόπονον, τὰ δ' ἡμίσεα ἄπονον. Ἔστι δὲ τοῦτο, ὅταν τις φιλογυμναστὴς
        μὲν καὶ φιλόθηρος ᾖ καὶ πάντα τὰ διὰ τοῦ σώματος φιλοπονῇ, φιλομαθὴς δὲ
        μή, μηδὲ φιλήκοος μηδὲ ζητητικός, ἀλλ' ἐν πᾶσι τούτοις μισοπονῇ· χωλὸς
        δὲ καὶ ὁ τἀναντία τούτου μεταβεβληκὼς τὴν φιλοπονίαν.

'Αληθέστατα, ἔφη, λέγεις.

no compul-   **301**—Ib. 536 d-537 a:
sory
education   Τὰ μὲν τοίνυν λογισμῶν τε καὶ γεωμετριῶν καὶ πάσης τῆς προπαιδείας, ἣν
        τῆς διαλεκτικῆς δεῖ προπαιδευθῆναι, παισὶν οὖσι χρὴ προβάλλειν, οὐχ ὡς
        ἐπάναγκες μαθεῖν τὸ σχῆμα τῆς διδαχῆς ποιουμένους.

Τί δή;

"Ότι, ἦν δ' ἐγώ, οὐδὲν μάθημα μετὰ δουλείας τὸν ἐλεύθερον χρὴ μανθάνειν.   536e
Οἱ μὲν γὰρ τοῦ σώματος πόνοι βίᾳ πονούμενοι χεῖρον οὐδὲν τὸ σῶμα ἀπεργά-
ζονται, ψυχῇ δὲ βίαιον οὐδὲν ἔμμονον μάθημα.

᾽Αληθῆ, ἔφη.

Μὴ τοίνυν βίᾳ, εἶπον, ὦ ἄριστε, τοὺς παῖδας ἐν τοῖς μαθήμασιν, ἀλλὰ παί-
ζοντας τρέφε, ἵνα καὶ μᾶλλον οἷός τ᾽ ᾖς καθορᾶν ἐφ᾽ ὃ ἕκαστος πέφυκεν.   537a

Cp. *Laws* VII 804 d, our nr. **384** with n. 3.

302—Ib. 537b-c:

at twenty
years a new
selection is
made

Μετὰ δὴ τοῦτον τὸν χρόνον, ἦν δ᾽ ἐγώ, ἐκ τῶν εἰκοσιετῶν οἱ προκριθέντες
τιμάς τε μείζους τῶν ἄλλων οἴσονται, τά τε χύδην μαθήματα παισὶν ἐν τῇ
παιδείᾳ γενόμενα τούτοις συνακτέον εἰς σύνοψιν οἰκειότητός τε ἀλλήλων τῶν   537c
μαθημάτων καὶ τῆς τοῦ ὄντος φύσεως.

Μόνη γοῦν, εἶπεν, ἡ τοιαύτη μάθησις βέβαιος, ἐν οἷς ἂν ἐγγένηται.

Καὶ μεγίστη γε, ἦν δ᾽ ἐγώ, πεῖρα διαλεκτικῆς φύσεως καὶ μή· ὁ μὲν γὰρ
συνοπτικὸς διαλεκτικός, ὁ δὲ μὴ οὔ.

303—a. Ib. 537 c⁹-d⁸:

at thirty a
selected
group is
admitted to
the study of
dialectic

Ταῦτα τοίνυν, ἦν δ᾽ ἐγώ, δεήσει σε ἐπισκοποῦντα, οἳ ἂν μάλιστα τοιοῦτοι
ἐν αὐτοῖς ὦσι καὶ μόνιμοι μὲν ἐν μαθήμασι, μόνιμοι δ᾽ ἐν πολέμῳ καὶ τοῖς
ἄλλοις νομίμοις, τούτους αὖ, ἐπειδὰν τὰ τριάκοντα ἔτη ἐκβαίνωσιν, ἐκ τῶν
προκρίτων προκρινάμενον εἰς μείζους τε τιμὰς καθιστάναι καὶ σκοπεῖν τῇ
τοῦ διαλέγεσθαι δυνάμει βασανίζοντα, τίς ὀμμάτων καὶ τῆς ἄλλης αἰσθήσεως
δυνατὸς μεθιέμενος ἐπ᾽ αὐτὸ τὸ ὂν μετ᾽ ἀληθείας ἰέναι. Καὶ ἐνταῦθα δὴ πολλῆς
φυλακῆς ἔργον, ὦ ἑταῖρε.

b. Ib. 539 e-540 a:

for how many
years ?

᾽Αμέλει, εἶπον, πέντε θές. Μετὰ γὰρ τοῦτο καταβιβαστέοι ἔσονταί σοι εἰς
τὸ σπήλαιον πάλιν ἐκεῖνο, καὶ ἀναγκαστέοι ἄρχειν τά τε περὶ τὸν πόλεμον καὶ
ὅσαι νέων ἀρχαί, ἵνα μηδ᾽ ἐμπειρίᾳ ὑστερῶσι τῶν ἄλλων · καὶ ἔτι καὶ ἐν τούτοις
βασανιστέοι, εἰ ἐμμενοῦσιν ἑλκόμενοι πανταχόσε ἤ τι καὶ παρακινήσουσι. —
Χρόνον δέ, ἦ δ᾽ ὅς, πόσον τοῦτον τίθης; — Πεντεκαίδεκα ἔτη, ἦν δ᾽ ἐγώ.

304—Ib. 540 a-c:

contempla-
tion

Γενομένων δὲ πεντηκοντουτῶν τοὺς διασωθέντας καὶ ἀριστεύσαντας πάντα
πάντη ἐν ἔργοις τε καὶ ἐπιστήμαις πρὸς τέλος ἤδη ἀκτέον, καὶ ἀναγκαστέον
ἀνακλίναντας τὴν τῆς ψυχῆς αὐγὴν εἰς αὐτὸ ἀποβλέψαι τὸ πᾶσι φῶς παρέχον,

καὶ ἰδόντας τὸ ἀγαθὸν αὐτό, παραδείγματι χρωμένους ἐκείνῳ, καὶ πόλιν καὶ
540b ἰδιώτας καὶ ἑαυτοὺς κοσμεῖν τὸν ἐπίλοιπον βίον ἐν μέρει ἑκάστους, τὸ μὲν
πολὺ πρὸς φιλοσοφίᾳ διατρίβοντας, ὅταν δὲ τὸ μέρος ἥκῃ, πρὸς πολιτικοῖς
ἐπιταλαιπωροῦντας καὶ ἄρχοντας ἑκάστους τῆς πόλεως ἕνεκα, οὐχ ὡς καλόν
τι, ἀλλ' ὡς ἀναγκαῖον πράττοντας, καὶ οὕτως ἄλλους ἀεὶ παιδεύσαντας τοιού-
τους, ἀντικαταλιπόντας τῆς πόλεως φύλακας, εἰς μακάρων νήσους ἀπιόντας
 c οἰκεῖν· μνημεῖα δ' αὐτοῖς καὶ θυσίας τὴν πόλιν δημοσίᾳ ποιεῖν, ἐὰν καὶ ἡ
Πυθία συναναιρῇ, ὡς δαίμοσιν, εἰ δὲ μή, ὡς εὐδαίμοσί τε καὶ θείοις.— Παγκά-
λους, ἔφη, τοὺς ἄρχοντας, ὦ Σώκρατες, ὥσπερ ἀνδριαντοποιὸς ἀπείργασαι. —
Καὶ τὰς ἀρχούσας γε, ἦν δ' ἐγώ, ὦ Γλαύκων· μηδὲν γάρ τι οἴου με περὶ
ἀνδρῶν εἰρηκέναι μᾶλλον, ἃ εἴρηκα, ἢ περὶ γυναικῶν, ὅσαι ἂν αὐτῶν ἱκαναὶ
τὰς φύσεις ἐγγίγνωνται. — Ὀρθῶς, ἔφη, εἴπερ ἴσα γε πάντα τοῖς ἀνδράσι
κοινωνήσουσιν, ὡς διήλθομεν.

305—This is the end of the ideal state. Can it be realized?—Plato
answers again: *it can*; and he adds a practical measure, namely:

a practical   Ib. 540 e-541 b: (It can be realized,) whenever the ruling philo-
measure
                  sophers — send away [1] — etc.

Ὅσοι μὲν ἂν, ἦν δ' ἐγώ, πρεσβύτεροι τυγχάνωσι δεκετῶν ἐν τῇ πόλει, πάντας
ἐκπέμψωσιν εἰς τοὺς ἀγρούς, τοὺς δὲ παῖδας αὐτῶν παραλαβόντες ἐκτὸς
τῶν νῦν ἠθῶν, ἃ καὶ οἱ γονῆς ἔχουσι, θρέψωνται ἐν τοῖς σφετέροις τρόποις καὶ
νόμοις, οὖσιν οἷος διεληλύθαμεν τότε· καὶ (συγχωρεῖτε) οὕτω τάχιστά τε καὶ
ῥᾷστα πόλιν τε καὶ πολιτείαν, ἣν ἐλέγομεν, καταστᾶσαν αὐτήν τε εὐδαιμονήσειν
καὶ τὸ ἔθνος ἐν ᾧ ἂν ἐγγένηται πλεῖστα ὀνήσειν; — Πολύ γ', ἔφη· καὶ ὡς
ἂν γένοιτο, εἴπερ ποτὲ γίγνοιτο, δοκεῖ μοι, ὦ Σώκρατες, εὖ εἰρηκέναι.

Rep. X, the   **306**—*Rep.* X, 613 a-c:
just and the
unjust   Οὕτως ἄρα ὑποληπτέον περὶ τοῦ δικαίου ἀνδρός, ἐάντ' ἐν πενίᾳ γίγνηται
ἐάντ' ἐν νόσοις ἤ τινι ἄλλῳ τῶν δοκούντων κακῶν, ὡς τούτῳ ταῦτα εἰς ἀγαθόν
τι τελευτήσει ζῶντι ἢ καὶ ἀποθανόντι. Οὐ γὰρ δὴ ὑπό γε θεῶν ποτε ἀμελεῖται
ὃς ἂν προθυμεῖσθαι ἐθέλῃ δίκαιος γίγνεσθαι καὶ ἐπιτηδεύων ἀρετὴν εἰς ὅσον
613b δυνατὸν ἀνθρώπῳ ὁμοιοῦσθαι θεῷ.
Εἰκός γ', ἔφη, τὸν τοιοῦτον μὴ ἀμελεῖσθαι ὑπὸ τοῦ ὁμοίου.
Οὐκοῦν περὶ τοῦ ἀδίκου τἀναντία τούτων δεῖ διανοεῖσθαι;
Σφόδρα γε.
Τὰ μὲν δὴ παρὰ θεῶν τοιαῦτ' ἂν εἴη νικητήρια τῷ δικαίῳ.
Κατὰ γοῦν ἐμὴν δόξαν, ἔφη.

---

[1] Before the cited text a ὅταν οἱ ἄρχοντες must be supplied.

Τί δέ, ἦν δ' ἐγώ, παρ' ἀνθρώπων; ἄρ' οὐχ ὧδε ἔχει, εἰ δεῖ τὸ ὂν τιθέναι; οὐχ οἱ μὲν δεινοί τε καὶ ἄδικοι δρῶσιν ὅπερ οἱ δρομῆς ὅσοι ἂν θέωσιν εὖ ἀπὸ τῶν κάτω, ἀπὸ δὲ τῶν ἄνω μή; Τὸ μὲν πρῶτον ὀξέως ἀποπηδῶσιν, τελευτῶντες δὲ καταγέλαστοι γίγνονται, τὰ ὦτα ἐπὶ τῶν ὤμων ἔχοντες καὶ ἀστε- c φάνωτοι ἀποτρέχοντες · οἱ δὲ τῇ ἀληθείᾳ δρομικοὶ εἰς τέλος ἐλθόντες τά τε ἆθλα λαμβάνουσιν καὶ στεφανοῦνται. Οὐχ οὕτω καὶ περὶ τῶν δικαίων τὸ πολὺ ξυμβαίνει; πρὸς τὸ τέλος ἑκάστης πράξεως καὶ ὁμιλίας καὶ τοῦ βίου εὐδοκιμοῦσί τε καὶ τὰ ἆθλα παρὰ τῶν ἀνθρώπων φέρονται;

Καὶ μάλα.

307—Ib. 613 e-616 c; 617 d-621 d:

Ἃ μὲν τοίνυν, ἦν δ' ἐγώ, ζῶντι τῷ δικαίῳ παρὰ θεῶν τε καὶ ἀνθρώπων ἆθλά τε καὶ μισθοὶ καὶ δῶρα γίγνεται πρὸς ἐκείνοις τοῖς ἀγαθοῖς οἷς αὐτὴ παρείχετο 614a ἡ δικαιοσύνη, τοιαῦτ' ἂν εἴη.

Καὶ μάλ', ἔφη, καλά τε καὶ βέβαια.

Ταῦτα τοίνυν, ἦν δ' ἐγώ, οὐδέν ἐστι πλήθει οὐδὲ μεγέθει πρὸς ἐκεῖνα ἃ τελευτήσαντα ἑκάτερον περιμένει · χρὴ δ' αὐτὰ ἀκοῦσαι, ἵνα τελέως ἑκάτερος αὐτῶν ἀπειλήφῃ τὰ ὑπὸ τοῦ λόγου ὀφειλόμενα ἀκοῦσαι.

Λέγοις ἄν, ἔφη, ὡς οὐ πολλὰ ἄλλ' ἥδιον ἀκούοντι. b

Ἀλλ' οὐ μέντοι σοι, ἦν δ' ἐγώ, Ἀλκίνου γε ἀπόλογον[1] ἐρῶ, ἀλλ' ἀλκίμου μὲν ἀνδρός, Ἡρὸς τοῦ Ἀρμενίου, τὸ γένος Παμφύλου · ὅς ποτε ἐν πολέμῳ τελευτήσας, ἀναιρεθέντων δεκαταίων[2] τῶν νεκρῶν ἤδη διεφθαρμένων, ὑγιὴς μὲν ἀνῃρέθη, κομισθεὶς δ' οἴκαδε μέλλων θάπτεσθαι δωδεκαταῖος ἐπὶ τῇ πυρᾷ κείμενος ἀνεβίω, ἀναβιοὺς δ' ἔλεγεν ἃ ἐκεῖ ἴδοι. Ἔφη δέ, ἐπειδὴ οὗ ἐκβῆναι, τὴν ψυχὴν πορεύεσθαι μετὰ πολλῶν, καὶ ἀφικνεῖσθαι σφᾶς εἰς τόπον τινὰ c δαιμόνιον, ἐν ᾧ τῆς τε γῆς δύ' εἶναι χάσματα ἐχομένω ἀλλήλοιν καὶ τοῦ οὐρανοῦ αὖ ἐν τῷ ἄνω ἄλλα καταντικρύ. Δικαστὰς δὲ μεταξὺ τούτων καθῆσθαι, οὕς, ἐπειδὴ διαδικάσειαν, τοὺς μὲν δικαίους κελεύειν πορεύεσθαι τὴν εἰς δεξιάν τε καὶ ἄνω διὰ τοῦ οὐρανοῦ, σημεῖα περιάψαντας τῶν δεδικασμένων ἐν τῷ πρόσθεν, τοὺς δὲ ἀδίκους τὴν εἰς ἀριστεράν τε καὶ κάτω, ἔχοντας καὶ τούτους ἐν τῷ ὄπισθεν σημεῖα πάντων ὧν ἔπραξαν. Ἑαυτοῦ δὲ προσελθόντος d εἰπεῖν ὅτι δέοι αὐτὸν ἄγγελον ἀνθρώποις γενέσθαι τῶν ἐκεῖ καὶ διακελεύοιντό οἱ ἀκούειν τε καὶ θεᾶσθαι πάντα τὰ ἐν τῷ τόπῳ. Ὁρᾶν δὴ ταύτῃ μὲν καθ' ἑκάτερον τὸ χάσμα τοῦ οὐρανοῦ τε καὶ τῆς γῆς ἀπιούσας τὰς ψυχάς, ἐπειδὴ αὐταῖς δικασθείη, κατὰ δὲ τὼ ἑτέρω ἐκ μὲν τοῦ ἀνιέναι ἐκ τῆς γῆς μεστὰς αὐχμοῦ τε καὶ κόνεως, ἐκ δὲ τοῦ ἑτέρου καταβαίνειν ἑτέρας ἐκ τοῦ οὐρανοῦ

---

[1] Long and tedious stories were called by the Greeks Ἀλκίνου ἀπόλογοι (from the story told by Odysseus to Alcinous in *Od.* IX—XII). Cf. Arist., *Rhet.* 1417 a¹³ and *Poet.* 1455 a². [2] ten days afterwards.

e καθαράς. Καὶ τὰς ἀεὶ ἀφικνουμένας ὥσπερ ἐκ πολλῆς πορείας φαίνεσθαι
ἥκειν, καὶ ἀσμένας εἰς τὸν λειμῶνα ἀπιούσας οἷον ἐν πανηγύρει κατασκηνᾶσθαι,
καὶ ἀσπάζεσθαί τε ἀλλήλας ὅσαι γνώριμαι, καὶ πυνθάνεσθαι τάς τε ἐκ τῆς γῆς
ἡκούσας παρὰ τῶν ἑτέρων τὰ ἐκεῖ καὶ τὰς ἐκ τοῦ οὐρανοῦ τὰ παρ' ἐκείναις,
διηγεῖσθαι δὲ ἀλλήλαις τὰς μὲν ὀδυρομένας τε καὶ κλαούσας, ἀναμιμνησκομένας
615a ὅσα τε καὶ οἷα πάθοιεν καὶ ἴδοιεν ἐν τῇ ὑπὸ γῆς πορείᾳ (εἶναι δὲ τὴν πορείαν
χιλιέτη), τὰς δ' αὖ ἐκ τοῦ οὐρανοῦ εὐπαθείας διηγεῖσθαι καὶ θέας ἀμηχάνους
τὸ κάλλος. Τὰ μὲν οὖν πολλά, ὦ Γλαύκων, πολλοῦ χρόνου διηγήσασθαι · τὸ

the punish-
ment tenfold
the sin

δ' οὖν κεφάλαιον ἔφη τόδε εἶναι, ὅσα πώποτέ τινα ἠδίκησαν καὶ ὅσους ἕκαστοι,
ὑπὲρ ἁπάντων δίκην δεδωκέναι ἐν μέρει, ὑπὲρ ἑκάστου δεκάκις, τοῦτο δ' εἶναι

b κατὰ ἑκατονταετηρίδα ἑκάστην, ὡς βίου ὄντος τοσούτου τοῦ ἀνθρωπίνου,
ἵνα δεκαπλάσιον τὸ ἔκτεισμα τοῦ ἀδικήματος ἐκτίνοιεν, καὶ οἷον εἴ τινες πολλοῖς
θανάτων ἦσαν αἴτιοι, ἢ πόλεις προδόντες ἢ στρατόπεδα, καὶ εἰς δουλείας ἐμβε-
βληκότες ἢ τινος ἄλλης κακουχίας μεταίτιοι, πάντων τούτων δεκαπλασίας
ἀλγηδόνας ὑπὲρ ἑκάστου κομίσαιντο, καὶ αὖ εἴ τινας εὐεργεσίας εὐηργετηκότες
καὶ δίκαιοι καὶ ὅσιοι γεγονότες εἶεν, κατὰ ταὐτὰ τὴν ἀξίαν κομίζοιντο. Τῶν

c δὲ εὐθὺς γενομένων καὶ ὀλίγον χρόνον βιούντων πέρι ἄλλα ἔλεγεν οὐκ ἄξια
μνήμης. Εἰς δὲ θεοὺς ἀσεβείας τε καὶ εὐσεβείας καὶ γονέας καὶ αὐτόχειρος
φόνου μείζους ἔτι τοὺς μισθοὺς διηγεῖτο.

the tyrant Ar-
diaeus

Ἔφη γὰρ δὴ παραγενέσθαι ἐρωτωμένῳ ἑτέρῳ ὑπὸ ἑτέρου ὅπου εἴη Ἀρδιαῖος
ὁ μέγας. Ὁ δὲ Ἀρδιαῖος οὗτος τῆς Παμφυλίας ἔν τινι πόλει τύραννος ἐγεγόνει,
ἤδη χιλιοστὸν ἔτος εἰς ἐκεῖνον τὸν χρόνον, γέροντά τε πατέρα ἀποκτείνας καὶ

d πρεσβύτερον ἀδελφόν, καὶ ἄλλα δὴ πολλά τε καὶ ἀνόσια εἰργασμένος, ὡς ἐλέ-
γετο. Ἔφη οὖν τὸν ἐρωτώμενον εἰπεῖν, ,,Οὐχ ἥκει,'' φάναι, ,,οὐδ' ἂν ἥξοι δεῦρο.''

Ἐθεασάμεθα γὰρ οὖν δὴ καὶ τοῦτο τῶν δεινῶν θεαμάτων · ἐπειδὴ ἐγγὺς
τοῦ στομίου ἦμεν μέλλοντες ἀνιέναι καὶ τἆλλα πάντα πεπονθότες, ἐκεῖνόν τε
κατείδομεν ἐξαίφνης καὶ ἄλλους, σχεδόν τι αὐτῶν τοὺς πλείστους τυράννους ·
ἦσαν δὲ καὶ ἰδιῶταί τινες τῶν μεγάλα ἡμαρτηκότων · οὓς οἰομένους ἤδη ἀνα-

e βήσεσθαι οὐκ ἐδέχετο τὸ στόμιον, ἀλλ' ἐμυκᾶτο ὁπότε τις τῶν οὕτως ἀνιάτως
ἐχόντων εἰς πονηρίαν ἢ μὴ ἱκανῶς δεδωκὼς δίκην ἐπιχειροῖ ἀνιέναι. Ἐνταῦθα
δὴ ἄνδρες, ἔφη, ἄγριοι, διάπυροι ἰδεῖν, παρεστῶτες καὶ καταμανθάνοντες τὸ
φθέγμα, τοὺς μὲν διαλαβόντες ἦγον, τὸν δὲ Ἀρδιαῖον καὶ ἄλλους συμποδίσαντες

616a χεῖράς τε καὶ πόδας καὶ κεφαλήν, καταβαλόντες καὶ ἐκδείραντες, εἷλκον παρὰ
τὴν ὁδὸν ἐκτὸς ἐπ' ἀσπαλάθων κνάμπτοντες ¹, καὶ τοῖς ἀεὶ παριοῦσι σημαίνοντες
ὧν ἕνεκά τε καὶ ὅτι εἰς τὸν Τάρταρον ἐμπεσούμενοι ἄγοιντο. Ἔνθα δὴ φόβων,
ἔφη, πολλῶν καὶ παντοδαπῶν σφίσιν γεγονότων, τοῦτον ὑπερβάλλειν, μὴ
γένοιτο ἑκάστῳ τὸ φθέγμα ὅτε ἀναβαίνοι, καὶ ἀσμενέστατα ἕκαστον σιγήσαντος

---

¹ "carding them on thorns like wool."

ἀναβῆναι. Καὶ τὰς μὲν δὴ δίκας τε καὶ τιμωρίας τοιαύτας τινὰς εἶναι, καὶ αὖ b
τὰς εὐεργεσίας ταύταις ἀντιστρόφους.

Ἐπειδὴ δὲ τοῖς ἐν τῷ λειμῶνι ἑκάστοις ἑπτὰ ἡμέραι γένοιντο, ἀναστάντας
ἐντεῦθεν δεῖν τῇ ὀγδόῃ πορεύεσθαι, καὶ ἀφικνεῖσθαι τεταρταίους ὅθεν καθορᾶν
ἄνωθεν διὰ παντὸς τοῦ οὐρανοῦ καὶ γῆς τεταμένον φῶς εὐθύ, οἷον κίονα, μά-
λιστα τῇ ἴριδι προσφερῆ, λαμπρότερον δὲ καὶ καθαρώτερον · εἰς ὃ ἀφικέσθαι
προελθόντας ἡμερησίαν ὁδόν, καὶ ἰδεῖν αὐτόθι κατὰ μέσον τὸ φῶς ἐκ τοῦ c
οὐρανοῦ τὰ ἄκρα αὐτοῦ τῶν δεσμῶν τεταμένα · εἶναι γὰρ τοῦτο τὸ φῶς ξύνδεσ-
μον τοῦ οὐρανοῦ, οἷον τὰ ὑποζώματα τῶν τριήρων, οὕτω πᾶσαν συνέχον τὴν
περιφοράν · ἐκ δὲ τῶν ἄκρων τεταμένον Ἀνάγκης ἄτρακτον.

the spindle of
Anankè

Next to her he sees the Fates—Lachesis, Clotho and Atropos—daughters of
Necessity, clothed in white robes, each sitting upon a throne.

Σφᾶς οὖν, ἐπειδὴ ἀφικέσθαι, εὐθὺς δεῖν ἰέναι πρὸς τὴν Λάχεσιν. 617d
Προφήτην οὖν τινα σφᾶς πρῶτον μὲν ἐν τάξει διαστῆσαι, ἔπειτα λαβόντα ἐκ
τῶν τῆς Λαχέσεως γονάτων κλήρους τε καὶ βίων παραδείγματα, ἀναβάντα
ἐπί τι βῆμα ὑψηλὸν εἰπεῖν ·

,,Ἀνάγκης θυγατρὸς κόρης Λαχέσεως λόγος. Ψυχαὶ ἐφήμεροι, ἀρχὴ ἄλλης
περιόδου θνητοῦ γένους θανατηφόρου. Οὐχ ὑμᾶς δαίμων λήξεται, ἀλλ᾽ ὑμεῖς
δαίμονα αἱρήσεσθε. Πρῶτος δ᾽ ὁ λαχὼν πρῶτος αἱρείσθω βίον ᾧ συνέσται
ἐξ ἀνάγκης. Ἀρετὴ δὲ ἀδέσποτον, ἣν τιμῶν καὶ ἀτιμάζων πλέον καὶ ἔλαττον
αὐτῆς ἕκαστος ἕξει. Αἰτία ἑλομένου · θεὸς ἀναίτιος.''

Lachesis
proclaims
the free
choice of
a life

Ταῦτα εἰπόντα ῥῖψαι ἐπὶ πάντας τοὺς κλήρους, τὸν δὲ παρ᾽ αὑτὸν πεσόντα
ἕκαστον ἀναιρεῖσθαι πλὴν οὗ [1], ἃ δὲ οὐκ ἐᾶν · τῷ δὲ ἀνελομένῳ δῆλον εἶναι
ὁπόστος εἰλήχει. Μετὰ δὲ τοῦτο αὖθις τὰ τῶν βίων παραδείγματα εἰς τὸ 618a
πρόσθεν σφῶν θεῖναι ἐπὶ τὴν γῆν, πολὺ πλείω τῶν παρόντων, εἶναι δὲ παντο-
δαπά · ζῴων τε γὰρ πάντων βίους καὶ δὴ καὶ τοὺς ἀνθρωπίνους ἅπαντας ·
τυραννίδας τε γὰρ ἐν αὐτοῖς εἶναι, τὰς μὲν διατελεῖς, τὰς δὲ καὶ μεταξὺ δια-
φθειρομένας, καὶ εἰς πενίας τε καὶ φυγὰς καὶ εἰς πτωχείας τελευτώσας · εἶναι
δὲ καὶ δοκίμων ἀνδρῶν βίους, τοὺς μὲν ἐπὶ εἴδεσιν [2] καὶ κατὰ κάλλη καὶ τὴν
ἄλλην ἰσχύν τε καὶ ἀγωνίαν, τοὺς δ᾽ ἐπὶ γένεσιν καὶ προγόνων ἀρεταῖς, καὶ b
ἀδοκίμων κατὰ ταῦτα, ὡσαύτως δὲ καὶ γυναικῶν. Ψυχῆς δὲ τάξιν [3] οὐκ ἐνεῖναι
διὰ τὸ ἀναγκαίως ἔχειν ἄλλον ἑλομένην βίον ἀλλοίαν γίγνεσθαι · τὰ δ᾽ ἄλλα
ἀλλήλοις τε καὶ πλούτοις καὶ πενίαις, τὰ δὲ νόσοις, τὰ δ᾽ ὑγιείαις μεμεῖχθαι,
τὰ δὲ καὶ μεσοῦν τούτων. Ἔνθα δή, ὡς ἔοικεν, ὦ φίλε Γλαύκων, ὁ πᾶς κίνδυνος
ἀνθρώπῳ, καὶ διὰ ταῦτα μάλιστα ἐπιμελητέον ὅπως ἕκαστος ἡμῶν τῶν ἄλλων
μαθημάτων ἀμελήσας τούτου τοῦ μαθήματος καὶ ζητητὴς καὶ μαθητὴς ἔσται, c
ἐάν ποθεν οἷός τ᾽ ᾖ μαθεῖν καὶ ἐξευρεῖν τίς αὐτὸν ποιήσει δυνατὸν καὶ ἐπιστή-

the decisive
moment

---

[1] Er himself.   [2] outward appearance.   [3] any definite character.

μονα, βίον καὶ χρηστὸν καὶ πονηρὸν διαγιγνώσκοντα, τὸν βελτίω ἐκ τῶν
δυνατῶν ἀεὶ πανταχοῦ αἱρεῖσθαι, ἀναλογιζόμενον πάντα τὰ νῦν δὴ ῥηθέντα
καὶ ξυντιθέμενα ἀλλήλοις καὶ διαιρούμενα πρὸς ἀρετὴν βίου πῶς ἔχει, καὶ
d εἰδέναι τί κάλλος πενίᾳ ἢ πλούτῳ κραθὲν καὶ μετὰ ποίας τινὸς ψυχῆς ἕξεως
κακὸν ἢ ἀγαθὸν ἐργάζεται, καὶ τί εὐγένειαι καὶ δυσγένειαι καὶ ἰδιωτεῖαι καὶ
ἀρχαὶ καὶ ἰσχύες καὶ ἀσθένειαι καὶ εὐμαθίαι καὶ δυσμαθίαι καὶ πάντα τὰ τοιαῦτα
τῶν φύσει περὶ ψυχὴν ὄντων καὶ τῶν ἐπικτήτων τί ξυγκεραννύμενα πρὸς
ἄλληλα ἐργάζεται, ὥστε ἐξ ἁπάντων αὐτῶν δυνατὸν εἶναι συλλογισάμενον
αἱρεῖσθαι, πρὸς τὴν τῆς ψυχῆς φύσιν ἀποβλέποντα, τόν τε χείρω καὶ τὸν ἀμείνω
e βίον, χείρω μὲν καλοῦντα ὃς αὐτὴν ἐκεῖσε ἄξει, εἰς τὸ ἀδικωτέραν γίγνεσθαι,
ἀμείνω δὲ ὅστις εἰς τὸ δικαιοτέραν, τὰ δὲ ἄλλα πάντα χαίρειν ἐάσει · ἑωράκαμεν
an adamant-
ine faith in
truth and
right
required
619a

γὰρ ὅτι ζῶντί τε καὶ τελευτήσαντι αὕτη κρατίστη αἵρεσις. Ἀδαμαντίνως
δὴ δεῖ ταύτην τὴν δόξαν ἔχοντα εἰς Ἅιδου ἰέναι, ὅπως ἂν ᾖ καὶ ἐκεῖ ἀνέκπληκτος
ὑπὸ πλούτων τε καὶ τῶν τοιούτων κακῶν, καὶ μὴ ἐμπεσὼν εἰς τυραννίδας καὶ
ἄλλας τοιαύτας πράξεις πολλὰ μὲν ἐργάσηται καὶ ἀνήκεστα κακά, ἔτι δὲ
αὐτὸς μείζω πάθῃ, ἀλλὰ γνῷ τὸν μέσον ἀεὶ τῶν τοιούτων βίον αἱρεῖσθαι, καὶ
φεύγειν τὰ ὑπερβάλλοντα ἑκατέρωσε καὶ ἐν τῷδε τῷ βίῳ κατὰ τὸ δυνατὸν
b καὶ ἐν παντὶ τῷ ἔπειτα · οὕτω γὰρ εὐδαιμονέστατος γίγνεται ἄνθρωπος.

Καὶ δὴ οὖν καὶ τότε ὁ ἐκεῖθεν ἄγγελος ἤγγελλε τὸν μὲν προφήτην οὕτως
εἰπεῖν · ,,Καὶ τελευταίῳ ἐπιόντι, ξὺν νῷ ἑλομένῳ, συντόνως ζῶντι κεῖται βίος
ἀγαπητός, οὐ κακός. Μήτε ὁ ἄρχων αἱρέσεως ἀμελείτω μήτε ὁ τελευτῶν
ἀθυμείτω.''

Εἰπόντος δὲ ταῦτα τὸν πρῶτον λαχόντα ἔφη εὐθὺς ἐπιόντα τὴν μεγίστην
τυραννίδα ἑλέσθαι, καὶ ὑπὸ ἀφροσύνης τε καὶ λαιμαργίας οὐ πάντα ἱκανῶς
c ἀνασκεψάμενον ἑλέσθαι, ἀλλ᾽ αὐτὸν λαθεῖν ἐνοῦσαν εἱμαρμένην παίδων αὐτοῦ
βρώσεις καὶ ἄλλα κακά · ἐπειδὴ δὲ κατὰ σχολὴν σκέψασθαι, κόπτεσθαί τε καὶ
ὀδύρεσθαι τὴν αἵρεσιν, οὐκ ἐμμένοντα τοῖς προρρηθεῖσιν ὑπὸ τοῦ προφήτου ·
οὐ γὰρ ἑαυτὸν αἰτιᾶσθαι τῶν κακῶν, ἀλλὰ τύχην τε καὶ δαίμονας καὶ πάντα
habit not
enough
without
philosophy
d

μᾶλλον ἀνθ᾽ ἑαυτοῦ. Εἶναι δὲ αὐτὸν τῶν ἐκ τοῦ οὐρανοῦ ἡκόντων, ἐν τεταγμένῃ
πολιτείᾳ ἐν τῷ προτέρῳ βίῳ βεβιωκότα, ἔθει ἄνευ φιλοσοφίας ἀρετῆς μετειλη-
φότα. Ὡς δὲ καὶ εἰπεῖν, οὐκ ἐλάττους εἶναι ἐν τοῖς τοιούτοις ἁλισκομένους
τοὺς ἐκ τοῦ οὐρανοῦ ἥκοντας, ἅτε πόνων ἀγυμνάστους · τῶν δ᾽ ἐκ τῆς γῆς τοὺς
πολλούς, ἅτε αὐτούς τε πεπονηκότας ἄλλους τε ἑωρακότας, οὐκ ἐξ ἐπιδρομῆς[1]
τὰς αἱρέσεις ποιεῖσθαι. Διὸ δὴ καὶ μεταβολὴν τῶν κακῶν καὶ τῶν ἀγαθῶν ταῖς
πολλαῖς τῶν ψυχῶν γίγνεσθαι καὶ διὰ τὴν τοῦ κλήρου τύχην · ἐπεὶ εἴ τις ἀεί,
e ὁπότε εἰς τὸν ἐνθάδε βίον ἀφικνοῖτο, ὑγιῶς φιλοσοφοῖ καὶ ὁ κλῆρος αὐτῷ τῆς
αἱρέσεως μὴ ἐν τελευταίοις πίπτοι, κινδυνεύει ἐκ τῶν ἐκεῖθεν ἀπαγγελλομένων[2]

---

[1] in a hurry.　　　　　　[2] according to this report of Er.

οὐ μόνον ἐνθάδε εὐδαιμονεῖν ἄν, ἀλλὰ καὶ τὴν ἐνθένδε ἐκεῖσε καὶ δεῦρο πάλιν
πορείαν οὐκ ἂν χθονίαν καὶ τραχεῖαν πορεύεσθαι, ἀλλὰ λείαν τε καὶ οὐρανίαν.

Ταύτην γὰρ δὴ ἔφη τὴν θέαν ἀξίαν εἶναι ἰδεῖν, ὡς ἕκασται αἱ ψυχαὶ ᾑροῦντο
τοὺς βίους · ἐλεεινήν τε γὰρ ἰδεῖν εἶναι καὶ γελοίαν καὶ θαυμασίαν · κατὰ
συνήθειαν γὰρ τοῦ προτέρου βίου τὰ πολλὰ αἱρεῖσθαι. Ἰδεῖν μὲν γὰρ ψυχὴν
ἔφη τήν ποτε Ὀρφέως γενομένην κύκνου βίον αἱρουμένην, μίσει τοῦ γυναικείου
γένους διὰ τὸν ὑπ' ἐκείνων θάνατον οὐκ ἐθέλουσαν ἐν γυναικὶ γεννηθεῖσαν
γενέσθαι · ἰδεῖν δὲ τὴν Θαμύρου ἀηδόνος ἑλομένην · ἰδεῖν δὲ καὶ κύκνον μετα-
βάλλοντα εἰς ἀνθρωπίνου βίου αἵρεσιν, καὶ ἄλλα ζῷα μουσικὰ ὡσαύτως.
Εἰκοστὴν δὲ λαχοῦσαν ψυχὴν ἑλέσθαι λέοντος βίον · εἶναι δὲ τὴν Αἴαντος τοῦ
Τελαμωνίου, φεύγουσαν ἄνθρωπον γενέσθαι, μεμνημένην τῆς τῶν ὅπλων
κρίσεως. Τὴν δ' ἐπὶ τούτῳ Ἀγαμέμνονος · ἔχθρα δὲ καὶ ταύτην τοῦ ἀνθρωπίνου
γένους διὰ τὰ πάθη ἀετοῦ διαλλάξαι βίον. Ἐν μέσοις δὲ λαχοῦσαν τὴν Ἀταλάν-
της ψυχήν, κατιδοῦσαν μεγάλας τιμὰς ἀθλητοῦ ἀνδρός, οὐ δύνασθαι παρελθεῖν,
ἀλλὰ λαβεῖν. Μετὰ δὲ ταύτην ἰδεῖν τὴν Ἐπειοῦ τοῦ Πανοπέως εἰς τεχνικῆς
γυναικὸς ἰοῦσαν φύσιν · πόρρω δ' ἐν ὑστάτοις ἰδεῖν τὴν τοῦ γελωτοποιοῦ
Θερσίτου πίθηκον ἐνδυομένην. Κατὰ τύχην δὲ τὴν Ὀδυσσέως λαχοῦσαν πασῶν
ὑστάτην αἱρησομένην ἰέναι, μνήμῃ δὲ τῶν προτέρων πόνων φιλοτιμίας λελωφη-
κυῖαν ζητεῖν περιιοῦσαν χρόνον πολὺν βίον ἀνδρὸς ἰδιώτου ἀπράγμονος, καὶ
μόγις εὑρεῖν κείμενόν που καὶ παρημελημένον ὑπὸ τῶν ἄλλων, καὶ εἰπεῖν
ἰδοῦσαν ὅτι τὰ αὐτὰ ἂν ἔπραξεν καὶ πρώτη λαχοῦσα, καὶ ἀσμένην ἑλέσθαι.
Καὶ ἐκ τῶν ἄλλων δὴ θηρίων ὡσαύτως εἰς ἀνθρώπους ἰέναι καὶ εἰς ἄλληλα,
τὰ μὲν ἄδικα εἰς τὰ ἄγρια, τὰ δὲ δίκαια εἰς τὰ ἥμερα μεταβάλλοντα, καὶ πάσας
μείξεις μείγνυσθαι.

Ἐπειδὴ δ' οὖν πάσας τὰς ψυχὰς τοὺς βίους ᾑρῆσθαι, ὥσπερ ἔλαχον ἐν τάξει
προσιέναι πρὸς τὴν Λάχεσιν · ἐκείνην δ' ἑκάστῳ ὃν εἵλετο δαίμονα, τοῦτον
φύλακα ξυμπέμπειν τοῦ βίου καὶ ἀποπληρωτὴν τῶν αἱρεθέντων. Ὃν πρῶτον
μὲν ἄγειν αὐτὴν πρὸς τὴν Κλωθὼ ὑπὸ τὴν ἐκείνης χεῖρά τε καὶ ἐπιστροφὴν
τῆς τοῦ ἀτράκτου δίνης, κυροῦντα ἣν λαχὼν εἵλετο μοῖραν · ταύτης δ' ἐφαψά-
μενον αὖθις ἐπὶ τὴν τῆς Ἀτρόπου ἄγειν νῆσιν, ἀμετάστροφα τὰ ἐπικλωσθέντα
ποιοῦντα · ἐντεῦθεν δὲ δὴ ἀμεταστρεπτὶ ὑπὸ τὸν τῆς Ἀνάγκης ἰέναι θρόνον,
καὶ δι' ἐκείνου διεξελθόντα, ἐπειδὴ καὶ οἱ ἄλλοι διῆλθον, πορεύεσθαι ἅπαντας
εἰς τὸ τῆς Λήθης πεδίον διὰ καύματός τε καὶ πνίγους δεινοῦ · καὶ γὰρ εἶναι
αὐτὸ κενὸν δένδρων τε καὶ ὅσα γῆ φύει. Σκηνᾶσθαι οὖν σφᾶς ἤδη ἑσπέρας
γιγνομένης παρὰ τὸν Ἀμέλητα ποταμόν, οὗ τὸ ὕδωρ ἀγγεῖον οὐδὲν στέγειν.
Μέτρον μὲν οὖν τι τοῦ ὕδατος πᾶσιν ἀναγκαῖον εἶναι πιεῖν, τοὺς δὲ φρονήσει
μὴ σῳζομένους πλέον πίνειν τοῦ μέτρου · τὸν δὲ ἀεὶ πιόντα πάντων ἐπιλανθά-
νεσθαι. Ἐπειδὴ δὲ κοιμηθῆναι καὶ μέσας νύκτας γενέσθαι, βροντήν τε καὶ
σεισμὸν γενέσθαι, καὶ ἐντεῦθεν ἐξαπίνης ἄλλον ἄλλῃ φέρεσθαι ἄνω εἰς τὴν

*how each
soul chooses
a life*

620a

b

c

d

*each soul
gets a
guardian
angel*

621a

b

γένεσιν, ἄττοντας ὥσπερ ἀστέρας. Αὐτὸς δὲ τοῦ μὲν ὕδατος κωλυθῆναι πιεῖν ·
ὅπῃ μέντοι καὶ ὅπως εἰς τὸ σῶμα ἀφίκοιτο, οὐκ εἰδέναι, ἀλλ᾽ ἐξαίφνης ἀνα-
βλέψας ἰδεῖν ἕωθεν αὐτὸν κείμενον ἐπὶ τῇ πυρᾷ.

　　Καὶ οὕτως, ὦ Γλαύκων, μῦθος ἐσώθη καὶ οὐκ ἀπώλετο, καὶ ἡμᾶς ἂν σώ-
c σειεν, ἂν πειθώμεθα αὐτῷ, καὶ τὸν τῆς Λήθης ποταμὸν εὖ διαβησόμεθα καὶ
τὴν ψυχὴν μιανθησόμεθα · ἀλλ᾽ ἂν ἐμοὶ πειθώμεθα, νομίζοντες ἀθάνατον
ψυχὴν καὶ δυνατὴν πάντα μὲν κακὰ ἀνέχεσθαι, πάντα δὲ ἀγαθά, τῆς ἄνω ὁδοῦ
ἀεὶ ἑξόμεθα καὶ δικαιοσύνην μετὰ φρονήσεως παντὶ τρόπῳ ἐπιτηδεύσομεν,
ἵνα καὶ ἡμῖν αὐτοῖς φίλοι ὦμεν καὶ τοῖς θεοῖς, αὐτοῦ τε μένοντες ἐνθάδε, καὶ
d ἐπειδὰν τὰ ἆθλα αὐτῆς κομιζώμεθα, ὥσπερ οἱ νικηφόροι περιαγειρόμενοι,
καὶ ἐνθάδε καὶ ἐν τῇ χιλιέτει πορείᾳ, ἣν διεληλύθαμεν, εὖ πράττωμεν.

6—CONCLUSIONS AND CRITICISM

conclusions   308—We may conclude:

　　1—The conception of the Ideas as a metaphysical Reality is strongly confirmed
by the doctrine of the Republic.

　　2—Justice as the true disposition of the soul is made by Plato essentially de-
pendent on the contemplation of true Reality. And of this contemplation Plato
says in *Ep.* VII 341c: Οὔκουν ἐμόν γε περὶ αὐτῶν ἔστιν σύγγραμμα οὐδὲ μήποτε
γένηται · ῥητὸν γὰρ οὐδαμῶς ἐστιν ὡς ἄλλα μαθήματα.

　　Cp. to this passage the dialogue between Glauco and Socrates in 509c (our nr.
293): Ἀλλὰ μήν, εἶπον, συχνά γε ἀπολείπω. E.q.s.

　　3—Justice does not depend on, nor is it effected by our deeds; but, inversely,
deeds follow out of the inner disposition of the soul.

　　4—Individual and community are for Plato so closely connected, that single
persons, who are enjoying the highest contemplation, are bound to return to the
earth and to the community of men, in order to realize there the ideal of justice,
i.e. the imitation of the invisible Reality.

　　5—Thus, the salvation of the individual and of the community depends wholly
on the contemplation of the Highest by a small number of elected spirits.

　　Cp. A. J. Festugière, *Contemplation et vie contemplative selon Platon*, Paris 1936,
p. 451-457.

St. Augusti-   **309**—Augustinus, *De vera relig.* 3, supposes a disciple, convinced by
nus on Plato-
nism and   Plato of the truth of his doctrine, asking the Master:
Christianity
　　Cum haec ergo a magistro sibi persuaderentur, si ex eo quaereret ille
discipulus, utrum, si quisquam existeret vir magnus atque divinus,
qui talia populis persuaderet credendâ saltem si percipere non valerent,
—eum divinis honoribus dignum iudicaret, responderet, credo, ille: non
posse hoc ab homine fieri, nisi quem forte ipsa Dei Virtus ac Sapientia
ab ipsa rerum natura exceptum, nec hominum magisterio, sed intima

illuminatione ab incunabulis illustratum, tanta honestaret gratia, tanta firmitate roboraret, tanta denique maiestate subveheret, ut omnia contemnendo quae pravi homines cupiunt, et omnia perpetiendo quae horrescunt, et omnia faciendo quae mirantur, genus humanum ad tam salubrem fidem summo amore atque auctoritate converteret.—

Now, as this really has happened in the present time, let then those who acknowledge that the Good must be strived after, yield to God.

Ib. 6: Ergo cedant ei a quo factum est, nec curiositate aut inani iactantia impediantur quominus agnoscant quid intersit inter paucorum tumidas * coniecturas et manifestam salutem correptionemque populorum. Illi enim si reviviscerent quorum isti nominibus gloriantur, et invenirent refertas ecclesias templaque deserta et a cupiditate bonorum temporalium et fluentium ad spem vitae aeternae et bona spiritualia et intelligibilia vocari et currere humanum genus, dicerent fortasse (si tales essent, quales fuisse memorantur): *Haec sunt quae nos persuadere populis non ausi sumus, et eorum potius consuetudini cessimus quam illos in nostram fidem voluntatemque traduximus.*

the difference between phil. and Chr. faith

310—a. Arist., *Politica* II 2, 1261 a^9-1262 a^{24}:

Aristotle's criticism of Plato's Rep. 1. the community of women

Ἔχει δὴ δυσχερείας ἄλλας τε πολλὰς τὸ πάντων εἶναι τὰς γυναῖκας κοινάς, καὶ δι' ἣν αἰτίαν φησὶ δεῖν νενομοθετῆσθαι τὸν τρόπον τοῦτον ὁ Σωκράτης, οὐ φαίνεται συμβαῖνον ἐκ τῶν λόγων · ἔτι δὲ πρὸς τὸ τέλος ὅ φησι τῇ πόλει δεῖν ὑπάρχειν, ὡς μὲν εἴρηται νῦν, ἀδύνατον, πῶς δὲ δεῖ διελεῖν, οὐδὲν διώρισται. λέγω δὲ τὸ μίαν εἶναι τὴν πόλιν πᾶσαν ὡς ἄριστον ὅτι μάλιστα · λαμβάνει 15 γὰρ ταύτην ὑπόθεσιν ὁ Σωκράτης. καίτοι φανερόν ἐστιν ὡς προϊοῦσα καὶ γινομένη μία μᾶλλον οὐδὲ πόλις ἔσται · πλῆθος γάρ τι τὴν φύσιν ἐστὶν ἡ πόλις, γινομένη τε μία μᾶλλον οἰκία μὲν ἐκ πόλεως, ἄνθρωπος δ' ἐξ οἰκίας ἔσται · μᾶλλον γὰρ μίαν τὴν οἰκίαν τῆς πόλεως φαίημεν ἄν, καὶ τὸν ἕνα τῆς οἰκίας · 20 ὥστ' εἰ καὶ δυνατός τις εἴη τοῦτο δρᾶν, οὐ ποιητέον · ἀναιρήσει γὰρ τὴν πόλιν · οὐ μόνον δ' ἐκ πλειόνων ἀνθρώπων ἐστὶν ἡ πόλις, ἀλλὰ καὶ ἐξ εἴδει διαφερόντων · οὐ γὰρ γίνεται πόλις ἐξ ὁμοίων. ἕτερον γὰρ συμμαχία καὶ πόλις · τὸ μὲν γὰρ τῷ ποσῷ χρήσιμον, κἂν ᾖ τὸ αὐτὸ τῷ εἴδει (βοηθείας γὰρ χάριν ἡ συμμα- 25 χία πέφυκεν), ὥσπερ ἂν εἰ σταθμὸς πλεῖον ἑλκύσῃ · διοίσει δὲ τῷ τοιούτῳ καὶ πόλις ἔθνους, ὅταν μὴ κατὰ κώμας ὦσι κεχωρισμένοι τὸ πλῆθος, ἀλλ' οἷον Ἀρκάδες · ἐξ ὧν δὲ δεῖ ἓν γενέσθαι, εἴδει διαφέρει. διόπερ τὸ ἴσον τὸ ἀντιπε- 30 πονθὸς [1] σώζει τὰς πόλεις, ὥσπερ ἐν τοῖς ἠθικοῖς εἴρηται πρότερον · ἐπεὶ

---

[1] "the principle of compensation" (B. Jowett).

* Others read: timidas.

καὶ ἐν τοῖς ἐλευθέροις καὶ ἴσοις ἀνάγκη τοῦτ᾽ εἶναι · ἅμα γὰρ οὐχ οἷόν τε πάντας
ἄρχειν, ἀλλ᾽ ἢ κατ᾽ ἐνιαυτὸν ἢ κατά τινα ἄλλην τάξιν ἢ χρόνον. καὶ συμβαίνει
1261a 35 δὴ τὸν τρόπον τοῦτον ὥστε πάντας ἄρχειν, ὥσπερ ἂν εἰ μετέβαλλον οἱ σκυτεῖς
καὶ οἱ τέκτονες καὶ μὴ οἱ αὐτοὶ ἀεὶ σκυτοτόμοι καὶ τέκτονες ἦσαν. ἐπεὶ δὲ
βέλτιον οὕτως ἔχειν καὶ τὰ περὶ τὴν κοινωνίαν τὴν πολιτικήν, δῆλον ὡς τοὺς
αὐτοὺς ἀεὶ βέλτιον ἄρχειν, εἰ δυνατόν · ἐν οἷς δὲ μὴ δυνατὸν διὰ τὸ τὴν φύσιν
b 1 ἴσους εἶναι πάντας, ἅμα δὲ καὶ δίκαιον, εἴτ᾽ ἀγαθὸν εἴτε φαῦλον τὸ ἄρχειν,
πάντας αὐτοῦ μετέχειν, τοῦτο δὲ μιμεῖται τὸ ἐν μέρει τοὺς ἴσους εἴκειν τὸ
θ᾽ ὡς ὁμοίους εἶναι ἔξω ἀρχῆς ¹ · οἱ μὲν γὰρ ἄρχουσιν οἱ δ᾽ ἄρχονται κατὰ
5 μέρος, ὥσπερ ἂν ἄλλοι γενόμενοι. καὶ τὸν αὐτὸν δὴ τρόπον ἀρχόντων ἕτεροι
ἑτέρας ἄρχουσιν ἀρχάς. φανερὸν τοίνυν ἐκ τούτων ὡς οὔτε πέφυκε μίαν οὕτως
εἶναι τὴν πόλιν ὥσπερ λέγουσί τινες, καὶ τὸ λεχθὲν ὡς μέγιστον ἀγαθὸν ἐν
ταῖς πόλεσιν ὅτι τὰς πόλεις ἀναιρεῖ · καίτοι τό γε ἑκάστου ἀγαθὸν σώζει ἕκα-
10 στον. ἔστι δὲ καὶ κατ᾽ ἄλλον τρόπον φανερὸν ὅτι τὸ λίαν ἑνοῦν ζητεῖν τὴν
πόλιν οὐκ ἔστιν ἄμεινον. οἰκία μὲν γὰρ αὐταρκέστερον ἑνός, πόλις δ᾽ οἰκίας ·
καὶ βούλεταί γ᾽ ἤδη τότ᾽ εἶναι πόλις, ὅταν αὐτάρκη συμβαίνῃ τὴν κοινωνίαν
εἶναι τοῦ πλήθους. εἴπερ οὖν αἱρετώτερον τὸ αὐταρκέστερον, καὶ τὸ ἧττον
15 ἓν τοῦ μᾶλλον αἱρετώτερον.

    Ἀλλὰ μὴν οὐδ᾽ εἰ τοῦτο ἄριστόν ἐστι, τὸ μίαν ὅτι μάλιστ᾽ εἶναι τὴν κοινω-
νίαν, οὐδὲ τοῦτο ἀποδείκνυσθαι φαίνεται κατὰ τὸν λόγον, ἐὰν πάντες ἅμα
λέγωσι τὸ ἐμὸν καὶ τὸ μὴ ἐμόν · τοῦτο γὰρ οἴεται ὁ Σωκράτης σημεῖον εἶναι
20 τοῦ τὴν πόλιν τελέως εἶναι μίαν. τὸ γὰρ πάντες διττόν. εἰ μὲν οὖν ὡς ἕκαστος,
τάχ᾽ ἂν εἴη μᾶλλον ὃ βούλεται ποιεῖν ὁ Σωκράτης, ἕκαστος γὰρ υἱὸν ἑαυτοῦ
φήσει τὸν αὐτὸν καὶ γυναῖκα δὴ τὴν αὐτήν, καὶ περὶ τῆς οὐσίας καὶ περὶ ἑκάστου
δὴ τῶν συμβαινόντων ὡσαύτως · νῦν δ᾽ οὐχ οὕτω φήσουσιν οἱ κοιναῖς χρώμενοι
25 ταῖς γυναιξὶ καὶ τοῖς τέκνοις, ἀλλὰ πάντες μέν, οὐχ ὡς ἕκαστος δ᾽ αὐτῶν.
ὁμοίως δὲ καὶ τὴν οὐσίαν πάντες μέν, οὐχ ὡς ἕκαστος δ᾽ αὐτῶν. ὅτι μὲν τοίνυν
παραλογισμός τίς ἐστι τὸ λέγειν πάντας, φανερόν · τὸ γὰρ πάντες καὶ ἀμφότερα
καὶ περιττὰ καὶ ἄρτια διὰ τὸ διττὸν καὶ ἐν τοῖς λόγοις ἐριστικοὺς ποιεῖ συλλο-
30 γισμούς · διὸ ἐστὶ τὸ πάντας τὸ αὐτὸ λέγειν ὡδὶ μὲν καλόν, ἀλλ᾽ οὐ δυνατόν,
ὡδὶ δ᾽ οὐδὲν ὁμονοητικόν · πρὸς δὲ τούτοις ἑτέραν ἔχει βλάβην τὸ λεγόμενον.
ἥκιστα γὰρ ἐπιμελείας τυγχάνει τὸ πλείστων κοινόν · τῶν γὰρ ἰδίων μάλιστα
35 φροντίζουσιν, τῶν δὲ κοινῶν ἧττον ἢ ὅσον ἑκάστῳ ἐπιβάλλει · πρὸς γὰρ τοῖς
ἄλλοις ὡς ἑτέρου φροντίζοντος ὀλιγωροῦσι μᾶλλον, ὥσπερ ἐν ταῖς οἰκετικαῖς
διακονίαις οἱ πολλοὶ θεράποντες ἐνίοτε χεῖρον ὑπηρετοῦσι τῶν ἐλαττόνων.
γίνονται δ᾽ ἑκάστῳ χίλιοι τῶν πολιτῶν υἱοί, καὶ οὗτοι οὐχ ὡς ἑκάστου, ἀλλὰ

----

¹ "An approximation to this is that equals should in turn retire from office
(τὸ ἐν μέρει τοὺς ἴσους εἴκειν) and should, apart from official position, be treated
alike" (B. Jowett). — Text of O. Immisch.

τοῦ τυχόντος ὁ τυχὼν ὁμοίως ἐστὶν υἱός · ὥστε πάντες ὁμοίως ὀλιγωρήσουσιν.   1262a
ἔτι οὕτως ἕκαστος ἐμὸς λέγει τὸν εὖ πράττοντα τῶν πολιτῶν ἢ κακῶς, ὁπόστος
τυγχάνει τὸν ἀριθμὸν ὤν, οἷον ἐμὸς ἢ τοῦ δεῖνος, τοῦτον τὸν τρόπον λέγων καθ'
ἕκαστον τῶν χιλίων, ἢ ὅσων ἡ πόλις ἐστί, καὶ τοῦτο διστάζων · ἄδηλον γὰρ   5
ᾧ συνέβη γενέσθαι τέκνον καὶ σωθῆναι γενόμενον. καίτοι πότερον οὕτω κρεῖττον
τὸ ἐμὸν λέγειν ἕκαστον τὸ αὐτὸ μὲν προσαγορεύοντας δισχιλίων καὶ μυρίων,
ἢ μᾶλλον ὡς νῦν ἐν ταῖς πόλεσι τὸ ἐμὸν λέγουσιν; ὁ μὲν γὰρ υἱὸν αὐτοῦ ὁ δ'
ἀδελφὸν αὐτοῦ προσαγορεύει τὸν αὐτόν, ὁ δ' ἀνεψιόν, ἢ κατ' ἄλλην τινὰ συγγέ-   10
νειαν, ἢ πρὸς αἵματος, ἢ κατ' οἰκειότητα καὶ κηδείαν αὐτοῦ πρῶτον ἢ τῶν
αὐτοῦ, πρὸς δὲ τούτοις ἕτερον φράτορα φυλέτην · κρεῖττον γὰρ ἴδιον ἀνεψιὸν
εἶναι ἢ τὸν τρόπον τοῦτον υἱόν. οὐ μὴν ἀλλ' οὐδὲ διαφυγεῖν δυνατὸν τὸ μή τινας
ὑπολαμβάνειν ἑαυτῶν ἀδελφούς τε καὶ παῖδας καὶ πατέρας καὶ μητέρας ·   15
κατὰ γὰρ τὰς ὁμοιότητας αἳ γίνονται τοῖς τέκνοις πρὸς τοὺς γεννήσαντας,
ἀναγκαῖον λαμβάνειν περὶ ἀλλήλων τὰς πίστεις. ὅπερ φασὶ καὶ συμβαίνειν
τινὲς τῶν τὰς τῆς γῆς περιόδους πραγματευομένων · εἶναι γάρ τισι τῶν ἄνω
Λιβύων κοινὰς τὰς γυναῖκας, τὰ μέντοι γενόμενα τέκνα διαιρεῖσθαι κατὰ τὰς   20
ὁμοιότητας. εἰσὶ δέ τινες καὶ γυναῖκες καὶ τῶν ἄλλων ζῴων, οἷον ἵπποι καὶ
βόες, αἳ σφόδρα πεφύκασιν ὅμοια ἀποδιδόναι τὰ τέκνα τοῖς γονεῦσιν, ὥσπερ
ἡ ἐν Φαρσάλῳ κληθεῖσα Δικαία ἵππος.

b. Ib., 5, 1262 b³⁷-1263 b¹⁴: 2. community
                                                                          of property
Ἐχόμενον δὲ τούτων ἐστὶν ἐπισκέψασθαι περὶ τῆς κτήσεως, τίνα τρόπον
δεῖ κατασκευάζεσθαι τοῖς μέλλουσι πολιτεύεσθαι τὴν ἀρίστην πολιτείαν,
πότερον κοινὴν ἢ μὴ κοινὴν εἶναι τὴν κτῆσιν. τοῦτο δ' ἄν τις καὶ χωρὶς σκέψαιτο
ἀπὸ τῶν περὶ τὰ τέκνα καὶ τὰς γυναῖκας νενομοθετημένων, λέγω δὲ τὰ περὶ
τὴν κτῆσιν πότερον κἂν ᾖ ἐκεῖνα χωρίς, καθ' ὃν νῦν τρόπον ἔχει πᾶσι, τάς τε   1263a
κτήσεις κοινὰς εἶναι βέλτιον καὶ τὰς χρήσεις, οἷον τὰ μὲν γήπεδα χωρίς, τοὺς
δὲ καρποὺς εἰς τὸ κοινὸν φέροντας ἀναλίσκειν (ὅπερ ἔνια ποιεῖ τῶν ἐθνῶν),
ἢ τοὐναντίον τὴν μὲν γῆν κοινὴν εἶναι καὶ γεωργεῖν κοινῇ, τοὺς δὲ καρποὺς   5
διαιρεῖσθαι πρὸς τὰς ἰδίας χρήσεις (λέγονται δέ τινες καὶ τοῦτον τὸν τρόπον
κοινωνεῖν τῶν βαρβάρων), ἢ καὶ τὰ γήπεδα καὶ τοὺς καρποὺς κοινούς · ἑτέρων
μὲν οὖν ὄντων τῶν γεωργούντων ἄλλος ἂν εἴη τρόπος καὶ ῥᾴων, αὐτῶν δ' αὑτοῖς   10
διαπονούντων τὰ περὶ τὰς κτήσεις πλείους ἂν παρέχοι δυσκολίας · καὶ γὰρ ἐν
ταῖς ἀπολαύσεσι καὶ ἐν τοῖς ἔργοις μὴ γινομένων ἴσων ἀναγκαῖον ἐγκλήματα
γίνεσθαι πρὸς τοὺς ἀπολαύοντας μὲν ἢ λαμβάνοντας πολλά, ὀλίγα δὲ πονοῦντας,
τοῖς ἐλάττω μὲν λαμβάνουσι, πλείω δὲ πονοῦσιν. ὅλως δὲ τὸ συζῆν καὶ κοινωνεῖν   15
τῶν ἀνθρωπικῶν πάντων χαλεπόν, καὶ μάλιστα τῶν τοιούτων. δηλοῦσι δ' αἱ
τῶν συναποδήμων κοινωνίαι · σχεδὸν γὰρ οἱ πλεῖστοι διαφερόμενοι ἐκ τῶν ἐν
ποσὶ καὶ ἐκ μικρῶν προσκρούοντες ἀλλήλοις. ἔτι δὲ τῶν θεραπόντων τούτοις

20 μάλιστα προσκρούομεν, οἷς πλεῖστα προσχρώμεθα πρὸς τὰς διακονίας τὰς
ἐγκυκλίους. τὸ μὲν οὖν κοινὰς εἶναι τὰς κτήσεις ταύτας τε καὶ ἄλλας τοιαύτας
ἔχει δυσχερείας, ὃν δὲ νῦν τρόπον ἔχει καὶ ἐπικοσμηθὲν ἤθεσι καὶ τάξει νόμων
ὀρθῶν, οὐ μικρὸν ἂν διενέγκαι · ἕξει γὰρ τὸ ἐξ ἀμφοτέρων ἀγαθόν · λέγω δὲ τὸ
25 ἐξ ἀμφοτέρων τὸ ἐκ τοῦ κοινὰς εἶναι τὰς κτήσεις καὶ τὸ ἐκ τοῦ ἰδίας. δεῖ γὰρ
πὼς μὲν εἶναι κοινάς, ὅλως δ' ἰδίας · αἱ μὲν γὰρ ἐπιμέλειαι διηρημέναι τὰ
ἐγκλήματα πρὸς ἀλλήλους οὐ ποιήσουσιν, μᾶλλον δὲ ἐπιδώσουσιν ὡς πρὸς ἴδιον
ἑκάστου προσεδρεύοντος · δι' ἀρετὴν δ' ἔσται πρὸς τὸ χρῆσθαι κατὰ τὴν παροι-
30 μίαν κοινὰ τὰ φίλων. ἔστι δὲ καὶ νῦν τὸν τρόπον τοῦτον ἐν ἐνίαις πόλεσιν οὕτως
ὑπογεγραμμένον ὡς οὐκ ὂν ἀδύνατον, καὶ μάλιστα ἐν ταῖς καλῶς οἰκουμέναις
τὰ μὲν ἔστι τὰ δὲ γένοιτ' ἄν · ἰδίαν γὰρ ἕκαστος τὴν κτῆσιν ἔχων τὰ μὲν χρή-
σιμα ποιεῖ τοῖς φίλοις, τοῖς δὲ χρῆται κοινοῖς, οἷον καὶ ἐν Λακεδαίμονι τοῖς
35 τε δούλοις χρῶνται τοῖς ἀλλήλων ὡς εἰπεῖν ἰδίοις, ἔτι δ' ἵπποις καὶ κυσίν,
κἂν δεηθῶσιν ἐφοδίων ἐν τοῖς ἀγροῖς κατὰ τὴν χώραν. φανερὸν τοίνυν ὅτι
βέλτιον εἶναι μὲν ἰδίας τὰς κτήσεις, τῇ δὲ χρήσει ποιεῖν κοινάς · ὅπως δὲ
γίνωνται τοιοῦτοι, τοῦ νομοθέτου τοῦτ' ἔργον ἴδιόν ἐστιν. ἔτι δὲ καὶ πρὸς ἡδονὴν
40 ἀμύθητον ὅσον διαφέρει τὸ νομίζειν ἴδιόν τι · μὴ γὰρ οὐ μάτην τὴν πρὸς αὐτὸν
b1 αὐτὸς ἔχει φιλίαν ἕκαστος, ἀλλ' ἔστι τοῦτο φυσικόν. τὸ δὲ φίλαυτον εἶναι
ψέγεται δικαίως · οὐκ ἔστι δὲ τοῦτο τὸ φιλεῖν ἑαυτόν, ἀλλὰ τὸ μᾶλλον ἢ δεῖ
φιλεῖν, καθάπερ καὶ τὸν φιλοχρήματον, ἐπεὶ φιλοῦσί γε πάντες ὡς εἰπεῖν
5 ἕκαστον τῶν τοιούτων. ἀλλὰ μὴν καὶ τὸ χαρίσασθαι καὶ βοηθῆσαι φίλοις ἢ
ξένοις ἢ ἑταίροις ἥδιστον · ὃ γίνεται τῆς κτήσεως ἰδίας οὔσης. ταῦτά τε δὴ οὐ
συμβαίνει τοῖς λίαν ἓν ποιοῦσι τὴν πόλιν, καὶ πρὸς τούτοις ἀναιροῦσιν ἔργα
δυοῖν ἀρεταῖν φανερῶς, σωφροσύνης μὲν τὸ περὶ τὰς γυναῖκας (ἔργον γὰρ
10 καλὸν ἀλλοτρίας οὔσης ἀπέχεσθαι διὰ σωφροσύνην), ἐλευθεριότητος δὲ τὸ
περὶ τὰς κτήσεις · οὔτε γὰρ ἔσται φανερὸς ἐλευθέριος ὤν, οὔτε πράξει πρᾶξιν
ἐλευθέριον οὐδεμίαν · ἐν τῇ γὰρ χρήσει τῶν κτημάτων τὸ τῆς ἐλευθεριότητος
ἔργον ἐστίν.

the funda-
mental
mistake

c. Ib., 5, 1263 b²⁹⁻³²:

Αἴτιον δὲ τῷ Σωκράτει τῆς παρακρούσεως χρὴ νομίζειν τὴν ὑπόθεσιν οὐκ
οὖσαν ὀρθήν. Δεῖ μὲν γὰρ εἶναί πως μίαν καὶ τὴν οἰκίαν καὶ τὴν πόλιν, ἀλλ'
οὐ πάντως.

Plato's state
can never be
happy

d. Ib., 5, 1264 b¹⁵⁻²⁶:

Ἔτι δὲ καὶ τὴν εὐδαιμονίαν ἀφαιρούμενος τῶν φυλάκων, ὅλην φησὶ δεῖν
εὐδαίμονα ποιεῖν τὴν πόλιν τὸν νομοθέτην. ἀδύνατον δὲ εὐδαιμονεῖν ὅλην, μὴ
τῶν πλείστων ἢ μὴ πάντων μερῶν ἢ τινῶν ἐχόντων τὴν εὐδαιμονίαν. οὐ γὰρ
τῶν αὐτῶν τὸ εὐδαιμονεῖν ὦνπερ τὸ ἄρτιον · τοῦτο μὲν γὰρ ἐνδέχεται τῷ ὅλῳ

ὑπάρχειν, τῶν δὲ μερῶν μηδετέρῳ, τὸ δὲ εὐδαιμονεῖν ἀδύνατον. ἀλλὰ μὴν εἰ οἱ φύλακες μὴ εὐδαίμονες, τίνες ἕτεροι; οὐ γὰρ δὴ οἵ γε τεχνῖται καὶ τὸ πλῆθος τὸ τῶν βαναύσων. ἡ μὲν οὖν πολιτεία περὶ ἧς ὁ Σωκράτης εἴρηκεν, ταύτας τε τὰς ἀπορίας ἔχει καὶ τούτων οὐκ ἐλάττους ἑτέρας.

e. As to the third class, very little is defined about the amount of property. Socr. thought it sufficient for happiness if his traders and handicraftsmen lived temperately. Ar. replies (*Polit.* II 6, 1265a[31]): happiness not assured by σωφροσύνη

Ἔτι δ' ἔστι σωφρόνως μὲν, ταλαιπώρως δὲ ζῆν.

311—Modern critics mostly agree with O. Apelt, who in the Introd. to his German translation of the Republic [a], laid the stress on the moral and spiritual value of Plato's state and denied its practical meaning, with reference to: Plato's state a heavenly example

Pl., *Rep.* IX 592 a-b:

The man of understanding (ὁ νοῦν ἔχων) will only accept such political honours as will not deteriorate his character.

Οὐκ ἄρα, ἔφη, τά γε πολιτικὰ ἐθελήσει πράττειν, ἐάνπερ τούτου κήδηται.

Νὴ τὸν κύνα, ἦν δ' ἐγώ, ἔν γε τῇ ἑαυτοῦ πόλει καὶ μάλα, οὐ μέντοι ἴσως ἔν γε τῇ πατρίδι, ἐὰν μὴ θεία τις συμβῇ τύχη.

Μανθάνω, ἔφη · ἐν ᾗ νῦν διήλθομεν οἰκίζοντες πόλει λέγεις, τῇ ἐν λόγοις κειμένῃ, ἐπεὶ γῆς γε οὐδαμοῦ οἶμαι αὐτὴν εἶναι.

Ἀλλ', ἦν δ' ἐγώ, ἐν οὐρανῷ ἴσως παράδειγμα ἀνάκειται τῷ βουλομένῳ ὁρᾶν καὶ ὁρῶντι ἑαυτὸν κατοικίζειν. διαφέρει δὲ οὐδὲν εἴτε που ἔστιν εἴτε ἔσται · τὰ γὰρ ταύτης μόνης ἂν πράξειεν, ἄλλης δὲ οὐδεμιᾶς.

Εἰκός γ', ἔφη.

Cf. our nrs **288**, **290** and **305**.

312—Among modern critics of Plato K. R. Popper must be mentioned with his work *The open society and its enemies*. London 1942, vol. I. Plato and the political problems of the present day

Whatever the author's merits may be in other subjects—I am inclined to think they are considerable—it must be said that he remained a perfect stranger to the spirit of Plato's philosophy, and hence has come to the strangest misunderstandings. First he makes the enormous mistake of representing Plato as a man striving after power as such, and thus he makes out of the author of the Republic essentially a τυραννικὸς ἀνήρ, such as Plato himself deemed the most miserable of men.

---

[a] O. Apelt, *Platon. Der Staat, neu übersetzt und erlautert*, Leipzig[6] 1923, p. XVII: Der platonische Staat is nicht gewesen, er ist nicht, und doch: er wird immer sein; nicht als Leitstern für die Politik, wohl aber als ein Antrieb zu sittlicher Erhebung. Und als solchen wollte Platon ihn schliesslich auch nur betrachtet wissen.

Secondly he makes the scarcely smaller mistake of seeing no essential difference between Plato and Aristotle *. May the critical notes of Aristotle, given under our nr. **310d** and **e**, speak for themselves: Ar. deemed that Plato made his guardians unhappy, and hence his whole community; nor did he assure the happiness of his labourers and traders by making them live σωφρόνως . . . . . .

A good interpretation of the Republic is given by R. L. Nettleship, *Lectures on the Republic of Plato*. London 1898, new edition 1937.

An interesting experiment in confronting Plato with the political problems of the present day has been made by R. H. S. Crossman in *Plato to day*, London 1937.

Cf. J. Moreau, *Platon et la crise de la civilisation contemporaine* (Proceedings of the tenth international Congress of Philosophy, Amsterdam 1949, Fasc. II, pp. 1084-87).

7—THE CRISIS IN PLATO'S PHILOSOPHY: THEAETETUS AND PARMENIDES

affinity of classical Platonism with Parmenides

313— Plato's theory of Ideas, as we have so far learned to understand it, showed a deep spiritual affinity with Parmenides' notion of ὄν, being eternal and absolute, without change and motion. Socr. in the *Theaet.* expresses his deep respect for Parm., and shrinks from contesting his doctrine.

Pl., *Th.* 183 e-184 a:

Μέλισσον μὲν καὶ τοὺς ἄλλους, οἳ ἓν ἑστὸς λέγουσι τὸ πᾶν, αἰσχυνόμενος μὴ φορτικῶς σκοπῶμεν, ἧττον αἰσχύνομαι ἢ ἕνα ὄντα Παρμενίδην. Παρμενίδης δέ μοι φαίνεται, τὸ τοῦ Ὁμήρου ,,αἰδοῖός τέ μοι'' εἶναι ἅμα ,,δεινός τε.'' συμπροσέμειξα γὰρ δὴ τῷ ἀνδρὶ πάνυ νέος πάνυ πρεσβύτῃ, καί μοι ἐφάνη βάθος τι ἔχειν παντάπασι γενναῖον. φοβοῦμαι οὖν μὴ οὔτε τὰ λεγόμενα συνιῶμεν, τί τε διανοούμενος εἶπε πολὺ πλέον λειπώμεθα.

Parm.' doctrine refuted by Plato in the Parm. and Sophistes

314—Yet this doctrine is refuted, first in the *Parm.*, then, more explicitly, in the *Soph.* (a conclusive argument why we cannot accept the dating of the *Parm.* as being earlier than the *Theaet.*, a thesis defended by A. Diès ᵇ and accepted by F. M. Cornford ᶜ, recently resumed by D. H. Th. Vollenhoven ᵈ).

---

* In Holland W. J. W. Koster defended Plato against Popper in *De Gids*, CX (1947), p. 100-110. H. Meyer gave a summary of Popper's work in the same number of this review, p. 87-99.
ᵇ In the Introd. to his edition of the *Parm.*, Paris 1923, p. xii ff.
ᶜ *Plato's Theory of knowledge*, London 1935, p. 1.
ᵈ *Mélanges philosophiques* (Philosophical Essays), Amsterdam 1948, pp. 1-16.

a. Pl., *Parm.* 162 a:

Ἔστιν ἄρα, ὡς ἔοικε, τὸ ἓν οὐκ ὄν.

"So it appears that the one, which is not, *is*".

b. Pl., *Soph.* 241 c-242 a:

The Eleatic stranger asks:

Ἕξεις οὖν συγγνώμην καὶ καθάπερ νῦν εἶπες ἀγαπήσεις ἐάν πῃ καὶ κατὰ βραχὺ παρασπασώμεθα ¹ οὕτως ἰσχυροῦ λόγου;

ΘΕΑΙ. Πῶς γὰρ οὐχ ἕξω;

ΞΕ. Τόδε τοίνυν ἔτι μᾶλλον παραιτοῦμαί σε.   241d

ΘΕΑΙ. Τὸ ποῖον;

ΞΕ. Μή με οἷον πατραλοίαν ὑπολάβῃς γίγνεσθαί τινα.

ΘΕΑΙ. Τί δή;

ΞΕ. Τὸν τοῦ πατρὸς Παρμενίδου λόγον ἀναγκαῖον ἡμῖν ἀμυνομένοις ἔσται βασανίζειν, καὶ βιάζεσθαι τό τε μὴ ὂν ὡς ἔστι κατά τι καὶ τὸ ὂν αὖ πάλιν ὡς οὐκ ἔστι πῃ.

ΘΕΑΙ. Φαίνεται τὸ τοιοῦτον διαμαχετέον ἐν τοῖς λόγοις.

ΞΕ. Πῶς γὰρ οὐ φαίνεται καὶ τὸ λεγόμενον δὴ τοῦτο τυφλῷ; τούτων γὰρ μήτ' ἐλεγχθέντων μήτε ὁμολογηθέντων σχολῇ ποτέ τις οἷός τε ἔσται περὶ e λόγων ψευδῶν λέγων ἢ δόξης, εἴτε εἰδώλων εἴτε εἰκόνων εἴτε μιμημάτων εἴτε φαντασμάτων αὐτῶν, ἢ καὶ περὶ τεχνῶν τῶν ὅσαι περὶ ταῦτά εἰσι, μὴ καταγέλαστος εἶναι τὰ ἐναντία ἀναγκαζόμενος αὐτῷ λέγειν.

ΘΕΑΙ. Ἀληθέστατα.

ΞΕ. Διὰ ταῦτα μέντοι τολμητέον ἐπιτίθεσθαι τῷ πατρικῷ λόγῳ νῦν, ἢ τὸ παράπαν ἐατέον, εἰ τοῦτό τις εἴργει δρᾶν ὄκνος.

ΘΕΑΙ. Ἀλλ' ἡμᾶς τοῦτό γε μηδὲν μηδαμῇ εἴρξῃ.

315—a. Pl., *Soph.* 246 b.   the εἰδῶν
                                                    φίλοι
The position of the εἰδῶν φίλοι as opposed to the materialists is described as follows:

Τοιγαροῦν οἱ πρὸς αὐτοὺς ἀμφισβητοῦντες μάλα εὐλαβῶς ἄνωθεν ἐξ ἀοράτου ποθὲν ἀμύνονται, νοητὰ ἄττα καὶ ἀσώματα εἴδη βιαζόμενοι τὴν ἀληθινὴν οὐσίαν εἶναι.

b. Ib. 248 a-b:

Πρὸς δὴ τοὺς ἑτέρους ἴωμεν, τοὺς τῶν εἰδῶν φίλους · σὺ δ' ἡμῖν καὶ τὰ παρὰ τούτων ἀφερμήνευε.

¹ κατὰ βραχὺ παρασπασώμεθα - make a little breach.

De Vogel, Greek Philosophy I   15

ΘΕΑΙ. Ταῦτ' ἔσται.

ΞΕ. Γένεσιν, τὴν δὲ οὐσίαν χωρίς που διελόμενοι λέγετε; ἢ γάρ;

ΘΕΑΙ. Ναί.

ΞΕ. Καὶ σώματι μὲν ἡμᾶς γενέσει δι' αἰσθήσεως κοινωνεῖν, διὰ λογισμοῦ δὲ ψυχῇ πρὸς τὴν ὄντως οὐσίαν, ἣν ἀεὶ κατὰ ταὐτὰ ὡσαύτως ἔχειν φατέ, γένεσιν δὲ ἄλλοτε ἄλλως.

ΘΕΑΙ. Φαμὲν γὰρ οὖν.

c. These philosophers do not concede that ποιεῖν and πάσχειν belong to being. Thus, as knowing and being known are the one a ποίημα, the other a πάθος, the fatal consequence is that being cannot be known.

Ib. 248 e-249 b:

Τὴν οὐσίαν δὴ κατὰ λόγον τοῦτον γιγνωσκομένην ὑπὸ τῆς γνώσεως, καθ' ὅσον γιγνώσκεται, κατὰ τοσοῦτον κινεῖσθαι διὰ τὸ πάσχειν, ὃ δή φαμεν οὐκ ἂν γενέσθαι περὶ τὸ ἠρεμοῦν.

ΘΕΑΙ. Ὀρθῶς.

ΞΕ. Τί δὲ πρὸς Διός; ὡς ἀληθῶς κίνησιν καὶ ζωὴν καὶ ψυχὴν καὶ φρόνησιν ἢ ῥᾳδίως πεισθησόμεθα τῷ παντελῶς ὄντι μὴ παρεῖναι, μηδὲ ζῆν αὐτὸ μηδὲ 249a φρονεῖν, ἀλλὰ σεμνὸν καὶ ἅγιον, νοῦν οὐκ ἔχον, ἀκίνητον ἑστὸς εἶναι;

ΘΕΑΙ. Δεινὸν μεντἄν, ὦ ξένε, λόγον συγχωροῖμεν.

movement introduced in the realm of being

ΞΕ. Ἀλλὰ νοῦν μὲν ἔχειν, ζωὴν δὲ μὴ φῶμεν;

ΘΕΑΙ. Καὶ πῶς;

ΞΕ. Ἀλλὰ ταῦτα μὲν ἀμφότερα ἐνόντ' αὐτῷ λέγομεν, οὐ μὴν ἐν ψυχῇ γε φήσομεν αὐτὸ ἔχειν αὐτά;

ΘΕΑΙ. Καὶ τίν' ἂν ἕτερον ἔχοι τρόπον;

ΞΕ. Ἀλλὰ δῆτα νοῦν μὲν καὶ ζωὴν καὶ ψυχήν, ἀκίνητον μέντοι τὸ παράπαν ἔμψυχον ὂν ἑστάναι;

b ΘΕΑΙ. Πάντα ἔμοιγε ἄλογα ταῦτ' εἶναι φαίνεται.

ΞΕ. Καὶ τὸ κινούμενον δὴ καὶ κίνησιν συγχωρητέον ὡς ὄντα.

According to an obsolete hypothesis, first made by Schleiermacher, the friends of the Ideas were the Megarians. As it is highly improbable that the Megarians admitted a plurality of Ideas, this interpretation will not be true (see v. Wilamowitz, *Platon* II, p. 246; De Vogel, *Keerpunt* p. 199 ff.); nor has that of Burnet and Taylor been more fortunate. Stating the parmenidean character of Platonism in the preceding period, we needs must find a piece of earlier Platonism in the doctrine of the εἰδῶν φίλοι. At the same time we acknowledge a remarkable alteration in the theory of Ideas, as soon as the main-thesis of Parm. has been refuted. The views of later Platonism are prepared in the *Theaet.*, by the analysis of perception.

soul as the cause of motion

316—Later platonic views are also found in the *Phaedrus*, firstly in the doctrine of the soul, then in that of diaeresis.

a. Pl., *Phaedr.* 245 c-246 a:

Ψυχὴ πᾶσα ἀθάνατος. Τὸ γὰρ αὐτοκίνητον ἀθάνατον · τὸ δ' ἄλλο κινοῦν καὶ ὑπ' ἄλλου κινούμενον, παῦλαν ἔχον κινήσεως, παῦλαν ἔχει ζωῆς. Μόνον δὴ τὸ αὐτὸ κινοῦν, ἅτε οὐκ ἀπολεῖπον ἑαυτό, οὔποτε λήγει κινούμενον, ἀλλὰ καὶ τοῖς ἄλλοις ὅσα κινεῖται τοῦτο πηγὴ καὶ ἀρχὴ κινήσεως. Ἀρχὴ δὲ ἀγένη- 245d τον · ἐξ ἀρχῆς γὰρ ἀνάγκη πᾶν τὸ γιγνόμενον γίγνεσθαι, αὐτὴν δὲ μηδ' ἐξ ἑνός · εἰ γὰρ ἔκ του ἀρχὴ γίγνοιτο, οὐκ ἂν ἐξ ἀρχῆς γίγνοιτο. Ἐπειδὴ δὲ ἀγένητόν ἐστιν, καὶ ἀδιάφθορον αὐτὸ ἀνάγκη εἶναι · ἀρχῆς γὰρ δὴ ἀπολομένης, οὔτε αὐτή ποτε ἔκ του, οὔτε ἄλλο ἐξ ἐκείνης γενήσεται, εἴπερ ἐξ ἀρχῆς δεῖ τὰ πάντα γίγνεσθαι. Οὕτω δὴ κινήσεως μὲν ἀρχὴ τὸ αὐτὸ αὑτὸ κινοῦν · τοῦτο δὲ οὔτ' ἀπόλλυσθαι οὔτε γίγνεσθαι δυνατόν, ἢ πάντα τε οὐρανὸν πᾶσάν τε γένεσιν συμ- e πεσοῦσαν στῆναι, καὶ μήποτε αὖθις ἔχειν ὅθεν κινηθέντα γενήσεται. Ἀθανάτου δὲ πεφασμένου τοῦ ὑφ' ἑαυτοῦ κινουμένου, ψυχῆς οὐσίαν τε καὶ λόγον τοῦτον αὐτόν τις λέγων οὐκ αἰσχυνεῖται. Πᾶν γὰρ σῶμα, ᾧ μὲν ἔξωθεν τὸ κινεῖσθαι, ἄψυχον · ᾧ δὲ ἔνδοθεν αὐτῷ ἐξ αὑτοῦ, ἔμψυχον, ὡς ταύτης οὔσης φύσεως ψυχῆς. Εἰ δ' ἔστι τοῦτο οὕτως ἔχον, μὴ ἄλλο τι εἶναι τὸ αὐτὸ ἑαυτὸ κινοῦν ἢ ψυχήν, ἐξ ἀνάγκης ἀγένητόν τε καὶ ἀθάνατον ψυχὴ ἂν εἴη. 246a

Robin rightly remarks that Plato in his *Phaedr.* is seeking the intermediate stages between the ideal World and that of sensible objects. "Platon est en quête d'un équivalent *philosophique* de ce qu'est *mythiquement* le démonisme; d'où l'importance que prend à ses yeux le problème de l'amour" (*Platon*, p. 127. Cf. p. 117: the visible heaven is such an intermediate stage).

b. Ib. 265 d, e.

the method of diaeresis, first spoken of in the Phaedr.

Socr. is speaking here about two methods, the "synoptic" method, uniting the many scattered objects under one Idea, and that of diaeresis, dividing the Idea so that it becomes a specified "form". In the words of Plato:

Εἰς μίαν τε ἰδέαν συνορῶντα ἄγειν τὰ πολλαχῇ διεσπαρμένα, ἵνα ἕκαστον ὁριζόμενος δῆλον ποιῇ περὶ οὗ ἂν ἀεὶ διδάσκειν ἐθέλῃ. —

Τὸ πάλιν κατ' εἴδη δύνασθαι διατέμνειν κατ' ἄρθρα ᾗ πέφυκεν, καὶ μὴ ἐπιχειρεῖν καταγνύναι μέρος μηδέν, κακοῦ μαγείρου τρόπῳ χρώμενον.

Robin (o.c. p. 95) rightly qualified the last as a method of ontological synthesis.

317—Theaetetus has defined knowledge as αἴσθησις. Socr. first points out the essential identity of this thesis with that of Protagoras, that man is the measure of all things (See our nr. **171b**), then with that of Heraclitus that nothing is and that, out of a process of moving and mixture, all things are always becoming (our nr. **171c**).

the Theaet. First part

a. Pl., *Theaet.* 157 a⁷-b⁸:

nothing *is*, all things are becoming

"Ωστε ἐξ ἁπάντων τούτων, ὅπερ ἐξ ἀρχῆς ἐλέγομεν, οὐδὲν εἶναι ἓν αὐτὸ

καθ' αὐτό, ἀλλά τινι ¹ ἀεὶ γίγνεσθαι, τὸ δ' εἶναι πανταχόθεν ἐξαιρετέον, οὐχ
157b ὅτι ἡμεῖς πολλὰ καὶ ἄρτι ἠναγκάσμεθα ὑπὸ συνηθείας καὶ ἀνεπιστημοσύνης
χρῆσθαι αὐτῷ. Τὸ δ' οὐ δεῖ, ὡς ὁ τῶν σοφῶν λόγος, οὔτε τι συγχωρεῖν οὔτε
του οὔτ' ἐμοῦ οὔτε τόδε οὔτ' ἐκεῖνο οὔτε ἄλλο οὐδὲν ὄνομα ὅτι ἂν ἰστῇ, ἀλλὰ
κατὰ φύσιν φθέγγεσθαι γιγνόμενα καὶ ποιούμενα καὶ ἀπολλύμενα καὶ ἀλλοιού-
μενα · ὡς ἐάν τί τις στήσῃ τῷ λόγῳ, εὐέλεγκτος ὁ τοῦτο ποιῶν.

"Do these things please you, Theaetetus?" Socr. asks. Th. hesitates.
Then Socr. asks again:

b. Ib. 157 d⁷⁻¹¹:

Λέγε τοίνυν πάλιν εἴ σοι ἀρέσκει τὸ μή τι εἶναι, ἀλλὰ γίγνεσθαι ἀεὶ ἀγαθὸν
καὶ καλὸν καὶ πάντα ἃ ἄρτι διῆμεν.

ΘΕΑΙ. 'Αλλ' ἔμοιγε, ἐπειδὴ σοῦ ἀκούω οὕτω διεξιόντος, θαυμασίως φαίνεται
ὡς ἔχειν λόγον καὶ ὑποληπτέον ᾗπερ διελήλυθας.

difficulties

c. Socr. replies, 157 e-158 a:

Μὴ τοίνυν ἀπολίπωμεν ὅσον ἐλλεῖπον αὐτοῦ. λείπεται δὲ ἐνυπνίων τε πέρι
καὶ νόσων τῶν τε ἄλλων καὶ μανίας, ὅσα τε παρακούειν ἢ παρορᾶν ἤ τι ἄλλο
παραισθάνεσθαι λέγεται. οἶσθα γάρ που ὅτι ἐν πᾶσι τούτοις ὁμολογουμένως
ἐλέγχεσθαι δοκεῖ ὃν ἄρτι διῆμεν λόγον, ὡς παντὸς μᾶλλον ἡμῖν ψευδεῖς αἰσθή-
σεις ἐν αὐτοῖς γιγνομένας, καὶ πολλοῦ δεῖ τὰ φαινόμενα ἑκάστῳ ταῦτα καὶ
εἶναι, ἀλλὰ πᾶν τοὐναντίον οὐδὲν ὧν φαίνεται εἶναι.

What then is the criterium of true perception? And why one man is deemed more
clever than another? (our nr. **171d**).—We saw the answer of Prot. (nr. **171e**):
all perception is true, but not all perceiving subjects are of the same value. Evident-
ly the superiority of those who are wiser does not lie in mere perception.

**Prot.' thesis
refuted**

d. Ib. 171 bc:

"Οταν τῷ τἀναντία λέγοντι συγχωρῇ ἀληθῆ αὐτὸν δοξάζειν, τότε καὶ ὁ
Πρωταγόρας αὐτὸς συγχωρήσεται μήτε κύνα μήτε τὸν ἐπιτυχόντα ἄνθρωπον
μέτρον εἶναι μηδὲ περὶ ἑνὸς οὗ ἂν μὴ μάθη. Οὐχ οὕτως;

ΘΕΟ. Οὕτως.

**the inter-
mezzo**

318—In the intermezzo (173c-177c) Plato draws the portrait of the philosopher
who does not know the way to the market-place, nor whether any of his fellow-
citizens are of high or low birth, or have inherited some blame from their an-
cestors; who falls in pits, looking to the stars, like Thales, and is laughed at by
Thracian servant-girls. But as soon as more important subjects are spoken of—the
nature of man in general and justice or unjustice itself—then the tables are turned.

---

¹ τινι - with relation to a (knowing) subject.

Pl., *Theaet.* 175 d⁷-176 b³:

Οὗτος δὴ ἑκατέρου τρόπος, ὦ Θεόδωρε, ὁ μὲν τῷ ὄντι ἐν ἐλευθερίᾳ τε καὶ
σχολῇ τεθραμμένου, ὃν δὴ φιλόσοφον καλεῖς, ᾧ ἀνεμέσητον εὐήθει δοκεῖν   175e
καὶ οὐδενὶ εἶναι ὅταν εἰς δουλικὰ ἐμπέσῃ διακονήματα, οἷον στρωματόδεσμον
μὴ ἐπισταμένου συσκευάσασθαι ¹ μηδὲ ὄψον ἡδῦναι ἢ θῶπας λόγους · ὁ δ'
αὖ τὰ μὲν τοιαῦτα πάντα δυναμένου τορῶς τε καὶ ὀξέως διακονεῖν, ἀναβάλλεσθαι
δὲ οὐκ ἐπισταμένου ἐπιδέξια ἐλευθερίως ² οὐδέ γ' ἁρμονίαν λόγων λαβόντος
ὀρθῶς ὑμνῆσαι θεῶν τε καὶ ἀνδρῶν εὐδαιμόνων βίον ἀληθῆ.   176a

ΘΕΟ. Εἰ πάντας, ὦ Σώκρατες, πείθοις ἃ λέγεις ὥσπερ ἐμέ, πλείων ἂν
εἰρήνη καὶ κακὰ ἐλάττω κατ' ἀνθρώπους εἴη.

ΣΩ. 'Αλλ' οὔτ' ἀπολέσθαι τὰ κακὰ δυνατόν, ὦ Θεόδωρε — ὑπεναντίον γάρ
τι τῷ ἀγαθῷ ἀεὶ εἶναι ἀνάγκη — οὔτ' ἐν θεοῖς αὐτὰ ἱδρῦσθαι, τὴν δὲ θνητὴν
φύσιν καὶ τόνδε τὸν τόπον περιπολεῖ ἐξ ἀνάγκης. Διὸ καὶ πειρᾶσθαι χρὴ ἐνθένδε
ἐκεῖσε φεύγειν ὅτι τάχιστα. Φυγὴ δὲ ὁμοίωσις θεῷ κατὰ τὸ δυνατόν · ὁμοίωσις   b
δὲ δίκαιον καὶ ὅσιον μετὰ φρονήσεως γενέσθαι.

319—a. Pl., *Theaet.* 184 b⁸⁻¹¹, 184 c⁵-185 e²:

definitive
refutation
of the thesis
that know-
ledge =
αἴσθησις

Εἰ οὖν τίς σε ὧδ' ἐρωτῴη · ,,Τῷ τὰ λευκὰ καὶ μέλανα ὁρᾷ ἄνθρωπος καὶ
τῷ τὰ ὀξέα καὶ βαρέα ἀκούει;'' εἴποις ἄν, οἶμαι, ,,Ὄμμασί τε καὶ ὠσίν.''

ΘΕΑΙ. Ἔγωγε. —

Socr. asks again: 'Απόκρισις ποτέρα ὀρθοτέρα, ᾧ ὁρῶμεν τοῦτο εἶναι   184c
ὀφθαλμούς, ἢ δι' οὗ ὁρῶμεν, καὶ ᾧ ἀκούομεν ὦτα, ἢ δι' οὗ ἀκούομεν;

ΘΕΑΙ. Δι' ὧν ἕκαστα αἰσθανόμεθα, ἔμοιγε δοκεῖ, ὦ Σώκρατες, μᾶλλον
ἢ οἷς.

ΣΩ. Δεινὸν γάρ που, ὦ παῖ, εἰ πολλαί τινες ἐν ἡμῖν ὥσπερ ἐν δουρείοις   d
ἵπποις αἰσθήσεις ἐγκάθηνται, ἀλλὰ μὴ εἰς μίαν τινὰ ἰδέαν, εἴτε ψυχὴν εἴτε   the soul per-
ὅτι δεῖ καλεῖν, πάντα ταῦτα συντείνει, ᾗ διὰ τούτων οἷον ὀργάνων αἰσθανόμεθα   ceives by
means of the
ὅσα αἰσθητά.   senses

ΘΕΑΙ. 'Αλλά μοι δοκεῖ οὕτω μᾶλλον ἢ ἐκείνως.

ΣΩ. Τοῦδέ τοι ἕνεκα αὐτά σοι διακριβοῦμαι, εἴ τινι ἡμῶν αὐτῶν τῷ αὐτῷ
διὰ μὲν ὀφθαλμῶν ἐφικνούμεθα λευκῶν τε καὶ μελάνων ³, διὰ δὲ τῶν ἄλλων
ἑτέρων αὖ τινῶν, καὶ ἕξεις ἐρωτώμενος πάντα τὰ τοιαῦτα εἰς τὸ σῶμα ἀνα-   c

---

¹ στρωματόδεσμον—συσκευάσασθαι - ''if he cannot tie up bedclothes into a
neat bundle'' (Cornford).
² ἀναβάλλεσθαι—ἐλευθερίως - ''has not learnt to wear his cloak like a gentle-
man'' (Cornford).
³ τοῦδέ τοι ἕνεκα—λευκῶν τε καὶ μελάνων - ''My object in being so precise
is to know whether there is some part of ourselves, the same in all cases, with
which we apprehend black or white through the eyes''. (Cornford).

φέρειν; ἴσως δὲ βέλτιον σὲ λέγειν αὐτὰ ἀποκρινόμενον μᾶλλον ἢ ἐμὲ ὑπὲρ σοῦ πολυπραγμονεῖν. Καί μοι λέγε · θερμὰ καὶ σκληρὰ καὶ κοῦφα καὶ γλυκέα δι' ὧν αἰσθάνῃ, ἆρα οὐ τοῦ σώματος ἕκαστα τίθης; ἢ ἄλλου τινός;

ΘΕΑΙ. Οὐδενὸς ἄλλου.

185a ΣΩ. Ἦ καὶ ἐθελήσεις ὁμολογεῖν ἃ δι' ἑτέρας δυνάμεως αἰσθάνῃ, ἀδύνατον εἶναι δι' ἄλλης ταῦτ' αἰσθέσθαι, οἷον ἃ δι' ἀκοῆς, δι' ὄψεως, ἢ ἃ δι' ὄψεως, δι' ἀκοῆς;

ΘΕΑΙ. Πῶς γὰρ οὐκ ἐθελήσω;

ΣΩ. Εἴ τι ἄρα περὶ ἀμφοτέρων διανοῇ, οὐκ ἂν διά γε τοῦ ἑτέρου ὀργάνου, οὐδ' αὖ διὰ τοῦ ἑτέρου περὶ ἀμφοτέρων αἰσθάνοι' ἄν.

ΘΕΑΙ. Οὐ γὰρ οὖν.

ΣΩ. Περὶ δὴ φωνῆς καὶ περὶ χρόας πρῶτον μὲν αὐτὸ τοῦτο περὶ ἀμφοτέρων ἦ διανοῇ, ὅτι ἀμφοτέρω ἐστόν;

ΘΕΑΙ. Ἔγωγε.

ΣΩ. Οὐκοῦν καὶ ὅτι ἑκάτερον ἑκατέρου μὲν ἕτερον, ἑαυτῷ δὲ ταὐτόν;

b ΘΕΑΙ. Τί μήν;

ΣΩ. Καὶ ὅτι ἀμφοτέρω δύο, ἑκάτερον δὲ ἕν;

ΘΕΑΙ. Καὶ τοῦτο.

ΣΩ. Οὐκοῦν καὶ εἴτε ἀνομοίω εἴτε ὁμοίω ἀλλήλοιν, δυνατὸς εἶ ἐπισκέψασθαι;

ΘΕΑΙ. Ἴσως.

ΣΩ. Ταῦτα δὴ πάντα διὰ τίνος περὶ αὐτοῖν διανοῇ; οὔτε γὰρ δι' ἀκοῆς οὔτε δι' ὄψεως οἷόν τε τὸ κοινὸν λαμβάνειν περὶ αὐτῶν. Ἔτι δὲ καὶ τόδε τεκμήριον περὶ οὗ λέγομεν · εἰ γὰρ δυνατὸν εἴη ἀμφοτέρω σκέψασθαι ἆρ' ἐστὸν ἁλμυρὼ ἢ οὔ, οἶσθ' ὅτι ἕξεις εἰπεῖν ᾧ ἐπισκέψῃ, καὶ τοῦτο οὔτε ὄψις οὔτε ἀκοὴ φαίνεται,
c ἀλλά τι ἄλλο.

ΘΕΑΙ. Τί δ' οὐ μέλλει, ἥ γε διὰ τῆς γλώττης δύναμις;

"being" not perceived through the senses ΣΩ. Καλῶς λέγεις. Ἡ δὲ δὴ διὰ τίνος δύναμις τό τ' ἐπὶ πᾶσι κοινὸν καὶ τὸ ἐπὶ τούτοις δηλοῖ σοι, ᾧ τὸ „ἔστιν" ἐπονομάζεις καὶ τὸ „οὐκ ἔστι" καὶ ἃ νυνδὴ ἠρωτῶμεν περὶ αὐτῶν; τούτοις πᾶσι ποῖα ἀποδώσεις ὄργανα δι' ὧν αἰσθάνεται ἡμῶν τὸ αἰσθανόμενον ἕκαστα;

nor many other general notions ΘΕΑΙ. Οὐσίαν λέγεις καὶ τὸ μὴ εἶναι, καὶ ὁμοιότητα καὶ ἀνομοιότητα, καὶ τὸ ταὐτόν τε καὶ τὸ ἕτερον, ἔτι δὲ ἕν τε καὶ τὸν ἄλλον ἀριθμὸν περὶ αὐτῶν. Δῆλον δὲ ὅτι καὶ ἄρτιόν τε καὶ περιττὸν ἐρωτᾷς, καὶ τἆλλα ὅσα τούτοις ἕπεται,
d διὰ τίνος ποτὲ τῶν τοῦ σώματος τῇ ψυχῇ αἰσθανόμεθα.

ΣΩ. Ὑπέρευ, ὦ Θεαίτητε, ἀκολουθεῖς, καὶ ἔστιν ἃ ἐρωτῶ αὐτὰ ταῦτα.

ΘΕΑΙ. Ἀλλὰ μὰ Δία, ὦ Σώκρατες, ἔγωγε οὐκ ἂν ἔχοιμι εἰπεῖν, πλὴν γ' ὅτι μοι δοκεῖ τὴν ἀρχὴν οὐδ' εἶναι τοιοῦτον οὐδὲν τούτοις ὄργανον ἴδιον ὥσπερ ἐκείνοις, ἀλλ' αὐτὴ δι' αὑτῆς ἡ ψυχὴ τὰ κοινά μοι φαίνεται περὶ πάντων ἐπισκοπεῖν.

b. Ib. 186 c⁷-d⁵:

ΣΩ. Οἷόν τε οὖν ἀληθείας τυχεῖν, ᾧ μηδὲ οὐσίας;

ΘΕΑΙ. Ἀδύνατον.

ΣΩ. Οὗ δὲ ἀληθείας τις ἀτυχήσει, ποτὲ τούτου ἐπιστήμων ἔσται;

ΘΕΑΙ. Καὶ πῶς ἄν, ὦ Σώκρατες;

ΣΩ. Ἐν μὲν ἄρα τοῖς παθήμασιν οὐκ ἔνι ἐπιστήμη, ἐν δὲ τῷ περὶ ἐκείνων συλλογισμῷ· οὐσίας γὰρ καὶ ἀληθείας ἐνταῦθα μέν, ὡς ἔοικε, δυνατὸν ἅψασθαι, ἐκεῖ δὲ ἀδύνατον.

knowledge not in the impressions, but in reflexion upon them

320—a. Ib. 186 e¹¹-187 a⁸:

Καὶ μάλιστά γε νῦν καταφανέστατον γέγονεν ἄλλο ὂν αἰσθήσεως ἐπιστήμη.

ΣΩ. Ἀλλ᾿ οὔ τι μὲν δὴ τούτου γε ἔνεκα ἠρχόμεθα διαλεγόμενοι, ἵνα εὕρωμεν τί ποτ᾿ οὐκ ἔστ᾿ ἐπιστήμη, ἀλλὰ τί ἔστιν. Ὅμως δὲ τοσοῦτόν γε προβεβήκαμεν, ὥστε μὴ ζητεῖν αὐτὴν ἐν αἰσθήσει τὸ παράπαν ἀλλ᾿ ἐν ἐκείνῳ τῷ ὀνόματι, ὅτι ποτ᾿ ἔχει ἡ ψυχή, ὅταν αὐτὴ καθ᾿ αὑτὴν πραγματεύηται περὶ τὰ ὄντα.

ΘΕΑΙ. Ἀλλὰ μὴν τοῦτό γε καλεῖται, ὦ Σώκρατες, ὡς ἐγῷμαι, δοξάζειν.

in search of a positive definition

b. Ib. 187 b²⁻⁶:

Socr. asks: Καὶ λέγε αὖθις τί ποτ᾿ ἐστὶν ἐπιστήμη.

ΘΕΑΙ. Δόξαν μὲν πᾶσαν εἰπεῖν, ὦ Σώκρατες, ἀδύνατον, ἐπειδὴ καὶ ψευδής ἐστι δόξα · κινδυνεύει δὲ ἡ ἀληθὴς δόξα ἐπιστήμη εἶναι, καί μοι τοῦτο ἀποκεκρίσθω.

knowledge is ἀληθὴς δόξα

321—a. Ib. 187 d:

ΣΩ. Θράττει μέ πως νῦν τε καὶ ἄλλοτε δὴ πολλάκις, ὥστ᾿ ἐν ἀπορίᾳ πολλῇ πρὸς ἐμαυτὸν καὶ πρὸς ἄλλον γεγονέναι, οὐκ ἔχοντα εἰπεῖν τί ποτ᾿ ἐστὶ τοῦτο τὸ πάθος παρ᾿ ἡμῖν καὶ τίνα τρόπον ἐγγιγνόμενον.

ΘΕΑΙ. Τὸ ποῖον δή;

ΣΩ. Τὸ δοξάζειν τινὰ ψευδῆ. σκοπῶ δὴ καὶ νῦν ἔτι διστάζων, πότερον ἐάσωμεν αὐτὸ ἢ ἐπισκεψώμεθα ἄλλον τρόπον ἢ ὀλίγον πρότερον.

how to explain the possibility of ψευδὴς δόξα

b. Ib. 188 a-e:

ΣΩ. Οὐκοῦν τόδε γ᾿ ἔσθ᾿ ἡμῖν περὶ πάντα καὶ καθ᾿ ἕκαστον, ἤτοι εἰδέναι ἢ μὴ εἰδέναι; μανθάνειν γὰρ καὶ ἐπιλανθάνεσθαι μεταξὺ τούτων ὡς ὄντα χαίρειν λέγω ἐν τῷ παρόντι · νῦν γὰρ ἡμῖν πρὸς λόγον ἐστὶν οὐδέν.

ΘΕΑΙ. Ἀλλὰ μήν, ὦ Σώκρατες, ἄλλο γ᾿ οὐδὲν λείπεται περὶ ἕκαστον πλὴν εἰδέναι ἢ μὴ εἰδέναι.

ΣΩ. Οὐκοῦν ἤδη ἀνάγκη τὸν δοξάζοντα δοξάζειν ἢ ὧν τι οἶδεν ἢ μὴ οἶδεν;

ΘΕΑΙ. Ἀνάγκη.

188b ΣΩ. Καὶ μὴν εἰδότα γε μὴ εἰδέναι τὸ αὐτὸ ἢ μὴ εἰδότα εἰδέναι ἀδύνατον.

ΘΕΑΙ. Πῶς δ' οὔ;

ψ. δ.
as thinking
that one
thing is an-
other thing

ΣΩ. Ἆρ' οὖν ὁ τὰ ψευδῆ δοξάζων, ἃ οἶδε, ταῦτα οἴεται οὐ ταῦτα εἶναι ἀλλὰ ἕτερα ἄττα ὧν οἶδε, καὶ ἀμφότερα εἰδὼς ἀγνοεῖ αὖ ἀμφότερα;

ΘΕΑΙ. Ἀλλ' ἀδύνατον, ὦ Σώκρατες.

ΣΩ. Ἀλλ' ἆρα, ἃ μὴ οἶδεν, ἡγεῖται αὐτὰ εἶναι ἕτερα ἄττα ὧν μὴ οἶδε, καὶ τοῦτ' ἔστι τῷ μήτε Θεαίτητον μήτε Σωκράτη εἰδότι εἰς τὴν διάνοιαν λαβεῖν ὡς ὁ Σωκράτης Θεαίτητος ἢ ὁ Θεαίτητος Σωκράτης;

c ΘΕΑΙ. Καὶ πῶς ἄν;

ΣΩ. Ἀλλ' οὐ μήν, ἅ γέ τις οἶδεν, οἴεταί που ἃ μὴ οἶδεν αὐτὰ εἶναι, οὐδ' αὖ ἃ μὴ οἶδεν ἃ οἶδεν.

ΘΕΑΙ. Τέρας γὰρ ἔσται.

ΣΩ. Πῶς οὖν ἄν τις ἔτι ψευδῆ δοξάσειεν; ἐκτὸς γὰρ τούτων ἀδύνατόν που δοξάζειν, ἐπείπερ πάντ' ἢ ἴσμεν ἢ οὐκ ἴσμεν, ἐν δὲ τούτοις οὐδαμοῦ φαίνεται δυνατὸν ψευδῆ δοξάσαι.

ΘΕΑΙ. Ἀληθέστατα.

ΣΩ. Ἆρ' οὖν οὐ ταύτῃ σκεπτέον ὃ ζητοῦμεν, κατὰ τὸ εἰδέναι καὶ μὴ εἰδέναι

d ἰόντας, ἀλλὰ κατὰ τὸ εἶναι καὶ μή;

ΘΕΑΙ. Πῶς λέγεις;

ψ. δ.
as thinking
what is not

ΣΩ. Μὴ ἁπλοῦν ᾖ ὅτι ὁ τὰ μὴ ὄντα περὶ ὁτουοῦν δοξάζων οὐκ ἔσθ' ὡς οὐ ψευδῆ δοξάσει, κἂν ὁπωσοῦν ἄλλως τὰ τῆς διανοίας ἔχῃ.

ΘΕΑΙ. Εἰκός γ' αὖ, ὦ Σώκρατες.

ΣΩ. Πῶς οὖν; τί ἐροῦμεν, ὦ Θεαίτητε, ἐάν τις ἡμᾶς ἀνακρίνῃ· ,,Δυνατὸν δὲ ὁτῳοῦν ὃ λέγεται, καί τις ἀνθρώπων τὸ μὴ ὂν δοξάσει, εἴτε περὶ τῶν ὄντων του εἴτε αὐτὸ καθ' αὑτό''; καὶ ἡμεῖς δή, ὡς ἔοικεν, πρὸς ταῦτα φήσομεν·

e ,,Ὅταν γε μὴ ἀληθῆ οἴηται οἰόμενος'' · ἢ πῶς ἐροῦμεν;

ΘΕΑΙ. Οὕτως.

But this way also turns out to be impossible. For thinking is always thinking ἕν τι, that is an ὄν.

ψ. δ.
as mistaking
one thing for
another

c.　A third way is tried by Socrates. Ib. 189 b^{12}-c^5; d$^{7-9}$:

ΣΩ. Ἀλλοδοξίαν τινὰ οὖσαν ψευδῆ φαμεν εἶναι δόξαν, ὅταν τίς ‹τι› τῶν ὄντων ἄλλο αὖ τῶν ὄντων ἀνταλλαξάμενος τῇ διανοίᾳ φῇ εἶναι. Οὕτω γὰρ ὂν μὲν ἀεὶ δοξάζει, ἕτερον δὲ ἀνθ' ἑτέρου, καὶ ἁμαρτάνων οὗ ἐσκόπει δικαίως ἂν καλοῖτο ψευδῆ δοξάζων.

ΘΕΑΙ. Ὀρθότατά μοι νῦν δοκεῖς εἰρηκέναι. —

ΣΩ. Ἔστιν ἄρα κατὰ τὴν σὴν δόξαν ἕτερόν τι ὡς ἕτερον καὶ μὴ ὡς ἐκεῖνο τῇ διανοίᾳ τίθεσθαι.
ΘΕΑΙ. Ἔστι μέντοι. —

d. But Socr. is not content with this answer. He defines thinking in the following way; *Theaet.* 189 e-190 a:

Λόγον ὃν αὐτὴ πρὸς αὐτὴν ἡ ψυχὴ διεξέρχεται περὶ ὧν ἂν σκοπῇ. Ὥς γε μὴ εἰδώς σοι ἀποφαίνομαι. Τοῦτο γάρ μοι ἰνδάλλεται διανοουμένη οὐκ ἄλλο τι ἢ διαλέγεσθαι, αὐτὴ ἑαυτὴν ἐρωτῶσα καὶ ἀποκρινομένη, καὶ φάσκουσα καὶ οὐ φάσκουσα. Ὅταν δὲ ὁρίσασα, εἴτε βραδύτερον εἴτε καὶ ὀξύτερον ἐπάξασα, τὸ αὐτὸ ἤδη φῇ καὶ μὴ διστάζῃ, δόξαν ταύτην τίθεμεν αὐτῆς. Ὥστ' ἔγωγε τὸ δοξάζειν λέγειν καλῶ καὶ τὴν δόξαν λόγον εἰρημένον, οὐ μέντοι πρὸς ἄλλον οὐδὲ φωνῇ, ἀλλὰ σιγῇ πρὸς αὑτόν · σὺ δὲ τί; *(thinking is a discourse of the soul, carried on with itself)*
ΘΕΑΙ. Κἀγώ.

e. Now the third way turns out to be impossible. 190 b-d:

ΣΩ. Ἀναμιμνήσκου δὴ εἰ πώποτ' εἶπες πρὸς σεαυτὸν ὅτι παντὸς μᾶλλον τό τοι καλὸν αἰσχρόν ἐστιν ἢ τὸ ἄδικον δίκαιον. Ἦ καί, τὸ πάντων κεφάλαιον, σκόπει εἴ ποτ' ἐπεχείρησας σεαυτὸν πείθειν ὡς παντὸς μᾶλλον τὸ ἕτερον ἕτερόν ἐστιν, ἢ πᾶν τοὐναντίον οὐδ' ἐν ὕπνῳ πώποτε ἐτόλμησας εἰπεῖν πρὸς σεαυτὸν ὡς παντάπασιν ἄρα τὰ περιττὰ ἀρτιά ἐστιν ἤ τι ἄλλο τοιοῦτον.
ΘΕΑΙ. Ἀληθῆ λέγεις.
ΣΩ. Ἄλλον δέ τινα οἴει ὑγιαίνοντα ἢ μαινόμενον τολμῆσαι σπουδῇ πρὸς ἑαυτὸν εἰπεῖν ἀναπείθοντα αὑτὸν ὡς ἀνάγκη τὸν βοῦν ἵππον εἶναι ἢ τὰ δύο ἕν; *190c*
ΘΕΑΙ. Μὰ Δί' οὐκ ἔγωγε.
ΣΩ. Οὐκοῦν εἰ τὸ λέγειν πρὸς ἑαυτὸν δοξάζειν ἐστίν, οὐδεὶς ἀμφότερά γε λέγων καὶ δοξάζων καὶ ἐφαπτόμενος ἀμφοῖν τῇ ψυχῇ εἴποι ἂν καὶ δοξάσειεν ὡς τὸ ἕτερον ἕτερόν ἐστιν. Ἐατέον δὲ καὶ σοὶ τὸ ῥῆμα [περὶ τοῦ ἑτέρου] · λέγω γὰρ αὐτὸ τῇδε, μηδένα δοξάζειν ὡς τὸ αἰσχρὸν καλὸν ἢ ἄλλο τι τῶν τοιούτων. *(the third way given up)*

322—Ib. 191 a-b: *(the mistake that has been made)*

ΣΩ. Οὐ φήσω ἡμᾶς ὀρθῶς ὁμολογῆσαι, ἡνίκα ὡμολογήσαμεν ἅ τις οἶδεν, ἀδύνατον δοξάσαι ἃ μὴ οἶδεν εἶναι αὐτὰ καὶ ψευσθῆναι · ἀλλά πη δυνατόν.
ΘΕΑΙ. Ἆρα λέγεις ὃ καὶ ἐγὼ τότε ὑπώπτευσα, ἡνίκ' αὐτὸ ἔφαμεν τοιοῦτον *191b* εἶναι, ὅτι ἐνίοτ' ἐγὼ γιγνώσκων Σωκράτη, πόρρωθεν δὲ ὁρῶν ἄλλον ὃν οὐ γιγνώσκω, ᾠήθην εἶναι Σωκράτη ὃν οἶδα; γίγνεται γὰρ δὴ ἐν τῷ τοιούτῳ οἷον λέγεις.

the block of wax in the mind

323—Socr. now tries to explain the possibility of ψ. δ. by the image of a block of wax, representing memory.

a. Ib. 191 c-e:

ΣΩ. Θὲς δή μοι λόγου ἕνεκα ἐν ταῖς ψυχαῖς ἡμῶν ἐνὸν κήρινον ἐκμαγεῖον, τῷ μὲν μεῖζον, τῷ δ᾽ ἔλαττον, καὶ τῷ μὲν καθαρωτέρου κηροῦ, τῷ δὲ κοπρωδεστέρου, καὶ σκληροτέρου, ἐνίοις δὲ ὑγροτέρου, ἔστι δ᾽ οἷς μετρίως ἔχοντος.
ΘΕΑΙ. Τίθημι.
ΣΩ. Δῶρον τοίνυν αὐτὸ φῶμεν εἶναι τῆς τῶν Μουσῶν μητρὸς Μνημοσύνης, καὶ εἰς τοῦτο ὅτι ἂν βουληθῶμεν μνημονεῦσαι ὧν ἂν ἴδωμεν ἢ ἀκούσωμεν ἢ αὐτοὶ ἐννοήσωμεν, ὑπέχοντας αὐτὸ ταῖς αἰσθήσεσι καὶ ἐννοίαις, ἀποτυποῦσθαι, ὥσπερ δακτυλίων σημεῖα ἐνσημαινομένους [1] · καὶ ὃ μὲν ἂν ἐκμαγῇ, μνημονεύειν τε καὶ ἐπίστασθαι ἕως ἂν ἐνῇ τὸ εἴδωλον αὐτοῦ · ὃ δ᾽ ἂν ἐξαλειφθῇ ἢ μὴ οἷόν τε γένηται ἐκμαγῆναι, ἐπιλελῆσθαί τε καὶ μὴ ἐπίστασθαι.
ΘΕΑΙ. Ἔστω οὕτως.

Now in three cases error will be possible, always with objects both known and perceived, never with objects that are neither known nor perceived.
1—You see two persons known to you approaching at a distance and confound the image of the one with that of the other.
2—You know two persons and see one of them approaching at a distance; you mistake the other for him.
3—You see a person approaching unknown to you, and mistake for him another known to you.
Thus ψ. δ. is the wrong connection of a remembrance and a perception.

b. This might seem to others a good solution of the problem, but Socrates is not satisfied. Ib. 195 c-d:

Οὐ δυσχεραίνω μόνον, ἀλλὰ καὶ δέδοικα ὅτι ἀποκρινοῦμαι ἄν τις ἔρηταί με · Ὦ Σώκρατες, ηὕρηκας δὴ ψευδῆ δόξαν, ὅτι οὔτε ἐν ταῖς αἰσθήσεσίν ἐστι πρὸς ἀλλήλας οὔτ᾽ ἐν ταῖς διανοίαις, ἀλλ᾽ ἐν τῇ συνάψει αἰσθήσεως πρὸς διάνοιαν; φήσω δὲ ἐγὼ οἶμαι καλλωπιζόμενος ὥς τι ηὑρηκότων ἡμῶν καλόν.

this explanation appears insufficient

324—Yet this definition of ψ.δ. appears to be insufficient, as there are many cases of error about things that cannot be perceived, such as arithmetical mistakes. Now Socr. by means of another image tries to explain the phenomenon that a person may know and not know at the same time.

difference between "having" and "possessing"

a. Ib. 197 b-d:

ΣΩ. Οὐ τοίνυν μοι ταὐτὸν φαίνεται τὸ κεκτῆσθαι τῷ ἔχειν. Οἷον <εἰ> ἱμάτιον

---

[1] ὥσπερ — ἐνσημαινομένους - "as we might stamp the impression of a seal-ring" (Cornford).

πριάμενός τις καὶ ἐγκρατὴς ὢν μὴ φοροῖ, ἔχειν μὲν οὐκ ἂν αὐτὸν αὐτό, κεκτῆσθαί·
γε μὴν φαῖμεν.

ΘΕΑΙ. Ὀρθῶς γε.

ΣΩ. Ὅρα δὴ καὶ ἐπιστήμην εἰ δυνατὸν οὕτω κεκτημένον μὴ ἔχειν, ἀλλ᾽   197c
ὥσπερ εἴ τις ὄρνιθας ἀγρίας, περιστερὰς ἤ τι ἄλλο, θηρεύσας οἴκοι κατασκευα-
σάμενος περιστερεῶνα τρέφοι, τρόπον μὲν γὰρ ἄν πού τινα φαῖμεν αὐτὸν αὐτὰς
ἀεὶ ἔχειν, ὅτι δὴ κέκτηται. Ἦ γάρ;

ΘΕΑΙ. Ναί.

ΣΩ. Τρόπον δέ γ᾽ ἄλλον οὐδεμίαν ἔχειν, ἀλλὰ δύναμιν μὲν αὐτῷ περὶ αὐτὰς
παραγεγονέναι, ἐπειδὴ ἐν οἰκείῳ περιβόλῳ ὑποχειρίους ἐποιήσατο, λαβεῖν καὶ
σχεῖν ἐπειδὰν βούληται, θηρευσαμένῳ ἣν ἂν ἀεὶ ἐθέλῃ, καὶ πάλιν ἀφιέναι, καὶ   d
τοῦτο ἐξεῖναι ποιεῖν ὁποσάκις ἂν δοκῇ αὐτῷ. —

b. Ib. 197 d-e: the aviary

ΣΩ. Πάλιν δή, ὥσπερ ἐν τοῖς πρόσθεν κήρινόν τι ἐν ταῖς ψυχαῖς κατεσκευά-
ζομεν οὐκ οἶδ᾽ ὅτι πλάσμα, νῦν αὖ ἐν ἑκάστῃ ψυχῇ ποιήσωμεν· περιστερεῶνά
τινα παντοδαπῶν ὀρνίθων, τὰς μὲν κατ᾽ ἀγέλας οὔσας χωρὶς τῶν ἄλλων, τὰς
δὲ κατ᾽ ὀλίγας, ἐνίας δὲ μόνας διὰ πασῶν ὅπη ἂν τύχωσι πετομένας.

ΘΕΑΙ. Πεποιήσθω δή. Ἀλλὰ τί τοὐντεῦθεν;   197e

ΣΩ. Παιδίων μὲν ὄντων φάναι χρὴ εἶναι τοῦτο τὸ ἀγγεῖον κενόν, ἀντὶ δὲ
τῶν ὀρνίθων ἐπιστήμας νοῆσαι· ἣν δ᾽ ἂν ἐπιστήμην κτησάμενος καθείρξῃ
εἰς τὸν περίβολον, φάναι αὐτὸν μεμαθηκέναι ἢ ηὑρηκέναι τὸ πρᾶγμα οὗ ἦν
αὕτη ἡ ἐπιστήμη, καὶ τὸ ἐπίστασθαι τοῦτ᾽ εἶναι.

c. Ib. 198 d; 199 a-b:

ΣΩ. Οὐκοῦν ἡμεῖς ἀπεικάζοντες τῇ τῶν περιστερῶν κτήσει τε καὶ θήρᾳ
ἐροῦμεν ὅτι διττὴ ἦν ἡ θήρα, ἡ μὲν πρὶν ἐκτῆσθαι τοῦ κεκτῆσθαι ἕνεκα, ἡ δὲ
κεκτημένῳ τοῦ λαβεῖν καὶ ἔχειν ἐν ταῖς χερσὶν ἃ πάλαι ἐκέκτητο. Οὕτως δὲ
καὶ ὧν πάλαι ἐπιστῆμαι ἦσαν αὐτῷ μαθόντι καὶ ἠπίστατο αὐτά, πάλιν ἔστι
καταμανθάνειν ταὐτὰ ταῦτα ἀναλαμβάνοντα τὴν ἐπιστήμην ἑκάστου καὶ
ἴσχοντα, ἣν ἐκέκτητο μὲν πάλαι, πρόχειρον δ᾽ οὐκ εἶχε τῇ διανοίᾳ;

ΘΕΑΙ. Ἀληθῆ. —

ΣΩ. Βούλει οὖν λέγωμεν ὅτι τῶν μὲν ὀνομάτων οὐδὲν ἡμῖν μέλει, ὅπη   ψ. δ.
τις χαίρει ἕλκων τὸ ἐπίστασθαι καὶ μανθάνειν, ἐπειδὴ δὲ ὡρισάμεθα ἕτερον   explained
μέν τι τὸ κεκτῆσθαι τὴν ἐπιστήμην, ἕτερον δὲ τὸ ἔχειν, ὃ μέν τις ἔκτηται μὴ
κεκτῆσθαι ἀδύνατόν φαμεν εἶναι, ὥστε οὐδέποτε συμβαίνει ὅ τις οἶδεν μὴ
εἰδέναι, ψευδῆ μέντοι δόξαν οἷόν τ᾽ εἶναι περὶ αὐτοῦ λαβεῖν; μὴ γὰρ ἔχειν τὴν   199b
ἐπιστήμην τούτου οἷόν τε, ἀλλ᾽ ἑτέραν ἀντ᾽ ἐκείνης, ὅταν θηρεύων τινὰ πού
ποτ᾽ ἐπιστήμην διαπετομένων ἀνθ᾽ ἑτέρας ἑτέραν ἁμαρτὼν λάβῃ, τότε ἄρα τὰ

ἕνδεκα δώδεκα ᾠήθη εἶναι, τὴν τῶν ἕνδεκα ἐπιστήμην ἀντὶ τῆς τῶν δώδεκα λαβὼν τὴν ἐν ἑαυτῷ οἷον φάτταν ἀντὶ περιστερᾶς.

To this way of representing knowledge cp. *Meno* 81b-d and *Rep.* VII 518b-d (our nr. **297**).

new difficulties   **325**—Socr. remarks: if things are so, knowledge would lead to ignorance, and ignorance to knowledge. Theaet. proposes to let pieces of ignorance too flutter about in the aviary. Socr. praises this as a good idea, but requires a new investigation, the question how it is possible to mistake the one thing for the other remaining unsolved.

again: what is knowledge?   **a.** Pl., *Theaet.* 200 d:

τὸ δ᾽ ἐστὶν ἀδύνατον γνῶναι πρὶν ἄν τις ἐπιστήμην ἱκανῶς λάβῃ τί ποτ᾽ ἐστίν.

The definition of knowledge as ἀληθὴς δόξα cannot be right, true opinion being also the result of persuasion, not of teaching.

true belief with addition of an account   **b.** Ib. 201 c-d: (Socrates said: True opinion and knowledge seem to be different the one from the other).

ΘΕΑΙ. Ὅ γε ἐγώ, ὦ Σώκρατες, εἰπόντος του ἀκούσας ἐπελελήσμην, νῦν δ᾽ ἐννοῶ · ἔφη δὲ τὴν μὲν μετὰ λόγου ἀληθῆ δόξαν ἐπιστήμην εἶναι, τὴν δὲ ἄλογον ἐκτὸς ἐπιστήμης · καὶ ὧν μὲν μή ἐστι λόγος, οὐκ ἐπιστητὰ εἶναι, οὑτωσὶ καὶ ὀνομάζων, ἃ δ᾽ ἔχει, ἐπιστητά.

ΣΩ. Ἦ καλῶς λέγεις.

Now, what is this λόγος? Is it the analysis of a thing into its constituting elements? Then only composites can be explained, στοιχεῖα being unaccountable. But a syllable differs from its composing letters; so the composite is as unaccountable as the composing elements.

There are three possible meanings of the term λόγος: (1) the expression of a thought in words; (2) the summing up of elementary parts; (3) the mentioning of the specific difference.

"true belief together with knowledge of a difference"   **c.** Ib. 210 a³⁻⁶; a⁷-b³:

ΣΩ. Οὐκοῦν ἐρωτηθείς, ὡς ἔοικε, τί ἐστιν ἐπιστήμη, ἀποκρινεῖται ὅτι δόξα ὀρθὴ μετὰ ἐπιστήμης διαφορότητος. Λόγου γὰρ πρόσληψις τοῦτ᾽ ἂν εἴη κατ᾽ ἐκεῖνον.

ΘΕΑΙ. Ἔοικεν.

Socr. replies: This is defining knowledge by knowledge.

Καὶ παντάπασί γε εὔηθες, ζητούντων ἡμῶν ἐπιστήμην, δόξαν φάναι ὀρθὴν εἶναι μετ᾽ ἐπιστήμης εἴτε διαφορότητος εἴτε ὁτουοῦν. Οὔτε ἄρα αἴσθησις, ὦ

Θεαίτητε, οὔτε δόξα ἀληθὴς οὔτε μετ᾽ ἀληθοῦς δόξης λόγος προσγιγνόμενος ἐπιστήμη ἂν εἴη.

ΘΕΑΙ. Οὐκ ἔοικεν.

The discourse is to be continued.

326—1—The doctrine of the *anamnesis*, expounded in the *Meno* (see our nr. 297) corresponds with the so-called *maieutic art* in *Theaet.* 149a-151b (our nr. 209a): man has to draw knowledge from his own mind. Plato's theory of knowledge in other dialogues

2—The anamnesis on the other hand corresponds with the *eros* in the *Symp.*: the ascent from the many and concrete objects to the Beautiful that is one (see our nr. 273).

3—In *Phaedr.* 249b-d the reduction of the many objects to a unity is called a ὑπόμνημα, i.e. a means of rousing something higher in us.

a. Pl., *Phaedr.* 249 b-d:

Δεῖ γὰρ ἄνθρωπον ξυνιέναι κατ᾽ εἶδος λεγόμενον, ἐκ πολλῶν ἰὸν αἰσθήσεων εἰς ἓν λογισμῷ ξυναιρούμενον. Τοῦτο δ᾽ ἐστὶν ἀνάμνησις ἐκείνων ἅ ποτ᾽ εἶδεν 249c ἡμῶν ἡ ψυχή, συμπορευθεῖσα θεῷ καὶ ὑπεριδοῦσα ἃ νῦν εἶναί φαμεν καὶ ἀνακύψασα εἰς τὸ ὂν ὄντως. Διὸ δὴ δικαίως μόνη πτεροῦται ἡ τοῦ φιλοσόφου διάνοια · πρὸς γὰρ ἐκείνοις ἀεί ἐστι μνήμη κατὰ δύναμιν, πρὸς οἶσπερ θεὸς ὢν θεῖός ἐστιν. Τοῖς δὲ δὴ τοιούτοις ἀνὴρ ὑπομνήμασιν ὀρθῶς χρώμενος, τελέους ἀεὶ τελετὰς τελούμενος, τέλεος ὄντως μόνος γίγνεται · ἐξιστάμενος δὲ τῶν ἀνθρωπίνων σπουδασμάτων καὶ πρὸς τῷ θείῳ γιγνόμενος, νουθετεῖται μὲν d ὑπὸ τῶν πολλῶν ὡς παρακινῶν [1], ἐνθουσιάζων δὲ λέληθε τοὺς πολλούς.

In *Rep.* VII also Plato called the dialectician συνοπτικός (537c[7]), being the man who sees a unity in multiplicity. See our nr. 302.

b. Cf. *Tim.* 83 c:

τις ὢν δυνατὸς εἰς πολλὰ μὲν καὶ ἀνόμοια βλέπειν, ὁρᾶν δ᾽ ἐν αὐτοῖς ἓν γένος ἐνὸν ἄξιον ἐπωνυμίας πᾶσιν.

4—But the *Phaedr.* also speaks of a way back: πάλιν κατ᾽ εἴδη δύνασθαι διατέμνειν κατ᾽ ἄρθρα ᾗ πέφυκεν. (265e, our nr. 316b).

Cf. *Rep.* 511 b-e: taking the ἀνυπόθετον as his starting-point, the philosopher ought to descend again, that is, he must divide the one Idea into species (see our nr. 294).

This is the *diaeresis*, that is largely applied in the later dialogues *Soph.* and *Polit.* Pl. now tries to define things no longer by their intelligible essence (Idea), but by relations in being. Understanding is not only remembering the Idea, but also trying to find the relations that exist in the intelligible world [a]. a new conception of knowledge

This conception of knowledge is prepared in the *Parm.*, where the necessity of relations between the Ideas is proved. This principle is applied in the *Soph.* prepared in the Parmenides

---

[1] ὡς παρακινῶν - intr. "as an excentric person".

---

[a] See the excellent exposition of L. Robin, *Platon*, Ch. IV.

the Theaet.
continued in
the Soph.

The *Soph.* continues directly the problems that have been put in the *Theaet.*: (1) the determination of the highest genera, being those κοινά we cannot grasp with perception (*Th.* 185cd, see our nr. **319a**), (2) the question of ψευδὴς δόξα, which is answered in the *Soph.*

Thus surely the *Soph.* is a sequel and a completion of the *Theaet.* But this completion is possible only after the Eleatic ὄν has been criticized in the *Parm.* —

the Parm.
First part

327—The old Parmenides raises three objections against the theory of Ideas.

1—Participation is impossible without division of the Idea.

μέθεξις
implies
division

a.   Pl., *Parm.* 131 a-c:

Πότερον οὖν δοκεῖ σοι ὅλον τὸ εἶδος ἐν ἑκάστῳ εἶναι τῶν πολλῶν ἓν ὄν ἢ πῶς;

Τί γὰρ κωλύει, φάναι τὸν Σωκράτη, ὦ Παρμενίδη, ἓν εἶναι;

131b   "Εν ἄρα ὂν καὶ ταὐτὸν ἐν πολλοῖς χωρὶς οὖσιν ὅλον ἅμα ἐνέσται, καὶ οὕτως αὐτὸ αὑτοῦ χωρὶς ἂν εἴη.

Οὐκ ἄν, εἴ γε, φάναι, οἷον [εἰ] ἡμέρα εἴη, <ἣ> μία καὶ ἡ αὐτὴ οὖσα πολλαχοῦ ἅμα ἐστὶ καὶ οὐδέν τι μᾶλλον αὐτὴ αὑτῆς χωρίς ἐστιν, εἰ οὕτω καὶ ἕκαστον τῶν εἰδῶν ἓν ἐν πᾶσιν ἅμα ταὐτὸν εἴη.

Ἡδέως γε, φάναι, ὦ Σώκρατες, ἓν ταὐτὸν ἅμα πολλαχοῦ ποιεῖς, οἷον εἰ ἱστίῳ καταπετάσας πολλοὺς ἀνθρώπους φαίης ἓν ἐπὶ πολλοῖς εἶναι ὅλον · ἢ οὐ τὸ τοιοῦτον ἡγῇ λέγειν;

c   "Ισως, φάναι.

Ἦ οὖν ὅλον ἐφ' ἑκάστῳ τὸ ἱστίον εἴη ἄν, ἢ μέρος αὐτοῦ ἄλλο ἐπ' ἄλλῳ;

Μέρος.

Μεριστὰ ἄρα, φάναι, ὦ Σώκρατες, ἔστιν αὐτὰ τὰ εἴδη, καὶ τὰ μετέχοντα αὐτῶν μέρους ἂν μετέχοι, καὶ οὐκέτι ἐν ἑκάστῳ ὅλον, ἀλλὰ μέρος ἑκάστου ἂν εἴη.

Φαίνεται οὕτω γε.

Ἦ οὖν ἐθελήσεις, ὦ Σώκρατες, φάναι τὸ ἓν εἶδος ἡμῖν τῇ ἀληθείᾳ μερίζεσθαι, καὶ ἔτι ἓν ἔσται;

Οὐδαμῶς, εἰπεῖν.

Ideas no
νοήματα ἐν
τῇ ψυχῇ

b.   The explanation that the Ideas are mere thoughts in a mind is rejected. Ib. 132b-c; s. our nr. **271a**.

2—If participation is explained as likeness, a regressus ad infinitum is involved.

the third man

c.   Ib. 132 d-133 a:

Τὸ δὲ ὅμοιον τῷ ὁμοίῳ ἆρ' οὐ μεγάλη ἀνάγκη ἑνὸς τοῦ αὐτοῦ [εἴδους] 132e μετέχειν;

'Ανάγκη.

Οὗ δ' ἂν τὰ ὅμοια μετέχοντα ὅμοια ᾖ, οὐκ ἐκεῖνο ἔσται αὐτὸ τὸ εἶδος;
Παντάπασι μὲν οὖν.

Οὐκ ἄρα οἷόν τέ τι τῷ εἴδει ὅμοιον εἶναι, οὐδὲ τὸ εἶδος ἄλλῳ · εἰ δὲ μή,
παρὰ τὸ εἶδος ἀεὶ ἄλλο ἀναφανήσεται εἶδος, καὶ ἂν ἐκεῖνό τῳ ὅμοιον ᾖ, ἕτερον
αὖ, καὶ οὐδέποτε παύσεται ἀεὶ καινὸν εἶδος γιγνόμενον, ἐὰν τὸ εἶδος τῷ ἑαυτοῦ   133a
μετέχοντι ὅμοιον γίγνηται.

'Αληθέστατα λέγεις.

Οὐκ ἄρα ὁμοιότητι τἆλλα τῶν εἰδῶν μεταλαμβάνει, ἀλλά τι ἄλλο δεῖ ζητεῖν
ᾧ μεταλαμβάνει.

"Εοικεν.

It is clear that Plato did not feel himself refuted by this argument, for in the
Tim. again he speaks of the Forms as paradeigmata of things. To consult: F. M.
Cornford, *Pl. and Parm.*, p. 93 ff., and, most of all, the excellent pages of H. Cher-
niss in *Aristotle's Criticism of Plato and the Academy*, I, Baltimore 1944, p. 296-299.

3—Separate Forms have their οὐσία πρὸς αὐτάς, just like phenomena
(τὰ παρ' ἡμῖν) exist in relation to each other, not with the Forms. Two
fatal consequences follow:

d. Man cannot have any knowledge of the ideal World.   human knowledge of the
Pl., *Parm.* 134 a-c: Ideas impossible

'Η δὲ παρ' ἡμῖν ἐπιστήμη οὐ τῆς παρ' ἡμῖν ἂν ἀληθείας εἴη, καὶ αὖ ἑκάστη
ἡ παρ' ἡμῖν ἐπιστήμη τῶν παρ' ἡμῖν ὄντων ἑκάστου ἂν ἐπιστήμη συμβαίνοι
εἶναι;   134b

'Ανάγκη.

'Αλλὰ μὴν αὐτά γε τὰ εἴδη, ὡς ὁμολογεῖς, οὔτε ἔχομεν οὔτε παρ' ἡμῖν οἷόν
τε εἶναι.

Οὐ γὰρ οὖν.

Γιγνώσκεται δέ γέ που ὑπ' αὐτοῦ τοῦ εἴδους τοῦ τῆς ἐπιστήμης αὐτὰ τὰ
γένη ἃ ἔστιν ἕκαστα;

Ναί.

"Ο γε ἡμεῖς οὐκ ἔχομεν.

Οὐ γάρ.

Οὐκ ἄρα ὑπό γε ἡμῶν γιγνώσκεται τῶν εἰδῶν οὐδέν, ἐπειδὴ αὐτῆς ἐπι-
στήμης οὐ μετέχομεν.

Οὐκ ἔοικεν.

"Αγνωστον ἄρα ἡμῖν ἐστι καὶ αὐτὸ τὸ καλὸν ὃ ἔστι καὶ τὸ ἀγαθὸν καὶ πάντα
ἃ δὴ ὡς ἰδέας αὐτὰς οὔσας ὑπολαμβάνομεν.   c

Κινδυνεύει.

divine providence impossible

e. God cannot rule over nor have any knowledge of human things. Ib. 134 c-e:

Ὅρα δὴ ἔτι τούτου δεινότερον τόδε.

Τὸ ποῖον;

Φαίης ἄν που, εἴπερ ἔστιν αὐτό τι γένος ἐπιστήμης, πολὺ αὐτὸ ἀκριβέστερον εἶναι ἢ τὴν παρ᾽ ἡμῖν ἐπιστήμην, καὶ κάλλος καὶ τἆλλα πάντα οὕτω.

Ναί.

Οὐκοῦν εἴπερ τι ἄλλο αὐτῆς ἐπιστήμης μετέχει, οὐκ ἄν τινα μᾶλλον ἢ θεὸν φαίης ἔχειν τὴν ἀκριβεστάτην ἐπιστήμην;

Ἀνάγκη.

134d　Ἆρ᾽ οὖν οἷός τε αὖ ἔσται ὁ θεὸς τὰ παρ᾽ ἡμῖν γιγνώσκειν αὐτὴν ἐπιστήμην ἔχων;

Τί γὰρ οὔ;

Ὅτι, ἔφη ὁ Παρμενίδης, ὡμολόγηται ἡμῖν, ὦ Σώκρατες, μήτε ἐκεῖνα τὰ εἴδη πρὸς τὰ παρ᾽ ἡμῖν τὴν δύναμιν ἔχειν ἣν ἔχει, μήτε τὰ παρ᾽ ἡμῖν πρὸς ἐκεῖνα, ἀλλ᾽ αὐτὰ πρὸς αὑτὰ ἑκάτερα.

Ὡμολόγηται γάρ.

Οὐκοῦν εἰ παρὰ τῷ θεῷ αὕτη ἐστὶν ἡ ἀκριβεστάτη δεσποτεία καὶ αὕτη ἡ
e　ἀκριβεστάτη ἐπιστήμη, οὔτ᾽ ἂν ἡ δεσποτεία ἡ ἐκείνων ἡμῶν ποτὲ ἂν δεσπόσειεν, οὔτ᾽ ἂν ἡ ἐπιστήμη ἡμᾶς γνοίη οὐδέ τι ἄλλο τῶν παρ᾽ ἡμῖν, ἀλλὰ ὁμοίως ἡμεῖς τε ἐκείνων οὐκ ἄρχομεν τῇ παρ᾽ ἡμῖν ἀρχῇ οὐδὲ γιγνώσκομεν τοῦ θείου οὐδὲν τῇ ἡμετέρᾳ ἐπιστήμῃ, ἐκεῖνοί τε αὖ κατὰ τὸν αὐτὸν λόγον οὔτε δεσπόται ἡμῶν εἰσιν οὔτε γιγνώσκουσι τὰ ἀνθρώπεια πράγματα θεοὶ ὄντες.

Ἀλλὰ μὴ λίαν, ἔφη, <ἦ> θαυμαστὸς ὁ λόγος, εἴ τις τὸν θεὸν ἀποστερήσει τοῦ εἰδέναι.

Conclusion　328—a. Ib. 135 b-c:

Ἀλλὰ μέντοι, εἶπεν ὁ Παρμενίδης, εἴ γέ τις δή, ὦ Σώκρατες, αὖ μὴ ἐάσει εἴδη τῶν ὄντων εἶναι, εἰς πάντα τὰ νυνδὴ καὶ ἄλλα τοιαῦτα ἀποβλέψας, μηδέ τι ὁριεῖται εἶδος ἑνὸς ἑκάστου, οὐδὲ ὅποι τρέψει τὴν διάνοιαν ἕξει, μὴ ἐῶν ἰδέαν τῶν ὄντων ἑκάστου τὴν αὐτὴν ἀεὶ εἶναι, καὶ οὕτως τὴν τοῦ διαλέγεσθαι δύναμιν παντάπασι διαφθερεῖ. Τοῦ τοιούτου μὲν οὖν μοι δοκεῖς καὶ μᾶλλον ᾐσθῆσθαι.

Ἀληθῆ λέγεις, φάναι.

Only, a strong dialectical training is required: the method of Zeno ought to be applied, not only to what is seen, but also to what is intelligible. Then, the consequences must be considered, not only if the hypothesis is taken in the positive form, but also if it is taken in the negative.

b. Ib. 135 e-136 a:

Χρὴ δὲ καὶ τόδε ἔτι πρὸς τούτῳ ποιεῖν, μὴ μόνον εἰ ἔστιν ἕκαστον ὑποτιθέμενον σκοπεῖν τὰ συμβαίνοντα ἐκ τῆς ὑποθέσεως, ἀλλὰ καὶ εἰ μὴ ἔστι τὸ αὐτὸ τοῦτο ὑποτίθεσθαι, εἰ βούλει μᾶλλον γυμνασθῆναι.

329—Thus the discourse of the second part is divided into two sections: **composition of the second part**
I. εἰ ἕν ἐστι, II. εἰ ἓν μή ἐστιν.
In both cases the consequences must be considered, (A) as to the one itself, (B) as to the other things.
So we get four logoi. But, each of these being developed in two senses— (a) the one being taken in the absolute, (b) in the relative sense, or inversely— we are getting eight logoi.
In Antiquity they were called *hypotheses*.
We cite: I A*a* and *b*; I B*a* and *b*; II A*a* and *b*; II B*a* and *b* (four antinomies).
The corollary on "becoming in time" (I Ac), added by Plato after his first antinomy as a transition between the thesis and antithesis of I A, is taken by some writers as a separated "logos". Thus J. Wahl in his *Etude* and A. Diès in his edition of the *Parm.* count nine logoi.

330—In the thesis (a) of I A the notion of ἕν is taken in the absolute sense. **I Aa.**
No communication with other ideas is then possible. Being itself consequently cannot be predicated of the ἕν ᵃ.

The antithesis takes the ἕν directly as ὄν. Thus it includes a duality, and with this **I Ab**
the principle of number is given. Knowledge and perception of the ἕν are possible.
This antithesis is developed in a highly sophistical way, in such a measure that even the earnest sense of the whole second part of our dialogue has been doubted of. However, in the following deductions more and more a reasonable sense is being disclosed. The notion of ἕν is purified of the material conception in the first antinomy; multiplicity is possible as a participation of the one that is. So in the thesis of the second antinomy (I Ba). Here the thesis of the historical *Parm.* is already overcome, the "other things" being thought as not absolutely separated from the one.

331—According to *b* the one is, according to *a* it is not. Now, as these two **I Ac**
states cannot exist at the same time, a transition between them is necessary.

Ib. 156 c-e:

Πότ' οὖν μεταβάλλει; οὔτε γὰρ ἑστὸς ὂν οὔτε κινούμενον μεταβάλλει, οὔτε ἐν χρόνῳ ὄν. — Οὐ γὰρ οὖν. — Ἆρ' οὖν ἔστι τὸ ἄτοπον τοῦτο, ἐν ᾧ τότ' ἂν εἴη, ὅτε μεταβάλλει; — Τὸ ποῖον δή; — Τὸ ἐξαίφνης. Τὸ γὰρ ἐξαίφνης τοιοῦτόν **the "moment"**
τι ἔοικε σημαίνειν, ὡς ἐξ ἐκείνου μεταβάλλον εἰς ἑκάτερον. Οὐ γὰρ ἔκ γε τοῦ ἑστάναι ἑστῶτος ἔτι μεταβάλλει, οὐδ' ἐκ τῆς κινήσεως κινουμένης ἔτι μεταβάλλει · ἀλλὰ ἡ ἐξαίφνης αὕτη φύσις ἄτοπός τις ἐγκάθηται μεταξὺ τῆς κινήσεώς τε καὶ στάσεως, ἐν χρόνῳ οὐδενὶ οὖσα, καὶ εἰς ταύτην δὴ καὶ ἐκ ταύτης **156e**

ᵃ See De Vogel, *Keerpunt*, p. 150 f.; Burnet, *Gr. Phil.*, 264 f.; Cornford, *Plato and Parm.*, p. 115-135; J. Wahl, *Etude sur le Parm.*, p. 114-129. And for the next "hypotheses" the following pages in the same works.

τό τε κινούμενον μεταβάλλει ἐπὶ τὸ ἑστάναι καὶ τὸ ἑστὸς ἐπὶ τὸ κινεῖσθαι. —
Κινδυνεύει.

The "transition" being not in time, this "timeless moment" has been rightly
explained by Natorp and by N. Hartmann as the continuity of thinking itself [a].

I Ba

332—a. Pl., *Parm.* 157 b-c:

157c
Οὐκοῦν ἐπείπερ ἄλλα τοῦ ἑνός ἐστιν, οὔτε τὸ ἕν ἐστι τἆλλα · οὐ γὰρ ἂν ἄλλα
τοῦ ἑνὸς ἦν. — Ὀρθῶς. — Οὐδὲ μὴν στέρεταί γε παντάπασι τοῦ ἑνὸς τἆλλα,
ἀλλὰ μετέχει πη. — Πῇ δή; — Ὅτι που τὰ ἄλλα τοῦ ἑνὸς μόρια ἔχοντα ἄλλα
ἐστίν · εἰ γὰρ μόρια μὴ ἔχοι, παντελῶς ἂν ἓν εἴη. — Ὀρθῶς. — Μόρια δέ γε,
φαμέν, τούτου ἐστὶν ὃ ἂν ὅλον ᾖ. — Φαμὲν γάρ. — Ἀλλὰ μὴν τό γε ὅλον ἓν
ἐκ πολλῶν ἀνάγκη εἶναι, οὗ ἔσται μόρια τὰ μόρια · ἕκαστον γὰρ τῶν μορίων
οὐ πολλῶν μόριον χρὴ εἶναι, ἀλλὰ ὅλου.

reality of the
"many"

b. Ib. 158 b-d:

Ἐπεὶ δέ γε πλείω ἑνός ἐστι τά τε τοῦ ἑνὸς μορίου καὶ τὰ τοῦ ἑνὸς ὅλου
μετέχοντα, οὐκ ἀνάγκη ἤδη πλήθει ἄπειρα εἶναι αὐτά γε ἐκεῖνα τὰ μεταλαμβά-
νοντα τοῦ ἑνός; — Πῶς; — Ὧδε ἴδωμεν. Ἄλλο τι οὐχ ἓν ὄντα οὐδὲ μετέχοντα
158c τοῦ ἑνὸς τότε, ὅτε μεταλαμβάνει αὐτοῦ, μεταλαμβάνει; — Δῆλα δή. — Οὐκοῦν
πλήθη ὄντα, ἐν οἷς τὸ ἓν οὐκ ἔνι; — Πλήθη μέντοι. — Τί οὖν; εἰ ἐθέλοιμεν τῇ
διανοίᾳ τῶν τοιούτων ἀφελεῖν ὡς οἷοί τέ ἐσμεν ὅτι ὀλίγιστον, οὐκ ἀνάγκη καὶ
τὸ ἀφαιρεθὲν ἐκεῖνο, εἴπερ τοῦ ἑνὸς μὴ μετέχοι, πλῆθος εἶναι καὶ οὐχ ἕν; —
Ἀνάγκη. — Οὐκοῦν οὕτως ἀεὶ σκοποῦντες αὐτὴν καθ' αὑτὴν τὴν ἑτέραν φύσιν
τοῦ εἴδους ὅσον ἂν αὐτῆς ἀεὶ ὁρῶμεν ἄπειρον ἔσται πλήθει; — Παντάπασι
d μὲν οὖν. — Καὶ μὴν ἐπειδάν γε ἓν ἕκαστον μόριον μόριον γένηται, πέρας ἤδη
ἔχει πρὸς ἄλληλα καὶ πρὸς τὸ ὅλον, καὶ τὸ ὅλον πρὸς τὰ μόρια. — Κομιδῇ μὲν
οὖν. — Τοῖς ἄλλοις δὴ τοῦ ἑνὸς συμβαίνει ἐκ μὲν τοῦ ἑνὸς καὶ ἐξ ἑαυτῶν κοινω-
νησάντων, ὡς ἔοικεν, ἕτερόν τι γίγνεσθαι ἐν αὑτοῖς, ὃ δὴ πέρας παρέσχε πρὸς
ἄλληλα · ἡ δὲ αὐτῶν φύσις καθ' ἑαυτὰ ἀπειρίαν. — Φαίνεται. — Οὕτω δὴ τὰ
ἄλλα τοῦ ἑνὸς καὶ ὅλα καὶ κατὰ μόρια ἄπειρά τέ ἐστι καὶ πέρατος μετέχει. —
Πάνυ γε.

II Aa

333—The formal refutation of Parmenides' thesis—the *being* of *non-
being*—follows from the thesis of the third antinomy.

the ἓν μὴ ὄν
a positive
subject

a. Ib. 160 b-d:

Τίς οὖν ἂν εἴη αὕτη ἡ ὑπόθεσις, εἰ ἓν μὴ ἔστιν; ἆρά τι διαφέρει τῆσδε, εἰ μὴ
ἓν μὴ ἔστιν; — Διαφέρει μέντοι. — Διαφέρει μόνον, ἢ καὶ πᾶν τοὐναντίον ἐστὶν
160c εἰπεῖν εἰ μὴ ἓν μὴ ἔστι τοῦ εἰ ἓν μὴ ἔστιν; — Πᾶν τοὐναντίον. — Τί δ' εἴ τις

[a] Natorp, *Pl. Id.*, p. 263; N. Hartmann, *Platos Logik des Seins*, p. 351-360.

λέγοι εἰ μέγεθος μὴ ἔστιν ἢ σμικρότης μὴ ἔστιν ἢ ἄλλο τι τῶν τοιούτων, ἆρα
ἐφ᾽ ἑκάστου ἂν δηλοῖ ὅτι ἕτερόν τι λέγοι τὸ μὴ ὄν; — Πάνυ γε. — Οὐκοῦν καὶ
νῦν δηλοῖ ὅτι ἕτερον λέγει τῶν ἄλλων τὸ μὴ ὄν, ὅταν εἴπῃ ἓν εἰ μὴ ἔστι, καὶ
ἴσμεν ὃ λέγει; — Ἴσμεν. — Πρῶτον μὲν ἄρα γνωστόν τι λέγει, ἔπειτα ἕτερον
τῶν ἄλλων, ὅταν εἴπῃ ἕν, εἴτε τὸ εἶναι αὐτῷ προσθεὶς εἴτε τὸ μὴ εἶναι · οὐδὲν
<γὰρ> ἧττον γιγνώσκεται, τί τὸ λεγόμενον μὴ εἶναι, καὶ ὅτι διάφορον τῶν   d
ἄλλων. Ἢ οὔ; — Ἀνάγκη. —

b. Ib. 160 d⁴-161 a²; 161 a⁶⁻⁷; b⁴-e²:

determina-
tion of the
ἓν μὴ ὄν

Πρῶτον μὲν οὖν αὐτῷ τοῦτο ὑπάρχειν δεῖ, ὡς ἔοικεν, εἶναι αὐτοῦ ἐπιστήμην,
ἢ μηδὲ ὅτι λέγεται γιγνώσκεσθαι, ὅταν τις εἴπῃ ἓν εἰ μὴ ἔστιν. — Ἀληθῆ. —
Οὐκοῦν καὶ τὰ ἄλλα ἕτερα αὐτοῦ εἶναι, ἢ μηδὲ ἐκεῖνο ἕτερον τῶν ἄλλων λέ-
γεσθαι; — Πάνυ γε. — Καὶ ἑτεροιότης ἄρα ἐστὶν αὐτῷ πρὸς τῇ ἐπιστήμῃ.
Οὐ γὰρ τὴν τῶν ἄλλων ἑτεροιότητα λέγει, ὅταν τὸ ἓν ἕτερον τῶν ἄλλων λέγῃ,   160e
ἀλλὰ τὴν ἐκείνου. — Φαίνεται. — Καὶ μὴν τοῦ γε ἐκείνου καὶ τοῦ τινὸς καὶ
τούτου καὶ τούτῳ καὶ τούτων καὶ πάντων τῶν τοιούτων μετέχει τὸ μὴ ὂν ἕν ·
οὐ γὰρ ἂν τὸ ἓν ἐλέγετο οὐδ᾽ ἂν τοῦ ἑνὸς ἕτερα, οὐδ᾽ ἐκείνῳ ἄν τι ἦν οὐδ᾽ ἐκείνου,
οὐδ᾽ ἄν τι ἐλέγετο, εἰ μήτε τοῦ τινὸς αὐτῷ μετῆν μήτε τῶν ἄλλων τούτων. —
Ὀρθῶς. — Εἶναι μὲν δὴ τῷ ἑνὶ οὐχ οἷόν τε, εἴπερ γε μὴ ἔστι, μετέχειν δὲ
πολλῶν οὐδὲν κωλύει, ἀλλὰ καὶ ἀνάγκη, εἴπερ τό γε ἓν ἐκεῖνο καὶ μὴ ἄλλο μὴ   161a
ἔστιν. —
Καὶ ἀνομοιότης ἄρα ἐστὶν αὐτῷ πρὸς τὰ ἄλλα · τὰ γὰρ ἄλλα τοῦ ἑνὸς
ἕτερα ὄντα ἑτεροῖα καὶ εἴη ἄν. — Ναί. —
Εἰ δὲ δὴ τῶν ἄλλων ἀνομοιότης ἔστιν αὐτῷ, ἆρ᾽ οὐκ ἀνάγκη ἑαυτοῦ ὁμοιό-   b
τητα αὐτῷ εἶναι; — Πῶς; — Εἰ ἑνὸς ἀνομοιότης ἔστι τῷ ἑνί, οὐκ ἄν που περὶ
τοῦ τοιούτου ὁ λόγος εἴη οἵου τοῦ ἑνός, οὐδ᾽ ἂν ἡ ὑπόθεσις εἴη περὶ ἑνός, ἀλλὰ
περὶ ἄλλου ἢ ἑνός. — Πάνυ γε. — Οὐ δεῖ δέ γε. — Οὐ δῆτα. — Δεῖ ἄρα ὁμοιό-
τητα τῷ ἑνὶ αὐτοῦ ἑαυτῷ εἶναι. — Δεῖ.   c
Καὶ μὴν οὐδ᾽ αὖ ἴσον γ᾽ ἐστὶ τοῖς ἄλλοις · εἰ γὰρ εἴη ἴσον, εἴη τε ἂν ἤδη καὶ
ὅμοιον ἂν εἴη αὐτοῖς κατὰ τὴν ἰσότητα. Ταῦτα δ᾽ ἀμφότερα ἀδύνατα, εἴπερ μὴ
ἔστιν ἕν. — Ἀδύνατα. — Ἐπειδὴ δὲ οὐκ ἔστι τοῖς ἄλλοις ἴσον, ἆρα οὐκ ἀνάγκη
καὶ τἆλλα ἐκείνῳ μὴ ἴσα εἶναι; — Ἀνάγκη. — Τὰ δὲ μὴ ἴσα οὐκ ἄνισα; —
Ναί. — Τὰ δὲ ἄνισα οὐ τῷ ἀνίσῳ ἄνισα; — Πῶς δ᾽ οὔ; — Καὶ ἀνισότητος δὴ
μετέχει τὸ ἕν, πρὸς ἣν τἆλλα αὐτῷ ἐστιν ἄνισα; — Μετέχει. — Ἀλλὰ μέντοι   d
ἀνισότητός γε ἐστὶ μέγεθός τε καὶ σμικρότης. — Ἔστι γάρ. — Ἔστιν ἄρα
καὶ μέγεθός τε καὶ σμικρότης τῷ τοιούτῳ ἑνί; — Κινδυνεύει. — Μέγεθος μὴν
καὶ σμικρότης ἀεὶ ἀφέστατον ἀλλήλοιν. — Πάνυ γε. — Μεταξὺ ἄρα τι αὐτοῖν
ἀεὶ ἐστιν. — Ἔστιν. — Ἔχεις οὖν τι ἄλλο εἰπεῖν μεταξὺ αὐτοῖν ἢ ἰσότητα;
— Οὐκ, ἀλλὰ τοῦτο. — Ὅτῳ ἄρα ἐστὶ μέγεθος καὶ σμικρότης, ἔστι καὶ ἰσότης

e αὐτῷ μεταξὺ τούτοιν οὖσα. — Φαίνεται. — Τῷ δὴ ἑνὶ μὴ ὄντι, ὡς ἔοικε, καὶ
ἰσότητος ἂν μετείη καὶ μεγέθους καὶ σμικρότητος. — Ἔοικεν.

the one non-being is　　c. Ib. 161 e³-162 b⁸:

Καὶ μὴν καὶ οὐσίας γε δεῖ αὐτὸ μετέχειν πῃ. — Πῶς δή; — Ἔχειν αὐτὸ δεῖ
οὕτως ὡς λέγομεν · εἰ γὰρ μὴ οὕτως ἔχει, οὐκ ἂν ἀληθῆ λέγοιμεν ἡμεῖς λέγοντες
τὸ ἓν μὴ εἶναι · εἰ δὲ ἀληθῆ, δῆλον ὅτι ὄντα αὐτὰ λέγομεν. Ἢ οὐχ οὕτως; —
Οὕτω μὲν οὖν. — Ἐπειδὴ δέ φαμεν ἀληθῆ λέγειν, ἀνάγκη ἡμῖν φάναι καὶ ὄντα
162a λέγειν. — Ἀνάγκη. — Ἔστιν ἄρα, ὡς ἔοικε, τὸ ἓν οὐκ ὄν · εἰ γὰρ μὴ ἔσται
μὴ ὄν, ἀλλά πῃ τοῦ εἶναι ἀνήσει πρὸς τὸ μὴ εἶναι, εὐθὺς ἔσται ὄν. — Παντά-
πασι μὲν οὖν. — Δεῖ ἄρα αὐτὸ δεσμὸν ἔχειν τοῦ μὴ εἶναι τὸ εἶναι μὴ ὄν, εἰ
μέλλει μὴ εἶναι, ὁμοίως ὥσπερ τὸ ὂν τὸ μὴ ὂν ἔχειν μὴ εἶναι, ἵνα τελέως αὖ
εἶναι ᾖ · οὕτως γὰρ ἂν τό τε ὂν μάλιστ᾽ ἂν εἴη καὶ τὸ μὴ ὂν οὐκ ἂν εἴη, μετέ-
χοντα τὸ μὲν ὂν οὐσίας τοῦ εἶναι ὄν, μὴ οὐσίας δὲ τοῦ εἶναι μὴ ὄν, εἰ μέλλει
b τελέως εἶναι, τὸ δὲ μὴ ὂν μὴ οὐσίας μὲν τοῦ μὴ εἶναι μὴ ὄν, οὐσίας δὲ τοῦ
εἶναι μὴ ὄν, εἰ καὶ τὸ μὴ ὂν αὖ τελέως μὴ ἔσται. — Ἀληθέστατα. — Οὐκοῦν
ἐπείπερ τῷ τε ὄντι τοῦ μὴ εἶναι καὶ τῷ μὴ ὄντι τοῦ εἶναι μέτεστι, καὶ τῷ
ἑνί, ἐπειδὴ οὐκ ἔστι, τοῦ εἶναι ἀνάγκη μετεῖναι εἰς τὸ μὴ εἶναι. — Ἀνάγκη. —
Καὶ οὐσία δὴ φαίνεται τῷ ἑνί, εἰ μὴ ἔστιν. — Φαίνεται. — Καὶ μὴ οὐσία ἄρα,
εἴπερ μὴ ἔστιν. — Πῶς δ᾽ οὔ;

II Ba　　334—The consequences of the negative hypothesis for the "other
things", the μὴ ὄν being taken in the relative sense. Pl. here is speaking
clearly of phenomenal being.

Ib. 164 b-165 c:

Ἄλλα μέν που δεῖ αὐτὰ εἶναι · εἰ γὰρ μηδὲ ἄλλα ἐστίν, οὐκ ἂν περὶ
τῶν ἄλλων λέγοιτο. — Οὕτω. — Εἰ δὲ περὶ τῶν ἄλλων ὁ λόγος, τά γε ἄλλα
ἕτερά ἐστιν. Ἢ οὐκ ἐπὶ τῷ αὐτῷ καλεῖς τό τε ἄλλο καὶ τὸ ἕτερον; —
164c Ἔγωγε. — Ἕτερον δέ γέ πού φαμεν τὸ ἕτερον εἶναι ἑτέρου, καὶ τὸ ἄλλο δὴ
ἄλλο εἶναι ἄλλου; — Ναί. — Καὶ τοῖς ἄλλοις ἄρα, εἰ μέλλει ἄλλα εἶναι, ἔστι
τι οὗ ἄλλα ἔσται. — Ἀνάγκη. — Τί δὴ οὖν ἂν εἴη; τοῦ μὲν γὰρ ἑνὸς οὐκ ἔσται
ἄλλα, μὴ ὄντος γε. — Οὐ γάρ. — Ἀλλήλων ἄρα ἐστί · τοῦτο γὰρ αὐτοῖς ἔτι
λείπεται, ἢ μηδενὸς εἶναι ἄλλοις. — Ὀρθῶς. — Κατὰ πλήθη ἄρα ἕκαστα
a descrip- ἀλλήλων ἄλλα ἐστί · κατὰ ἓν γὰρ οὐκ ἂν οἷά τε εἴη, μὴ ὄντος ἑνός. Ἀλλ᾽
tion of ἕκαστος, ὡς ἔοικεν, ὁ ὄγκος αὐτῶν ἄπειρός ἐστι πλήθει, κἂν τὸ σμικρότατον
phenomenal δοκοῦν εἶναι λάβῃ τις, ὥσπερ ὄναρ ἐν ὕπνῳ φαίνεται ἐξαίφνης ἀντὶ ἑνὸς δό-
being ξαντος εἶναι πολλὰ καὶ ἀντὶ σμικροτάτου παμμέγεθες πρὸς τὰ κερματιζόμενα
ἐξ αὐτοῦ. — Ὀρθότατα. — Τοιούτων δὴ ὄγκων ἄλλα ἀλλήλων ἂν εἴη τἆλλα,
εἰ ἑνὸς μὴ ὄντος ἄλλα ἐστίν. — Κομιδῇ μὲν οὖν. — Οὐκοῦν πολλοὶ ὄγκοι

ἔσονται, εἶς ἕκαστος φαινόμενος, ὧν δὲ οὔ, εἴπερ ἓν μὴ ἔσται; — Οὕτω. —
Καὶ ἀριθμὸς δὲ εἶναι αὐτῶν δόξει, εἴπερ καὶ ἓν ἕκαστον, πολλῶν ὄντων. —   e
Πάνυ γε. — Καὶ τὰ μὲν δὴ ἄρτια, τὰ δὲ περιττὰ ἐν αὐτοῖς ὄντα οὐκ ἀληθῶς
φαίνεται, εἴπερ ἓν μὴ ἔσται. — Οὐ γὰρ οὖν. — Καὶ μὴν καὶ σμικρότατόν γε,
φαμέν, δόξει ἐν αὐτοῖς ἐνεῖναι · φαίνεται δὲ τοῦτο πολλὰ καὶ μεγάλα πρὸς
ἕκαστον τῶν πολλῶν ὡς σμικρῶν ὄντων. — Πῶς δ' οὔ; — Καὶ ἴσος μὴν τοῖς   165a
πολλοῖς καὶ σμικροῖς ἕκαστος ὄγκος δοξασθήσεται εἶναι · οὐ γὰρ ἂν μετέβαινεν
ἐκ μείζονος εἰς ἔλαττον φαινόμενος, πρὶν εἰς τὸ μεταξὺ δόξειεν ἐλθεῖν, τοῦτο
δ' εἴη ἂν φάντασμα ἰσότητος. — Εἰκός. — Οὐκοῦν καὶ πρὸς ἄλλον ὄγκον πέρας
ἔχων, αὐτός γε πρὸς αὑτὸν οὔτε ἀρχὴν οὔτε πέρας οὔτε μέσον ἔχων; — Πῇ δή;
— Ὅτι ἀεὶ αὐτῶν ὅταν τίς τι λάβῃ τῇ διανοίᾳ ὥς τι τούτων ὄν, πρό τε τῆς
ἀρχῆς ἄλλη ἀεὶ φαίνεται ἀρχή, μετά τε τὴν τελευτὴν ἑτέρα ὑπολειπομένη   b
τελευτή, ἔν τε τῷ μέσῳ ἄλλα μεσαίτερα τοῦ μέσου, σμικρότερα δέ, διὰ τὸ μὴ
δύνασθαι ἑνὸς αὐτῶν ἑκάστου λαμβάνεσθαι, ἅτε οὐκ ὄντος τοῦ ἑνός. — Ἀλη-
θέστατα. — Θρύπτεσθαι δὴ οἶμαι κερματιζόμενον ἀνάγκη πᾶν τὸ ὄν, ὃ ἄν
τις λάβῃ τῇ διανοίᾳ · ὄγκος γάρ που ἄνευ ἑνὸς ἀεὶ λαμβάνοιτ' ἄν. — Πάνυ
μὲν οὖν. — Οὐκοῦν τό γε τοιοῦτον πόρρωθεν μὲν ὁρῶντι καὶ ἀμβλὺ ἐν
φαίνεσθαι ἀνάγκη, ἐγγύθεν δὲ καὶ ὀξὺ νοοῦντι πλήθει ἄπειρον ἓν ἕκαστον   c
φανῆναι, εἴπερ στέρεται τοῦ ἑνὸς μὴ ὄντος; — Ἀναγκαιότατον μὲν οὖν.

335—The antitheses, II Ab and Bb, by taking the non-being of the   the anti-
one in the absolute sense, mark frontier-positions of thinking, as a   theses
counterpart to I Ab.

Ib. 166 b⁷-c² (conclusion of the last antithesis):   **II Bb**

The ἄλλα being neither ἕν nor πολλά (for this presupposes the one)
nor *seeming* such (because they have not the least communion with
μὴ ὄντα), nothing can be predicated nor believed of it.

Οὐκοῦν καὶ συλλήβδην εἰ εἴποιμεν, ἓν εἰ μὴ ἔστιν, οὐδέν ἐστιν, ὀρθῶς ἂν
εἴποιμεν; — Παντάπασι μὲν οὖν.

336—The dialogue ends rather abruptly. Plato leaves it to the reader to draw   **conclusions**
his conclusions. J. Wahl in his *Etude sur le Parm.* p. 200, adding a slight correction
to the conclusions of A. Diès and L. Robin—the last having said "que l'éléatisme
est trop étroit et la théorie des Idées trop vague"—formulates them as follows:
"— nous préférerions dire: "que l'éléatisme et la théorie des idées sont tous deux
trop étroits" et insister sur la place de ce que nous appellerions volontiers l'hé-
raclitéisme des idées dans le platonisme futur, réglé d'ailleurs par les nombres."

F. M. Cornford (in *Pl. and Parm.* p. 245): "It must not be overlooked that,
particularly in *Hyp.* II, he has restored, in a modified form, the Pythagorean
"evolution" from the One, through the Union of Limit and Unlimited in numbers

and geometrical figures, to sensible things with their limiting form and unlimited matter. He has thus laid down, in outline, the foundations of the ontology which underlies all the later dialogues. Also he has indicated what he will, or what he will not, accept from his great forerunner, Parmenides."

See also the excellent pages of L. Robin, *Platon*, 137-140; and my work, *Keerpunt*, 160-162.

A neoplatonic interpretation is given by M. Wundt, *Platons Parm.*, Stuttgart-Berlin 1935 ª; a mathematical approach by A. Speiser, *Ein Parmenideskommentar*, Leipzig 1937.

8—THE LATER PLATONISM: SOPH., POLIT., PHIL., TIM.

diaeresis. the art of angling   337—An example of determining a notion by diaeresis. The art of angling (ἀσπαλιευτική). Pl., *Soph.* 219 a-221 c.

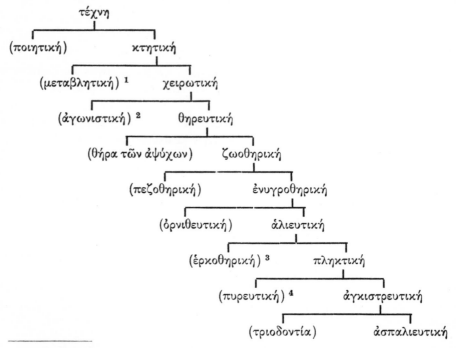

---

[1]   μεταβλητική - by barter; χειρωτική - by subduing.
[2]   ἀγωνιστική - by combat; θηρευτική - by hunting.
[3]   ἑρκοθηρική - with nets; πληκτική - by spearing.
[4]   πυρευτική - by torchlight; ἀγκιστρευτική - with hooks.

---

[a]   A critical review of it is given by me in *Keerpunt*, p. 250-258.

338—The same method applied to sophistry (σοφιστική) Ib., 221 c-223 b. **sophistry**

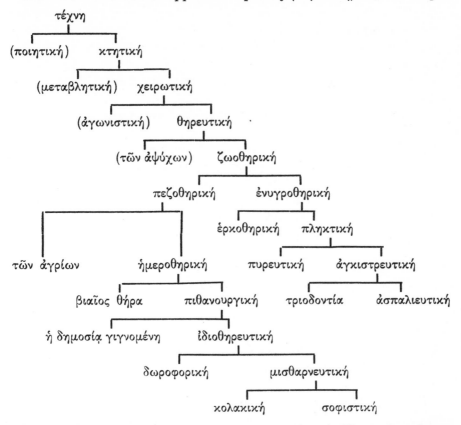

Thus the sophist turns out to be *a man-hunter, eager for gain.* Three other schemes of division follow. In a fifth scheme Pl. starts from the view that the sophist is ἀντιλογικός. However, as it is impossible to contradict in all things on the ground of knowledge, an *apparent* knowledge must be admitted. Therefore Pl. starts from the notion of μιμητική. And this notion presupposes non-being. Hence the question of the possibility of the being of non-being.

Now as a simple fact this follows from the existence of lying and deceit. Thus, not so much the *being* of non-being is the problem of this dialogue, as—much more—the *determination* of the μὴ ὄν.

339—We saw that Pl., in his discussion with the εἰδῶν φίλοι (see our nr. **315c**), came to the conclusion that "the perfectly real" (παντελῶς ὄν) must have movement and life, soul and understanding, and therefore that κίνησις must belong to the realm of being. But στάσις also must belong to it, thinking being impossible without identity. So being turns out to be both ἀκίνητα καὶ κεκινημένα.

ὄν must be
assumed as a
third kind
next to mo-
tion and rest
a. Ib. 250 a-c:

ΞΕ. Εἶεν δή, κίνησιν καὶ στάσιν ἆρ' οὐκ ἐναντιώτατα λέγεις ἀλλήλοις;
ΘΕΑΙ. Πῶς γὰρ οὔ;
ΞΕ. Καὶ μὴν εἶναί γε ὁμοίως φὴς ἀμφότερα αὐτὰ καὶ ἑκάτερον;

250b ΘΕΑΙ. Φημὶ γὰρ οὖν.

ΞΕ. Ἆρα κινεῖσθαι λέγων ἀμφότερα καὶ ἑκάτερον, ὅταν εἶναι συγχωρῇς;
ΘΕΑΙ. Οὐδαμῶς.
ΞΕ. 'Αλλ' ἑστάναι σημαίνεις λέγων αὐτὰ ἀμφότερα εἶναι;
ΘΕΑΙ. Καὶ πῶς;
ΞΕ. Τρίτον ἄρα τι παρὰ ταῦτα τὸ ὂν ἐν τῇ ψυχῇ τιθείς, ὡς ὑπ' ἐκείνου τήν
τε στάσιν καὶ τὴν κίνησιν περιεχομένην, συλλαβὼν καὶ ἀπιδὼν αὐτῶν πρὸς
τὴν τῆς οὐσίας κοινωνίαν, οὕτως εἶναι προσεῖπας ἀμφότερα;

c ΘΕΑΙ. Κινδυνεύομεν ὡς ἀληθῶς τρίτον ἀπομαντεύεσθαί τι τὸ ὄν, ὅταν
κίνησιν καὶ στάσιν εἶναι λέγωμεν.

ΞΕ. Οὐκ ἄρα κίνησις καὶ στάσις ἐστὶ συναμφότερον τὸ ὂν ἀλλ' ἕτερον
δή τι τούτων.
ΘΕΑΙ. Ἔοικεν.
ΞΕ. Κατὰ τὴν αὑτοῦ φύσιν ἄρα τὸ ὂν οὔτε ἕστηκεν οὔτε κινεῖται.
ΘΕΑΙ. Σχεδόν.

how then to
define being?
b. Ib. 250 c-d:

ΞΕ. Ποῖ δὴ χρὴ τὴν διάνοιαν ἔτι τρέπειν τὸν βουλόμενον ἐναργές τι περὶ
αὐτοῦ παρ' ἑαυτῷ βεβαιώσασθαι;
ΘΕΑΙ. Ποῖ γάρ;

250d ΞΕ. Οἶμαι μὲν οὐδαμόσε ἔτι ῥᾴδιον. εἰ γάρ τι μὴ κινεῖται, πῶς οὐχ ἕστηκεν;
ἢ τὸ μηδαμῶς ἑστὸς πῶς οὐκ αὖ κινεῖται; τὸ δὲ ὂν ἡμῖν νῦν ἐκτὸς τούτων
ἀμφοτέρων ἀναπέφανται. Ἦ δυνατὸν οὖν τοῦτο;
ΘΕΑΙ. Πάντων μὲν οὖν ἀδυνατώτατον.

the κοινωνία
τῶν γενῶν
340—Pl. now turns off in another direction. In which sense may we
call a thing by many names? (251a) The view of those who deny the
possibility of predication is rejected by him as a naïvety (see our nr.
252b). To all who ever spoke about being he then puts the following
question.

three
possibilities
a. Ib. 251 d-e:

Πότερον μήτε τὴν οὐσίαν κινήσει καὶ στάσει προσάπτωμεν μήτε ἄλλο ἄλλῳ
μηδὲν μηδενί, ἀλλ' ὡς ἄμεικτα ὄντα καὶ ἀδύνατον μεταλαμβάνειν ἀλλήλων
οὕτως αὐτὰ ἐν τοῖς παρ' ἡμῖν λόγοις τιθῶμεν; ἢ πάντα εἰς ταὐτὸν συναγάγωμεν

ὡς δυνατὰ ἐπικοινωνεῖν ἀλλήλοις; ἢ τὰ μέν, τὰ δὲ μή; τούτων, ὦ Θεαίτητε, τί ποτ' ἂν αὐτοὺς προαιρεῖσθαι φήσομεν;

In the first case being could neither move nor be at rest, and those who choose for this possibility can on no account explain the world. Moreover they needs must contradict themselves.

1. no κοινωνία at all

b. Ib. 252 c-d:

ΞΕ. Τῷ τε ,,εἶναί'' που περὶ πάντα ἀναγκάζονται χρῆσθαι καὶ τῷ ,,χωρὶς'' καὶ τῷ ,,τῶν ἄλλων'' καὶ τῷ ,,καθ' αὐτὸ'' καὶ μυρίοις ἑτέροις, ὧν ἀκρατεῖς ὄντες εἴργεσθαι καὶ μὴ συνάπτειν ἐν τοῖς λόγοις οὐκ ἄλλων δέονται τῶν ἐξελεγξόντων, ἀλλὰ τὸ λεγόμενον οἴκοθεν τὸν πολέμιον καὶ ἐναντιωσόμενον ἔχοντες, ἐντὸς ὑποφθεγγόμενον ὥσπερ τὸν ἄτοπον Εὐρυκλέα [1] περιφέροντες ἀεὶ πορεύονται.

ΘΕΑΙ. Κομιδῇ λέγεις ὅμοιόν τε καὶ ἀληθές.

c. Ib. 252 d:

2. κοινωνία of all with all

ΞΕ. Τί δ', ἂν πάντα ἀλλήλοις ἐῶμεν δύναμιν ἔχειν ἐπικοινωνίας;
ΘΕΑΙ. Τοῦτο μὲν οἷός τε κἀγὼ διαλύειν.
ΞΕ. Πῶς;
ΘΕΑΙ. Ὅτι κίνησίς τε αὐτὴ παντάπασιν ἵσταιτ' ἂν καὶ στάσις αὖ πάλιν αὐτὴ κινοῖτο, εἴπερ ἐπιγιγνοίσθην ἐπ' ἀλλήλοιν.
ΞΕ. Ἀλλὰ μὴν τοῦτό γέ που ταῖς μεγίσταις ἀνάγκαις ἀδύνατον, κίνησίν τε ἵστασθαι καὶ στάσιν κινεῖσθαι;
ΘΕΑΙ. Πῶς γὰρ οὔ;
ΞΕ. Τὸ τρίτον δὴ μόνον λοιπόν.
ΘΕΑΙ. Ναί.

d. Ib. 252 e⁹-253 a³; 253 a⁸-e³:

3. of some with some others

ΞΕ. Ὅτε δὴ τὰ μὲν ἐθέλει τοῦτο δρᾶν, τὰ δ' οὔ, σχεδὸν οἷον τὰ γράμματα πεπονθότ' ἂν εἴη. καὶ γὰρ ἐκείνων τὰ μὲν ἀναρμοστεῖ που πρὸς ἄλληλα, τὰ δὲ συναρμόττει.
ΘΕΑΙ. Πῶς δ' οὔ; —
ΞΕ. Πᾶς οὖν οἶδεν ὁποῖα ὁποίοις δυνατὰ κοινωνεῖν, ἢ τέχνης δεῖ τῷ 253a μέλλοντι δρᾶν ἱκανῶς αὐτό;
ΘΕΑΙ. Τέχνης.
ΞΕ. Ποίας;
ΘΕΑΙ. Τῆς γραμματικῆς.

---

[1] Εὐρυκλέα - Eurycles was a ventriloquist (see Aristoph., *Wasps* 1017-1020).

b   ΞΕ. Τί δέ; περὶ τοὺς τῶν ὀξέων καὶ βαρέων φθόγγους ἆρ' οὐχ οὕτως; ὁ μὲν
τοὺς συγκεραννυμένους τε καὶ μὴ τέχνην ἔχων γιγνώσκειν μουσικός, ὁ δὲ μὴ
συνιεὶς ἄμουσος;

ΘΕΑΙ. Οὕτως.

ΞΕ. Καὶ κατὰ τῶν ἄλλων δὴ τεχνῶν καὶ ἀτεχνιῶν τοιαῦτα εὑρήσομεν ἕτερα.

ΘΕΑΙ. Πῶς δ' οὔ;

ΞΕ. Τί δ'; ἐπειδὴ καὶ τὰ γένη πρὸς ἄλληλα κατὰ ταὐτὰ μείξεως ἔχειν
ὡμολογήκαμεν, ἆρ' οὐ μετ' ἐπιστήμης τινὸς ἀναγκαῖον διὰ τῶν λόγων πορεύεσθαι
τὸν ὀρθῶς μέλλοντα δείξειν ποῖα ποίοις συμφωνεῖ τῶν γενῶν καὶ ποῖα ἄλληλα
c   οὐ δέχεται; καὶ δὴ καὶ διὰ πάντων εἰ συνέχοντ' ἄττ' αὕτ' ἐστιν, ὥστε συμμείγ-
νυσθαι δυνατὰ εἶναι, καὶ πάλιν ἐν ταῖς διαιρέσεσιν, εἰ δι' ὅλων ἕτερα τῆς
διαιρέσεως αἴτια;

ΘΕΑΙ. Πῶς γὰρ οὐκ ἐπιστήμης δεῖ, καὶ σχεδόν γε ἴσως τῆς μεγίστης;

ΞΕ. Τίν' οὖν αὖ νῦν προσεροῦμεν, ὦ Θεαίτητε, ταύτην; ἢ πρὸς Διὸς ἐλά-
a new   θομεν εἰς τὴν τῶν ἐλευθέρων ἐμπεσόντες ἐπιστήμην [1], καὶ κινδυνεύομεν ζη-
definition of
philosophy τοῦντες τὸν σοφιστὴν πρότερον ἀνηυρηκέναι τὸν φιλόσοφον;

ΘΕΑΙ. Πῶς λέγεις;

d   ΞΕ. Τὸ κατὰ γένη διαιρεῖσθαι καὶ μήτε ταὐτὸν εἶδος ἕτερον ἡγήσασθαι
μήτε ἕτερον ὂν ταὐτὸν μῶν οὐ τῆς διαλεκτικῆς φήσομεν ἐπιστήμης εἶναι;

ΘΕΑΙ. Ναί, φήσομεν.

ΞΕ. Οὐκοῦν ὅ γε τοῦτο δυνατὸς δρᾶν μίαν ἰδέαν διὰ πολλῶν, ἑνὸς ἑκάστου
κειμένου χωρίς, πάντη διατεταμένην ἱκανῶς διαισθάνεται, καὶ πολλὰς ἑτέρας
ἀλλήλων ὑπὸ μιᾶς ἔξωθεν περιεχομένας, καὶ μίαν αὖ δι' ὅλων πολλῶν ἐν ἑνὶ
συνημμένην, καὶ πολλὰς χωρὶς πάντη διωρισμένας · τοῦτο δ' ἐστιν, ᾗ τε κοινω-
e   νεῖν ἕκαστα δύναται καὶ ὅπη μή, διακρίνειν κατὰ γένος ἐπίστασθαι.

ΘΕΑΙ. Παντάπασι μὲν οὖν.

the five most   341—Ib. 254 d-255 e:
important
"kinds"   ΞΕ. Μέγιστα μὴν τῶν γενῶν ἃ νυνδὴ διῇμεν τό τε ὂν αὐτὸ καὶ στάσις καὶ
κίνησις.

ΘΕΑΙ. Πολύ γε.

ΞΕ. Καὶ μὴν τώ γε δύο φαμὲν αὐτοῖν ἀμείκτω πρὸς ἀλλήλω.

ΘΕΑΙ. Σφόδρα γε.

ΞΕ. Τὸ δέ γε ὂν μεικτὸν ἀμφοῖν · ἐστὸν γὰρ ἄμφω που.

ΘΕΑΙ. Πῶς δ' οὔ;

ΞΕ. Τρία δὴ γίγνεται ταῦτα.

ΘΕΑΙ. Τί μήν;

---

[1] εἰς τὴν — ἐπιστήμην - see *Theaet.* 175de (our nr. **301**).

ΞΕ. Οὐκοῦν αὐτῶν ἕκαστον τοῖν μὲν δυοῖν ἕτερόν ἐστιν, αὐτὸ δ' ἑαυτῷ ταὐτόν.

ΘΕΑΙ. Οὕτως.　　254e

ΞΕ. Τί ποτ' αὖ νῦν οὕτως εἰρήκαμεν τό τε ταὐτὸν καὶ θάτερον; πότερα δύο γένη τινὲ αὐτώ, τῶν μὲν τριῶν ἄλλω, συμμειγνυμένω μὴν ἐκείνοις ἐξ ἀνάγκης ἀεί, καὶ περὶ πέντε ἀλλ' οὐ περὶ τριῶν ὡς ὄντων αὐτῶν σκεπτέον, ἢ τό τε ταὐτὸν τοῦτο καὶ θάτερον ὡς ἐκείνων τι προσαγορεύοντες λανθάνομεν ἡμᾶς 255a αὐτούς;

ΘΕΑΙ. Ἴσως.

ΞΕ. Ἀλλ' οὔ τι μὴν κίνησίς γε καὶ στάσις οὔθ' ἕτερον οὔτε ταὐτόν ἐστι.

ΘΕΑΙ. Πῶς;

ΞΕ. Ὅτιπερ ἂν κοινῇ προσείπωμεν κίνησιν καὶ στάσιν, τοῦτο οὐδέτερον αὐτοῖν οἷόν τε εἶναι.

ΘΕΑΙ. Τί δή;

ΞΕ. Κίνησίς τε στήσεται καὶ στάσις αὖ κινηθήσεται · περὶ γὰρ ἀμφότερα θάτερον ὁποτερονοῦν γιγνόμενον αὐτοῖν ἀναγκάσει μεταβάλλειν αὖ θάτερον ἐπὶ τοὐναντίον τῆς αὑτοῦ φύσεως, ἅτε μετασχὸν τοῦ ἐναντίου.　　b

ΘΕΑΙ. Κομιδῇ γε.

ΞΕ. Μετέχετον μὴν ἄμφω ταὐτοῦ καὶ θατέρου.

ΘΕΑΙ. Ναί.

ΞΕ. Μὴ τοίνυν λέγωμεν κίνησίν γ' εἶναι ταὐτὸν ἢ θάτερον, μηδ' αὖ στάσιν.

ΘΕΑΙ. Μὴ γάρ.

ΞΕ. Ἀλλ' ἆρα τὸ ὂν καὶ τὸ ταὐτὸν ὡς ἕν τι διανοητέον ἡμῖν;

ΘΕΑΙ. Ἴσως.

ΞΕ. Ἀλλ' εἰ τὸ ὂν καὶ τὸ ταὐτὸν μηδὲν διάφορον σημαίνετον, κίνησιν αὖ πάλιν καὶ στάσιν ἀμφότερα εἶναι λέγοντες ἀμφότερα οὕτως αὐτὰ ταὐτὸν ὡς ὄντα προσεροῦμεν.　　c

ΘΕΑΙ. Ἀλλὰ μὴν τοῦτό γε ἀδύνατον.

ΞΕ. Ἀδύνατον ἄρα ταὐτὸν καὶ τὸ ὂν ἓν εἶναι.

ΘΕΑΙ. Σχεδόν.

ΞΕ. Τέταρτον δὴ πρὸς τοῖς τρισὶν εἴδεσιν εἶδος τὸ ταὐτὸν τιθῶμεν;

ΘΕΑΙ. Πάνυ μὲν οὖν.

ΞΕ. Τί δέ; τὸ θάτερον ἆρα ἡμῖν λεκτέον πέμπτον; ἢ τοῦτο καὶ τὸ ὂν ὡς δύ' ἄττα ὀνόματα ἐφ' ἑνὶ γένει διανοεῖσθαι δεῖ;

ΘΕΑΙ. Τάχ' ἄν.

ΞΕ. Ἀλλ' οἶμαί σε συγχωρεῖν τῶν ὄντων τὰ μὲν αὐτὰ καθ' αὑτά, τὰ δὲ πρὸς ἄλλα ἀεὶ λέγεσθαι.

ΘΕΑΙ. Τί δ' οὔ;

ΞΕ. Τὸ δέ γ' ἕτερον ἀεὶ πρὸς ἕτερον · ἢ γάρ;　　d

ΘΕΑΙ. Οὕτως.

ΞΕ. Οὐκ ἄν, εἴ γε τὸ ὂν καὶ τὸ θάτερον μὴ πάμπολυ διεφερέτην · ἀλλ' εἴπερ θάτερον ἀμφοῖν μετεῖχε τοῖν εἰδοῖν ὥσπερ τὸ ὄν, ἦν ἄν ποτέ τι καὶ τῶν ἑτέρων ἕτερον οὐ πρὸς ἕτερον · νῦν δὲ ἀτεχνῶς ἡμῖν ὅτιπερ ἂν ἕτερον ᾖ, συμβέβηκεν ἐξ ἀνάγκης ἑτέρου τοῦτο αὐτὸ ὅπερ ἐστὶν εἶναι.

ΘΕΑΙ. Λέγεις καθάπερ ἔχει.

ΞΕ. Πέμπτον δὴ τὴν θατέρου φύσιν λεκτέον ἐν τοῖς εἴδεσιν οὖσαν, ἐν οἷς e προαιρούμεθα.

ΘΕΑΙ. Ναί.

ΞΕ. Καὶ διὰ πάντων γε αὐτὴν αὐτῶν φήσομεν εἶναι διεληλυθυῖαν · ἐν ἕκαστον γὰρ ἕτερον εἶναι τῶν ἄλλων οὐ διὰ τὴν αὐτοῦ φύσιν, ἀλλὰ διὰ τὸ μετέχειν τῆς ἰδέας τῆς θατέρου.

ΘΕΑΙ. Κομιδῇ μὲν οὖν.

the μὴ ὄν defined as ἕτερον

342—Ib. 256 d-257 b; 257 c-258 e:

ΞΕ. Ἀδεῶς ἄρα τὴν κίνησιν ἕτερον εἶναι τοῦ ὄντος διαμαχόμενοι λέγομεν;

ΘΕΑΙ. Ἀδεέστατα μὲν οὖν.

ΞΕ. Οὐκοῦν δὴ σαφῶς ἡ κίνησις ὄντως οὐκ ὄν ἐστι καὶ ὄν, ἐπείπερ τοῦ ὄντος μετέχει;

ΘΕΑΙ. Σαφέστατά γε.

ΞΕ. Ἔστιν ἄρα ἐξ ἀνάγκης τὸ μὴ ὄν ἐπί τε κινήσεως εἶναι καὶ κατὰ πάντα τὰ γένη [1]. Κατὰ πάντα γὰρ ἡ θατέρου φύσις ἕτερον ἀπεργαζομένη τοῦ ὄντος 256e ἕκαστον οὐκ ὄν ποιεῖ, καὶ σύμπαντα δὴ κατὰ ταὐτὰ οὕτως οὐκ ὄντα ὀρθῶς ἐροῦμεν, καὶ πάλιν, ὅτι μετέχει τοῦ ὄντος, εἶναί τε καὶ ὄντα.

ΘΕΑΙ. Κινδυνεύει.

ΞΕ. Περὶ ἕκαστον ἄρα τῶν εἰδῶν πολὺ μέν ἐστι τὸ ὄν, ἄπειρον δὲ πλήθει τὸ μὴ ὄν.

ΘΕΑΙ. Ἔοικεν.

257a ΞΕ. Οὐκοῦν καὶ τὸ ὄν αὐτὸ τῶν ἄλλων ἕτερον εἶναι λεκτέον.

ΘΕΑΙ. Ἀνάγκη.

ΞΕ. Καὶ τὸ ὄν ἄρ' ἡμῖν, ὅσαπέρ ἐστι τὰ ἄλλα, κατὰ τοσαῦτα οὐκ ἔστιν · ἐκεῖνα γὰρ οὐκ ὄν ἕν μὲν αὐτό ἐστιν, ἀπέραντα δὲ τὸν ἀριθμὸν τἄλλα οὐκ ἔστιν αὖ.

ΘΕΑΙ. Σχεδὸν οὕτως.

ΞΕ. Οὐκοῦν δὴ καὶ ταῦτα οὐ δυσχεραντέον, ἐπείπερ ἔχει κοινωνίαν ἀλλήλοις ἡ τῶν γενῶν φύσις. Εἰ δέ τις ταῦτα μὴ συγχωρεῖ, πείσας ἡμῶν τοὺς ἔμπροσθεν λόγους οὕτω πειθέτω τὰ μετὰ ταῦτα.

---

[1] Ἔστιν ἄρα ἐξ ἀνάγκης — κατὰ πάντα τὰ γένη - "Thus non-being needs must be (exist), not only in the case of motion but of all the other kinds".

ΘΕΑΙ. Δικαιότατα εἴρηκας.

ΞΕ. Ἴδωμεν δὴ καὶ τόδε.　　　　　　　　　　　　　　　　　b

ΘΕΑΙ. Τὸ ποῖον;

ΞΕ. Ὁπόταν τὸ μὴ ὂν λέγωμεν, ὡς ἔοικεν, οὐκ ἐναντίον τι λέγομεν τοῦ ὄντος ἀλλ' ἕτερον μόνον. —

ΞΕ. Τόδε δὲ διανοηθῶμεν, εἰ καὶ σοὶ συνδοκεῖ.　　　　　　　c

ΘΕΑΙ. Τὸ ποῖον;

ΞΕ. Ἡ θατέρου μοι φύσις φαίνεται κατακεκερματίσθαι καθάπερ ἐπιστήμη.

ΘΕΑΙ. Πῶς;

ΞΕ. Μία μέν ἐστί που καὶ ἐκείνη, τὸ δ' ἐπὶ τῳ γιγνόμενον μέρος αὐτῆς ἕκαστον ἀφορισθὲν ἐπωνυμίαν ἴσχει τινὰ ἑαυτῆς ἰδίαν · διὸ πολλαὶ τέχναι τ' εἰσὶ λεγόμεναι καὶ ἐπιστῆμαι.　　　　　　　　　　　　　　　　d

ΘΕΑΙ. Πάνυ μὲν οὖν.

ΞΕ. Οὐκοῦν καὶ τὰ τῆς θατέρου φύσεως μόρια μιᾶς οὔσης ταὐτὸν πέπονθε τοῦτο.

ΘΕΑΙ. Τάχ' ἄν · ἀλλ' ὅπῃ δὴ λέγωμεν;

ΞΕ. Ἔστι τῷ καλῷ τι θατέρου μόριον ἀντιτιθέμενον;

ΘΕΑΙ. Ἔστιν.

ΞΕ. Τοῦτ' οὖν ἀνώνυμον ἐροῦμεν ἤ τιν' ἔχον ἐπωνυμίαν;

ΘΕΑΙ. Ἔχον · ὃ γὰρ μὴ καλὸν ἑκάστοτε φθεγγόμεθα, τοῦτο οὐκ ἄλλου τινὸς ἕτερόν ἐστιν ἢ τῆς τοῦ καλοῦ φύσεως.

ΞΕ. Ἴθι νῦν τόδε μοι λέγε.

ΘΕΑΙ. Τὸ ποῖον;　　　　　　　　　　　　　　　　　　　　e

ΞΕ. Ἄλλο τι τῶν ὄντων τινὸς ἑνὸς γένους ἀφορισθὲν καὶ πρός τι τῶν ὄντων αὖ πάλιν ἀντιτεθὲν οὕτω συμβέβηκεν εἶναι τὸ μὴ καλόν;

ΘΕΑΙ. Οὕτως.

ΞΕ. Ὄντος δὴ πρὸς ὂν ἀντίθεσις, ὡς ἔοικ', εἶναί τις συμβαίνει τὸ μὴ καλόν.

ΘΕΑΙ. Ὀρθότατα.

ΞΕ. Τί οὖν; κατὰ τοῦτον τὸν λόγον ἆρα μᾶλλον μὲν τὸ καλὸν ἡμῖν ἐστι τῶν ὄντων, ἧττον δὲ τὸ μὴ καλόν;

ΘΕΑΙ. Οὐδέν.

ΞΕ. Ὁμοίως ἄρα τὸ μὴ μέγα καὶ τὸ μέγα αὐτὸ εἶναι λεκτέον;　258a

ΘΕΑΙ. Ὁμοίως.

ΞΕ. Οὐκοῦν καὶ τὸ μὴ δίκαιον τῷ δικαίῳ κατὰ ταὐτὰ θετέον πρὸς τὸ μηδέν τι μᾶλλον εἶναι θάτερον θατέρου;

ΘΕΑΙ. Τί μήν;

ΞΕ. Καὶ τἆλλα δὴ ταύτῃ λέξομεν, ἐπείπερ ἡ θατέρου φύσις ἐφάνη τῶν ὄντων οὖσα, ἐκείνης δὲ οὔσης ἀνάγκη δὴ καὶ τὰ μόρια αὐτῆς μηδενὸς ἧττον ὄντα τιθέναι.

ΘΕΑΙ. Πῶς γὰρ οὔ;

ΞΕ. Οὐκοῦν, ὡς ἔοικεν, ἡ τῆς θατέρου μορίου φύσεως καὶ τῆς τοῦ ὄντος
b πρὸς ἄλληλα ἀντικειμένων ἀντίθεσις οὐδὲν ἧττον, εἰ θέμις εἰπεῖν, αὐτοῦ τοῦ
ὄντος οὐσία ἐστίν [1], οὐκ ἐναντίον ἐκείνῳ σημαίνουσα ἀλλὰ τοσοῦτον μόνον,
ἕτερον ἐκείνου.

ΘΕΑΙ. Σαφέστατά γε.

ΞΕ. Τίν' οὖν αὐτὴν προσείπωμεν;

ΘΕΑΙ. Δῆλον ὅτι τὸ μὴ ὄν, ὃ διὰ τὸν σοφιστὴν ἐζητοῦμεν, αὐτό ἐστι τοῦτο.

ΞΕ. Πότερον οὖν, ὥσπερ εἶπες, ἔστιν οὐδενὸς τῶν ἄλλων οὐσίας ἐλλειπό-
μενον, καὶ δεῖ θαρροῦντα ἤδη λέγειν ὅτι τὸ μὴ ὂν βεβαίως ἐστὶ τὴν αὑτοῦ φύσιν
c ἔχον, ὥσπερ τὸ μέγα ἦν μέγα καὶ τὸ καλὸν ἦν καλὸν καὶ τὸ μὴ μέγα <μὴ
μέγα> καὶ τὸ μὴ καλὸν <μὴ καλόν>, οὕτω δὲ καὶ τὸ μὴ ὂν κατὰ ταὐτὸν ἦν τε
καὶ ἔστι μὴ ὄν, ἐνάριθμον τῶν πολλῶν ὄντων εἶδος ἕν; Ἢ τινα ἔτι πρὸς αὐτό,
ὦ Θεαίτητε, ἀπιστίαν ἔχομεν;

ΘΕΑΙ. Οὐδεμίαν.

more than a
mere refuta-
tion of Parm.
has been
reached

ΞΕ. Οἶσθ' οὖν ὅτι Παρμενίδῃ μακροτέρως τῆς ἀπορρήσεως ἠπιστήκαμεν;

ΘΕΑΙ. Τί δή;

ΞΕ. Πλεῖον ἢ 'κεῖνος ἀπεῖπε σκοπεῖν, ἡμεῖς εἰς τὸ πρόσθεν ἔτι ζητήσαντες
ἀπεδείξαμεν αὐτῷ.

ΘΕΑΙ. Πῶς;

d ΞΕ. Ὅτι ὁ μέν πού φησιν —

Οὐ γὰρ μή ποτε [2] τοῦτο δαμῇ, εἶναι μὴ ἐόντα,
ἀλλὰ σὺ τῆσδ' ἀφ' ὁδοῦ διζήσιος εἶργε νόημα.

ΘΕΑΙ. Λέγει γὰρ οὖν οὕτως.

ΞΕ. Ἡμεῖς δέ γε οὐ μόνον τὰ μὴ ὄντα ὡς ἔστιν ἀπεδείξαμεν, ἀλλὰ καὶ
τὸ εἶδος ὃ τυγχάνει ὂν τοῦ μὴ ὄντος ἀπεφηνάμεθα · τὴν γὰρ θατέρου φύσιν
ἀποδείξαντες οὖσάν τε καὶ κατακεκερματισμένην ἐπὶ πάντα τὰ ὄντα πρὸς
e ἄλληλα, τὸ πρὸς τὸ ὂν ἕκαστον μόριον αὐτῆς ἀντιτιθέμενον ἐτολμήσαμεν
εἰπεῖν ὡς αὐτὸ τοῦτό ἐστιν ὄντως τὸ μὴ ὄν.

ΘΕΑΙ. Καὶ παντάπασί γε, ὦ ξένε, ἀληθέστατά μοι δοκοῦμεν εἰρηκέναι.

---

[1] Οὐκοῦν, ὡς ἔοικεν, — οὐσία ἐστίν - "So it seems, when a part of the nature
of the Different and a part of the nature of the Existent are set in contrast to one
another, the contrast is, if it be permissable to say so, as much a reality as Exis-
tence itself."

[2] οὐ γὰρ μή ποτε — - "Never this will be reached (realized) by force, that
non-beings might be". Parm., D. 28 B 7.
Diels translates:
"Denn unmöglich kann das Vorhandensein von Nichtseiendem zwingend erwiesen
werden." So Burnet: "For this shall never be proved, that the things that are
not are." The same interpretation is given by Cornford, Pl. and Parm.

343—Ib. 263 b⁴⁻¹³; d¹⁻⁴: ψευδὴς λόγος
                                                              defined

The λόγος being defined as a σύνθεσις ἐκ ῥημάτων καὶ ὀνομάτων, two examples are given: Θεαίτητος κάθηται, — Θεαίτητος πέτεται. The stranger concludes:

Λέγει δὲ αὐτῶν ὁ μὲν ἀληθὴς τὰ ὄντα ὡς ἔστιν περὶ σοῦ. ΘΕΑΙ. Τί μήν; ΞΕ. Ὁ δὲ δὴ ψευδὴς ἕτερα τῶν ὄντων. ΘΕΑΙ. Ναί. ΞΕ. Τὰ μὴ ὄντ' ἄρα ὡς ὄντα λέγει. ΘΕΑΙ. Σχεδόν. ΞΕ. Ὄντων δέ γε ὄντα ἕτερα περὶ σοῦ. Πολλὰ μὲν γὰρ ἔφαμεν ὄντα περὶ ἕκαστον εἶναί που, πολλὰ δὲ οὐκ ὄντα. ΘΕΑΙ. Κομιδῇ μὲν οὖν. —

Περὶ δὴ σοῦ λεγόμενα, <λεγόμενα>* μέντοι θάτερα ὡς τὰ αὐτὰ καὶ μὴ ὄντα ὡς ὄντα, παντάπασιν [ὡς] ἔοικεν ἡ τοιαύτη σύνθεσις ἔκ τε ῥημάτων γιγνομένη καὶ ὀνομάτων ὄντως τε καὶ ἀληθῶς γίγνεσθαι λόγος ψευδής [1].

344—a. Pl., *Phil.* 15 d-16 a: the difference
                                                              between phil.
ΣΩ. Φαμέν που ταὐτὸν ἓν καὶ πολλὰ ὑπὸ λόγων γιγνόμενα περιτρέχειν and eristic in
πάντη καθ' ἕκαστον τῶν λεγομένων ἀεί [2], καὶ πάλαι καὶ νῦν. Καὶ τοῦτο οὔτε   the Phil.
μὴ παύσηταί ποτε οὔτε ἤρξατο νῦν, ἀλλ' ἔστι τὸ τοιοῦτον, ὡς ἐμοὶ φαίνεται,
τῶν λόγων αὐτῶν ἀθάνατόν τι καὶ ἀγήρων πάθος ἐν ἡμῖν · ὁ δὲ πρῶτον αὐτοῦ
γευσάμενος ἑκάστοτε τῶν νέων, ἡσθεὶς ὥς τινα σοφίας ηὑρηκὼς θησαυρόν,   15e
ὑφ' ἡδονῆς ἐνθουσιᾷ τε καὶ πάντα κινεῖ λόγον ἄσμενος, τοτὲ μὲν ἐπὶ θάτερα
κυκλῶν καὶ συμφύρων εἰς ἕν, τοτὲ δὲ πάλιν ἀνειλίττων καὶ διαμερίζων, εἰς
ἀπορίαν αὐτὸν μὲν πρῶτον καὶ μάλιστα καταβάλλων, δεύτερον δ' ἀεὶ τὸν
ἐχόμενον, ἄντε νεώτερος ἄντε πρεσβύτερος ἄντε ἧλιξ ὢν τυγχάνῃ, φειδόμενος
οὔτε πατρὸς οὔτε μητρὸς οὔτε ἄλλου τῶν ἀκουόντων οὐδενός, ὀλίγου δὲ καὶ   16a
τῶν ἄλλων ζῴων, οὐ μόνον [3] τῶν ἀνθρώπων, ἐπεὶ βαρβάρων γε οὐδενὸς ἂν
φείσαιτο, εἴπερ μόνον ἑρμηνέα ποθὲν ἔχοι.

b. Ib. 16 c⁵-17 a⁵ (Socr. describes the true method):

Θεῶν μὲν εἰς ἀνθρώπους δόσις, ὥς γε καταφαίνεται ἐμοί, ποθὲν ἐκ θεῶν

---

[1] "So what is stated about you, but so that what is different is stated as the same, or what is not as what is,—a combination of verbs and names answering to that description finally seems to be really and truly a false statement."
Now, thought or judgment having been defined as a logos of the soul with itself, by this definition at the same time ψευδὴς δόξα has been defined.

[2] ταὐτὸν ἓν καὶ πολλὰ — τῶν λεγομένων ἀεί - "that the one and many become identified by thought, and that now, as in time past, they run about together, in and out of every word which is uttered" (Jowett).

[3] ὀλίγου δὲ — οὐ μόνον — - "no human being who has ears is safe from him, hardly even his dog" (Jowett).

---

* <λεγόμενα > Badham.

seeking the
intermediate
stages
between
unity and
infinity
16d
ἐρρίφη διά τινος Προμηθέως ἅμα φανοτάτῳ τινὶ πυρί· καὶ οἱ μὲν παλαιοί,
κρείττονες ἡμῶν καὶ ἐγγυτέρω θεῶν οἰκοῦντες, ταύτην φήμην παρέδοσαν,
ὡς ἐξ ἑνὸς μὲν καὶ πολλῶν ὄντων τῶν ἀεὶ λεγομένων εἶναι, πέρας δὲ καὶ
ἀπειρίαν ἐν αὑτοῖς σύμφυτον ἐχόντων. Δεῖν οὖν ἡμᾶς τούτων οὕτω διακε-
κοσμημένων ἀεὶ μίαν ἰδέαν περὶ παντὸς ἑκάστοτε θεμένους ζητεῖν — εὑρήσειν
γὰρ ἐνοῦσαν — ἐὰν οὖν μεταλάβωμεν, μετὰ μίαν δύο, εἴ πως εἰσί, σκοπεῖν,
εἰ δὲ μή, τρεῖς ἤ τινα ἄλλον ἀριθμόν, καὶ τῶν ἓν ἐκείνων ἕκαστον πάλιν ὡσαύτως,
μέχριπερ ἂν τὸ κατ᾽ ἀρχὰς ἓν μὴ ὅτι ἓν καὶ πολλὰ καὶ ἄπειρά ἐστι μόνον ἴδῃ
τις, ἀλλὰ καὶ ὁπόσα· τὴν δὲ τοῦ ἀπείρου ἰδέαν πρὸς τὸ πλῆθος μὴ προσφέρειν
πρὶν ἄν τις τὸν ἀριθμὸν αὐτοῦ πάντα κατίδῃ τὸν μεταξὺ τοῦ ἀπείρου τε καὶ
e τοῦ ἑνός, τότε δ᾽ ἤδη τὸ ἓν ἕκαστον τῶν πάντων εἰς τὸ ἄπειρον μεθέντα χαίρειν
ἐᾶν. Οἱ μὲν οὖν θεοί, ὅπερ εἶπον, οὕτως ἡμῖν παρέδοσαν σκοπεῖν καὶ μαν-
θάνειν καὶ διδάσκειν ἀλλήλους· οἱ δὲ νῦν τῶν ἀνθρώπων σοφοὶ ἓν μέν, ὅπως
ἂν τύχωσι, [καὶ πολλὰ] θᾶττον καὶ βραδύτερον ποιοῦσι τοῦ δέοντος, μετὰ δὲ
τὸ ἓν ἄπειρα εὐθύς, τὰ δὲ μέσα αὐτοὺς ἐκφεύγει, οἷς διακεχώρισται τό τε δια-
λεκτικῶς πάλιν καὶ τὸ ἐριστικῶς ἡμᾶς ποιεῖσθαι πρὸς ἀλλήλους τοὺς λόγους.

the true
method
applied to
grammar
c. Ib. 17 b-e (Socr. illustrates this by two examples):

ΣΩ. Φωνὴ μὲν ἡμῖν ἐστί που μία διὰ τοῦ στόματος ἰοῦσα, καὶ ἄπειρος
αὖ πλήθει, πάντων τε καὶ ἑκάστου.

ΠΡΩ. Τί μήν;

ΣΩ. Καὶ οὐδὲν ἑτέρῳ γε τούτων ἐσμέν πω σοφοί, οὔτε ὅτι τὸ ἄπειρον
αὐτῆς ἴσμεν οὔθ᾽ ὅτι τὸ ἕν· ἀλλ᾽ ὅτι πόσα τ᾽ ἐστὶ καὶ ὁποῖα, τοῦτ᾽ ἔστι τὸ
γραμματικὸν ἕκαστον ποιοῦν ἡμῶν.

ΠΡΩ. Ἀληθέστατα.

ΣΩ. Καὶ μὴν καὶ τὸ μουσικὸν ὃ τυγχάνει ποιοῦν, τοῦτ᾽ ἔστι ταὐτόν.

ΠΡΩ. Πῶς;

and to music
17c
ΣΩ. Φωνὴ μέν που κατ᾽ ἐκείνην τὴν τέχνην ἐστὶ μία ἐν αὐτῇ.

ΠΡΩ. Πῶς δ᾽ οὔ;

ΣΩ. Δύο δὲ θῶμεν βαρὺ καὶ ὀξύ, καὶ τρίτον ὁμότονον. Ἢ πῶς;

ΠΡΩ. Οὕτως.

ΣΩ. Ἀλλ᾽ οὔπω σοφὸς ἂν εἴης τὴν μουσικὴν εἰδὼς ταῦτα μόνα, μὴ δὲ
εἰδὼς ὥς γ᾽ ἔπος εἰπεῖν εἰς ταῦτα οὐδενὸς ἄξιος ἔσῃ.

ΠΡΩ. Οὐ γὰρ οὖν.

ΣΩ. Ἀλλ᾽, ὦ φίλε, ἐπειδὰν λάβῃς τὰ διαστήματα ὁπόσα ἐστὶ τὸν ἀριθμὸν
τῆς φωνῆς ὀξύτητός τε πέρι καὶ βαρύτητος, καὶ ὁποῖα, καὶ τοὺς ὅρους τῶν
d διαστημάτων, καὶ τὰ ἐκ τούτων ὅσα συστήματα γέγονεν — ἃ κατιδόντες οἱ
πρόσθεν παρέδοσαν ἡμῖν τοῖς ἑπομένοις ἐκείνοις καλεῖν αὐτὰ ἁρμονίας, ἔν
τε ταῖς κινήσεσιν αὖ τοῦ σώματος ἕτερα τοιαῦτα ἐνόντα πάθη γιγνόμενα, ἃ

δὴ δι' ἀριθμῶν μετρηθέντα δεῖν αὖ φασι ῥυθμοὺς καὶ μέτρα ἐπονομάζειν, καὶ
ἅμα ἐννοεῖν ὡς οὕτω δεῖ περὶ παντὸς ἑνὸς καὶ πολλῶν σκοπεῖν — ὅταν γὰρ
αὐτά τε λάβῃς οὕτω, τότε ἐγένου σοφός, ὅταν τε ἄλλο τῶν ἐν ὁτιοῦν ταύτῃ   e
σκοπούμενος ἕλῃς, οὕτως ἔμφρων περὶ τοῦτο γέγονας · τὸ δ' ἄπειρόν σε ἑκά-
στων καὶ ἐν ἑκάστοις πλῆθος ἄπειρον ἑκάστοτε ποιεῖ τοῦ φρονεῖν [1] καὶ οὐκ ἐλλό-
γιμον οὐδ' ἐνάριθμον, ἅτ' οὐκ εἰς ἀριθμὸν οὐδένα ἐν οὐδενὶ πώποτε ἀπιδόντα.

d. Ib. 18 a-b. Socr. adds: specification
                                                                        a matter of
ὥσπερ γὰρ ἓν ὁτιοῦν εἴ τίς ποτε λάβοι, τοῦτον, ὥς φαμεν, οὐκ ἐπ' ἀπείρου counting and
φύσιν δεῖ βλέπειν εὐθὺς ἀλλ' ἐπί τινα ἀριθμόν, οὕτω καὶ τὸ ἐναντίον ὅταν τις measuring
τὸ ἄπειρον ἀναγκασθῇ πρῶτον λαμβάνειν, μὴ ἐπὶ τὸ ἓν εὐθύς, ἀλλ' [ἐπ']   18b
ἀριθμὸν αὖ τινα πλῆθος ἕκαστον ἔχοντά τι κατανοεῖν, τελευτᾶν τε ἐκ πάντων
εἰς ἕν.

345—Cf. the theory of a double μετρητική in Pl., *Polit.* 284 e-285 c: a double
                                                                            μετρητική:
ΞΕ. Δῆλον ὅτι διαιροῖμεν ἂν τὴν μετρητικήν, καθάπερ ἐρρήθη, ταύτῃ δίχα both quanti-
τέμνοντες, ἓν μὲν τιθέντες αὐτῆς μόριον συμπάσας τέχνας ὁπόσαι τὸν ἀριθμὸν tative and
καὶ μήκη καὶ βάθη καὶ πλάτη καὶ παχύτητας πρὸς τοὐναντίον μετροῦσιν, τὸ qualitative
δὲ ἕτερον, ὁπόσαι πρὸς τὸ μέτριον καὶ τὸ πρέπον καὶ τὸν καιρὸν καὶ τὸ δέον
καὶ πάνθ' ὁπόσα εἰς τὸ μέσον ἀπῳκίσθη τῶν ἐσχάτων.

ΝΕ. ΣΩ. Καὶ μέγα γε ἑκάτερον τμῆμα εἶπες, καὶ πολὺ διαφέρον ἀλλήλοιν.

ΞΕ. Ὃ γὰρ ἐνίοτε, ὦ Σώκρατες, οἰόμενοι δή τι σοφὸν φράζειν πολλοὶ τῶν   285a
κομψῶν λέγουσιν, ὡς ἄρα μετρητικὴ περὶ πάντ' ἐστὶ τὰ γιγνόμενα, τοῦτ' αὐτὸ μετρητική
τὸ νῦν λεχθὲν ὂν τυγχάνει. Μετρήσεως μὲν γὰρ δή τινα τρόπον πάνθ' ὁπόσα a universal
ἔντεχνα μετείληφεν · διὰ δὲ τὸ μὴ κατ' εἴδη συνειθίσθαι σκοπεῖν διαιρουμένους art
ταῦτά τε τοσοῦτον διαφέροντα συμβάλλουσιν εὐθὺς εἰς ταὐτὸν ὅμοια νομί-
σαντες, καὶ τοὐναντίον αὖ τούτου δρῶσιν ἕτερα οὐ κατὰ μέρη διαιροῦντες,
δέον, ὅταν μὲν τὴν τῶν πολλῶν τις πρότερον αἴσθηται κοινωνίαν, μὴ προαφ- b
ίστασθαι πρὶν ἂν ἐν αὐτῇ τὰς διαφορὰς ἴδῃ πάσας ὁπόσαιπερ ἐν εἴδεσι κεῖνται,
τὰς δὲ αὖ παντοδαπὰς ἀνομοιότητας, ὅταν ἐν πλήθεσιν ὀφθῶσιν, μὴ δυνατὸν
εἶναι δυσωπούμενον παύεσθαι πρὶν ἂν σύμπαντα τὰ οἰκεῖα ἐντὸς μιᾶς ὁμοιό-
τητος ἔρξας γένους τινὸς οὐσίᾳ περιβάληται. Ταῦτα μὲν οὖν ἱκανῶς περί τε
τούτων καὶ περὶ τῶν ἐλλείψεων καὶ ὑπερβολῶν εἰρήσθω · φυλάττωμεν δὲ
μόνον ὅτι δύο γένη περὶ αὐτὰ ἐξηύρηται τῆς μετρητικῆς, καὶ ἅ φαμεν αὐτ'   c
εἶναι μεμνώμεθα.

---

[1] Constr. σε— ἄπειρον ποιεῖ — τοῦ φρονεῖν— "creates in you a state of infinite
ignorance, and makes you obscure and not in the number of famous men, because
you never looked for any definite number in anything."

This theory corresponds with the *meta-mathematical view of being* Aristotle attributed to Pl., and which seems to have been proper to later Platonism. See our next paragraph.

the four principles in the Phil.

346—Pl., *Phil.* 23 c-e:

ΣΩ. Πάντα τὰ νῦν ὄντα ἐν τῷ παντὶ διχῇ διαλάβωμεν, μᾶλλον δ᾽, εἰ βούλει, τριχῇ.

ΠΡΩ. Καθ᾽ ὅτι, φράζοις ἄν.

ΣΩ. Λάβωμεν ἄττα τῶν νυνδὴ λόγων.

ΠΡΩ. Ποῖα;

ΣΩ. Τὸν θεὸν ἐλέγομέν που τὸ μὲν ἄπειρον δεῖξαι τῶν ὄντων, τὸ δὲ πέρας;

ΠΡΩ. Πάνυ μὲν οὖν.

ΣΩ. Τούτω δὴ τῶν εἰδῶν τὰ δύο τιθώμεθα, τὸ δὲ τρίτον ἐξ ἀμφοῖν τούτοιν

d ἕν τι συμμισγόμενον. Εἰμὶ δ᾽, ὡς ἔοικεν, ἐγὼ γελοῖός τις ἱκανῶς * κατ᾽ εἴδη διιστὰς καὶ συναριθμούμενος.

ΠΡΩ. Τί φής, ὠγαθέ;

ΣΩ. Τετάρτου μοι γένους αὖ προσδεῖν φαίνεται.

ΠΡΩ. Λέγε τίνος.

ΣΩ. Τῆς συμμείξεως τούτων πρὸς ἄλληλα τὴν αἰτίαν ὅρα, καὶ τίθει μοι πρὸς τρισὶν ἐκείνοις τέταρτον τοῦτο.

ΠΡΩ. Μῶν οὖν σοι καὶ πέμπτου προσδεήσει διάκρισίν τινος δυναμένου;

e ΣΩ. Τάχ᾽ ἄν · οὐ μὴν οἶμαί γε ἐν τῷ νῦν ἂν δέ τι δέῃ, συγγνώσῃ πού μοι σὺ μεταδιώκοντι πέμπτον τι ὄν. **

ΠΡΩ. Τί μήν;

the péras

347—a. Ib. 24 a-d:

24a ΣΩ. Λέγω τοίνυν τὰ δύο ἃ προτίθεμαι ταῦτ᾽ εἶναι ἅπερ νυνδή, τὸ μὲν ἄπειρον, τὸ δὲ πέρας ἔχον · ὅτι δὲ τρόπον τινὰ τὸ ἄπειρον πολλά ἐστι, πειράσομαι φράζειν. Τὸ δὲ πέρας ἔχον ἡμᾶς περιμενέτω.

ΠΡΩ. Μένει.

ΣΩ. Σκέψαι δή. Χαλεπὸν μὲν γὰρ καὶ ἀμφισβητήσιμον ὃ κελεύω σε σκοπεῖν, ὅμως δὲ σκόπει. Θερμοτέρου καὶ ψυχροτέρου πέρι πρῶτον ὅρα πέρας εἴ ποτέ τι νοήσαις ἄν, ἢ τὸ μᾶλλόν τε καὶ ἧττον ἐν αὐτοῖς οἰκοῦν<τε> τοῖς γένεσιν,

b ἕωσπερ ἂν ἐνοικῆτον, τέλος οὐκ ἂν ἐπιτρεψαίτην γίγνεσθαι · γενομένης γὰρ τελευτῆς καὶ αὐτὼ τετελευτήκατον.

---

* The mss have ἱκανὸς or ἱκανῶς. Diès reads ἱκανῶς and translates: ,, Je suis, apparemment, bien ridicule, à pousser ainsi jusqu'au bout mes divisions en espèces et mes énumérations.''

** The mss have βίον. τι ὄν is a conjecture of Schleiermacher, adopted by Diès.

ΠΡΩ. Ἀληθέστατα λέγεις.

ΣΩ. Ἀεὶ δέ γε, φαμέν, ἔν τε τῷ θερμοτέρῳ καὶ ψυχροτέρῳ τὸ μᾶλλόν τε καὶ ἧττον ἔνι.

ΠΡΩ. Καὶ μάλα.

ΣΩ. Ἀεὶ τοίνυν ὁ λόγος ἡμῖν σημαίνει τούτω μὴ τέλος ἔχειν · ἀτελῆ δ' ὄντε δήπου παντάπασιν ἀπείρω γίγνεσθον.

ΠΡΩ. Καὶ σφόδρα γε, ὦ Σώκρατες.

ΣΩ. Ἀλλ' εὖ γε, ὦ φίλε Πρώταρχε, ὑπέλαβες καὶ ἀνέμνησας ὅτι καὶ τὸ σφόδρα τοῦτο, ὃ σὺ νῦν ἐφθέγξω, καὶ τό γε ἠρέμα τὴν αὐτὴν δύναμιν ἔχετον c τῷ μᾶλλόν τε καὶ ἧττον · ὅπου γὰρ ἂν ἐνῆτον, οὐκ ἐᾶτον εἶναι ποσὸν ἕκαστον, ἀλλ' ἀεὶ σφοδρότερον ἡσυχαιτέρου καὶ τοὐναντίον ἑκάσταις πράξεσιν ἐμποιοῦντε τὸ πλέον καὶ τὸ ἔλαττον ἀπεργάζεσθον, τὸ δὲ ποσὸν ἀφανίζετον. Ὃ γὰρ ἐλέχθη νυνδή, μὴ ἀφανίσαντε τὸ ποσόν, ἀλλ' ἐάσαντε αὐτό τε καὶ τὸ μέτριον ἐν τῇ τοῦ μᾶλλον καὶ ἧττον καὶ σφόδρα καὶ ἠρέμα ἕδρα ἐγγενέσθαι, αὐτὰ ἔρρει ταῦτα d ἐκ τῆς αὑτῶν χώρας ἐν ᾗ ἐνῆν. Οὐ γὰρ ἔτι θερμότερον οὐδὲ ψυχρότερον εἴτην ἂν λαβόντε τὸ ποσόν · προχωρεῖ γὰρ καὶ οὐ μένει τό τε θερμότερον ἀεὶ καὶ τὸ ψυχρότερον ὡσαύτως, τὸ δὲ ποσὸν ἔστη καὶ προϊὸν ἐπαύσατο. Κατὰ δὴ τοῦτον τὸν λόγον ἄπειρον γίγνοιτ' ἂν τὸ θερμότερον καὶ τοὐναντίον ἅμα.

ΠΡΩ. Φαίνεται γοῦν, ὦ Σώκρατες · ἔστι δ', ὅπερ εἶπες, οὐ ῥᾴδια ταῦτα συνέπεσθαι.

b. Ib., 24 e⁴-25 b⁴: **the apeiron**

Νῦν μέντοι ἄθρει τῆς τοῦ ἀπείρου φύσεως εἰ τοῦτο δεξόμεθα σημεῖον, ἵνα μὴ πάντ' ἐπεξιόντες μηκύνωμεν.

ΠΡΩ. Τὸ ποῖον δὴ λέγεις;

ΣΩ. Ὁπόσ' ἂν ἡμῖν φαίνηται μᾶλλόν τε καὶ ἧττον γιγνόμενα καὶ τὸ σφόδρα καὶ ἠρέμα δεχόμενα καὶ τὸ λίαν καὶ ὅσα τοιαῦτα πάντα, εἰς τὸ τοῦ ἀπείρου   25a γένος ὡς εἰς ἓν δεῖ πάντα ταῦτα τιθέναι, κατὰ τὸν ἔμπροσθεν λόγον ὃν ἔφαμεν ὅσα διέσπασται καὶ διέσχισται συναγαγόντας χρῆναι κατὰ δύναμιν μίαν ἐπισημαίνεσθαί τινα φύσιν, εἰ μέμνησαι.

ΠΡΩ. Μέμνημαι.

ΣΩ. Οὐκοῦν τὰ μὴ δεχόμενα ταῦτα, τούτων δὲ τὰ ἐναντία πάντα δεχόμενα, πρῶτον μὲν τὸ ἴσον καὶ ἰσότητα, μετὰ δὲ τὸ ἴσον τὸ διπλάσιον καὶ πᾶν ὅτιπερ ἂν πρὸς ἀριθμὸν ἀριθμὸς ἢ μέτρον ᾖ πρὸς μέτρον, ταῦτα σύμπαντα εἰς τὸ πέρας b ἀπολογιζόμενοι καλῶς ἂν δοκοῖμεν δρᾶν τοῦτο. Ἦ πῶς σὺ φῄς;

ΠΡΩ. Κάλλιστά γε, ὦ Σώκρατες.

c. Ib., 25b⁵-26b⁷: **the third kind**

ΣΩ. Εἶεν · τὸ δὲ τρίτον τὸ μεικτὸν ἐκ τούτοιν ἀμφοῖν τίνα ἰδέαν φήσομεν ἔχειν;

ΠΡΩ. Σὺ καὶ ἐμοὶ φράσεις, ὡς οἶμαι.

ΣΩ. Θεὸς μὲν οὖν, ἄνπερ γε ἐμαῖς εὐχαῖς ἐπήκοος γίγνηταί τις θεῶν.

ΠΡΩ. Εὔχου δὴ καὶ σκόπει.

ΣΩ. Σκοπῶ· καί μοι δοκεῖ τις, ὦ Πρώταρχε, αὐτῶν φίλος ἡμῖν νυνδὴ γεγονέναι.

c ΠΡΩ. Πῶς λέγεις τοῦτο καὶ τίνι τεκμηρίῳ χρῇ;

ΣΩ. Φράσω δῆλον ὅτι· σὺ δέ μοι συνακολούθησον τῷ λόγῳ.

ΠΡΩ. Λέγε μόνον.

ΣΩ. Θερμότερον ἐφθεγγόμεθα νυνδὴ πού τι καὶ ψυχρότερον. Ἦ γάρ;

ΠΡΩ. Ναί.

ΣΩ. Πρόσθες δὴ ξηρότερον καὶ ὑγρότερον αὐτοῖς καὶ πλέον καὶ ἔλαττον καὶ θᾶττον καὶ βραδύτερον καὶ μεῖζον καὶ σμικρότερον καὶ ὁπόσα ἐν τῷ πρόσθεν τῆς τὸ μᾶλλόν τε καὶ ἧττον δεχομένης ἐτίθεμεν εἰς ἓν φύσεως.

d ΠΡΩ. Τῆς τοῦ ἀπείρου λέγεις;

ΣΩ. Ναί. Συμμείγνυ δέ γε εἰς αὐτὴν τὸ μετὰ ταῦτα τὴν αὖ τοῦ πέρατος γένναν.

ΠΡΩ. Ποίαν;

ΣΩ. Ἣν καὶ νυνδή, δέον ἡμᾶς καθάπερ τὴν τοῦ ἀπείρου συνηγάγομεν εἰς ἕν, οὕτω καὶ τὴν τοῦ περατοειδοῦς συναγαγεῖν, οὐ συνηγάγομεν. Ἀλλ' ἴσως καὶ νῦν ταὐτὸν δράσασι* τούτων ἀμφοτέρων συναγομένων καταφανὴς κἀκείνη γενήσεται.

ΠΡΩ. Ποίαν καὶ πῶς λέγεις;

ΣΩ. Τὴν τοῦ ἴσου καὶ διπλασίου, καὶ ὁπόση παύει πρὸς ἄλληλα τἀναντία e διαφόρως ἔχοντα, σύμμετρα δὲ καὶ σύμφωνα ἐνθεῖσα ἀριθμὸν ἀπεργάζεται.

ΠΡΩ. Μανθάνω· φαίνῃ γάρ μοι λέγειν μειγνῦσι** ταῦτα γενέσεις τινὰς ἐφ' ἑκάστων αὐτῶν συμβαίνειν.

ΣΩ. Ὀρθῶς γὰρ φαίνομαι.

ΠΡΩ. Λέγε τοίνυν.

ΣΩ. Ἆρα οὐκ ἐν μὲν νόσοις ἡ τούτων ὀρθὴ κοινωνία τὴν ὑγιείας φύσιν ἐγέννησεν;

26a ΠΡΩ. Παντάπασι μὲν οὖν.

ΣΩ. Ἐν δὲ ὀξεῖ καὶ βαρεῖ καὶ ταχεῖ καὶ βραδεῖ, ἀπείροις οὖσιν, ἆρ' οὐ ταὐτὰ ἐγγιγνόμενα*** ταῦτα ἅμα πέρας τε ἀπηργάσατο καὶ μουσικὴν σύμπασαν τελεώτατα συνεστήσατο;

ΠΡΩ. Κάλλιστά γε.

ΣΩ. Καὶ μὴν ἔν γε χειμῶσι καὶ πνίγεσιν ἐγγενόμενα**** τὸ μὲν πολὺ

---

   * δράσει Mss; δράσει <εἰ> Vahlen, Burnet; δράσασι Badham, Diès.
   ** μιγνὺς Mss; μιγνῦσι Klitsch, followed by Diès. Burnet has μειγνύς.
   *** ἐγγιγνόμενα secl. Burnet, who read a full stop after ταῦτα.
   **** ἐγγενομένη Burnet.

λίαν καὶ ἄπειρον ἀφείλετο, τὸ δὲ ἔμμετρον καὶ ἅμα σύμμετρον ἀπηργάσατο.

ΠΡΩ. Τί μήν;

ΣΩ. Οὐκοῦν ἐκ τούτων ὧραί τε καὶ ὅσα καλὰ πάντα ἡμῖν γέγονε, τῶν τε b ἀπείρων καὶ τῶν πέρας ἐχόντων συμμειχθέντων;

ΠΡΩ. Πῶς δ᾽ οὔ;

ΣΩ. Καὶ ἄλλα γε δὴ μυρία ἐπιλείπω λέγων, οἷον μεθ᾽ ὑγιείας κάλλος καὶ ἰσχύν, καὶ ἐν ψυχαῖς αὖ πάμπολλα ἕτερα καὶ πάγκαλα.

d. Socrates concludes this passage (26 d):

ἀλλὰ τρίτον φάθι με λέγειν, ἓν τοῦτο τιθέντα τό τούτων ἔκγονον ἅπαν,   γένεσις
γένεσιν εἰς οὐσίαν ἐκ τῶν μετὰ τοῦ πέρατος ἀπειργασμένων μέτρων.   εἰς οὐσίαν

ΠΡΩ. Ἔμαθον.

A comparison to *Phaedo* 79a-d (see our nr. **266e**) will show the difference between the Platonism of that period and later Platonism.

To this important passage see Natorp, *Pl. Ideenl.* p. 225 ᵃ.

e. Ib., 26 e:

Ἀλλὰ δὴ πρὸς <τοῖς> τρισὶ * τέταρτόν τι τότε ἔφαμεν εἶναι γένος σκεπτέον ·   **the fourth**
κοινὴ δ᾽ ἡ σκέψις. Ὅρα γὰρ εἴ σοι δοκεῖ ἀναγκαῖον εἶναι πάντα τὰ γιγνό-   **kind**
μενα διά τινα αἰτίαν γίγνεσθαι.

ΠΡΩ. Ἔμοιγε · πῶς γὰρ ἂν χωρὶς τούτου γίγνοιτο;

ΣΩ. Οὐκοῦν ἡ τοῦ ποιοῦντος φύσις οὐδὲν πλὴν ὀνόματι τῆς αἰτίας διαφέρει, τὸ δὲ ποιοῦν καὶ τὸ αἴτιον ὀρθῶς ἂν εἴη λεγόμενον ἕν;

ΠΡΩ. Ὀρθῶς.

In Phil. 30a-e Socr. determines that νοῦς must be reckoned to the fourth genus.

348—In this dialogue Philebus defends the thesis that pleasure is the **the supreme** supreme good for man, Socr. that νοῦς or φρόνησις are far better. At **good** the end neither of these two principles appears to be self-sufficient.

Pl., *Phil.* 63 a-64 b:

ΠΡΩ. Πῶς οὖν δὴ περὶ αὐτῶν τούτων λέγωμεν; καὶ πῶς ποιῶμεν;

ᵃ "Es ist sehr zu beachten, dass hiermit, zum ersten Mal in dieser Deutlichkeit, das Werden einen ganz positiven Sinn erlangt. Es wird etwas, das fortan ist. Das Werden besagt hier das Hervorgehn, das Entstehen des bestimmten *Seins*; bestimmt nach Massgabe *eines Gesetzes* der Bestimmung, und zwar nicht bloss des universalen Gesetzes der Bestimmung des Unbestimmten überhaupt, sondern allemal eines speziellen Gesetzes von notwendig mathematischer Form, welches ein Wieviel, und zwar ein verhältnismässiges Wieviel, eine Massbeziehung für es festsetzt."

* <τοῖς> Badham.

ΣΩ. Οὐχ ἡμᾶς, ὦ Πρώταρχε, διερωτᾶν χρή, τὰς ἡδονὰς δὲ αὐτὰς καὶ τὰς
φρονήσεις διαπυνθανομένους τὸ τοιόνδε ἀλλήλων πέρι.

63b   ΠΡΩ. Τὸ ποῖον;

ΣΩ. „Ὦ φίλαι, εἴτε ἡδονὰς ὑμᾶς χρὴ προσαγορεύειν εἴτε ἄλλῳ ὁτῳοῦν
ὀνόματι, μῶν οὐκ ἂν δέξαισθε οἰκεῖν μετὰ φρονήσεως πάσης ἢ χωρὶς τοῦ
φρονεῖν;" οἶμαι μὲν πρὸς ταῦτα τόδ᾽ αὐτὰς ἀναγκαιότατον εἶναι λέγειν.

ΠΡΩ. Τὸ ποῖον;

ΣΩ. Ὅτι καθάπερ ἔμπροσθεν ἐρρήθη, „Τὸ μόνον καὶ ἔρημον εἰλικρινὲς
c εἶναί τι γένος οὔτε πάνυ τι δυνατὸν οὔτ᾽ ὠφέλιμον · πάντων γε μὴν ἡγούμεθα
γενῶν ἄριστον ἓν ἀνθ᾽ ἑνὸς συνοικεῖν ἡμῖν τὸ τοῦ γιγνώσκειν τἆλλά τε πάντα
καὶ [αὖ τὴν] αὐτὴν ἡμῶν τελέως εἰς δύναμιν ἑκάστην."

ΠΡΩ. „Καὶ καλῶς γε εἰρήκατε τὰ νῦν", φήσομεν.

ΣΩ. Ὀρθῶς. Πάλιν τοίνυν μετὰ τοῦτο τὴν φρόνησιν καὶ τὸν νοῦν ἀνερω-
τητέον. „Ἆρ᾽ ἡδονῶν τι προσδεῖσθε ἐν τῇ συγκράσει;" φαῖμεν ἂν αὖ τὸν νοῦν
τε καὶ τὴν φρόνησιν ἀνερωτῶντες. „Ποίων", φαῖεν ἂν ἴσως, „ἡδονῶν;"

ΠΡΩ. Εἰκός.

d ΣΩ. Ὁ δέ γ᾽ ἡμέτερος λόγος μετὰ τοῦτ᾽ ἐστὶν ὅδε. „Πρὸς ταῖς ἀληθέσιν
ἐκείναις ἡδοναῖς", φήσομεν, „ἆρ᾽ ἔτι προσδεῖσθ᾽ ὑμῖν τὰς μεγίστας ἡδονὰς
συνοίκους εἶναι καὶ τὰς σφοδροτάτας;" — „Καὶ πῶς, ὦ Σώκρατες", ἴσως
φαῖεν ἄν, „αἵ γ᾽ ἐμποδίσματά τε μυρία ἡμῖν ἔχουσι, τὰς ψυχὰς ἐν αἷς οἰκοῦμεν
ταράττουσαι διὰ μανικὰς ὠδῖνας*, καὶ γίγνεσθαί τε ἡμᾶς τὴν ἀρχὴν οὐκ ἐῶσι,
e τά τε γιγνόμενα ἡμῶν τέκνα ὡς τὸ πολύ, δι᾽ ἀμέλειαν λήθην ἐμποιοῦσαι, παντά-
πασι διαφθείρουσιν; ἀλλ᾽ ἅς τε ἡδονὰς ἀληθεῖς καὶ καθαρὰς [ἃς] εἶπες, σχεδὸν
οἰκείας ἡμῖν νόμιζε, καὶ πρὸς ταύταις τὰς μεθ᾽ ὑγιείας καὶ τοῦ σωφρονεῖν, καὶ
δὴ καὶ συμπάσης ἀρετῆς ὁπόσαι καθάπερ θεοῦ ὀπαδοὶ γιγνόμεναι αὐτῇ συνακο-
λουθοῦσι πάντῃ, ταύτας μείγνυ · τὰς δ᾽ ἀεὶ μετ᾽ ἀφροσύνης καὶ τῆς ἄλλης κα-
κίας ἑπομένας πολλή που ἀλογία τῷ νῷ μειγνύναι τὸν βουλόμενον ὅτι καλλίστην
ἰδόντα καὶ ἀστασιαστοτάτην μεῖξιν καὶ κρᾶσιν, ἐν ταύτῃ μαθεῖν πειρᾶσθαι,
64a τί ποτε ἔν τ᾽ ἀνθρώπῳ καὶ τῷ παντὶ πέφυκεν ἀγαθὸν καὶ τίνα ἰδέαν αὐτὴν εἶναί
ποτε μαντευτέον." Ἆρ᾽ οὐκ ἐμφρόνως ταῦτα καὶ ἐχόντως ἑαυτὸν τὸν νοῦν
φήσομεν ὑπέρ τε αὐτοῦ καὶ μνήμης καὶ δόξης ὀρθῆς ἀποκρίνασθαι τὰ νῦν
ῥηθέντα;

ΠΡΩ. Παντάπασι μὲν οὖν.

ΣΩ. Ἀλλὰ μὴν καὶ τόδε γε ἀναγκαῖον, καὶ οὐκ ἄλλως ἄν ποτε γένοιτο οὐδ᾽
ἂν ἕν.

b ΠΡΩ. Τὸ ποῖον;

ΣΩ. Ὧι μὴ μείξομεν ἀλήθειαν, οὐκ ἄν ποτε τοῦτο ἀληθῶς γίγνοιτο οὐδ᾽
ἂν γενόμενον εἴη.

---

* A correction of Diès. The Mss have μανικὰς ἡδονάς.

ΠΡΩ. Πῶς γὰρ ἄν;

ΣΩ. Οὐδαμῶς. 'Αλλ' εἴ τινος ἔτι προσδεῖ τῇ συγκράσει ταύτῃ, λέγετε σὺ καὶ Φίληβος. 'Εμοὶ μὲν γὰρ καθαπερεὶ κόσμος τις ἀσώματος ἄρξων καλῶς ἐμψύχου σώματος ὁ νῦν λόγος ἀπειργάσθαι φαίνεται [1].

349—We find Plato's changed view of man and the visible world **the Timaeus** expressed in the *Tim.* also: the ideal World remained the perfect and eternal Example, but the visible world, made as an image of it, as good as possible, is called, like the heavenly bodies, a ,,visible god''.

a. Pl., *Tim.* 28 c-29 a:

Τὸν μὲν οὖν ποιητὴν καὶ πατέρα τοῦδε τοῦ παντὸς εὑρεῖν τε ἔργον καὶ **God made** εὑρόντα εἰς πάντας ἀδύνατον λέγειν · τόδε δ' οὖν πάλιν ἐπισκεπτέον περὶ **the world** αὐτοῦ, πρὸς πότερον τῶν παραδειγμάτων ὁ τεκταινόμενος αὐτὸν ἀπηργάζετο, **eternal** πότερον πρὸς τὸ κατὰ ταὐτὰ καὶ ὡσαύτως ἔχον ἢ πρὸς τὸ γεγονός. Εἰ μὲν **pattern** δὴ καλός ἐστιν ὅδε ὁ κόσμος ὅ τε δημιουργὸς ἀγαθός, δῆλον ὡς πρὸς τὸ ἀίδιον ἔβλεπεν · εἰ δὲ ὃ μηδ' εἰπεῖν τινι θέμις, πρὸς γεγονός. Παντὶ δὴ σαφὲς ὅτι πρὸς τὸ ἀίδιον · ὁ μὲν γὰρ κάλλιστος τῶν γεγονότων, ὁ δ' ἄριστος τῶν αἰτίων.

b. Ib., 29 d⁷-30 c¹: **Being good,**
he made the
Λέγωμεν δὴ δι' ἥντινα αἰτίαν γένεσιν καὶ τὸ πᾶν τόδε ὁ συνιστὰς συνέστησεν. **world as** 'Αγαθὸς ἦν, ἀγαθῷ δὲ οὐδεὶς περὶ οὐδενὸς οὐδέποτε ἐγγίγνεται φθόνος · τούτου **good as** **possible.**

---

[1] λόγος probably does not mean here "our words" or "our present argument"; but ,,the inner proportions of the mixed life''. L. Robin explains this passage as follows [a]:

---

[a] *Platon*, p. 165 f.

"Au moment—où Platon achève de constituer cette vie mixte en laquelle l'homme trouvera son bonheur, il en définit la loi de façon à suggérer, semble-t-il, que cette loi s'étend bien au delà de ce à propos de quoi elle a été établie. La relation qu'elle exprime, ou son *logos* ,,est, dit-il (64b), comparable à une sorte d'arrangement incorporel, qui devra, en belle manière, commander à un corps animé''. Or le mot que traduit "arrangement", c'est, on l'a déjà vu (cf. p. 158), *cosmos*. Si donc le principe du bien de l'homme par rapport à sa vie d'ici-bas est un système de relations dont les termes appartiennent à l'ordre de la pensée, autrement dit un *monde spirituel*, cette conception doit valoir pour le macrocosme comme elle vaut pour le microcosme: le système de relations intelligibles qui est le principe du bien pour ce grand vivant qu'est le monde, serait celui que forment entre elles les Idées. Si enfin, à leur tour, les Idées forment elles-mêmes *une sorte de corps* qui ait vie, âme, intellect (cf. *loc. cit.* et p. 154), nous trouverions, pour en *commander* l'organisation, un autre *cosmos* d'une intelligibilité encore plus subtile et plus épurée, l'arrangement que constituent les Nombres idéaux et les Grandeurs idéales (cf. p. 97 sq.). Ainsi toute la hiérarchie de l'Être serait fonction du degré d',,exactitude'' dans les proportions des mixtes qui, à partir de la Limite et de l'Illimitation, constituent les diverses réalités.'' Cf. our nr. **373**.

δ' ἐκτὸς ὢν πάντα ὅτι μάλιστα ἐβουλήθη γενέσθαι παραπλήσια ἑαυτῷ. Ταύτην
δὴ γενέσεως καὶ κόσμου μάλιστ' ἄν τις ἀρχὴν κυριωτάτην παρ' ἀνδρῶν φρονί-
30a μων ἀποδεχόμενος ὀρθότατα ἀποδέχοιτ' ἄν. Βουληθεὶς γὰρ ὁ θεὸς ἀγαθὰ μὲν
πάντα, φλαῦρον δὲ μηδὲν εἶναι κατὰ δύναμιν, οὕτω δὴ πᾶν ὅσον ἦν ὁρατὸν
παραλαβὼν οὐχ ἡσυχίαν ἄγον ἀλλὰ κινούμενον πλημμελῶς καὶ ἀτάκτως, εἰς
τάξιν αὐτὸ ἤγαγεν ἐκ τῆς ἀταξίας, ἡγησάμενος ἐκεῖνο τούτου πάντως ἄμεινον.
Θέμις δ' οὔτ' ἦν οὔτ' ἔστιν τῷ ἀρίστῳ δρᾶν ἄλλο πλὴν τὸ κάλλιστον · λογισά-
b μενος οὖν ηὕρισκεν ἐκ τῶν κατὰ φύσιν ὁρατῶν οὐδὲν ἀνόητον τοῦ νοῦν ἔχοντος
ὅλον ὅλου κάλλιον ἔσεσθαί ποτε ἔργον, νοῦν δ' αὖ χωρὶς ψυχῆς ἀδύνατον παρα-
γενέσθαι τῳ. Διὰ δὴ τὸν λογισμὸν τόνδε νοῦν μὲν ἐν ψυχῇ, ψυχὴν δ' ἐν σώματι
συνιστὰς τὸ πᾶν συνετεκταίνετο, ὅπως ὅτι κάλλιστον εἴη κατὰ φύσιν ἄριστόν
τε ἔργον ἀπειργασμένος. Οὕτως οὖν δὴ κατὰ λόγον τὸν εἰκότα δεῖ λέγειν τόνδε
c τὸν κόσμον ζῷον ἔμψυχον ἔννουν τε τῇ ἀληθείᾳ διὰ τὴν τοῦ θεοῦ γενέσθαι πρό-
νοιαν.

350—Ib., 35 a-b:

the creation Τῆς ἀμερίστου καὶ ἀεὶ κατὰ ταὐτὰ ἐχούσης οὐσίας καὶ τῆς αὖ περὶ τὰ σώ-
of the
world-soul ματα γιγνομένης μεριστῆς τρίτον ἐξ ἀμφοῖν ἐν μέσῳ συνεκεράσατο οὐσίας
εἶδος, τῆς τε ταὐτοῦ φύσεως αὖ πέρι * καὶ τῆς τοῦ ἑτέρου, καὶ κατὰ ταὐτὰ
συνέστησεν ἐν μέσῳ τοῦ τε ἀμεροῦς αὐτῶν καὶ τοῦ κατὰ τὰ σώματα μεριστοῦ ·
καὶ τρία λαβὼν αὐτὰ ὄντα συνεκεράσατο εἰς μίαν πάντα ἰδέαν, τὴν θατέρου
35b φύσιν δύσμεικτον οὖσαν εἰς ταὐτὸν συναρμόττων βίᾳ. Μειγνὺς δὲ μετὰ τῆς
οὐσίας καὶ ἐκ τριῶν ποιησάμενος ἕν, πάλιν ὅλον τοῦτο μοίρας ὅσας προσῆκεν
διένειμεν, ἑκάστην δὲ ἔκ τε ταὐτοῦ καὶ θατέρου καὶ τῆς οὐσίας μεμειγμένην.

Most modern interpreters, such as Taylor, explain the ἀμέριστος οὐσία = ταὐτόν,
and the περὶ τὰ σώματα γιγνομένη μεριστή = θάτερον ᵃ. In this case we have:

the Indivisible substance (sameness) }
the divisible — (difference) } the mixed substance.

And these three again are mixed into one.—The words αὖ πέρι, omitted by
Sext., Emp. and in Cic.'s translation, must then be dropped. A greater difficulty
is that in ἐν μέσῳ τοῦ τε ἀμεροῦς αὐτῶν καὶ τοῦ κατὰ τὰ σώματα μεριστοῦ also the
word αὐτῶν must be left out ᵇ. Nor is it quite clear that at the end of this passage
ταὐτόν, θάτερον and οὐσία are mentioned as the three equally compounding ele-
ments.

In my opinion the true explanation has been given by Cornford ᶜ, who follows
Proclus: a mixture is made first out of the Indivisible and the divisible οὐσία;

---

* αὖ πέρι is bracketed by Burnet and Rivaud.
ᵃ So also C. L. Schepp (Jan Prins) in his admirable Dutch translation of the
Tim. (Den Haag 1937).
Cp. A. E. Taylor, *A Commentary on Plato's Timaeus*, Oxford 1928, p. 106-136.
ᵇ So Schepp: „en stelde haar uit gelijke deelen samen midden tusschen de
ondeelbare soort en de soort die naar lichamen deelbaar is."
ᶜ Pl.'s *Cosmology*, p. 59 ff.

next two other mixtures are made, the one of ταὐτόν, the other of θάτερον (αὖ πέρι being left in), viz. a blending out of the indivisible and the divisible kind of each of them (αὐτῶν). So three mixtures appear, which again are mingled into one.

	First mixture	*Final mixture*	
Indivisible Existence Divisible Existence	}	Intermediate Existence	⎫
Indivisible Sameness Divisible Sameness	}	Intermediate Sameness	⎬ Soul.
Indivisible Difference Divisible Difference	}	Intermediate Difference	⎭

351—Having spoken of the structure and spiritual motions of the World-Soul, Plato turns to the physical motions of the visible bodies in the heaven. This chapter is prefaced by a description of Time.

Ib. 37 c-e:

Ὡς δὲ κινηθὲν αὐτὸ καὶ ζῶν ἐνόησεν τῶν ἀιδίων θεῶν γεγονὸς ἄγαλμα [1] *time a moving likeness of Eternity* ὁ γεννήσας πατήρ, ἠγάσθη τε καὶ εὐφρανθεὶς ἔτι δὴ μᾶλλον ὅμοιον πρὸς τὸ παράδειγμα ἐπενόησεν ἀπεργάσασθαι. Καθάπερ οὖν αὐτὸ τυγχάνει ζῷον ἀίδιον 37d ὄν, καὶ τόδε τὸ πᾶν οὕτως εἰς δύναμιν ἐπεχείρησε τοιοῦτον ἀποτελεῖν. Ἡ μὲν οὖν τοῦ ζῴου φύσις ἐτύγχανεν οὖσα αἰώνιος, καὶ τοῦτο μὲν δὴ τῷ γεννητῷ παντελῶς προσάπτειν οὐκ ἦν δυνατόν· εἰκὼ δ᾽ ἐπενόει κινητόν τινα αἰῶνος ποιῆσαι, καὶ διακοσμῶν ἅμα οὐρανὸν ποιεῖ μένοντος αἰῶνος ἐν ἑνὶ κατ᾽ ἀριθμὸν ἰοῦσαν αἰώνιον εἰκόνα, τοῦτον ὃν δὴ χρόνον ὠνομάκαμεν. Ἡμέρας γὰρ καὶ νύκτας καὶ μῆνας καὶ ἐνιαυτούς, οὐκ ὄντας πρὶν οὐρανὸν γενέσθαι, τότε ἅμα e ἐκείνῳ συνισταμένῳ τὴν γένεσιν αὐτῶν μηχανᾶται.

352—Now the heavenly bodies are described. They are living beings *the heavenly bodies* and divine; the fixed stars are even called ἀίδια. The earth, turning round its axis, is "the guardian and maker of night and day".

Ib. 40 b-c:

ἐξ ἧς δὴ τῆς αἰτίας γέγονεν ὅσ᾽ ἀπλανῆ τῶν ἄστρων ζῷα θεῖα ὄντα καὶ ἀίδια καὶ κατὰ ταὐτὰ ἐν ταὐτῷ στρεφόμενα ἀεὶ μένει· τὰ δὲ τρεπόμενα καὶ πλάνην τοιαύτην ἴσχοντα, καθάπερ ἐν τοῖς πρόσθεν ἐρρήθη, κατ᾽ ἐκεῖνα γέγονεν. Γῆν δὲ τροφὸν μὲν ἡμετέραν, εἰλλομένην [2] δὲ τὴν περὶ τὸν διὰ παντὸς 40c

---

[1] ἄγαλμα - Cornford rightly explains: "*a shrine* for the everlasting gods".

[2] εἰλλομένην - "clinging around the pole which is extended through the universe" (Jowett).
Burnet, and after him Cornford, defends the reading ἰλλομένην, which would mean: "circling around the pole" [a]. I think Rivaud was right in pointing out that the immovability of the earth is presupposed in Pl.'s whole system of the heavenly bodies [b].

[a] Burnet, *E. Gr. Ph.*[4] p. 302 ff.; Cornford, *Pl.'s Cosmol.* 120-134; cp. Rivaud in his edition of the *Tim.*, Introd. p. 59-63.

[b] Schepp translates: (de aarde) "gebald om de as die het Al doorspant".—

πόλον τεταμένον, φύλακα καὶ δημιουργὸν νυκτός τε καὶ ἡμέρας ἐμηχανήσατο, πρώτην καὶ πρεσβυτάτην θεῶν ὅσοι ἐντὸς οὐρανοῦ γεγόνασιν.

the Demi-
urge bids the   353—The Demiurge, having in this way compounded the world-soul
visible gods and the souls of the stars, thus addresses the "visible gods".
make the
bodies of man   Ib. 41 a-d:
and animals
,,Θεοὶ θεῶν, ὧν ἐγὼ δημιουργὸς πατήρ τε ἔργων, δι' ἐμοῦ γενόμενα ἄλυτα
41b ἐμοῦ γε μὴ ἐθέλοντος. Τὸ μὲν οὖν δὴ δεθὲν πᾶν λυτόν, τό γε μὴν καλῶς ἁρμοσθὲν
καὶ ἔχον εὖ λύειν ἐθέλειν κακοῦ · δι' ἃ καὶ ἐπείπερ γεγένησθε, ἀθάνατοι μὲν οὐκ
ἐστὲ οὐδ' ἄλυτοι τὸ πάμπαν, οὔτι μὲν δὴ λυθήσεσθέ γε οὐδὲ τεύξεσθε θανάτου
μοίρας, τῆς ἐμῆς βουλήσεως μείζονος ἔτι δεσμοῦ καὶ κυριωτέρου λαχόντες
ἐκείνων οἷς ὅτ' ἐγίγνεσθε συνεδεῖσθε. Νῦν οὖν ὃ λέγω πρὸς ὑμᾶς ἐνδεικνύμενος,
μάθετε. Θνητὰ ἔτι γένη λοιπὰ τρία ἀγέννητα · τούτων δὲ μὴ γενομένων οὐρανὸς
c ἀτελὴς ἔσται · τὰ γὰρ ἅπαντ' ἐν αὐτῷ γένη ζῴων οὐχ ἕξει, δεῖ δέ, εἰ μέλλει
τέλεος ἱκανῶς εἶναι. Δι' ἐμοῦ δὲ ταῦτα γενόμενα καὶ βίου μετασχόντα θεοῖς
ἰσάζοιτ' ἄν · ἵνα οὖν θνητά τε ᾖ τό τε πᾶν τόδε ὄντως ἅπαν ᾖ, τρέπεσθε κατὰ
φύσιν ὑμεῖς ἐπὶ τὴν τῶν ζῴων δημιουργίαν, μιμούμενοι τὴν ἐμὴν δύναμιν
περὶ τὴν ὑμετέραν γένεσιν. Καὶ καθ' ὅσον μὲν αὐτῶν ἀθανάτοις ὁμώνυμον
εἶναι προσήκει, θεῖον λεγόμενον ἡγεμονοῦν τε ἐν αὐτοῖς τῶν ἀεὶ δίκη καὶ
ὑμῖν ἐθελόντων ἕπεσθαι, σπείρας καὶ ὑπαρξάμενος ἐγὼ παραδώσω · τὸ δὲ
d λοιπὸν ὑμεῖς, ἀθανάτῳ θνητὸν προσυφαίνοντες, ἀπεργάζεσθε ζῷα καὶ γεννᾶτε
τροφήν τε διδόντες αὐξάνετε καὶ φθίνοντα πάλιν δέχεσθε."

354—He then makes as many human souls as there are stars, places
them each in a star and shows them their destiny.

a.   Ib. 41 d⁸-42 a²:

Συστήσας δὲ τὸ πᾶν διεῖλεν ψυχὰς ἰσαρίθμους τοῖς ἄστροις, ἔνειμέν θ'
41e ἑκάστην πρὸς ἕκαστον, καὶ ἐμβιβάσας ὡς ἐς ὄχημα τὴν τοῦ παντὸς φύσιν
ἔδειξεν, νόμους τε τοὺς εἱμαρμένους εἶπεν αὐταῖς, ὅτι γένεσις πρώτη μὲν
ἔσοιτο τεταγμένη μία πᾶσιν, ἵνα μήτις ἐλαττοῖτο ὑπ' αὐτοῦ, δέοι δὲ σπαρείσας
αὐτὰς εἰς τὰ προσήκοντα ἑκάσταις ἕκαστα ὄργανα χρόνων φῦναι ζῴων τὸ
42a θεοσεβέστατον, διπλῆς δὲ οὔσης τῆς ἀνθρωπίνης φύσεως, τὸ κρεῖττον τοιοῦτον
εἴη γένος ὃ καὶ ἔπειτα κεκλήσοιτο ἀνήρ.

b.   Ib. 42 b-d:

the destiny Καὶ ὁ μὲν εὖ τὸν προσήκοντα χρόνον βιούς, πάλιν εἰς τὴν τοῦ συννόμου πο-
of man ρευθεὶς οἴκησιν ἄστρου, βίον εὐδαίμονα καὶ συνήθη ἔξοι, σφαλεὶς δὲ τούτων
εἰς γυναικὸς φύσιν ἐν τῇ δευτέρᾳ γενέσει μεταβαλοῖ · μὴ παυόμενός τε ἐν
42c τούτοις ἔτι κακίας, τρόπον ὃν κακύνοιτο, κατὰ τὴν ὁμοιότητα τῆς τοῦ τρόπου

γενέσεως εἴς τινα τοιαύτην ἀεὶ μεταβαλοῖ θήρειον φύσιν, ἀλλάττων τε οὐ πρό-
τερον πόνων λήξοι, πρὶν τῇ ταὐτοῦ καὶ ὁμοίου περιόδῳ τῇ ἐν αὑτῷ συνεπισπώ-
μενος τὸν πολὺν ὄχλον καὶ ὕστερον προσφύντα ἐκ πυρὸς καὶ ὕδατος καὶ ἀέρος
καὶ γῆς, θορυβώδη καὶ ἄλογον ὄντα, λόγῳ κρατήσας εἰς τὸ τῆς πρώτης καὶ   d
ἀρίστης ἀφίκοιτο εἶδος ἕξεως.

355—Thus there is a pre-established harmony between the souls,
and even the bodies, of men and those divine and eternal Beings who are
the heavenly bodies. Plato concludes: we must learn to imitate the cosmic
order in our own life.

Ib. 47 a-c:

Ὄψις δὴ κατὰ τὸν ἐμὸν λόγον αἰτία τῆς μεγίστης ὠφελίας γέγονεν ἡμῖν, ὅτι   we have to
imitate the
τῶν νῦν λόγων περὶ τοῦ παντὸς λεγομένων οὐδεὶς ἄν ποτε ἐρρήθη μήτε ἄστρα   cosmic
μήτε ἥλιον μήτε οὐρανὸν ἰδόντων. Νῦν δ' ἡμέρα τε καὶ νὺξ ὀφθεῖσαι μῆνές τε   order
καὶ ἐνιαυτῶν περίοδοι καὶ ἰσημερίαι καὶ τροπαὶ μεμηχάνηνται μὲν ἀριθμόν,
χρόνου δὲ ἔννοιαν περί τε τῆς τοῦ παντὸς φύσεως ζήτησιν ἔδοσαν· ἐξ ὧν ἐπο-
ρισάμεθα φιλοσοφίας γένος, οὗ μεῖζον ἀγαθὸν οὔτ' ἦλθεν οὔτε ἥξει ποτὲ τῷ   47b
θνητῷ γένει δωρηθὲν ἐκ θεῶν. Λέγω δὴ τοῦτο ὀμμάτων μέγιστον ἀγαθόν·
τἄλλα δὲ ὅσα ἐλάττω τί ἂν ὑμνοῖμεν, ὧν ὁ μὴ φιλόσοφος τυφλωθεὶς ὀδυρόμενος
ἂν θρηνοῖ μάτην; ἀλλὰ τούτου λεγέσθω παρ' ἡμῶν αὕτη ἐπὶ ταῦτα αἰτία, θεὸν
ἡμῖν ἀνευρεῖν δωρήσασθαί τε ὄψιν, ἵνα τὰς ἐν οὐρανῷ τοῦ νοῦ κατιδόντες
περιόδους χρησαίμεθα ἐπὶ τὰς περιφορὰς τὰς τῆς παρ' ἡμῖν διανοήσεως, συγγε-
νεῖς ἐκείναις οὔσας, ἀταράκτοις τεταραγμένας, ἐκμαθόντες δὲ καὶ λογισμῶν   c
κατὰ φύσιν ὀρθότητος μετασχόντες, μιμούμενοι τὰς τοῦ θεοῦ πάντως ἀπλανεῖς
οὔσας, τὰς ἐν ἡμῖν πεπλανημένας καταστησαίμεθα.

356—a.   Ib. 48 e-49 a:

Ἡ δ' οὖν αὖθις ἀρχὴ περὶ τοῦ παντὸς ἔστω μειζόνως τῆς πρόσθεν διηρη-   the creation
of the
μένη· τότε μὲν γὰρ δύο εἴδη διειλόμεθα, νῦν δὲ τρίτον ἄλλο γένος ἡμῖν δηλωτέον.   universe
Τὰ μὲν γὰρ δύο ἱκανὰ ἦν ἐπὶ τοῖς ἔμπροσθεν λεχθεῖσιν, ἓν μὲν ὡς παραδείγματος
εἶδος ὑποτεθέν, νοητὸν καὶ ἀεὶ κατὰ ταὐτὰ ὄν, μίμημα δὲ παραδείγματος
δεύτερον, γένεσιν ἔχον καὶ ὁρατόν. Τρίτον δὲ τότε μὲν οὐ διειλόμεθα, νομί-   49a
σαντες τὰ δύο ἕξειν ἱκανῶς· νῦν δὲ ὁ λόγος ἔοικεν εἰσαναγκάζειν χαλεπὸν
καὶ ἀμυδρὸν εἶδος ἐπιχειρεῖν λόγοις ἐμφανίσαι. Τίν' οὖν ἔχον δύναμιν κατὰ
φύσιν αὐτὸ ὑποληπτέον; τοιάνδε μάλιστα· πάσης εἶναι γενέσεως ὑποδοχὴν
αὐτὴν οἷον τιθήνην.

b.   The so-called elements have no fixed nature. Unchanging space   space the
only fixed
only may be called "this" or "that".   nature

Ib. 49 e-50 a:

ἐν ᾧ δὲ ἐγγιγνόμενα ἀεὶ ἕκαστα αὐτῶν φαντάζεται καὶ πάλιν ἐκεῖθεν ἀπόλ-
50a λυται, μόνον ἐκεῖνο αὖ προσαγορεύειν τῷ τε τοῦτο καὶ τῷ τόδε προσχρωμένους
ὀνόματι, τὸ δὲ ὁποιονοῦν τι, θερμὸν ἢ λευκὸν ἢ καὶ ὁτιοῦν τῶν ἐναντίων, καὶ
πάνθ᾽ ὅσα ἐκ τούτων, μηδὲν ἐκεῖνο αὖ τούτων καλεῖν.

c. Ib. 50 b-d:

the receiving
principle
Ὁ αὐτὸς δὴ λόγος καὶ περὶ τῆς τὰ πάντα δεχομένης σώματα φύσεως.
Ταὐτὸν αὐτὴν ἀεὶ προσρητέον · ἐκ γὰρ τῆς ἑαυτῆς τὸ παράπαν οὐκ ἐξίσταται
δυνάμεως — δέχεταί τε γὰρ ἀεὶ τὰ πάντα, καὶ μορφὴν οὐδεμίαν ποτὲ οὐδενὶ
50c τῶν εἰσιόντων ὁμοίαν εἴληφεν οὐδαμῇ οὐδαμῶς · ἐκμαγεῖον γὰρ φύσει παντὶ
κεῖται, κινούμενόν τε καὶ διασχηματιζόμενον ὑπὸ τῶν εἰσιόντων, φαίνεται δὲ
δι᾽ ἐκεῖνα ἄλλοτε ἀλλοῖον — τὰ δὲ εἰσιόντα καὶ ἐξιόντα τῶν ὄντων ἀεὶ μιμή-
ματα, τυπωθέντα ἀπ᾽ αὐτῶν τρόπον τινὰ δύσφραστον καὶ θαυμαστόν, ὃν εἰς
αὖθις μέτιμεν. Ἐν δ᾽ οὖν τῷ παρόντι χρὴ γένη διανοηθῆναι τριττά, τὸ μὲν
d γιγνόμενον, τὸ δ᾽ ἐν ᾧ γίγνεται, τὸ δ᾽ ὅθεν ἀφομοιούμενον φύεται τὸ γιγνόμενον.
Καὶ δὴ καὶ προσεικάσαι πρέπει τὸ μὲν δεχόμενον μητρί, τὸ δ᾽ ὅθεν πατρί,
τὴν δὲ μεταξὺ τούτων φύσιν ἐκγόνῳ.

d. Ib. 51a-b:

no "matter"
in the usual
sense
διὸ δὴ τὴν τοῦ γεγονότος ὁρατοῦ καὶ πάντως αἰσθητοῦ μητέρα καὶ ὑποδοχὴν
μήτε γῆν μήτε ἀέρα μήτε πῦρ μήτε ὕδωρ λέγωμεν, μήτε ὅσα ἐκ τούτων μήτε
ἐξ ὧν ταῦτα γέγονεν · ἀλλ᾽ ἀνόρατον εἶδός τι καὶ ἄμορφον, πανδεχές, μετα-
51b λαμβάνον δὲ ἀπορώτατά πη τοῦ νοητοῦ καὶ δυσαλωτότατον αὐτὸ λέγοντες οὐ
ψευσόμεθα.

e. Ib. 51 e-52 b:

the three
kinds
Τούτων δὲ οὕτως ἐχόντων ὁμολογητέον ἓν μὲν εἶναι τὸ κατὰ ταὐτὰ εἶδος
ἔχον, ἀγέννητον καὶ ἀνώλεθρον, οὔτε εἰς ἑαυτὸ εἰσδεχόμενον ἄλλο ἄλλοθεν
52a οὔτε αὐτὸ εἰς ἄλλο ποι ἰόν, ἀόρατον δὲ καὶ ἄλλως ἀναίσθητον, τοῦτο ὃ δὴ νόησις
εἴληχεν ἐπισκοπεῖν · τὸ δὲ ὁμώνυμον ὅμοιόν τε ἐκείνῳ δεύτερον, αἰσθητόν,
πεφορημένον ἀεί, γιγνόμενόν τε ἔν τινι τόπῳ καὶ πάλιν ἐκεῖθεν ἀπολλύμενον,
δόξῃ μετ᾽ αἰσθήσεως περιληπτόν · τρίτον δὲ αὖ γένος ὂν τὸ τῆς χώρας ἀεί,
b φθορὰν οὐ προσδεχόμενον, ἕδραν δὲ παρέχον ὅσα ἔχει γένεσιν πᾶσιν, αὐτὸ
δὲ μετ᾽ ἀναισθησίας ἁπτὸν λογισμῷ τινι νόθῳ, μόγις πιστόν, πρὸς ὃ δὴ καὶ
ὀνειροπολοῦμεν βλέποντες καὶ φαμὲν ἀναγκαῖον εἶναί που τὸ ὂν ἅπαν ἔν τινι
τόπῳ καὶ κατέχον χώραν τινά, τὸ δὲ μήτ᾽ ἐν γῇ μήτε που κατ᾽ οὐρανὸν
οὐδὲν εἶναι.

357—a. Ib. 69 c-70 a:

Καὶ τῶν μὲν θείων αὐτὸς γίγνεται δημιουργός, τῶν δὲ θνητῶν τὴν γένεσιν

τοῖς ἑαυτοῦ γεννήμασιν δημιουργεῖν προσέταξεν. Οἱ δὲ μιμούμενοι, παραλα- **the immortal and the mortal soul in man**
βόντες ἀρχὴν ψυχῆς ἀθάνατον τὸ μετὰ τοῦτο θνητὸν σῶμα αὐτῇ περιετόρνευσαν
ὄχημά τε πᾶν τὸ σῶμα ἔδοσαν ἄλλο τε εἶδος ἐν αὐτῷ ψυχῆς προσῳκοδόμουν
τὸ θνητόν, δεινὰ καὶ ἀναγκαῖα ἐν ἑαυτῷ παθήματα ἔχον, πρῶτον μὲν ἡδονήν, 69d
μέγιστον κακοῦ δέλεαρ, ἔπειτα λύπας, ἀγαθῶν φυγάς, ἔτι δ' αὖ θάρρος καὶ
φόβον, ἄφρονε συμβούλω, θυμὸν δὲ δυσπαραμύθητον, ἐλπίδα δ' εὐπαράγωγον ·
αἰσθήσει δὲ ἀλόγῳ καὶ ἐπιχειρητῇ παντὸς ἔρωτι συγκερασάμενοι ταῦτα, ἀναγ-
καίως τὸ θνητὸν γένος συνέθεσαν. Καὶ διὰ ταῦτα δὴ σεβόμενοι μιαίνειν τὸ
θεῖον, ὅτι μὴ πᾶσα ἦν ἀνάγκη, χωρὶς ἐκείνου κατοικίζουσιν εἰς ἄλλην τοῦ
σώματος οἴκησιν τὸ θνητόν, ἰσθμόν καὶ ὅρον διοικοδομήσαντες τῆς τε κεφαλῆς e
καὶ τοῦ στήθους, αὐχένα μεταξὺ τιθέντες, ἵν' εἴη χωρίς. Ἐν δὴ τοῖς στήθεσιν
καὶ τῷ καλουμένῳ θώρακι τὸ τῆς ψυχῆς θνητὸν γένος ἐνέδουν. Καὶ ἐπειδὴ τὸ
μὲν ἄμεινον αὐτῆς, τὸ δὲ χεῖρον ἐπεφύκει, διοικοδομοῦσι τοῦ θώρακος αὖ τὸ
κύτος, διορίζοντες οἷον γυναικῶν, τὴν δὲ ἀνδρῶν χωρὶς οἴκησιν, τὰς φρένας 70a
διάφραγμα εἰς τὸ μέσον αὐτῶν τιθέντες. Τὸ μετέχον οὖν τῆς ψυχῆς ἀνδρείας καὶ
θυμοῦ, φιλόνικον ὄν, κατῴκισαν ἐγγυτέρω τῆς κεφαλῆς μεταξὺ τῶν φρενῶν τε
καὶ αὐχένος, ἵνα τοῦ λόγου κατήκοον ὂν κοινῇ μετ' ἐκείνου βίᾳ τὸ τῶν ἐπι-
θυμιῶν κατέχοι γένος, ὁπότ' ἐκ τῆς ἀκροπόλεως τῷ τ' ἐπιτάγματι καὶ λόγῳ
μηδαμῇ πείθεσθαι ἑκὸν ἐθέλοι.

b. Ib. 70 d-71 a:

Τὸ δὲ δὴ σίτων τε καὶ ποτῶν ἐπιθυμητικὸν τῆς ψυχῆς καὶ ὅσων ἔνδειαν διὰ **the place of the** ἐπιθυμητικόν
τὴν τοῦ σώματος ἴσχει φύσιν, τοῦτο εἰς τὸ μεταξὺ τῶν τε φρενῶν καὶ τοῦ πρὸς
τὸν ὀμφαλὸν ὅρου κατῴκισαν, οἷον φάτνην ἐν ἅπαντι τούτῳ τῷ τόπῳ τῇ τοῦ 70e
σώματος τροφῇ τεκτηνάμενοι · καὶ κατέδησαν δὴ τὸ τοιοῦτον ἐνταῦθα ὡς
θρέμμα ἄγριον, τρέφειν δὲ συνημμένον ἀναγκαῖον, εἴπερ τι μέλλοι ποτὲ θνητὸν
ἔσεσθαι γένος. Ἵν' οὖν ἀεὶ νεμόμενον πρὸς φάτνῃ καὶ ὅτι πορρωτάτω τοῦ βου-
λευομένου κατοικοῦν, θόρυβον καὶ βοὴν ὡς ἐλαχίστην παρέχον, τὸ κράτιστον
καθ' ἡσυχίαν περὶ τοῦ πᾶσι κοινῇ καὶ ἰδίᾳ συμφέροντος ἐῶ βουλεύεσθαι, διὰ 71a
ταῦτα ἐνταῦθ' ἔδοσαν αὐτῷ τὴν τάξιν.

c. Ib. 72 d:

Τὰ μὲν οὖν περὶ ψυχῆς, ὅσον θνητὸν ἔχει καὶ ὅσον θεῖον, καὶ ὅπῃ καὶ μεθ' **This account is probable; God only knows whether it is true.**
ὧν καὶ δι' ἃ χωρὶς ᾠκίσθη, τὸ μὲν ἀληθὲς ὡς εἴρηται, θεοῦ συμφήσαντος τότ'
ἂν οὕτως μόνως διισχυριζοίμεθα · τό γε μὴν εἰκὸς ἡμῖν εἰρῆσθαι, καὶ νῦν καὶ
ἔτι μᾶλλον ἀνασκοποῦσι διακινδυνευτέον τὸ φάναι καὶ πεφάσθω.

358—Ib. 75 b-c: **God wished us to live a rational and not a long life**
Νῦν δὲ τοῖς περὶ τὴν ἡμετέραν γένεσιν δημιουργοῖς, ἀναλογιζομένοις πότε-
ρον πολυχρονιώτερον χεῖρον ἢ βραχυχρονιώτερον βέλτιον ἀπεργάσαιντο γένος,

συνέδοξεν τοῦ πλείονος βίου, φαυλοτέρου δέ, τὸν ἐλάττονα ἀμείνονα ὄντα παντὶ
πάντως αἱρετέον · ὅθεν δὴ μανῷ μὲν ὀστῷ, σαρξὶν δὲ καὶ νεύροις κεφαλήν, ἅτε
οὐδὲ καμπὰς ἔχουσαν, οὐ συνεστέγασαν. Κατὰ πάντα οὖν ταῦτα εὐαισθητοτέρα
μὲν καὶ φρονιμωτέρα, πολὺ δὲ ἀσθενεστέρα παντὸς ἀνδρὸς προσετέθη κεφαλὴ
σώματι.

359—Ib. 77 b-c:

the "vegeta-
tive soul" in
plants

Πᾶν γὰρ οὖν ὅτιπερ ἂν μετάσχῃ τοῦ ζῆν, ζῷον μὲν ἂν ἐν δίκῃ λέγοιτο ὀρθό-
τατα · μετέχει γε μὴν τοῦτο ὃ νῦν λέγομεν τοῦ τρίτου ψυχῆς εἴδους, ὃ μεταξὺ
φρενῶν ὀμφαλοῦ τε ἱδρῦσθαι λόγος, ᾧ δόξης μὲν λογισμοῦ τε καὶ νοῦ μέτεστιν
τὸ μηδέν, αἰσθήσεως δὲ ἡδείας καὶ ἀλγεινῆς μετὰ ἐπιθυμιῶν. Πάσχον γὰρ
διατελεῖ πάντα, στραφέντι δ᾽ αὐτῷ ἐν ἑαυτῷ περὶ ἑαυτό, τὴν μὲν ἔξωθεν ἀπωσα-
77c μένῳ κίνησιν, τῇ δ᾽ οἰκείᾳ χρησαμένῳ, τῶν αὐτοῦ τι λογίσασθαι κατιδόντι
φύσει οὐ παραδέδωκεν ἡ γένεσις. Διὸ δὴ ζῇ μὲν ἔστιν τε οὐχ ἕτερον ζῴου,
μόνιμον δὲ καὶ κατερριζωμένον πέπηγεν διὰ τὸ τῆς ὑφ᾽ ἑαυτοῦ κινήσεως ἐστε-
ρῆσθαι.

360—a. Ib. 86 b-e:

disease of the
soul due to
defective
bodily
constitution

Νόσον μὲν δὴ ψυχῆς ἄνοιαν συγχωρητέον, δύο δ᾽ ἀνοίας γένη, τὸ μὲν μανίαν,
τὸ δὲ ἀμαθίαν. Πᾶν οὖν ὅτι πάσχων τις πάθος ὁπότερον αὐτῶν ἴσχει, νόσον
προσρητέον, ἡδονὰς δὲ καὶ λύπας ὑπερβαλλούσας τῶν νόσων μεγίστας θετέον
τῇ ψυχῇ · περιχαρὴς γὰρ ἄνθρωπος ὢν ἢ καὶ τἀναντία ὑπὸ λύπης πάσχων,
86c σπεύδων τὸ μὲν ἑλεῖν ἀκαίρως, τὸ δὲ φυγεῖν, οὔθ᾽ ὁρᾶν οὔτε ἀκούειν ὀρθὸν
οὐδὲν δύναται, λυττᾷ δὲ καὶ λογισμοῦ μετασχεῖν ἥκιστα τότε δὴ δυνατός.
Τὸ δὲ σπέρμα ὅτῳ πολὺ καὶ ῥυῶδες περὶ τὸν μυελὸν γίγνεται καὶ καθαπερεὶ
δένδρον πολυκαρπότερον τοῦ συμμέτρου πεφυκὸς ᾖ, πολλὰς μὲν καθ᾽ ἕκαστον
ὠδῖνας, πολλὰς δ᾽ ἡδονὰς κτώμενος ἐν ταῖς ἐπιθυμίαις καὶ τοῖς περὶ τὰ τοιαῦτα
τόκοις, ἐμμανὴς τὸ πλεῖστον γιγνόμενος τοῦ βίου διὰ τὰς μεγίστας ἡδονὰς
d καὶ λύπας, νοσοῦσαν καὶ ἄφρονα ἴσχων ὑπὸ τοῦ σώματος τὴν ψυχήν, οὐχ ὡς
νοσῶν ἀλλ᾽ ὡς ἑκὼν κακὸς δοξάζεται · τὸ δὲ ἀληθὲς ἡ περὶ τὰ ἀφροδίσια ἀκο-
λασία κατὰ τὸ πολὺ μέρος διὰ τὴν ἑνὸς γένους ἕξιν ὑπὸ μανότητος ὀστῶν ἐν
σώματι ῥυώδη καὶ ὑγραίνουσαν νόσος ψυχῆς γέγονεν. Καὶ σχεδὸν δὴ πάντα
ὁπόσα ἡδονῶν ἀκράτεια καὶ ὄνειδος ὡς ἑκόντων λέγεται τῶν κακῶν, οὐκ
e ὀρθῶς ὀνειδίζεται · κακὸς μὲν γὰρ ἑκὼν οὐδείς, διὰ δὲ πονηρὰν ἕξιν τινὰ τοῦ
σώματος καὶ ἀπαίδευτον τροφὴν ὁ κακὸς γίγνεται κακός, παντὶ δὲ ταῦτα
ἐχθρὰ καὶ ἄκοντι προσγίγνεται.

b. Ib. 87 a-b:

badness must
be prevented
by education

Πρὸς δὲ τούτοις, ὅταν οὕτως κακῶς παγέντων πολιτεῖαι κακαὶ καὶ λόγοι
κατὰ πόλεις ἰδίᾳ τε καὶ δημοσίᾳ λεχθῶσιν, ἔτι δὲ μαθήματα μηδαμῇ τούτων

ἰατικὰ ἐκ νέων μανθάνηται, ταύτῃ κακοὶ πάντες οἱ κακοὶ διὰ δύο ἀκουσιώτατα
γιγνόμεθα · ὧν αἰτιατέον μὲν τοὺς φυτεύοντας ἀεὶ τῶν φυτευομένων μᾶλλον
καὶ τοὺς τρέφοντας τῶν τρεφομένων, προθυμητέον μὴν, ὅπῃ τις δύναται, καὶ
διὰ τροφῆς καὶ δι' ἐπιτηδευμάτων μαθημάτων τε φυγεῖν μὲν κακίαν, τοὐ-
ναντίον δὲ ἑλεῖν. Ταῦτα μὲν οὖν δὴ τρόπος ἄλλος λόγων.

361—Ib. 87 d-88 c:

Πρὸς γὰρ ὑγιείας καὶ νόσους ἀρετάς τε καὶ κακίας οὐδεμία συμμετρία καὶ
ἀμετρία μείζων ἢ ψυχῆς αὐτῆς πρὸς σῶμα αὐτό · ὧν οὐδὲν σκοποῦμεν οὐδ'
ἐννοοῦμεν, ὅτι ψυχὴν ἰσχυρὰν καὶ πάντῃ μεγάλην ἀσθενέστερον καὶ ἔλαττον
εἶδος ὅταν ὀχῇ, καὶ ὅταν αὖ τοὐναντίον συμπαγῆτον τούτω, οὐ καλὸν ὅλον τὸ
ζῷον — ἀσύμμετρον γὰρ ταῖς μεγίσταις συμμετρίαις — τὸ δὲ ἐναντίως ἔχον
πάντων θεαμάτων τῷ δυναμένῳ καθορᾶν κάλλιστον καὶ ἐρασμιώτατον. Οἷον
οὖν ὑπερσκελὲς ἢ καί τινα ἑτέραν ὑπέρεξιν ἄμετρον ἑαυτῷ τι σῶμα ὂν ἅμα
μὲν αἰσχρόν, ἅμα δ' ἐν τῇ κοινωνίᾳ τῶν πόνων πολλοὺς μὲν κόπους, πολλὰ
δὲ σπάσματα καὶ διὰ τὴν παραφορότητα πτώματα παρέχον μυρίων κακῶν
αἴτιον ἑαυτῷ, ταὐτὸν δὴ διανοητέον καὶ περὶ τοῦ συναμφοτέρου [1], ζῷον δ
καλοῦμεν, ὡς ὅταν τε ἐν αὐτῷ ψυχὴ κρείττων οὖσα σώματος περιθύμως ἴσχῃ,
διασείουσα πᾶν αὐτὸ ἔνδοθεν νόσων ἐμπίμπλησι, καὶ ὅταν εἴς τινας μαθήσεις
καὶ ζητήσεις συντόνως ἴῃ, κατατήκει, διδαχάς τ' αὖ καὶ μάχας ἐν λόγοις
ποιουμένη δημοσίᾳ καὶ ἰδίᾳ δι' ἐρίδων καὶ φιλονικίας γιγνομένων διάπυρον
αὐτὸ ποιοῦσα σαλεύει, καὶ ρεύματα ἐπάγουσα, τῶν λεγομένων ἰατρῶν ἀπατῶσα
τοὺς πλείστους, τἀναίτια αἰτιᾶσθαι ποιεῖ · σῶμά τε ὅταν αὖ μέγα καὶ ὑπέρ-
ψυχον σμικρᾷ συμφυὲς ἀσθενεῖ τε διανοίᾳ γένηται, διττῶν ἐπιθυμιῶν οὐσῶν
φύσει κατ' ἀνθρώπους, διὰ σῶμα μὲν τροφῆς, διὰ δὲ τὸ θειότατον τῶν ἐν ἡμῖν
φρονήσεως, αἱ τοῦ κρείττονος κινήσεις κρατοῦσαι καὶ τὸ μὲν σφέτερον αὔξουσαι,
τὸ δὲ τῆς ψυχῆς κωφὸν καὶ δυσμαθὲς ἀμνῆμόν τε ποιοῦσαι, τὴν μεγίστην νόσον
ἀμαθίαν ἐναπεργάζονται. Μία δὴ σωτηρία πρὸς ἄμφω, μήτε ψυχὴν ἄνευ
σώματος κινεῖν μήτε σῶμα ἄνευ ψυχῆς, ἵνα ἀμυνομένω γίγνησθον ἰσορρόπω
καὶ ὑγιῆ. Τὸν δὴ μαθηματικὸν ἤ τινα ἄλλην σφόδρα μελέτην διανοίᾳ κατεργα-
ζόμενον καὶ τὴν τοῦ σώματος ἀποδοτέον κίνησιν, γυμναστικῇ προσομιλοῦντα
τόν τε αὖ σῶμα ἐπιμελῶς πλάττοντα τὰς τῆς ψυχῆς ἀνταποδοτέον κινήσεις,
μουσικῇ καὶ πάσῃ φιλοσοφίᾳ προσχρώμενον, εἰ μέλλει δικαίως τις ἅμα μὲν
καλός, ἅμα δὲ ἀγαθὸς ὀρθῶς κεκλῆσθαι.

**due propor-
tion of mind
and body**

87e

88a

b

c

---

[1] τὸ συναμφότερον - This whole view of man comes very near to that of
Aristotle in Περὶ ψυχῆς, as the term συναμφότερον is essentially the same as the
Aristotelian σύνθετον.

9—THE IDEAL NUMBERS

362—Arist. says in several places that Plato identified the Ideas with Numbers.

Ideas are numbers

a. Ar., *Metaph.* A 9, 991 b⁹:

ἔτι εἴπερ εἰσὶν ἀριθμοὶ τὰ εἴδη, πῶς αἴτιοι ἔσονται;

b. Ib. 992 b¹⁵⁻¹⁸ (Ar. is speaking here about geometrical figures, τὰ μετὰ τοὺς ἀριθμοὺς μήκη τε καὶ ἐπίπεδα καὶ στερεά):

ταῦτα γὰρ οὔτε εἴδη οἶόν τε εἶναι (οὐ γάρ εἰσιν ἀριθμοί) οὔτε τὰ μεταξύ (μαθηματικὰ γὰρ ἐκεῖνα) ¹ οὔτε τὰ φθαρτά, ἀλλὰ πάλιν τέταρτον ἄλλο φαίνεται τοῦτό τι γένος.

c. Ib. Λ 8, 1073 a¹⁸⁻²¹:

ἀριθμοὺς γὰρ λέγουσι τὰς ἰδέας οἱ λέγοντες ἰδέας, περὶ δὲ τῶν ἀριθμῶν ὀτὲ μὲν ὡς περὶ ἀπείρων λέγουσιν, ὅτε δὲ ὡς μέχρι τῆς δεκάδος ὡρισμένων ².

d. Ib. M 7, 1081 a⁵⁻⁸; ¹²⁻¹³:

εἰ μὲν οὖν πᾶσαι συμβληταὶ καὶ ἀδιάφοροι αἱ μονάδες, ὁ μαθηματικὸς γίγνεται ἀριθμὸς καὶ εἷς μόνος, καὶ τὰς ἰδέας οὐκ ἐνδέχεται εἶναι τοὺς ἀριθμούς ³.— εἰ δὲ μή εἰσιν ἀριθμοὶ οἱ ἰδέαι, οὐδ' ὅλως οἶόν τε αὐτὰς εἶναι.

e. Ib. M 8, 1083 a¹⁷⁻¹⁹:

ὅτι μὲν οὖν, εἴπερ εἰσὶν ἀριθμοὶ αἱ ἰδέαι, οὔτε συμβλητὰς τὰς μονάδας ἁπάσας ἐνδέχεται εἶναι, φανερόν.

Numbers are Ideas

363—In other places Ar. implies that Numbers were said to be Ideas.

a. Ib. M. 8, 1084 a⁷⁻⁹:

ἔτι εἰ πᾶσα ἰδέα τινός, οἱ δὲ ἀριθμοὶ ἰδέαι, καὶ ὁ ἄπειρος ἔσται ἰδέα τινός, ἢ τῶν αἰσθητῶν ἢ ἄλλου τινός.

---

¹ Ar. says in *Metaph.* A 6, 987 b¹⁴, Pl. recognized mathematical objects as existing between Forms and sensibles, differing from the last in being eternal and unchangeable, from Forms in there being many of the same kind:
ἔτι δὲ παρὰ τὰ αἰσθητὰ καὶ τὰ εἴδη τὰ μαθηματικὰ τῶν πραγμάτων εἶναί φησι μεταξύ, διαφέροντα τῶν μὲν αἰσθητῶν τῷ ἀίδια καὶ ἀκίνητα εἶναι, τῶν δ' εἰδῶν τῷ τὰ μὲν πόλλ' ἄττα ὅμοια εἶναι, τὸ δ' εἶδος αὐτὸ ἓν ἕκαστον μόνον.
² About the last point see our nr. **366 a**.
³ Ar. means: the mathematical number is constituted by adding one unity to the other (so here the monads are συμβληταί). But ideal numbers are individual types, not comparable, and therefore unaddible. Cp. our nr. **367**.

b. We may mention here also N 3, 1090 b³²⁻³⁶, where is spoken of ὁ τῶν εἰδῶν ἀριθμός (gen. explic.) and εἰδετικὸς ἀριθμός:

οἱ δὲ πρῶτοι δύο τοὺς ἀριθμοὺς ποιήσαντες, τόν τε τῶν εἰδῶν καὶ τὸν μαθηματικὸν ἄλλον, οὐδαμῶς οὔτ' εἰρήκασιν οὔτ' ἔχοιεν ἂν εἰπεῖν πῶς καὶ ἐκ τίνος ἔσται ὁ μαθηματικός. ποιοῦσι γὰρ αὐτὸν μεταξὺ τοῦ εἰδητικοῦ καὶ τοῦ αἰσθητοῦ.

c. Also N 5, 1092 b⁸⁻¹⁸, where Ar. wonders how numbers could be the cause of being, or how they could be οὐσίαι.

οὐθὲν δὲ διώρισται οὐδὲ ὁποτέρως οἱ ἀριθμοὶ αἴτιοι τῶν οὐσιῶν καὶ τοῦ εἶναι, πότερον ὡς ὅροι (οἶον αἱ στιγμαὶ τῶν μεγεθῶν, καὶ ὡς Εὔρυτος ἔταττε τίς ἀριθμὸς τίνος, οἶον ὁδὶ μὲν ἀνθρώπου ὁδὶ δὲ ἵππου, ὥσπερ οἱ τοὺς ἀριθμοὺς ἄγοντες εἰς τὰ σχήματα τρίγωνον καὶ τετράγωνον, οὕτως ἀφομοιῶν ταῖς ψήφοις τὰς μορφὰς τῶν φυτῶν), ἢ ὅτι [ὁ] λόγος ἡ συμφωνία ἀριθμῶν, ὁμοίως δὲ καὶ ἄνθρωπος καὶ τῶν ἄλλων ἕκαστον; τὰ δὲ δὴ πάθη πῶς ἀριθμοί, τὸ λευκὸν καὶ γλυκὺ καὶ τὸ θερμόν; ὅτι δὲ οὐχ οἱ ἀριθμοὶ οὐσία οὐδὲ τῆς μορφῆς αἴτιοι, δῆλον · ὁ γὰρ λόγος ἡ οὐσία, ὁ δ' ἀριθμὸς ὕλη.

From this passage a direct identification of numbers with Ideas, and of Ideas with numbers, might be inferred. Yet this inference is not the only one possible. Cp. our nr. **373**.

d. Ar. even says *each* number was taught to be an Idea. N 2, 1090 a⁴⁻⁶:

Τῷ μὲν γὰρ ἰδέας τιθεμένῳ παρέχονταί τιν' αἰτίαν τοῖς οὖσιν, εἴπερ ἕκαστος τῶν ἀριθμῶν ἰδέα τις, ἡ δ' ἰδέα τοῖς ἄλλοις αἰτία τοῦ εἶναι ὃν δή ποτε τρόπον.

Now this cannot have been the theory of Plato. Cp. our nr. **366c**.

364—a. Ib. N 4, 1091 b¹³⁻¹⁴:

τῶν δὲ τὰς ἀκινήτους οὐσίας εἶναι λεγόντων οἱ μέν φασιν αὐτὸ τὸ ἓν τὸ ἀγαθὸν αὐτὸ εἶναι.   **the One = the Agathon**

b. Cf. *Eth. Eud.* I 8, 1218 a²⁴⁻²⁸:

Παράβολος δὲ καὶ ἡ ἀπόδειξις ὅτι τὸ ἓν αὐτὸ τὸ ἀγαθόν, ὅτι οἱ ἀριθμοὶ ἐφίενται · οὔτε γὰρ ὡς ἐφίενται λέγονται φανερῶς, ἀλλὰ λίαν ἁπλῶς τοῦτό φασι, καὶ ὄρεξιν εἶναι πῶς ἄν τις ὑπόλαβοι ἐν οἷς ζωὴ μὴ ὑπάρχει;

c. Aristox., *Harm. Elem.* II, p. 30 Meib.

Aristox. begins his second book by saying that it is perhaps better first to speak of the method of his inquiry, in order to prevent misunderstanding and disappointment.

Καθάπερ 'Αριστοτέλης ἀεὶ διηγεῖτο τοὺς πλείστους τῶν ἀκουσάντων παρὰ

Πλάτωνος τὴν περὶ τἀγαθοῦ ἀκρόασιν παθεῖν. προσιέναι μὲν γὰρ ἕκαστον ὑπολαμβάνοντα λήψεσθαί τι τῶν νομιζομένων τούτων ἀνθρωπίνων ἀγαθῶν οἷον πλοῦτον, ὑγίειαν, ἰσχύν, τὸ ὅλον εὐδαιμονίαν τινὰ θαυμαστήν · ὅτε δὲ φανείησαν οἱ λόγοι περὶ μαθημάτων καὶ ἀριθμῶν καὶ γεωμετρίας καὶ ἀστρολογίας καὶ τὸ πέρας ὅτι ἀγαθόν ἐστιν ἕν [1], παντελῶς οἶμαι παράδοξόν τι ἐφαίνετο αὐτοῖς · εἶθ᾽ οἱ μὲν ὑποκατεφρόνουν τοῦ πράγματος, οἱ δὲ κατεμέμφοντο.

365—a. Arist., *Metaph.* A 6, 987 b$^{18-22}$:

the
elements of
Forms = the
elements of
all things

'Επεὶ δ᾽ αἰτία τὰ εἴδη τοῖς ἄλλοις, τἀκείνων στοιχεῖα πάντων ᾠήθη τῶν ὄντων εἶναι στοιχεῖα. ὡς μὲν οὖν ὕλην τὸ μέγα καὶ τὸ μικρὸν εἶναι ἀρχάς, ὡς δ᾽ οὐσίαν τὸ ἕν · ἐξ ἐκείνων γὰρ κατὰ μέθεξιν τοῦ ἑνὸς [τὰ εἴδη] εἶναι τοὺς ἀριθμούς.

the Forms
are formal
cause of
sensibles,
the One
formal cause
of the Forms

b. Ib., 988 a$^{8-11}$:

φανερὸν δ᾽ ἐκ τῶν εἰρημένων ὅτι δυοῖν αἰτίαιν μόνον κέχρηται (sc. Πλάτων), τῇ τε τοῦ τί ἐστι καὶ τῇ κατὰ τὴν ὕλην (τὰ γὰρ εἴδη τοῦ τί ἐστιν αἴτια τοῖς ἄλλοις, τοῖς δ᾽ εἴδεσι τὸ ἕν).

the ideal
Numbers
limited
to ten

366—a. Ib., Λ 8, 1073 a$^{18-21}$ = our nr. **362c**:

Those who identified Ideas with Numbers *sometimes* treated them as unlimited, *sometimes* as limited by the number ten.

b. Ib. M 8, 1084 a^{12}. Here Ar., having showed that Number cannot be illimited, continues:

'Αλλὰ μὴν εἰ μέχρι τῆς δεκάδος ὁ ἀριθμός, ὥσπερ τινές φασιν, πρῶτον μὲν ταχὺ ἐπιλείψει τὰ εἴδη, —

c. Arist., *Phys.* 206 b$^{30-33}$.

In this place Ar. distinguishes two kinds of infinite, the infinite "in the direction of increase" (ἐπὶ τὴν αὔξην), and the infinite "in the direction of reduction" (ἐπὶ τὴν καθαίρεσιν). He says: "for this reason Plato also made the infinites two in number", referring to the name of τὸ μέγα καὶ μικρόν, by which Plato called the infinite. It is clear, however, that by this name Pl. did not intend to make a distinction between two kinds of infinite; he simply meant by his ἀόριστος δυάς, which he called also "the great and small": "something that is oscillating

---

[1] H. Macran, *The harmonics of Aristox.*, Oxford 1902, p. 187, translates: "But when they found that Plato's reasonings were of sciences and numbers, and geometry and astronomy, and of good and unity as predicates of the finite,"—
I should prefer: "and that the Finite is the Good, which is identical with the One"—.
"Good" and "one" in Plato's thoughts surely were no predicates of the péras. They were substances, identical with it.

between two extremes" ᵃ. Ar., explaining Plato's term in his own way, then states that Pl. did not use his two indefinites:

οὔτε γὰρ ἐν τοῖς ἀριθμοῖς τὸ ἐπὶ τὴν καθαίρεσιν ἄπειρον ὑπάρχει, ἡ γὰρ μονὰς ἐλάχιστον, οὔτε ἐπὶ τὴν αὔξην· μέχρι γὰρ δεκάδος ποιεῖ τὸν ἀριθμόν.

Here then is said explicitly that Pl. limited his ideal Numbers to ten. Consequently in N 1090a⁵ (our nr. **363 d**), where is said that "each number was an Idea, according to the adherents of the hypothesis of Ideas", Plato himself must be excepted. Indeed, the theory here mentioned was taught by Xenocrates.

Hence follows that neither in 1073a¹⁸⁻²¹, cited under **a**, "those who identified Ideas with Numbers" may be taken without any distinction as the subject of the following phrase: not his whole school did "sometimes" treat the ideal Numbers as unlimited, "sometimes" as limited; but *some of them* (e.g. Xenocrates) represented the first, *others* (first of all Plato) the last view. Which agrees with 1084a¹², ὥσπερ τινές φασιν, cited under **b** ᵇ.

367—Ar. mentions three characteristics of ideal Numbers:

    a. First they are unaddible. M 7, 1083 a³¹⁻³⁵:

the ideal Numbers unaddible

εἰ δέ ἐστι τὸ ἕν ἀρχή, ἀνάγκη μᾶλλον ὥσπερ Πλάτων ἔλεγεν ἔχειν τὰ περὶ τοὺς ἀριθμούς, καὶ εἶναι δυάδα πρώτην καὶ τριάδα, καὶ οὐ συμβλητοὺς εἶναι τοὺς ἀριθμοὺς πρὸς ἀλλήλους.

See Van der Wielen, *De Ideegetallen*, p. 62; Ross, *Ar.'s Metaph.* II p. 427. Both explain ἀσύμβλητοι as "incomparable". Yet practically this implies the unaddibility.

    b. Secondly they contain the relation prior-posterior. Ib. M 6, 1080 b¹¹⁻¹⁴:

they contain the relation prior-posterior

οἱ μὲν οὖν ἀμφοτέρους φασὶν εἶναι τοὺς ἀριθμούς, τὸν μὲν ἔχοντα τὸ πρότερον καὶ ὕστερον τὰς ἰδέας, τὸν δὲ μαθηματικὸν παρὰ τὰς ἰδέας καὶ τὰ αἰσθητά, καὶ χωριστοὺς ἀμφοτέρους τῶν αἰσθητῶν.

    c. Cf. Ar., *Eth. Nic.* A 4, 1096 a¹⁷⁻¹⁹:

οἱ δὲ κομίσαντες τὴν δόξαν ταύτην ¹ οὐκ ἐποίουν ἰδέας ἐν οἷς τὸ πρότερον καὶ τὸ ὕστερον ἔλεγον, διόπερ οὐδὲ τῶν ἀριθμῶν ἰδέαν κατεσκεύαζον ²

---

¹ Sc. the theory of Ideas.
² Van der Wielen, *o.c.* p. 66 ff., follows Cook Wilson's interpretation that Pl. did not assume one Idea above the ideal Numbers, these Numbers being individual types, the one independent of and incomparable with the other.

ᵃ See Robin, *Platon* p. 144; H. Cherniss, *Ar.'s Crit. of Pl.* I, p. 105.
ᵇ Cherniss, *The Riddle of the Early Academy*, Berkeley and Los Angeles 1945, p. 26, tries to show an inconsistency in the report of Ar. on this point, but a careful interpretation removes this apparent contradiction. See my article *Problems concerning later Platonism*, in *Mnem.* 1949, pp. 197-216; 299-318.

they are in-
dependent of
each other

d. Hence follows the third characteristic: among the ideal Numbers each following Number is independent of the preceding.

M 6, 1080 a³⁰⁻³⁵:

διὸ καὶ ὁ μὲν μαθηματικὸς ἀριθμεῖται μετὰ τὸ ἓν δύο, πρὸς τῷ ἔμπροσθεν ἑνὶ ἄλλο ἕν, καὶ τὰ τρία πρὸς τοῖς δυσὶ τούτοις ἄλλο ἕν, καὶ ὁ λοιπὸς δὲ ὡσαύτως · οὗτος δὲ μετὰ τὸ ἓν δύο ἕτερα ἄνευ τοῦ ἑνὸς τοῦ πρώτου, καὶ ἡ τριὰς ἄνευ τῆς δυάδος, ὁμοίως δὲ καὶ ὁ ἄλλος ἀριθμός.

Cf. M 7, 1082 b²⁸⁻³⁷, Van der Wielen p. 72 f.

the generati-
on of ideal
numbers

368—The so-called "generation" of ideal Numbers is spoken of by Ar. in a number of places. We cite:

a. *Metaph.* A 6, 987 b³³-988 a¹:

τὸ δὲ δυάδα ποιῆσαι τὴν ἑτέραν φύσιν ¹ διὰ τὸ τοὺς ἀριθμοὺς ἔξω τῶν πρώτων ² εὐφυῶς ἐξ αὐτῆς γεννᾶσθαι ὥσπερ ἔκ τινος ἐκμαγείου.

b. Cf. *Metaph.* M 7, 1081 a²³⁻²⁵:

ἅμα γὰρ αἱ ἐν τῇ δυάδι τῇ πρώτῃ ³ μονάδες γεννῶνται, εἴτε ὥσπερ ὁ πρῶτος εἰπὼν ⁴ ἐξ ἀνίσων (ἰσασθέντων γὰρ ἐγένοντο) εἴτε ἄλλως.

c. Ib. N 4, 1091 a²³⁻²⁵:

τοῦ μὲν οὖν περιττοῦ γένεσιν οὔ φασιν, ὡς δηλονότι τοῦ ἀρτίου οὔσης γενέσεως · τὸν δ᾽ ἄρτιον πρῶτον ἐξ ἀνίσων τινὲς κατασκευάζουσι τοῦ μεγάλου καὶ μικροῦ ἰσασθέντων.

the material
principle

369—a. Pl., *Tim.* 49 a⁵⁻⁶ (the τρίτον γένος; see our nr. **356 a**):

πάσης εἶναι γενέσεως ὑποδοχὴν αὐτὴν οἷον τιθήνην.

b. Ib. 50 b-d; 51 a-b; 51 e-52 b. Our nr. **356 b-c**.

peras and
apeiron in the
Philebus

370—As we have seen in the preceding paragraph (nr. **347**) Pl. in the *Phil.* admits four principles: πέρας and ἄπειρον, the μεικτὸν γένος and the αἰτία of the mixture. The class of the infinite contains all things into which the more and the less enter, the more and less being without limit and measure:

---

¹ Next to the One and the Ideas.
² "The prime numbers", i.e. the odd numbers (3, 5, 7, 9). Cf. Robin, *La théorie plat. des Id. et des Nombres*, p. 661, n. 266 II; Ross, *Ar.'s Metaph.* I p. 173 ff.
³ In the ideal Number "Two".
⁴ Plato.

a. *Phil.* 24 e-25 b (our nr. **347 b**).

The péras is described as containing all things which admit of equality, number and measure:

b. Ib. 24 a-d (our nr. **347 a**).

To this passage cp. the next nr. **371 a** and **b**.

371—a. Hermodorus ap. Simpl., *Phys.* 247³⁰-248¹⁵:

'Επειδὴ πολλαχοῦ μέμνηται τοῦ Πλάτωνος ὁ 'Αριστοτέλης ὡς τὴν ὕλην μέγα καὶ μικρὸν λέγοντος, ἰστέον ὅτι ὁ Πορφύριος ἱστορεῖ¹ τὸν Δερκυλλίδην ἐν τῷ ια' τῆς Πλάτωνος φιλοσοφίας, ἔνθα περὶ ὕλης ποιεῖται τὸν λόγον, 'Ερμοδώρου τοῦ Πλάτωνος ἑταίρου λέξιν παραγράφειν ἐκ τῆς περὶ Πλάτωνος αὐτοῦ συγγραφῆς, ἐξ ἧς δηλοῦται ὅτι τὴν ὕλην ὁ Πλάτων κατὰ τὸ ἄπειρον καὶ ἀόριστον ὑποτιθέμενος² ἀπ' ἐκείνων αὐτὴν ἐδήλου τῶν τὸ μᾶλλον καὶ τὸ ἧττον ἐπιδεχομένων³, ὧν καὶ τὸ μέγα καὶ τὸ μικρόν ἐστιν. εἰπὼν γὰρ ὅτι ,,τῶν ὄντων τὰ μὲν καθ' αὑτὰ εἶναι λέγει, ὡς ἄνθρωπον καὶ ἵππον, τὰ δὲ πρὸς ἕτερα, καὶ τούτων τὰ μὲν ὡς πρὸς ἐναντία, ὡς ἀγαθὸν κακῷ, τὰ δὲ ὡς πρός τι, καὶ τούτων τὰ μὲν ὡς ὡρισμένα, τὰ δὲ ὡς ἀόριστα'' ἐπάγει· ,,καὶ τὰ μὲν ὡς μέγα πρὸς μικρὸν λεγόμενα πάντα ἔχειν τὸ μᾶλλον καὶ τὸ ἧττον· ἔστι⁴ γὰρ μᾶλλον * εἶναι μεῖζον καὶ ἔλαττον εἰς ἄπειρον φερόμενα· ὡσαύτως δὲ καὶ πλατύτερον καὶ στενότερον καὶ βαρύτερον καὶ κουφότερον καὶ πάντα τὰ οὕτως λεγόμενα εἰς ἄπειρον οἰσθήσεται. τὰ δὲ ὡς τὸ ἴσον καὶ τὸ μένον καὶ τὸ ἡρμοσμένον λεγόμενα οὐκ ἔχειν τὸ μᾶλλον καὶ τὸ ἧττον, τὰ δὲ ἐναντία τούτων ἔχειν. ἔστι γὰρ μᾶλλον ἄνισον ἀνίσου καὶ κινούμενον κινουμένου καὶ ἀνάρμοστον ἀναρμόστου, ὥστε αὐτῶν ἀμφοτέρων τῶν συζυγιῶν πάντα πλὴν τοῦ ἑνὸς στοιχείου τὸ μᾶλλον καὶ τὸ ἧττον δέδεκται **. ὥστε ἄστατον καὶ ἄμορφον καὶ ἄπειρον καὶ οὐκ ὂν τὸ τοιοῦτον λέγεσθαι κατὰ ἀπόφασιν τοῦ ὄντος. τῷ τοιούτῳ δὲ οὐ προσήκειν οὔτε ἀρχῆς οὔτε οὐσίας, ἀλλ' ἐν ἀκρισίᾳ τινὶ φέρεσθαι⁵ —

b. An interesting parallel to this passage of Hermodorus is found in the Xth book *Adv. Math.* of Sextus Empiricus (= *Against the phy-*

identification of the great and small with the ἄπειρον and with the ὕλη

a parallel in Sextus

---

¹ ἱστορεῖ - says.

² τὴν ὕλην — ὑποτιθέμενος - "admitting that matter is something like the infinite and indeterminate".

³ αὐτὴν — τῶν ἐπιδεχομένων - sc. εἶναι. "that it belongs to things admitting of a more and a less."

⁴ ἔστι γὰρ μᾶλλον — "For it is possible to be greater and smaller in a higher degree".

⁵ "to move in a certain indistinctness."

---

* ἔστι γὰρ μᾶλλον editio Aldina. ἔστι ... μᾶλλον (with a lacuna of three letters) F.

** δέδεχται R. Heinze. δεδεγμένον codd.

sicists II), 248-282. Here the same tripartition of being is mentioned as Pythagorean doctrine, but Ph. Merlan and P. Wilpert * rightly pointed out that the whole passage is of Platonic origin.

Sextus, *Adv. math.* X, 263-265:

tripartition of being

Τῶν γὰρ ὄντων, φασί (sc. οἱ Πυθαγορικοί), τὰ μὲν κατὰ διαφορὰν [1] νοεῖται, τὰ δὲ κατ' ἐναντίωσιν, τὰ δὲ πρός τι. κατὰ διαφορὰν μὲν οὖν εἶναι τὰ καθ' ἑαυτὰ καὶ κατ' ἰδίαν περιγραφὴν [2] ὑποκείμενα, οἷον ἄνθρωπος, ἵππος, φυτόν, γῆ, ὕδωρ, ἀήρ, πῦρ · τούτων γὰρ ἕκαστον ἀπολύτως θεωρεῖται καὶ οὐχ ὡς κατὰ τὴν πρὸς ἕτερον σχέσιν · κατ' ἐναντίωσιν δὲ ὑπάρχειν ὅσα ἐξ ἐναντιώσεως ἑτέρου πρὸς ἕτερον θεωρεῖται, οἷον ἀγαθὸν καὶ κακόν, δίκαιον καὶ ἄδικον, συμφέρον καὶ ἀσύμφερον, ὅσιον καὶ ἀνόσιον, εὐσεβὲς ἀσεβές, κινούμενον ἠρεμοῦν, τὰ ἄλλα ὅσα τούτοις ἐμφερῆ. Πρός τι δὲ τυγχάνειν τὰ κατὰ τὴν ὡς πρὸς ἕτερον σχέσιν νοούμενα, οἷον δεξιὸν ἀριστερόν, ἄνω κάτω, διπλάσιον ἥμισυ. —

The author determines the difference between the second group (τὰ κατ' ἐναντίωσιν) and the third (τὰ πρός τι) by two points:

first point of difference

(266-268) ἐπὶ μὲν γὰρ τῶν ἐναντίων ἡ τοῦ ἑτέρου φθορὰ γένεσίς ἐστι τοῦ ἑτέρου, οἷον ἐπὶ ὑγιείας καὶ νόσου κινήσεώς τε καὶ ἠρεμίας · νόσου τε γὰρ γένεσις ἆρσίς ἐστιν ὑγιείας, ὑγιείας τε γένεσις ἆρσίς ἐστι νόσου, καὶ κινήσεως μὲν ὑπόστασις φθορὰ στάσεως, γένεσις δὲ στάσεως ἆρσις κινήσεως. — τὰ δὲ πρός τι συνύπαρξίν τε καὶ συναναίρεσιν ἀλλήλων περιεῖχεν · οὐδὲν γὰρ δεξιόν ἐστιν ἐὰν μὴ καὶ ἀριστερὸν ὑπάρχῃ, οὐδὲ διπλάσιον ἐὰν μὴ καὶ τὸ ἥμισυ προϋποκέηται οὗ διπλάσιον ἐστίν.

second point

Πρὸς τούτοις ἐπὶ μὲν τῶν ἐναντίων ὡς ἐπίπαν οὐδὲν θεωρεῖται μέσον, καθάπερ εὐθέως ἐπὶ ὑγιείας καὶ νόσου, ζωῆς τε καὶ θανάτου, κινήσεώς τε καὶ μονῆς. — ἐπὶ δὲ τῶν πρός τί πως ἐχόντων ἔστι τι μέσον · τοῦ γὰρ μείζονος, εἰ τύχοι, καὶ τοῦ μικροτέρου τῶν πρός τί πως καθεστώτων μεταξὺ γένοιτ' ἂν τὸ ἴσον, ὡσαύτως δὲ καὶ τοῦ πλείονος καὶ ἥττονος τὸ ἱκανόν, ὀξέος τε καὶ βαρέος τὸ σύμφωνον. —

---

[1] κατὰ διαφοράν - absolutely.
[2] κατ' ἰδίαν περιγραφήν - in complete independence.

---

* Ph. Merlan, *Beiträge zur Geschichte des antiken Platonismus* I, *Zur Erklärung der dem Aristoteles zugeschriebenen Kategorienschrift*, in *Philologus* 89 (1934), p. 35-53. P. Wilpert, *Neue Fragmente aus* Περὶ τἀγαθοῦ, in *Hermes* (1941), p. 225-250. See also C. J. de Vogel, *Problems concerning later Platonism*, which has been cited supra.

Then he argues that above these three groups there must stand of necessity a certain genus:

(270) καὶ δὴ τῶν μὲν καθ' αὑτὰ νοουμένων γένος ὑπεστήσαντο Πυθαγορικῶν παῖδες, ὡς ἐπαναβεβηκός, τὸ ἕν · —

(271) τῶν δὲ κατ' ἐναντίωσιν ἔλεξαν ἄρχειν, γένους τάξιν ἐπέχον, τὸ ἴσον καὶ τὸ ἄνισον· —

(273) τὰ μέντοι γε πρός τι ὑφέστηκε γένει τῇ τε ὑπεροχῇ καὶ τῇ ἐλλείψει.

These three genera finally are referred back to two ultimate principles:

(275) οὐκοῦν ἡ μὲν ἰσότης τῷ ἑνὶ ὑπάγεται, τὸ γὰρ ἓν πρώτως αὐτὸ ἑαυτῷ ἐστιν ἴσον, ἡ δὲ ἀνισότης ἐν ὑπεροχῇ τε καὶ ἐλλείψει βλέπεται. — ἀλλὰ καὶ ἡ ὑπεροχὴ καὶ ἡ ἔλλειψις κατὰ τὸν τῆς ἀορίστου δυάδος λόγον τέτακται, ἐπειδήπερ ἡ πρώτη ὑπεροχὴ καὶ ἡ ἔλλειψις ἐν δυσίν ἐστι, τῷ τε ὑπερέχοντι καὶ τῷ ὑπερεχομένῳ. *the two ultimate principles*

(276) ἀνέκυψαν ἄρα ἀρχαὶ πάντων κατὰ τὸ ἀνωτάτω ἥ τε πρώτη μονὰς καὶ ἡ ἀόριστος δυάς. —

c. Cf. Ar., *Phys.* IV 2, 209 b$^{11-17}$: *Aristotle's testimony on the ágrapha*

διὸ καὶ Πλάτων τὴν ὕλην καὶ τὴν χώραν ταὐτό φησιν εἶναι ἐν τῷ Τιμαίῳ · τὸ γὰρ μεταληπτικὸν καὶ τὴν χώραν ἓν καὶ ταὐτόν. ἄλλον δὲ τρόπον ἐκεῖ τε λέγων τὸ μεταληπτικὸν καὶ ἐν τοῖς λεγομένοις ἀγράφοις δόγμασιν, ὅμως τὸν τόπον καὶ τὴν χώραν τὸ αὐτὸ ἀπεφήνατο. λέγουσι μὲν γὰρ πάντες εἶναί τι τὸν τόπον, τί δ' ἐστίν, οὗτος μόνος ἐπεχείρησεν εἰπεῖν.

About this passage see Cherniss, *Riddle* p. 15 f., and my *Problems concerning later Platonism*.

372—Arist., *De Anima* I 2, 404 b$^{16-21}$: *the εἴδη and the στοιχεῖα*

τὸν αὐτὸν δὲ τρόπον καὶ ὁ Πλάτων ἐν τῷ Τιμαίῳ τὴν ψυχὴν ἐκ τῶν στοιχείων ποιεῖ ^{1} · γινώσκεσθαι γὰρ τῷ ὁμοίῳ τὸ ὅμοιον, τὰ δὲ πράγματα ἐκ τῶν ἀρχῶν εἶναι. Ὁμοίως δὲ καὶ ἐν τοῖς περὶ φιλοσοφίας λεγομένοις ^{2} διωρίσθη,

---

^{1} τὴν ψυχὴν ἐκ τῶν στοιχείων ποιεῖ - sc. out of the Indivisible and the Divisible, the ταὐτόν and ἕτερον. Cp. πέρας and ἄπειρον in the *Phil.*

^{2} ἐν τοῖς π. φιλ. λεγομένοις. By the same words in *Phys.* II 2, 194a^{36} Ar. refers to his own dialogue Π. φιλ.; but according to most ancient commentators in this place Plato's lecture on the Good is meant ^{a}.

---

^{a} According to Cherniss, here also Ar.'s dialogue Π. φιλ. is referred to, the doctrine of line, plane and body as 2, 3 and 4 being not of Pl. but of Xenocr. (*Riddle* p. 14 f.; *Ar.'s Crit. of Pl.* I, App. IX, 567-570). This explanation, however, is perfectly impossible: Ar. here is speaking clearly of Platonic thoughts. Only at the end of the passage does he mention Xenocr.' theory of the soul as differing from the preceding theory.

αὐτὸ μὲν τὸ ζῷον ¹ ἐξ αὐτῆς τῆς τοῦ ἑνὸς ἰδέας καὶ τοῦ πρώτου μήκους ² καὶ πλάτους καὶ βάθους, τὰ δ᾽ ἄλλα ὁμοιοτρόπως · ἔτι δὲ καὶ ἄλλως ³, νοῦν μὲν τὸ ἕν, ἐπιστήμην δὲ τὰ δύο · μοναχῶς γὰρ ἐφ᾽ ἕν · τὸν δὲ τοῦ ἐπιπέδου ἀριθμὸν δόξαν, αἴσθησιν δὲ τὸν τοῦ στερεοῦ · οἱ μὲν γὰρ ἀριθμοὶ τὰ εἴδη αὐτὰ καὶ αἱ ἀρχαὶ ἐλέγοντο, εἰσὶ δ᾽ ἐκ τῶν στοιχείων ⁴. Κρίνεται δὲ τὰ πράγματα τὰ μὲν νῷ, τὰ δ᾽ ἐπιστήμῃ, τὰ δὲ δόξῃ, τὰ δ᾽ αἰσθήσει · εἴδη δ᾽ οἱ ἀριθμοὶ οὗτοι τῶν πραγμάτων.

the testimony of Theophr.

373—Theophr., *Metaph.* 6 b¹¹⁻¹⁴ (Ross-Fobes):

Πλάτων μὲν οὖν ἐν τῷ ἀνάγειν εἰς τὰς ἀρχὰς δόξειεν ἂν ἅπτεσθαι τῶν ἄλλων εἰς τὰς ἰδέας ἀνάπτων, ταύτας δ᾽ εἰς τοὺς ἀριθμούς, ἐκ δὲ τούτων εἰς τὰς ἀρχάς. —

It cannot be denied that according to this text the Numbers were a principle superior to the Ideas. Most modern critics share the opinion of Ross, who argues that Ar. says too explicitly that for Pl. the Ideas *were* Numbers: no doubt this means a simple identification. I think Robin is right in following the testimony of Theophr.

---

¹ αὐτὸ τὸ ζῷον - not the visible universe, which is called a ζῷον by Pl. in *Tim.* 30b; but the invisible, ideal World. So rightly *Themistius* 12, 1 H.: τὸ μὲν οὖν αὐτοζῷον, τουτέστι τὸν κόσμον τὸν νοητόν, ἐκ τῶν πρώτων ἐποίουν ἀρχῶν, τὰ δὲ ἐπὶ μέρους ἐκ τῶν ὑφειμένων· ὥσπερ γὰρ τὰ αἰσθητὰ ἔχει πρὸς ἄλληλα, οὕτω καὶ τὰς ἰδέας αὐτῶν πρὸς ἀλλήλας ἔχειν.
Cp. Plato, *Soph.* 249a (our nr. **315c**) where life and motion, intelligence and soul are attributed to the παντελῶς ὄν. Cp. De Vogel, Actes Congr. Int. Phil. 1953, XII, 61 ff.

² τοῦ πρώτου μήκους etc. - Length, breadth, and depth are deduced from the ideal Numbers 2, 3 and 4; see *Metaph.* 992a¹⁰ ff., b¹³ ff., 1085a⁷ ff., and especially 1090b²¹: ποιοῦσι γὰρ (οἱ τὰς ἰδέας τιθέμενοι) τὰ μεγέθη ἐκ τῆς ὕλης καὶ ἀριθμοῦ, ἐκ μὲν τῆς δυάδος τὰ μήκη, ἐκ τριάδος δ᾽ ἴσως τὰ ἐπίπεδα, ἐκ δὲ τῆς τετράδος τὰ στερεὰ ἢ καὶ ἐξ ἄλλων ἀριθμῶν.
Cp. 1036b¹³. So it was said ἐν τοῖς π. φιλ. λεγομένοις, that the kosmos noètos (αὐτὸ τὸ ζῷον) consists of, or is constituted from, the One itself and the elementary numbers 2, 3 and 4, which form together the ten; τὰ δ᾽ ἄλλα ὁμοιοτρόπως, "and the sensible world in the same way" (the sensible world also depends on the elementary numbers).
It is impossible to attribute this doctrine to Ar.'s π. φιλ. Consequently it must have been later Platonism, and this place as well as *Phys.* IV 2 contains a reference to the ἄγραφα.

³ ἔτι δὲ καὶ ἄλλως - Them. supplies: τὸν αὐτὸν δὴ τοῦτον λόγον μετῆεσαν: "And still in another way they applied this principle", sc. to the faculties of cognition of the soul. These also are reduced to numbers. Shorey calls this "fooleries of Xenocrates", which must not be attributed to Pl. ᵃ. Cherniss follows him.

⁴ οἱ μὲν γὰρ ἀριθμοὶ — ἐκ τῶν στοιχείων - "For the numbers were called the Forms themselves and the principles (of things); but [they were not the last principles:] they are [themselves] constituted from the elements" (Sc. the One and the ἄπειρον or ἀόριστος δυάς).

ᵃ *Amer. Journ. of Philol.* XXII 152.

Pl. himself points in this direction by his hierarchical conception of being, and so does Ar., in saying that the Ideas are as numerous as there are kinds and qualities, whereas the ideal Numbers are limited to ten [a].

Cp. Pl., *Phil.* 64b (our nr. **348,** at the end) and the explanation of L. Robin, cited under the same nr.

10—THE LAWS

374—Some preliminary remarks.

a. Pl., *Leg.* II 664 b-c:

According to divine judgment, the best life is also the happiest.

ΑΘ. Τὸ μετὰ τοῦτο τοίνυν ἐμὸν ἂν εἴη λέγειν. Φημὶ γὰρ ἅπαντας δεῖν ἐπᾴδειν τρεῖς ὄντας τοὺς χοροὺς [1] ἔτι νέαις οὔσαις ταῖς ψυχαῖς καὶ ἁπαλαῖς τῶν παίδων, τά τε ἄλλα καλὰ λέγοντας πάντα ὅσα διεληλύθαμέν τε καὶ ἔτι διέλθοιμεν ἄν, τὸ δὲ κεφάλαιον αὐτῶν τοῦτο ἔστω · τὸν αὐτὸν ἥδιστόν τε καὶ ἄριστον ὑπὸ θεῶν βίον λέγεσθαι φάσκοντες [2], ἀληθέστατα ἐροῦμεν ἅμα, καὶ 664c μᾶλλον πείσομεν οὓς δεῖ πείθειν ἢ ἐὰν ἄλλως πως φθεγγώμεθα λέγοντες.

ΚΛ. Συγχωρητέον ἃ λέγεις.

b. *Leg.* IV 716 c:

God the measure of all things

ὁ δὴ θεὸς ἡμῖν πάντων χρημάτων μέτρον ἂν εἴη μάλιστα, καὶ πολὺ μᾶλλον ἤ πού τις, ὥς φασιν, ἄνθρωπος.

c. Ib. 717 a-d:

honour to the Gods, demons and heroes

Πρῶτον μέν, φαμέν, τιμὰς τὰς μετ' Ὀλυμπίους τε καὶ τοὺς τὴν πόλιν ἔχοντας θεοὺς τοῖς χθονίοις ἄν τις θεοῖς ἄρτια καὶ δεύτερα καὶ ἀριστερὰ νέμων ὀρθότατα τοῦ τῆς εὐσεβείας σκοποῦ τυγχάνοι, τὰ δὲ τούτων ἄνωθεν [τὰ περιττὰ] καὶ ἀντίφωνα, τοῖς ἔμπροσθεν ῥηθεῖσιν νυνδή. μετὰ θεοὺς δὲ τούσδε καὶ 717b τοῖς δαίμοσιν ὅ γε ἔμφρων ὀργιάζοιτ' ἄν, ἥρωσιν δὲ μετὰ τούτους. ἐπακολουθοῖ δ' αὐτοῖς ἱδρύματα ἴδια πατρῴων θεῶν κατὰ νόμον ὀργιαζόμενα, γονέων δὲ

honour to parents

μετὰ ταῦτα τιμαὶ ζώντων · ὡς θέμις ὀφείλοντα ἀποτίνειν τὰ πρῶτά τε καὶ μέγιστα ὀφειλήματα, χρεῶν πάντων πρεσβύτατα, νομίζειν δέ, ἃ κέκτηται καὶ ἔχει, πάντα εἶναι τῶν γεννησάντων καὶ θρεψαμένων πρὸς τὸ παρέχειν αὐτὰ

---

[1] τρεῖς — χοροὺς - sc. children, young men and old men.

[2] — φάσκοντες - "that the best life is said by the Gods to be also the most happy." I.e. that according to divine judgment virtue and happiness are no separate things.

---

[a] C. J. de Vogel, *Een groot probleem uit de antieke wijsb.*, Utrecht 1947,p. 11-14, *La dernière phase du platonisme* in *Studia Vollgraff*, Amsterdam 1948, p. 165-178, and *Problems concerning later Plat.*, in *Mnem.* 1949.

εἰς ὑπηρεσίαν ἐκείνοις κατὰ δύναμιν πᾶσαν, ἀρχόμενον ἀπὸ τῆς οὐσίας, δεύτερα
τὰ τοῦ σώματος, τρίτα τὰ τῆς ψυχῆς, ἀποτίνοντα δανείσματα ἐπιμελείας τε
καὶ ὑπερπονούντων ὠδῖνας παλαιὰς ἐπὶ νέοις δανεισθείσας, ἀποδιδόντα δὲ
παλαιοῖς ἐν τῷ γήρᾳ σφόδρα κεχρημένοις. παρὰ δὲ πάντα τὸν βίον ἔχειν τε
καὶ ἐσχηκέναι χρὴ πρὸς αὑτοῦ γονέας εὐφημίαν διαφερόντως, διότι κούφων
d καὶ πτηνῶν λόγων βαρυτάτη ζημία — πᾶσι γὰρ ἐπίσκοπος τοῖς περὶ τὰ τοιαῦτα
ἐτάχθη Δίκης Νέμεσις ἄγγελος — θυμουμένοις τε οὖν ὑπείκειν δεῖ καὶ ἀποπιμ-
πλᾶσι τὸν θυμόν, ἐάντ' ἐν λόγοις ἐάντ' ἐν ἔργοις δρῶσιν τὸ τοιοῦτον, συγγι-
γνώσκοντα, ὡς εἰκότως μάλιστα πατὴρ ὑεῖ δοξάζων ἀδικεῖσθαι θυμοῖτ' ἂν
διαφερόντως.

<table>
<tr><td>every law
should have a
preamble</td><td>

375—a. *Leg.* IV 723 c-d; e:

ΑΘ. Καλῶς μὲν τοίνυν, ὦ Κλεινία, δοκεῖς μοι τό γε τοσοῦτον λέγειν, ὅτι
πᾶσίν γε νόμοις ἔστιν προοίμια καὶ ὅτι πάσης ἀρχόμενον νομοθεσίας χρὴ
προτιθέναι παντὸς τοῦ λόγου τὸ πεφυκὸς προοίμιον ἑκάστοις — οὐ γὰρ σμικρὸν
τὸ μετὰ τοῦτό ἐστιν ῥηθησόμενον, οὐδ' ὀλίγον διαφέρον ἢ σαφῶς ἢ μὴ σαφῶς
αὐτὰ μνημονεύεσθαι — τὸ μέντοι μεγάλων πέρι λεγομένων νόμων καὶ σμικρῶν
εἰ ὁμοίως προοιμιάζεσθαι προστάττοιμεν, οὐκ ἂν ὀρθῶς λέγοιμεν. οὐδὲ γὰρ
723d ᾄσματος οὐδὲ λόγου παντὸς δεῖ τὸ τοιοῦτον δρᾶν — καίτοι πέφυκέν γε εἶναι
πᾶσιν, ἀλλ' οὐ χρηστέον ἅπασιν — αὐτῷ δὲ τῷ τε ῥήτορι καὶ τῷ μελῳδῷ καὶ
νομοθέτῃ τὸ τοιοῦτον ἑκάστοτε ἐπιτρεπτέον.

ΚΛ. Ἀληθέστατα δοκεῖς μοι λέγειν. ἀλλὰ δὴ μηκέτ', ὦ ξένε, διατριβὴν
πλείω τῆς μελλήσεως ποιώμεθα, ἐπὶ δὲ τὸν λόγον ἐπανέλθωμεν. —

e καὶ τὰ μὲν περὶ θεῶν τιμῆς προγόνων τε θεραπείας, καὶ τὰ νυνδὴ
λεχθέντα ἱκανά · τὰ δ' ἑξῆς πειρώμεθα λέγειν, μέχριπερ ἄν σοι πᾶν τὸ προοίμιον
ἱκανῶς εἰρῆσθαι δοκῇ. μετὰ δὲ τοῦτο ἤδη τοὺς νόμους αὐτοὺς διέξει λέγων.

</td></tr>
</table>

The prooimi-
on

b. *Leg.* V 726-734 e:

Next to the
gods a man
should hon-
our his own
soul

ΑΘ. Ἀκούοι δὴ πᾶς ὅσπερ νυνδὴ τὰ περὶ θεῶν τε ἤκουε καὶ τῶν φίλων
προπατόρων · πάντων γὰρ τῶν αὑτοῦ κτημάτων μετὰ θεοὺς ψυχὴ θειότατον,
οἰκειότατον ὄν. τὰ δ' αὑτοῦ διττὰ πάντ' ἐστὶ πᾶσιν. τὰ μὲν οὖν κρείττω καὶ
ἀμείνω δεσπόζοντα, τὰ δὲ ἥττω καὶ χείρω δοῦλα · τῶν οὖν αὑτοῦ τὰ δεσπόζοντα
ἀεὶ προτιμητέον τῶν δουλευόντων. οὕτω δὴ τὴν αὑτοῦ ψυχὴν μετὰ θεοὺς ὄντας

727a δεσπότας καὶ τοὺς τούτοις ἑπομένους τιμᾶν δεῖν λέγων δευτέραν, ὀρθῶς παρα-
κελεύομαι. τιμᾷ δ' ὡς ἔπος εἰπεῖν ἡμῶν οὐδεὶς ὀρθῶς, δοκεῖ δέ · θεῖον γὰρ
ἀγαθόν που τιμή, τῶν δὲ κακῶν οὐδὲν τίμιον, ὁ δ' ἡγούμενος ἤ τισι λόγοις ἢ
δώροις αὐτὴν αὔξειν ἤ τισιν ὑπείξεσιν, μηδὲν βελτίω δὲ ἐκ χείρονος αὐτὴν
ἀπεργαζόμενος, τιμᾶν μὲν δοκεῖ, δρᾷ δὲ τοῦτο οὐδαμῶς. αὐτίκα παῖς εὐθὺς
γενόμενος ἄνθρωπος πᾶς ἡγεῖται πάντα ἱκανὸς εἶναι γιγνώσκειν, καὶ τιμᾶν

οἴεται ἐπαινῶν τὴν αὑτοῦ ψυχήν, καὶ προθυμούμενος ἐπιτρέπει πράττειν ὅτι   b
ἂν ἐθέλῃ, τὸ δὲ νῦν λεγόμενόν ἐστιν ὡς δρῶν ταῦτα βλάπτει καὶ οὐ τιμᾷ ·
δεῖ δέ, ὥς φαμεν, μετά γε θεοὺς δευτέραν. οὐδέ γε ὅταν ἄνθρωπος τῶν αὑτοῦ
ἑκάστοτε ἁμαρτημάτων μὴ ἑαυτὸν αἴτιον ἡγῆται καὶ τῶν πλείστων κακῶν
καὶ μεγίστων, ἀλλὰ ἄλλους, ἑαυτὸν δὲ ἀεὶ ἀναίτιον ἐξαιρῇ, τιμῶν τὴν αὑτοῦ
ψυχήν, ὡς δὴ δοκεῖ, ὁ δὲ πολλοῦ δεῖ δρᾶν τοῦτο · βλάπτει γάρ. οὐδ' ὁπόταν   c
ἡδοναῖς παρὰ λόγον τὸν τοῦ νομοθέτου καὶ ἔπαινον χαρίζηται, τότε οὐδαμῶς
τιμᾷ, ἀτιμάζει δὲ κακῶν καὶ μεταμελείας ἐμπιμπλὰς αὐτήν. οὐδέ γε ὁπόταν
αὖ τἀναντία τοὺς ἐπαινουμένους πόνους καὶ φόβους καὶ ἀλγηδόνας καὶ λύπας
μὴ διαπονῇ καρτερῶν ἀλλὰ ὑπείκῃ, τότε οὐ τιμᾷ ὑπείκων · ἄτιμον γὰρ αὐτὴν
ἀπεργάζεται δρῶν τὰ τοιαῦτα σύμπαντα. οὐδ' ὁπόταν ἡγῆται τὸ ζῆν πάντως   d
ἀγαθὸν εἶναι, τιμᾷ, ἀτιμάζει δ' αὐτὴν καὶ τότε · τὰ γὰρ ἐν Ἅιδου πράγματα
πάντα κακὰ ἡγουμένης τῆς ψυχῆς εἶναι, ὑπείκει καὶ οὐκ ἀντιτείνει διδάσκων
τε καὶ ἐλέγχων ὡς οὐκ οἶδεν οὐδ' εἰ τἀναντία πέφυκεν μέγιστα εἶναι πάντων
ἀγαθῶν ἡμῖν τὰ περὶ τοὺς θεοὺς τοὺς ἐκεῖ. οὐδὲ μὴν πρὸ ἀρετῆς ὁπόταν αὖ
προτιμᾷ τις κάλλος, τοῦτ' ἔστιν οὐχ ἕτερον ἢ ἡ τῆς ψυχῆς ὄντως καὶ πάντως
ἀτιμία. ψυχῆς γὰρ σῶμα ἐντιμότερον οὗτος ὁ λόγος φησὶν εἶναι, ψευδόμενος ·
οὐδὲν γὰρ γηγενὲς Ὀλυμπίων ἐντιμότερον, ἀλλ' ὁ περὶ ψυχῆς ἄλλως δοξάζων   e
ἀγνοεῖ ὡς θαυμαστοῦ τούτου κτήματος ἀμελεῖ. οὐδέ γε ὁπόταν χρήματά τις
ἐρᾷ κτᾶσθαι μὴ καλῶς, ἢ μὴ δυσχερῶς φέρῃ κτώμενος, δώροις ἄρα τιμᾷ τότε   728a
τὴν αὑτοῦ ψυχήν — παντὸς μὲν οὖν λείπει — τὸ γὰρ αὐτῆς τίμιον ἅμα καὶ
καλὸν ἀποδίδοται σμικροῦ χρυσίου · πᾶς γὰρ ὅ τ' ἐπὶ γῆς καὶ ὑπὸ γῆς χρυσὸς   virtue the
ἀρετῆς οὐκ ἀντάξιος. ὡς δὲ εἰπεῖν συλλήβδην, ὃς ἅπερ ἂν νομοθέτης αἰσχρὰ   most pre-
εἶναι καὶ κακὰ διαριθμούμενος τάττῃ καὶ τοὐναντίον ἀγαθὰ καὶ καλά, τῶν μὲν   cious thing
ἀπέχεσθαι μὴ ἐθέλῃ πάσῃ μηχανῇ, τὰ δὲ ἐπιτηδεύειν σύμπασαν κατὰ δύναμιν,   on earth
οὐκ οἶδεν ἐν τούτοις πᾶσιν πᾶς ἄνθρωπος ψυχὴν θειότατον ὂν ἀτιμότατα καὶ   b
κακοσχημονέστατα διατιθείς. τὴν γὰρ λεγομένην δίκην τῆς κακουργίας τὴν
μεγίστην οὐδεὶς ὡς ἔπος εἰπεῖν λογίζεται, ἔστιν δ' ἡ μεγίστη τὸ ὁμοιοῦσθαι
τοῖς οὖσιν κακοῖς ἀνδράσιν, ὁμοιούμενον δὲ τοὺς μὲν ἀγαθοὺς φεύγειν ἄνδρας
καὶ λόγους καὶ ἀποσχίζεσθαι, τοῖς δὲ προσκολλᾶσθαι διώκοντα κατὰ τὰς
συνουσίας · προσπεφυκότα δὲ τοῖς τοιούτοις ἀνάγκη ποιεῖν καὶ πάσχειν ἃ
πεφύκασιν ἀλλήλους οἱ τοιοῦτοι ποιεῖν καὶ λέγειν. τοῦτο οὖν δὴ τὸ πάθος δίκη   c
μὲν οὐκ ἔστιν — καλὸν γὰρ τό γε δίκαιον καὶ ἡ δίκη — τιμωρία δέ, ἀδικίας
ἀκόλουθος πάθη, ἧς ὅ τε τυχὼν καὶ μὴ τυγχάνων ἄθλιος, ὁ μὲν οὐκ ἰατρευόμενος,
ὁ δέ, ἵνα ἕτεροι πολλοὶ σῴζωνται, ἀπολλύμενος. τιμὴ δ' ἐστὶν ἡμῖν, ὡς τὸ ὅλον
εἰπεῖν, τοῖς μὲν ἀμείνοσιν ἕπεσθαι, τὰ δὲ χείρονα, γενέσθαι δὲ βελτίω δυνατά,
τοῦτ' αὐτὸ ὡς ἄριστα ἀποτελεῖν.

Ψυχῆς οὖν ἀνθρώπῳ κτῆμα οὐκ ἔστιν εὐφυέστερον εἰς τὸ φυγεῖν μὲν τὸ   d
κακόν, ἰχνεῦσαι δὲ καὶ ἑλεῖν τὸ πάντων ἄριστον, καὶ ἑλόντα αὖ κοινῇ συνοικεῖν

the honour
of the body
comes next
after the
honour of
the soul
τὸν ἐπίλοιπον βίον · διὸ δεύτερον ἐτάχθη τιμῇ, τὸ δὲ τρίτον — πᾶς ἂν τοῦτό
γε νοήσειεν — τὴν τοῦ σώματος εἶναι κατὰ φύσιν τιμήν · τὰς δ' αὖ τιμὰς δεῖ
σκοπεῖν, καὶ τούτων τίνες ἀληθεῖς καὶ ὅσαι κίβδηλοι, τοῦτο δὲ νομοθέτου.
μηνύειν δή μοι φαίνεται τάσδε καὶ τοιάσδε τινὰς αὐτὰς εἶναι, τίμιον εἶναι σῶμα
οὐ τὸ καλὸν οὐδὲ ἰσχυρὸν οὐδὲ τάχος ἔχον οὐδὲ μέγα, οὐδέ γε τὸ ὑγιεινόν —

e καίτοι πολλοῖς ἂν τοῦτό γε δοκοῖ — καὶ μὴν οὐδὲ τὰ τούτων γ' ἐναντία, τὰ δ'
ἐν τῷ μέσῳ ἁπάσης ταύτης τῆς ἕξεως ἐφαπτόμενα σωφρονέστατα ἅμα τε
ἀσφαλέστατα εἶναι μακρῷ · τὰ μὲν γὰρ χαύνους τὰς ψυχὰς καὶ θρασείας ποιεῖ,
τὰ δὲ ταπεινάς τε καὶ ἀνελευθέρους. ὡς δ' αὔτως ἡ τῶν χρημάτων καὶ κτημά-
των κτῆσις, καὶ τιμήσεως κατὰ τὸν αὐτὸν ῥυθμὸν ἔχει · τὰ μὲν ὑπέρογκα γὰρ

729a ἑκάστων τούτων ἔχθρας καὶ στάσεις ἀπεργάζεται ταῖς πόλεσιν καὶ ἰδίᾳ, τὰ
δ' ἐλλείποντα δουλείας ὡς τὸ πολύ. μὴ δή τις φιλοχρημονείτω παίδων γ' ἕνεκα,
ἵνα ὅτι πλουσιωτάτους καταλίπῃ · οὔτε γὰρ ἐκείνοις οὔτε αὖ τῇ πόλει ἄμεινον.
ἡ γὰρ τῶν νέων ἀκολάκευτος οὐσία, τῶν δ' ἀναγκαίων μὴ ἐνδεής, αὕτη πασῶν
μουσικωτάτη τε καὶ ἀρίστη · συμφωνοῦσα γὰρ ἡμῖν καὶ συναρμόττουσα εἰς

b ἅπαντα ἄλυπον τὸν βίον ἀπεργάζεται. παισὶν δὲ αἰδῶ χρὴ πολλήν, οὐ χρυσὸν
principles of
education
καταλείπειν. οἰόμεθα δὲ ἐπιπλήττοντες τοῖς νέοις ἀναισχυντοῦσιν τοῦτο κατα-
λείψειν · τὸ δ' ἔστιν οὐκ ἐκ τοῦ νῦν παρακελεύματος τοῖς νέοις γιγνόμενον, ὃ
παρακελεύονται λέγοντες ὡς δεῖ πάντα αἰσχύνεσθαι τὸν νέον. ὁ δὲ ἔμφρων
νομοθέτης τοῖς πρεσβυτέροις ἂν μᾶλλον παρακελεύοιτο αἰσχύνεσθαι τοὺς νέους,
καὶ πάντων μάλιστα εὐλαβεῖσθαι μή ποτέ τις αὐτὸν ἴδῃ τῶν νέων ἢ καὶ ἐπα-

c κούσῃ δρῶντα ἢ λέγοντά τι τῶν αἰσχρῶν, ὡς ὅπου ἀναισχυντοῦσι γέροντες,
ἀνάγκη καὶ νέους ἐνταῦθα εἶναι ἀναιδεστάτους · παιδεία γὰρ νέων διαφέρουσά
ἐστιν ἅμα καὶ αὐτῶν οὐ τὸ νουθετεῖν, ἀλλ' ἅπερ ἂν ἄλλον νουθετῶν εἴποι τις,
φαίνεσθαι ταῦτα αὐτὸν δρῶντα διὰ βίου. συγγένειαν δὲ καὶ ὁμογνίων θεῶν
κοινωνίαν πᾶσαν ταὐτοῦ φύσιν αἵματος ἔχουσαν τιμῶν τις καὶ σεβόμενος,
εὔνους ἂν γενεθλίους θεοὺς εἰς παίδων αὑτοῦ σπορὰν ἴσχοι κατὰ λόγον. καὶ

d μὴν τό γε φίλων καὶ ἑταίρων πρὸς τὰς ἐν βίῳ ὁμιλίας εὐμενεῖς ἄν τις κτῷτο,
μείζους μὲν καὶ σεμνοτέρας τὰς ἐκείνων ὑπηρεσίας εἰς αὑτὸν ἡγούμενος ἢ
'κεῖνοι, ἐλάττους δ' αὖ τὰς αὑτοῦ διανοούμενος εἰς τοὺς φίλους χάριτας αὐτῶν
τῶν φίλων τε καὶ ἑταίρων. εἰς μὴν πόλιν καὶ πολίτας μακρῷ ἄριστος ὅστις
πρὸ τοῦ Ὀλυμπίασιν καὶ ἁπάντων ἀγώνων πολεμικῶν τε καὶ εἰρηνικῶν νικᾶν

e δέξαιτ' ἂν δόξῃ ὑπηρεσίας τῶν οἴκοι νόμων, ὡς ὑπηρετηκὼς πάντων κάλλιστ'
respect to
strangers
ἀνθρώπων αὐτοῖς ἐν τῷ βίῳ. πρὸς δ' αὖ τοὺς ξένους διανοητέον ὡς ἁγιώτατα
συμβόλαια ὄντα · σχεδὸν γὰρ πάντ' ἐστὶ τὰ τῶν ξένων καὶ εἰς τοὺς ξένους
ἁμαρτήματα παρὰ τὰ τῶν πολιτῶν εἰς θεὸν ἀνηρτημένα τιμωρὸν μᾶλλον.
ἔρημος γὰρ ὢν ὁ ξένος ἑταίρων τε καὶ συγγενῶν ἐλεεινότερος ἀνθρώ..ποις καὶ
θεοῖς · ὁ δυνάμενος οὖν τιμωρεῖν μᾶλλον βοηθεῖ προθυμότερον, δύναται δὲ

730a διαφερόντως ὁ ξένιος ἑκάστων δαίμων καὶ θεὸς τῷ ξενίῳ συνεπόμενοι Διί.

πολλῆς οὖν εὐλαβείας, ᾧ καὶ σμικρὸν προμηθείας ἔνι, μηδὲν ἁμάρτημα περὶ
ξένους ἁμαρτόντα ἐν τῷ βίῳ πρὸς τὸ τέλος αὐτοῦ πορευθῆναι. ξενικῶν δ' αὖ
καὶ ἐπιχωρίων ἁμαρτημάτων τὸ περὶ τοὺς ἱκέτας μέγιστον γίγνεται ἁμάρτημα **and suppli-**
ἑκάστοις· μεθ' οὗ γὰρ ἱκετεύσας μάρτυρος ὁ ἱκέτης θεοῦ ἔτυχεν ὁμολογιῶν, **ants**
φύλαξ διαφέρων οὗτος τοῦ παθόντος γίγνεται, ὥστ' οὐκ ἄν ποτε ἀτιμώρητος
πάθοι ὁ τυχὼν ὧν ἔπαθε.

Τὰ μὲν οὖν περὶ γονέας τε καὶ ἑαυτὸν καὶ τὰ ἑαυτοῦ, περὶ πόλιν τε καὶ **b**
φίλους καὶ συγγένειαν, ξενικά τε καὶ ἐπιχώρια, διεληλύθαμεν σχεδὸν ὁμιλή-
ματα, τὸ δὲ ποῖός τις ὢν αὐτὸς ἂν κάλλιστα διαγάγοι τὸν βίον, ἑπόμενον τούτῳ
διεξελθεῖν· ὅσα μὴ νόμος, ἀλλ' ἔπαινος παιδεύων καὶ ψόγος ἑκάστους εὐηνίους
μᾶλλον καὶ εὐμενεῖς τοῖς τεθήσεσθαι μέλλουσιν νόμοις ἀπεργάζεται, ταῦτ'
ἐστὶν μετὰ τοῦτο ἡμῖν ῥητέον. ἀλήθεια δὴ πάντων μὲν ἀγαθῶν θεοῖς ἡγεῖται, **truth the**
πάντων δὲ ἀνθρώποις· ἧς ὁ γενήσεσθαι μέλλων μακάριός τε καὶ εὐδαίμων ἐξ **beginning of**
ἀρχῆς εὐθὺς μέτοχος εἴη, ἵνα ὡς πλεῖστον χρόνον ἀληθὴς ὢν διαβιοῖ. πιστὸς γάρ· **all good**
ὁ δὲ ἄπιστος ᾧ φίλον ψεῦδος ἑκούσιον, ὅτῳ δὲ ἀκούσιον, ἄνους. ὧν οὐδέ-
τερον ζηλωτόν. ἄφιλος γὰρ δὴ πᾶς ὅ γε ἄπιστος καὶ ἀμαθής, χρόνου δὲ προϊόντος
γνωσθείς, εἰς τὸ χαλεπὸν γῆρας ἐρημίαν αὑτῷ πᾶσαν κατεσκευάσατο ἐπὶ τέλει
τοῦ βίου, ὥστε ζώντων καὶ μὴ ἑταίρων καὶ παίδων σχεδὸν ὁμοίως ὀρφανὸν **d**
αὑτῷ γενέσθαι τὸν βίον. τίμιος μὲν δὴ καὶ ὁ μηδὲν ἀδικῶν, ὁ δὲ μηδ' ἐπιτρέπων **justice is to**
τοῖς ἀδικοῦσιν ἀδικεῖν πλέον ἢ διπλασίας τιμῆς ἄξιος ἐκείνου· ὁ μὲν γὰρ **be honoured**
ἑνός, ὁ δὲ πολλῶν ἀντάξιος ἑτέρων, μηνύων τὴν τῶν ἄλλων τοῖς ἄρχουσιν **and vindi-**
ἀδικίαν. ὁ δὲ καὶ συγκολάζων εἰς δύναμιν τοῖς ἄρχουσιν, ὁ μέγας ἀνὴρ ἐν **cated**
πόλει καὶ τέλειος, οὗτος ἀναγορευέσθω νικηφόρος ἀρετῇ· τὸν αὐτὸν δὴ τοῦτον **e**
ἔπαινον καὶ περὶ σωφροσύνης χρὴ λέγειν καὶ περὶ φρονήσεως, καὶ ὅσα ἄλλα
ἀγαθά τις κέκτηται δυνατὰ μὴ μόνον αὐτὸν ἔχειν, ἀλλὰ καὶ ἄλλοις μεταδιδόναι·
καὶ τὸν μὲν μεταδιδόντα ὡς ἀκρότατον χρὴ τιμᾶν, τὸν δ' αὖ μὴ δυνάμενον,
ἐθέλοντα δέ, ἐᾶν δεύτερον, τὸν δὲ φθονοῦντα καὶ ἑκόντα μηδενὶ κοινωνὸν διὰ
φιλίας γιγνόμενον ἀγαθῶν τινων αὐτὸν μὲν ψέγειν, τὸ δὲ κτῆμα μηδὲν μᾶλλον **731a**
διὰ τὸν κεκτημένον ἀτιμάζειν, ἀλλὰ κτᾶσθαι κατὰ δύναμιν. φιλονικείτω δὲ
ἡμῖν πᾶς πρὸς ἀρετὴν ἀφθόνως. ὁ μὲν γὰρ τοιοῦτος τὰς πόλεις αὔξει, ἀμιλλώ-
μενος μὲν αὐτός, τοὺς ἄλλους δὲ οὐ κολούων διαβολαῖς· ὁ δὲ φθονερός, τῇ τῶν
ἄλλων διαβολῇ δεῖν οἰόμενος ὑπερέχειν, αὐτός τε ἧττον συντείνει πρὸς ἀρετὴν
τὴν ἀληθῆ, τούς τε ἀνθαμιλλωμένους εἰς ἀθυμίαν καθίστησι τῷ ἀδίκως ψέ-
γεσθαι, καὶ διὰ ταῦτα ἀγύμναστον τὴν πόλιν ὅλην εἰς ἅμιλλαν ἀρετῆς ποιῶν, **b**
σμικροτέραν αὐτὴν πρὸς εὐδοξίαν τὸ ἑαυτοῦ μέρος ἀπεργάζεται. θυμοειδῆ
μὲν δὴ χρὴ πάντα ἄνδρα εἶναι, πρᾶον δὲ ὡς ὅτι μάλιστα. τὰ γὰρ τῶν ἄλλων
χαλεπὰ καὶ δυσίατα ἢ καὶ τὸ παράπαν ἀνίατα ἀδικήματα οὐκ ἔστιν ἄλλως ἐκ-
φυγεῖν ἢ μαχόμενον καὶ ἀμυνόμενον νικῶντα καὶ τῷ μηδὲν ἀνιέναι κολάζοντα,
τοῦτο δὲ ἄνευ θυμοῦ γενναίου ψυχὴ πᾶσα ἀδύνατος δρᾶν. τὰ δ' αὖ τῶν ὅσοι ἀδι- **c**

the unjust
are always
to be pitied,
being not
willingly so
κοῦσιν μέν, ἰατὰ δέ, γιγνώσκειν χρὴ πρῶτον μὲν ὅτι πᾶς ὁ ἄδικος οὐχ ἑκὼν
ἄδικος · τῶν γὰρ μεγίστων κακῶν οὐδεὶς οὐδαμοῦ οὐδὲν ἑκὼν κεκτῆτο ἄν ποτε,
πολὺ δὲ ἥκιστα ἐν τοῖς τῶν ἑαυτοῦ τιμιωτάτοις. ψυχὴ δ᾽, ὡς εἴπομεν, ἀληθείᾳ
γέ ἐστι πᾶσιν τιμιώτατον · ἐν οὖν τῷ τιμιωτάτῳ τὸ μέγιστον κακὸν οὐδεὶς
ἑκὼν μή ποτε λάβῃ καὶ ζῇ διὰ βίου κεκτημένος αὐτό. ἀλλὰ ἐλεεινὸς μὲν πάντως

d ὅ γε ἄδικος ὁ τὰ κακὰ ἔχων, ἐλεεῖν δὲ τὸν μὲν ἰάσιμα ἔχοντα ἐγχωρεῖ καὶ ἀνείρ-
γοντα τὸν θυμὸν πραΰνειν καὶ μὴ ἀκραχολοῦντα γυναικείως πικραινόμενον
διατελεῖν, τῷ δ᾽ ἀκράτως καὶ ἀπαραμυθήτως πλημμελεῖ καὶ κακῷ ἐφιέναι
δεῖ τὴν ὀργήν · διὸ δὴ θυμοειδῆ πρέπειν καὶ πρᾷον φαμὲν ἑκάστοτε εἶναι
δεῖν τὸν ἀγαθόν.

selfishness
the greatest
of evils
Πάντων δὲ μέγιστον κακῶν ἀνθρώποις τοῖς πολλοῖς ἔμφυτον ἐν ταῖς ψυχαῖς
ἐστιν, οὗ πᾶς αὑτῷ συγγνώμην ἔχων ἀποφυγὴν οὐδεμίαν μηχανᾶται · τοῦτο δ᾽

e ἔστιν ὃ λέγουσιν ὡς φίλος αὑτῷ πᾶς ἄνθρωπος φύσει τέ ἐστιν καὶ ὀρθῶς ἔχει
τὸ δεῖν εἶναι τοιοῦτον. τὸ δὲ ἀληθείᾳ γε πάντων ἁμαρτημάτων διὰ τὴν σφόδρα
ἑαυτοῦ φιλίαν αἴτιον ἑκάστῳ γίγνεται ἑκάστοτε. τυφλοῦται γὰρ περὶ τὸ φιλού-
μενον ὁ φιλῶν, ὥστε τὰ δίκαια καὶ τὰ ἀγαθὰ καὶ τὰ καλὰ κακῶς κρίνει, τὸ

732a αὑτοῦ πρὸ τοῦ ἀληθοῦς ἀεὶ τιμᾶν ἡγούμενος · οὔτε γὰρ ἑαυτὸν οὔτε τὰ ἑαυτοῦ
χρὴ τόν γε μέγαν ἄνδρα ἐσόμενον στέργειν, ἀλλὰ τὰ δίκαια, ἐάντε παρ᾽ αὑτῷ
ἐάντε παρ᾽ ἄλλῳ μᾶλλον πραττόμενα τυγχάνῃ. ἐκ ταὐτοῦ δὲ ἁμαρτήματος τούτου
καὶ τὸ τὴν ἀμαθίαν τὴν παρ᾽ αὑτῷ δοκεῖν σοφίαν εἶναι γέγονε πᾶσιν · ὅθεν οὐκ
εἰδότες ὡς ἔπος εἰπεῖν οὐδέν, οἰόμεθα τὰ πάντα εἰδέναι, οὐκ ἐπιτρέποντες δὲ

b ἄλλοις ἃ μὴ ἐπιστάμεθα πράττειν, ἀναγκαζόμεθα ἁμαρτάνειν αὐτοὶ πράττοντες.
διὸ πάντα ἄνθρωπον χρὴ φεύγειν τὸ σφόδρα φιλεῖν αὑτόν, τὸν δ᾽ ἑαυτοῦ βελτίω
διώκειν ἀεί, μηδεμίαν αἰσχύνην ἐπὶ τῷ τοιούτῳ πρόσθεν ποιούμενον.

Ἃ δὲ σμικρότερα μὲν τούτων καὶ λεγόμενα πολλάκις ἐστίν, χρήσιμα δὲ
τούτων οὐχ ἧττον, χρὴ λέγειν ἑαυτὸν ἀναμιμνήσκοντα · ὥσπερ γάρ τινος
ἀπορρέοντος ἀεὶ δεῖ τοὐναντίον ἐπιρρεῖν, ἀνάμνησις δ᾽ ἐστὶν ἐπιρροὴ φρονή-
necessity of
self-com-
mand
σεως ἀπολειπούσης. διὸ δὴ γελώτων τε εἴργεσθαι χρὴ τῶν ἐξαισίων καὶ δα-
κρύων, παραγγέλλειν δὲ παντὶ πάντ᾽ ἄνδρα, καὶ ὅλην περιχάρειαν πᾶσαν
ἀποκρυπτόμενον καὶ περιωδυνίαν εὐσχημονεῖν πειρᾶσθαι, κατά τε εὐπραγίας
ἱσταμένου τοῦ δαίμονος ἑκάστου, καὶ κατὰ τύχας οἷον πρὸς ὑψηλὰ καὶ ἀνάντη
confidence
in God
δαιμόνων ἀνθισταμένων τισὶν πράξεσιν, ἐλπίζειν δ᾽ ἀεὶ τοῖς γε ἀγαθοῖσι τὸν
d θεὸν ἃ δωρεῖται πόνων μὲν ἐπιπιπτόντων ἀντὶ μειζόνων ἐλάττους ποιήσειν
τῶν τ᾽ αὖ νῦν παρόντων ἐπὶ τὸ βέλτιον μεταβολάς, περὶ δὲ τὰ ἀγαθὰ τὰ ἐναντία
τούτων ἀεὶ πάντ᾽ αὐτοῖς παραγενήσεσθαι μετ᾽ ἀγαθῆς τύχης. ταύταις δὴ ταῖς
ἐλπίσιν ἕκαστον χρὴ ζῆν καὶ ταῖς ὑπομνήσεσι πάντων τῶν τοιούτων, μηδὲν
φειδόμενον, ἀλλ᾽ ἀεὶ κατά τε παιδιὰς καὶ σπουδὰς ἀναμιμνήσκοντα ἕτερόν τε
καὶ ἑαυτὸν σαφῶς.

e Νῦν οὖν δὴ περὶ μὲν ἐπιτηδευμάτων, οἷα χρὴ ἐπιτηδεύειν, καὶ περὶ αὐτοῦ

ἑκάστου, ποῖόν τινα χρεὼν εἶναι, λέλεκται σχεδὸν ὅσα θεῖά ἐστι, τὰ δὲ ἀνθρώ-
πινα νῦν ἡμῖν οὐκ εἴρηται, δεῖ δέ · ἀνθρώποις γὰρ διαλεγόμεθα ἀλλ' οὐ θεοῖς.
ἔστιν δὴ φύσει ἀνθρώπειον μάλιστα ἡδοναὶ καὶ λῦπαι καὶ ἐπιθυμίαι, ἐξ ὧν
ἀνάγκη τὸ θνητὸν πᾶν ζῷον ἀτεχνῶς οἷον ἐξηρτῆσθαί τε καὶ ἐκκρεμάμενον
εἶναι σπουδαῖς ταῖς μεγίσταις · δεῖ δὴ τὸν κάλλιστον βίον ἐπαινεῖν, μὴ μόνον   there must
ὅτι τῷ σχήματι κρατεῖ πρὸς εὐδοξίαν, ἀλλὰ καὶ ὡς, ἄν τις ἐθέλῃ γεύεσθαι καὶ   be a right
μὴ νέος ὢν φυγὰς ἀπ' αὐτοῦ γένηται, κρατεῖ καὶ τούτῳ ὃ πάντες ζητοῦμεν,   taste of
τῷ χαίρειν πλείω, ἐλάττω δὲ λυπεῖσθαι παρὰ τὸν βίον ἅπαντα. ὡς δὲ ἔσται   pleasure
τοῦτο σαφές, ἂν γεύηταί τις ὀρθῶς, ἑτοίμως καὶ σφόδρα φανήσεται. ἡ δὲ ὀρθό-   and pain
της τίς; τοῦτο ἤδη παρὰ τοῦ λόγου χρὴ λαμβάνοντα σκοπεῖν · εἴτε οὕτως ἡμῖν
κατὰ φύσιν πέφυκεν εἴτε ἄλλως παρὰ φύσιν, βίον χρὴ παρὰ βίον ἡδίω καὶ
λυπηρότερον ὧδε σκοπεῖν. ἡδονὴν βουλόμεθα ἡμῖν εἶναι, λύπην δὲ οὔθ' αἱρού-   733b
μεθα οὔτε βουλόμεθα, τὸ δὲ μηδέτερον ἀντὶ μὲν ἡδονῆς οὐ βουλόμεθα, λύπης
δὲ ἀλλάττεσθαι βουλόμεθα · λύπην δ' ἐλάττω μετὰ μείζονος ἡδονῆς βουλόμεθα,
ἡδονὴν δ' ἐλάττω μετὰ μείζονος λύπης οὐ βουλόμεθα, ἴσα δὲ ἀντὶ ἴσων ἑκάτερα
τούτων οὐχ ὡς βουλόμεθα ἔχοιμεν ἂν διασαφεῖν. ταῦτα δὲ πάντα ἐστὶν πλήθει
καὶ μεγέθει καὶ σφοδρότησιν ἰσότησίν τε, καὶ ὅσα ἐναντία ἐστὶν πᾶσι τοῖς
τοιούτοις πρὸς βούλησιν, διαφέροντά τε καὶ μηδὲν διαφέροντα πρὸς αἵρεσιν
ἑκάστων. οὕτω δὴ τούτων ἐξ ἀνάγκης διακεκοσμημένων, ἐν ᾧ μὲν βίῳ ἔνεστι   c
πολλὰ ἑκάτερα καὶ μεγάλα καὶ σφοδρά, ὑπερβάλλει δὲ τὰ τῶν ἡδονῶν, βουλό-
μεθα, ἐν ᾧ δὲ τὰ ἐναντία, οὐ βουλόμεθα · καὶ αὖ ἐν ᾧ ὀλίγα ἑκάτερα καὶ σμικρὰ
καὶ ἠρεμαῖα, ὑπερβάλλει δὲ τὰ λυπηρά, οὐ βουλόμεθα, ἐν ᾧ δὲ τἀναντία,
βουλόμεθα. ἐν ᾧ δ' αὖ βίῳ ἰσορροπεῖ, καθάπερ ἐν τοῖς πρόσθεν δεῖ διανοεῖσθαι ·
τὸν ἰσόρροπον βίον ὡς τῶν μὲν ὑπερβαλλόντων τῷ φίλῳ ἡμῖν βουλόμεθα, τῶν
δ' αὖ τοῖς ἐχθροῖς οὐ βουλόμεθα. πάντας δὴ δεῖ διανοεῖσθαι τοὺς βίους ἡμῶν   d
ὡς ἐν τούτοις ἐνδεδεμένοι πεφύκασιν, καὶ δεῖ διανοεῖσθαι ποίους φύσει βου-
λόμεθα · εἰ δέ τι παρὰ ταῦτα ἄρα φαμὲν βούλεσθαι, διά τινα ἄγνοιαν καὶ ἀπει-
ρίαν τῶν ὄντων βίων αὐτὰ λέγομεν.

Τίνες δὴ καὶ πόσοι εἰσὶ βίοι, ὧν πέρι δεῖ προελόμενον τὸ βουλητόν τε καὶ   which lives
[ἑκούσιον ἀβούλητόν τε καὶ] ἀκούσιον ἰδόντα εἰς νόμον ἑαυτῷ ταξάμενον, τὸ   are the most
φίλον ἅμα καὶ ἡδὺ καὶ ἄριστόν τε καὶ κάλλιστον ἑλόμενον, ζῆν ὡς οἷόν τ' ἐστὶν   happy?
ἄνθρωπον μακαριώτατα; λέγωμεν δὴ σώφρονα βίον ἕνα εἶναι καὶ φρόνιμον   e
ἕνα καὶ ἕνα τὸν ἀνδρεῖον, καὶ τὸν ὑγιεινὸν βίον ἕνα ταξώμεθα · καὶ τούτοις   the temper-
οὖσιν τέτταρσιν ἐναντίους ἄλλους τέτταρας, ἄφρονα, δειλόν, ἀκόλαστον, νο-   ate and the
σώδη. σώφρονα μὲν οὖν βίον ὁ γιγνώσκων θήσει πρᾶον ἐπὶ πάντα, καὶ ἡρε-   rational, the
μαίας μὲν λύπας, ἠρεμαίας δὲ ἡδονάς, μαλακὰς δὲ ἐπιθυμίας καὶ ἔρωτας οὐκ   courageous
ἐμμανεῖς παρεχόμενον, ἀκόλαστον δέ, ὀξὺν ἐπὶ πάντα, καὶ σφοδρὰς μὲν λύπας,   and the
σφοδρὰς δὲ ἡδονάς, συντόνους δὲ καὶ οἰστρώδεις ἐπιθυμίας τε καὶ ἔρωτας ὡς   healthy
οἷόν τε ἐμμανεστάτους παρεχόμενον, ὑπερβαλλούσας δὲ ἐν μὲν τῷ σώφρονι   734a

βίῳ τὰς ἡδονὰς τῶν ἀχθηδόνων, ἐν δὲ τῷ ἀκολάστῳ τὰς λύπας τῶν ἡδονῶν
μεγέθει καὶ πλήθει καὶ πυκνότησιν. ὅθεν ὁ μὲν ἡδίων ἡμῖν τῶν βίων, ὁ δὲ
b λυπηρότερος ἐξ ἀνάγκης συμβαίνει κατὰ φύσιν γίγνεσθαι, καὶ τόν γε βουλό-
μενον ἡδέως ζῆν οὐκέτι παρείκει ἑκόντα γε ἀκολάστως ζῆν, ἀλλ᾽ ἤδη δῆλον
ὡς, εἰ τὸ νῦν λεγόμενον ὀρθόν, πᾶς ἐξ ἀνάγκης ἄκων ἐστὶν ἀκόλαστος · ἢ γὰρ
δι᾽ ἀμαθίαν ἢ δι᾽ ἀκράτειαν ἢ δι᾽ ἀμφότερα, τοῦ σωφρονεῖν ἐνδεὴς ὢν ζῇ ὁ
πᾶς ἀνθρώπινος ὄχλος. ταὐτὰ δὲ περὶ νοσώδους τε καὶ ὑγιεινοῦ βίου διανοητέον,
ὡς ἔχουσι μὲν ἡδονὰς καὶ λύπας, ὑπερβάλλουσι δὲ ἡδοναὶ μὲν λύπας ἐν ὑγιείᾳ,
c λῦπαι δὲ ἡδονὰς ἐν νόσοις. ἡμῖν δὲ ἡ βούλησις τῆς αἱρέσεως τῶν βίων οὐχ
ἵνα τὸ λυπηρὸν ὑπερβάλλῃ · ὅπου δ᾽ ὑπερβάλλεται, τοῦτον τὸν βίον ἡδίω
κεκρίκαμεν. ὁ δὴ σώφρων τοῦ ἀκολάστου καὶ ὁ φρόνιμος τοῦ ἄφρονος, φαῖμεν
ἄν, καὶ ὁ τῆς ἀνδρείας τοῦ τῆς δειλίας ἐλάττονα καὶ σμικρότερα καὶ μανότερα
ἔχων ἀμφότερα, τῇ τῶν ἡδονῶν ἑκάτερος ἑκάτερον ὑπερβάλλων, τῇ τῆς λύπης
d ἐκείνων ὑπερβαλλόντων αὐτούς, ὁ μὲν ἀνδρεῖος τὸν δειλόν, ὁ δὲ φρόνιμος τὸν
ἄφρονα νικῶσιν, ὥστε ἡδίους εἶναι τοὺς βίους τῶν βίων, σώφρονα καὶ ἀνδρεῖον
καὶ φρόνιμον καὶ ὑγιεινὸν δειλοῦ καὶ ἄφρονος καὶ ἀκολάστου καὶ νοσώδους,
καὶ συλλήβδην τὸν ἀρετῆς ἐχόμενον κατὰ σῶμα ἢ καὶ κατὰ ψυχὴν τοῦ τῆς
μοχθηρίας ἐχομένου βίου ἡδίω τε εἶναι καὶ τοῖς ἄλλοις ὑπερέχειν ἐκ περιττοῦ
κάλλει καὶ ὀρθότητι καὶ ἀρετῇ καὶ εὐδοξίᾳ, ὥστε τὸν ἔχοντα αὐτὸν ζῆν
e εὐδαιμονέστερον ἀπεργάζεσθαι τοῦ ἐναντίου τῷ παντὶ καὶ ὅλῳ.

impossible
that a good
man should
be very rich

376—Leg. V 742 e-743 a:

σχεδὸν μὲν γὰρ εὐδαίμονας ἅμα καὶ ἀγαθοὺς ἀνάγκη γίγνεσθαι — τοῦτο μὲν
οὖν βούλοιτ᾽ ἄν — πλουσίους δ᾽ αὖ σφόδρα καὶ ἀγαθοὺς ἀδύνατον, οὕς γε δὴ
πλουσίους οἱ πολλοὶ καταλέγουσι · λέγουσιν δὲ τοὺς κεκτημένους ἐν ὀλίγοις
τῶν ἀνθρώπων πλείστου νομίσματος ἄξια κτήματα, ἃ καὶ κακός τις κεκτῇτ᾽
743a ἄν. εἰ δ᾽ ἔστιν τοῦτο οὕτως ἔχον, οὐκ ἂν ἔγωγε αὐτοῖς ποτε συγχωροίην τὸν
πλούσιον εὐδαίμονα τῇ ἀληθείᾳ γίγνεσθαι μὴ καὶ ἀγαθὸν ὄντα · ἀγαθὸν δὲ
ὄντα διαφόρως καὶ πλούσιον εἶναι διαφερόντως ἀδύνατον.

a general
word about
marriage

377—a. Leg. VI 773 b-d:

καὶ κατὰ παντός εἷς ἔστω μῦθος γάμου · τὸν γὰρ τῇ πόλει δεῖ συμφέροντα
μνηστεύειν γάμον ἕκαστον, οὐ τὸν ἥδιστον αὑτῷ. φέρεται δέ πως πᾶς ἀεὶ
773c κατὰ φύσιν πρὸς τὸν ὁμοιότατον αὑτῷ, ὅθεν ἀνώμαλος ἡ πόλις ὅλη γίγνεται
χρήμασίν τε καὶ τρόπων ἤθεσιν · ἐξ ὧν ἃ μὴ βουλόμεθα συμβαίνειν ἡμῖν, καὶ
μάλιστα συμβαίνει ταῖς πλείσταις πόλεσι. ταῦτα δὴ διὰ λόγου μὲν νόμῳ
προστάττειν, μὴ γαμεῖν πλούσιον πλουσίου, μηδὲ πολλὰ δυνάμενον πράττειν
ἄλλου τοιούτου, θάττους δὲ ἤθεσι πρὸς βραδυτέρους καὶ βραδυτέρους πρὸς
θάττους ἀναγκάζειν τῇ τῶν γάμων κοινωνίᾳ πορεύεσθαι, πρὸς τῷ γελοῖα

εἶναι θυμὸν ¹ ἂν ἐγείραι πολλοῖς· οὐ γὰρ ῥᾴδιον ἐννοεῖν ὅτι πόλιν εἶναι δεῖ
δίκην κρατῆρος κεκραμένην, οὗ μαινόμενος μὲν οἶνος ἐγκεχυμένος ζεῖ, κολα-   d
ζόμενος δὲ ὑπὸ νήφοντος ἑτέρου θεοῦ καλὴν κοινωνίαν λαβὼν ἀγαθὸν πῶμα
καὶ μέτριον ἀπεργάζεται.

b. Ib. 773 e-774 c:

Περὶ γάμων δὴ ταῦτ' ἔστω παραμύθια λεγόμενα, καὶ δὴ καὶ τὰ ἔμπροσθε
τούτων ῥηθέντα, ὡς χρὴ τῆς ἀειγενοῦς φύσεως ἀντέχεσθαι τῷ παῖδας παίδων
καταλείποντα ἀεὶ τῷ θεῷ ὑπηρέτας ἀνθ' αὑτοῦ παραδιδόναι. πάντα οὖν ταῦτα   774a
καὶ ἔτι πλείω τις ἂν εἴποι περὶ γάμων, ὡς χρὴ γαμεῖν, προοιμιαζόμενος ὀρθῶς·
ἂν δ' ἄρα τις μὴ πείθηται ἑκών, ἀλλότριον δὲ αὐτὸν καὶ ἀκοινώνητον ² ἐν τῇ   the unmar-
πόλει ἔχῃ καὶ ἄγαμος ὢν γένηται πεντεκαιτριακοντούτης, ζημιούσθω κατ'   ried shall be
ἐνιαυτὸν ἕκαστον, ὁ μέγιστον μὲν τίμημα κεκτημένος ἑκατὸν δραχμαῖς, ὁ δὲ   fined and
τὸ δεύτερον ἑβδομήκοντα, τρίτον δὲ ἑξήκοντα, ὁ δὲ τὸ τέταρτον τριάκοντα.   dishonoured
τοῦτο δ' ἔστω τῆς Ἥρας ἱερόν. ὁ δὲ μὴ ἐκτίνων κατ' ἐνιαυτὸν δεκαπλάσιον   b
ὀφειλέτω· πραττέσθω δὲ ὁ ταμίας τῆς θεοῦ, μὴ ἐκπράξας δὲ αὐτὸς ὀφειλέτω
καὶ ἐν ταῖς εὐθύναις τοῦ τοιούτου λόγον ὑπεχέτω πᾶς. εἰς μὲν οὖν χρήματα
ὁ μὴ θέλων γαμεῖν ταῦτα ζημιούσθω, τιμῆς δὲ παρὰ τῶν νεωτέρων ἄτιμος
πάσης ἔστω, καὶ μηδεὶς ὑπακουέτω μηδὲν αὐτῷ ἑκὼν τῶν νέων· ἐὰν δὲ κολάζειν
τινὰ ἐπιχειρῇ, πᾶς τῷ ἀδικουμένῳ βοηθείτω καὶ ἀμυνέτω, μὴ βοηθῶν δὲ ὁ
παραγενόμενος δειλός τε ἅμα καὶ κακὸς ὑπὸ τοῦ νόμου πολίτης εἶναι λεγέσθω.   c

378—Leg. XI 929 e-930 b: divorce

Ἐὰν δὲ ἀνὴρ καὶ γυνὴ μηδαμῇ συμφέρωνται τρόπων ἀτυχίᾳ χρώμενοι, δέκα
μὲν ἄνδρας τῶν νομοφυλάκων ἐπιμελεῖσθαι τῶν τοιούτων ἀεὶ χρεὼν τοὺς   930a
μέσους, δέκα δὲ τῶν περὶ γάμους γυναικῶν ὡσαύτως· καὶ ἐὰν μὲν δὴ συναλλάτ-
τειν δύνωνται, ταῦτ' ἔστω κύρια, ἐὰν δ' αἱ ψυχαὶ κυμαίνωσιν μειζόνως αὐτῶν,
ζητεῖν κατὰ δύναμιν οἵτινες ἑκατέρῳ συνοίσουσιν. εἰκὸς δὲ εἶναι τοὺς τοιούτους
μὴ πράεσιν ἤθεσιν κεχρημένους· βαθύτερα δὴ τούτοις καὶ πρᾳότερα τρόπων
ἤθη σύννομα πειρᾶσθαι προσαρμόττειν. καὶ ὅσοι μὲν ἂν ἄπαιδες αὐτῶν ἢ ὀλι-
γόπαιδες ὄντες διαφέρωνται, καὶ παίδων ἕνεκα τὴν συνοίκησιν ποιεῖσθαι·   b
ὅσοι δ' ἂν ἱκανῶν ὄντων παίδων, τῆς συγκαταγηράσεως ἕνεκα καὶ ἐπιμελείας
ἀλλήλων τὴν διάζευξίν τε καὶ σύζευξιν ποιεῖσθαι χρεών.

379—Leg. VI 777 b-e: slaves, and
how they
ought to be
treated

ΑΘ. Τί δ', ὦ Κλεινία; δῆλον ὡς ἐπειδὴ δύσκολόν ἐστι τὸ θρέμμα ἄνθρωπος,
καὶ πρὸς τὴν ἀναγκαίαν διόρισιν, τὸ δοῦλόν τε ἔργῳ διορίζεσθαι καὶ ἐλεύθερον

---

¹ θυμὸν - ὀργήν.
² ἀλλότριον καὶ ἀκοινώνητον - eccentric and unsocial.

De Vogel, Greek Philosophy I

19

καὶ δεσπότην, οὐδαμῶς εὔχρηστον ἐθέλειν εἶναί τε καὶ γίγνεσθαι φαίνεται,
777c χαλεπὸν δὴ τὸ κτῆμα· ἔργῳ γὰρ πολλάκις ἐπιδέδεικται περὶ τὰς Μεσσηνίων
συχνὰς εἰωθυίας ἀποστάσεις γίγνεσθαι, καὶ περί γε τὰς τῶν ἐκ μιᾶς φωνῆς
πολλοὺς οἰκέτας κτωμένων πόλεις, ὅσα κακὰ συμβαίνει, καὶ ἔτι τὰ τῶν λεγο-
μένων περιδίνων * τῶν περὶ τὴν Ἰταλίαν γιγνομένων παντοδαπὰ κλωπῶν ἔργα
τε καὶ παθήματα. πρὸς ἅ τις ἂν πάντα βλέψας διαπορήσειε τί χρὴ δρᾶν περὶ
ἁπάντων τῶν τοιούτων. δύο δὴ λείπεσθον μόνω μηχανά, μήτε πατριώτας
d ἀλλήλων εἶναι τοὺς μέλλοντας ῥᾷον δουλεύσειν, ἀσυμφώνους τε εἰς δύναμιν ὅτι
μάλιστα, τρέφειν δ' αὐτοὺς ὀρθῶς, μὴ μόνον ἐκείνων ἕνεκα, πλέον δὲ αὑτῶν
προτιμῶντας· ἡ δὲ τροφὴ τῶν τοιούτων μήτε τινὰ ὕβριν ὑβρίζειν εἰς τοὺς
οἰκέτας, ἧττον δέ, εἰ δυνατόν, ἀδικεῖν ἢ τοὺς ἐξ ἴσου. διάδηλος γὰρ ὁ φύσει
καὶ μὴ πλαστῶς σέβων τὴν δίκην, μισῶν δὲ ὄντως τὸ ἄδικον, ἐν τούτοις τῶν
ἀνθρώπων ἐν οἷς αὐτῷ ῥᾴδιον ἀδικεῖν· ὁ περὶ τὰ τῶν δούλων οὖν ἤθη καὶ
e πράξεις γιγνόμενός τις ἀμίαντος τοῦ τε ἀνοσίου πέρι καὶ ἀδίκου, σπείρειν εἰς
ἀρετῆς ἔκφυσιν ἱκανώτατος ἂν εἴη, ταὐτὸν δ' ἔστ' εἰπεῖν τοῦτο ὀρθῶς ἅμα
λέγοντα ἐπί τε δεσπότῃ καὶ τυράννῳ καὶ πᾶσαν δυναστείαν δυναστεύοντι
πρὸς ἀσθενέστερον ἑαυτοῦ.

the middle   380—a. *Leg.* VII 792 c-e:
state to be
striven after   ΑΘ. Οὐ σμικροῦ πέρι νῦν εἶναι νῷν τὸν λόγον. ὅρα δὲ καὶ σύ, συνεπίκρινέ
τε ἡμᾶς, ὦ Μέγιλλε. ὁ μὲν γὰρ ἐμὸς δὴ λόγος οὔθ' ἡδονάς φησι δεῖν διώκειν
792d τὸν ὀρθὸν βίον οὔτ' αὖ τὸ παράπαν φεύγειν τὰς λύπας, ἀλλ' αὐτὸ ἀσπάζεσθαι
τὸ μέσον, ὃ νυνδὴ προσεῖπον ὡς ἵλεως ὀνομάσας, ἣν δὴ διάθεσιν καὶ θεοῦ
κατά τινα μαντείας φήμην εὐστόχως πάντες προσαγορεύομεν. ταύτην τὴν
ἕξιν διώκειν φημὶ δεῖν ἡμῶν καὶ τὸν μέλλοντα ἔσεσθαι θεῖον, μήτ' οὖν αὐτὸν
προπετῆ πρὸς τὰς ἡδονὰς γιγνόμενον ὅλως, ὡς οὐδ' ἐκτὸς λυπῶν ἐσόμενον,
μήτε ἄλλον, γέροντα ἢ νέον, ἐᾶν πάσχειν ταὐτὸν τοῦθ' ἡμῖν, ἄρρενα ἢ θῆλυν,
e ἁπάντων δὲ ἥκιστα εἰς δύναμιν τὸν ἀρτίως νεογενῆ· κυριώτατον γὰρ οὖν
ἐμφύεται πᾶσι τότε τὸ πᾶν ἦθος διὰ ἔθος. ἔτι δ' ἔγωγ', εἰ μὴ μέλλοιμι δόξειν
παίζειν, φαίην ἂν δεῖν καὶ τὰς φερούσας ἐν γαστρὶ πασῶν τῶν γυναικῶν μάλιστα
θεραπεύειν ἐκεῖνον τὸν ἐνιαυτόν, ὅπως μήτε ἡδοναῖς τισι πολλαῖς ἅμα καὶ
μάργοις προσχρήσεται ἡ κύουσα μήτε αὖ λύπαις, τὸ δὲ ἵλεων καὶ εὐμενὲς
πρᾷόν τε τιμῶσα διαζήσει τὸν τότε χρόνον.

the Stoic   b. Cf. Pl., *Phil.* 33 a-b:
apatheia
anticipated   ΣΩ. Τῷ τὸν τοῦ φρονεῖν ἑλομένῳ βίον οἶσθ' ὡς τοῦτον τὸν τρόπον οὐδὲν
ἀποκωλύει ζῆν.
33b   ΠΡΩ. Τὸν τοῦ μὴ χαίρειν μηδὲ λυπεῖσθαι λέγεις;

---

* περίδινοι - „banditti."

ΣΩ. Ἐρρήθη γάρ που τότε ἐν τῇ παραβολῇ τῶν βίων μηδὲν δεῖν μήτε μέγα μήτε σμικρὸν χαίρειν τῷ τὸν τοῦ νοεῖν καὶ φρονεῖν βίον ἑλομένῳ.

ΠΡΩ. Καὶ μάλα οὕτως ἐρρήθη.

ΣΩ. Οὐκοῦν οὕτως ἂν ἐκείνῳ γε ὑπάρχοι · καὶ ἴσως οὐδὲν ἄτοπον εἰ πάντων τῶν βίων ἐστὶ θειότατος.

ΠΡΩ. Οὔκουν εἰκός γε οὔτε χαίρειν θεοὺς οὔτε τὸ ἐναντίον.

ΣΩ. Πάνυ μὲν οὖν οὐκ εἰκός · ἄσχημον γοῦν αὐτῶν ἑκάτερον γιγνόμενόν ἐστιν.

381—*Leg.* VII 794 d-795 c:

ΑΘ. Ὡς ἄρα τὰ δεξιὰ καὶ τὰ ἀριστερὰ διαφέροντά ἐσθ' ἡμῶν φύσει πρὸς τὰς χρείας εἰς ἑκάστας τῶν πράξεων τὰ περὶ τὰς χεῖρας, ἐπεὶ τά γε περὶ πόδας τε καὶ τὰ κάτω τῶν μελῶν οὐδὲν διαφέροντα εἰς τοὺς πόνους φαίνεται · τὰ δὲ κατὰ χεῖρας ἀνοίᾳ τροφῶν καὶ μητέρων οἷον χωλοὶ γεγόναμεν ἕκαστοι. τῆς φύσεως γὰρ ἑκατέρων τῶν μελῶν σχεδὸν ἰσορροπούσης, αὐτοὶ διὰ τὰ ἔθη διάφορα αὐτὰ πεποιήκαμεν οὐκ ὀρθῶς χρώμενοι. ἐν ὅσοις μὲν γὰρ τῶν ἔργων μὴ μέγα διαφέρει, λύρᾳ μὲν ἐν ἀριστερᾷ χρώμενον, πλήκτρῳ δὲ ἐν δεξιᾷ, πρᾶγμα οὐδέν, καὶ ὅσα τοιαῦτα · τούτοις δὲ παραδείγμασι χρώμενον καὶ εἰς ἄλλα μὴ δέον οὕτω χρῆσθαι σχεδὸν ἄνοια. ἔδειξεν δὲ ταῦτα ὁ τῶν Σκυθῶν νόμος, οὐκ ἐν ἀριστερᾷ μὲν τόξον ἀπάγων, ἐν δεξιᾷ δὲ οἰστὸν προσαγόμενος μόνον, ἀλλ' ὁμοίως ἑκατέροις ἐπ' ἀμφότερα χρώμενος · πάμπολλα δ' ἕτερα τοιαῦτα παραδείγματα ἐν ἡνιοχείαις τέ ἐστι καὶ ἐν ἑτέροις, ἐν οἷσιν μαθεῖν δυνατὸν ὅτι παρὰ φύσιν κατασκευάζουσιν οἱ ἀριστερὰ δεξιῶν ἀσθενέστερα κατασκευάζοντες. ταῦτα δ', ὅπερ εἴπομεν, ἐν μὲν κερατίνοις πλήκτροις καὶ ἐν ὀργάνοις τοιούτοις οὐδὲν μέγα · σιδηροῖς δ' εἰς τὸν πόλεμον ὅταν δέῃ χρῆσθαι, μέγα διαφέρει, καὶ τόξοις καὶ ἀκοντίοις καὶ ἑκάστοις τούτων, πολὺ δὲ μέγιστον, ὅταν ὅπλοις δέῃ πρὸς ὅπλα χρῆσθαι. διαφέρει δὲ πάμπολυ μαθὼν μὴ μαθόντος καὶ ὁ γυμνασάμενος τοῦ μὴ γεγυμνασμένου. καθάπερ γὰρ ὁ τελέως παγκράτιον ἠσκηκὼς ἢ πυγμὴν ἢ πάλην οὐκ ἀπὸ μὲν τῶν ἀριστερῶν ἀδύνατός ἐστι μάχεσθαι, χωλαίνει δὲ καὶ ἐφέλκεται πλημμελῶν, ὁπόταν αὐτόν τις μεταβιβάζων ἐπὶ θάτερα ἀναγκάζῃ διαπονεῖν, ταὐτὸν δὴ τοῦτ', οἶμαι, καὶ ἐν ὅπλοις καὶ ἐν τοῖς ἄλλοις πᾶσι χρὴ προσδοκᾶν ὀρθόν, ὅτι τὸν διττὰ δεῖ κεκτημένον, οἷς ἀμύνοιτό τ' ἂν καὶ ἐπιτιθεῖτο ἄλλοις, μηδὲν ἀργὸν τούτων μηδὲ ἀνεπιστῆμον ἐᾶν εἶναι κατὰ δύναμιν · Γηρυόνου δέ γε εἴ τις φύσιν ἔχων ἢ καὶ τὴν Βριάρεω φύοιτο, ταῖς ἑκατὸν χερσὶν ἑκατὸν δεῖ βέλη ῥίπτειν δυνατὸν εἶναι.

(side notes:) children should be taught to use the left hand as well as the right — 794e — 795a — very important in war — b — c

382—Ib. 798 b-d:

Τὰς παιδιὰς πάντες διανοοῦνται κινουμένας τῶν νέων, ὅπερ ἔμπροσθεν ἐλέγομεν, παιδιὰς ὄντως εἶναι καὶ οὐ τὴν μεγίστην ἐξ αὐτῶν σπουδὴν καὶ

(side note:) Innovation in children's plays leads to revolution

798c βλάβην συμβαίνειν, ὥστε οὐκ ἀποτρέπουσιν ἀλλὰ συνέπονται ὑπείκοντες, καὶ
οὐ λογίζονται τόδε, ὅτι τούτους ἀνάγκη τοὺς παῖδας τοὺς ἐν ταῖς παιδιαῖς
νεωτερίζοντας ἑτέρους ἄνδρας τῶν ἔμπροσθεν γενέσθαι παίδων, γενομένους
δὲ ἄλλους, ἄλλον βίον ζητεῖν, ζητήσαντας δέ, ἑτέρων ἐπιτηδευμάτων καὶ
νόμων ἐπιθυμῆσαι, καὶ μετὰ τοῦτο ὡς ἥξοντος τοῦ νυνδὴ λεγομένου μεγίστου
d κακοῦ πόλεσιν οὐδεὶς αὐτῶν φοβεῖται.

**human things
not of great
importance;
yet we must
be in earnest
about them**

383—Ib. 803 b-c; 804 b-c:

῎Εστι δὴ τοίνυν τὰ τῶν ἀνθρώπων πράγματα μεγάλης μὲν σπουδῆς οὐκ
ἄξια, ἀναγκαῖόν γε μὴν σπουδάζειν · τοῦτο δὲ οὐκ εὐτυχές. ἐπειδὴ δὲ ἐνταῦθά
ἐσμεν, εἴ πως διὰ προσήκοντός τινος αὐτὸ πράττοιμεν, ἴσως ἂν ἡμῖν σύμμε-
τρον ἂν εἴη. λέγω δὲ δὴ τί ποτε; ἴσως μεντἂν τίς μοι τοῦτ' αὐτὸ ὑπολαβὼν
ὀρθῶς ὑπολάβοι.

803c ΚΛ. Πάνυ μὲν οὖν.

ΑΘ. Φημὶ χρῆναι τὸ μὲν σπουδαῖον σπουδάζειν, τὸ δὲ μὴ σπουδαῖον μή,
φύσει δὲ εἶναι θεὸν μὲν πάσης μακαρίου σπουδῆς ἄξιον, ἄνθρωπον δέ, ὅπερ
εἴπομεν ἔμπροσθεν, θεοῦ τι παίγνιον εἶναι μεμηχανημένον, καὶ ὄντως τοῦτο
αὐτοῦ τὸ βέλτιστον γεγονέναι · τούτῳ δὴ δεῖ τῷ τρόπῳ συνεπόμενον καὶ
παίζοντα ὅτι καλλίστας παιδιὰς πάντ' ἄνδρα καὶ γυναῖκα οὕτω διαβιῶναι,
τοὐναντίον ἢ νῦν διανοηθέντας. —

804b ΜΕ. Παντάπασι τὸ τῶν ἀνθρώπων γένος ἡμῖν, ὦ ξένε, διαφαυλίζεις.

ΑΘ. Μὴ θαυμάσῃς, ὦ Μέγιλλε, ἀλλὰ σύγγνωθί μοι · πρὸς γὰρ τὸν θεὸν
ἀπιδὼν καὶ παθὼν εἶπον ὅπερ εἴρηκα νῦν. ἔστω δ' οὖν τὸ γένος ἡμῶν μὴ φαῦλον,
c εἴ σοι φίλον, σπουδῆς δέ τινος ἄξιον.

384—Ib. 804 c⁸-d⁶ (There must be schools and places of exercise):

᾽Εν δὲ τούτοις¹ πᾶσιν διδασκάλους ἑκάστων πεπεισμένους μισθοῖς οἰκοῦν-
τας² ξένους διδάσκειν τε πάντα ὅσα πρὸς τὸν πόλεμόν ἐστιν μαθήματα τοὺς

**education to
be compul-
sory**

φοιτῶντας ὅσα τε πρὸς μουσικήν, οὐχ ὃν μὲν ἂν ὁ πατὴρ βούληται, φοιτῶντα,
ὃν δ' ἂν μή, ἐῶντα τὰς παιδείας, ἀλλὰ τὸ λεγόμενον πάντ' ἄνδρα καὶ παῖδα
κατὰ τὸ δυνατόν, ὡς τῆς πόλεως μᾶλλον ἢ τῶν γεννητόρων ὄντας, παι-
δευτέον ἐξ ἀνάγκης³.

---

¹ ἐν δὲ τούτοις - "In these several schools"—
² οἰκοῦντας - there should be dwellings for teachers in the schools.
³ In *Rep.* VII 536 d-537 a (our nr. **301**), speaking about the training of his
philosophers, Pl. ordained that education should not be forced. But in the above
passage of the Laws there is 1st not thought of higher studies, such as the training
of the philosophers; 2nd there is no question about the inclination of the children,
but of the willing or not-willing of their parents.

385—Ib. 804 d-805 b:

education
the same on
both sexes

Τὰ αὐτὰ δὲ δὴ καὶ περὶ θηλειῶν ὁ μὲν ἐμὸς νόμος ἂν εἴποι πάντα ὅσαπερ
καὶ περὶ τῶν ἀρρένων, ἴσα καὶ τὰς θηλείας ἀσκεῖν δεῖν · καὶ οὐδὲν φοβηθεὶς   804e
εἴποιμ' ἂν τοῦτον τὸν λόγον οὔτε ἱππικῆς οὔτε γυμναστικῆς, ὡς ἀνδράσι μὲν
πρέπον ἂν εἴη, γυναιξὶ δὲ οὐκ ἂν πρέπον. ἀκούων μὲν γὰρ δὴ μύθους παλαιοὺς
πέπεισμαι, τὰ δὲ νῦν ὡς ἔπος εἰπεῖν οἶδα ὅτι μυριάδες ἀναρίθμητοι γυναικῶν
εἰσι τῶν περὶ τὸν Πόντον, ἃς Σαυρομάτιδας καλοῦσιν, αἷς οὐχ ἵππων μόνον   805a
ἀλλὰ καὶ τόξων καὶ τῶν ἄλλων ὅπλων κοινωνία καὶ τοῖς ἀνδράσιν ἴση προστε-
ταγμένη ἴσως ἀσκεῖται. λογισμὸν δὲ πρὸς τούτοις περὶ τούτων τοιόνδε τινὰ
ἔχω · φημί, εἴπερ ταῦτα οὕτω συμβαίνειν ἐστὶν δυνατά, πάντων ἀνοητότατα   the state is
reduced to a
τὰ νῦν ἐν τοῖς παρ' ἡμῖν τόποις γίγνεσθαι τὸ μὴ πάσῃ ῥώμῃ πάντας ὁμοθυ-
μαδὸν ἐπιτηδεύειν ἄνδρας γυναιξὶν ταῦτα. σχεδὸν γὰρ ὀλίγου ¹ πᾶσα ἡμίσεια   half, if the
training of
πόλις ἀντὶ διπλασίας οὕτως ἔστιν τε καὶ γίγνεται ἐκ τῶν αὐτῶν τελῶν καὶ   women be
πόνων · καίτοι θαυμαστὸν ἂν ἁμάρτημα νομοθέτῃ τοῦτ' αὐτὸ γίγνοιτο.   neglected

386—Leg. X 885 b:

three forms
of asébeia

Θεοὺς ἡγούμενος εἶναι κατὰ νόμους οὐδεὶς πώποτε οὔτε ἔργον ἀσεβὲς ἡργά-
σατο ἑκὼν οὔτε λόγον ἀφῆκεν ἄνομον, ἀλλὰ ἓν δή τι τῶν τριῶν πάσχων, ἢ
τοῦτο, ὅπερ εἶπον, οὐχ ἡγούμενος, ἢ τὸ δεύτερον ὄντας οὐ φροντίζειν ἀνθρώπων,
ἢ τρίτον εὐπαραμυθήτους εἶναι θυσίαις τε καὶ εὐχαῖς παραγομένους.

387—Ib. 885 e-886 a:

May not the
existence of
gods be
proved by the
cosmical
order and by
the consensus
gentium?

ΚΛ. Οὐκοῦν, ὦ ξένε, δοκεῖ ῥάδιον εἶναι ἀληθεύοντας ² λέγειν ὡς εἰσὶν θεοί;
ΑΘ. Πῶς;
ΚΛ. Πρῶτον μὲν γῆ καὶ ἥλιος ἄστρα τε καὶ τὰ σύμπαντα, καὶ τὰ τῶν
ὡρῶν διακεκοσμημένα καλῶς οὕτως, ἐνιαυτοῖς τε καὶ μησὶν διειλημμένα · καὶ
ὅτι πάντες Ἕλληνές τε καὶ βάρβαροι νομίζουσιν εἶναι θεούς.
ΑΘ. Φοβοῦμαί γε, μακάριε, τοὺς μοχθηρούς — οὐ γὰρ δή ποτε εἴποιμ'
ἂν ὥς γε αἰδοῦμαι — μή πως ἡμῶν καταφρονήσωσιν.

---

¹ σχεδὸν γὰρ ὀλίγου — - "What actually happens now is that, with the same
expenditure and the same effort, almost every state turns out, as near as may be,
the *half* of what it might have been—a strange blunder, surely, for a lawgiver to
make!" (England).
² ἀληθεύοντας - This is the most significant word in the sentence: "Is it not
the easiest thing in the world to speak the truth when you are saying that gods
exist?" (England).
Pl. does believe that the existence of the gods can be proved by the order of
the universe. Cp. our nr. **394**.

388—Ib. 891 b-d; 891 e-892 d:

891b   ΑΘ. — Καὶ γὰρ εἰ μὴ κατεσπαρμένοι ἦσαν οἱ τοιοῦτοι λόγοι [1] ἐν τοῖς πᾶσιν ὡς ἔπος εἰπεῖν ἀνθρώποις, οὐδὲν ἂν ἔδει τῶν ἐπαμυνούντων λόγων ὡς εἰσὶν θεοί · νῦν δὲ ἀνάγκη. νόμοις οὖν διαφθειρομένοις τοῖς μεγίστοις ὑπὸ κακῶν ἀνθρώπων τίνα καὶ μᾶλλον προσήκει βοηθεῖν ἢ νομοθέτην;

ΜΕ. Οὐκ ἔστιν.

c   ΑΘ. Ἀλλὰ δὴ λέγε μοι πάλιν, Κλεινία, καὶ σύ — κοινωνὸν γὰρ δεῖ σε εἶναι

The error of physical philosophers is that they take matter as the first cause of things.

τῶν λόγων — κινδυνεύει γὰρ ὁ λέγων ταῦτα πῦρ καὶ ὕδωρ καὶ γῆν καὶ ἀέρα πρῶτα ἡγεῖσθαι τῶν πάντων εἶναι, καὶ τὴν φύσιν ὀνομάζειν ταῦτα αὐτά, ψυχὴν δὲ ἐκ τούτων ὕστερον. ἔοικεν δὲ οὐ κινδυνεύειν, ἀλλὰ ὄντως σημαίνειν ταῦτα ἡμῖν τῷ λόγῳ.

ΚΛ. Πάνυ μὲν οὖν.

ΑΘ. Ἆρ' οὖν πρὸς Διὸς οἷον πηγήν τινα ἀνοήτου δόξης ἀνηυρήκαμεν ἀνθρώπων ὁπόσοι πώποτε τῶν περὶ φύσεως ἐφήψαντο ζητημάτων; σκόπει

d   πάντα λόγον ἐξετάζων · οὐ γὰρ δὴ σμικρόν γε τὸ διαφέρον, εἰ φανεῖεν οἱ λόγων ἁπτόμενοι ἀσεβῶν, ἄλλοις τε ἐξάρχοντες, μηδὲ εὖ τοῖς λόγοις ἀλλ' ἐξημαρτημένως χρώμενοι. δοκεῖ τοίνυν μοι ταῦτα οὕτως ἔχειν.

ΚΛ. Εὖ λέγεις · ἀλλ' ὅπῃ, πειρῶ φράζειν.

ΑΘ. Ἔοικεν τοίνυν ἀηθεστέρων ἁπτέον εἶναι λόγων.

ΚΛ. Οὐκ ὀκνητέον, ὦ ξένε. —

e   ΑΘ. Λέγοιμ' ἄν, ὡς ἔοικεν, ἤδη σχεδὸν οὐκ εἰωθότα λόγον τινὰ τόνδε. ὃ πρῶτον γενέσεως καὶ φθορᾶς αἴτιον ἁπάντων, τοῦτο οὐ πρῶτον ἀλλὰ ὕστερον ἀπεφήναντο εἶναι γεγονὸς οἱ τὴν τῶν ἀσεβῶν ψυχὴν ἀπεργασάμενοι λόγοι [2], ὃ δὲ ὕστερον, πρότερον · ὅθεν ἡμαρτήκασι περὶ θεῶν τῆς ὄντως οὐσίας.

892a   ΚΛ. Οὔπω μανθάνω.

ΑΘ. Ψυχήν, ὦ ἑταῖρε, ἠγνοηκέναι κινδυνεύουσι μὲν ὀλίγου σύμπαντες οἷόν τε ὂν τυγχάνει καὶ δύναμιν ἣν ἔχει, τῶν τε ἄλλων αὐτῆς πέρι καὶ δὴ καὶ γενέσεως, ὡς ἐν πρώτοις ἐστί, σωμάτων ἔμπροσθεν πάντων γενομένη, καὶ μεταβολῆς τε αὐτῶν καὶ μετακοσμήσεως ἁπάσης ἄρχει παντὸς μᾶλλον · εἰ δὲ

priority of soul to body

ἔστιν ταῦτα οὕτως, ἆρ' οὐκ ἐξ ἀνάγκης τὰ ψυχῆς συγγενῆ πρότερα ἂν εἴη γεγονότα τῶν σώματι προσηκόντων, οὔσης γ' αὐτῆς πρεσβυτέρας ἢ σώματος;

b   ΚΛ. Ἀνάγκη.

ΑΘ. Δόξα δὴ καὶ ἐπιμέλεια καὶ νοῦς καὶ τέχνη καὶ νόμος σκληρῶν καὶ

---

[1] οἱ τοιοῦτοι λόγοι - impious discourses.

[2] οἱ τὴν τῶν ἀσεβῶν ψυχὴν ἀπεργασάμενοι λόγοι - Jowett gives a somewhat free, but clear translation, which explains the passage well. He places οἱ — λόγοι, which is grammatically the subject of ἀπεφήναντο, in the preceding sentence: "Then I suppose that I must repeat the singular argument of those who manufacture the soul according to their own impious notions; they affirm that"—

μαλακῶν καὶ βαρέων καὶ κούφων πρότερα ἂν εἴη · καὶ δὴ καὶ τὰ μεγάλα καὶ πρῶτα ἔργα καὶ πράξεις τέχνης ἂν γίγνοιτο, ὄντα ἐν πρώτοις, τὰ δὲ φύσει καὶ φύσις, ἣν οὐκ ὀρθῶς ἐπονομάζουσιν αὐτὸ τοῦτο, ὕστερα καὶ ἀρχόμενα ἂν ἐκ τέχνης εἴη καὶ νοῦ.

ΚΛ. Πῶς οὐκ ὀρθῶς;　　　　　　　　　　　　　　　　　　　　　c

ΑΘ. Φύσιν βούλονται λέγειν γένεσιν τὴν περὶ τὰ πρῶτα [1] · εἰ δὲ φανήσεται ψυχὴ πρῶτον, οὐ πῦρ οὐδὲ ἀήρ, ψυχὴ δ' ἐν πρώτοις γεγενημένη, σχεδὸν ὀρθότατα λέγοιτ' ἂν εἶναι διαφερόντως φύσει. ταῦτ' ἔσθ' οὕτως ἔχοντα, ἂν ψυχήν τις ἐπιδείξῃ πρεσβυτέραν οὖσαν σώματος, ἄλλως δὲ οὐδαμῶς.

ΚΛ. Ἀληθέστατα λέγεις.

ΑΘ. Οὐκοῦν τὰ μετὰ ταῦτα ἐπ' αὐτὸ δὴ τοῦτο στελλώμεθα;

ΚΛ. Τί μήν;　　　　　　　　　　　　　　　　　　　　　　　　d

389—Ib., 895 e[10]-896 b[3]:
soul the
self-moving
principle

ΑΘ. Ὧι δὴ ψυχὴ τοὔνομα, τίς τούτου λόγος; ἔχομεν ἄλλον πλὴν τὸν νυνδὴ ῥηθέντα, τὴν δυναμένην αὐτὴν αὑτὴν κινεῖν κίνησιν;　　896a

ΚΛ. Τὸ ἑαυτὸ κινεῖν φῂς λόγον ἔχειν τὴν αὐτὴν οὐσίαν, ἥπερ τοὔνομα ὃ δὴ πάντες ψυχὴν προσαγορεύομεν;

ΑΘ. Φημί γε · εἰ δ' ἔστι τοῦτο οὕτως ἔχον, ἆρα ἔτι ποθοῦμεν μὴ ἱκανῶς δεδεῖχθαι ψυχὴν ταὐτὸν ὂν καὶ τὴν πρώτην γένεσιν καὶ κίνησιν τῶν τε ὄντων καὶ γεγονότων καὶ ἐσομένων καὶ πάντων αὖ τῶν ἐναντίων τούτοις, ἐπειδή γε ἀνεφάνη μεταβολῆς τε καὶ κινήσεως ἁπάσης αἰτία ἅπασιν;　　b

ΚΛ. Οὔκ, ἀλλὰ ἱκανώτατα δέδεικται ψυχὴ τῶν πάντων πρεσβυτάτη, γενομένη γε ἀρχὴ κινήσεως.

390—a. Ib. 896 d[5]-897 b[6]:
soul the cause
of good and
evil

ΑΘ. Ἆρ' οὖν τὸ μετὰ τοῦτο ὁμολογεῖν ἀναγκαῖον τῶν τε ἀγαθῶν αἰτίαν εἶναι ψυχὴν καὶ τῶν κακῶν καὶ καλῶν καὶ αἰσχρῶν δικαίων τε καὶ ἀδίκων καὶ πάντων τῶν ἐναντίων, εἴπερ τῶν πάντων γε αὐτὴν θήσομεν αἰτίαν;

ΚΛ. Πῶς γὰρ οὔ;

ΑΘ. Ψυχὴν δὴ διοικοῦσαν καὶ ἐνοικοῦσαν ἐν ἅπασιν τοῖς πάντῃ κινουμένοις μῶν οὐ καὶ τὸν οὐρανὸν ἀνάγκη διοικεῖν φάναι;　　896e

ΚΛ. Τί μήν;

ΑΘ. Μίαν ἢ πλείους; πλείους · ἐγὼ ὑπὲρ σφῶν ἀποκρινοῦμαι. δυοῖν μὲν

---

[1] γένεσιν τὴν περὶ τὰ πρῶτα - England explains: "When they use the term φύσις they mean to describe the way the first things come into being."
Jowett translates, clearer and yet precisely: "Because those who use the term mean to say that nature is the first creative power".

more than
one world-
soul

γέ που ἔλαττον μηδὲν τιθῶμεν, τῆς τε εὐεργέτιδος καὶ τῆς τἀναντία δυναμένης ἐξεργάζεσθαι [1].

ΚΛ. Σφόδρα ὀρθῶς εἴρηκας.

ΑΘ. Εἶεν. ἄγει μὲν δὴ ψυχὴ πάντα τὰ κατ' οὐρανὸν καὶ γῆν καὶ θάλατταν
897a   ταῖς αὑτῆς κινήσεσιν, αἷς ὀνόματά ἐστιν βούλεσθαι, σκοπεῖσθαι, ἐπιμελεῖσθαι, βουλεύεσθαι, δοξάζειν ὀρθῶς ἐψευσμένως, χαίρουσαν λυπουμένην, θαρροῦσαν φοβουμένην, μισοῦσαν στέργουσαν, καὶ πάσαις ὅσαι τούτων συγγενεῖς ἢ πρωτουργοὶ κινήσεις τὰς δευτερουργοὺς αὖ παραλαμβάνουσαι κινήσεις σωμάτων ἄγουσι πάντα εἰς αὔξησιν καὶ φθίσιν καὶ διάκρισιν καὶ σύγκρισιν καὶ τούτοις ἑπομένας θερμότητας ψύξεις, βαρύτητας κουφότητας, σκληρὸν καὶ μαλακόν,
b   λευκὸν καὶ μέλαν, αὐστηρὸν καὶ γλυκύ, καὶ πᾶσιν οἷς ψυχὴ χρωμένη, νοῦν μὲν προσλαβοῦσα ἀεὶ θεὸν † ὀρθῶς θεοῖς [2] †, ὀρθὰ καὶ εὐδαίμονα παιδαγωγεῖ πάντα, ἀνοίᾳ δὲ συγγενομένη πάντα αὖ τἀναντία τούτοις ἀπεργάζεται. τιθῶμεν ταῦτα οὕτως ἔχειν, ἢ ἔτι διστάζομεν εἰ ἑτέρως πως ἔχει;

ΚΛ. Οὐδαμῶς.

Is the univer-
se governed
by the good or
by the bad
world-soul?

b. Ib. 897 b⁷- d²:

ΑΘ. Πότερον οὖν δὴ ψυχῆς ἐγκρατὲς οὐρανοῦ καὶ γῆς καὶ πάσης τῆς περιόδου γεγονέναι φῶμεν; τὸ φρόνιμον καὶ ἀρετῆς πλῆρες, ἢ μηδέτερα κεκτημένον;
c   βούλεσθε οὖν πρὸς ταῦτα ὧδε ἀποκρινώμεθα;

ΚΛ. Πῶς;

ΑΘ. Εἰ μέν, ὦ θαυμάσιε, φῶμεν, ἡ σύμπασα οὐρανοῦ ὁδὸς ἅμα καὶ φορὰ καὶ τῶν ἐν αὐτῷ ὄντων ἀπάντων νοῦ κινήσει καὶ περιφορᾷ καὶ λογισμοῖς ὁμοίαν φύσιν ἔχει καὶ συγγενῶς ἔρχεται, δῆλον ὡς τὴν ἀρίστην ψυχὴν φατέον ἐπιμελεῖσθαι τοῦ κόσμου παντὸς καὶ ἄγειν αὐτὸν τὴν τοιαύτην ὁδὸν ἐκείνην.

ΚΛ. Ὀρθῶς.

d   ΑΘ. Εἰ δὲ μανικῶς τε καὶ ἀτάκτως ἔρχεται, τὴν κακήν.

ΚΛ. Καὶ ταῦτα ὀρθῶς.

In the following passages the author shows that the motion of the universe is akin to that of mind, which is circular.

the souls of
the heavenly
bodies

391—Ib. 898 d-e; 899 a-c:

ΑΘ. Ἥλιον καὶ σελήνην καὶ τὰ ἄλλα ἄστρα, εἴπερ ψυχὴ περιάγει πάντα, ἆρ' οὐ καὶ ἓν ἕκαστον;

ΚΛ. Τί μήν;

---

[1] δυναμένης ἐξεργάζεσθαι - Cp. *Rep.* II 379 c (see our nr. **262 a**), and *Leg.* 906 a (our nr. **376**).

[2] The words ὀρθῶς θεοῖς do not contain any good sense. Winckelmann proposed ὀρθῶς θέουσα, Apelt ὀρθωθεῖσα.

ΑΘ. Περὶ ἑνὸς δὴ ποιησώμεθα λόγους, οἳ καὶ ἐπὶ πάντα ἡμῖν ἄστρα ἁρμόττοντες φανοῦνται.

ΚΛ. Τίνος;

ΑΘ. Ἡλίου πᾶς ἄνθρωπος σῶμα μὲν ὁρᾷ, ψυχὴν δὲ οὐδείς· οὐδὲ γὰρ ἄλλου σώματος οὐδενὸς οὔτε ζῶντος οὔτε ἀποθνήσκοντος τῶν ζῴων, ἀλλὰ ἐλπὶς πολλὴ τὸ παράπαν τὸ γένος ἡμῖν τοῦτο ἀναίσθητον πάσαις ταῖς τοῦ 898e σώματος αἰσθήσεσι περιπεφυκέναι, νοητὸν δ' εἶναι. —

ΑΘ. [Αὐτοῦ δὴ ἄμεινον] [1] ταύτην τὴν ψυχήν, εἴτε ἐν ἅρμασιν ἔχουσα ἡμῖν 899a ἥλιον ἄγει φῶς τοῖς ἅπασιν, εἴτε ἔξωθεν, εἴθ' ὅπως εἴθ' ὅπῃ, θεὸν ἡγεῖσθαι χρεὼν πάντα ἄνδρα. ἢ πῶς;

ΚΛ. Ναί, τόν γέ που μὴ ἐπὶ τὸ ἔσχατον ἀφιγμένον ἀνοίας. b

ΑΘ. Ἄστρων δὴ πέρι πάντων καὶ σελήνης, ἐνιαυτῶν τε καὶ μηνῶν καὶ πασῶν ὡρῶν πέρι, τίνα ἄλλον λόγον ἐροῦμεν ἢ τὸν αὐτὸν τοῦτον, ὡς ἐπειδὴ ψυχὴ μὲν ἢ ψυχαὶ πάντων τούτων αἴτιαι ἐφάνησαν, ἀγαθαὶ δὲ πᾶσαν ἀρετήν, θεοὺς αὐτὰς εἶναι φήσομεν, εἴτε ἐν σώμασιν ἐνοῦσαι, ζῷα ὄντα, κοσμοῦσιν πάντα οὐρανόν, εἴτε ὅπῃ τε καὶ ὅπως; ἔσθ' ὅστις ταῦτα ὁμολογῶν ὑπομενεῖ μὴ θεῶν εἶναι πλήρη πάντα;

ΚΛ. Οὐκ ἔστιν οὕτως, ὦ ξένε, παραφρονῶν οὐδείς. c

392—a. Ib. 904 a-c:

God assigns to human souls their places in such a way that evil may be overcome

Ἐπειδὴ κατεῖδεν ἡμῶν ὁ βασιλεὺς ἐμψύχους οὔσας τὰς πράξεις ἁπάσας καὶ πολλὴν μὲν ἀρετὴν ἐν αὐταῖς οὖσαν, πολλὴν δὲ κακίαν, ἀνώλεθρον δὲ ὂν γενόμενον, ἀλλ' οὐκ αἰώνιον, ψυχὴν καὶ σῶμα, καθάπερ οἱ κατὰ νόμον ὄντες θεοί — γένεσις γὰρ οὐκ ἄν ποτε ἦν ζῴων ἀπολομένου τούτοιν θατέρου — καὶ τὸ μὲν ὠφελεῖν ἀεὶ πεφυκός, ὅσον ἀγαθὸν ψυχῆς, διενοήθη, τὸ δὲ κακὸν βλάπτειν· ταῦτα πάντα συνιδών, ἐμηχανήσατο ποῦ κείμενον ἕκαστον τῶν μερῶν νικῶσαν

904b

ἀρετήν, ἡττωμένην δὲ κακίαν, ἐν τῷ παντὶ παρέχοι μάλιστ' ἂν καὶ ῥᾷστα καὶ ἄριστα. μεμηχάνηται δὴ πρὸς πᾶν τοῦτο τὸ ποῖόν τι γιγνόμενον ἀεὶ ποίαν ἕδραν δεῖ μεταλαμβάνον οἰκίζεσθαι καὶ τίνας ποτὲ τόπους· τῆς δὲ γενέσεως τοῦ ποίου τινὸς ἀφῆκε ταῖς βουλήσεσιν ἑκάστων ἡμῶν τὰς αἰτίας. ὅπῃ γὰρ ἂν ἐπιθυμῇ καὶ ὁποῖός τις ὢν τὴν ψυχήν, ταύτῃ σχεδὸν ἑκάστοτε καὶ τοιοῦτος γίγνεται ἅπας ἡμῶν ὡς τὸ πολύ.

The fashioning of men's characters is left to themselves

b. Ib. 904 e-905 b:

divine providence and human responsibility

Ὦ παῖ καὶ νεανίσκε ἀμελεῖσθαι δοκῶν ὑπὸ θεῶν, κακίω μὲν γιγνόμενον πρὸς τὰς κακίους ψυχάς, ἀμείνω δὲ πρὸς τὰς ἀμείνους πορευόμενον, ἔν τε ζωῇ καὶ

---

[1] These words, which cannot be explained well, have been secluded by Schneider. Cp. England, *Laws* II p. 481.

ἐν πᾶσι θανάτοις πάσχειν τε ἃ προσῆκον δρᾶν ἐστι τοῖς προσφερέσι τοὺς προσ-
905a φερεῖς καὶ ποιεῖν. ταύτης τῆς δίκης οὔτε σὺ μή ποτε οὔτε εἰ ἄλλος ἀτυχὴς
γενόμενος ἐπεύξηται περιγενέσθαι θεῶν · ἣν πασῶν δικῶν διαφερόντως ἔταξάν
τε οἱ τάξαντες χρεών τε ἐξευλαβεῖσθαι τὸ παράπαν. οὐ γὰρ ἀμεληθήσῃ ποτὲ
ὑπ᾽ αὐτῆς · οὐχ οὕτω σμικρὸς ὢν δύσῃ κατὰ τὸ τῆς γῆς βάθος, οὐδ᾽ ὑψηλὸς
γενόμενος εἰς τὸν οὐρανὸν ἀναπτήσῃ, τείσεις δὲ αὐτῶν τὴν προσήκουσαν
b τιμωρίαν εἴτ᾽ ἐνθάδε μένων εἴτε καὶ ἐν ῞Αιδου διαπορευθεὶς εἴτε καὶ τούτων
εἰς ἀγριώτερον ἔτι διακομισθεὶς τόπον.

**the gods our
helpers in the
eternal con-
flict between
good and
evil**

393—a. Ib. 906 a-b:

᾽Επειδὴ γὰρ συγκεχωρήκαμεν ἡμῖν αὐτοῖς εἶναι μὲν τὸν οὐρανὸν πολλῶν
μεστὸν ἀγαθῶν, εἶναι δὲ καὶ τῶν ἐναντίων, πλειόνων δὲ τῶν μή, μάχη δή,
φαμέν, ἀθάνατός ἐσθ᾽ ἡ τοιαύτη καὶ φυλακῆς θαυμαστῆς δεομένη, σύμμαχοι
δὲ ἡμῖν θεοί τε ἅμα καὶ δαίμονες, ἡμεῖς δ᾽ αὖ κτῆμα θεῶν καὶ δαιμόνων ·
φθείρει δὲ ἡμᾶς ἀδικία καὶ ὕβρις μετὰ ἀφροσύνης, σῴζει δὲ δικαιοσύνη καὶ
906b σωφροσύνη μετὰ φρονήσεως, ἐν ταῖς τῶν θεῶν ἐμψύχοις οἰκοῦσαι δυνάμεσιν,
βραχὺ δέ τι καὶ τῇδε [1] ἄν τις τῶν τοιούτων ἐνοικοῦν ἡμῖν σαφὲς ἴδοι.

conclusion

394—At the end of the 12th book of the *Leg.* Pl. makes his Athenian
once more give his two proofs for the existence of Gods.

**two proofs for
the existence
of Gods**

a. *Leg.* XII 966 d-967 a:

ΑΘ. ῏Αρα οὖν ἴσμεν ὅτι δύ᾽ ἐστὸν τὼ περὶ θεῶν ἄγοντε εἰς πίστιν, ὅσα
διήλθομεν ἐν τοῖς πρόσθεν;
ΚΛ. Ποῖα;
ΑΘ. ῝Εν μὲν ὃ περὶ τὴν ψυχὴν ἐλέγομεν, ὡς πρεσβύτατόν τε καὶ θειότατόν
966e ἐστιν πάντων ὧν κίνησις γένεσιν παραλαβοῦσα ἀέναον οὐσίαν ἐπόρισεν · ἐν
δὲ τὸ περὶ τὴν φοράν, ὡς ἔχει τάξεως, ἄστρων τε καὶ ὅσων ἄλλων ἐγκρατὴς
νοῦς ἐστιν τὸ πᾶν διακεκοσμηκώς. ὁ γὰρ ἰδὼν ταῦτα μὴ φαύλως μηδ᾽ ἰδιωτικῶς,
οὐδεὶς οὕτως ἄθεος ἀνθρώπων ποτὲ πέφυκεν, ὃς οὐ τοὐναντίον ἔπαθεν ἢ τὸ
προσδοκώμενον ὑπὸ τῶν πολλῶν.

**astronomy
does not tend
to atheism**

b. Ib. 967 a-968 a:

Οἱ μὲν γὰρ διανοοῦνται τοὺς τὰ τοιαῦτα μεταχειρισαμένους ἀστρονομίᾳ τε
967a καὶ ταῖς μετὰ ταύτης ἀναγκαίαις ἄλλαις τέχναις ἀθέους γίγνεσθαι, καθεωρα-
κότας ὡς οἷόν τε γιγνόμενα ἀνάγκαις πράγματ᾽ ἀλλ᾽ οὐ διανοίαις βουλήσεως
ἀγαθῶν πέρι τελουμένων.

---

[1] καὶ τῇδε - among mankind.

ΚΛ. Τὸ δὲ δὴ πῶς ἔχον ἂν εἴη;

ΑΘ. Πᾶν, ὅπερ εἶπον, τοὐναντίον ἔχει νῦν τε καὶ ὅτε ἄψυχα αὐτὰ οἱ διανοούμενοι διενοοῦντο. θαύματα μὲν οὖν καὶ τότε ὑπεδύετο περὶ αὐτά, καὶ ὑπωπτεύετο τὸ νῦν ὄντως δεδογμένον, ὅσοι τῆς ἀκριβείας αὐτῶν ἥπτοντο, b ὅπως μήποτ' ἂν ἄψυχα ὄντα οὕτως εἰς ἀκρίβειαν θαυμαστοῖς λογισμοῖς ἂν ἐχρῆτο, νοῦν μὴ κεκτημένα· καί τινες ἐτόλμων τοῦτό γε αὐτὸ παρακινδυνεύειν καὶ τότε, λέγοντες ὡς νοῦς εἴη ὁ διακεκοσμηκὼς πάνθ' ὅσα κατ' οὐρανόν. οἱ δὲ αὐτοὶ πάλιν ἁμαρτάνοντες ψυχῆς φύσεως ὅτι πρεσβύτερον εἴη σωμάτων, διανοηθέντες δὲ ὡς νεώτερον, ἅπανθ' ὡς εἰπεῖν ἔπος ἀνέτρεψαν πάλιν, ἑαυτοὺς c δὲ πολὺ μᾶλλον· τὸ γὰρ δὴ πρὸ τῶν ὀμμάτων, πάντα αὐτοῖς ἐφάνη, τὰ κατ' οὐρανὸν φερόμενα, μεστὰ εἶναι λίθων καὶ γῆς καὶ πολλῶν ἄλλων ἀψύχων σωμάτων διανεμόντων τὰς αἰτίας παντὸς τοῦ κόσμου. ταῦτ' ἦν τὰ τότε ἐξειργασμένα πολλὰς ἀθεότητας καὶ δυσχερείας τῶν τοιούτων ἅπτεσθαι, καὶ δὴ καὶ λοιδορήσεις γε ἐπῆλθον ποιηταῖς, τοὺς φιλοσοφοῦντας κυσὶ ματαίαις ἀπεικάζοντας χρωμέναισιν ὑλακαῖς, ἄλλα τε αὖ ἀνόητ' εἰπεῖν· νῦν δέ, ὅπερ d εἴρηται, πᾶν τοὐναντίον ἔχει.

ΚΛ. Πῶς;

ΑΘ. Οὐκ ἔστιν ποτὲ γενέσθαι βεβαίως θεοσεβῆ θνητῶν ἀνθρώπων οὐδένα, ὃς ἂν μὴ τὰ λεγόμενα ταῦτα νῦν δύο λάβῃ, ψυχή τε ὡς ἔστιν πρεσβύτατον ἁπάντων ὅσα γονῆς μετείληφεν, ἀθάνατόν τε, ἄρχει τε δὴ σωμάτων πάντων, ἐπὶ δὲ τούτοισι δή, τὸ νῦν εἰρημένον πολλάκις, τόν τε εἰρημένον ἐν τοῖς ἄστροις νοῦν τῶν ὄντων τά τε πρὸ τούτων ἀναγκαῖα μαθήματα λάβῃ, τά τε κατὰ τὴν μοῦσαν τούτοις τῆς κοινωνίας συνθεασάμενος, χρήσηται πρὸς τὰ τῶν ἠθῶν e ἐπιτηδεύματα καὶ νόμιμα συναρμοττόντως, ὅσα τε λόγον ἔχει, τούτων δυνατὸς ᾖ δοῦναι τὸν λόγον· ὁ δὲ μὴ ταῦθ' οἷός τ' ὢν πρὸς ταῖς δημοσίαις ἀρεταῖς 968a κεκτῆσθαι σχεδὸν ἄρχων μὲν οὐκ ἄν ποτε γένοιτο ἱκανὸς ὅλης πόλεως, ὑπηρέτης δ' ἂν ἄλλοις ἄρχουσιν.

No man can be truly pious who does not accept the two fundamental principles.

A SHORT BIBLIOGRAPHY

I—GENERAL WORKS

A—TEXTEDITIONS

Fragmenta Philosophorum Graecorum ed. F. W. A. Mullach, Parisiis 1860-67.
Poetarum philosophorum fragmenta ed. H. Diels, Berolini 1901.
Doxographi Graeci ed. H. Diels, Berolini 1879. Editio iterata 1929.
Diogenis Laertii Περὶ βίων, δογμάτων καὶ ἀποφθεγμάτων τῶν ἐν φιλοσοφίᾳ εὐδοκιμησάντων ed. H. G. Hübner, Lipsiae 1828-31.
Diogenis Laertii Vitae philosophorum ed. C. G. Cobet, Parisiis 1850.
Special editions of parts of the work are mentioned by R. Hope, *The Book of Diogenes Laërtius, its Spirit and its Method*, New-York 1930.
A collection of texts: H. Ritter and L. Preller, *Historia philosophiae Graecae et Romanae ex fontium locis contexta*, Gothae, ¹⁰1934.

B—GENERAL HISTORIES OF ANCIENT PHILOSOPHY (in alphabetical order)

A. H. Armstrong, *An Introduction to Ancient Philosophy*, London 1947.
E. von Aster, *Geschichte der antiken Philosophie*, Berlin-Leipzig 1920.
E. Bréhier, *Histoire de la Philosophie*, I, *L'Antiquité et le moyen-âge*, Paris 1926-27.
J. Burnet, *Greek Philosophy*, I, *Thales to Plato*. London 1914, ²1928.
F. Copleston, *A History of Philosophy*, I, *Greece and Rome*, London 1946.
F. M. Cornford, *Before and after Socrates*, Cambridge 1932.
Th. Gomperz, *Griechische Denker*, vol. I, *Naturphilosophen und Sophisten*, Leipzig ⁴1922; II, *Sokrates und Platon*, ⁴1925; III, *Aristoteles und seine Nachfolger*, ⁴1931. Engl. transl. by L. Magnus and G. G. Berry, 4 vol., London ²1913-29.
K. Joël, *Geschichte der antiken Philosophie*, I, Tübingen 1921.
B. J. H. Ovink-C. J. de Vogel, *Overzicht der Grieksche Wijsbegeerte*, Zutphen ⁴1943.
L. Robin, *La pensée grecque*, Paris 1923, ²1948. Engl. transl., *Greek thought*, London 1928.
F. Sassen, *Geschiedenis van de Wijsbegeerte der Grieken en Romeinen*, Antwerpen-Nijmegen ⁴1949.
Ueberweg-Praechter, *Grundriss der Geschichte der Philosophie des Altertums*, Berlin, ¹²1926.
Ch. Werner, *La philosophie grecque*, Paris 1938.
W. Windelband-A. Goedeckemeyer, *Geschichte der Abendl. Philosophie im Altertum*, ⁴1923 (I. von Müller's *Handbuch der klass. Altertumswissenschaft* I).
E. Zeller, *Die Philosophie der Griechen*, 5 vol., Leipzig ⁶1919-23. I, *Allg. Einleitung, Vorsokr. Philosophie*; II, 1. *Sokrates u. die Sokratiker*; *Plato u. die alte Akademie*; 2. *Aristoteles u. die alten Peripatetiker*; III, 1. u. 2. *Die nacharistotelische Philosophie*.
E. Zeller-W. Nestle, *Grundriss der Geschichte der griechischen Philosophie*, Leipzig, ¹³1928. Engl. transl. by S. F. Alleyne and E. Abbott, new edition, London 1931.

C—WORKS ON SPECIAL SUBJECTS

B. Bauch, *Das Substanzproblem in der griechischen Philosophie bis zur Blütezeit*, Heidelberg 1910.
C. Bäumker, *Das Problem der Materie in der griech. Philosophie*, München 1890.
J. I. Beare, *Greek Theories of Elementary Cognition from Alcmaeon to Aristotle*, 1906.
P. Duhem, *Le Système du Monde*, I, *La cosmologie hellénique*, Paris 1913.
R. Herbertz, *Das Wahrheitsproblem in der griech. Philosophie*, Berlin 1913.
W. Jaeger, *Paideia*, Berlin 1934, ²1936. Engl. transl. by G. Highet, 3 vol., Oxford 1943-45.
A. Reymond, *Histoire des Sciences exactes et naturelles dans l'Antiquité Gréco-Romaine*, Paris 1924. Engl. transl. by R. G. de Bray, *History of the Sciences in the Graeco-Roman World*, London 1927.
A. Rivaud, *Le problème du devenir et la notion de la matière dans la philosophie grecque*, Paris 1906.
E. Rohde, *Psyche*, Tübingen ⁸1921. Engl. transl. by W. B. Hillis, *Greek Ideas about the Soul*, 1925.
M. Wundt, *Geschichte der griech. Ethik*, Leipzig 1908-11.

II—PRESOCRATIC PHILOSOPHY

A—TEXT AND TRANSLATIONS

H. Diels-W. Kranz, *Die Fragmente der Vorsokratiker, Griechisch und deutsch*, 3 vol., Berlin ⁵1934-37. An English translation of the fragments has been given by K. Freeman, *Ancilla to the Presocratic Philosophers*, Oxford 1948.

B—MODERN WORKS (in chronological order)

J. Burnet, *Early Greek Philosophy*, London 1892, ⁴1945.
A. Rey, *La jeunesse de la science grecque*, Paris 1933.
P. M. Schuhl, *Essai sur la Formation de la Pensée grecque*, Paris 1934, ²1949.
W. Nestle, *Vom Mythos zum Logos, die Selbstentfaltung des griechischen Denkens von Homer bis auf die Sophistik u. Sokrates*, Stuttgart 1940.
O. Gigon, *Der Ursprung der griechischen Philosophie*, Basel 1945.
K. Freeman, *The Pre-socratic Philosophers. A companion to* Diels, *Fragmente der Vorsokratiker*. Oxford 1946.
B. Snell, *Die Entdeckung des Geistes. Studien zur Entstehung des europäischen Denkens bei den Griechen*, Hamburg 1946.
W. Jaeger, *The Theology of the Early Greek Philosophers*, London 1947.

Heraclitus

Ferd. Lassalle, *Die Philosophie Herakleitos des Dunklen von Ephesos*, Berlin 1858.
G. Burckhardt, *Heraklit*, Zürich 1925.
J. Solovine, *Héraclite d'Ephèse*, Paris 1931.
A. M. Frenkian, *Etudes de philosophie présocratique*, I, *Héraclite d'Ephèse*, Paris 1934.
O. Gigon, *Untersuchungen zu Heraklit*, Leipzig 1935.
F. J. Brecht, *Heraklit*, Heidelberg 1936.

The Pythagoreans

A. Chaignet, *Pythagore et la philosophie pythagoricienne*, Paris ²1874.
A. Delatte, *Études sur la Littérature Pythagoricienne*. Bibliothèque de l'Ecole des Hautes Etudes, sect. philol. 217, Paris 1915.

G. Méautis, *Recherches sur le Pythagorisme*, Neuchâtel 1921.
E. Frank, *Platon und die sogenannten Pythagoreer*, Halle 1923.
E. Bollinger, *Die sogenannten Pythagoreer des Aristoteles*, Zürich 1925.
L. Brunschvicg, *Le rôle du pythagorisme dans l'évolution des idées*, Paris 1937.
K. Kerényi, *Pythagoras und Orpheus*, Amsterdam-Leipzig ²1940.
V. Caparelli, *Sapienza di Pitagora*, I, Problemi e fonti, 1941.
J. E. Raven, *Pythagoreans and Eleatics*, Cambridge 1948.

The Eleatics

K. Reinhardt, *Parmenides u. die Geschichte der griech. Philosophie*, Bonn 1916.
D. Einhorn, *Xenophanes, ein Beitrag zur Kritik der Grundlagen der bisherigen Philosophiegeschichte*, Wien-Leipzig 1917.
G. Calogero, *Studi sull' Eleatismo*. Roma 1932.
K. Riezler, *Parmenides*, Frankfurt a/M 1934.
A. M. Frenkian, *Etudes de philosophie présocratique*, II, *Empédocle d'Agrigente, Parménide d'Elée*, Paris 1937.
W. J. Verdenius, *Parmenides, some comments on his poem*, Groningen 1942.
F. M. Cornford, *Plato and Parmenides*, Cambridge 1939 (gives a translation of Parm. with a commentary).
H. D. P. Lee, *Zeno of Elea*. A text with translation and notes.

Pluralists and atomists

J. Bidez, *La biographie d'Empédocle*, Gent 1894.
H. Diels, *Über die Gedichte des Empedocles*, Sitzungsberichte d. Berl. Akad. 1898, pp. 396-416.
W. Nestle, *Der Dualismus des Empedokles*, Philologus 65 (1906), pp. 545-57.
E. Bignone, *Empedocle*, Turino 1916 (transl. with a commentary).
W. Kranz, *Vorsokratisches*, III, *Die Katharmoi und die Physika des Empedokles*, Hermes 70 (1935), pp. 111-19.
W. Kranz, *Empedokles*. Antike Gestalt und romantische Neuschöpfung. Zürich 1949.
F. Löwy-Cleve, *Die Philosophie des Anaxagoras*, Wien 1917.
F. Krohn, *Der Nous bei Anaxagoras*, Münster 1907.
F. M. Cornford, *Anaxagoras' theory of matter*, in Class. Quart. 24 (1930), pp. 14-30; 83-95.
O. Jöhrens, *Die Fragmente des Anaxagoras*. Diss. Göttingen 1939.
W. Bröcker, *Die Lehre des Anaxagoras*, in Kant-Studien 1943, pp. 176 ff.
D. Ciurnelli, *La filosofia di Anassagora*, Padova 1947.
F. M. Cleve, *The philosophy of Anaxagoras*, New-York 1949. See the review of this book by W. J. Verdenius in *Museum* 1949, p. 150.
A. G. M. van Melsen, *Het wijsgerig verleden der atoomtheorie*, Amsterdam 1941.
A. Dyroff, *Demokritstudien*, München 1899.
P. Natorp, *Die Ethika des Demokritos*, Marburg 1893.
C. Bailey, *The Greek atomists and Epicurus*, Oxford 1928, pp. 64-214.
H. Langerbeck, Δόξις ἐπιρρυσμίη, *Studien zu Demokrits Ethik und Erkenntnislehre*, Berlin 1935.
E. Bignone, *Nuove luci sulla storia dell' atomismo greco*. 1940.
G. Vlastos, *Ethics and physics in Democritus*. Philos Rev. 1945, pp. 578 ff.; 1946, pp. 53 ff.

III—THE SOPHISTS

A—Text

Diels-Kranz, *Die Fragmente der Vorsokratiker*, vol. II. Engl. transl. of K. Freeman,
  Ancilla to the Pre-socratic Philosophers.

B—Modern works

G. Grote, *History of Greece* VIII, 1850, pp. 474-544.
H. Gomperz, *Sophistik u. Rhetorik*, Leipzig-Berlin 1912.
C. P. Gunning, *De sophistis Graeciae praeceptoribus*, Amsterdam 1915.
A. Bill, *La morale et la loi dans la philosophie antique*, Paris 1928.
Joh. Mewaldt, *Kulturkampf der Sophisten*, Tübingen 1928.
W. Jaeger, *Paideia* 1934, pp. 364-418.
W. Nestle, *Vom Mythos zum Logos* ²1942, pp. 249-528.
D. Loenen, *Protagoras and the Greek Community*, Amsterdam 1941.
O. Gigon, *Gorgias ,,Über das Nichtsein''*, *Hermes* 71 (1936), pp. 186-213.
E. W. Beth, *Gorgias van Leontini als wijsgeer*, *Alg. Ned. Tijdschr. v. Wijsb.* 35
  (1941-42) pp. 41-58.
F. Heinimann, *Nomos und Physis*. Diss. Basel 1945.
H. J. Pos, *De Griekse Sofistiek en onze tijd*, in *De Nieuwe Stem* 1949, pp. 215-234.
E. Dupréel, *Les Sophistes*. Neuchâtel 1948.

IV—SOCRATES

An analysis of the sources, see our nrs. 201-205.
The "Socratic problem" has been treated by
A. Diès, *Autour de Platon* I, Paris 1927, pp. 127-243.
C. J. de Vogel, *Een keerpunt in Plato's denken*, Amsterdam 1936, pp. 23-136.
A. K. Rogers, *The Socratic Problem*, New-Haven 1933.
Cp. also: G. Rutberg, *Sokrates und Xenophon*, Uppsala 1939.
  W. Schmid, *Das Sokratesbild der Wolken*, in *Philologus* 97, 1948, pp. 209 ff.
  More constructive works:
H. Maier, *Sokrates*, Tübingen 1913.
Is. van Dijk, *Socrates*, Haarlem 1923, ²1942.
A. E. Taylor, *Socrates*, London 1932.
A. J. Festugière, *Socrate*, Paris 1934.
G. Bastide, *Le moment historique de Socrate*. Paris 1939.
  A separate place is taken by
E. Dupréel, *La légende socratique et les sources de Platon*, Bruxelles 1921 (denies the
  historical existence of Socrates).
O. Gigon, *Sokrates*, Bern 1947 (holds that we do not know anything with certainty
  about Socrates). See on this book C. J. de Vogel, *Une nouvelle approche du
  problème socratique*, in *Mnemosyne* 1950.

V—THE MINOR SOCRATICS

A—Texts in Mullach, *Fr. Phil. Gr.*, vol. II.
See also Ritter and Preller.

B—Modern works

M. C. Mallet, *Histoire de l'Ecole de Mégare et des Ecoles d'Elis et d'Erétrie*, Paris 1845.
E. Zeller, *Über den κυριεύων des Megarikers Diodoros*, Berlin 1882.

F. Dümmler, *Akademika, Beiträge zur Literaturgeschichte der sokratischen Schulen*, Giessen 1889.
A. Rüstow, *Der Lügner, Theorie, Geschichte u. Auflösung*, Leipzig 1910.
C. M. Gillespie, *On the Megarians*, in *Archiv f. Gesch. d. Phil.* 24 (1911), pp. 218-41.
Adolfo Levi, *La dottrina filosoficha della scuola di Megara*. Roma 1932. See the review of K. von Fritz in *Gnomon* 1934, pp. 122 ff.
Article of K. von Fritz in *Pauly Wissowa*, R.E. Suppl. V, pp. 707 ff., s.v. *Megariker*.
N. Hartmann, *Der megarische u. der aristotelische Möglichkeitsgedanke*. Berl. Akad. 1937.
D. R. Dudley, *A History of Cynicism from Diogenes to the 6th Century*, London 1937.
G. Rudberg, *Zur Diogenes-Tradition* in *Symbolae Osloenses* 14, 1935; *Zum Diogenes-Typus*, ib. 15/16, 1936.
Sayre Ferrand, *Diogenes of Sinope*, Baltimore 1938.
R. Höistad, *Cynic hero and Cynic king*. Studies in de Cynic conception of man. Uppsala 1948.
G. Colosio, *Aristippo di Cirene filosofo Socratico*, Torino 1925.
P. J. van Gils, *Quaestiones Euhemereae*, Kerkrade-Heerlen 1902.

VI—PLATO

A—TEXT AND TRANSLATIONS

Platonis opera recognovit I. Burnet, Oxonii 1899-1906, 6 vol.
Platon, *Oeuvres complètes*, texte et traduction française, Paris, „Les belles Lettres", 1920 ff.: I. *Hippias II, Alcibiade I, Apologie, Euthyphron, Criton* par M. Croiset; II. *Hippias I, Charmide, Laches, Lysis*; III. *Protagoras, Gorgias, Ménon* par A. Croiset; IV. *Phédon, le Banquet, Phèdre* par L. Robin; V. *Ion, Ménexène, Euthydème, Cratyle* par. L. Méridier; VI-VII. *La République* par E. Chambry, introd. par A. Diès; VIII. *Parménide, Théétète, le Sophiste* par A. Diès; IX. *Le Politique, le Philèbe* par A. Diès; X. *Timée et Critias* par A Rivaud; XIII. Dialogues suspects, *Dialogues* apocryphes et *Lettres* par J. Souilhé.
English translation of all the dialogues by B. Jowett (1871). New edition at New-York 1946.
German translation, with notes and a detailed bibliography of each dialogue, by O. Apelt, Phil. Bibl., Leipzig.

B—GENERAL WORKS ON PLATO

W. Lutoslawsky, *The Origin and Growth of Plato's Logic*, London 1897, [2]1905.
P. Shorey, *The Unity of Plato's Thought*, Chicago 1903.
P. Natorp, *Platos Ideenlehre*, Leipzig 1903, [2]1921.
H. Raeder, *Platons philosophische Entwicklung*, Leipzig 1905.
U. von Wilamowitz-Moellendorff, *Platon*, 2 vol., Berlin 1919, [2]1920, [4]1948 (only the first vol.).
C. Ritter, *Platon*, I, 1910; II, 1922.
A. E. Taylor, *Plato, the man and his work*, London 1926, [5]1948.
P. Friedländer, *Platon*, 2 vol., Berlin 1928-1930.
J. Burnet, *Platonism*, Berkeley (California) 1928.
A. Diès, *Autour de Platon*, 2 vol., Paris 1927.
H. Leisegang, *Die Platondeutung der Gegenwart*, Karlsruhe 1929.
G. C. Field, *Plato and his contemporaries*, Oxford 1930, [2]1948.
P. Shorey, *What Plato said*, Chicago 1933.
L. Robin, *Platon*, Paris 1935.

J. D. Bierens de Haan, *Plato's levensleer*, Haarlem 1935.
R. Schaerer, *La Question platonicienne, Etude sur les rapports de la pensée et de l'expression dans les Dialogues*, Neuchâtel et Paris 1938.
J. Moreau, *La construction de l'idéalisme platonicien*, Paris 1939.
R. Demos, *The Philosophy of Plato*, New-York 1939.
A. Koyré, *Discovering Plato*. New-York 1945.
V. Goldschmidt, *Les dialogues de Platon, Structure et méthode dialectique*, Paris 1947.
V. Goldschmidt, *Le paradigme dans la dialectique platonicienne*, Paris 1947.
 We may mention also, as having a bearing on Platonism as a whole:
J. Stenzel, *Studien zur Entwicklung der platonischen Dialektik von Sokrates zu Aristoteles*, Leipzig ²1931.
C. J. de Vogel, *Een keerpunt in Plato's denken*, Amsterdam 1936 (a study on the Parmenides as a crisis in Plato's philosophy).
A. J. Festugière, *Contemplation et vie contemplative selon Platon*, Paris 1936.
H. Perls, *Platon, Sa conception du Kosmos*, 2 vol., New-York 1945 (not only a commentary on the Timaeus).
G. J. de Vries, *Spel bij Plato*, Amsterdam 1949.

C—Works on special subjects

1—Theology and philosophy of religion

P. E. More, *The religion of Plato*, Princeton 1921.
A. Diès, *Le Dieu de Platon* and *La religion de Platon* in *Autour de Platon* II.
Fr. Solmsen, *Plato's theology*, Ithaca 1942 (See about this work the review of E. de Strycker in *L'Antiquité classique*, 1947, 1).
A. E. Taylor, *The ,,Polytheism" of Plato, An apologia*, Mind (N.S.) 1938, pp. 180-199.
A. J. Festugière, *Contemplation* etc.
P. Lachièze-Rey, *Les idées morales, sociales et politiques de Platon*. Paris 1938.
R. Schaerer, *Dieu, l'homme et la vie d'après Platon*, Neuchâtel 1944.
O. Reverdin, *La religion de la cité platonicienne*, Paris 1945.
V. Goldschmidt, *La religion de Platon*, Paris 1949.

2—On the myths of Plato the best work is:

P. Frutiger, *Les mythes de Platon*, Paris 1930.
See also P. Stoecklein, *Über die phil. Bedeutung von Platons Mythen, Philologus*, Suppl. Bd. XXX 3, Leipzig 1937.

3—The soul

L. Robin, *La théorie platonicienne de l'amour*, Paris 1907, ²1933.
H. Barth, *Die Seele in der Philosophie Platons*, Tübingen 1921.
J. Moreau, *L'âme du monde, de Platon aux Stoïciens*, Paris 1939.
J. B. Skemp, *The theory of motion in Plato's later dialogues*, Cambridge 1944.

4—Ideas and Numbers

L. Robin, *La théorie platonicienne des Idées et des Nombres d'après Aristote*, Paris 1908.
M. Gentile, *La dottrina platonica delle idee numeri* in *Aristotele*, 1930.
J. Stenzel, *Zahl u. Gestalt bei Platon und Aristoteles*, Leipzig, ²1933.
W. van der Wielen, *De Ideegetallen van Plato*, Amsterdam 1941.
H. Cherniss, *The Riddle of the Early Academy*, Berkeley and Los Angeles 1945.

Cf. H. Cherniss, *Aristotle's Criticism of Plato and the Academy*, I, Baltimore 1944.
C. J. de Vogel, *La dernière phase du platonisme et l'interprétation de M. Robin*, in *Studia Vollgraff*, Amsterdam 1948.
C. J. de Vogel, *Problems concerning later Platonism*, in *Mnemosyne*, 1949, pp. 197-216; 299-318.

D—SPECIAL DIALOGUES

Protagoras, ed. with commentary by Deuschle-Cron, revised by W. Nestle, [7]1931.
Gorgias, A commentary (Dutch) of B. J. H. Ovink, Leyden 1909.
  An older English edition with a commentary of W. H. Thompson, London 1871.
  A German ed. of Deuschle-Nestle, [5]1909.
Meno and Hippias Minor, Philosophische Erklärung (German) by B. J. H. Ovink, Amsterdam 1929.
  Klara Buchmann, *Die Stellung des Menon in der platonischen Philosophie*, in *Philologus*, Suppl. Bd. 29, 3, Leipzig 1936.
Hippias Maior. On the authenticity of this dialogue: J. Moreau, *Le platonisme de l'H.M.*, in *Rev. des études grecques* 1941, p. 19.
Alcibiades Maior. The authenticity is denied by E. de Strycker, *Platonica I, L'authenticité du premier Alcibiade*, in *Les Etudes Classiques* 1942, pp. 135-151.
Io. Article of W. J. Verdenius, *L'Ion de Platon*, in *Mnemosyne* 1943, pp. 233-262.
Phaedo, ed. with a commentary of J. Burnet, Oxford 1911.
  A German commentary of H. Baumann (with the later proofs for immortality).
  Cf. G. Rodier, *Les preuves de l'immortalité de l'âme dans le Phédon de Platon*, *Année philos.* XVIII, 1908.
  R. Schaerer, *La composition du Phaedon*, in *Revue des Etudes grecques* 1940, pp. 1-50.
Symposion, ed. R. G. Bury, [2]1932, Cambridge.
  Important introduction in the edition of L. Robin, Paris 1929.
  Article of G. Daux, *Sur quelques passages du Banquet de Platon*, in *Revue des Etudes grecques*, 1942, p. 236-271 (good remarks on the relation of Plato to Aristoph.).
Republic. Edition with notes and essays by B. Jowett and L. Campbell, 3 vol., Oxford 1894.
  Ed. with a commentary of J. Adam, Cambridge 1902.
  M. Wohlrab, *Der Staat*, Buch I, Leipzig 1893.
  A. Diès, *Introduction* in the edition of the Collection Budé, Paris 1932.
  R. L. Nettleship, *Lectures on the Republic of Plato*, London 1898, new edition 1947.
  New English transl. of F. M. Cornford, Oxford [2]1944.
Phaedrus. Ed. with a commentary of W. H. Thompson, London 1868.
  Good introd. of L. Robin in his edition in the Collection Budé, Paris 1933.
Theaetetus. Text with English notes of L. Campbell, Oxford 1883.
  New translation with a commentary of F. M. Cornford, *Plato's theory of knowledge*, Cambridge 1935. [2]London 1946. (Theaet. and Soph.).
Parmenides. Introd. of A. Diès (coll. Budé), Paris 1923.
  English transl. of A. E. Taylor, 1934.
  New Engl. transl. with a commentary of F. M. Cornford, *Plato and Parmenides*, Cambridge-London 1939.
  J. Wahl, *Etude sur le Parménide de Platon*, Paris 1926.
  M. Wundt, *Platons Parmenides*, Stuttgart 1935.
  C. J. de Vogel, *Een keerpunt in Plato's denken*, Amsterdam 1936.

Soph. and Politicus, ed. with notes of L. Campbell, Oxford 1867.
  Introd. of A. Diès (coll. Budé), ed. of *Soph.* and *Polit.*
  A. Diès, *La définition de l'être et la nature des Idées dans le Sophiste de Platon*, Paris 1909.
  H. Zeise, *Der Staatsmann. Ein Beitrag zur Interpretation des platonischen Politikos*, in *Philol.*, Suppl. Bd. 31, 3, Leipzig 1938.
Philebus. Ed. with comm. of *R. G. Bury*, Cambridge 1897.
  Ed. with introd. by A. Diès (coll. Budé).
  Transl. with comm. of R. Hackforth, *Plato's examination of pleasure*, Cambridge 1944.
Timaeus. Ed. with introd. by A. Rivaud (coll. Budé), Paris 1925.
  A. E. Taylor, *A commentary on Plato's Timaeus*, Oxford 1928.
  F. M. Cornford, *Plato's Cosmology* (transl. with a commentary), Cambridge 1937; London ²1948.
  L. Robin, *Etudes sur la signification et la place de la physique dans la phil. de Platon*, Paris 1919.
Critias. A. Delatte, *L'Atlantide de Platon* in *Musée belge* 1922.
  P. Couissin, *L'Atlantide de Platon et les origines de la civilisation*, Aix en Provence 1928.
  J. Bidez, *L'Atlantide. Bull. Acad. roy. belgique, classe d. lettres*, 1934, pp. 101-126.
  H. Herter, *Altes u. Neues zu Platons Kritias*, in *Rhein. Mus.* 1943, pp. 236-265.
Laws. C. Ritter, *Platos Gesetze, Darstellung d. Inhalts, Kommentar*; 2 vol., Leipzig 1896.
  E. B. England, text with a commentary, 2 vol., Manchester 1921.
  G. J. D. Aalders, *Het 3e boek van Plato's Leges*, Amsterdam 1943.
Epinomis. J. Harward, *The Epinomis of Plato*, Oxford 1928.
  H. Raeder, *Platons Epinomis*, Kopenhagen 1938.
  E. des Places, *Les dernières années de Platon*, in *L'Antiquité classique*, 1938, pp. 169-200. Again, in the same Review, 1942, p. 97 ff.: *Une nouvelle défence de l'Epinomis*.
Letters, See our nr. **263**.

For more detailed bibliographical information the reader may apply to: *Bibliographische Einführungen in das Studium der Philosophie*, herausgegeben von I. M. Bochensky, Bern, Heft 5: O. Gigon, *Antike Philosophie*, which is, however, far from being complete.

INDICES

I—NAMES

II—SUBJECTS

III. GREEK WORDS

Μάγοι **139 c**
μαιευτική s. *obstetric art.*
μᾶλλον καὶ ἧττον **371 a**
  cp. ὑπεροχὴ κ. ἔλλειψις in **371 b**
μέγα καὶ μικρόν **365 c**; **371**; **372**
μέθεξις **204 a 327 a**
μετρητική **345**; cp. **344**
μέτρον **152**
μὴ ὄν, s. *non-being*

Νάρκη
  Socrates compared with a —, **209 b**
Νεῖκος
  moving principle in Empedocles,
    107 a; **110 c, d, e, f**; **111 b, g**
νόησις
  with Diog. of Apollonia **163-165**
  in Plato's *Rep.* VI, **294**, p. 203
  in the *Phil.* **348**
νοῦς, moving and ruling principle (A-
  naxagoras) **119**; **128 a**; in man **130 a**
  S. also νόησις

Ὁδὸς ἄνω, κάτω **55**
ὁμοιομερῆ **124 a**
ὄν s. *being*

Πεισιθάνατος **261**
πέρας
  with Pythagoreans **42**
  in Plato's *Phil.* **346**; **347 a**
  compared with the agrapha, **370-
    371**
πίστις
  used by Plato for his third stage of
    cognition, **294**, p. 203
ποιεῖν and πάσχειν (categories), denied
  by the Megarians **232**;
  cp. **315 c**
πόλεμος **53-54**

πολυμαθία **48 a**
πόνος **191 c**; **244 b**

Ῥητορική **198 c**

Σκοτεινός **51**
σοφιστικοὶ ἔλεγχοι **197**
στάσις **52 d**; **339**; **341**
στοιχεῖα
  term first used by Aristotle
    S. Democr. **135-136**; **141**
  the elements in later Platonism
    365 a; **372**
συνοπτικός **302**; **326 a**
σφαῖρος
  Empedocles fr. 27: **110 a-c**;
  cp. Parm. fr. 8, vs. 42-44: **83**
σωφροσύνη
    153 e; **211 a**; **248 a, b**; **310 e**

Τέλος (summum bonum) **149**; **244 a**;
  255
τετρακτύς **41 a**

Ὕλη, Aristotelian term for *matter*
  Aristotle identifies it with Plato's
    χώρα and with his principle of the
    great and small: **371 c**
ὑπερβολὴ καὶ ἔλλειψις
  -οὐ καλόν Democr.: **152 b**
ὑπεροχὴ καὶ ἔλλειψις
  in later Platonism, **371 b**
  cp. μᾶλλον καὶ ἧττον

Φιλότης **107 a**; **110 a, e**; **111 b, g**
φρόνησις **153**; **247**; **258**; **348**

Χώρα
  in Plato's *Tim.*, **356**
  compared with the agrapha, **317 c**

ADDITIONS TO CHAPTER II

PYTHAGORAS AND ANCIENT PYTHAGOREANISM

There is quite an important piece of evidence, as well attested as any other part of the tradition concerning Pythagoras and early Pythagorean-ism, which hitherto has been rather generally left out by those who wrote the history or collected the sources of this part of early Greek philosophy. I mean the description of Pythagoras' appearance and behaviour at Croton and in Southern Italy, found in Iamblichus' *V.P.*, and in a shorter form in Porphyry and Diogenes Laertius. It goes back to three authors of the fourth century B.C.: Aristoxenus, Dicaearchus and the Sicilian historian Timaeus of Tauromenium. Of these the latter's testimony is of particular importance, since he wrote from the point of view of the history of Southern Italy and Sicily, and must have known the local tradition about fifth and fourth century Pythagorean life and political activity, still alive in those regions in his days. Moreover, the doctrine attributed to Pythagoras by these 4th century sources on certain peculiar points has its parallels in the fragments of such early Pythagorean authors as Archytas of Tarentum and even Alcmaeon of Croton.

Pythagoras, then, appears to us to have been not only the venerated master of his particular students and members of his congregation (as we might call them). He appears to have preached repeated "missions" to different groups of the population of Croton as a whole, and to have influenced them profoundly. After having thus acquired a great renown of holiness and wisdom, he was consulted more than once by several of the surrounding peoples and cities, gave them advice and sent them lawgivers at their request. His advice was inspired by his insight into the cosmic Law and principle of harmony, founded on numeric ratio. Thus, Pythagoras no doubt anticipated Plato's later doctrine that the philosopher only is called to lead his fellow-men on the way to virtue and to happiness, by virtue of his insight into divine and eternal Truth.

The following texts are given to illustrate the importance and contents of this part of our evidence concerning Pythagoras and early Pythagoreanism. I cite them rather amply because they are lacking altogether both in Diels' *V.S.* and in Mrs. Timpanaro's more recent collection of *Pitagorici frammenti,* vol. I.

As an analysis of the sources A. Delatte's works (*Etudes sur la litterature pytha-goricienne,* 1916, and *Essai sur la politique pythagoricienne,* 1922) are still of the greatest interest. The subject of "early Pythagorean politics" was taken up more recently by K. von Fritz (1940) and E. L. Minar (1942). Both authors gave some valuable contributions, though in particular the latter was seriously mistaken when separating the so-called Pythagorean "politics" from philosophy. J. S. Morrison, no doubt, was much more fortunately inspired when speaking of "the Origins of Plato's philosopher-statesman" (in *Class. Quarterly* 1958) and pointing to the fact that in Plato's *Gorgias* 507d-508a Pythagorean principles are cited and adopted.

The unbloody altar on Delos

1—Pythagoras considered as Apollo's son. The unbloody altar on Delos is mentioned by Timaeus (Iambl., *V.P.* 25 and 35. Cp. Diog. L. VIII 22).

a. Macrobius, *Sat.* III 6:

Deli ara est Apollinis Γενέτορος, in qua nullum animal sacrificatur, quam Pythagoram velut inviolatam adoravisse produnt.

b. Timaeus fr. 79 (= Censorinus, *De die nat.* 2); Jacoby FGH III B F 147:

Denique Deli ad Apollinis genitoris aram, ut Timaeus auctor est, nemo hostiam caedit.

Pythagoras' appearance at Croton

2—Pompeius Trogus' *Epitome,* handed down by Justinus, gives a short account of Pythagoras' appearance and activity at Croton which goes back to Timaeus as well.

Justinus XX 4, 1:

Quibus omnibus instructus Crotona venit populumque in luxuriam lapsum auctoritate sua ad usum frugalitatis revocavit.

3—What is found in Iamblichus *V.P.* 72 on "postulate", "noviciate", the five years silence and community of property in the Pythagorean Society (my ch. II, nr. **26**) is testified by Timaeus, too.

a. Timaeus fr. 77 (= Diog. Laert. VIII 10); Jacoby FGH III B, 566 F 13:

Εἶπε δὲ πρῶτος (sc. Pythagoras), ὥς φησι Τίμαιος, κοινὰ τὰ φίλων εἶναι καὶ φιλίαν ἰσότητα. Καὶ αὐτοῦ οἱ μαθηταὶ κατετίθεντο τὰς οὐσίας εἰς ἕν. πενταετίαν δ' ἡσύχαζον, μόνον τῶν λόγων ἀκούοντες καὶ οὐδέπω Πυθαγόραν ὁρῶντες εἰς ὃ δοκιμασθεῖεν.

b. Scholia in Plat. *Phaedr.* 279 (ed. Hermann, vol. VI, p. 275); Jacoby, ib.:

Φησι γοῦν ὁ Τίμαιος ἐν τῇ Ε οὕτω· προσιόντων δ' οὖν αὐτῷ τῶν νεωτέρων καὶ βουλομένων συνδιατρίβειν οὐκ εὐθὺς συνεχώρησεν, ἀλλ' ἔφη δεῖν καὶ τὰς οὐσίας κοινὰς εἶναι τῶν ἐντυγχανόντων. Εἶτα μετὰ πολλά φησι καὶ δι' ἐκείνους πρῶτον ῥηθῆναι κατὰ τὴν Ἰταλίαν ὅτι κοινὰ τὰ τῶν φίλων.

c. Photius, *Lex.* 129 (Jacoby, ib.):

Κοινὰ τὰ φίλων. Τίμαιός φησι ἐν τῇ Θ ταύτην λεχθῆναι κατὰ τὴν Μεγάλην Ἑλλάδα καθ' οὓς χρόνους Πυθαγόρας ἀνέπειθεν τοὺς ταύτην ἐνοικοῦντας ἀδιανέμητα κεκτῆσθαι.

4—Pythagoras addresses the young men of Croton.

Iamblichus, *V.P.* 37-38[4]; 39[1-3]; 40[8]-41[4]:

καὶ μετ' ὀλίγας ἡμέρας εἰσῆλθεν εἰς τὸ γυμνάσιον. περιχυθέντων δὲ τῶν νεανίσκων παραδέδοται λόγους τινὰς διαλεχθῆναι πρὸς αὐτούς, ἐξ ὧν εἰς τὴν σπουδὴν παρεκάλει τὴν περὶ τοὺς πρεσβυτέρους, ἀποφαίνων ἔν τε τῷ κόσμῳ καὶ τῷ βίῳ καὶ ταῖς πόλεσι καὶ τῇ φύσει μᾶλλον τιμώμενον τὸ προηγούμενον ἢ
5 τὸ τῷ χρόνῳ ἑπόμενον, οἷον τὴν ἀνατολὴν τῆς δύσεως, τὴν ἕω τῆς ἑσπέρας, τὴν ἀρχὴν τῆς τελευτῆς, τὴν γένεσιν τῆς φθορᾶς [1], παραπλησίως δὲ καὶ τοὺς αὐτόχθονας τῶν ἐπηλύδων, ὁμοίως δὲ αὖ τῶν ἐν ταῖς ἀποικίαις τοὺς ἡγεμόνας καὶ τοὺς οἰκιστὰς τῶν πόλεων, καὶ καθόλου τοὺς μὲν θεοὺς τῶν δαιμόνων, ἐκείνους δὲ τῶν ἡμιθέων, τοὺς ἥρωας δὲ τῶν ἀνθρώπων, ἐκ τούτων δὲ τοὺς
10 αἰτίους τῆς γενέσεως τῶν νεωτέρων. ἐπαγωγῆς δὲ ἕνεκα ταῦτα ἔλεγε πρὸς τὸ περὶ πλείονος ποιεῖσθαι τοὺς γονεῖς ἑαυτῶν, οἷς ἔφη τηλικαύτην ὀφείλειν αὐτοὺς χάριν, ἡλίκην ἂν ὁ τετελευτηκὼς ἀποδοίη τῷ δυνηθέντι πάλιν αὐτὸν εἰς τὸ φῶς ἀγαγεῖν.

ὅθεν καὶ τὸν Ὅμηρον τῇ αὐτῇ προσηγορίᾳ τὸν βασιλέα τῶν θεῶν αὔξειν,
15 ὀνομάζοντα πατέρα τῶν θεῶν καὶ τῶν θνητῶν.

ἀπεφαίνετο δὲ καὶ ταῖς πρὸς ἀλλήλους ὁμιλίαις οὕτως ἂν χρωμένους ἐπιτυγχάνειν, ὡς μέλλουσι τοῖς μὲν φίλοις μηδέποτε ἐχθροὶ καταστῆναι, τοῖς δὲ ἐχθροῖς ὡς τάχιστα φίλοι γίνεσθαι, καὶ μελετᾶν ἐν μὲν τῇ πρὸς τοὺς πρεσβυτέρους εὐκοσμίᾳ τὴν πρὸς τοὺς πατέρας εὔνοιαν, ἐν δὲ τῇ πρὸς ἄλλους φιλανθρωπίᾳ
20 τὴν πρὸς τοὺς ἀδελφοὺς κοινωνίαν. ἐφεξῆς δὲ ἔλεγε περὶ σωφροσύνης, φάσκων τὴν τῶν νεανίσκων ἡλικίαν πεῖραν τῆς φύσεως λαμβάνειν, καθ' ὃν καιρὸν ἀκμαζούσας ἔχουσι τὰς ἐπιθυμίας.

5—Pythagoras addresses the Crotonian Senate.

Iamblichus, *V.P.* 45[6]-46[5]; 50[9-13]:

ὁ δὲ πρῶτον αὐτοῖς συνεβούλευεν ἱδρύσασθαι Μουσῶν ἱερόν, ἵνα τηρῶσι τὴν

First
discourse

Address
to the
Senate

---

[1] Cp. Diog. L. VIII, 22.

ὑπάρχουσαν ὁμόνοιαν· [1] ταύτας γὰρ τὰς θεὰς καὶ τὴν προσηγορίαν τὴν αὐτὴν
ἁπάσας ἔχειν καὶ μετ' ἀλλήλων παραδεδόσθαι καὶ ταῖς κοιναῖς τιμαῖς μάλιστα
χαίρειν, καὶ τὸ σύνολον ἕνα καὶ τὸν αὐτὸν ἀεὶ χορὸν εἶναι τῶν Μουσῶν, ἔτι δὲ
5 συμφωνίαν, ἁρμονίαν, ῥυθμόν, ἅπαντα περιειληφέναι τὰ παρασκευάζοντα τὴν
ὁμόνοιαν [2]. ἐπεδείκνυε δὲ αὐτῶν τὴν δύναμιν οὐ περὶ τὰ κάλλιστα θεωρήματα
μόνον ἀνήκειν, ἀλλὰ καὶ περὶ τὴν συμφωνίαν καὶ ἁρμονίαν τῶν ὄντων. ἔπειτα
ὑπολαμβάνειν αὐτοὺς ἔφη δεῖν κοινῇ παρακαταθήκην ἔχειν τὴν πατρίδα παρὰ
τοῦ πλήθους τῶν πολιτῶν [3]. δεῖν οὖν ταύτην διοικεῖν οὕτως, ὡς μέλλουσι τὴν
10 πίστιν παραδόσιμον τοῖς ἐξ αὐτῶν ποιεῖν.

οἱ δὲ ἀκούσαντες τό τε Μουσεῖον ἱδρύσαντο καὶ τὰς παλλακίδας, ἃς ἔχειν
ἐπιχώριον ἦν αὐτοῖς, ἀφῆκαν καὶ διαλεχθῆναι χωρὶς αὐτὸν ἐν μὲν τῷ Πυθαίῳ
πρὸς τοὺς παῖδας, ἐν δὲ τῷ τῆς Ἥρας ἱερῷ πρὸς τὰς γυναῖκας ἠξίωσαν.

To the women   **6**—He brings the women to sobriety in dressing.
Iamblichus, *V.P.* 56[12-16]:

διὰ δὲ τῶν εἰς τὴν εὐσέβειαν ἐπαίνων πρὸς τὴν εὐτέλειαν τὴν κατὰ τὸν ἱματι-
σμὸν τηλικαύτην παραδέδοται κατασκευάσαι τὴν μεταβολήν, ὥστε τὰ πολυτελῆ
τῶν ἱματίων μηδεμίαν ἐνδύεσθαι τολμᾶν, ἀλλὰ θεῖναι πάσας εἰς τὸ τῆς Ἥρας
ἱερὸν πολλὰς μυριάδας ἱματίων.

7—That all this is not just a late fiction of the fourth century A.D.,
is proved by the following passage from Pompeius Trogus' *Epitome*.

A parallel in Justinus   **a.** Justinus XX 4, 6-12:

Laudabat cotidie virtutem et vitia luxuriae casumque civitatium ea
peste perditarum enumerabat tantumque studium ad frugalitatem multi-
tudinis provocavit, ut aliquos ex his luxuriatos incredibile videretur.

Matronarum quoque separatam a viris doctrinam et puerorum a paren-
5 tibus frequenter habuit. Docebat nunc has pudicitiam et obsequia in viros,
nunc illos modestiam et litterarum studium. Inter haec velut genetricem
virtutem frugalitatem omnibus ingerebat consecutusque disputationum
adsiduitate erat, ut matronae auratas vestes ceteraque dignitatis suae
ornamenta velut instrumenta luxuriae deponerent eaque omnia delata
10 in Iunonis aedem ipsi deae consecrarent, prae se ferentes vera ornamenta
matronarum pudicitiam, non vestes esse.

---

[1] The feature seems to be authentic. Cp. Porph., *V.P.* 56 f. and Diog. Laert.
VIII 40, where it is told that Pythagoras, when persecuted, fled to the temple of
the Muses at Metapontum.
[2] On the Muses as causes of the cosmic harmony also Porph., *V.P.* 31; Plut.,
Quaest. conv. IX 14, 6, 6.
[3] The notion of the *deposito* no doubt underlines the ruler's responsibility
towards the community of the citizens as a whole.

The discourses of Pythagoras are also mentioned by Diodorus, b. X, ch. 3 and 24.

b. Cp. also the following fragment of Timaeus concerning the social activity of Pythagoras' wife and daughter.

Timaeus fr. 78 (in Porph., *V.P.* 4); Jacoby III B, 566 F 131:

Τίμαιος δ' ἱστορεῖ τὴν Πυθαγόρου θυγατέρα καὶ παρθένον οὖσαν ἡγεῖσθαι τῶν παρθένων ἐν Κρότωνι καὶ γυναῖκα τῶν γυναικῶν.

Porph., *V.P.* 18, mentions the four discourses rather shortly, placing the address to the senate first, that to the young men second. He is generally supposed to have his information from Dicaearchus.

8—Aristoxenus describes Pythagoras as the liberator and bringer of peace and concord in Southern Italy and Sicily.

Political influence in Southern Italy and Sicily

a. Iambl., *V.P.* 33⁴-34 (= Porph., *V.P.* 21 f., from Nicomachus) = Aristoxenus, fr. 17 Wehrli:

Λέγεται τοίνυν ὡς ἐπιδημήσας Ἰταλίᾳ καὶ Σικελίᾳ, ἃς κατέλαβε πόλεις δεδουλωμένας ὑπ' ἀλλήλων, τὰς μὲν πολλῶν ἐτῶν, τὰς δὲ νεωστί, ταύτας φρονήματος ἐλευθερίου ὑποπλήσας διὰ τῶν ἐφ' ἑκάστης ἀκουστῶν αὐτοῦ ἀνερρύσατο καὶ ἐλευθέρας ἐποίησε, Κρότωνα καὶ Σύβαριν καὶ Κατάνην καὶ
5 Ῥήγιον καὶ Ἱμέραν καὶ Ἀκράγαντα καὶ Ταυρομένιον καὶ ἄλλας τινάς ¹, αἷς καὶ νόμους ἔθετο διὰ Χαρώνδα τε τοῦ Καταναίου καὶ Ζαλεύκου τοῦ Λοκροῦ, δι' ὧν εὐνομώταται καὶ ἀξιοζήλωτοι ταῖς περιοίκοις μέχρι πολλοῦ διετέλεσαν ².

---

¹ Numismatic evidence proves that there existed actually an alliance between Croton and Sybaris in the 6th century, and that after the destruction of Sybaris (510) Croton had the hegemonia over quite a number of cities in Southern Italy until the middle of the fifth century. After that date independent coins are found of many cities which before were found to be allied with Croton. Kahrstedt in Hermes LIII (1918) considered the so-called alliance-coins as a proof of military conquest. While K. von Fritz wisely rejects the theory of the existence of a large and centralized Crotonian "Empire", E. L. Minar thinks that Kahrstedt went not far enough. There has been more than "only military conquest". He speaks of *territorial expansion*, which would have extended from Metapontum to Rhegium, and from Laus on the Tyrrhenian to Locri on the Ionian sea. But what about alliance-coins of Croton with Sicilian cities, e.g. a place so far removed as Himera? Does not this rather point to a different interpretation,—to "friendly relations" with such cities as Himera, Catana and Tauromenium? It is quite probable that these relations implied certain economic privileges—the right of landing and of using harbours, which was important for a trading city such as Croton was. It is certain that in each of these cities a number of persons were sympathizing with the Pythagorean principles, and quite possible that Pythagoreans were requested to act as law-givers or advisers. Only, it seems short-sighted just to label them as "oligarchs", and to qualify the whole movement as a "reactionary international", as Minar does.

² When the writer of our passages makes Zaleucus and Charondas to Pythagoreans, he is committing an anachronism. These law-givers belonged to an older

ἀνεῖλε δὲ ἄρδην στάσιν καὶ διχοφωνίαν καὶ ἁπλῶς ἑτεροφροσύνην οὐ μόνον
ἀπὸ τῶν γνωρίμων καὶ τῶν ἀπογόνων δὲ αὐτῶν μέχρι πολλῶν, ὡς ἱστορεῖται,
10 γενεῶν, ἀλλὰ καὶ καθόλου ἀπὸ τῶν ἐν Ἰταλίᾳ καὶ Σικελίᾳ πόλεων πασῶν
κατά τε ἑαυτὰς καὶ πρὸς ἀλλήλας [1]. πυκνὸν γὰρ ἦν αὐτῷ πρὸς ἅπαντας πανταχῇ
πολλοὺς καὶ ὀλίγους <τὸ τοιοῦτον> ἀπόφθεγμα, χρησμῷ θεοῦ συμβουλευτικῷ
ὅμοιον, ἐπιτομή τις ὡσπερεὶ καὶ ἀνακεφαλαίωσίς τις τῶν αὐτῷ δοκούντων
[τὸ τοιοῦτον ἀπόφθεγμα]· ,,φυγαδευτέον πάσῃ μηχανῇ καὶ περικοπτέον πυρὶ
15 καὶ σιδήρῳ καὶ μηχαναῖς παντοίαις ἀπὸ μὲν σώματος νόσον, ἀπὸ δὲ ψυχῆς
ἀμαθίαν, κοιλίας δὲ πολυτέλειαν, πόλεως δὲ στάσιν, οἴκου δὲ διχοφροσύνην,
ὁμοῦ δὲ πάντων ἀμετρίαν.''

Simichus   **b.**   The story of Simichus testifies so Pythagoras' moral influence in
Magna Graecia.

Porphyrius, *V.P.* 21:

Σίμιχος δ' ὁ Κεντοριπίνων τύραννος ἀκούσας αὐτοῦ τήν τ' ἀρχὴν ἀπέθετο
καὶ τῶν χρημάτων τὰ μὲν τῇ ἀδελφῇ τὰ δὲ τοῖς πολίταις ἔδωκεν.

Moral   **9**—Cp. also Diog. Laert. VIII 16:
influence

ἄλλους τε πολλοὺς κατὰ τὴν Ἰταλίαν ἀπεργάσασθαι καλούς τε κἀγαθοὺς
ἄνδρας, ἀτὰρ καὶ Ζάλευκον καὶ Χαρώνδαν τοὺς νομοθέτας· ἱκανός τε γὰρ ἦν
φιλίας ἐργάτης τά τ' ἄλλα καὶ εἴ τινα πύθοιτο τῶν συμβόλων αὐτοῦ κεκοινω-
νηκότα, εὐθύς τε προσηταιρίζετο καὶ φίλον κατεσκεύαζεν.

Cp. the story on Pythagorean φιλία told in **14b**.

10—Porphyrius, *V.P.* 22, citing Aristoxenus, says that different tribes
in Southern Italy and even Romans came to ask Pythagoras' advice.
The same is found in Iamblichus, *V.P.* 241:

προσῆλθον δὲ καὶ ξένοι τῇ Πυθαγορείῳ αἱρέσει καὶ Μεσσαπίων καὶ Λευκα-
νῶν καὶ Πευκετίων καὶ Ῥωμαίων.

The   **11**—Timaeus' testimony on the "threehundred" who formed a political
three   club (ἑταιρεία) within the Pythagoran Society.
hundred

---

generation, even to an earlier century (the 7th). But there appears to have been a
tradition, probably of the later fifth or early fourth century, which enlisted these
famous old law-givers among the Pythagoreans. Delatte thinks that in those days
(after 450-440, when the Pythagoreans had their centre in Rhegium) Pythagorean
law-givers adapted the original law of Zaleucus for the newly-founded city of
Thurii, and those of Charondas for different Sicilian cities, adding *prooemia* to
their laws which are preserved under the names of *Prooemia Zaleukou* and *Charondou*
(below, our nrs. **16** and **17**). This is at least a reasonable hypothesis. Cp. Iambl.,
V.P. 130, and my comments to *V.P.* 250, below, under nr. **12**.

[1] Cp. in the discourse to the young people (above, nr. **4**) the ll. 16-20, and in
the address to the senate (nr. **5**) ll. 1-6. Below, nr. **14**.

a. Justinus XX 4, 14:

Sed CCC ex iuvenibus cum sodalicii iure sacramento quodam nexi separatam a ceteris civibus vitam exercerent, quasi coetum clandestinae coniurationis haberent, civitatem in se converterunt, quae eos, cum in unam domum convenissent, cremare voluit.

b. Cp. Diog. Laert. VIII 3 (my ch. II, nr. **21c**).

Here it is suggested that the "threehundred" formed the whole Pythagorean Society which, as such, would have exerciced the actual government over the city. Iambl., *V.P.* 30, however, mentions a much larger number. Cp. Iambl., *V.P.* 72, l. 10-12, where it is suggested that a selected group were called πολιτικοί, namely those who were appointed as administrators and law-givers (καὶ οἰκονομικοί τινες καὶ νομοθετικοὶ ὄντες). My ch. II, nr. **26d**. This is, in fact, much more probable.

12—By the catastrophe (ch. II, nr. **47 a**) Pythagorean influence in Southern Italy came to a sudden end.

The end of Pythag. influence

Iambl., *V.P.* 250¹⁻⁷:

γενομένου δὲ τούτου καὶ λόγον οὐδένα ποιησαμένων τῶν πόλεων περὶ τοῦ συμβάντος πάθους ἐπαύσαντο τῆς ἐπιμελείας οἱ Πυθαγόρειοι. συνέβη δὲ τοῦτο δι᾽ ἀμφοτέρας τὰς αἰτίας, διά τε τὴν ὀλιγωρίαν τῶν πόλεων (τοῦ τοιούτου γὰρ καὶ τηλικούτου γενομένου πάθους οὐδεμίαν ἐπιστροφὴν ἐποιήσαντο), διά τε τὴν ἀπώλειαν τῶν ἡγεμονικωτάτων ἀνδρῶν.

For the rest, Iamblichus' information about the number of survivors is somewhat confused: after having told us that only Archippus and Lysis survived (ch. II, nr. **47b**), he goes on saying:

οἱ δὲ λοιποὶ τῶν Πυθαγορείων ἀπέστησαν τῆς Ἰταλίας πλὴν Ἀρχύτου τοῦ Ταραντίνου· ἀθροισθέντες δὲ εἰς τὸ Ῥήγιον ἐκεῖ διέτριβον μετ᾽ ἀλλήλων. προιόντος δὲ τοῦ χρόνου καὶ τῶν πολιτευμάτων ἐπὶ τὸ χεῖρον προβαινόντων . . . .

Follows a lacuna. It is not improbable, as was supposed by Delatte, that here it was said that the Pythagoreans got some political influence again; which would give room to the supposed adaptation of Zaleucus' and Charondas' laws (above, **8a**, n. 2).

13—Basic Pythagorean principles in social life.

Social principles

a. Warning against too great prosperity.

Iambl., *V.P.* 85³⁻⁴:

ἀγαθὸν οἱ πόνοι, αἱ δὲ ἡδοναὶ ἐκ παντὸς τρόπου κακόν.

b. Justice is based on the conviction of the universe and mankind being ruled by the gods.

Iambl., *V.P.* 174:

ἔτι τοίνυν ἀνυσιμώτατον πρὸς τὴν τῆς δικαιοσύσης κατάστασιν ὑπελάμβανεν εἶναι τὴν τῶν θεῶν ἀρχήν, ἄνωθέν τε ἀπ᾽ ἐκείνης πολιτείαν καὶ νόμους, δικαιοσύνην τε καὶ τὰ δίκαια διέθηκεν (sc. Zalmoxis, here made a Pythagorean). —

Τὸ διανοεῖσθαι περὶ τοῦ θείου, ὡς ἔστι τε καὶ πρὸς τὸ ἀνθρώπινον γένος οὕτως
5 ἔχει ὡς ἐπιβλέπειν καὶ μὴ ὀλιγωρεῖν αὐτοῦ, χρήσιμον εἶναι ὑπελάμβανον οἱ
Πυθαγόρειοι παρ' ἐκείνου μαθόντες [1]. δεῖσθαι γὰρ ἡμᾶς ἐπιστατείας τοιαύτης,
ἢ κατὰ μηδὲν ἀνταίρειν ἀξιώσομεν· τοιαύτην δ' εἶναι τὴν ὑπὸ τοῦ θείου γινο-
μένην, εἴπερ ἐστὶ τὸ θεῖον τοιοῦτον <οἷον> ἄξιον εἶναι τῆς τοῦ σύμπαντος ἀρχῆς.
ὑβριστικὸν γὰρ δὴ φύσει τὸ ζῷον ἔφασαν εἶναι, ὀρθῶς λέγοντες, καὶ ποικίλον
10 κατά τε τὰς ὁρμὰς καὶ κατὰ τὰς ἐπιθυμίας καὶ κατὰ τὰ λοιπὰ τῶν παθῶν·
δεῖσθαι οὖν τοιαύτης ὑπεροχῆς τε καὶ ἐπανατάσεως, ἀφ' ἧς ἐστι σωφρονισμός
τις καὶ τάξις.

c. We found the general rule of ἀκολουθεῖν τῷ θεῷ in Iamblichus,
V.P. 137 (ch. II, nr. 27). Cp. Plato, Laws IV 716 c:

ὁ δὴ θεὸς ἡμῖν πάντων χρημάτων μέτρον ἂν εἴη μάλιστα.

Pythagorean friendship   14—Taking up the principles of concord and harmony, applied to human society (above, in the discourses to the young men and to the senate of Croton, nrs. 4 and 5), Iamblichus expounds the Pythagorean doctrine as follows.

a. Iamblichus, V.P. 229-230:

Φιλίαν δὲ διαφανέστατα πάντων πρὸς ἅπαντας Πυθαγόρας παρέδωκε [2],

---

[1] χρήσιμον εἶναι ὑπελάμβανον—i.e., they considered this a principle which is directly applicable, and *should* be directly applied, to human life, both privately and in public. Cp. 179: καὶ ἄλλην δὲ μέθοδον ἀνεῦρε τοῦ ἀναστέλλειν τοὺς ἀνθρώπους ἀπὸ τῆς ἀδικίας.

[2] φιλία πάντων πρὸς ἅπαντας—Cp. the discourses addressed to the young men (nr. 4, 1. 16-20) and to the senate of Croton (nr. 5, l. 1-6), both of which exhorted to ὁμόνοια, φιλία and φιλανθρωπία extending to all fellow-men. Behind this was—and is here—the principle of συμφωνία and ἁρμονία in the cosmos. For this doctrine we can cite an older testimony than Aristoxenus and Timaeus, namely *Archytas, fr. 3* (in Diels V.S., 47 B 3), where it is said:

δεῖ γὰρ ἢ μαθόντα παρ' ἄλλω ἢ αὐτὸν ἐξευρόντα, ὧν ἀνεπιστάμων ἦσθα, ἐπιστάμονα γενέσθαι. τὸ μὲν ὧν μαθὲν παρ' ἄλλω καὶ ἀλλοτρία, τὸ δὲ ἐξευρὲν δι' αὕταυτον καὶ ἰδίᾳ· ἐξευρεῖν δὲ μὴ ζατοῦντα ἄπορον καὶ σπάνιον, ζατοῦντα δὲ εὔπορον καὶ ῥάδιον, μὴ ἐπιστάμενον δὲ ζητεῖν ἀδύνατον.

στάσιν μὲν ἔπαυσεν, ὁμόνοιαν δὲ αὔξησεν λογισμὸς εὑρεθείς· πλεονεξία τε γὰρ οὐκ ἔστι τούτου γενομένου καὶ ἰσότας ἔστιν· τούτῳ γὰρ περὶ τῶν συναλλαγμάτων διαλλασσό-μεθα. διὰ τοῦτον οὖν οἱ πένητες λαμβάνοντι παρὰ τῶν δυναμένων, οἵ τε πλούσιοι διδόντι τοῖς δεομένοις, πιστεύοντες ἀμφότεροι διὰ τούτου τὸ ἴσον ἕξειν. κανὼν δὲ καὶ κωλυτὴρ τῶν ἀδικούντων <ἐὼν> τοὺς μὲν ἐπισταμένους λογίζεσθαι πρὶν ἀδικεῖν ἔπαυσε, πείσας ὅτι οὐ δυνασοῦνται λαθεῖν, ὅταν ἐπ' αὐτὸν ἔλθωντι· τοὺς δὲ μὴ ἐπισταμένους, ἐν αὐτῷ δηλώσας ἀδικοῦντας, ἐκώλυσεν ἀδικῆσαι.

No doubt Archytas meant by his λογισμός: the insight into the cosmic law that number determines all relations. He applies this principle directly to human relations.—Here then we have a generally accepted pre-Platonic, Pythagorean text in which mathematical principles are applied to human social and moral relations.

θεῶν μὲν πρὸς ἀνθρώπους δι' εὐσεβείας καὶ ἐπιστημονικῆς θεραπείας [1], δογ-
μάτων δὲ πρὸς ἄλληλα [2] καὶ καθόλου ψυχῆς πρὸς σῶμα [3] λογιστικοῦ τε πρὸς
τὰ τοῦ ἀλόγου εἴδη διὰ φιλοσοφίας καὶ τῆς κατ' αὐτὴν θεωρίας [4], ἀνθρώπων
5 δὲ πρὸς ἀλλήλους πολιτῶν μὲν διὰ νομιμότητος ὑγιοῦς, ἑτεροφύλων δὲ διὰ
φυσιολογίας ὀρθῆς, ἀνδρὸς δὲ πρὸς γυναῖκα ἢ τέκνα ἢ ἀδελφοὺς καὶ οἰκείους
διὰ κοινωνίας ἀδιαστρόφου [5], συλλήβδην δὲ πάντων πρὸς ἅπαντας, καὶ προσέτι

Cp. also Archytas' fr. 2, in which the distinction is made between arithmetical and
geometrical proportions in music, a distinction which we find applied to justice in
the (probably fourth century) Pythagorean treatise Περὶ δικαιοσύνας καὶ νόμω,
as well as by Plato who, in *Laws* VI 757a-d, distinguished the two kinds of justice
which later (by Aristotle, *EN* V 1131 b 27 and 1132 a 18) were called distributive
and corrective justice, the first requiring geometrical, the latter arithmetical pro-
portions. Plato introduces the distinction as early as in the *Gorgias* 507d-508a.
J. S. Morrison (Class. Quart. 1958, p. 198 ff.) was right in attributing this to the
influence of Archytas.

[1] The φιλία θεῶν πρὸς ἀνθρώπους depends for a good deal at least on the be-
haviour of man: he must make it possible and entertain it by piety and due worship.

[2] δογμάτων πρὸς ἄλληλα—i.e.: we should strive after consequence in thinking.

[3] καὶ ... ψυχῆς πρὸς σῶμα—"and, on the whole, after a good relation between
soul and body"; which means: that the soul should rule and dominate.

[4] λογιστικοῦ τε πρὸς τὰ τοῦ ἀλόγου εἴδη—sc. τῆς ψυχῆς. In fact, the early Pythag-
oreans seem to have distinguished between a rational and an irrational part of the
soul. This appears from Philolaus, fr. 13, where we find a division into four parts:
the head, the heart, the navel, and the privy parts. The head is said to belong to
νόος, the heart to ψυχὴ καὶ αἴσθησις, while ὄμφαλος and αἰδοῖον belong to physical
life and procreation. In Diog. Laert. VIII 30 (taken from the Pythagorean ὑπομνή-
ματα by Alexander Polyhistor; cp. my nr. **1279**) we find a tripartition: νοῦς, φρένες,
θυμός, of which the φρένες are said to be the proprium of man, who shares νοῦς
and θυμός with other ζῷα. That in this text the thinking faculty is called φρένες,
no doubt is a trace of an early usage of language, as was rightly observed by
Delatte in his Commentary on Diog. Laert. VIII. It is not hazardous to conclude
that this division is an early one.

The *terms* of λογιστικόν and ἄλογα εἴδη, to be sure, were not used by Pythagoras,
though he does appear to have made the distinction between a rational and an
irrational part of the soul. In this sense Posidonius was right when saying that
Pythagoras taught already Plato's tripartition of the soul, found in *Rep.* IV: he
actually appears to have given a similar tripartition, though under different names
and of a somewhat different meaning.We might render them by the words: Reason
—perception—passions.

[5] "The love of men towards each other" is taken in the most universal sense,
and first specified into two groups: (a) of citizens, sc. towards their fellow-citizens,
(b) of foreigners towards foreigners, the love of one's fellow-citizens being according
to the spirit of a sound law, while loving-kindness towards foreigners, though
not prescribed by law, is actually rooted in nature. The word φυσιολογία no doubt
is late, but the notion itself of a natural kinship connecting man and man may
certainly be early. It need not be of Stoic origin, though in the Stoa we find an
explicit theory of a natural link connecting all reasonable beings. The Pythagoreans,
as will appear from the following lines of our text, rather thought of man as an
animated being, and as such having a natural link with animals as well.—After the

τῶν ἀλόγων ζώων τινὰ διὰ δικαιοσύνης καὶ φυσικῆς ἐπιπλοκῆς καὶ κοινότητος ¹,
σώματος δὲ καθ' ἑαυτὸ θνητοῦ, τῶν ἐγκεκρυμμένων αὐτῷ ἐναντίων δυνάμεων
10 εἰρήνευσίν τε καὶ συμβιβασμόν, δι' ὑγείας καὶ τῆς εἰς ταύτην διαίτης καὶ σω-
φροσύνης κατὰ μίμησιν τῆς ἐν τοῖς κοσμικοῖς στοιχείοις εὐετηρίας ². ἐν πᾶσι
δὴ τούτοις ἑνὸς καὶ τοῦ αὐτοῦ κατὰ σύλληψιν τοῦ τῆς φιλίας ὀνόματος ὄντος,
εὑρετὴς καὶ νομοθέτης ὁμολογουμένως Πυθαγόρας ἐγένετο ³, καὶ οὕτω θαυ-
μαστὴν φιλίαν παρέδωκε τοῖς χρωμένοις ⁴, ὥστε ἔτι καὶ νῦν τοὺς πολλοὺς
15 λέγειν ἐπὶ τῶν σφοδρότερον εὐνοούντων ἑαυτοῖς ὅτι τῶν Πυθαγορείων εἰσί.

A famous instance of Pythagorean friendship was the story of Damon
and Phintias, which Aristoxenus says to have heard from Dionysius
himself. Iambl., *V.P.* 235-237. Also Diodorus X 4, 3 (with a slight
variation).

An instance
of Pythag.
philia

b. We cite another striking instance. Iamblichus, *V.P.* 237 f.
(probably from Aristoxenus):

καταχθῆναι γοῦν φασι τῶν Πυθαγορικῶν τινα μακρὰν καὶ ἐρήμην ὁδὸν
βαδίζοντα εἴς τι πανδοχεῖον, ὑπὸ κόπου δὲ καὶ ἄλλης παντοδαπῆς αἰτίας εἰς
νόσον μακράν τε καὶ βαρεῖαν ἐμπεσεῖν, ὥστ' ἐπιλιπεῖν αὐτὸν τὰ ἐπιτήδεια.
τὸν μέντοι πανδοχέα, εἴτε οἴκτῳ τοῦ ἀνθρώπου εἴτε καὶ ἀποδοχῇ ⁵, πάντα
5 παρασχέσθαι, μήτε ὑπουργίας τινὸς φεισάμενον μήτε δαπάνης μηδεμιᾶς. ἐπειδὴ
δὲ κρείττων ἦν ἡ νόσος, τὸν μὲν ἀποθνήσκειν ἑλόμενον γράψαι τι σύμ-
βολον ἐν πίνακι καὶ ἐπιστεῖλαι, ὅπως, ἄν τι πάθοι, κριμνὰς τὴν δέλτον παρὰ
τὴν ὁδὸν ἐπισκοπῇ, εἴ τις τῶν παριόντων ἀναγνωριεῖ τὸ σύμβολον · ⁶ τοῦτον γὰρ

---

specification of πολῖται and ἑτερόφυλοι various family-relations are mentioned in
particular. The term ἀδιάστροφος is Stoic. But evidently one could not infer from
this that Pythagoras did not emphasize the natural link of family members and
relatives. On the contrary, it is very probable that he did.

¹ "in a word, of all towards all, and moreover he taught a certain love of animals
(φιλίαν τινὰ τῶν ἀλόγων ζώων) by virtue of justice and of a natural connection and
relation". Because he admitted a natural connection between men and animals,
Pythagoras could speak here of a moral relation and of moral duties. I take the
genitive τῶν ἀλόγων ζώων as a genitivus objectivus.

² Moreover, he taught people to have "philia of the mortal body in itself",—i.e.:
internal harmony. The text is clear if a comma is put after θνητοῦ and συμβιβασμόν,
understood as an apposition of φιλίαν.—This "pacification and reconciliation of
hidden opposite forces in the body" is said to be realized "by health and the regime
that tends to it, i.e. sobriety". It happens "by virtue of an imitation of the harmonious
constitution in the physical elements".

³ "In all these cases one single all-embracing name is used, sc. that of *friendship*,
and Pythagoras was generally considered as the inventor and organizer of it".

⁴ "He taught those who followed his principles" (τοῖς χρωμένοις).

⁵ ἀποδοχή is used in Hellenistic Greek for "approval" ("being accepted"),
"honour". Cp. N.T., I *Tim.* 1, 15: πάσης ἀποδοχῆς ἄξιος. It is found in Polybius as well.

⁶ the pentagramma. Cp. my nr. **41b** (ch. II).

ἔφη αὐτῷ ἀποδώσειν τὰ ἀναλώματα, ἅπερ εἰς αὐτὸν ἐποιήσατο, καὶ χάριν
10 ἐκτίσειν ὑπὲρ ἑαυτοῦ. τὸν δὲ πανδοχέα μετὰ τὴν τελευτὴν θάψαι τε καὶ ἐπιμε-
ληθῆναι τοῦ σώματος αὐτοῦ, μὴ μέντοι γε ἐλπίδας ἔχειν τοῦ κομίσασθαι τὰ
δαπανήματα, μή τί γε καὶ πρὸς εὖ παθεῖν πρός τινος τῶν ἀναγνωριούντων τὴν
δέλτον. ὅμως μέντοι διαπειρᾶσθαι ἐκπεπληγμένον τὰς ἐντολὰς ἐκτιθέναι τε
ἑκάστοτε εἰς τὸ μέσον τὸν πίνακα. χρόνῳ δὲ πολλῷ ὕστερον τῶν Πυθαγορικῶν
15 τινα παριόντα ἐπιστῆναί τε καὶ μαθεῖν τὸν θέντα τὸ σύμβολον, ἐξετάσαι τε τὸ
συμβὰν καὶ τῷ πανδοχεῖ πολλῷ πλέον ἀργύριον ἐκτῖσαι τῶν δεδαπανημένων.

15—The Pythagoreans had a theory on education. They studied man
in the various stages of his development, and recognized that the periods
of transition imply a certain crisis.

Theory of education

a. Iambl., *V.P.* 201:

ἐν δὲ τῷ ἀνθρωπίνῳ βίῳ τῷ σύμπαντι εἶναί τινας ἡλικίας ἐνδεδασμένας
(οὕτω γὰρ καὶ λέγειν αὐτούς φασιν), ἃς οὐκ εἶναι τοῦ τυχόντος πρὸς ἀλλήλας
συνεῖραι· ἐκκρούεσθαι γὰρ αὐτὰς ὑπ' ἀλλήλων, ἐάν τις μὴ καλῶς τε καὶ ὀρθῶς
ἄγῃ τὸν ἄνθρωπον ἐκ γενετῆς.

b. Aristoxenus ap. Stob., *Ecl.* IV 43, 49 (Wachsmuth p. 15[9-18]):

ἐπιμελητέον δὲ πάσης ἡλικίας ἡγοῦντο καὶ τοὺς μὲν παῖδας ἐν γράμμασι καὶ
τοῖς ἄλλοις μαθήμασιν ἀσκεῖσθαι· τοὺς δὲ νεανίσκους τοῖς τῆς πόλεως ἔθεσί
τε καὶ νόμοις γυμνάζεσθαι· τοὺς δὲ ἄνδρας ταῖς πράξεσί τε καὶ δημοσίαις
λειτουργίαις προσέχειν· τοὺς δὲ πρεσβύτας ἐνθυμήσεσι καὶ κριτηρίοις [1] καὶ
5 συμβουλίαις δεῖν ἐναναστρέφεσθαι μετὰ πάσης ἐπιστήμης ὑπελάμβανον, ὅπως
μήτε οἱ παῖδες νηπιάζοιεν μήτε οἱ νεανίσκοι παιδαριεύοιντο μήτε οἱ ἄνδρες
νεανιεύοιντο μήτε οἱ γέροντες παραφρονοῖεν [2].

16—Do not care for the opinion of everybody. Iambl., *V.P.* 200:

„Aristo-cratic" principles?

περὶ δὲ δόξης τάδε φασὶ λέγειν αὐτούς. ἀνόητον μὲν εἶναι καὶ τὸ πάσῃ καὶ
παντὸς δόξῃ προσέχειν, καὶ μάλιστα τὸ τῇ παρὰ τῶν πολλῶν γινομένῃ· τὸ
γὰρ καλῶς ὑπολαμβάνειν τε καὶ δοξάζειν ὀλίγοις ὑπάρχειν.

In Porph., *V.P.* 42, the early Pythagorean maxim of "not walking on highways"
(my ch. II, nr. **29c**) is explained in this sense: not to care for the opinion of the
crowd, but adhere to the views of the πεπαιδευμένοι. Cp. also Porph., *V.P.* 32:
Avoid the contact with the masses.

---

[1]   κριτηρίοις ἐπαναστρέφεσθαι means: to administer justice.

[2]   The system as a whole bears a close resemblance to Plato's, expounded in the
Republic. Xenophon, *Rep. Laced.*, distinguishes five periods in human life. In ap-
pointing tasks to each of them he agrees fairly well with Aristoxenus. Cp. also the
early Athenian politeia in Isocrates' *Areopagiticus*, and lastly Aristotle in *Polit.*
VII 15 (the end) and VIII 1 ff., where the human life is divided into periods of 7
years.

Before labelling this as an "aristocratic" or "oligarchic" principle, it might be good to remember that exactly this was a basic principle of Socrates, according to the *Crito*, *Protag.*, and *Gorgias*. For the kind of "aristocracy" advocated by Pythagoreans cp. Archytas, fr. 3, cited above, under **14a**, n. 1.

17—*Prooemia of Zaleucus and Charondas* are mentioned by Cicero, *De legibus* II 6. The quotations given in *De leg.* II 7 and III 2 correspond with the texts under the heading of Προοίμια Ζαλεύκου and Χαρώνδα Καταναίου preserved in Stobaeus' *Florilegium*. Most modern historians consider them as unauthentic. Only Delatte raised the reasonable question of "why Aristoxenus considered the ancient law-givers Z. and Ch. as Pythagoreans". Was not it because of texts, in which he found early Pythagorean doctrines?—Then, what other texts could these be unless our *Prooemia*?

Zaleukou Prooimia

a.　Stobaeus, *Anthologium*, vol. IV ed. Wachsmuth-Hense p. 123 f.: Ζαλεύκου Προοίμια νόμων.

Τοὺς κατοικοῦντας τὴν πόλιν καὶ τὴν χώραν πάντας πρῶτον πεπεῖσθαι χρὴ καὶ νομίζειν θεοὺς εἶναι ἀναβλέποντας εἰς οὐρανὸν καὶ τὸν κόσμον καὶ τὴν ἐν αὐτοῖς διακόσμησιν καὶ τάξιν· οὐ γὰρ τύχης οὐδ' ἀνθρώπων εἶναι δημιουργήματα· σέβεσθαι δὲ τούτους καὶ τιμᾶν, ὡς αἰτίους ὄντας ἁπάντων ἡμῖν ἀγαθῶν τῶν κατὰ λόγον [1] γιγνομένων. ἕκαστον οὖν ἔχειν καὶ παρασκευάζειν δεῖ τὴν αὑτοῦ ψυχὴν πάντων τῶν κακῶν καθαράν· ὡς οὐ τιμᾶται θεὸς ὑπ' ἀνθρώπου φαύλου οὐδὲ θεραπεύεται δαπάναις οὐδὲ τραγῳδίαις τῶν ἀναλισκομένων [2] καθάπερ μοχθηρὸς ἄνθρωπος, ἀλλ' ἀρετῇ καὶ προαιρέσει τῶν καλῶν ἔργων καὶ δικαίων. — ὅσοις δὲ μὴ ῥᾴδιον πρὸς ταῦτα τὴν ὁρμὴν ποιεῖσθαι, τὴν δὲ ψυχὴν ἔχουσιν εὐκίνητον πρὸς ἀδικίαν, ᾧδ' ἡμῖν παρηγγέλθω πᾶσι τοῖς τοιούτοις πολίταις καὶ συνοίκοις, μεμνῆσθαι θεῶν ὡς ὄντων καὶ δίκας ἐπιπεμπόντων τοῖς ἀδίκοις, καὶ τίθεσθαι πρὸ ὀμμάτων τὸν καιρὸν τοῦτον, ἐν ᾧ γίνεται τὸ τέλος ἑκάστῳ τῆς ἀπαλλαγῆς τοῦ ζῆν. πᾶσι γὰρ ἐμπίπτει μεταμέλεια τοῖς μέλλουσι τελευτᾶν, μεμνημένοις ὧν ἠδικήκασι, καὶ ὁρμὴ τοῦ βούλεσθαι πάντα πεπρᾶχθαι δικαίως αὐτοῖς. διὸ δεῖ ἕκαστον παρ' ἑκάστην πρᾶξιν αἰεὶ συνοικειοῦν τὸν καιρὸν τοῦτον ὡς δὴ παρόντα· οὕτω γὰρ ἂν μάλιστα τοῦ καλοῦ καὶ τοῦ δικαίου φροντιεῖν.

Charondou Prooemia

b.　Stobaeus, ib., p. 149 f.: Χαρώνδα Καταναίου Προοίμια νόμων.

Τὼς βουλευομένως καὶ πράσσοντάς τι ἀπὸ θεῶν ἄρχεσθαι χρή· τὸ γὰρ ἄριστον, ὥσπερ ἁ παροιμία φατί, τὸν θεὸν ἦμεν αἴτιον πάντων τούτων.

---

[1] κατὰ λόγον—successively.

[2] τραγῳδία is figuratively used for outward grandeur, pomp. It is found more than once in Plutarch in this sense.

ἔτι δὲ φαύλων πράξεων ἀπέχεσθαι καὶ μάλιστα διὰ τὸν πρὸς τὸν θεὸν ξυμ-
βουλίαν· οὐδενὸς γὰρ ἀδίκου θεὸν κοινωνεῖν [1].

[1] One should refrain from evil deeds, in particular because one involved God in his deliberation; for God is alien to all evil.

About the possible date of these *Prooemia* above, **8a**, n. 2, and under nr. **12**. H. Thesleff, in his interesting *Introduction to the Pythagorean writings of the Hellenistic period* (Åbo 1961), suggests that the Prooemia, because of their superficial Doric flavour, were not originally written in Doric, but rather in the Koinè. He dates them in the 4th-3rd cent., and thinks that they received their Doric colouring in the second century. — After all, it might have happened in the reverse order: they might have been originally Doric writings, and the Koinè form might be due to a later date.

ADDITIONS TO THE BIBLIOGRAPHY

1. GENERAL WORKS

O. Gigon, *Grundprobleme der antiken Philosophie*, (Sammlung Dalp), Bern 1959.
O. Neugebauer, *The exact Sciences in Antiquity*,[2] 1957.

2. EDITIONS

Series: *Testimonianze e Frammenti*.

    M. Untersteiner, *Sofisti*, vol. I-IV, Firenze 1949
    M. Timpanaro-Cardini, *Pitagorici*, vol. I, Firenze 1958
    M. Untersteiner, *Senofane,*   Firenze 1958
    M. Untersteiner, *Parmenide,*   Firenze 1959

3. PRESOCRATICS

    a. The period as a whole.
Italian translation of Zeller, *Die Phil. der Griechen* I by R. Mondolfo, *La filosofia dei Greci*, parte I, I presocratici, 2 vol., Firenze 1932.
H. Cherniss, *Aristotle's criticism of Presocratic Philosophy*, Baltimore 1935.
H. Fraenkel, *Dichtung u. Philosophie des frühen Griechentums* (Philol. Monogr. XIII), New York 1951.
F. M. Cornford, *Principium sapientiae*, Cambridge 1952.
E. L. Minar jr., *A survey of recent work in pre-Socratic philosophy*, in: *Class. Weekly* 47 (1954), nr. 12.
H. Fraenkel, *Wege u. Formen frühgriechischen Denkens*, München 1955.
W. K. C. Guthrie, *In the beginning*, Ithaka, N.-York, 1957.
    b. The Milesians.
Ch. H. Kahn, *Anaximander and the origins of Greek cosmology*, N.-York 1960.
    A good introduction into Greek philosophy of nature.
    c. The Pythagoreans.
On Pythagorean politics:
A. Delatte, *Essai sur la politique pythagoricienne*, Liège-Paris 1922. Still a work of basic importance.
K. von Fritz, *Pythagorean politics in Southern Italy*, N.-York 1940.
E. L. Minar, *Early Pythagorean politics in practice and theory*, Baltimore 1942.
    Important, but commits the error of separating Pythagoras' ,,politics'' from his ,,philosophy'' according to a modern standard.
    See also:
J. S. Morrison, *Pythagoras of Samos*, in: Class. Quarterly 1956, p. 135-156.
and:
    The origin of Plato's philosopher-statesman, in Cl. Qu. 1958, p. 198-218.
A. Rostagni's work *Il verbo di Pitagora*, Torino 1924, is uncritical (confounds early Pythagoreism with later Neo-Pythagorean texts).
    d. The Eleatics.
A. Lumpe, *Die Philosophie des Xenophanes von Kolophon*. Diss. München, 1952.
M. Heidegger on Parmenides in: *Was heisst Denken*? Tübingen 1954.

H. Schwabl, *Parmenides, I. Forschungsbericht*, in: Anzeiger f. d. Altertumswissen-
    schaft 9 (1956), p. 129-156.
and:
   Die Eleaten (Xenophanes, Nachtrag zu Parmenides, Melissos), 1. Forschungs-
   bericht, Anz. Altertumsw. 10 (1957) p. 195-226.
J. H. M. M. Loenen, *Parmenides, Melissus, Gorgias*. A reinterpretation of Eleatic
    philosophy. Assen 1959.
   e. Pluralists and Atomists.
M. Timpanaro-Cardini, *La zoogonia di Empedocle e la critica Aristotelica*, in: Physis,
    rivista di storia della scienza vol. II, fasc. I, 1960.
H. Reiche, *Empedocles' mixture, Eudoxan astronomy and Aristotle's connate pneuma*,
    Amsterdam 1960.
J. Zafiropoulo, *Anaxagore de Clazomène*, I, Le mythe grec traditionel de Thalès à
    Platon. II, Théorie et fragments. (Coll. d'Etudes anciennes) Paris 1948.
G. Vlastos, *The physical theory of Anaxagoras*, in: *Philos. Review* 1950, p. 31-57.

4. THE SOPHISTS

M. Untersteiner, *I Sofisti*, Torino 1949. Eng. transl. by K. Freeman, *The Sophists*,
    Oxford 1954.
W. Vollgraff, *L'oraison funèbre de Gorgias* (Phil. antiqua 4), Leiden 1952.
G. B. Kerferd, *Gorgias on nature or that which is not*, in: *Phronesis* 1955, p. 3-25.

5. SOCRATES

B. Snell, *Das frühste Zeugnis über Sokrates*, in: *Philologus* 97 (1948), p. 125-134.
W. Schmidt, *Das Sokratesbild der Wolken*, ib., p. 209-228.
E. de Strycker S.J., *Socrate et l'au-delà d'après l'Apologie platonicienne*, in: *Les
    Etudes classiques* 18 (1950), p. 269-284.
———, *Les témoignages historiques sur Socrate*, in: *Mélanges Grégoire* II, Bruxelles
    1950, p. 199-230.
C. J. de Vogel, *Une nouvelle interprétation du problème socratique*, in: *Mnemosyne*
    1951, p. 30-39.
V. de Magalhães Vilhena, *Le problème de Socrate*, Paris 1951.
———, *Socrate et la légende platonicienne*, Paris 1951.
C. J. de Vogel, *The present state of the Socratic problem*, in: *Phronesis* 1955, p. 26-35.
See also O. Gigon on Vilhena's book in *Gnomon* 1955, p. 259-266.
A. H. Chroust, *Socrates. Man and Myth*. London 1957.

6. MINOR SOCRATICS

O. Gigon, *Kommentar zum ersten Buch von Xenophons Memorabilien* (Schweiz.
    Beiträge zur Altertumswiss. 5) Basel 1953.
———, *Kommentar zum zweiten Buch von Xenophons Memorabilien* (id., 7), Basel
    1956.
P. M. Schuhl, *Le Dominateur et les Possibles*, Paris 1960.
G. Giannantoni, *I Cirenaici*. Raccolta delle fonti antiche, traduzione e studio
    introduttivo. Firenze 1958.
    A new collection of the fragments on the basis of a critical study. The author
    thinks Aristippus was not a philosopher, unless in the practical sense.
E. Mannerbach, *Aristippi et Cyrenaicorum fragmenta*, Leiden 1961. The author
    differs from Giannantoni as to Aristippus.
    See also:
C. J. Classen, *Aristippus*, in: Hermes 86 (1958), p. 182-192.

7. PLATO

Sir David Ross, *Plato's theory of the Ideas*, Oxford 1951.

N. R. Murphy, *A commentary on Plato's Republic*, Oxford 1951.

J. B. Skemp, *Plato's Statesman*. A translation of the *Politicus* of Plato with introductory essays and footnotes, London 1952.

R. Hackforth, *Plato's Phaedrus*, transl. with introd. and commentary, Cambridge 1952.

——, *Plato's Phaedo*, transl. with introd. and commentary, Cambridge 1955.

C. J. de Vogel, *On the Neoplatonic character of Platonism and the Platonic character of Neoplatonism*, in: *Mind* 1953, p. 43-64.

——, *Platon a-t-il ou n'a-t-il pas introduit le mouvement dans son monde intelligible?* (Critique des interprétations modernes de *Soph.* 249a et de *Tim.* 31b), in: Actes du XIe Congrès International de Phil., Bruxelles 1953, vol. XII, p. 61-67.

Platon, Oeuvres complètes, t. XI, *Les Lois*, 1re partie, ll. I-II, texte établi et traduit par E. des Places, S.J.; introd. de A. Diès et L. Gernet. 2me partie, ll. III-VI, Paris 1951.

——, t. XII, *Les Lois*, 1re partie, ll. VII-X, texte établi et traduit par A. Diès; 2e partie. *Les Lois*, ll. XI-XII, texte établi et traduit par A. Diès; *Epinomis* par E. des Places, S.J., Paris 1956.

Plato, *Gorgias*. A revised text with introduction and commentary by E. R. Dodds, Oxford 1959.

M. Vanhoutte, *La phil. politique de Platon dans les ,,Lois"*, Louvain 1954.

——, *La méthode ontologique de Platon*, Louvain-Paris 1956.

Glenn R. Morrow, *Plato's Cretan City*. A historical interpretation of the Laws. Princeton 1960.

Ch. Mugler, *La physique de Platon*, Paris 1960.

N. Gulley, *Plato's theory of knowledge*, London 1962.

W. G. Runciman, *Plato's later epistemology*, Cambridge 1962.

W. Klever, ΑΝΑΜΝΗΣΙΣ en ΑΝΑΓΩΓΗ, Assen 1962.

An exhaustive bibliography on the years 1950-57 was made by H. Cherniss and published in *Lustrum* 1959/4 and 1960/5 (Göttingen 1960 and '61).